吉林人民出版社

简体字本二十六史

明史

卷三九——卷八三

（二）

［清］张廷玉等 撰

王天有等 标点

明史卷三九

志第一五

历　九

回回历法三

　　土星黄道南北纬度立成上横行，以小轮心定度为引数，起五十度，累加三度。首直行以自行定度为引数，累加十度。求法：简两引数近度，纵横相遇度分，次各用比例法，得细率。

自行定度		黄道								
		小轮心定度								
	度	五〇	五三	五六	五九	〇二	〇五	〇八	一一	一四
初	度	〇二		一		〇〇				一
	分	〇四	〇〇	四五	二三	五四	二一	一四	四九	一九
一〇	度	二		一		〇				一
	分	〇七	〇三	四八	二五	五五	二一	一五	五一	二三
二〇	度	二		一		〇				一
	分	一二	〇八	五二	二九	五八	二二	一六	五四	二七
三〇	度	二			一	一	〇			一
	分	二二	一七	〇一	三五	〇二	二四	一七	五八	三四
四〇	度	二			一	一	〇			一
	分	三二	二八	一〇	四三	〇七	二六	一八	〇二	四一

五〇	度	二			一	一	〇		一	
	分	四二	三八	一九	四九	一一	二七	一九	〇六	四八
六〇	度	二			一	一	〇		一	
	分	四七	四一	二二	五一	一二	二八	二〇	〇八	五〇
七〇	度	二				一	〇		一	
	分	四五	四〇	二一	四九	一一	二七	一九	〇五	四六
八〇	度	二			一		〇		一	
	分	三六	〇三	一二	四三	〇七	二五	一八	〇一	三九
九〇	度	二			一		〇			一
	分	二五	一九	〇二	三五	〇二	二四	一七	五六	三二
百〇〇	度	二		一		〇				一
	分	一五	一〇	五四	二九	五八	二二	一六	五二	二五
百一十	度	二		一		〇				一
	分	〇九	〇五	五〇	二五	五五	二一	一五	五〇	二一
百二十	度	二		一		〇				一
	分	〇四	〇〇	四五	二三	五四	二一	一四	四九	一九

黄道

南							黄道　　北				
一七	二〇	二三	二六	二九	三二	三五	三八	四一	四四	四七	五〇
二					一	〇				一	二
四四	〇〇	〇四	五〇	二五	四八	〇六	三三	〇九	二八	五六	〇二
二					一	〇				一	二
四八	〇五	〇九	五二	二七	四九	〇六	三五	一一	四〇	五九	〇五
二					一	〇				一	二
五四	一二	一四	五八	三一	五一	〇七	三八	一四	四五	〇四	一一
二					一					一	二
〇三	二三	二四	〇七	三八	五五	〇七	四三	一九	五二	一三	二〇
二					一	〇				一	二
一三	三四	三五	一七	四五	五九	〇七	四九	二六	〇二	二四	三二

				一	○		一	二			
二											
二一	四四	四五	二五	五二	○三	○八	五五	三二	一○	三五	四三
二				一	○		一	二			
二四	四七	四七	二八	五四	○四	○八	五八	三六	一五	四一	四九
二				一	○		一	二			
一九	四一	四三	二四	五二	○三	○八	五七	三四	一三	三八	四六
二				一	○		一	二			
○九	三○	三一	一五	四五	五九	○八	五一	二八	○五	二八	三六
二				一	○		一	二			
五九	一八	二二	○五	三八	五五	○七	四五	二二	五六	一八	二五
二				一	○		一	二			
五一	○九	一二	五七	三一	五一	○七	三九	一六	四七	○七	一四
二				一	○		一	二			
四六	○三	○七	五三	二七	四九	○六	三六	一二	四二	○一	○七
二				一	○		一	二			
四四	○○	○四	五○	二五	四八	○六	三三	○九	三八	五六	○二

黄道

木星纬度立成同土星，其小轮心定度起初度。

自行定度		北　　　　　　　黄道								
		小轮心定度								
	度	○○	三	六	九	一二	一五	一八	二一	二四
初	度	一	○							
	分	○一	五八	五一	二九	二三	○五	一三	三二	四六
一○	度	一			○					
	分	○三	○○	五二	四○	四二	○五	一三	三三	四八
二○	度	一		○						
	分	○七	○四	五六	四三	二六	○六	一五	三六	五一
三○	度	一			○					
	分	一五	一一	○三	四八	三○	○六	一七	四一	五八

四〇	度	一			○					一
	分	二四	二〇	一一	五四	三三	○七	一九	四六	○六
五〇	度	一				○				一
	分	三三	二八	一八	○○	三六	○八	二一	五一	一三
六〇	度	一	○		一	○				一
	分	三六	一三	二〇	○一	三六	○八	二一	五三	一五
七〇	度	一				○				一
	分	三三	二八	一七	五八	三五	○八	二〇	五〇	一二
八〇	度	一	○	一		○				一
	分	二四	二〇	○九	五三	三一	○七	一八	四五	○四
九〇	度	一	○			○				
	分	一五	一一	○二	四七	二八	○六	一六	三九	五七
百〇〇	度	一		○						
	分	○七	○四	五六	四二	二五	○六	一四	三五	五一
百一十	度	一	○							
	分	○三	○○	五三	四〇	二四	○五	一三	三三	四七
百二十	度	一	○							
	分	○一	五八	五一	三九	二三	○五	一三	三二	四六

黄道

南							黄道		北		
二七	三〇	三三	三六	三九	四二	四五	四八	五一	五四	五七	六〇
	一	○								○	一
五六	○○	五六	四六	三二	一三	○五	二三	三九	五一	五八	○一
	一	○								○	一
五八	○二	五八	四七	三三	一三	○五	二四	四〇	五二	五九	○三
一			○						○		一
○三	○六	○二	五一	三五	一四	○六	二五	四二	五五	○三	○七
一			○						○		一
一一	一五	○九	五七	三九	一六	○六	二八	四七	○二	一〇	一五

			○						一		
二○	二五	一八	○四	四五	一八	○七	三二	五三	○九	一九	二四
			一						○		一
二九	三四	二八	一一	五○	二○	○八	三五	五七	一七	二七	三三
			一						一		
三二	三九	三二	一五	五二	二一	○八	三六	○一	一九	三○	三六
			○						一		一
二七	三四	二九	一三	五一	二一	○八	三六	五九	一八	二九	三三
			一	○							
一八	二五	二○	○六	四六	一九	○七	三三	五四	一一	二一	二四
一			○						一		
○九	一五	一一	五八	四一	一七	○六	二九	四八	○三	一二	一二
一			○						○		
○二	○六	○三	五一	三六	一五	○六	二六	四二	五六	○五	○七
									一		
五八	○二	五八	四八	三三	一三	○五	二四	四○	五二	○○	○三
五六	○○	五六	四六	三二	一三	○五	二三	三九	五一	五八	○一
					黄道						

火星纬度立成引数上横行，小轮心定度，累加二度。首直行，自行定
度，累加四度。

自行定度		北							黄道		
		小轮心定度									
	度	一	三	五	七	九	一一	一三	一五	一七	
初	度	○									
	分	三九	三八	三五	三一	二七	二○	一三	○五	○三	
○四	度	○									
	分	四一	四○	三七	三三	二九	二二	一四	○五	○三	
○八	度	○									
	分	四四	四三	四○	三五	三一	二三	一五	○六	○三	
一二	度	○									
	分	四七	四六	四三	三八	三三	二六	一六	○六	○四	

一六	度	〇							
	分	五三	五一	四八	四四	三八	二九	一八	〇七	〇四
二〇	度	〇							
	分	五九	五八	五五	四九	四三	三三	二二	〇八	〇五
二四	度	一			〇				
	分	〇九	〇八	〇四	五七	五〇	三九	二五	〇九	〇六
二八	度	一				〇			
	分	二〇	一九	一三	〇六	五七	四四	二八	一一	〇七
三二	度	一					〇		
	分	二九	二八	二六	一九	〇九	五四	二五	一三	〇九
三六	度	一						〇	
	分	五二	五〇	四四	三四	二二	〇三	四一	一五	一一
四〇	度	二				一			
	分	一〇	〇九	〇一	五〇	三五	一四	四七	一七	一三
四四	度	二				一			
	分	三〇	二八	一九	〇四	四七	二三	五四	二〇	一七
四八	度	二					一		〇
	分	五一	五〇	四〇	二五	〇五	三七	〇二	二三	二一
五二	度	三				二	一		〇
	分	一八	一五	〇二	四四	二二	五〇	一一	二六	二八
五六	度	三					二	一	〇
	分	四五	四一	二六	〇五	三九	〇三	一八	二九	三三
六〇	度	四	二				二	一	〇
	分	〇三	五二	二八	〇三	三四	五六	一三	二七	二九

黄道

南										
一九	二一	二三	二五	二七	二九	三一	三三	三五	三七	三九
			〇							
一〇	一八	二四	三〇	三三	三五	三四	三二	二七	二〇	一三
			〇							
一一	一九	二五	三一	三四	三六	三五	三二	二七	二〇	一三
			〇							
一二	二〇	二七	三三	三七	三八	三六	三三	二八	二一	一三
			〇							
一三	二三	三一	三七	四一	四二	四〇	三六	三〇	三二	一四
			〇							

一五	二六	三五	四二〇	四七	四八	四六	四〇	三四	二五	一五
一八	三一	四一	四九〇	五三一	五四	五一	四六〇	三七	二九	一八
二一	三七	四九	五九一	〇五	〇五	〇二	五四	四四〇	三二	二〇
二五	四三	五八	一〇一	一六	一七	一四	〇五	五四	四〇〇	二四
二九	五一一	〇七	二二一	二九	三一	二七	一六	〇三	四七〇	二九
三六	〇二一	二三	四一二	四八	四九	四一	二八一	一六	五五	三四〇
四五	一八一	四五二	〇六二	一四	一四	〇五	五〇一	三〇	〇六	四〇〇
五七一	三八二	二二二	三七三	四八	四八	二六	一七二	五二一	二二一	五〇〇
一二一	〇四二	二三三	一五四	二八	二九	一七	五二三	二〇二	四三	〇二一
三四一	四三三	三五四	一五五	一九	二八	〇九	三四四	五三三	〇七二	一八一
五三一	一八二	二六四	二三五	四八六	五一	二七	四三五	四七四	四五三	四〇二
三九	五八	〇九	二〇	一〇	四一	二三	五〇	四九	三三	一〇

黄道	北									
四一	四三	四五	四七	四九	五一	五三	三五	五七	五九	六一
										〇
〇五	〇二	一〇	一八	二五	三二	三五	三七	三九	四〇	三九〇
〇五	〇二	一〇	一八	二五	三一	三四	三七	四〇	四一	四一〇
〇五	〇二	一一	一九	二六	三一	三七	四〇	四三	四四	四四〇
〇六	〇二	一二	二〇	二八	三四	三九	四三	四六	四八	四七

										(○)
○六	○三	一二	二二	三○	三六	四二	四七	五○	五二	五五
○七	○三	一三	二四	三三	四○	四七	五二	五七	五九	五九(一)
○八	○三	一五	二七	三七	四六	五五(一)	○○	○五	○八	○九(一)
一○	○三	一七	三一	四四	五二(一)	○三	一○	一六	一八	三○(二)
一二	○四	二○	二六	五一	○二(一)	一一	一二	二七	二九	二九(一)
一三	○五	二三	四一	五六(一)	一五	二三	三五	四四(二)	五○	五一(二)
一六	○六	二八	五一	一二(一)	二八	四二	五四(二)	○三	○八	一○(二)
二○(○)	○七	三三	五九	二三	四三	五九(二)	一三	二四	○八	二三(二)
二五(○)	○八	三八	○九(一)	三六	五八(二)	一五	二一	四三	四九	五一(三)
三一(○)	○九	四三	一八(一)	四九(二)	一五	三六	五五(三)	○九	一七	一八(三)
四○(○)	一○	五○	三○(一)	○五(二三)	二四	五八	一九	三四	四四(四)	四六(四)
五二	一一	五七	四三	二二	三七	二一	四四	五九	○七	○三

黄道

火星纬度立成

自行定度		北								黄道
		小轮心定度								
	度	○一	○三	○五	○七	○九	一一	一三	一五	一七
六○	度	四	一三			二	一		○	
	分	○三	五二	二八	○三	三四	五六	一三	二七	二九
六四	度	三			二		一		○	
	分	三九	二七	○五	四○	一四	四一	○四	二三	二二

六八	度	三		二		一		○		
	分	一四	○四	四三	二一	五七	二八	五五	二〇	一七
七二	度	二				一				
	分	四六	三七	二〇	○二	四二	一七	四八	一八	一四
七六	度	二			一	○	一	○		
	分	二八	一九	○三	四七	二九	○七	四二	一四	一一
八〇	度	二		一			○			
	分	○七	○○	四六	三二	一六	五七	三六	一三	○九
八四	度	一				○				
	分	四八	四二	二八	一五	○一	四六	二九	一一	○七
八八	度	一			○					
	分	二八	二四	一五	○四	五四	四一	二六	○九	○六
九二	度	一		○						
	分	一八	一三	○五	五七	四七	三五	二二	○八	○五
九六	度	一	○							
	分	○七	○三	五五	四八	四〇	三〇	一九	○七	○四
百〇〇	度	○								
	分	五八	五五	四九	四二	三五	二七	一七	○六	○四
百〇四	度	○								
	分	五一	四八	四三	三八	三二	二四	一五	○六	○三
百〇八	度	○								
	分	四七	四五	四〇	三五	二九	二二	一四	○五	○三
百一二	度	○								
	分	四三	四二	三七	三三	二七	二一	一三	○五	○三
百一六	度	○								
	分	四〇	一九	三六	三一	二六	二〇	一三	○五	○三
百二〇	度	○								
	分	三九	三八	三五	三一	二七	二〇	一三	○五	○三
										黄道

南										
一九	二一	二三	二五	二七	二九	三一	三三	三五	三七	三九
一	二		四	五	六	六		五	四	三	二
三九	五八	○九	二〇	一〇	四一	三三	五〇	四九	三三	一〇
一	二	三	四		五			四	三	二

一六	一六一	一三二	一二三	五八	三三四	四五	三○	五一三	四七	二六二
五九一	四七	二九二	一二一	四七三	一三三	四二	一五	五○二	○四	○○一
四八一	二五	○○	三六二	○一	二○二	二六	一七	五六	一九一	三一
三八	○九一	三六	○四	二四	三九二	四八	三八	二二一	五二	一二○
三一	五五○	一八一	三九	五六	○七一	一二	○七	五三	二九	五八○
二六	四六	○四	二二一	三三	四三一	四七	四三	三一	一一○	四六
二二	三九	五五	一○一	二一	二八	八九	二五	一四	五七○	三七
一八	三三	四六	五九	○八	一五一	一六	一二	○三○	五○	三二
一五	二七	三九	四九	五七	○三○	○三	○○	五四	四二	二七
一四	二四	三三	四二	四八	五三○	五三	五○	四四	三五	二三
一二	二一	二九	三七	四三	四七○	四七	四四	三七	三○	一九
一一	一九	二七	三三	三七	四一○	四○	三九	三四	二六	一七
一○	一八	二五	三一	三五	八八○	三七	三五	三○	二三	一五
一○	一七	二四	三○	三三	三六○	三五	三二	二八	二一	一四
一○	一八	二四	三○	三三	三五	三四	三一	二七	二○	一三

黄道										
四一	四三	四五	四七	四九	五一	五三	五五	五七	五九	六一
○			一	二	三		○	三	四	
五二	一一	五七	四三	二二	三七	二一	四四	五九	○七	○三

一	○	一		二	三					
〇〇	一二	〇二	五一	三二	〇三	三五	四一	五〇	五〇	三九
〇		一		二	三					
五二	一一	五六	四一	一六	四三	〇二	一六	二二	二一	一四
〇				二						
三八	一〇	四九	二九	〇六	二四	三九	五三	五六	五四	四六
〇			一	二						
三〇	〇八	四二	一六	四三	〇四	一八	二九	三三	三三	二八
				二						
二四	〇七	三七	〇七	三一	四九	〇二	一一	一四	一二	〇七
				一						
一九	〇六	三二	五八	一八	〇二	四五	五二	五四	五三	四八
			一							
一六	〇五	二八	四九	〇七	一九	二八	三二	三二	三一	二八
					一					
一三	〇四	二二	四〇	五五	〇六	一三	一八	二二	二一	一八
					一				一	○
一一	〇四	二〇	三六	四八	五八	〇四	〇九	一一	一〇	〇七
〇九	〇三	一七	三一	四一	四九	五四	五九	五九	〇〇	五八
〇八	〇三	一五	二七	三六	四三	四八	五二	五三	五三	五一
〇七	〇三	一三	二三	三二	三八	四二	四七	四八	四八	四七
〇六	〇二	一三	二二	二九	三七	三九	四三	四四	四五	四三
〇六	〇二	一一	二〇	三七	三四	三七	四〇	四一	四二	四〇
〇五	〇二	一〇	一八	二五	三二	三五	三七	三九	四〇	三九

黄道

金星纬度立成引数自行定度，累加三度。小轮心定度，累加二度。

北										
自行定度	小轮心定度									
	度	○○	○二	○四	○六	○八	一○	一二	一四	一六
初	度	○					一			
	分	一三	二八	四一	四九	五八	○三	一○	一一	一二
○三	度	○				一				
	分	二四	三八	四八	五八	○六	一○	一三	一二	一一
○六	度	○			一					
	分	三六	五○	五八	六○	一二	一五	一四	一一	○九
○九	度	○		一						
	分	四七	五八	○七	一三	一七	一七	一四	○九	○四
一二	度	○	一							○
	分	五八	○九	一四	一八	二○	一八	一四	○一	五七
一五	度	一							○	
	分	○九	一八	二三	二三	二一	一八	一一	五七	五一
一八	度	一						○		
	分	一九	二七	二六	二七	二二	一五	○八	四七	四○
二一	度	一						○		
	分	二九	三四	三三	二九	二二	一二	五九	三九	二九
二四	度	一						○		
	分	三九	四二	三九	三一	一九	○九	五五	三一	一八
二七	度	一						○		
	分	四八	四八	四二	三八	一七	○四	四五	二一	○七
三○	度	一						○		
	分	五八	五六	四七	三四	○九	○一	四一	一一	一○
三三	度	二		一			○			
	分	○六	○四	四八	三二	五九	五一	三五	○七	二一
三六	度	二		一			○			
	分	一五	○六	四九	二八	四八	三九	一九	二五	四一
三九	度	二		一			○			一
	分	二二	二八	四五	二二	二七	二四	一七	四八	○四
二四	度	二		一			○		一	
	分	二五	○五	三八	○八	一七	○三	四五	一七	三二

北　　　　　北　黄道　南

北黄道　南　　　南

一八	二○	二二	二四	二六	二八	三○	三二	三四	三六	三八
一二	○八	○二	五四	四三	二八	一三	○○	一七	三二	四八
○九	○二	五四	四四	三二	一七	○二	一三	二八	四二	五六一
○四	五四	四六	三二	一八	○五	一○	二四	三八	五一	○二一
五八	四六	三六	二二	○八	○七	二一	三三	四六	五七一	○六
四八	三六	二四	一○	○四	一九	三二	四三	五四一	○一一	○八
四一	二七	○六	○一	一六	三一	四三	五二	○○	○六一	一○
二九	一二	○八	一七	一九	四四	五三	○○	○五	○九○	○九
二七	○二	二二	三一	四二	五六一	○三	○八	一一	一一一	○八
○三	一六	三一	四六	五六一	○八	一三	一六	一六	一四一	○七
○八	二九	四四	五九	○九	一八	二二	二二	二九	一三一	○四
二一	四三一	五八	一三	二四	三○	三二	三○	二三	一五一	○二○
三九	○一一	一七	三○	三九	四二	四○	三五	二四	一一一	五五○
五九	二二	二七	四八	五五	五五	四九	四○	二三	○七○	四五
二二	五五二	五八	○七	一一	○六一	五六	四二	二○	五九○	三三
五○	一三	二三	二八	二八	一五	五九	三九	一二	四六	一五

南　　　南黄

南黄道　北

四〇	四二	四四	四六	四八	五〇	五二	五四	五六	五八	六〇
				〇						
〇〇	〇八	一二	一一	〇六一	五九	四八	三四	一九	〇二	一三
〇四	一一	一二	一〇	〇三一	五六	四〇	二四	〇八	一〇	二四
〇九	一三	一一	〇六	五一一	四四	三一	一二	〇五	二二	三六
一〇	一二	〇八	一一	五〇	五五	一九	〇一	一六	三四	四七
一〇	〇八	〇三	五四	四一	二四	〇八	一一	二八	四六	五八一
〇九	〇五	五七	四六	三二	一四	〇三	二二	四〇〇	五七	〇九
〇六一	五九〇	四八	三四	一九	〇一	一八	三七	五五一	一〇	一九
〇二	五二	三九	二三	〇六	一四	三三	五一	〇八	二二	二九
五八〇	四五	三〇	一三	〇七一	二九	四七一	〇六	二一	三四	三九
五一〇	三七	一九	〇一	二〇	四三	〇一一	一九	三二	四四	四八
四六	二八	〇九	一二	三三	五七一	一六	三三	四六二	五七	五八
三七	一六	〇七	二九	五一一	一七	三四	五〇二	〇一	〇七	〇六
二四	〇一	三五	四八一	一三	三七	五四二	〇八	一五	二〇	一五
〇八	二〇	四六一	一一	三四二	五九	一五	二七	三〇	三二	二二
一五	四六	一四	四〇	〇一	二五	三八	四六	四五	四一	二五

道　北　　　　　　　　　　　　　　　　北

金星纬度立成

自行定度		北 小轮心定度					北 黄道			南
	度	○○	○二	○四	○六	○八	一○	一二	一四	一六
四二	度	二		一		○			一	
	分	二五	○五	三八	○八	二七	○三	四五	一七	三二
四五	度	二		一	○			一		二
	分	二八	○○	二五	四五	○○	二四	二○	五六	○六
四八	度	二	一	一			一	二		
	分	二五	四八	○四	二四	三八	○四	○七	四六	五一
五一	度	二	一	○		一		三		
	分	一七	二四	三○	三○	三三	五八	一二	五二	四八
五四	度	一	○	○	一	二	三	四	五	
	分	五七	五○	一八	三一	二○	四一	三○	○九	○○
五七	度	一	○	一	二	三	四	五	六	
	分	一五	○七	二八	一五	四○	三五	四七	三○	一七
六一	度	○	一	二	四	五	六		七	
	分	一三	一九	四三	○七	○○	○一	五○	一一	一五
六三	度	○	二	三	四	五	六			
	分	四九	○七	一七	二一	二三	○五	○九	一五	三九
六六	度	一	二	三	四		五			六
	分	三一	三一	二三	二九	五七	二三	○八	○三	二二
六九	度	一	二	三		四		三	四	
	分	五一	三七	一二	四三	一九	三三	○七	五四	○四
七二	度	一	二	二	三			二		
	分	五九	三一	五六	一四	三八	四三	一四	五七	五七
七五	度			二			三	二		
	分	○二	二五	四○	五○	五四	○三	三三	一四	○六
七八	度	一	二	二				一		
	分	五九	一五	二三	二八	三五	二九	五九	四○	二九
八一	度	一	二	二				一		○
	分	五六	○六	○八	○八	○二	○○	三一	一○	五七
八四	度	一		一						○
	分	四九	五四	五三	五○	四七	三七	○九	四八	三四

南			南			南

一八	二○	二二	二四	二六	二八	三○	三二	三四	三六	三八
	二					一		○		
五○	一三	二三	二八	二八	一五	五九	三九 一	一二 ○	四六	一五
二四 三	五九	五三	五二	四四	二六 二	○二 一	三五	五九	二六	一一
○七 四	二三	三八	二六 三	○三	三二 二	五九	二三	三九	○三 ○	五一 一
二八	一二 四	二二	五七 三	一八	三四 二	五一 一	○三	○七	四四 一	三七 二
○八	三四 五	五一 五	一九 四	三二 三	三○ 二	三一 ○	二九	四二 一	四三 三	四五 四
一六	○○ 六	二七 五	三四 四	二五 二	○三 一	四九	二六 一	四九 三	○六 四	○○ 五
○三	二九 四	二四	○八 二	四八	一三	一三	三八 二	○九 三	二六 四	三○ 五
一七 四	五二 三	二六	四二 一	二七 ○	○七	一五 一	二九 二	四七 三	五二 四	四五 五
五三 三	二八 二	○二 一	二五 ○	二○	四八 一	五七 二	五六 三	五四	四一 四	一四
三四	四二 一	四八 ○	四○	二九 一	二九 二	一七	○二 三	四四 三	一五	三二
二八 一	三九 ○	五二	○六	○一 一	四九 二	二五	五八 三	二三 三	四四	四八
三九	五三 ○	一二	三八	二二 一	○一 二	二八	二五	○六	一六	一三
○三	○九	一五	五八 一	三一	○五 二	二五	四一	五○	五二	四三
三三	○七	四四	一七 一	四○	○八 二	二二	三二	三三	三○	一七 一
○二	二四	五二	二三	四四	○五	一五	二一	一八	一○	五四

黄道　北

南　黄道　北										
四〇	四二	四四	四六	四八	五〇	五二	五四	五六	五八	六〇
〇 一五	四六 一	一四	二 四〇 二	〇一	二五 二	三八 三	四六	四五	四一 二	二五
四四 一	五八 二	四六	一四	三五 三	五七	〇六	〇八	〇二	五一 二	二八
二五 二	〇二 三	三三	五七	一四 四	三四	三八	三二 三	一七	五七	二五 二
二一 三	〇一 四	三三	五四	〇九	二二	一八	五八	三四	〇三 二	一七 一
三四 四	一六 五	四六 六	〇三	一〇	一四 五	五八	二七 四	四四 三	五〇 二	五七 一
五八 六	四一	〇六 七	一五	一二 六	五九	〇三 五	三九 四	三八 三	三四 一	一五 〇
二一 六	五八	一三	〇九	五〇 五	二一 四	三三 三	二四	〇五 一	四四	一三
二一 五	四三	四六	二九	〇〇 四	〇八 三	二三 二	〇八 一	五〇 〇	三二	四九 一
三五 四	四一	三四	一〇 三	三一 二	四九 一	五六	四九 〇	四〇	五四 一	三〇
四〇 三	三六	二〇	五二 二	一六 〇	三一	四五	四八	〇八 一	〇〇	五一
四七 三	三六 二	一五	四六 一	〇	三〇	五〇	〇四 一	四一	二二	五九 二
〇四 二	四六	二五 一	五五	二二 〇	四七	一二	二六 一	〇三	三四	〇二
三一 二	一一 一	四七	一八 〇	四八	一五	一四	四七 一	一六	一九	五九
〇一 〇	四〇 一	一五	四八 〇	二〇	一一	三六	〇〇 一	二三	四二	五七
三六	一五	五〇	二五	〇一	二七	四七	〇九	二六	三九	四九

北　黄道　南		南

金星纬度立成

南										
自行定度		小轮心定度								
	度	○○	○二	○四	○六	○八	一○	一二	一四	一六
八一	度	一	二			二		一		○
	分	五六	○六	○八	○八	○二	○○	三一	一○	五七
八四	度	一				一		○		
	分	四九	五四	五三	五○	四七	三七	○九	四八	三四
八七	度	一				一		○		
	分	四○	四一	三九	三二	二七	一五	四八	二九	二四
九○	度	一				一	○			
	分	三二	三○	二四	一六	○八	五五	三一	一二	○三
九三	度	一			○					
	分	二二	一八	一○	○二	五三	四○	一七	○一	一四
九六	度	一		○						
	分	一三	○八	○○	四八	三八	二六	○四	一三	二五
九九	度	一	○							
	分	○三	五六	四五	三六	二五	二四	○九	二三	四三
百○二	度	○				○				
	分	五三	四四	三三	二三	一一	○一	二一	四六	四四
百○五	度	○				○				
	分	四二	三一	一八	九○	○四	一五	三二	四六	五四
百○八	度	○				○				一
	分	三二	一九	○六	○四	一八	二八	四二	五三	○一
百一一	度	○				○			一	
	分	二一	○七	○六	一六	二九	三九	五二	○一	○七
百一四	度	○				○			一	
	分	一一	○四	一八	二九	四一	四九	五八	○六	一○

百一七	度	○				○		一		
	分	○二	一六	二九	三九	四九	五七	○五	○九	一二
百二○	度					○				
	分	一三	一八	四一	四九	五八	○三	一○	一一	一二

黄道　　　北

南	黄道	北								
一八	二○	二二	二四	二六	二八	三○	三二	三四	三六	三八
三三	○七	四四	一七	四○	二○八	二二	三二	三三	三○	一七
○二	二四	五二	二三	四四	二○五	一五	二一	一八	一○	五四
○七	三八	一○二	二九	四六	○一	○六	○八	○二	五二	三四
二四	四八	一一一	三三	四六	五七	五八	五六	四七	三五	一五
三一	五二	一一二	三○	四一	四八	四八	四四	三二	一九	○○
四○	○四	一六	三二	三七	四一	三九	三五	二一	○六	四七
四七	○八	一七	二九	三二	三三	二九	二二	○八	五三	三二
五五	○九	一八	二六	二八	二五	一九	一○	五○	三九	一八
○三	一三	二二	二六	二三	一七	○九	五八	四一	二四	○四
○八	一五	一八	二一	一六	○九	五八	四五	二八	一一	○九
一一	一七	一七	一五	○九	○○	四七	三三	一五	○一	二一
一三	一六	一三	○九	○二	五九	二六	二二	○四	一三	三一

一三	一三	〇八	〇二	五二	三九	二四	一〇	〇八	二四	四一
			〇				一			
一二	〇八	〇二	五四	四三	二八	一三	〇〇	一七	三二	四八

北　　　　　　　　　　　　　　　　黄道　南

北　黄道　南　　　　　　　　　　南

四〇	四二	四四	四六	四八	五〇	五二	五四	五六	五八	六〇
	一	一	〇			一				
〇一	四〇	一五	四八	二〇	一一	三六	〇〇	二三	四二	五六
		〇				一				
三六	一五	五〇	二五	〇一	二七	四七	〇九	二六	三九	四九
〇	〇					一				
一六	五三	三〇	〇七	一六	三九	五七	一三	二五	三四	四〇
〇		〇				一				〇
五六	三三	一一	一一	三一	五一	〇四	一七	二五	三〇	三二
〇		〇				一				
四一	一五	〇二	二一	三八	五五	〇六	一五	二〇	二二	二二
		〇				一				
二九	〇六	一三	三一	四六	五九	〇八	一三	二〇	一六	一三
		〇			一					
一三	〇六	二四	三九	五二	〇三	〇九	一一	一一	〇八	〇三
		〇			一					〇
〇一	一九	三四	四七	五八	〇五	〇九	〇九	〇五	〇〇	五三
		〇		一					〇	
〇六	三二	四六	五七	〇五	〇九	一〇	〇七	〇一	五二	四三
			一				〇			
二六	四二	五五	〇三	〇八	一〇	〇八	〇二	〇三	四三	三二
		一					〇			
三七	五一	〇二	〇八	一一	〇九	〇六	五七	四六	三三	二一
		〇					〇			
四五	五八	〇六	一〇	一二	〇八	〇一	五〇	三七	二四	一〇

〇	一	一				〇				
五三	〇四	一〇	一二	一〇	〇三	五五	四一	二七	一二	〇〇
一		一			〇					
〇〇	〇八	一二	一一	〇六	五九	四八	三四	一九	〇二	一三
								南　黄道　北		

水星纬度立成引数，法同金星。

南										
自行定度		小轮心定度								
	度	〇	二	四	六	八	一〇	一二	一四	一六
初	度	〇	一					一		
	分	四五	〇二	一六	二七	三五	三八	四四	四四	四五
三	度	〇	一					一		
	分	五九	一六	三〇	三九	四四	四六	四八	四六	四四
六	度	一						一		
	分	一五	三一	四二	五〇	五四	五三	五二	四七	四二
九	度	一		二			一	〇	一	
	分	二九	四四	五六	〇〇	〇一	五八	五四	四六	三九
一二	度	一		二				一		
	分	四五	五八	〇六	〇九	〇六	〇〇	五三	四〇	三〇
一五	度	一	二				一		一	
	分	五八	一〇	一五	一四	〇八	五九	四八	三四	二〇
一八	度	二						一		
	分	一〇	二〇	二四	二一	一一	〇〇	四五	二七	〇九
二一	度	二					一	一		〇
	分	二二	二九	二八	二一	〇九	五三	三五	一四	五四
二四	度	二				一		一	〇	
	分	三一	三四	三〇	二一	〇四	四七	二三	五九	三八
二七	度	二				一		一		
	分	四二	四二	三三		五七	三七	一〇	四二	二〇
三〇	度	二				一		〇		
	分	五一	四七	三六	一七	五一	二八	五七	二七	〇〇

三三	度	二				一		○		
	分	五七	四七	三三	一○	三八	一一	三八	○五	二二
三六	度	二				一		○	○	
	分	五九	四七	二五	五九	二三	五二	一五	一八	四七
三九	度	三	二			一		○		
	分	○○	四三	一六	四五	○五	三一	○七	四五	一四
四二	度	二				一		○	一	
	分	五六	三五	○二	二七	四三	○五	三六	一二	四二

南　　　南　黄道　北

						南 黄道 北				
一八	二○	二二	二四	二六	二八	三○	三二	三四	三六	三八
四六	四五	四一	二一	二三	○七	四五	二一	○五	三五	五九一
四二	三六	三一	二一	○六	五○	三一	○八	一七	四五	○八一
三五	二五	一七	○五	四九	三二	一五	○七	三○	五六一	一六
二九	一四	○三	四八	三二	一三	○一	二○	四三	○六一	二三
一六	五八	四五	二九	一○	○八	一五	三四	五三一	一三	二七
○四	四二	二八	一一	○七	二四	二八	四五	○二一	一八	二八
五一	二六	一一	○八	二五	四一	四○	五六一	一○	二二	二九
三二	○七	一一	二九	四五一	四九	五二	○四	一三	二一	二五
一五	一二	三○	四八一	○一	一四	○一	○八	一六	一八	一九
○六	三四	五二二	○九一	二一	三○	一二	一六	一七	一六	一一

二七/一	五六	一三	三○	三八	四五	二一	二○	一八	一一	○三/○
五○/一	二○	三六	五○/二	五五	五八	二六/一	二一	一四	○一/○	四九
一五	四三/二	五七	○八/○	○八	○四	二九/一	一八	○七/○	四九	三二
四一/二	○七/○	一九	二五	二○	一三	三○/一	一三	五五/○	三四	一三
○八	三二	三九	四○/○	三○	一六	二六	○五/○	四一	一四	一一

北　　黄道

								北　黄道	南	
四○	四二	四四	四六	四八/一	五○/○	五二	五四	五六	五八	六○
二一	三六	四四	四一	三二/一	一八	五五	三○/○	○四	二四	四五/一
二七	四○	四五	三九	二六/一	○八/○	四四	一四	一二	四一/一	○三
三二	四二	四三	三三	一七/一	五七/○	二九	○一	三○	○○/一	三一
三六	四三	四一	二九	○九/○	四五	一五	二○	四八/一	一八	三九
三六	三九	三四	一八	五五	二八	○四/○	四○	○九/一	三九	五九/二
三四	三四	二六	○七/○	四一	一二	二一	五七/一	二六	五六/二	一四
三二	二八	一七	五五/○	二六	○五	三九	一六	四四/二	一二	二九
二五	一六	○三/○	三八	○七/一	四四	○○	三七	○四/二	三○	四四
一六	○五/○	四八	二一	一一/一	○六	一九	五四/二	二○	四四/三	五五
○五/○	四九	三○	○二	三二/一	二八	四○	一五	三九	○○/三	○八

五二	三四	一三	一九	五四一	二八二	○一	三六	五七三	一四	一九
三五	一五	一○	四二一	一八一	五二二	二四	五四三	一二	二六	二七
一五	○八	三五一	○六	四一二	一五	四四三	一二	二四	三三	二九
○八一	三五	○一二	三三二	○七三	三八	○三	二七	三五	三九	三○
三七	○二	三○二	○一二	三四	○一	二二	四○	四四	四二	二六
南										南

水星纬度立成

自行定度		南　　　　　　　　　　南　黄道　北								
		小轮心定度						一二	一四	一六
	度	○○	○二	○四	○六	○八	一○	一二	一四	一六
四二	度	二			一	○			一	一
	分	五六	三五	○二	二七	四三	五○	三六	一二	四二
四五	度	二				○		一		二
	分	四七	二○	五五	○四	一六	二五	○八	四四	一三
四八	度	二		一	○			一	二	二
	分	三三	○一	一八	三四	一七	五七	四一	一六	四三
五一	度	二	一	○			一	二		三
	分	一三	三八	四八	○二	五○	三一	一五	四七	一一
五四	度	一		○		一	二		三	三
	分	四八	○八	一六	三三	二七	○八	四九	一八	三八
五七	度	一	○		一		二	三	三	三
	分	一七	三四	一九	○八	五九	四○	一六	四二	五五
六○	度	○		一		二	三			四
	分	四五	○一	五二	三八	二八	○五	三八	五七	四○
六三	度	○		一	二		三			四
	分	一三	三一	二○	○三	四八	二一	四七	五九	○○
六六	度	○		一	二		三			三
	分	一八	五八	四二	二一	五九	二六	四四	五一	四三

六九	度	〇	一		二	三				三
	分	四三	一八	五七	三一	〇一	二三	三三	三三	三一
七二	度	一			二		三			二
	分	〇三	三二	〇五	三一	五四	一〇	一二	〇五	四八
七五	度	一			二					二
	分	一七	四一	〇八	二七	四二	五三	五〇	三九	一七
七八	度	一			二					一
	分	二六	四五	〇五	一八	二七	三三	五二	〇九	四六
一八	度	一			二			一		一
	分	三〇	四一	五七	〇五	〇八	一〇	五七	四一	一六
四八	度	一								〇
	分	二九	三八	四六	五〇	四九	四八	三二	一三	四八
				北						北

北黄

一八	二〇	二二	二四	二六	二八	三〇	三二	三四	三六	三八
三						一	〇			
〇八	三二	二九	四〇	三〇	一六	二六	〇五	四一	一四	一一
三六	五五	五七	五二	四三	一二	一七	四九	二一	一一	三九
三			二		一	〇		一		
〇二	一四	一〇	五八	三〇	〇二	〇三	三〇	〇五	四一	一二
			二	一	〇			一		
二四	二八	一六	五七	二二	四六	四三	〇三	三五	一五	四五
			二		〇		一			二
四五	四一	二〇	五一	〇七	一七	一八	二七	〇八	五〇	二二
三			二		〇					三
五四	四二	一二	三五	四二	五〇	一三	〇〇	四三	二四	五四
三			〇		一					三
五四	三〇	五三	〇七	一〇	一二	四五	三三	一五	五三	三三
二		〇		一	二	三				
四三	一〇	三六	三五	三三	二七	一七	〇五	四二	一六	四〇

明史卷三九

一九二	三九	五〇一	五六〇	〇八一	〇八一	四八	三一	〇三三	三二	四八
五〇一	〇四〇	一三	一六	四五一	四二二	一三	五一三	一八	三八	四七
一四一	二五〇	三四	二三	二一一	一二二	三三	〇四三	二五	三五	三七
四一〇	四九	〇二〇	五五一	五一二	三七	四八	一二三	二四	四九	二四
〇八〇	一六	三四一	二五	一五二	五五三	五六	一四	二〇	一七	〇八二
三七	一四	〇〇一	四七二	三一三	〇六	〇〇二	一二三	一二	〇二二	四六
一〇	三八	二三	〇四	四二	一一	五九	〇六	〇一	四六	二五

黄道　　南

道南									南
四〇	四二	四四一	四六	四八二	五〇三	五二三	五四	五六	五八	六〇
三七一	〇二二	三〇	〇一	三四三	〇一	二二三	四〇	四四	四二	二六
〇五	三四	〇一二	三〇	〇〇三	二三	三八三	四九	四七	三七	一五二
三八二	〇八一	三三三	五七	二二	二九	四九三	五三	四二	二五	五七二
一二	四〇三	〇四	二一	四一	五二四	五四三	四九	三三	〇七二	三三
四九三	一四	三二	四六四	五八	〇二	五五三	四〇	一六	四二二	〇二一
一九	三九	五三四	〇〇	〇三三	〇〇	四三三	二四二	五〇	〇八一	二五〇
四一	五七四	〇三	〇三三	五八	四六	二二二	五一	一七一	三一	四五〇
五四	〇四	五六	五六	四三	二三二	五四二	一六一	三九	五一	〇五

五六	五七	三五	三五	一六二	五○	一七一	三六	五九	一一○	三二一
四九	四三	三一	一○二	四四一	二四一	三八	五八○	二一	二四	○三一
三一二	一九	○三	三四一	○五一	三六○	○○○	二○	一三	五三一	二七
一三二	五五	三五	○三一	三一○	五八	二四○	一二	四二一	一七	四五
五○一	二七	○二一	三○○	五八	二五	○六○	四○一	○五	三三	五六
二五一	○○	三二	○○○	二八	○三	三一○	○二	二一	四四	○○一
○一	三三	四○	三二	○二	二八	五○	一七	三一	四八	五九
			南　黄道　北							北

水星纬度立成

自行定度	北									
		小轮心定度								
	度	○○	○二	○四	○六	○八	一○	一二	一四	一六
八一	度	一			二			一		
	分	三○	四一	五七	○五	○八	一○	五七	四一	一六
八四	度	一								○
	分	二九	三八	四六	五○	四九	四八	三二	一三	四八
八七	度	一							一	
	分	二七	三二	三四	三五	二九	二五	○八	四七	二二
九○	度	一						○		
	分	二一	二八	二一	一八	一○	○四	四五	二四	○一
九三	度	一			○					
	分	一二	一○	○四	五九	四八	四一	二二	○一	三二
九六	度	一	○							
	分	○一	五五	四八	四一	二九	二一	一○	一八	四○

九九	度	○								
	分	五二	四三	三三	二七	○九	○○	一九	三六	五七
百○二	度	○								一
	分	四○	二八	一七	○五	一○	一九	三七	五四	一二
百○五	度	○							一	
	分	二八	一四	○一	一一	二六	三六	五二	○七	二二
百○八	度	○						一		
	分	一五	○○	一五	二七	四一	五○	○五	一八	三一
百一一	度	○								
	分	○一	一八	三三	四五	五八	○六	一九	二八	三九
百一四	度	○		一						
	分	一五	三一	四八	○○	一二	一九	二九	三六	四四
百一七	度	○	一							
	分	三一	四八	○三	一四	五二	三○	三七	四一	四六
百二○	度	○	一							
	分	四五	○二	一六	二七	三五	三八	四四	四四	四六

南

北　黄道　南								南		
一八	二○	二二	二四	二六	二八	三○	三二	三四	三六	三八
○	○	一		二	三					二
三七	一四	○○	四七	三一	○六	○○	一二	一二	○二	四六
		一	二		三	二	三		二	
一○	三八	二三	○四	四二	一一	五九	○六	○一	四六	二五
一			二		三	二				一
一四	○○	四二	一九	五二	一五	五七	五八	四八	二八	○四
		二		三	二				一	
三六	一七	五三	二九	五五	一三	五二	四八	三三	○九	四三
	二		三	二				一		
五三	三一	○三	三二	五三	○七	四二	三五	一七	五○	二二
一	一	二								一

○九	四一	○一	三四	五○	五八	三一	二○	○○	三一	○二
一	一	二					一			○
二二	五二	一五	三五	四六	五一	二二	○八	四四	一三	四二
一	二						一		○	
三四	五九	一九	三五	四一	四○	一○	五三	二七	五五	二四
二					一				○	
四○	○二	一七	二八	三一	二七	五八	三八	一三	四○	○八
二						一			○	
四六	○三	一五	二二	二一	一五	四五	二四	五六	二二	○八
二					一				○	
五○	○三	一○	一二	○七	五七	二九	○六	三九	○五	二五
二			一				○			
五二	○○	○二	○一	五三	四一	一五	五一	二四	○九	三七
一						○				
五○	五二	五二	四八	三八	二四	五九	三六	○九	二三	四九
一						○				
四六	四五	四一	三六	二三	○七	四五	二一	○五	三五	五九

南　黄道　北

					南　黄道　北					北
四○	四二	四四	四六	四八	五○	五二	五四	五六	五八	六○
		一		○		一	一			二
二五	○○	三二	○○	二八	○三	三一	二○	二一	四四	○○
	一			○			一			
○一	三三	四○	三二	○二	二八	五○	一七	三一	四八	五九
一						一				
三八	○八	三八	○六	二二	四八	○九	三○	三九	五○	五七
	○									
一四	四三	一五	一六	四二	○五	二○	三七	四二	四九	四九
○					一					
五二	二○	○七	三五	五八	一七	二八	三九	四○	四一	三八
○				一				一		

三二	○○	二六	五○ 一	一一	二六	三三	三九	三六 一	三二	二五
一一	一八	四三 一	○五	二三	三五	三七	三九	三一 一	二四	一四 ○
○七	三七	○○ 一	一九	三三	四一	三九	三六	二五 一	一三	五九 ○
二三	四九 一	一二	二七	三七	四二	三六	二八	一五 一	五九	四四
三八 ○	○二 一	二○	三五	四○	四二 一	三二	二○	○四	四六	二九
五三 一	一五	三一	四○	四三	四○	三七	一○ ○	五○	二八	○九
○三 一	二五	三八	四三	四二	三五	一八	五八 ○	三六	一八	○九
一二 一	三一	四二	四二	三七	二七	○七 ○	四三	一九	○七	二七
二一	三六	四四	四一	三二	一八	五五 ○	三○	○四	二四	四五

北　黄道　南

　　太阴黄道南北纬度立成月离计都宫度为引数。原本引数宫纵列首行，度横列上行，分加减，作两立成。内有加减分，即相挨两度之较。今省去，合作一立成。

月离 计都度	初六宫 北南 加			一七宫 北南 加			二八宫 北南 加			月离 计度
度	度	分	秒	度	分	秒	度	分	秒	度
○	○○	○○		○二	三一	○六	○四	二一	五三	三○
一		○五	一六		三五	三九		二四	三○	二九
二		一○	三三		四○	三九		二七	一五	二八
三		一五	四八		四四	三五		二九	五四	二七
四		二一	○三		四八	五九		三二	四九	二六
五		二六	一八		五三	二○		三四	○六	二五
六		三一	三三	○三	五七	三七		三六	一七	二四
七		三六	四七		○一	五二		三八	二四	二三
八		四二	○四		○六	○四		四○	二五	二二

右顺		北宫五 南宫十一 减			北宫四 南宫十 减			北宫三 南宫九 减		左逆
九		四七	一五		一○	一二		四二	二二	一二
一○		五二	二八		一四	一八		四四	二三	二二
一一	○	五七	三九		一八	一九		四五	五九	九八
一二	一	○二	四九		二二	一六		四七	四○	八七
一三		○七	五七		二六	○九		四九	一五	七六
一四		一三	○四		二九	五九		五○	四五	六五
一五		一八	一○		三三	四五		五二	一○	五四
一六		二三	一五		三七	二七		五三	二九	四三
一七		二八	一八		四一	○五		五四	四四	三二
一八		三三	二○		四四	三九		五五	二二	二一
一九		三八	二一		四八	一○		五六	五六	
二○		四三	二一		五一	三六		五七	五四	一○
		四八	一七	三	五四	五七		五八	四六	九
二一		五三	一一	三四	五八	一四	四五	五九	三三	八
二二		五八	○三		○一	二六		○○	一四	七
二三	二	○二	五三		○四	二四		○	五○	六
二四		○七	四一		○七	三八		一	二一	五
二五		一二	二六		一○	三七		一	四六	四
二六		一七	一○		一三	三三		二	○五	三
二七		二一	五一		一六	二四		二	一九	二
二八		二六	三○		一九	一一		二	二七	一
二九		三一	○六		二一	五三		二	三三	
三○	○二	三一	○六	○四	二一	五三	○五	二	三三	○

太阴出入晨昏加减立成

日 数	一	二	三	四	五	六	七	八	九	十	十一	十二	十三	十四	十五
昏刻加差		三度	三	三	三	三	三	三	三	三	三	三	三	三	三
月入加差		三度	四	四半	五	六	六	七	八	八	九	九	九	十	十
日 数	十六	十七	十八	十九	二十	二一	二二	二三	二四	二五	二六	二七	二八	二九	三十

晨刻减差	三度	三	三	三	三	三	三	三	三	三	三	三	三	三
月出加差	三度	四	四半	五	六	六	七	七	七	八	八	九	九	十

五星伏见立成

自行定度		土星		木星		火星		金星				水星			
		晨见	夕伏	晨见	夕伏	晨见	夕伏	晨见	晨伏	夕见	夕伏	晨见	晨伏	夕见	夕伏
	宫	○	一	○	一	○	一	○	一	○	五	○	一	○	五
	度	二○	一○	一四	一六	二八	二	六三	一六	二四	二七	二五	一九	二一	五

五星顺留立成

小轮心定度 宫	度	宫	度	土星 宫	度	分	木星 宫	度	分	火星 宫	度	分	金星 宫	度	分	水星 宫	度	分
○	○	○	○	○	三	八	○	四	二三	○	五	二八	○	一五	五五	○	二七	三六
	六		二四						二四			二九			五五			三五
	一二		一八		九			九	二五			三四			五六			三一
	一八		一二		一一			一一	二七			四一			五八			二三
	二四	○	六		一四			一四	三○		一六	五○			○○			一二
一	○	二	○	一	一七		一	一七	三四	○	○○	二	○	二	○二	○	二六	五八

六	二四	二一		三九	一八		○六		四三
一二	一八	二六		四四	三五		一二		二八
一八	一二	三一		五○	五六		一七		一八
二四	○六	三八		五七	一七	九	二一	二五	五七
二〇○	○○	四五	○五	○四	四二		二八		四一
六	二四	五二		一二	一○		三三		二五
一二	一八	○○	二四	二二	三九		二八		○九
一八	一二	○七		三一	一○		四五		五四
二四	○六	一六		四○	四四		五○		三九
三〇○	○○	二四	九	五○	一八		五五		二五
六	二四	三三		五九	五四	一七	○四		一三
一二	一八	四一	六	○九	三一		一二		○九
一八	一二	五○		一八	一四		一九		五八
二四	○六	五八		二八	四七		二五		五五
四〇○	○○	○六	二五	三七	一五	二五	三一		五四
六	二四	一四		四六	一六		三六		五四
一二	一八	二一		五四	三六		四二	二三	五六

一八	一二		二八	○七	○二	一七	一○		四六		五九
二四	○六		三四		○二九		三九		五一	二四	○三
五○	○○	七	三九		一五	一八	○三		五五		○八
	六	二四	四四		二○		二八		五八		一三
一二	一八		四八		○四	四六	一八		○○		一九
一八	一二		五○		二六	五九			二○		二○
二四	○六		五二		二八		一九	○八	三○		二二
六○	六	三二五	五二	四	三○	五	九	五	○○四		二二

五星退留立成

小轮心定度		土星		木星			火星			金星			水星		
宫	度	宫	度	宫	度	分	宫	度	分	宫	度	分	宫	度	分
○	○○	○	○八	○	六	五二	○	二五	三七	○	二二	三二	○	七	二四
	六		一四			五二			三六			三一		五	二五
	一二		一八			五一			三五			二六		四	二九
	一八		一二			四九			三三			一九		二	三七
	二四	○	○六			四六			三○			一○		一	四八
一	○○	一	○○			四三			二六	一	一三		○	五八
一	一一											五八		○三	

		〇六	二四		三九	二一	四二	五四		一七
		一三	一八		三四	一六	二五	四八		三二
		一八	一二		二九	一〇	〇四	四二		四七
		二四	〇六		二三	〇三	四三	二九	〇四	〇三
二	一〇	〇〇	〇〇		一五	二四	五六	一八		一九
		〇六	二四		〇八	一九	四八	五〇		三五
		一二	一八		〇〇		三九	二一	〇五	五一
		一八	一二	〇五	五三	一八	二九	五〇	五	
三	九	二四	〇六		四四	一七	四三	一六	一二	二一
		〇〇	〇〇		三六	〇一	〇〇	〇六		三五
		〇六	二四		一七	一六	五一	二九	一二	四七
		一二	一八	二三	一九	一六	四二	四八		五一
		一八	一二	二三	一〇	一五	二三	四一	〇六	二一
四	八	二四	〇六	〇四	五四	二三	三五	三五	七	〇六
		〇〇	〇〇		四六	一四	五七	二四	〇六	〇六
		〇六	二四		三九	一三			〇六	〇六
		一二	一八		〇六	二四				〇四

一八	一二	三三	二二	五八	一二		一四	〇
二四	〇六	二六		五一	二一		〇九	五七
五 〇〇	七 〇〇	二一		四五	一一		〇五	五二
〇六	二四	一六		四〇			〇二	四七
一二	一八	一二		三六	一四			四一
一八	一二	一〇		三四	〇一	一一	五八	四〇
二四	〇六	〇八		三二	一〇		五七	三八
六 〇〇	六 〇〇	〇八		三〇		五一	五六	三八

西域昼夜时立成以午正太阳经度为引数。

引数	初宫 度	分	一宫 度	分	二宫 度	分	三宫 度	分	四宫 度	分	五宫 度	分
一	〇〇	四〇	二一	一八	四五	二三	七五	一八	一一〇	一〇	一四五	五九
二	〇一	二〇	二二	〇二	四六	一七	七六	二五	一一	一七	四七	一〇
三	〇二	二〇	二二	四六	四七	一一	七七	三一	一二	二九	四八	二一
四	〇二	四〇	二三	三〇	四八	〇五	七八	三七	一三	四一	四九	二二
五	〇三	二〇	二四	一四	四九	〇〇	七九	四四	一四	五三	五〇	四三
六	〇四	〇〇	二四	五九	四九	五七	八〇	五二	一六	〇五	五一	五七
七	〇四	四一	二五	四四	五〇	五二	八一	五九	一七	一七	五三	〇四
八	〇五	二一	二六	二〇	五一	四八	八三	〇七	一八	二九	五四	一五
九	〇六	〇一	二七	一五	五二	四五	八四	一五	一九	四一	五五	二六
一〇	〇六	四二	二八	〇〇	五三	四一	八五	二三	二〇	五三	五六	三六
一一	〇七	二二	二八	四七	五四	四〇	八六	三二	二二	〇五	五七	四七
一二	〇八	〇三	二九	三四	五五	三八	八七	四一	二三	一八	五八	七五

三	○八	四三	三○	二○	五六	三六	八八	四九	二四	三○	六○	○八
四	○九	二四	三一	○七	五七	三五	九○	○○	二五	四一	六一	一八
五	一○	○五	三一	五五	五八	三四	九一	○九	二六	五三	六二	二九
六	一○	四六	三三	四三	五九	三四	九二	一九	二八	○五	六三	三九
七	一一	二七	三三	三一	○六	三四	九三	三○	二九	一七	六四	四九
八	一二	○八	三四	一九	六一	三五	九四	四○	三○	二九	六五	五八
九	一二	四九	三五	○八	六二	三六	九五	五○	三一	四一	六七	一○
二○	一三	三一	三六	一七	六三	三七	九七	○○	三二	五二	六八	二○
一	一四	一二	三六	四六	六四	三九	九八	一一	三四	○四	六九	三○
二	一四	五四	三七	三七	六五	四一	九九	二二	三五	一六	七○	四○
三	一五	三六	三八	二七	六六	四四	一○○	三三	三六	二八	七一	五○
四	一六	一八	三九	一七	六七	四七	○一	四四	三七	三六	七三	○○
五	一七	○○	四○	○八	六八	四九	○二	五五	三八	五一	七四	一○
六	一七	四三	四一	○○	六九	五四	○四	○七	四○	○○	七五	二○
七	一八	二六	四一	五二	七○	五八	○五	一九	四一	一四	七六	三○
八	一九	○八	四三	四四	七二	二○	○六	三○	四二	二五	七七	四○
九	一九	五一	四三	三六	七三	○八	○七	四二	四三	三六	七八	五○
三○	二○	三四	四四	四四	二九	七四	一二	一○八	五三	四四	一四七	八○○○

六宮		七宮		八宮		九宮		十宮		十一宮	
度	分	度	分	度	分	度	分	度	分	度	分
一八一	一○	二一六	二四	二五二	一八	二八六	五二	三一六	二四	三四○	○九
八二	二○	一七	二五	五三	三○	八七	五六	一七	一六	四○	五二
八三	三○	一八	四六	五四	四一	八九	○二	一八	○八	四一	三四
八四	四○	一九	五八	五五	五三	九○	○六	一九	○○	四二	一七
八五	五○	二一	○九	五七	○五	九一	一一	一九	五二	四三	○○
八七	○○	二二	二一	五八	一六	九二	一三	二○	四三	四三	四二
八八	一○	二三	二二	五九	二七	九三	一六	二一	三三	四四	二四
八九	二○	二四	四四	六○	三八	九四	一九	二二	二三	四五	○六
九○	三○	二五	五六	六一	四九	九五	二一	二三	一三	四五	四八
九一	四○	二七	○八	六三	○○	九六	二四	二四	○三	四六	二九
九二	五○	二八	一九	六四	一○	九七	二四	二五	五二	四七	一一
九四	○一	二九	三一	六五	二○	九八	二五	二五	一五	四七	五二

九五	一一	三〇	四三	六六	三〇	九九	二六	二六	二九	四八	三三
九六	二一	三一	五五	六七	四一	〇〇八	二六	二七	一七	四九	一七
九七	三一	三三	〇七	六八	五一	〇二	二六	二八	〇五	四九	五五
九八	四二	三四	一九	七〇	〇〇	〇二	二六	二八	五二	五〇	三六
九九 三〇〇	五二	三五	三〇	七一	〇九	〇三	二四	二九	四〇	五一	一七
〇二	〇三	三六	四二	七二	一九	〇四	二四	三〇	二六	五一	五七
〇三	一三	三七	五五	七三	二八	〇五	二三	三一	一三	五二	二八
〇三	二四	三九	〇七	七四	三七	〇六	一九	三二	〇〇	五三	一八
〇四	三四	四〇	一九	七五	四五	〇七	一五	三二	四五	五三	五九
〇五	四五	四一	三一	七六	五三	〇八	一二	三三	三〇	五四	二九
〇六	五六	四二	四三	七八	〇一	〇九	〇八	三四	一五	五五	一九
〇八	〇六	四三	五五	七九	〇八	一〇	〇四	三五	〇〇	五六	〇〇
〇九	一七	四五	〇七	八〇	一六	一一	〇〇	三五	四六	五六	四〇
一〇	二八	四六	一九	八一	二三	二三	一一	五五	三六	五七	二〇
一二	三九	四七	三一	八二	二九	一二	四九	三七	一四	五八	〇〇
一三	五〇	四八	四三	八三	三五	一三	四三	三七	五八	五八	四〇
一四	〇一	四九	五五	八四	四二	一四	三四	三八	四二	五九	二〇
一五	一二	五一	〇七	八五	四八	四八	一五	三一	二九	二五	六〇 〇〇

昼夜加减差立成 太阳宫度为引数。

引数	初宫		一宫		二宫		三宫		四宫		五宫	
	分	秒	分	秒	分	秒	分	秒	分	秒	分	秒
一	〇七	五一	一	七	一二	二〇	四一	一五	五四	一一	〇七	一四 二六
二		八	一一		三六		三八		四〇		四		四〇
三			三一	七	五〇		三四		二七		三	四	五七
四	八	五一	八	〇五		三〇		一四		二	五	一三	
五	九	一一		一八		二五	五	〇一		一		二九	
六		三三		三一		二〇	四	四七		一	五	四六	
七	〇九	五三		四三		一四		三四		二	六	〇四	
八	一〇	一三	八	五二		〇八		二二		四		二二	
九		三三	九	〇六	二〇	〇一	四	〇九		六		三九	
一〇	〇	五四		一七	一九	五三	三	五五	〇八	六	五七	

一	一	一四		二七		四六		四五		一二	七	一六
二		三四		三七		三七		三三		一四		三五
三	一	五五		四五		二八		一一		二一	七	五四
四	二	一五	一九	五四		一九	三	一〇		二七	八	一三
五		三五	二〇	〇二	九	〇九	二	五九		三三		三三
六	二	五五		〇九	八	五九		四八		四七	八	五二
七	三	一四		一六		四八		三八		四九	九	一二
八		三四		二一		三七		二八	一	五四		三三
九	三	五三		二七		二六		一九	二	〇五	一九	五二
二〇	四	一二		三二		一五		一〇		一三	二〇	
一		三一		三六	八	〇三	二	〇一		二二		三三
二	四	五〇		三九	七	五五	一	五四		三一	〇	五三
三	五	〇八		四一		三八		四六		四一	一	一四
四		二六		四四		二六		四〇	二	五二		三四
五	五	四三		四五		一三		三三	三	〇四	一	五五
六	六	〇一		四六	七	〇〇		二七		一六	二	一五
七		一七		四六	六	四七		二二		二五		三六
八		三四		四六		三四		一八		四三	二	五六
九	六	五〇		四五		二〇		一三	三	五七	三	一六
三〇	一七	〇六	二〇	四三	一六	〇七	一一	一〇	一四	一一	二三	三六

六宮		七宮		八宮		九宮		十宮		十一宮	
分	秒	分	秒	分	秒	分	秒	分	秒	分	秒
二三	五六	三一	一八	二八	四二	一五	五五	〇三	〇三	〇〇	〇三
四	一六		二四		二六	五	二三	二	四七		三七
	三六		三〇	八	〇八	四	五三		三一		四四
四	五六		三四	七	四八	四	二三		一六	〇	五二
五	一五		三八		二九	三	五三	二	〇一	一	〇一
	三四		四二	七	〇八	三	二三	一	四八		一一
五	五七		四	六	四七	二	五四		三五		二二
六	一二		六		二五	二	二四		二二		三二
	三〇		七	六	〇三	一	五五		一一		四四

六	四八		七	五	三七	一	二六	一	〇一	一	五六
七	〇五		七	五	一六	〇	五八	〇	五一	二	〇九
	二四		五	四	五一		二九		四二		二二
	四〇		三	四	二七	一〇	〇〇		三四		三五
七	五六		四〇	三	五七	〇九	五三		二七	二	五〇
八	一一		三六		三五	九	〇五		二一	三	〇五
	二八		三二	三	〇四	八	三九		一六		二〇
	四三		二六	二	三五	八	一二		一一		三六
八	五八		二〇	二	〇六	七	四六		〇七	三	五一
九	一一		一三	一	四〇	七	二一		四		〇八
	二五	一	〇五	一	一三	六	五六		一		二五
	三九	〇	五六	〇	四七		二二		〇	四	四二
二九	五六		四六	〇二	二〇	六	〇八		〇	五	〇〇
三〇	〇四		三六	一九	三五	五	四五		一		一七
	一五		二五	九	二三		二二		二		三六
	二六		一三	八	五四	五	〇〇		六	五	五五
	三六	三〇	〇〇	八	二四	四	三九	〇九	六		一三
	四六	二九	五六	七	五四	四	一九		一三		三二
〇	五五		三二	七	二四	三	五九		一五	六	五一
一	〇三		一六	六	五四		四〇		一八	七	一一
三一	一一	二九	〇〇	六	二四	〇三	三二	〇〇	一四	〇七	三一

太阳太阴昼夜时行影径分立成 太阳太阴自行宫度为引数。

引数				太阳日行分	太阳时行分	太阳径分	太阳影差分	太阳比敷分	太阴日行分	太阴时行分	太阴径分	太阴影径分	太阴比敷分
宫	度	宫	度	分秒	分秒	分秒	分秒	分秒	分秒	分秒	分秒	分秒	分秒
初	〇〇	初	〇〇	五七〇八	二三二三	三二三六	〇〇〇〇	〇〇〇〇	一二三〇	三五〇	七九四九	〇〇	〇〇
	〇六		二四	五七〇九					一四三四	五一五三			〇一

	一二	一八	一一		二七○一	八○ 一五三八五三○三○四
	一八	一二	一四		二八二○	○一 一六四○五七一六一六
	二四	○六	一八		三○○四	三一 一八四四○一三五三二
一	○○一	○○	五七○二三二○四 二二一二三三四○七		四	一二三○三八○○ 二一五三○七五九五五
	○六	二四	三○二四三八一一		○六	三一 二五○二一四二六○五
	一二	一八	三七四一一四		○八	八一 二八一○二二五八三○
	一八	一二	四五四六一八		一○	八二二 三二二一三二三六○○
	二四	○六	五五二五五一二三		一二三	八三 三七三三四二一七○
二	○○十	○○	五八○二三二○○一五 五一二五五五二九		一二三一三一	八四四 三二 四二四五五五○一○○
	○六	二四	三三 一六二六○二三四		一八	三二 四八五九○八四八三○
	二	一八	二七二七一○三九		二一	三二 八五○四 五四一四二一三九○
	一八	一二	四○一六四七		二四一三	八六 ○○二九三四三三三五
	二四	○六	五○二八二四五二		二八	八七○五 六○四五四七三一一○
三	○○九	○○	五九○二三三○ 五五二八三二五九		三一一三三三三三 一三○二五三一五	八八○五 八八
	○六	二四	一八二九四一○六		○一二四	八九○六 一九一九二一四四三○
	一二	一八	三一四八一		三七	九○○七 二六三六三九三九○五
	一八	一二	四四三○五六一八		四○	九一 三三五三五七三六四○

二四	○六	五七三一	三四三二五	四三四○一○一	三四三四九二○八				
四 ○○	八 ○○	五九○一三四○一 五九三一一○三三	四六一三三四三四九三○八 四七二七三一二七四○						
○六	二四	六○○三二一三一	四八 五三四二四八二一○九 九四○九						
一二	一八	三二三二二一一四三	五○ 五九五七○五一三四○ 三五九五						
一八	一二	四二二七四八	五二一四三五 ○四一一二○二四 九六一一						
二四	○六	五一一二三二五二	五四一○二四三七五三三五 五六一四三五三五九七一○						
五 ○○	七 ○○	六○○二三四○一 五九三二三七五六	一三三二五二五八五五						
○六	二四	六一○六三三四一○○	○二五七一五三九○三一四○八 三六九八一一						
一二	一八	四四○二	五八一八四五一一三七二四						
一八	一二	一五	五九一九四九一四四○三六 四六○四						
二四	○六	一七	六○二○五○一七四五三九 四七○五						
六 ○○	六○○	一八	四八○六一九四八一八四七四○						

经纬加减差立成 经纬时三差，本合一立成，今因太密，将时差分另列一立成。

	九宫		八宫		七宫		六宫		五宫		四宫		三宫		右
	纬	经	纬	经	纬	经	纬	经	纬	经	纬	经	纬	经	
时数	分秒	分秒	分秒	分秒	分秒	分秒	分秒	分秒	分秒	分秒	分秒	分秒	分秒	分秒	时数
四											一七	○○	四五	○○	二十

五													〇五	〇〇	四八	〇〇	一〇	四〇	四八	一三	一六	四六	四五	三四	二七	一五	四〇	二〇	一九
六	二〇	〇〇	四〇	〇〇	一四	〇〇	四六	〇〇	〇七	五一	四八	四七	〇五	五三	四八	四七	〇九	二七	四八	五三	一七	一一	四六	三四	二七	五五	四一	二七	一八
七	二五	四七	四一	二一	一四	三九	四六	三七	〇八	四八	四九	四五	〇五	五七	四九	四七	〇八	五二	四九	五七	一六	〇一	四七	二七	二六	四二	四二	三九	一七
八	二七	四七	四二	一七	一六	四八	四六	四二	〇九	五七	四九	四四	〇六	五四	四九	四七	〇八	四八	四九	四六	一三	四七	四六	二七	二一	四八	四三	二五	一六
九	三〇	四一	三九	三〇	二〇	五一	四六	三〇	一一	五三	四七	五〇	〇七	五五	四七	五一	〇六	五六	四五	四九	一〇	四八	四三	二二	一七	四五	三九	二九	一五
十	三五	二八	三一	五八	二六	四〇	四〇	三七	一六	四四	四三	〇一	〇九	五三	四一	五七	〇七	五二	三七	〇五	〇七	五二	三四	三八	一三	四五	三一	三七	一四
一一	四〇	二七	一七	〇六	三二	三六	三〇	四三	二一	四四	三五	〇二	一三	五六	三二	〇七	〇八	四六	二六	一一	〇六	五七	一八	二〇	〇八	五二	一八	三八	一三
一二	四二	二五	〇〇	〇〇	三八	二五	一三	一〇	二九	二九	二一	一五	二一	四一	一五	三二	一三	五五	一〇	二三	〇九	五〇	〇三	二〇	〇六	五六	〇〇	〇〇	一二
一三	四〇	二六	一七	〇六	四一	二四	〇三	三五	三六	三〇	〇一	二七	二八	三六	〇〇	三六	二一	四〇	〇七	一三	一〇	一八	一三	二九	〇八	五二	一八	二一	一一
一四	三五	二八	三一	五八	四一	二九	一九	九四	三九	三四	一二	二九	三五	二五	一三	一三	二七	三六	一九	一一	一八	五四	二七	二二	一三	四五	三一	三七	十
一五	〇三	四一	三九	三〇	四〇	二六	三〇	〇八	四一	二九	二三	二二	三八	三一	二一	一一	三三	三〇	二七	〇七	二五	三九	三四	一二	一七	四五	三九	二九	九
一六	二七	四七	四二	一七	三六	三八	三三	二七	四〇	三九	二九	一六	四〇	三〇	二八	〇四	三八	二一	三一	〇九	三〇	三〇	三四	三六	二一	四八	四三	三五	八
一七	二五	四七	四一	二〇	三五	三三	三五	〇七	三九	三七	三〇	一四	四一	二八	三〇	〇五	四〇	二八	三〇	一五	三四	三一	三一	五四	二六	四二	四二	二九	七
一八	二〇	〇〇	四〇	〇〇	三四	四〇	〇〇	〇〇	三八	二六	三〇	一三	四一	二七	三〇	〇三	四一	二六	二八	二六	三六	三三	二九	五二	二七	五五	四一	二七	六
一九													四〇	〇〇	二九	〇〇	三九	四七	二七	三三	三五	〇七	二八	五三	二七	一五	四〇	二〇	五
二十																			三五	一七	二七	四一	二六	四〇	三九	一三	四
时数	纬		经		纬		经		纬		经		纬		经		纬		经		纬		经		纬		经		时数
	九宫				十宫				十一宫				初宫				一宫				二宫				三宫				左

时差加减立成

	九宫		八宫		七宫		六宫		五宫		四宫		三宫		右
时数	时分		时分		时分		时分		时分		时分		时分		时数
四											六九		一 〇四		二十

时数	九宫	十宫	十一宫	初宫	一宫	二宫	三宫	左
五					一三	九八	一七	一九
六	一〇七	一八	〇四	一五	一五	一〇〇	一九	一八
七	一〇九	一〇〇	一六	一七	一七	一二	一九	一七
八	一九	一〇一	一六	一七	一七	一〇	二九	一六
九	八五	一〇〇	〇三	〇三	九八	九三	八五	一五
十	六九	〇五	九二	九〇	八〇	七四	六八	一四
十一	三六	六五	七五	六九	五七	三九	四〇	一三
十二	〇〇	二八	四六	三三	二二	〇七	〇〇	一二
十三	三六	〇八	〇三	〇一	一五	二九	四〇	一一
十四	六九	四二	二九	二八	四一	五九	六八	十
十五	八五	六四	五〇	四七	五八	四七	八五	九
十六	九一	七五	六二	六〇	六七	七四	九二	八
十七	一〇九	七五	六四	六四	六六	六八	九一	七
十八					六一	六四	一〇九	六
十九					五九	六二	一〇七	五
二十						五九	一〇四	四
时数	时分	时分	时分	时分	时分	时分	时分	时数

太阴凌犯时刻立成

午前	午后	度分	度分	度分	度分	度分	度分	度分	度分
时　刻分	时　刻分								
		十三 一十	十二 〇	十三 二十	十三 〇	十三 三十	十四 〇	十三 四十	十五 〇

辰初	初○	酉初	初○	二四	三二	三六	四二	四九	五五	三一	三七
	五三		五初二	二七	三四	四○	四六	五三	五九	三六	一三
	三○		一○	三一	三七	四四	五一	五七	○四	三○	一七
	五二		五一	三五	四一	四八	五五	○一	○八	三五	二二
	二○		二○	三二	四五	五二	五九	○六	一二	三九	二六
	五一		五二	四二	四九	五六	○三	一○	三七	三四	三一
	一○		三○	四五	五二	二九	○七	一四	二○	三八	三六
	五初二		五三	五二	四九	二六	三三	一八	三六	三三	三○
卯正	初○	酉正	初○	五二	○○	○七	一五	三五	三二	三七	四五
	五三		五初二	五六	二五	○四	一一	一九	三七	四二	五○
	三○		一○	○三	三七	一五	二三	三一	三九	三七	五四
	五二		五一	○三	一一	一九	三七	三五	三三	三一	五九
	三○		二○	三七	一五	二三	三一	三九	三七	三六	○四
	五一		五二	一○	三○	三七	三五	四○	三二	四○	一三
	一○		三○	一三	四一	二二	三一	三九	三六	四五	四八
	五初二		五三	三一	三二	三五	三二	四一	四九	四九	一八
卯初	初○	戌初	初○	三一	三○	三九	四七	五六	四五	一四	二二
	五三		五初二	三五	三四	四○	五二	四○	四九	一八	二二
	三○		一○	二八	三七	三七	三六	四五	一四	二三	三二
寅正	五二		五二	三二	四一	三○	四○	四九	四八	四七	四七

午　前		午　后		度分	度分	度分	度分	度分	度分	度分	度分
时	刻分	时	刻分	十三一十	十二○	十三二十	十三○	十三三十	十四○	十三四十	十五○

午前时	午前刻分	午后时	午后刻分	度分	度分	度分	度分	度分	度分	度分	度分
	二〇	戌初	二〇	三三六	四三五	五三四	〇四四	一四三	二四二	三四二	四四一
	五一二		五二二	三三九	四三九	五三八	〇四八	一四七	二四七	三四六	四四六
	一〇		三〇	四三三	五三二	〇四二	一四二	二四二	三四一	四四一	五四一
	五初二		五三二	四三七	五三六	〇四六	一四六	二四六	三四六	四四五	五四五
寅正	初	戌正	初	五三一	〇四四	一四四	二四四	三四四	四四〇	五四一	五五〇
	五三二		初二	五三四	〇四四	一四四	二四四	三四四	四四四	五四五	五五五
	三〇		一〇	五三七	〇四七	一四八	二四八	三四八	四四九	五四九	五五九
	五二二		五二二	〇四一	一四一	二四二	三四二	四四三	四四三	五五四	五五四
	二〇		二〇	〇四四	一四五	二四六	三四六	四四七	四四七	五五八	五五九
	五一二		五二二	〇四八	一四九	二四九	三四〇	四一四	五一二	五一三	五一三
	一〇		三〇	一四二	二四二	三四三	四四四	四四五	五六〇	五一七	五一八
	五初二		五三二	一四五	二四六	三四七	四四八	五一〇	五一一	五二二	五三三
寅初	初〇	亥初	初〇	〇四九	三四〇	四四一	五四二	五五四	五五五	五六二	五三七
	五三二		五初二	二四二	三四四	四四五	四四七	五五八	五五九	五一一	五四二
	三〇		一〇	二四六	三四七	四四九	五一一	五一二	五一四	五一五	五四七
	五二二		五二二	二四九	四四一	五四三	五五五	五五六	五五八	五五〇	五五二
	二〇		二〇	三四三	四四五	四四七	五五九	五一一	五一二	五五四	五五六
	五一二		五一二	三四七	四四九	五五一	五一二	五一五	五五七	五五九	六一一
	一〇		三〇	四四〇	五五二	〇五五	一五七	二五九	四五一	五五三	六六〇
丑正	五初二		五三二	四四四	五五六	五五九	二一一	五五三	五五六	五五八	六一〇

午前 时刻分	午后 时刻分	度分	度分	度分	度分	度分	度分	度分	度分
		十三一十	十二〇	十三二十	十二三〇	十三三十	十四〇	十三四十	十五〇

丑正	亥正							
初○	初○	四七	○五	二三五	三五二	五○	六二	一五
		五一四	五四五	二六五	四二五	五四五	六七五	六二二
		五四五	五七四	三二五	四六五	五六五	六二四	六四二
		五八四	一一五	三五五	五三五	五○	六五九	六九二
		五二○	一五五	四二五	五五五	五四五	六三	六三
		五五五	一九五	四五五	五九五	五九六	六七一	六四三
		五九五	二一五	五二五	六三○	六三	六一一	六八三
		一五三	二六五	五五五	六七○	六七	六五一	六三
丑初	子初							
初○	初○	一五六	三○五	六二○	一一	一一	六九一	六四
		二五○	三四五	六六○	一五	一五	六三六	六八四
		二三三	三七五	五二	二○	一九	六七六	五六一
		三一三	四一五	五五	二四	二三	七一	六七六
		三四三	四五五	五九	二八	二六	七五	七二
		三八三	四九五	六三	三二	三○	七一	七七一
		四一三	五二五	六七	三六	三四	七六	七一一
		四五三	五五五	七二	四○	三七	七一	七六一
		四五四	五九五	七五	四四	四一	七六	七二
		四一四	六三五	七九	四八	四五	七一	七五二
子正	子正		六七五	一六	一一	四九	七六	七三
初○	初○		六○	六五	一五	五三	七五	七○

明史卷四○
志第一六

地理一

京师　南京

　　自黄帝书野置监,唐、虞分州建牧,沿及三代,下逮宋、元,废兴因革,前史备矣。明太祖奋起淮右,首定金陵,西克湖、湘东兼吴、会。然后遣将北伐,并山东,收河南,进取幽、燕,分军四出,芟除秦、晋,讫于岭表。最后削平巴、蜀收复滇南。禹迹所奄,尽入版图,近古以来,所未有也。

　　洪武初,建都江表,革元中书省,以京畿应天诸府直隶京师。后乃尽革行中书省,置十三布政使司,分领天下府州县及羁縻诸司。又置十五都指挥使司以领卫所番汉诸军,其边境海疆则增置行都指挥使司,而于京师建五军都督府,俾外都指挥使司各以其方附焉。成祖定都北京,北倚群山,东临沧海,南面而临天下,乃以北平为直隶,又增设贵州、交址二布政使司。仁、宣之际,南交屡叛,旋复弃之外徼。

　　终明之世,为直隶者二:曰京师,曰南京。为布政使司者十三:曰山东,曰山西,曰河南,曰陕西,曰四川,曰湖广,曰浙江,曰江西,曰福建,曰广东,曰广西,曰云南,曰贵州。其分统之府百有四十,州百九十有三,县千一百三十有八。羁縻之府十有九,州四十有七,县六。编里六万九千五百五十有六。而两京都督府分统都指挥使十有六,行都指挥使司五,曰北平、曰山西、曰陕西、曰四川、曰福建,留守司二。所属卫四百九十有三,所二千五百九十有三,守御千户所三百一十有五。又土官宣慰司十有一,宣抚司十,安抚司二十有二,招讨司一,长官司一百六十有九,蛮夷长官司五。其辽陲要地称重镇者凡九:曰边东,曰蓟州,曰宣府,曰大同,曰榆林,曰宁夏,曰甘肃,曰太原,曰固原。皆分统卫所关堡,环列兵戎。纲维布置,可谓深且固矣。

计明初封略,东起朝鲜,西据吐番,南包安南,北距大碛,东西一万一千七百五十里,南北一万零九百四里。自成祖弃大宁,徙东胜,宣宗迁开平于独石,世宗时复弃哈密、河套,则东起辽海,西至嘉峪,南至琼、崖,北抵云、朔,东西万余里,南北万里。其声教所讫,岁时纳贽,而非命吏置籍,侯尉羁属者,不在此数。呜呼盛矣!

论者谓交址之弃,未为失图,而开平近迁,则守卫益薄,虽置万全都指挥使司,不足以镇伏山后诸部,故再传而有土木之变。然睿皇自以失律蒙尘,非由经制未备。景帝任贤才,修守御,国步未移,乘舆旋复。由是观之,三卫者,一隅之隘,而无关大计也审矣。至其季世,流寇首祸于西陲,浸寻蔓延,中原为之糜烂。金汤之固不足以制土崩,畇宇之广不足以成犄角。疆圉不蹙于曩时,形胜无亏于初盛,而强弱悬殊,兴亡异数者,天降丧乱,昏椓内讧,人事之乖。而非地利之失也。语曰"在德不在险",讵不信夫。

今考其升降之差,沿革之故,具著于篇。作《地理志》。

京师 《禹贡》冀、兖、豫三州之域。元直隶中书省。洪武元年四月分属河南、山东两行中书省。二年三月置北平等处行中书省,治北平府。先属山东、河南者皆复其旧。领府八,州三十七,县一百三十六。八月置燕山都卫。与行中书省同治。八年十月改都卫为北平都指挥使司。九年六月改行中书省为承宣布政使司。永乐元年正月建北京于顺天府,称为"行在"。二月罢北平布政使司,以所领直隶北京行部;罢北平都指挥使司,以所领直隶北京留守行后军都督府。十九年正月改北京为京师。罢北京留守行后军都督府,直隶后军都督府。卫所有实土者附见,无实土者不载。罢北京行部,直录六部洪熙初,仍称行在。正统六年十一月罢称行在,定为京师。府八,直隶州二,属州十七,县一百一十六。为里三千二百三十有奇。府州县建置沿革,俱自元始。其沿革年月已见《元史志》者,不载。其未见《元史志》及明改元旧,并新增、新废者,悉书。北至宣府,外为边地。东至辽海,与山东界。南至东明,与山东、河南界。西至阜平,与山西界。洪武二十六年编户三十三万四千七百九十二,口一百九十二万六千五百九十五。

顺天府。元大都路,直隶中书省。洪武元年八月改为北平府。十月属山东行省。二年三月改属北平。三年四月建燕王府。永乐元年正月升为北京,改府为顺天府。永乐四年闰七月诏建北京宫殿,修城垣。十九年正月告成。宫城周六里一十六步,亦曰紫禁城。门八:正南第一重曰承天,第二重曰端门,第三重曰午门,东曰东华,西曰西华,北曰玄武,宫城之外为皇城,周一十八里有奇。门六:正南曰大明,东曰东安,西曰西安,北曰北安,大明门东转曰长安左,西转曰长安右。皇城之外曰京城,周四十五里。门九:正南曰丽正,正统初改曰正阳;南之左曰文明,后曰崇文;南之右曰顺城,后曰宣武;东之南曰齐化,后曰朝阳;东之北曰东直;西之南曰平则,后曰阜成;西之北曰彰仪,后曰西直;北之东曰安定;北之西曰德腾。嘉靖三十二年筑重城,包京城之南,转抱东西角楼,长二十八里。门七:正南曰永定,南之左为左安,南之右为右安,东曰广渠,东之北曰东便,西曰广宁,西之北曰西便。领州五,县二十二。弘治四年编户一十万五百一十八,口六十六万九千三十三。万历六年,户一十万一千一百三十四,口七十万六千八百六十一。

大兴倚。东南有大通河,亦曰通惠河,水自玉河出,绕都城东南,下流至高丽庄,入白河,即元运河也。又有玉河,源自玉泉山,流经大内,出都城东南,注大通河。。

宛平倚。西山在西。有桑乾河出山西马邑县,流千里入京师宛平县境。出庐沟桥下,又东南分为二:一至通州,入白河;一至武清小直沽,合卫河,入于海。又有沙河、高粱河、清河,皆在西北。西又有沿河口守御千户所,有庐沟、王平口、石港口、齐家庄四巡检司。

良乡府西南。有琉璃河,即古圣水,下流入淀。北有天津关。

固安府西南。元固安州。洪武元年十二月降为县。西南有拒马河,即涞水。源自代郡,下流合易水为白沟,入三角淀。

永清府南。南有拒马河。

东安府东南。元东安州,治在西。洪武元年十二月降为县。三年徙今治。南有凤河,即桑乾分流,南入三角淀。

香河府东南。元属漷州。洪武十年二月省入州。十三年二月复置,改属府。西有板胥口河,源出通州东之孤山,经县界,入于白河。

通州　洪武初,以州治潞县省入。西有通惠河,西南有浑河,即桑乾,至州东张家湾,俱合于白河。有张家湾巡检司。西南有弘仁桥巡检司。西距府四十里。领县四。

三河州东。北有洵河。又西有泃河,西南有鲍丘河,一名矣榆河,即东潞水,俱流入于洵河。西有泥洼铺巡检司,后移于夏店铺。

武清州南。元属漷州。洪武十二年来属。有三角淀,在县南,即古之雍奴,周二百余里,诸水所聚。有直沽,在县东南,卫河、白河、丁字沽合流于此入海。有巡检司。又东北有河西务、东南有杨村二巡检司。

漷县州南。元漷州。洪武十四年二月降为县来属。有漷河,一名新河,东入于白河,即庐沟之下流。

宝坻州东南。元直隶大都路。洪武十年二月来属。东有潮河。南有洵河。又县东南有梁城守御千户所。建文二年,燕王置。有芦台巡检司。

霸州　洪武初,以州治益津县省入。拒马河旧在北,后徙治南。又南有沙河。东有苑家口巡检司。北距府二百十里。领县三。

文安州南,少东。西有易水。东北有得腾、火烧等淀。

大城州东南。东北有黄汉河,源自交河,分流至县境,入三角淀。

保定州南,少西。洪武七年九月省入霸州。十三年十一月复置。玉带河在北,东流入会通河。西南有磁河,东南与玉带河合。

涿州　洪武初以州治范阳县省入。西有独鹿山。北有涿水,西北有挟河,合焉。南有范水。**东北距府百四十里。领县一。**

房山州北,少西。西有大房山。北有大安山。西南有青龙潭,其下流为挟河,一名韩村河,至涿州与胡良河合。北有磁家务巡检司。

昌平州,元昌平县,直隶大都路。**正德元年七月升为州,旋罢。八年升为州**旧治白浮图城,景泰元年筑永安城于东,三年迁县治焉。北有天寿山,成祖以下陵寝咸在。东南有白浮山。西南有驻跸山。又南有榆河,一名温余河,下流为沙河,入于白河。又东南有巩华城,嘉靖十九年筑。东北有黄花镇。弘治中,置渤海守御千户所于此,万历元年移于慕田峪,四年复故。西有镇边城,又有常峪城,俱正德十年五月筑,各置守御千户所。又有白阳守御千户所,亦正德中置。西北有居庸关。**南距府九十里。领县三。**

顺义州东,少南。元顺州。洪武元年十二月改为顺义县,属府。正德元年七月来属。东有白河,西南有榆河,又有潮河,俱流入焉。

怀柔州东北。洪武元年十一月省入檀州。十二月复分密云、昌平二县地置,属府,正德元年七月来属。东有黍谷山。西有白河。

密云州东北。元檀州,后置县,为州治。洪武元年十一月省县入州。十二月复置县,省州入焉,属府。正德元年七月来属。南有白檀山。西有白河。东有潮河。北有古北口,洪武十二年九月置守御千户所于此。三十年改为密云后卫。又有石塘岭、墙子岭等关。

蓟州　洪武初,以州治渔阳县省入。西北有盘山。东北有崆峒山。又沟水在北,沽河在南。州北有黄崖峪、宽佃峪等关。东又有石门镇。**西距府二百里。领县四。**

玉田州东南。东北有无终山,又有徐无山。又东有梨河。北有浭水。东南有兴州左屯卫,永乐元年自故开平境移置于此。

丰润州东南。南有沙河。西南有浭水。

遵化州东。东北有五峰山。南有灵灵山及龙门峡。又东有滦河。西南有梨河。北有喜峰口、马兰峪、松亭等关。

平谷州西北。洪武十年二月省入三河县。十三年十一月复置。东南有沟河,又有泃河。西北有营州中屯卫,永乐元年自故龙山县移置于此。又东有黄松峪关,与密云县将军石关相接。

保定府元保定路,直隶中书省。洪武元年九月为府。十月属河南分省。二年三月来属。领州三,县十七。东北距京师三百五十里。弘治四年编户五万六百三十九,口五十八万二千四百八十二。万历六年,户四万五千七百一十三,口五十二万五千八十三。

清苑倚。北有徐河,一名大册水,自满城经县北至安州,东入淀。又西有清苑河。又南有张登巡检司,嘉靖十三年自满城县方顺桥移置于此。

满城府西,少北。洪武十年五月省入庆都县。十三年十一月复置。北有徐河。南有方顺河。

安肃府北,少东。元安肃州。洪武二年七月降为县。易水在北。曹河在南。徐河在西。西南又有鲍河。又西有遂州,元属保定路。洪武初降为县。八年二月省。

定兴府北,少东。元属易州。洪武六年五月改属府。西有拒马河,即涞水也。又易水自西来,合焉,谓之白沟河,南有河阳巡检司,后移于清苑县界之固城镇。

新城府东北。元属雄州。洪武初属北平府。六年五月改属府。南有白沟河。西南有巨河镇巡检司。

雄府东北。元雄州。洪武二年七月省州治归信县入焉。七年四月降为县。北有白沟河。南有瓦济河。

容城府东北。元属雄州。洪武七年四月省入州。十三年十一月复置,来属。旧治在拒马河南,景泰二年迁于河北。西有易水,又有濡水。

唐府西,少南。西北有大茂山,即恒岳也,东麓有岳岭口巡检司。又唐河在西,源出恒山,流经定州曰滱水,下流合于南易水。又西北有倒马关,有巡检司,后移于县西之横河口。又有周家铺、军城镇二巡检司。。

庆都府西南,南有唐河。北有祁水。

博野府南。旧治在今蠡县界,直隶保定路。洪武元年徙今治,改属祁州。六年五月还属府。西北有博水。南有唐河,亦曰滱水。又有永安镇巡检司,有铁灯盏巡检司。

蠡府南,少东。元蠡州,属真定路。洪武二年七月来属。八年正月降为县。杨村河在南,滋、沙、唐三河之下流也,俗亦谓之唐河。

完府西。元完州。洪武二年七月降为县。西有伊祁山,祁水出焉,其下流为方顺河。

祁州　洪武二年七月以州治蒲阴县省入。北有唐河,西南有滋河,至州东南合沙河,流入易水。北距府百二十里。领县二。

深泽州南,少西。西有滋河。

束鹿州东南。北有故城。今治,天启二年所徙。滹沱河在南。又南有百天口巡检司。

安州　洪武二年七月以州治葛城县省入。七年降为县。十三年十一月复升为州。北有易水,府境九河之水所汇也,下流至雄县南,为瓦济河。西距府七十里。领县二。

高阳州南。元属安州,洪武六年五月改属府。寻属蠡州。八年正月省入蠡县。十三年十一月复置,还属。故城在东,洪武三年圮于水,迁于今治。东有马家河,其上流为蠡县之杨村河。

新安州东,少北。元直隶保定路。洪武七年七月省入安州。十三年十一月复置,来属。西有长流河,一名长沟河,其上源为鲍河。南有曹河,又有徐河,经县南,合流为温义河,又南与长流河合,又东南入于瓦济河。

易州　洪武初,以州治易县省入。西南有五回山,雷溪出焉,徐河之上源也。西北有穷独山,濡水所出。又南有易水,出州境之西山,与濡水并东流,而为白沟河,所谓北易水也。又有雹水,一名鲍河,出县西南,东南流为长流河,所谓南易水也。西有紫荆关,洪武中置守御千户所于此。又有官座岭、五回岭、金陂镇、奇峰口、塔崖口五巡检司。南距府百二十里。领县一。

涞水州东北。东有涞水,亦曰拒马河,源出山西代郡,下流合易水。北有乾河口、西北有黄儿庄二巡检司。

河间府元河间路,直隶中书省。洪武元年十月为府,属河南分省。二年三月来属。领州二,县十六。北距京师四百十里。弘治四年编户四万二千五百四十八,口三十七万八千六百五十八。万历六年,户四万五千二十四,口四十一万九千一百五十二。

河间倚。西南有滹沱河。西有滱水。西南有景和镇巡检司。

献府南。元献州。洪武初,省州治乐寿县入焉。八年四月降为县。有滹沱河自代郡流入境,经县南,至青县合卫河达于海。有单家桥巡检司。

阜城府南。元属景州。洪武七年改属府。西北有胡庐河,即禹贡衡漳水。

肃宁府西。中堡河在县东。

任丘府北,少西。元属莫州。洪武七年改属府。西北有瓦济河,下流为五官淀,注于滹沱河。北有莫州,元治莫亭县,属河间路。洪武七年七月,州县俱省。

交河府东南。元属献州。洪武八年四月改属府。十年五月省入献县。十三年十一月复置。东有卫河,源自卫辉,流入故城境,经县东,过沧州,又东北至直沽入海,一名御河。又西北有高河,经县南,合滹沱,谓之交河,下流入卫县,以此名。又南有泽河。又东有泊头镇巡检司。

青府东北。元清州。洪武初,以州治会川县省入。八年四月降为县,寻改清为青。滹沱河自县南流入卫,谓之岔河口。其支流经县之北者,曰独流河。

兴济元属清州。洪武初省。十三年复置,属府。卫河在城西。

静海府东北。元曰靖海,属清州。洪武初,更名。八年四月改属北平府。十年五月来属。县北有小直沽,卫河自西来,与白河合,入于海。又有丁字沽、咸水沽。又北有天津卫,永乐二年十一月置。

宁津府东南。南有土河,自山东德州流入,又东入山东乐陵县界。

景州　洪武初,以州治蓨县省入。东有卫河。东北有胡庐河。又东有安陵、西北有宋门二巡检司。又东北有李晏镇。西北距府百八十五里。领县三。

吴桥州东,少南。西有卫河。

东光州东北。洪武七年七月省入阜城县。十三年十一月复置。南有卫河,又有胡庐河。

故城州南,少西。有卫河,自山东武城县流入境。又西南有索庐枯河。

沧州　洪武初,以州治清池县省入。旧治在东南。洪武二年五月徙于长芦,即今治也。东滨海。西有卫河。南有浮河。北有长芦巡检司。西距府百五十里。领县三。

南皮州西南。卫河在县西。

监山州东南。东滨海,产盐。东南有盐山。

庆云州东南。洪武六年六月析山东乐安州北地置,来属。

真定府元真定路,直隶中书省。洪武元年十月为府,属河南分省。二年正月属山东。三月来属。领州五,县二十七。东北距京师六百三十里。弘治四年编户五万九千四百三十九,口五十九万七千六百七十三。万历六年,户七万四千七百三十八,口一百九万三千五百三十一。

真定倚。滹沱河在城南。又北有滋河,自山西灵丘县流入,经行唐县之张茂村伏流不见,至府北南孟社复出,下流合于南易水。

井陉府西南。元属广平路威州。洪武二年来属。东南有城山,又有甘淘河,亦名冶河,南与绵蔓水合。又故关在其西。

获鹿府西南。西有抱犊山,有西屏山。又有莲花山,白鹿泉出焉,东流为西河,即㴟水上源也。又有土门关在其西,亦曰井陉关。

元氏府西南。西北有封龙山,㳎水所出,下流入胡庐河。西南有槐水,下流曰野河。

灵寿府西北。东北有卫水,源出恒山,禹贡“恒、卫既从”即此。俗名雷沟河,东北入于滹沱。北有叉头镇巡检司,后迁于慈峪镇。

藁城府东南。北有滹沱河,又有滋河。

栾城府南。县北有故城,今治洪武初所徙。西有㴟河。

无极府东,少北。元属中山府。洪武初废。四年七月复置,属定州。七年四月改属府。南有滋河。

平山府西,少北。北有滹沱河,东北有冶河入焉。西北有房山。西有十八盘、下口村巡检司。

阜平府西北。东北有大茂山。北有派河。西有龙泉关。

行唐府北。元属保定路。洪武二年属定州,正统十三年十月直隶真定府。西有滋河。西北有两岭口巡检司。

定州元中山府。洪武二年正月改曰定州。三年以州治安喜县省入。滱水在北。沙河在南,下流合于滱水。西北有倒马关守御千户所。景泰二年置关,与紫荆、居庸为内三关。北有清风店巡检司。**西南距府百三十里。领县二。**

新乐州西南。西南有沙河。

曲阳州西北。元属保定路。洪武二年来属。恒山在西北,恒水出焉。又沙河在南,自山西繁峙县流入。

冀州　洪武二年以州治信都县省入。西北有漳水。北有滹沱河。成化十八年,滹沱挟漳南注为州患。正德十二年,二水自宁晋县南北流,患始息。又北有洚水,一名枯洚,下流合于漳。**西北距府二百八十里。领县四。**

南宫州南,少西。故城在县西北,成化十六年迁于今治。漳水在北。洚水在南。东南有董家庙堡巡检司。

新河州西,少南。有清水河,成化后堙。

枣强州东,少北。西北有索庐水,乃卫河之支流也,亦曰黄庐河。

武邑州东北。西有洚水。西北有漳水。

晋州　洪武二年以州治鼓城县省入。南有滹沱河。**西距府九十里。领县三。**

安平州东北。滹沱河旧在县南,万历二十三年自束鹿县南行,始不经县境。

饶阳州东北。北有滹沱河。西南有饶河,即滹沱河支流也。

武强州东。漳河在县东。又南有滹沱河,旧合于漳,万历二十六年北出饶阳县境,而县之滹沱河始涸。

赵州　洪武元年以州治平棘县省入。南有浇河,下流入于胡庐河。**北距府百二十里。领县六。**

柏乡州南。东北有野河,即槐水也,下流入于胡庐河。

隆平州东南。洪武六年九月省入柏乡县。十三年十一月复置。东有沣水,东北与沙河合,下流入于胡庐河。沙河,亦槐水之别名也。又东北有大陆泽,亦曰广阿,漳水所汇。

高邑州西南。北有黑水,即槐水也,流合县南之济水。

临城州西南。南有敦舆山。西南有铁山。西北有泜水,东经钓盘山下,与济水合。

赞皇州西南。西南有赞皇山，济水出焉，亦曰沙水。又城北有槐水。西北有黄沙岭巡检司。

宁晋州东，少南。东南有胡庐河，其上流即漳水也，深、冀群川悉汇于此。东北有百尺口巡检司。

深州　洪武二年以州治静安县省入。南有故城，今治本吴家庄，永乐十年迁于此。滹沱河在东北。胡庐河在东南。有傅家池巡检司，后废。西距府二百五十里。领县一。

衡水州南，少东。故城在县西南，永乐十三年迁于今治。西有漳水。南有洚水。又北有滹沱河，旧与漳合，成化八年北徙，不经县界。西南有盐池。

顺德府元顺德路，直隶中书省。洪武元年为府。十月属河南分省。二年三月来属。领县九。距京师一千里。弘治四年编户二万一千六百一十四，口一十八万一千八百二十五。万历六年，户二万七千六百三十三，口二十八万一千九百五十七。

邢台倚。西北有夷仪山，又有封山，一曰西山。又有黄榆岭，上有黄榆关。又漳水在东南，自河南临漳县流入，下流为胡庐河，至交河县合滹沱河，此为漳水经流也。又东南有百泉水，其下流为沣河，一名涡水，又名鸳鸯水。西有西王社巡检司。

沙河府南。弘治四年以沙壅迁县于西山小屯。十八年六月复还旧治。西南有磬口山，产铁。南有沙河，亦名涡水。

南和府东，少南。南有漳河，合县西之沣河，又县西北有泜水，盖伏流而旁出者。

任府东北。东北有泜水。东有沣水。

内丘府北。东南有泜水。

唐山府东北。西北有尧山。

平乡府东，少南。西南有漳河，西有沙河，又有洺河。东有滏阳河。万历三十年，漳挟滏阳河北出，会于沙、洺诸河而漳水之旧流益乱。

钜鹿府东北。漳水旧在县东，有大小二河，亦谓之新旧二河，其后北徙，不复至县境,而二河遂成平陆。北有钜鹿泽,即隆平县之大陆泽也,泽畔旧有盐泉。

广宗府东,少北。洪武十年六月省入平乡、钜鹿二县。十三年十一月复置。漳水旧在西。又东有枯泽河。

广平府元广平路,直隶中书省。洪武元年为府。十月属河南分省。二年三月来属。领县八。东北距京师千里。弘治四年编户二万七千七百六十四,口二十一万二千八百四十六。万历六年,户三万一千四百二十,口二十六万四千八百九十九。

永年倚。北有沙河。又有洺水,自河南武安县流入。西南又有滏水,自河南临漳县流入,亦曰滏阳河。西有临洺镇巡检司。西南又有黄龙镇。

曲周府东北。西南有漳水。东有滏阳河。

肥乡府东南。漳河在县西北。

鸡泽府东北。漳河在县东。又西有洺河,又有沙河自南来合焉。

广平府东南。北有漳河。

成安府南。元属磁州。洪武初废。四年六月复置,来属。西南有洹水,自河南临漳县流入,其下流合于卫河。又南有漳水,亦自河南临漳县流入。

威府东北。元威州。至正间,省州治洺水县入州。洪武二年四月降为县。漳水旧在南,洺水自西流入焉。

邯郸府西南。元属磁州。洪武元年来属。西北有洺河。东有滏阳河。

清河府东北。元属大名路。洪武六年九月来属。东有卫河。

大名府元大名路,直隶中书省。洪武元年为府。十月属河南分省。二年三月来属。领州一,县十。东北距京师千一百六十里。弘治四年编户六万六千二百七,口五十七万四千九百七十二。万历六年,户七万一千一百八十,口六十九万二千五十八。

元城倚。故城在东,洪武三十一年圮于卫河,徙此。东有沙麓山。西有漳河。北有卫河,即永济渠也,自河南汲县流入,下流合漳河。东北有小滩镇巡检司。

大名府南，少东。元与元城县同为大名府治。洪武十年五月省入魏县。十五年二月复置。永乐九年移于今治。北有惬山，东南有卫河。

魏府西，少北。旧治在县西。洪武三年迁于此。南有魏河，又有新旧二漳河，下流俱合于卫河。

南乐府东。南有繁水，北入于卫河。

清丰府东南。元属开州。洪武七年三月改属府。西南有澶水，伏流至古繁水城西南，谓之繁水。

内黄府西南。元属滑州。洪武七年三月改属府。北有卫河。东有繁水。西有洹水。西北有回隆镇，有回龙庙巡检司。嘉靖三十六年，漳河决于此，入卫。

浚府西南。元浚州治在浮丘山之西。洪武二年四月降为县，徙治于山东北之平坡。嘉靖二十九年复徙城于山巅，即今治也。东有大伾山，一名黎阳山，又名清澶山。西有卫河。北有淇水，自河南淇县流入，经县南，东入于卫，谓之黎水，亦谓之浚水。又西有长丰泊。西南有新镇巡检司。

滑府西南。元滑州。洪武二年四月省州治白马县入焉。七年三月降为县。西北有卫河。东南有老岸镇巡检司。。

开州 洪武二年四月以州治濮阳县省入。大河故道在城南，正统十三年，河决入焉。景泰五年塞。北距府百六十里，领县二。

长垣州南，旧治在县东北，洪武二年以河患迁于古蒲城。南有黄河故道。东北有朱家口，正统十三年，河决于此。又南有大社口，万历十五年，河复决焉。又东南有大冈巡检司，本治永丰里，寻徙竹林，后徙大冈。

东明州北。洪武十年五月省入州及长垣县。弘治三年九月复置，属府。万历中，仍属州，其旧治在今县南。洪武初，徙今县西。弘治三年始徙于今治。南有黄河，有杜胜集巡检司。

永平府元永平路，直隶中书省。洪武二年改为平滦府。四年三月为永平府。领州一，县五。西距京师五百五十里。弘治四年编户二万三千五百三十九，口二十二万八千九百四十四。万历六年，户二万五千九十四，口二十五万五千六百四十六。

卢龙倚。东南有阳山。西有滦河，自开平流经县境，有漆河自北来入焉。

东有肥如河,经城西入于漆。北有桃林口关。

迁安府西北。北有都山。东有滦河。又北有刘家口、冷口、青山口等关。

抚宁府东,少南。旧治在阳河西,洪武六年十二月所徙。十三年又迁于兔耳山东。东南滨海。又东有榆河,又有阳河,一名洋河,俱自塞外流入,俱东南注于海。东有山海关。洪武十四年九月置山海卫于此。北有抚宁卫,永乐元年二月置。又有董家口、义院口等关。东有一片石口,一名九门水口。

昌黎府东南。西北有碣石山。东南有濒海,亦曰七里海。有黑阳河,自天津达县之海道也。又有蒲泊,旧产盐,置惠民盐场于此。北有界岭口、箭捍岭等关。

滦州 洪武二年九月以州治义丰县省入。南滨海。东有滦河。又南有开平中屯卫,永乐元年二月自沙峪移置于此。东北距府四十里。领县一。

乐亭州东南。南滨海。西有滦河,经县北岳婆港分为二,东曰胡庐河,西曰定流河,各入于海。景泰中,胡庐河塞,定流河独自入海,其水清碧,亦谓之绿洋沟。又西南有新桥海口巡检司。万历四十三年移于滦州西之榛子镇。

延庆州元龙庆州,属大都路。。洪武初,属永平府。三年三月属北平府,寻废。永乐十二年三月置隆庆州,属北京行部。十八年十一月直隶京师。隆废元年改曰延庆州。西有坂泉山。南有八达岭。东北有妫以,俗名清水河,下流注于桑乾河。又西南有沽河。东南有岔道口,与居庸关相接。关口有居庸关守御千户所,洪武三年置。建文四年,燕王改为隆庆卫,隆庆元年延庆卫。东南又柳沟营,隆庆初,置城于此,为防御处。领县一。东南距京师百八十里。弘治四年编户一千七百八十七,口二千五百四十四。万历六年,户二千七百五十五,口一万九千二百六十七。

永宁本永宁卫,洪武十二年九月置。永乐十二年三月置县于卫城。妫以在西。东有四海冶堡,天顺八年置。西北有靖胡堡,东南有黑汉岭堡,北有周四沟堡,俱嘉靖中置。又有刘斌堡,万历三十二年所置也。

保安州元属上都路之顺宁府。洪武初,废。永乐二年闰九月置保安卫。十三年正月复置州于卫城,属北京行部。十八年十一月直隶京师。旧州城在西南山下,景泰二年移于雷家站,即今治也。西南又有涿鹿山,涿水出焉。西北有磨笄山,亦曰鸡鸣山,又有鹞儿岭。又桑乾河在西南,自山西蔚州流入,东有妫川来入焉,谓之合和口。西有宁川,亦入于桑乾。东有东八里堡、良田屯堡、麻谷口堡,俱洪武二十五年置。南有美峪守御千户所,本在州西之美峪岭,永乐十二年置。十六年二月徙于董家庄。景泰二年又移于此,与山西蔚州界。东南距京师三百里。弘治四年编户四百四十五,口一千五百六十。万历六年,户七百七十二,口六千四百四十五。

万全都指挥使司。元顺宁府,属上都路。洪武四年三月,府废。宣德五年六月置司于此。领卫十五,蔚州、延庆左、永宁、保安五卫俱设于本州县,守御千户所三,广昌、美峪二所,亦设于本处,堡五。东南距京师三百五十里。

宣府左卫元宣德县,为顺宁府治。洪武四年,县废。二十六年二月置卫,属山西行都司。二十八年四月改为宣府护卫,属谷王府。三十五年十一月罢宣府护卫,复置,徙治保定。永乐元年二月直隶后军都督府。宣德五年六月还故治,改属。洪武二十四年四月建谷王府,永乐元年迁于湖广长沙。西有滦河,源自炭山,下流入开平界。南有桑乾河,洋河东流入之。又有顺圣川,延袤二百余里,下流亦合于桑乾河。北有东西二城,其东城为顺圣县,元属顺宁府,西城为弘州,元属大同路,洪武中俱废。天顺四年修筑二城。又东北有大白阳、小白阳及龙门关等堡。东南有鸡鸣驿堡。北有葛峪堡。西北有长峪口、青边口、羊房等堡。

宣府右卫　洪武二十六年二月置,与左卫同城,属山西行都司。二十八年四月改为宣府护卫,属谷王府。三十五年十一月罢宣府护卫,复置,徙治定州。永乐元年二月直隶后军都督府。宣德五年六月还故治,改属。

宣府前卫　洪武二十六年置,治宣府城,属山西行都司。永乐元年二月置,隶后军都督府。宣德五年六月改属。

万全左卫元宣平县,属顺宁府。洪武四年,县废。二十六年二月置卫,属山西行都司。三十五年徙治山西蔚州。永乐元年二月徙治通州,直隶后军都督府,寻还故治。宣德五年改属。北有洋河,西海子自西来,流入之。又西北有沙城堡。西有会河堡。东有宁远站堡。东距都司六十里。

万全右卫　洪武二十六年二月置,与左卫同城,属山西行都司。三十五年徙治山西蔚州。永乐元年二月徙治通州,直隶后军都督府。二年徙治德胜堡。宣德五年改属。北有翠屏山,又有野狐岭。西北有西阳河,下流入滦河。东有张家口堡。西有新河口堡。北有膳房堡、上庄堡。西北有新开口、柴沟、洗马林等堡。西南有渡口堡,又有西阳河堡。东距都司八十里。

怀安卫元怀安县,属兴和路。洪武三年属兴和府,改属山西大同府,寻废。二十六年二月置卫,属山西行都司。永乐元年二月直隶后军都督府。宣德五年六月改属。西北有花山。北有荨麻岭。南有水沟口河,东入于洋河。东北有威宁县,元属兴和路,洪武中废。又西有李信屯堡,嘉靖十六年置。东距都司百二十里。

保安右卫　永乐十五年置于顺圣川,直隶后军都督府。十七年移治西沙城。二十年徙怀安城内。宣德五年六月改属。

怀来卫元怀来县,属龙庆州。洪武二年属永平府。三年三月属北平府,寻废。三十年正月置怀来守御千户所。永乐十五年改为怀来左卫,明年曰怀来卫,直隶后军都督府。宣德五年六月改属。北有螺山,或云即滏山也。东南有妫川。西有沽河。又西南有土木堡东南有榆林堡,又有殷繁水。西北中都司百五十里。

延庆右卫　本隆庆右卫,永乐二年置于居庸关北口,直隶后军都督府。宣德五年六月来属,徙治怀来城。隆庆元年更名。

开平卫　本独石堡,宣德五年筑。六月自开平故城移卫,置于此。东有东山,韭采川出焉,经城南,与毡帽山水合。又南有独石水,下流合于龙门川。南有半壁店、猫儿峪等堡。东北有清泉堡。西南距都司三百里。

龙门卫　宣德六年七月置于故龙门县。东有红石山,红石水出焉,下流合于龙门川。西有大松山。北有洗马岭。西北有金家庄堡。东有三岔口堡。西距都司百二十里。

兴和守御千户所　永乐二十年自兴和旧城徙宣府城内。宣德五年六月改属。

龙门守御千户所　宣德六年七月置于李家庄。西有西高山。东有白河。北有牧马堡。东有宁远堡。东北有长伸地、滴水涯等堡。东南有样田堡。西南距都司二百四十里。

长安岭堡永乐九年置。弘治二年置守御千户所于此。有长安岭，名枪杆岭。西北有鹰窝山泉。西南距都司一百四十里。

雕鹗堡宣德五年六月置。北有浩门岭。南有南河，下流入于白河。西南距都司一百七十里。

赤城堡宣德五年六月置。东有赤城山。又有东河，即通州白河之上源也，又有西河，合焉。西北有镇宁堡，弘治十一年置。西南距都司二百里。

云州堡元云州，属上都路。洪武三年七月属北平府。五年七月废。宣德五年六月置堡。景泰五年置新军千户所于此。东北有龙门山，亦曰龙门峡，下为龙门川。又北有滦河。东北有金莲川。西北有鸳鸯泊。又金莲川东有镇安堡，成化八年置。西南距都司二百十里。

马营堡宣德七年置。西北有冠帽山。南有滦河。又西北有君子堡。西有松树堡。东南有仓上堡。西南距都司二百里。

北平行都指挥使司　本大宁都指挥使司，洪武二十年九月置。治大宁卫。二十一年七月更名。领卫十。永乐元年三月复故名，侨治保定府，而其地遂虚。景泰四年，泰宁等三卫乞居大宁废城，不许，令去塞二百里外居住。天顺后，遂入于三卫。西南距北平布政司八百里。

大宁卫元大宁路，治大定县，属辽阳行省。洪武十三年为府，属北平布政司，寻废。二十年八月置卫。九月分置左、右、中三卫，寻又置前、后二卫。二十八年四月改左、右、后三卫为营州左、右、中三护卫。永乐元年二月省，又徙中、前二卫于京师，直隶后军都督府。洪武二十四年四月，宁王府建于此，永乐元年迁于江西南昌。南有土河。东南有大碱场。东北有惠和县，又有武平县。东有和众县。元俱属大宁路，洪武中俱废。

新城卫　洪武二十年九月置。永乐元年废。　　　距行都司六十里。

富峪卫　本富峪守御千户所。洪武二十二年二月置。二十四年五月改为卫。永乐元年二月徙置京师，直隶后军都督府。距行都司一百二十里。

会州卫　洪武二十年九月置。永乐元年废。南有冷岭。西北有马孟山，广袤千里，土河之源出焉，下流合于灌河，又南入于辽水。　　　距行都司　里。

榆木卫　洪武二十年九月置。永乐元年废。　　　距行都司　里。

全宁卫元全宁路，直隶中书省。洪武中废。二十二年四月置卫。永乐元年废。有潢河，又有黑龙江。西南距行都司二百　　　里。

营州左屯卫　洪武二十六年二月置。永乐元年三月徙治顺义县，属大宁都司。南有塔山。距行都司　　　里。

营州右屯卫元建州，属大宁路。洪武中，州废。二十六年二月置此卫。永乐元年三月徙治蓟州，属大宁都司。西北距行都司四百里。

营州中屯卫元龙山县，属大宁路。洪武中，县废。二十六年二月置此卫。永乐元年三月徙治平谷县西，属大宁都司。南有榆河。距行都司　　　里。

营州前屯卫元兴州，属上都路。洪武三年七月属北平府。五年七月废。二十六年置此卫。永乐元年三月徙治香河县，属大宁都司。西有新开岭。南有老河，源出马孟山，流经此，又经行都司城南，东北入于潢河。西南有兴安县，元属兴州，顺帝后至元五年四月废。距行都司　里。

营州后屯卫　洪武二十五年八月置。永乐元年三月徙治三河县，属大宁都司。距行都司　　　里。

兴州左屯卫　洪武中置。永乐元年二月徙治玉田县，直隶后军都督府。　　　距行都司　里。

兴州右屯卫　洪武中置。永乐元年二月徙迁安县，直隶后军都督府。　　　距行都司　　　里。

兴州中屯卫　洪武中置。永乐元年二月徙治良乡县,直隶后军都督府。　　　距行都司　　　里。

兴州前屯卫　洪武中置。永乐元年二月徙治丰润县,直隶后军都督府。　　　距行都司　　　里。

兴州后屯卫　洪武中置。永乐元年二月徙治三河县,直隶后军都督府。　　　距行都司　　　里。

开平卫元上都路,直隶中书省。洪武二年为府,属北平行省,寻废府置卫,属北平都司。永乐元年二月徙卫治京师,直隶后军都督府。四年二月还旧治。宣德五年迁治独石堡,改属万全都司,而令兵分班哨备于此,后废。西北有卧龙山。南有南屏山,又有滦河。东北有香河,又有簸箕河、间河,西南有兔儿河,下流俱合于滦河。又东有凉亭、沈阿、赛峰、黄崖四驿,路接大宁、古北口;西有桓州、威房、明安、隰宁四驿,路接独石。俱洪武中置,宣德后废。又西北有宁昌路,东北有应昌路,北有泰宁路,又有德宁路,元俱直隶中书省。西有桓州,元属上都路。洪武中皆废。　　　距北平都司　　　里。

开平左屯卫　洪武二十九年八月置于七合营。永乐元年废。距都司　　　里。

开平右屯卫　洪武二十九年置于军台。永乐元年废。距北平都司　　　里。

开平中屯卫　洪武二十九年置于沙峪。永乐元年二月徙治真定府,直隶后军都督府。寻徙治滦州西石城废县。　　　距都司　　　里。

开平前屯卫　洪武二十九年八月置于偏岭。永乐元年废。距北平都司　　　里。

开平后屯卫　洪武二十九年八月置于石塔。永乐元年废。距北平都司　　　里。

兴和守御千户所元隆兴路,直隶中书省。皇庆元年十月改为兴和路。洪武三年为府,属北平布政司。四年后,府废三十年正月置所。永乐元年二月直隶后军都督府。二十年为阿鲁台所攻,徙治宣府卫城,而所地遂虚。东北有凌霄峰。南有威远川。西有鱼儿泺。又西有集宁路,元直隶中书省。西北有宝昌州,元属兴和路。又有高原县,元为兴和路治。洪武中俱废。　　　距北平都司　　　里。

　　宽河守御千户所　洪武二十二年二月置。永乐元年二月徙治遵化县,仍属大宁都司。又侨置宽河卫于京师,直隶后军都督府。东南有宽河,一名豹河,下流经迁安县西北,又东合于滦河。　　　距北平都司　　　里。

　　宜兴守御千户所元宜兴县,属兴州。致和元年八月升为宜兴州。洪武二年兼置卫,属永平府。三年三月属北平府。六月改卫为守御千户所。五年七月,州废,存所。永乐元年,所废。　　　距北平都司里。

　　南京　禹贡扬、徐豫三州之域。元以江北地属河南江北等处中书省,又分置淮东道宣慰使司治扬州路属焉;江南地属江浙等处行中书省。明太祖丙申年七月置江南行中书省。治应天府洪武元年八月建南京,罢行中书省,以应天等府直隶中书省,卫所直隶大都督府。十一年正月改南京为京师。十三年正月己亥罢中书省,以所领直隶六部。癸卯改大都督府为五军都督府,以所领直隶中军都督府。永乐元年正月仍称南京。统府十四,直隶州四,属州十七,县九十有七。为里万三千七百四十有奇。北至丰、沛,与山东,河南界。西至英山,与河南,湖广界。南至婺源,兴浙江、江西界。东至海。距北京三千四百四十五里。

　　应天府元集庆路,属江浙行省。太祖丙申年三月曰应天府。洪武元年八月建都,曰南京。十一年曰京师。永乐元年仍曰南京。洪武二年九月始建新城,六年八月成。内为宫城,亦曰紫禁城,门六:正南曰午门,左曰左掖,右曰右掖,东曰东安,西曰西安,北曰北安。宫城之外门六:正南曰洪武,东曰长安左,西曰长安右,东之北曰东华,西之北曰西华,北曰玄武。皇城之外曰京城,周九十六里,门十三:南曰正阳,南之西曰通济,又西曰聚宝,西南曰三山。曰石城,北曰太平,北之西曰神策,曰金川,曰钟阜,东曰朝阳,西曰清凉,西之北曰定准,曰仪凤。后塞钟阜、仪凤二门,存十一门。其外郭,洪武二十三年四月建,周一百八十里,门十有六:东曰姚坊、仙鹤、麒麟、沧波、高桥、双桥南曰上方、夹冈、凤台、大驯象、大安德、小安德,西曰江东,北曰佛宁、上元、观音。领县八。洪武二十六年编户一十六万三千九百一十五,口一百十九万三千六百二十。弘治四年,户一十四千三百六十八,口七十一万一千三。万历六年,户一十四万三千五百九十七,口七十九万五百一十三。

上元倚。太祖丙申年迁县治淳化镇,明年复还旧治。东北有钟山,山南有孝陵卫,洪武三十一年置。北有覆舟山。西北有鸡鸣山、幕府山。又东北有摄山。东南有方山。北滨大江。东南有秦淮水,北流入城,又西出,入大江。又北有玄武湖。东有青溪,又有淳化镇巡检司。

江宁倚。南有聚宝山、牛首山。西南有三山、烈山、慈姥山。西滨大江。东北有靖安河。西南有大胜关、江宁镇。东地骨秣陵关。西有江东四巡检司。北有龙江关,置户分司于此。

句容府东。南有茅山。北有华山,秦淮水源于此。北滨大江。西北有龙潭巡检司。

溧阳府东。元溧阳州。洪武二年降为县。东南有铁山、铜山。西南有铁冶山。北有长荡湖,一名洮湖,兴宜兴、金坛二县分界。西北有溧水,一名濑水,上承丹阳湖,东流为宜兴县荆溪,入太湖,旧名永阳江,又曰中江也。西北有上兴埠巡检司,后废。

溧水府东。元溧水州。洪武二年降为县。东南有东庐山,秦淮水别源出焉。南有石白湖,西连丹阳湖,注大江。

高淳府南。弘治四年以溧水县高淳镇置。西南有固城、丹阳、石白诸湖。东南有广通镇,俗曰东霸,有广通镇巡检司。

江浦府西。本六合县浦子口巡检司,洪武九年六月改为县,析和、滁二州及江宁县地益之。二十五年七月移于江北新开路口,仍置巡检司于旧治。东南滨大江,有江淮卫,洪武二十八年正月置。又有西江口巡检司。

六合府西北。元属真州。洪武三年直隶扬州府。二十二年二月来属。东有瓜步山,滨大江,滁河水自西来,入焉。有瓜埠巡检司。

凤阳府元濠州,属安丰路。太祖吴元年复升为临濠府。洪武二年九月建中都,置留守司于此。六年九月曰中立府。七年八月曰凤阳府。洪武二年九月建中都城于旧城西,三年十二月始成。周五十里四百四十三步。立门九:正南曰洪武,南之左曰南左甲第,右曰前右甲第,北之东曰北左甲第,西曰后右甲第,正东曰独山,东之左曰长春,右曰朝阳,正西曰涂山。中为皇城,周九里三十步,正南门曰午门,北曰玄城,东曰东华,西曰西华。领州五,县十三。距南京三百三十里。洪武二十六年编户七万九千一百七,口四十二万七千三百三。弘治四年,户九万五千一十,口九十三万一千一百八。万历六年,户一十一万一千七十,口一百二十万二千三百四十九。

凤阳倚。洪武七年八月析临淮县地置,为府治。十一年又割虹县地益之。北滨淮,南有镇邪山,西濠水出焉。又西南有皇陵城,洪武二年置卫。西北有长淮关,洪武六年置长淮卫于此。东北有洪塘湖屯田守御千户所,洪武十一年置。

临淮府东北。元曰钟离,为濠州治。洪武二年九月改曰中立。三年十一月改曰临淮。七年为府属。北滨淮。有二濠水,东源出濠塘山,西源出镇邪山,至城西南合流,东入淮。

怀远府西北。荆山在县西南。涂山在县东南。淮水经两山峡间,有北肥水入焉。又北有涡水亦入淮,谓之涡口。又西南有洛水,兴寿州分界,迳县南新城村入淮。有洛河镇巡检司。

定远府南。南有池河,西有洛河。又有英武卫在北,飞熊卫在东北,俱洪武十一年置。

五河府东北。元属泗州。洪武四年二月来属。旧治在县南,永乐元年圮于水,徙治西北界。嘉靖二十五年迁于浍河北,即今治也。东滨淮。东南有潼河,西北有浍河、沱河,东北有潼河,并流合淮,谓之五河口。又西有上店巡检司,后废。

虹府东北,元属泗州。洪武七年七月来属。南有汴河。东南有潼河。西有沱河。

寿州元安丰路，属河南江北行省。太祖丙午年曰寿春府。吴元年曰寿州，属临濠府。洪武二年九月直隶中书省。四年二月还属，后以州治寿春县省入。北滨淮。淮水迳山硖中，谓之硖石山，有西肥水来合焉。东北有八公山，东肥水迳其下，西入淮，谓之肥口。又西北有颍水，亦入淮。又南有芍陂水，西有淠水，俱入淮。又北有下蔡县，南有安丰县，俱洪武中省，有下蔡镇巡检司。又东有北炉镇、西有正阳镇二巡检司。东距府一百八十里，领县二。

霍丘州西南。西南有大别山。北滨淮，史河、沣河俱流入焉。南有开顺镇、丁塔店，西有高唐店三巡检司。

蒙城州北。北有涡水，又有北肥水。

泗州元属淮安路。太祖吴元年属临濠府。洪武二年九月直隶中书省。四年二月还属府，后以州治临淮县省入。南滨淮，有汴水自城北南流入焉。西距府二百十里，领县二。

盱眙州南。东南有都梁山。东北有龟山。西有浮山。北滨淮，有池河自西来入焉。又东北有洪泽湖，淮水之所汇也。又西有旧县巡检司。

天长州东南。冶山在县南。西北有石梁河，下流为五湖，接高邮州界。东北有城门乡巡检司。

宿州元属归德府。洪武四年二月来属。龙山在西南，北肥水出焉。又北有睢河，自河南永城县流入，下流至宿迁县合淮，亦曰小河也。南有汴河，亦自永城县流入，又有浍河兴涣水合。又东南有沱水。东南距府二百三十三里。领县一。

灵璧州东。西南有齐眉山。北有磐石山。黄河在东北。南有汴河。北有睢河。又南有固镇巡检司。

颍州元属汝宁府。洪武四年二月来属。淮河在南，自河南固始县流入，下流合大河入海。又南有汝水，自河南息县流入，迳朱皋镇入淮。又北有颍河，自河南沈丘县流入。洪武二十四年，黄河决于河南，由陈州合颍，迳太和县，又迳州城北，又迳颍上县，至寿州同入于淮。永乐九年，河复故道。宣德、正统、成化、正德间，河、颍时通时塞，俗亦称颍为小黄河。西北又有沈丘镇巡检司。东距府四百四十里。领县二。

颍上州东南。东有颍河。南有淮河。东北有西肥水。

太和州西北。南有颖水，亦名沙河。北有西肥水。又有洪山、北原和二巡检司。

亳州元属归德府。洪武初，以州治谯县省入，寻降为县，属归德州。六年属颖州。弘治九年十月复升为州。西有涡河，自河南鹿邑县流入，北有马尚河，流合焉。南有西肥水，即夏肥水也。又东南有城父县，洪武中废。又有义门巡检司。东南距府四百五十里。

淮安府元属淮安路，属淮东道宣慰司。太祖丙午年四月为府。领州二，县九。西南距南京五百里。洪武二十六年编户八万六百八十九，口六十三万二千五百四十一。弘治四年，户二万七千九百七十八，口二十三万七千五百二十七。万历六年，户一十万九千二百五，口九十万六千三十三。

山阳倚。北滨淮。高家堰在其西南。南有运河，永东中浚。西南有永济河，万历九年开，长六十五里，亦谓之新运河，东南有射阳湖。东北有马逻乡、庙湾镇、羊寨乡三巡检司。

清河府西。县治滨黄河，崇祯末，迁治县东南之甘罗城。南有淮河，东北兴黄河合，谓之清口，旧谓之泗口。自徐州至此，皆泗水故道，为黄河所夺者也。南有洪泽湖，有洪泽巡检司。又东有马头镇巡检司。

盐城府东南。东滨海，有盐场。北有射阳湖。西有清沟、西北有喻口镇二巡检司。

安东府东北。元安东州。洪武二年正月降为县。东北朐山在南。东北有郁洲山，在海中，洪武初，置东海巡检司于此，后移于州南之新坝。西南有涟河，又有桑墟湖，滨海。南有淮水，东北过云梯关，折旋入于海。自清口至此，皆淮水故道，为黄河所夺者也。又涟水自西北来，东南流入淮。又西北有硕项湖。东北有五港口、长乐镇，东南有入上三巡检司。

桃源府西北。元曰桃园。洪武初，更名。北有大河，即泗水故道。西北有古城巡检司。东有三义镇巡检司，崇祯末，移于县西之白洋河镇。

沭阳府北。元属海宁州。洪武初改属。东南有沭水，自山东郯城县流入，其下流为涟水。又北有桑墟湖。

海州元曰海宁州。洪武初,复曰海州,以州治朐山县省入。北有于公、白沟等浦,皆产盐。南有惠泽、西北有高桥二巡检司。南距府二百七十里。领县一。

　　赣榆州北。西北有羽山。东滨海。东北有获水镇、南有临洪镇二巡检司。

　　邳州元属归德府。洪武初,以州治下邳县省入。四年二月改属中都。十五年来属。北有艾山,接山东沂水县界。西有沂水,自沂州西流,至下邳入泗。又西北有泇河。万历三年五年开泇以通运,自沛县夏镇迄直河口,长二百六十余里,避黄河险者三百余里。有直河口巡检司。又西有新安巡检司。东南距府四百五十里。领县二。

　　宿迁州东南。北有峒峿山。南有大河,即泗水故道。又东南有睢水,入大河,曰睢口,亦曰小河口。又东南有白洋河,西北有骆马湖,皆入大河。东北有刘家庄巡检司。

　　睢宁州南。北滨大河。有睢水自西来,经县界,至睢口入河。

　　扬州府元扬州路,属淮东道宣慰司。太祖丁酉年十月曰淮海府。辛丑年十二月曰维扬府。丙午年正月曰扬州府。领州三,县七。西距南京二百二十里。洪武二十六年编户一十二万三千九十七,口七十三万六千一百六十五。弘治四年,户一十万四千一百四,口六十五万六千五百四十七。万历六年,户一十四万七千二百一十六,口八十一万七千五十六。

　　江都倚。元末废。太祖辛丑年复置。西南有蜀冈。东有官河,即古邗沟,今运河也。南滨大江。东北有艾陵湖。北有邵伯湖,有邵伯镇巡检司。又东有方寿镇、西北有上官桥、南有瓜洲镇三巡检司。又东有归仁镇巡检司,后迁便益河口。

　　仪征府西。元真州,治扬子县。洪武二年,州废,改县曰仪真。西北有大、小铜山。南滨江。南有运河。东南有旧江口巡检司,寻移于县南汊河口。

　　泰兴府南。南滨江。西北有口岸镇、东有黄桥镇、南有印庄三巡检司。

　　高邮州元属高邮府,属淮东道宣慰司。洪武元年闰七月降为州,以州治高邮县省入。西有运河。西北有樊梁、甓社、新开等湖。西南有白马塘。

北有张家沟、东北有时堡二巡检司。又西有北阿镇。东有三垛镇。**西南距府百二十里。领县二。**

宝应州北。西有运河，又有氾光、白马、射阳等湖。南有槐楼镇、西南有衡阳二巡检司。

兴化州东。南有运河。东有得胜湖。东北有安丰巡检司。又东北有盐场。

泰州　洪武初，以州治海陵县省入。东滨海。南滨江。西有运河。东北有西溪镇、北有宁乡镇、东南有海安镇三巡检司。**西距府百二十里。领县一。**

如皋州东南。大江在县南。运河在县北。东有掘港、南有石庄、北有西场三巡检司。又东南有白蒲镇。

通州　洪武初，以州治静海县省入。南有狼山，临大江，有狼山巡检司。东南滨海，旧有海门岛及布州夹。西有运盐河。又东北有石港巡检司。城南有利丰监，宋置。**西距府四百里。领县一。**

海门州东。旧治礼安乡圮于海，正德七年徙治余中场，嘉靖二十四年八月迁于金沙场以避水患。海在东，大江于此入海。又西有张港、东有吴陵、又有安东坝上、又有白塔河四巡检司。东南有料角嘴。

苏州府元平江路，属江浙行省。太祖吴元年九月曰苏州府。领州一，县七。西距南京五百八十八里。洪武二十六年编户四十九万一千五百一十四，口二百三十五万五千三十。弘治四年，户五十三万五千四百九，口二百四万八千九十七。万历六年，户六十万七百五十五，口二百一万一千九百八十五。

吴倚。西有姑苏山。西南有横山，又有穹窿、光福等山。又有太湖。湖纵广三百八十三里，周三万六千顷，跨苏常、嘉、湖四府之境，亦曰具区，亦曰五湖，中有包山、莫厘山。又南有吴淞江，亦曰松江，亦曰松陵江，亦曰笠泽，自太湖分流，东入海。又西有运河。西南有木渎、东山、用头三巡检司。又有横金巡检司，后废。

长洲倚。西北有虎丘山，又有阳山，又有长荡、阳城等湖。东有娄江，源出太湖。东南有运河。又北有吴塔、东南有陈墓二巡检司。又东有唐湖巡检司，后废。

吴江府东南。元吴江州。洪武二年降为县。西滨太湖。东有吴淞江，又有运河。又东南有白蚬江。又有同里，南有平望，西南有震泽，东南有简村、汾湖五巡检司。又东有长桥、西南有澜溪、东南有因渎三巡检司，后废。

崑山府东。元昆山州。洪武二年降为县。南有吴淞江。西有女娄江。东南有淀山湖。又南有千墩浦，东有夏驾浦，皆注于娄江。东南有石浦巡检司，后移于千墩浦口。西北有巴城巡检司，后移于县西之真义镇。

常熟府北。元常熟州。洪武二年降为县。万历末避讳曰尝熟。西北有虞山。北有福山，下临大江。有福山浦，又东有白茆浦，东北有许浦，西北有奚浦、黄泗浦，为五大浦。皆分太湖西北之水，注于大江。南有运河。有许浦、白茆、黄泗、福山四巡检司。

嘉定府东。元嘉定州。洪武二年降为县。东滨海。南有运河。又南有吴淞江，西南有白鹤江，西南有青龙江，南有蟠龙江，皆汇吴淞江入海。又刘河在县北，即娄江也。又东南有吴淞江守御千户所，洪武十九年置。又有宝山守御千户所，本协守吴淞中千户所，嘉靖三十六年置，万历五年更名。又东有顾迳、东南有江湾二巡检司。又西南有吴塘、南有南翔二巡检司，后废。

太仓州　本太仓卫，太祖吴元年四月置。弘治十年正月置州于卫城，析昆山、常熟、嘉定三县地益之。东滨海。海口有镇海卫，洪武十二年十月置，后移于太仓卫城。南有刘河，其入海处曰刘河口，有刘家港巡检司。北有七鸦浦，亦东入海。又东北有甘草巡检司。又有唐茜泾口巡检司，后移于东花浦口，寻废。又有茜泾巡检司，亦废。西距府一百零五里。领县一。

崇明州东。元崇明州，属扬州路。洪武二年降为县。八年改属苏州府。弘治十年正月来属。旧治在县东北曰东沙，为海所圮。永乐十九年、嘉靖八年、三十三年三迁，亦俱圮于水。万历十三年迁于平洋沙巡检司，即今治也。四面环海。西有西沙、北有三水二巡检司。

松江府元直隶江浙行省。太祖吴元年正月因之。领县三。西北距南京七百七十里。洪武二十六年编户二十四万九千九百五十，口一百二十一万九千九百三十七。弘治四年，户二万五百二十，口六十二万七千三百一十三。万历六年,户二十一万八千三百五十九,口四十八万四千四百一十四。

华亭倚。昆山在县西北。东南滨海,在盐场。又西北有淀山湖,西有泖湖。东南有黄浦,西北有赵屯、大盈、顾会、松子、盘龙等五浦,俱会吴淞江入海。东南有金山卫,又东有青村守御千户所,俱洪武二十年二月置。西北有小贞村、西南有泖桥二巡检司。南有金山巡检司,本治张堰,后徙胡家巷。东南有南桥巡检司,本戚睦,后徙治更名。又有陶宅巡检司,后废。又东南有柘林镇,嘉靖间筑城戌守。

上海府东北。东滨海,有盐场。北有吴淞江,有巡检司。东有黄浦,有巡检司。东南有南汇嘴守御中、后千户所,洪武二十年二月置。又有三林庄巡检司。又有南跄巡检司,后废。嘉靖三十六年筑城曰川沙堡,置兵戌守焉。

青浦府西北。嘉靖二十一年四月以今县东北之新泾巡检司置,析华亭、上海二县地益之。三十二年废为青龙镇,仍置新泾巡检司。万历元年复于唐行镇置县,即今治也。北有吴淞江。东有顾会等浦。西南有淀山湖。又西有安庄镇,殿山巡检司置于此。

常州府元常州路,属江浙行省。太祖丁酉年三月丁亥曰长春府,已丑曰常州府。万历末,避讳曰尝州府。领县五。西北距南京三百六十里。洪武二十六年编户一十五万二千一百六十四,口七十七万五千五百一十三。弘治四年,户五万一百三十一,口二十二万八千三百六十三。万历六年,户二十五万四千四百六十,口一百万二千七百七十九。

武进倚。东为晋陵县,元时同治郭内。太祖丁酉年三月改武进县曰永定,晋陵县曰京临。寻以京临省入永定。壬寅年八月仍改永定曰武进。东南有马迹山,滨太湖。北有大江。西有孟渎,又有得胜新河,俱北入江。南有运河。西南有漏湖,兴宜兴界。东有阳湖,兴无锡界。西有魏村闸守御百户所,洪武三年置。又有奔牛巡检司。西北有小河巡检司,旧在郑港,后移小河寨,寻复迁孟河城。北有澡江巡检司,旧在江北沙新河,后迁县北于塘村。

无锡府东。元无锡州。洪武二年四月降为县。西有慧山,梁溪出焉,西南入太湖,其别阜曰锡山。西南有太湖。东南有运河。又西北有高桥、东南有望亭二巡检司。

宜兴府南。元宜兴州。太祖戊戌年十月曰建宁州,寻复曰宜兴州。洪武二年降为县。西南有荆南山,又有国山,又有龙池山。又东南有香兰山,临太湖。又有唐贡山,产茶。西北有匜山,有长荡湖。北有运河。南有荆溪。西南有百渎,疏荆溪之下流,注于太湖,后多堙废。东北有下邾、北有钟溪、东南有湖汶、西南有张渚四巡检司。

江阴府西北。元江阴州,直隶江浙行省。太祖辰年曰连洋州,寻复曰江阴州。吴元年四月降为县,来属。北有君山,滨大江。西南又有秦望山。东有香山。南有运河。又申浦在西,又有黄田等港,俱注大江。东有石头港巡检司。西有利港巡检司,后移于夏港。又东有范港巡检司,后废。又有杨舍镇,嘉靖三十七年筑城。

靖江府东北。成化七年闰九月以江阴县马驮沙置。大江旧分二派,绕县南北。天启后,潮沙壅积,县北大江渐为平陆。西南有新港巡检司。

镇江府元镇江路,属江浙行省。太祖丙申年三月曰江淮府,十二月曰镇江府。领县三。西距南京城二百里。洪武二十六年编户八万七千三百六十四,口五十二万二千三百八十三。弘治四年,户六万八千三百四十四,口一十七万一千五百八。万历六年,户六万九千三十九,口一十六万五千五百八十九。

丹徒倚。北有北固山,滨大江。江中西北有金山,东北有焦山。又城西江口有蒜山。又京岘山在东,图山在北,滨江为险。又南有运河。西有高资镇、东北有安巷、东有丹徒镇、北有姜家觜四巡检司。

丹阳府东南。北滨大江,又有练湖。南有运河。又东有吕城镇巡检司,寻移镇东。又有包港巡检司,寻移顾巷。

金坛府东南。西有茅山。东南有长荡湖,一名洮湖,有湖溪巡检司。北有白鹤溪。

庐州府元庐州路,属河南江北行省。太祖甲。辰年七月为府,置江淮中书行省于此,寻罢。领州二,县六。距南京五百十里。洪武二十六年编户四万八千七百二十，口三十六万七千二百。弘治四年，户三万六千五百四十八，口四十八万六千五百四十九。万历六年，户四万七千三百七十三，口六十二万二千六百九十八。

合肥倚。西有鸡鸣山，肥水所出，东南流入巢湖。西南有紫蓬山。东有浮槎山、黄山。又东南有四顶山，俯瞰巢湖，湖周四百余里，中有姥山、孤山。又东北有滁水，源出龙潭，下流至六合县入江。又东有店阜河，南有三汊河，皆入巢湖。东北有梁县，洪武初省。西南有庐镇关巡检司，后徙于县东之石梁镇。

舒城府西南。西南有龙眠山，兴桐城县界。西有三角山。又巢湖在东。又南有北峡关，亦兴桐城界。

庐江府南。元属无为州。洪武初，改属府。东北有冶父山。东有巢湖。东南有黄陂湖。西有冷水关，有巡检司。

无为州　洪武中，以州治无为县省入。大江在东南。东有濡须水，一名天河，自巢湖分流，东北入江。又东有奥龙河镇，东南有泥汊河镇、土桥河镇，北有黄落河镇四巡检司。西北距府二百八十里。领县一。

巢州北。东南有七宝山，与含山县濡须山相对峙，有西关在其上。巢湖在西，西北有柘皋河流入焉。南有石梁河，即濡须上流也，东南有清溪入焉。西南有焦湖巡检司。

六安州　洪武四年二月属中都临濠府，以州治六安县省入。十五年改属。西有淠水，亦曰沘水，下流至寿州入淮。西南有麻埠巡检司，后废。又西北有和尚滩巡检司，弘治间属霍山县，后移于新店，仍来属。东距府百八十里。领县二。

英山州西南。县治本直河乡，崇祯十二年徙于西北之章山，十六年又迁于北境之添楼乡。多云山在西北，接湖广罗田县界。西有英山河，湖广浠水之上源也。

霍山州西南。本六安州故埠镇巡检司，弘治二年改为县。南有霍山，亦曰天柱山，亦曰衡山，又谓之南岳也。东南有铁炉山，多铁冶。又西南有四十八盘山，又淠河在东，源出霍山，下流至寿州入淮。西北有千罗畈、西南有上土市二巡检司。

安庆府元安庆路,属河南江北行省。太祖辛丑年八月曰宁江府,壬寅年四月曰安庆府。领县六。北距南京六百五十里。洪武二十六年编户五万五千五百七十三,口四十二万二千八百四。弘治四年,户四万六千五十,口六十一万六千八十九。万历六年,户四万六千六百九,口五十四万三千四百七十六。

怀宁倚。南滨大江,西有皖水流入焉,曰皖口。西北有观音港巡检司。东有长凤沙镇巡检司。

桐城府东北。东有浮山,一名浮度山。西北有龙眠山。北有北峡山,与舒城界,有北峡关巡检司。又北有峡山,亦谓之南峡石,对寿州峡石则此为南也。东南滨江,有枞阳河,自西北流入焉。又东有六百丈,东南有马踏石、源子港三巡检司。

潜山府西北。元末废。洪武初复置。西北有湾山,亦曰天柱山,亦曰皖公山,即霍山也,皖水出焉,别流曰湾水,合流注大江。又有天堂山,后部河所出,有天堂寨巡检司。

太湖府西北。西北有司空山。城西有马路河,即后部河之下流也,东合于湾水。又西北有南阳、白沙,东北有小池,北有后部四巡检司。

宿松府西南。东有马头山。又小姑山在县南大江中,兴江西彭泽县界,有小姑山巡检司。又西南有归林滩、南有泾江口二巡检司。

望江府西南。南滨江。东有雷池,南入江,曰雷江口,亦曰雷港,有巡检司。西有泊湖,北有慈湖,东北有漳湖,下流俱入江。又西南有杨湾镇巡检司。

太平府元太平路,属江浙行省江东道。太祖乙未年六月为府。领县三。东距南京百三十五里。洪武二十六年编户三万九千二百九十,口二十五万九千九百三十七。弘治四年,户二万九千四百六十六,口一十七万三千六百九十九。万历六年,户三万三千二百六十二,口一十七万六千八十五。

当涂倚。城北有采石山,一名牛渚山,临大江。西南有博望山,与和州梁山夹江相对,亦曰东梁山。又丹阳湖在东南,周三百余里,分流芜湖,西入江。南有姑熟溪,又有黄池河,西南有大信河,北有慈湖,皆入大江。有采石、大信二巡检司。

芜湖府西南。西南有战鸟山,在大江中。西北有七矶。南有鲁明江,一名鲁港,又有石硊河,俱注大江。西有河口镇巡检司,后移于鲁港镇。

繁昌府西南。西北有硊山,在江中。又三山矶在东北,滨江。又西有荻港,入大江。有三山、荻港二巡检司。

池州府元池州路,属江浙行省江东道。太祖辛丑年八月曰九华府,寻曰池州府。领县六。东北距南京五百五十里。洪武二十六年编户三万五千八百二十六,口一十九万八千五百七十四。弘治四年,户一万四千九十一,口六万九千四百七十八。万历六年,户一万八千三百七十七,口八万四千八百五十一。

贵池倚。南有齐山。北滨江。东有梅根港。西有池口河,即贵池也,又西有李阳河,俱流入大江。有池口镇、李阳河二巡检司。

青阳府东。西南有九华山。北有青山。西有五溪水,出九华山,又南有临城河,俱会流大通河入江。。

铜陵府东北。南有铜官山。东有城山。西滨大江。又南有大通河,北有荻港河,俱入大江,有大通巡检司。

石埭府西南。北有陵阳山。西有栎山,官溪出焉,即池口河之源也。又舒溪在南,下流合芜湖县之鲁港入江。

建德府西南,南有龙口河,东南入饶州府之独山湖。又有尧城溪,下流为东流县之江口河,入江。又西南有永丰镇巡检司。

东流府西。西南有马当山,枕大江,与江西彭泽县界。南有香口河,流入江,有香口镇巡检司,后移于吉阳镇。

宁国府元宁国路,属江浙行省。太祖丁酉年四月曰宁国府。辛丑年四月曰宣城府。丙午年正月曰宣州府。吴元年四月仍曰宁国府。领县六。北距南京三百十里。洪武二十六年编户九万九千七百三十二,口五十三万二千二百五十九。弘治四年,户六万三百六十四,口三十七万一千五百四十三。万历六年,户五万二千一百四十八,口三十八万七千一十九。

宣城倚。北有敬亭山。西有清弋江,西北至芜湖县入江。又东有宛溪,与东北之勾溪合,北流入大江。又南湖亦在东北,流注于勾溪。北有黄池镇、东北有水阳镇二巡检司。

南陵府西。西有工山。南有吕山,淮水出焉。东有青弋江。又西南有漳水,与淮水合,入于青弋江。又南有峨岭巡检司。

泾府西。南有承流山。西有赏溪,亦曰泾溪,其上流即舒溪也。又东南有藤溪来合焉,下流入青弋江。东南有茹蔴岭巡检司。

宁国府东南。西有紫山。西北有文脊山。东南有千秋岭,有关。东有东溪,出浙江于潜县天目山。西有西溪,出绩溪县尧丛山,即勾溪上源也。东南有岳山巡检司,旧置岳山下,洪武中迁于纽口,复移于石口镇。又西南有胡乐巡检司。

旌德府南。北有石壁山。西有正山。西南有箬岭,与太平、歙二县界。东有徽水,自绩溪县流入,即藤溪上流也。东北有鸟岭巡检司,废。又北有三溪巡检司。

太平府西南。南有黄山,与歙县分界。西有龙门山,有巡检司。南有麻川,与舒溪合流入泾县,为赏溪。西南有宏潭巡检司,后移于郭岩前。

徽州府元徽州路,属江浙行省。太祖丁酉年七月曰兴安府。吴元年曰徽州府。领县六。北距南京六百八十里。洪武二十六年编户一十二万五千五百四十八,口五十九万二千三百六十四。弘治四年,户七千二百五十一,口六万五千八百六十一。万历六年,户一十一万八千九百四十三,口五十六万九千四十八。

歙倚。西北有黄山,亦曰黟山,新安江出焉,东南流为歙浦。又东曰新安江,至浙江建德县,与东阳江合为浙江上源。又杨之水在西,亦曰徽溪,合于歙浦。东南有街口镇、王干寨二巡检司。西北有黄山巡检司。

休宁府西。东北有松萝山。西有白岳山。东南有率山,率水出焉,新安江别源也。西南有浙溪,东流与率水合,又西有吉阳水,亦曰白鹤溪,下流合于浙溪。西南有黄竹岭巡检司,寻废。东南有坑厦巡检司,后移于屯溪。

婺源府西南。元婺源州。洪武二年正月降为县。北有浙岭,折溪水出焉,一名渐溪,新安江别源也。西北有大广山,婺水所出,南流达于鄱阳湖。又西南有太白、东有大镛岭二巡检司。又西有项村巡检司,旧治浇岭,后移县西北之严田。万历九年复故。

祁门府西。东北有祁山。西有新安山,又有武陵岭。北有大共山,大共水出焉,南流入江西浮梁县界。有大共岭巡检司。又西南有良禾岭巡检司,后移于苦竹港。

黟府西。西南有林历山。又有武亭山,横江水出焉。又东北有吉阳山,吉阳水所出。南有鱼亭山,鱼亭水出焉。俱流合横江。

绩溪府东北。西北有徽岭山。东有大鄣山,浙水出焉,亦新安江别源也。又岜丛山在东北,杨之水出焉,流合大鄣山水。有丛山关,兴宁国县界。东有西坑寨巡检司,寻废。西北有濠寨巡检司。

徐州元属归德府。**洪武四年二月属中都临濠府。十四年十一月直隶京师。**东南有云龙山。天启四年迁州治于云龙山。东北有盘马山,产铁。又有铜山。东南有吕梁山,泗水所经。大河自萧县流入,经州城北,遂夺泗水之道,东经百步洪、吕梁洪而入邳州界。有吕梁洪巡检司。又睢水在南。领县四。**南距南京一千里。洪武二十六年编户二万二千六百八十三,口一十八万八百二十一。弘治四年,户三万四千八百八十六,口三十五万四千三百一十一。万历六年,户三万七千八百四十一,口三十四万五千七百六十六。**

萧州西南,旧治在县西北,今治,万历五年徙。南有永固山。北有大河,旧汴河所经道也。南有睢水。又西北有赵家圈巡检司。嘉靖四十四年,大河决于此。

沛州西北。元属济宁路。太祖吴元年来属。南有大河。东有泗河,自山东鱼台县流入境。又泡河在西,薛河在东,又北有南沙河、北沙河,皆会于泗。又昭阳湖在县东。又东北有夏镇。

丰州西北。元属济宁路。太祖吴元年来属。大河在南。北有丰水,即泡河也。

砀山州西。元属济宁路。太祖吴元年来属。东南有砀山。其北有芒山。大河自河南虞城县流入,旧经县南,嘉靖三十七年徙在北。又南有睢水。

滁州元属扬州路。洪武初，以州治清流县省入。七年属凤阳府。二十二年二月直隶京师。南有琅邪山。西南有清流山，清流关在其南，清流水出焉，合于滁水。又滁水自全椒县流入，下汊至六合县入江。西有大枞岭巡检司。领县二。东距南京一百四十五里。洪武二十六年编户三千九百四十四，口二万四千七百九十七。弘治四年，户四千八百四十，口四万九千七百一十二。万历六年，户六千七百一十七，口六万七千二百七十七。

全椒州南。洪武初省，十三年十一月复置。东南有九斗山。西北有桑根山。又滁水在南，自合肥县流入，有襄水自北流合焉。

来安州北。洪武初省，十三年十一月复置。东北有五湖山，下有五湖。北有石固山。又来安水在东，东南合清流河。又东南有汤河，南入滁河。东北有白塔镇巡检司。

和州元治历阳县，属庐州路。洪武初，省州入县。二年九月复改县为州，仍属庐州府。七年属凤阳府，寻直隶京师。梁山在南，与当涂县博望山夹江相对，谓之天门山，亦曰西梁山。又东南有横江，南对当涂县之采石矶。西南有栅江，即濡须水，入江之口也。南有白石水，又有裕溪河，源出巢湖，皆南流注于江。西有麻湖，亦曰历湖，永乐中堙。东北有乌江县，洪武初省。东有浮沙口、南有裕溪镇二巡检司。又南有牛屯河巡检司，后移于乌江镇，即乌江县也。领县一。东南距南京百三十里。洪武二十六年编户九千五百三十一，口六万六千七百一十一。弘治四年，户七千四百五十，口六万七千一十六。万历六年，户八千八百，口一十万四千九百六十。

含山州西。洪武初省，十三年十一月复置。南有白石山，白石水出焉。西南有濡须山，与无为州界。西对巢县之七宝山，濡须水也其间，即东关口也。又南有三义河，东合裕溪入江。

广德州元广德路，属江浙行省。太祖丙申年六月曰广兴府。洪武四年九月曰广德州。十三年四月以州治广德县省入，直隶京师。西有横山。南有灵山。西北有桐川，汇丹阳湖入江，亦名白石水。南有广安、西南有陈阳、北有杭村三巡检司。又东南有苦岭关，路通浙江安吉州。又有四安镇。领县一。北距南京五百里。洪武二十六年编户四万四千二百六十七，口二十四万七年九百七十九。弘治四年，户四万五千四十三，口一十二万七千七百九十五。万历六年，户四万五千二百九十六，口二十二万一千五十三。

建平州西北。西南有桐川，又有南碕湖，亦谓之南湖，与宣城县界，流入丹阳湖。北有梅渚、南有陈村二巡检司。

明史卷四一
志第一七

地理二

山东　山西

　　山东　禹贡青、兖二州地。元直隶中书省,又分置山东东西道宣慰司治益都路属焉。洪武元年四月置山东等处行中书省。治济南府。三年十二月置青州都卫。治青州府。八年十月改都卫为山东都指挥使司。九年六月改行中书省为承宣布政使司。领府六,属州十五,县八十九。万里六千四百有奇。南至郯城,兴南直界。北至无棣,与北直界。西至定陶,与北直、河南界。东至海。距南京一千八百五十里,京师九百里。洪武二十六年编户七十五万三千八百九十四,口五百二十五万五千八百七十六。弘治四年,户七十七万五百五十五,口六百七十五万九千六百七十五。万历六年,户一百三十七万二千二百六,口五百六十六万四千九十九。

　　济南府元济南路,属山东东西道宣慰司。太祖吴元年为府。领州四,县二十六。

　　历城倚。天顺元年建德王府。南有历山。东有华不注山。有大清河在西北,即济水故道,自寿张县流经县界,东北至利津入海。又小清河,即济之南源,一名泺水,出城西趵突泉,经城北,下流至乐安县入海。又大明湖在城内。又东北有堰头镇巡检司。

章丘府东。东有长白山，又有卖山。南有东陵山，又有长城岭。又小清河在北。又东有清河，一名绣江，合诸泉西北汇为白云湖，下汊入小清河。

邹平府东北。西南有长白山，接章丘、长山二县界。北有小清河。

淄川府东。元般阳路治此，属山东东西道宣慰司。太祖吴元年改路为淄川州，县仍为附郭。二年七月，州废，来属。西南有夹谷山。南有原山，与莱芜县界，其山阴淄水出焉。又西有孝妇河，自益都县流入，合泷、萌、般诸水，下流入小清河。

长山府东北。元属般阳路。洪武二年七月来属。西南有长白山。西北有小清河。南有孝妇河。

新城府东北。元属般阳路。洪武二年七月来属。七年十二月省入长山、高苑二县，后复置。北有小清河。西北有孝妇河。东有乌河，其上流即时水，下流至高苑县入小清河。

齐河府西。元属德州。洪武二年七月改属府。有大清河。

齐东府东。元属河间路。洪武初来属。北有大清河。东有减水河，成化元年开浚，泄小清河涨溢入大清河。

济阳府北。南有大清河。

禹城府西北。元属曹州。洪武二十年来属。西有漯水枯河，俗名土河。

临邑府北。元属河间路。洪武初来属。西北有盘。

长清府西南。元属泰安州。洪武二年七月改属府。东南有青崖山、隔马山、方山。西南有大清河。又有沙河，自县南流入焉，亦曰沙沟河。又东南有石都寨巡检司。

肥城府西南。元属济宁路。洪武二年七月来属。西北有巫山，一名孝堂山，肥水出焉，西流入大清河。

青城府东北。元属河间路。洪武二年省入邹平、齐东二县。十三年十一月复置，来属。北有大清河。北有大石关，旧置巡检司，后废。

陵府西北。元德州，治安德县，直隶中书省。洪武元年省安德县入州。七年七月移州于故陵县。十三年十一月置陵县于此。东有德河，下流西入卫河。

泰安州元直隶中书省。**洪武初来属，以州治奉符县省入。**北有泰山，即岱宗也，亦曰东岳，汶水出焉，下流至汶上县合大清河。又东南有徂徕山。南有梁父山。又城西有泰安巡检司。**北距府百八十里。领县二。**

新泰州东南。西北有宫山,本名新甫。西南有龟山。东北有小汶河,西流合汶水。又西有上四庄巡检司。

莱芜州东。洪武初,改属济南府。二年仍来属。东北有原山,其山阳汶水别源出焉。又西南有冠山。西北有韶山。诸山多产铜铁锡。

德州元陵州,属河间路。**洪武元年降为陵县,属济宁府。二年七月改属德州。七年七月省陵县,移德州治焉。**西有卫河。东南有故笃马河,俗名土河。**东南距府二百八十里。领县二。**

德平州东。东北有般河,亦曰盘河,或以为古钩盘也。

平原州东南。

武定州元棣州,治厌次县,属济南路。**洪武初,州县俱废。六年六月复置州,改名乐安。宣德元年八月改为武定州。**永乐十五年,汉王府迁于此。宣德元年除。南有大清河,又有土河,又有商河。东南有清河巡检司。**西南距府二百四十里。领县四。**

阳信州北。元属棣州。东有商河。

海丰州东北。洪武六年六月析乐安州南地置,属滨州,后来属。东北滨海。又北有鬲津海河,又有无棣县,元属棣州,洪武初省。东北有大沽河口巡检司。

乐陵州西北。旧治在县之咸平镇,属沧州,洪武元年改属济宁府,二年移治富平镇,七月来属。南有般河及鬲津河,又有土河。西南又有商河。西北有旧县镇巡检司。

商河州西南。南有商河。

滨州　洪武初,以州治渤海县省入。东北滨海,产盐。南有大清河。北有士伤河,即鬲津别名也。**西南距府三百五十里。领县三。**

利津州东。东北滨海,有永阜等盐场。东有大清河,流入海。又东北有丰国镇巡检司。

沾化州西北。东北滨海,有富国等盐场。又有久山镇巡检司。

蒲台州南。元属般阳路。洪武二年七月来属。东滨海。北有大清河。

兖州府元兖州,属济宁路。洪武十八年升为兖州府。领州四,县二十三。东北距布政司三百五十里。

滋阳倚。洪武三年四月建鲁王府。元曰嵫阳。洪武初,省入州。十八年复置。成化间,改为滋阳。泗水在东,又有沂水,自曲阜县西流来合焉。

曲阜府东。东南有尼山,沂水所出。又东有防山。北有泗水。又有洙水,西南流入于沂水。又北有孔林。

宁阳府北。西北有汶水,支流为洸水。洸水者,洙水也,洸洙相入受,通称也,俱西南入运河。又东北有堈城堰,即汶、洸分流处也。

邹府东南。元属滕州。洪武二年七月改属。东南有峄山,亦曰邾峄,又曰邹峄。东北有昌平山。西南有凫山。又有泗河。

泗水府东。东有陪尾山,泗水出焉,经县北,下流至南直清河县入淮。

滕府东南。元滕州,治滕县,属益都路。洪武二年七月,州废,县属济宁府。十八年来属。东南有桃山。东北有连青山。又西南有新运河,北自南阳,南至境山,长一百九十四里,嘉靖四十四年所开。又薛水,源自县东高、薛二山间,西南流,合漷水,一名南沙河,至沛县入运。又有北沙河在县北,西流经鱼台入招湖。又南有沙沟集巡检司。

峄府东南。元峄州,属益都路。洪武二年降为县,属济宁府,后来属。东南有柱子山,旧名葛峄山,丞水流其下。又北有君山,一名抱犊山,西漷水所出,东南流至三合村,东有东漷河自沂水来会焉。又南合武河、彭、丞诸水注于泗,谓之泇口。万历中,改为运道,自夏镇至直河口,凡二百六十余里,避黄河之险者三百三十里。又西北有邹坞镇巡检司,嘉靖中,移于县西拖梨沟。又东南有台庄巡检司,万历三十四年置。

金乡府西南。元属济宁路。洪武十八年来属。金莎岭在东。大河在西南。

鱼台府西南。元属济州。洪武元年属徐州。二年七月属济宁府。十八年来属。泗河在东,即运道也。北有菏水,一名五丈沟,东入泗。又东有谷亭镇,嘉靖九年,黄河决于此。又南有塌场口,洪武、永乐间,为运道所经。

单府西南。元单州,属济宁路。洪武元年省州治单父县入州。二年七月仍降州为县,属济宁府。十八年来属。旧城在南,正德十四年五月因河决改迁。南滨大河。

城武府西南。元属曹州。洪武四年属济宁府。十八年来属。县城，正德十四年五月因河决改迁。南有故黄河，即洪武间之运道也，弘治后堙。

济宁州元任城县，为济州治。至正八年罢济州，徙济宁路治此。太祖吴元年为济宁府。十八年降为州以州治任城县省入。南监会通河。西有马肠湖。又东南有鲁桥镇巡检司。东距府六十里。领县三。

嘉祥州东。元属单州。洪武二年来属。南有塔山。东有会通河。北有故黄河，一名塔章河，即塌场口之上流也。

钜野州西北。元为济宁路治，至正八年徙路治任城县，以县属焉。南有高平山。东有钜野泽，元年为黄河所决，遂涸。东南有会通河。西南有故黄河，弘治后堙。西有安兴集巡检司。

郓城州西北。西有濮水，又有故黄河，又有故济水在西南。

东平州元东平路，直隶中书省。太祖吴元年为府。七年十一月降为州，属济宁府，以州治须城县省入。十八年改属。北有瓠山。东北有危山。西南有安山，亦曰安民山。下有积水湖，一名安山湖。山南有安山镇，会通河所经也。汶水在南，西流入安山湖。又西北有金线闸巡检司。东南距府百五十里。领县五。

汶上州东南。西南有蜀山，其下为蜀山湖。又西为南旺湖，其西北则马踏河，运道经其中而北出，即会通河也。又汶水在东北，旧时西流入大清河。永乐中，开会通河，堰汶水西南流，悉入南旺湖。

东阿州西北。故城在县西南。今治，本故谷城县也，洪武八年徙于此。南有碻磝山。西有鱼山。会通河自西南而北经此，始兴大清河分流。又西有马颊河，俗名小盐河，东流入大清河。又张秋镇在西南，弘治三年，河决于此。七年十二月塞，赐名安平镇。

平阴州东北。南有汶河。西南有大清河，又有滑口镇巡检司，后废。

阳谷州西北。东有会通河。又东有阿胶井。

寿张州西。洪武三年省入须城、阳谷二县。十三年十一月复置，属济宁府，后来属。东南有故城，元时县治在焉。今治，本王陵店，洪武十三年徙置。南有梁山泺，即故大野泽下流。东北有会通河，又有沙湾，弘治前黄河经此，后堙。西南有梁山集巡检司。

曹州　正统十年十二月以曹县之黄河北旧土城置。东有旧黄河,洪武初,引河入泗以通运处也。永乐中,亦尝条浚。南有濉河。东南有菏泽,流为菏水。**东北距府三百里。领县二。**

曹州东南。元曹州,治济阴县,直隶中书省。洪武元年省济阴县入州。二年,州治自北徙于盘石镇。四年降为县,属济宁府。正统十年十二月置州,以县属焉。西南有黄陵冈,兴河南仪封县界。弘治五年,黄河决于此,河遂由县南,东入单县界,至南直徐州,合泗入淮。又西有贾、鲁河,嘉靖前独为运道,后废。东南有楚丘县,元属曹州,洪武初省。又西北有安陵镇巡检司。

定陶州东南。元属曹州。洪武元年属济宁府。十年五月省入城武县。十三年十一月复置,仍属济宁府。正统十年十二月来属。西有黄河故道。弘治前,河经此,至张秋之沙湾入会通河。

沂州元属益都路,后省州治临沂县入州。洪武元年属济宁府。五年属济南府。七年十二月属青州府。十八年来属。弘治四年八月建泾王府,嘉靖十六年除。西有艾山。东有沂水,源自青州沂水县,南流至州境,与枋水合,下流入泗。又有沭水,流经南直安东县为涟水,入淮。又西南有洳水,亦曰东洳水,下流合峄县之西洳水入运。西南有罗藤镇巡检司。**西距府五百六十里。领县二。**

郯城州东南。洪武初置。东有马陵山,又有羽山,与南直赣榆县界。又沭水在东。沂水在西。西有磨山镇巡检司,后废。

费州西北。西北有蒙山。西南有大沫涸,又有防水,东北有蒙阳水,下流俱入于沂河。西南有关阳镇、西北有毛阳镇二巡检司。

东昌府元东昌路,直隶中书省。洪武初,为府。领州三,县十五。东距布政司二百九十里。

聊城倚。城东有会通河。西南有武水枯河,即漯河也,为会通河所截,中堙。

堂邑府西。东北有会通河。西有旧黄河。

博平府东北。洪武三年三月省,寻复置。西南有会通河。东北有故黄河。

茌平府东北。西有故黄河。又西北有故马颊河。

莘府西南。北有彝山,旧有泉涌出,曰彝山泉。

清平 府北。元属德州。洪武元年属恩州。二年七月属高唐州。三年三月省，寻复置，改属。西有会通河。西南有魏家湾巡检司。

冠 府西南。元冠州，直隶中书省。洪武三年降为县，来属。西北有卫河。又东有贾镇堡，东北有清水镇堡，俱嘉靖二十二年筑。

临清州 元临清县，属濮州。洪武二年七月改属。弘治二年升为州。旧治在南，洪武二年徙治临清闸。景泰元年又于闸东北三里筑城，徙治焉。会通河在城南，有卫河自西来会，至天津直沽入海，为北运河。东南距府百二十里。领县二。

丘 州西。元直隶东昌路。弘治二年改属州。东南有卫河，又有漳河。

馆陶 州西南。元属濮州。洪武二年七月属东昌府，三年三月省，寻复置，仍属东昌府。弘治二年改属州。西有卫河，自元城县流入。又西南有漳河。又西南有南馆陶镇巡检司。

高唐州 元直隶中书省。洪武初，以州治高唐县省入，来属。西有漯河，溢涸无常。又有马颊河，一名旧黄河。西南距府百二十里。领县三。

恩州 北。元恩州，直隶中书省。洪武二年降为县，来属。西有故城。今治本许官店，洪武七年七月徙于此。西北有卫河。东南有马颊枯河。又高鸡泊亦在县西北。

夏津 州西。洪武三年三月省，寻复置。西南有卫河。又东有马颊故河。又西有裴家圈巡检司。

武城 州西北。西有卫河。东南有沙河。东北有甲马营巡检司。

濮州 元直隶中书省。洪武二年以州治鄄城县省入，来属。故城在东，景泰三年以河患迁于王村，即今治也。东南有故黄河，永乐中，河流由此入会通河，后堙。又西南有濮水，一名洪河。东北距府二百里。领县三。

范 州东北。洪武三年三月省，寻复置。东南有故城，洪武二十五年圯于河，始迁今治。又东南有水保寨巡检司。

观城 州西北。洪武三年三月省，寻复置。又东有马颊河，有黑羊山水自西北流入焉。

朝城 州北。洪武三年三月省，寻复置。西南有故漯河。

青州府元益都路,属山东东西道宣慰司。太祖吴元年为青州府。领州一,县十三。西距布政司三百二十里。

益都倚。洪武三年四月建齐王府,永乐四年废。十三年建汉王府,十五年迁于乐安。成化二十三年建衡王府。南有云门山,与劈山连。西北有尧山。又西有九回山,北阳水出焉,亦曰渑水,经治岭山麓,曰五龙口,下流经乐安县,入巨淀。又有南阳水,源出县西南石膏山,流经城北,又东北合北阳水。又西有淄水,下流至寿光入海。又西南有颜神镇,孝妇河出焉,入淄川县界。有颜神镇巡检司,嘉靖三十七年筑城。镇西南有青石关。

临淄府西北。南有牛山。又有鼎足山,女水出焉,下流合北阳水。又有猕山。又有南郊山,其下为天齐渊。城东有淄水,又西有渑水,又有系水,下流俱入时水。其时水自西南而东北,亦曰耏水,又有漕水流入焉,下流俱至乐安县入海。南有淄河店巡检司,后废。

博兴府西北。元博兴州。洪武二年降为县。南有小清河,有时水。

高苑府西北。东南有商山。西南有小清河。西北有田镇巡检司,后废。

乐安府北。东北滨海,有盐场。北有小清河。东有时水。又东南有淄水,又有北阳水,又有巨洋水,俱汇流于县东北之高家港入海。港即古之马车渎也。有高家港巡检司。又西北有乐安镇巡检司。又东北有塘头寨,有百户所驻焉。

寿光府东北。北滨海,有盐场。西有淄水,又有北阳水。又东有巨洋水。又西北有清水泊,即古之钜定湖也,其北接乐安县之高家港。又东北有广陵镇巡检司。

昌乐府东。元属潍州,寻省,后复置,仍属潍州。洪武初,改属。西北有故城。洪武中,徙于今治。东南有方山,东丹水所出,北迳昌乐故城,西丹水流合焉,下流至寿光县入于海。又南有白狼山,至潍县入海。

临朐府东。南有朐山,又有大岘山,上有穆陵关巡检司。又东有沂山,一名东泰山,沭水、弥水俱发源于此。弥水,一名巨洋水,西合石沟水,至寿光入海。又东北有丹山,一名丸山,西丹河及白狼山水出焉。

安丘元属密州。洪武二年七月,州废,属府。西南有牟山,又有峿山。又东北有峐山。东有潍水,下流径潍县入海。又北有汶水,源亦出沂山山,下流合潍水。

诸城府东南。元为密州治,属益都路。洪武二年七月,州废,属府。东南有琅邪山。西南有常山,又有马耳山。北有潍水,东北有庐水,流合焉。南有信阳镇巡检司。又南有南龙湾海口巡检司。

蒙阴府西南。元属莒州。洪武二年七月改属府。南有蒙阴山。东有长山,有蒙水,北流入沂水。东南有紫荆关巡检司,万历间废。

莒州元属益都路。洪武初,以州治莒县省入。西有浮来山。又西北有箕屋山,潍水出焉。又西南有沭水,流入沂州界。南有十字路、西南有葛沟店二巡检司。北距府二百里。领县二。

沂水州西北。西北有大弁山,与雕崖山连,沂水出焉,南流经沂州界入泗。东北有沭水。

日照州东北。东滨海,有盐场。东南有仓镇巡检司。

莱州府元莱州,属般阳路。洪武元年升为府。六年降为州。九年五月复升为府。领州二,县五。西距布政司六百四十里。

掖倚。北滨海,有盐场。又有三山岛,在海南岸。东北有万里沙。西南有掖水,北入海。东南有小沽河。又东北有王徐砦守御千户所,嘉靖中置。又西有海仓、北有柴葫寨二巡检司。

平度州元胶水县。洪武二十二年正月改置。北有莱山。西有胶水,下流至昌邑北入海。东有大沽河,源自黄县蹲犬山,流经州,与小沽河合,通名为沽河,至即墨县入海。小沽,即尤水也。又西南有亭口镇巡检司。北距府百里。领县二。

潍州西。元潍州,属益都路。洪武元年以州治北海县省入。九年属莱州府。十年五月降为县。二十二年正月改属州。南有潍水,东北入海。又东北有固堤店巡检司。

昌邑州西北。元属潍州。洪武十年五月省入潍县。二十二年正月复置,来属。东有潍水。东北有胶河。北有鱼儿镇巡检司。

胶州元属益都路。洪武初,以州治胶西县省入。九年来属。西南有铁橛山,胶水所出,亦曰胶山。东北有沽河,南流入海。又东南海口有灵山卫,又有安东卫,洪武三十一年五月置又有夏河寨千户所,在灵山卫西南。石白岛寨千户所,在安东卫南。俱弘治后置。又西南有古镇巡检司。北有逢猛镇巡检司。北距府二百二十里。领县二。

高密州西北。元属胶州。洪武元年属青州府。九年五月属莱州府,寻复属州。东有胶水。西有潍水。又西南有密水,一名百尺沟,北会于潍水。

即墨州东。元属胶州。洪武初,属青州府。九年五月属莱州府。十年五月仍属州。东南有劳山,在海滨。又有田横岛,在东北海中。东有鳌山卫,洪武二十一年五月置。又东北有雄崖守御千户所,南有浮山守御千户所,俱洪武中置。又东北有栲栳岛巡检司。又即墨营旧在县南,宣德八年移置县北,有城。

登州府元登州,属般阳路。洪武元年属莱州府。六年直隶山东行省。九年五月升为府。领州一,县七。西距布政司一千零五十里。

蓬莱倚。洪武初废。九年五月复置。北有丹崖山,临大海。南有密神山,密水所出。西南有黑石山,黑水所出,经城南合流,北入于海。西有龙山,产铁。东有高山巡检司,本置于海中沙门岛,后迁朱高山下。又东南有杨家店巡检司。

黄府西南。东南有莱山。西南有蹲犬山,大沽水出焉。又东有黄水,东南有浑水,合流入海。又西有马停镇巡检司。

福山府东南。东北有之罘山,三面临海。西南有义井河,北入海。又奇山守御千户所在东北,洪武三十一年置。又北有孙夼镇巡检司。

栖霞府东南。东有岠嵎山,尝产金,亦名金山。又有百涧山,西北有北曲山,二山旧皆产铁。又南有翠屏山,大河出焉,即义井河之上源也。

招远府西南。元属莱州。洪武九年五月来属。东北有原疃河,北入海。西有东良海口巡检司。

莱阳府南。元属莱州。洪武九年五月来属。东南有昌水,源发文登县之昌山,一名昌阳水,南入海。东有猴养泽。又东南有大嵩卫,洪武三十一年五月置。卫西有大山千户所,成化中置。又南有行村寨巡检司。

宁海州元直隶山东东西道宣慰司。洪武初,以州治牟平县省入,属莱州府。九年改属。东有金水河,一名沁水,西南有五丈河,俱北入海。又西南有乳山寨巡检司。西距府二百二十里。领县一。

文登州东南。元属宁海州。洪武初,改属莱州府。后仍属州。九年五月属登州府。后仍属州。东南有斥山，南有成山，又有铁槎山。又西有铁官山。东南滨海。南有靖海卫，东有成山卫，北有威海卫，皆洪武三十一年五月置。又宁津守御千户所在东南，亦洪武三十一年置。又东有海阳守御千户所，在靖海卫南。金山守御千户所，在威海卫西。百尺崖守御千户所，在威海卫北。寻山守御千户所，在成山卫东南。俱成化中置。又北有辛汪寨、东北有温泉镇、东有赤山镇三巡检司。

辽东都指挥使司 元置辽阳等处行中书省,治辽阳路。洪武四年七月置定辽都卫。六年六月置辽阳府、县。八年十月改都卫为辽东都指挥使司。治定辽中卫,领卫二十五,州二。十年,府县俱罢。东至鸭绿江,西至山海关,南至旋顺海口,北至开原。由海道至山东布政司,二千一百五十里。距南京一千四百里,京师一千七百里。

定辽中卫 元辽阳路,治辽阳县。洪武四年罢。六年复置。十年复罢。十七年置卫。西南有首山。南有千山。又东南有安平山,山有铁场。又西有辽河,自塞外流入,至海州卫入海。又西北有浑河,一名小辽水,东北有太子河,一名大梁水,又名东梁水,下流俱入于辽水。又东有鸭绿江,东南入海。又东有凤凰城,在凤凰山东南,成化十七年筑,为朝鲜入贡之道。又南有镇江堡城。又连山关亦在东南。

定辽左卫

定辽右卫 俱洪武六年十一月置。

定辽前卫 洪武八年二月置。

定辽后卫 本辽东卫,洪武四年二月置。八年二月改。九年十月徙治辽阳城北,寻复。

东宁卫 本东宁、南京、海洋、草河、女直五千户所,洪武十三年置。十九年七月改置。

自在州 永乐七年置于三万卫城,寻徙。

以上五卫一州,同治都司城内。

海州卫 本海州,洪武初,置于旧澄州城。九年置卫。二十八年四月,州废。西南滨海,有盐场。西有辽河,汇浑河、太子河入海,谓之三岔河。又西有南、北通江,亦合于辽河。东有大片岭关,有盐场。东北距都司百二十里。

盖州卫 元盖州,属辽阳路。洪武四年废。五年六月复置。九年十月置卫。二十八年四月,州复废。东北有石城山。又北有平山,其下有盐场,又东有驻跸山,西滨海,有连云岛,上有关。又东有泥河,南有清河,东南有毕里河,下流皆入于海。又南有永宁盐城,永乐七年置。又西北有梁房口关,海运之舟由此入辽河,旁有盐场。又东有石门关。西有盐场。北有铁场。北距都司二百四十里。

复州卫 本复州,洪武五年六月置于旧复州城。十四年九月置卫。二十八年四月,州废。西滨海。西南有长生岛。又南有沙河,合麻河,西注于海。东有得利赢城,元季土人寨,洪武四年二月辽东卫于此,寻徙。又南有乐古关。西有盐场。北有铁场。北距都司四百二十里。

金州卫 本金州,洪武五年六月置于旧金州。八年四月置卫。二十八年四月,州废。东有大黑山,小沙河出焉。又有小黑山,骆马河、澄沙河俱出焉。卫东西南三面皆滨海。南有南关岛。东有莲花岛。东南有金线岛。又东有皮岛,又有长行岛。南有双岛及三山岛。西南有铁山岛。东北有萧家岛,有关。又旅顺口关在南,海运之舟由此登岸,有南、北二城,其北城有中左千户所,洪武二十年置。又东南有望海埚石城,永乐七年置。又卫东有铁场。东北有盐场。北距都司六百里。

广宁卫 元广宁府路。洪武初废。二十三年五月置卫。洪武二十五年三月建辽王府。建文中,改封湖广荆州府。西有医无闾山。南滨海。东有路河,东北有珠子河,下流皆注于辽河。又板桥河在西,南流入海。北有白土厂关,又有分水岭关。西北有魏家岭关。又北有懿州,元属辽阳路。洪武二十六年正月置广宁后屯卫于此。永乐八年,州废,徙卫于义州卫城。又西南有闾阳关,东北有望平县,元俱属广宁路。又西北有川州,元属大宁路。又东北有顺州,西北有成州,元俱属东宁路。又西南有钟秀城,元置千户所于此。俱洪武中废。东距都司四百二十里。

广宁中卫

广宁左卫 俱洪武二十六年正月置。二十八年四月废。三十五年十一月复置。

广宁右卫 本治大凌河堡,洪武二十六年正月置。二十八年四月废。三十五年十一月复置。

以上三卫,俱在广宁卫城。

广宁前卫

广宁后卫　俱洪武二十六年正月置。后俱废。

义州卫元义州,属大宁路。洪武初,州废。二十年八月置卫。西北有大凌河,下流入海。东北有清河,下流合大凌河。东南距都司五百四十里。

广宁后屯卫　洪武二十六年正月置于旧懿州。永乐八年徙治义州卫城。

广宁中屯卫元锦州,属大宁路。洪武初,州废。二十四年九月置卫。东有木叶山。西有东、西红螺山。西南有杏山。东南有乳峰山。又东有大凌河、小凌河。又西有女儿河,与小凌河合。又南有松山堡,在松山西,宣德五年正月置中左千户所于此,辖杏山驿至小凌河驿。东有大凌河堡,洪武二十六年正月置广宁右卫,二十八年四月废。宣德五年正月置右千户所于此,辖凌河驿至十三山驿。又城南有盐场二,铁场一。又西有铁场。东南距都司六百里。

广宁左屯卫　洪武二十四年九月置于辽河西,后徙广宁中屯卫城。

广宁右屯卫元广宁府地。洪武二十六年正月置于十三山堡。二十七年迁于旧闾阳县之临海乡。北有十三山。山西有十山堡。西有大凌河。又西南有望梅岭。又南有盐场。东有铁场。东南距都司五百四十里。

广宁前屯卫元瑞州,属大宁路。洪武初,属永平府。七年七月,州废。二十六年正月置卫。西北有万松山。北有十八盘山。西有麻子峪,有铁场。东南为山口峪,有盐场。东北有六州河,下流至蛇山务入海。西有山海关,与北直抚宁县界。又有急水河堡,宣德五年正月置中前千户所于此,辖山海东关至高岭驿。又东有杏林堡,宣德五年正月置中后千户所于此,辖沙河驿至东关驿。东距都司九百六十里。

宁远卫　宣德五年正月分广宁前屯、中屯二卫地置,治汤池。西北有大团山。东北有长岭山。南滨海。东有桃花岛。东南有觉华岛城。西有宁远河,即女儿河也,又名三女河。又东有塔山,有中左千户所,辖连山驿至杏山驿，西有小沙河中右千户所，辖东关驿至曹庄驿，俱宣德五年正月置。又南有盐、铁二场。**东距都司七百七十里。**

沈阳中卫元沈阳路。洪武初废。三十一年闰五月置卫。洪武十四年建沈王府。永乐六年迁于山西潞州。东有东牟山。南有浑河，又东有沈水入焉。又西有辽河。又东北有抚顺千户所，洪武二十一年置。所东有抚顺关。又北有蒲河千户所，亦洪武二十一年置。**南距都司百二十里。**

沈阳左卫

沈阳右卫　俱洪武中置。建文初废。洪武三十五年七月复置，后仍废。

沈阳中屯卫　洪武三十一年闰五月置。建文中废。洪武三十五年十一月复置，属北平都司，后属后军都督府，寄治北直河间县。

铁岭卫　洪武二十一年三月以古铁岭城置。二十六年四月迁于古嚣州之地，即今治也。西有辽河，南有泛河，又南有小清河，俱流入于辽河。又南有懿路城，洪武二十九年置懿路千户所于此。又范河城在卫南，亦曰泛河城，正统四年置泛河千户所于此。东南有奉集县，即古铁岭城也，接高丽界，洪武初置县，寻废。又有咸平府，元直隶辽东行省。至正二年正月降为县。洪武初废。**南距都司二百四十里。**

三万卫元开元路。洪武初废。二十年十二月置三万卫于故城西，兼置兀者野人乞例迷女直军民府。二十一年，府罢，徙卫于开元城。洪武二十四年建韩王府。永乐二十二年迁于陕西平凉。西北有金山。东有分水东岭。北有分水西岭。西有大清河，东有小清河，流合焉，下流入于辽河。又北有上河，东北有艾河，流合焉，谓之辽海，即辽河上源也。又北有金水河，北流入塞外之松花江。又镇北关在东北。广顺关在东。又西有新安关。西南有清河关。南有山头关。又北有北城，即牛家庄也，洪武二十三年三月置辽海卫于此。二十六年，卫徙。又南有中固城，永乐五年置。**南距都司三百三十里。**

辽海卫　洪武二十三年三月置于牛家庄。二十六年徙三万卫城。

安乐州　永乐七年置，在三万卫城。

山西　《禹贡》冀州之域。元置河东山西道宣慰使司，治大同路。

直隶中书省。洪武二年四月置山西等处行中书省。治太原路。三年十二月置太原都卫。与行中书省同治。八年十月改都卫为山西都指挥使司。九年六月改行中书省为承宣布政使司。领府五,直隶州三,属州十六,县七十九。为里四千四百有奇。东至真定,与北直界。北至大同,外为边地。西南皆至河,与陕西、河南界。距南京二千四百里,京师千二百里。洪武二十六年编户五十九万五千四百四十四,口四百七万二千一百二十七。弘治四年,户五十七万五千二百四十九,口四百三十六万四百七十六。万历六年,户五十九万六千九十七,口五百三十一万九千三百五十九。

太原府元冀宁路,属河东山西道宣慰司。洪武元年十二月改为太原府,领州五,县二十。

阳曲倚。洪武三年四月建晋王府于城外东北维。西有汾水,自静乐县流经此,下流至荣河县合大河。西北有天门关巡检司。东北有石岭关巡检司。

太原府西南。元曰平晋,治在今东北。洪武四年移于汾水西,故晋阳城之南关。八年更名太原。西有悬瓮山,一名龙山,又名结绌山,晋水所出,下流入于汾。西北有蒙山。东有汾水。东南有洞涡水,源自乐平,下流入汾。

榆次府东南。东南涂水,合小涂水西北流,入洞涡水。

太谷府东南。东南有马岭,路出北直邢台县,上有马岭关,有巡检司。西有太谷,一名咸阳谷。东北有象谷水,流入汾。

祁府南,少西。东南有胡甲山,隆舟水出焉,下流至平遥入汾。南有隆舟峪巡检司。又东有团柏镇。

徐沟府南。北有洞涡水,至此合汾。

清源府西南。北有清源水,东流,南入汾。

交城府西南。东北有羊肠山。东南有汾水。又西北有文水。

文水府西南。西南有隐泉山。东有文水,南入汾。又东北有獠水,或以为即邬泽也。

寿阳府东。西有杀熊岭。南有洞涡水,黑水流合焉。

盂府东北。元盂州。洪武二年降为县。东北有白马山。北有滹沱河,东入北直平山县界。东北有伏马关,一名白马关。又东有榆枣关。

静乐府西北。元管州。洪武二年改为静乐县。东北有管涔山,汾水所出。又东北有燕京山,上有天池。又北有宁化守御千户所,洪武二年置。又东南有两岭关,置故镇巡检司于此,后移于稍东顺水村。又南有楼烦镇巡检司。又东北有沙婆岭巡检司,后移于阳曲县天门关。

河曲府西北。元省。洪武十三年十一月复置。西有火山,临大河。河滨有娘娘滩、太子滩,皆套中渡河险要处也。北有关河,以经偏头关而名,西北流入大河。成化十一年十二月置偏头关守御千户所,与宁武、雁门为三关。

平定州东有绵山,泽发水出焉,即冶河上源,合沾水,东流至平山县入滹沱。西南有洞涡水,合浮化水,西流入汾。东南有新固关守御千户所。又东有故关即井陉关也,洪武三年置放关巡检司于此。又有苇泽、盘石二关在县东北,俱接井陉县界。**西北距府一百八十里。领县一。**

乐平州东南。东有皋落山,一名灵山。西南有少山,一名沾岭,为沾水、清漳二水之发源。沾东流入泽发水,漳北流,折而西南,入和顺县之梁榆水。又西有陡泉岭,洞涡水所出。又静阳镇在县东南。

忻州 洪武初,以州治秀容县省入。北有滹沱河,又有忻水,一名肆卢川,自北流入焉。西南有牛尾庄巡检司,后移于州北十里。又西有寨西巡检司,西北有沙沟巡检司,后俱废。又忻口寨亦在州北。又东南有赤塘关。**南距府百六十里。领县一。**

定襄州东,少北。北有滹沱河。又南有丛象山,有三会水流合焉。东北有胡谷砦巡检司,后废。

代州 洪武二年降为县。八年二月复升为州。句注山在西,亦曰西陉,亦曰雁门山,其北为雁门关,有雁门守御千户所,洪武十二年十月置。又于关北置广武营城。又东有夏屋山,一名下壶。又南有滹沱河,源自繁峙入州界,西南流经崞、忻、定襄,又东经五台、盂,入真定界。又北有太和岭、水勤口二巡检司,后俱废。**西南距府三百五十里。领县三。**

五台州东南。元台州。洪武二年改为五台县。八年二月来属。东北有五台山,有清水河,东北流,合虎阳河,南入于滹沱。又东南有高洪口巡检司。又东北有大谷口、饭仙山二巡检司,后俱废。

繁峙州东。元坚州。洪武二年改为繁峙县。八年二月来属。旧治在县南,成化三年二月移治东义村。万历十四年十二月徙于河北之石龙岗。东北有秦戏山,滹沱河所出也,回环千三百七十里,至北直静海县入海。又北有茹越口、东北有北楼口、东有平刑岭三巡检司,后俱废。又东有郎岭关城,洪武十七年筑。

崞州西南。元崞州。洪武二年降为县。八年二月来属。西南有崞山。东南有石鼓山,又有滹沱河。又西北有宁武关,有宁武守御千户所,景泰元年置。又有八角守御千户所,嘉靖三年八月置。又西南有芦板寨巡检司。又西北有杨武峪、吊桥岭、胡峪北口三巡检司。

岢岚州　本岢岚县,洪武七年十月置。八年十一月升为州。北有岢岚山,其东为雪山。西南有岚漪河,北有蔚汾水,下流俱入大河。又西北有岢岚镇巡检司,后废,又北有天涧堡隘,路通朔州。西北有于坑堡隘,又有洪谷堡隘,俱通保德州。东南距府二百八十里。领县二。

岚州南,少东。元岚州。洪武初,降为县。西南有黄尖山,蔚汾水所出。又北有二郎关、鹿径岭二巡检司。

兴州西南。元兴州。洪武二年降为县。八年十一月来属。东北有石楼山。西滨大河,南有蔚汾水流入焉。又东有界河口、西南有孟家峪二巡检司。

保德州　洪武七年降为县。八年十一月属岢岚州。九年正月复升为州。西滨大河。东北有得马水巡检司,后废。东南距府五百里。

平阳府元晋宁路,属河东山西道宣慰司。**洪武元年改为平阳府。领州六,县二十八。东北距布政司五百九十里。**

临汾倚。西有姑射山。西南有平山,晋水、平水皆出于此,东流入于汾。

襄陵府西南。西南有三壸山。东有汾水。南有太平关,有巡检司。

洪洞府北,少东。东有九箕山。西有汾水。

浮山府东,少南。西有浮山。北有涝水,东南有㴇水,下流俱入汾。

赵城府北。元属霍州。洪武三年改属。西有罗云山,又有汾水、霍水,自东南流入焉。

太平府西南。元属绛州。洪武二年改属。东有汾水。

岳阳府东北。东有沁水,流入泽州界。北有洞水。又南有赤壁水,西北流,会洞水入汾河。

曲沃府南。元属绛州。洪武二年改属。南有紫金山，产铜。北有乔山。西有汾水。西南有浍水，下流入汾。

翼城府东南。元属绛州。洪武二年改属。东南有浍高山，产铜，下有滦泉。又东有乌岭山，浍水出焉。。

汾西府北，少西。西有青山，产铁。东有汾水。

蒲府西北。元属隰州。洪武二年改属。西有第一河，西流入大河。东有张村岔巡检司。

灵石府北。元属霍州。万历二十三年五月改属汾州府。四十三年还属府。东有绵山，即介山也。城北有汾水，又东有谷水流入焉。又北有灵石口巡检司。西南有阴地关，又有汾水关。

蒲州元河中府。洪武二年改为蒲州，以州治河东县省入。中条山在东南，即雷首山也，又名首阳山，跨临晋、闻喜、垣曲、平陆、芮城、安邑夏县、解州之境。又南有历山。又大河自榆林折而南，经州城西，又经中条山麓，又折而东，谓之河曲。临河有风陵关巡检司。又东南有涑水，即绛水下流，又南有妫汭水，俱注于大河。**东北距府四百五十里。领县五。**

临晋州东北。东南有王官谷。西有大河。南有涑水。又西有吴王寨巡检司。

荣河州北，少东。大河在城西，汾水至此入河。

猗氏州东北。南有涑水。东南有盐池。

万泉州东北。南有介山。

河津州东北。西北有龙门山，夹河对峙，下有禹门渡巡检司。汾水旧由荣河县北睢丘入河，隆庆四年东徙，经县西南葫芦滩入河。

解州　洪武初，以州治解县省入。南有檀道山，又有石锥山。东南有白径岭。南滨大河。东有盐池。西北又有女盐池。东北有长乐镇巡检司。东南有盐池巡检司。**东北距府三百四十里。领县五。**

安邑州东北。西有司盐城。北有鸣条冈。又有涑水。西南有盐池。南有圣惠镇巡检司。西南有西姚巡检司。

夏州东北。北有涑水。

闻喜州东北。东南有汤山，产铜。南有涑水。又东北有乾河，又有董泽。

平陆州东南。东北有虞山，一名吴山。又东有传岩。南滨大河,中有底柱山。东有大阳津,上有关,亦曰茅津。有沙涧茅渡津巡检司。又有白浪渡巡检司。

芮城州西南。大河南经县,西折而东。东南有陌底渡巡检司。西北有万寿堡。东有襄邑堡。

绛州　洪武初,以州治正平县省入。西北有九原山。南有汾水,浍水自东南流入焉。西有武平关。东北距府百五十里。领县三。

稷山州西。南有稷神山,又有汾水。

绛州东南。东有太行山。东南有太阴山,又有陈村峪,涑水出焉,经闻喜、夏、安邑等县,至蒲州入黄河。又西北有绛山,绛水出焉,西流入涑。又东南有教山,教水出焉,即乾河之源也。绛山产铁。

垣曲州东南。西北有折腰山,山有铜冶。又东北有王屋山。南滨河,西有清水流入焉。又北有乾河。西北有横岭背巡检司。西南有留庄隘。

霍州　洪武初,以州治霍邑县省入。东南有霍山,亦曰霍太山。西有汾水,又有霍水、彘水,俱出霍山,下流俱入汾。南距府百四十五里。

吉州西有孟门山,大河所经。西南有壶口山。又乌仁关在西,平渡关在西北,俱有巡检司。东距府二百七十里。领县一。

乡宁州东南。西南有两乳山。西有黄河。西北有龙尾碛巡检司。

隰州　洪武初,以州治隰川县省入。西有蒲水,南入大河。东北有广武庄巡检司。东南距府二百八十里。领县二。

大宁州西南。西滨大河。又东南有昕川,西注于河。西有马斗关,大河经其下,有巡检司。

永和州西。西滨大河。西北有永和关,有巡检司。又有兴德关。西南有铁罗关。三关俱兴陕西滨河为界。

汾州府元汾州,属冀宁路。洪武九年直隶布政司。万历二十三年五月升为府。领州一,县七。东北距布政司二百里。

汾阳倚。元曰西河。洪武初,省入州。万历二十三年五月复置,更名。东有汾水。又东北有文水,一名万谷河,自文水县东南流入焉。西有金锁关、黄芦岭二巡检司。

孝义府南，少东。西北有狐岐山，胜水出焉，东流入汾。又县南有雀鼠谷，与介休县界，汾水自东北来经此。又西有温泉镇巡检司。

平遥府东。南有麓台山，一名蒙山，又名谒戾山。西有汾河。东有中都水，又有原祠水，合流注于汾河。又南有普同关巡检司，后移于县东北之洪善镇。

介休府东南。有介山，亦曰绵山。西有汾水，东有石洞水，西流入焉。东北有邬城泊，与平遥、文水二县界，即昭余祁薮之余浸也，或亦谓之蒿泽。东南有关子岭镇巡检司。

石楼府西，少南。元属晋宁路之隰州。万历四十年改属。东南有石楼山。西有黄河，又有土军川流入焉。又西北有上平关、西有永和关、东北有窟龙关三巡检司。

临府西北。元临州，属冀宁路。洪武二年降为县。万历二十三年五月来属。北滨黄河，东北有榆林河流入焉。西北有克狐寨巡检司。**永宁州**元石州，属冀宁路。**洪武初，以州治离石县省放。隆庆元年更名。万历二十三年五月来属。**大河在西。东有谷积山，下有石窟村，东川河出焉。北有赤坚岭，一名离石山，离石水出焉，亦曰北川河，合流注于大河。又西有青龙渡、北有赤坚岭二巡检司。又西有孟门关。**东南距府百六十里。领县一。**

宁乡州南。东南有楼子台山。西有黄河。

潞安府元潞州，属晋宁路。**洪武二年直隶行中书省。九年直隶布政司。嘉靖八年二月升为潞安府。领县八。西北距布政司四百五十里。**

长治倚。永乐六年，沈王府自沈阳迁此。元上党县。洪武二年省入州。嘉靖八年二月复置，更名。东南有壶关山，旧置壶口关于山下。西南有潞水，即浊漳水，自长子县流入，下流至河南临漳县，合清漳水。又西有蓝水，东流与浊漳水合。

长子府西，少南。东南有羊头山。西南有发鸠山，一名鹿谷山，浊漳水发源于此。西北有蓝水，南有梁水，皆流入漳水。

屯留府西北。西北有三嵏山。又西南有盘秀山，蓝水出乎其阳，绛水出乎其阴，下流俱合浊漳水。

襄垣府北，少西。南有浊漳水。西北有小漳水，又有涅水，自武乡县流入界，合小漳水，下流入浊漳水。西有五赞山巡检司。

潞城府东北。西有三垂山。北有浊漳水，又有洚水流合焉，谓之交漳。

壶关府东南。南有赵屋岭，西南有大岭岭，俱产铁。东南有羊肠坂。西北有壶水，西入浊漳。

黎城府东北。西北有浊漳水，东南入河南林县界。东北又有清漳水，流入河南涉县界。又东北有吾儿峪巡检司。

平顺嘉靖八年二月以潞城县青羊里置，析黎城、壶关、潞城三县地益之。东北有浊漳水。东南有虹梯关、玉峡关二巡检司。

大同府元大同路，属河东山西道宣慰司。洪武二年为府。领州四，县七。南距布政司六百七十里。

大同倚。洪武二十五年三月建代王府。北有方山。西北有雷公山。东有纥真山。又东北有白登山。又西有大河。又南有桑乾河，自马邑县流经此，其下流至蔚州入北直境，为庐沟河。又西北有金河，又有紫河，皆流入大河。又西有武州山，武州川水出焉。又东有街河，一名如浑水，南有十里河流合焉，即武州川也，俗曰合河，南入于桑乾。北有威宁海子。又有孤店、开山、虎峪、白阳等口，俱在东北。又北有猫儿庄。

怀仁府西南。西有清凉山，西南有锦屏山，旧皆有铁冶。南桑乾河。西南有偏岭等口。

浑源州南有恒山，即北岳也，兴北直曲阳县界。东有五峰山。又南有翠屏山，滱水出焉，与呕夷水合，下流为唐河。又北有桑乾河。西南有浑源川，下流入桑乾河。又东有乱岭关、南有瓷窑口、东南有大寨头三巡检司。西北距府百三十里。

应州　洪武初，以州治金城县省入。北有桑乾河。西有小石口巡检司。东南有胡峪口巡检司。南有茹越口巡检司。又有北娄、大石等口，路通繁峙县。北距府百二十里。领县一。

山阴州西南。北有桑乾水。

朔州　洪武初，以州治鄯阳县省入。西南有翠峰山。西北有黄河。又南有灰河，下流入桑乾河。又西有武州，元属大同路，洪武初省。北有沙净口、西南有神池口二巡检司。东北距府二百八十里。领县一。

马邑州东，少北。西北有洪涛山，灅水出焉，俗名洪涛泉，即桑乾上源也，至北直武清县入海。东南有雁门关。又北有白阳。

蔚州元属上都路之顺宁府。至大元年十一月升为蔚昌府，直隶上都路。洪武二年仍为州。四年来属，以州治灵仙县省入。东有九宫山，又有雪山。又东南为小五台山。北有桑乾水，东入北直保安州界。又北有壶流水，一名胡庐水，西南有滋水流入焉，下流入北直真定府界。东北有定安县，元属州，洪武初废。西南有石门口，东南有神通沟镇，东北有鸳鸯口、长宁镇四巡检司。又东有九宫口巡检司，后移于州南黑石岭。又东北有美峪口巡检司，寻徙于董家庄。又有兴宁口巡检司，后移于北口关。西北距府三百五十里。领县三。

广灵州西，少北北有九层山。东南有丰水。好葫芦河上源也。又西南有滋水。北有平岭关巡检司，后徙于县西南之林关口。

广昌州东南。元曰飞狐。洪武初，更名。东南有白石山。东有雕窠崖，旧有洞产银。又桑乾河在北。唐河在南，即滱水也。又涞水在东，源出北崖古塔，与县南之拒马河合，东入北直涞水县界。又紫荆关在东北，接北直易州界。倒马关在南，接北直定州界。又飞狐关在北，今为黑石岭堡，兴蔚州界。

灵丘州西南。东南有隘门山，西北有枪峰岭，即高是山也，呕夷水出焉。又有枚回岭，滋水出焉。

泽州元泽州，属晋宁路。洪武初，以州治晋城县省入。二年直隶行中书省。九年直隶布政司。东南有马牢山。南有太行山，山顶有天井关，关南好羊肠坂。又东北有丹水，南有白水流入焉，下流注于沁河。东南有柳树店、南有横望岭二巡检司。领县四。西北距布司六百二十里。

高平州北，少东。西北有仙公山，丹水出焉。又西南有空仓堡巡检司。西北有长平关，又有磨盘寨。

阳城州西。西南有析城山，南有王屋山，兴垣曲县及河南济源县界。东有沁河，又西北有濩泽水入焉。

陵川_{州东北。}西北有蒲水，西流入于丹水。南有永和隘巡检司，后废。

沁水_{州西北。}东有沁河。又西有芦河，下流入于沁水。西北有东乌岭巡检司。

沁州_{元属晋宁路。}洪武安，以州治铜鞮县省入。二年直隶行中书省。九年直隶布政司。万历二十三年五月改属汾州府，三十二年仍直隶布政司。西南有护甲山，涅水出焉。南有铜鞮山。正西有铜鞮水，有二流，一名小漳河，一名西漳河，下流入襄垣县，合浊漳水。领县二。西北距布政司三百十里。

沁原_{州西，少南。}北有绵山，沁水出焉，经县东，下流至河南修武县入大河，行九百七十余里。又北有绵上巡检司。

武乡_{州东北。}西有涅水，又西有下武乡水入焉。

辽州_{元属晋宁路。}洪武初，以州治辽山县省入。二年直隶行中书省。九年直隶布政司。东南有太行山，洺水所出，上有黄泽岭，岭有十八盘巡检司。又东有清漳水，分二流，至东南交漳村而合，南入黎城县界。又西北有辽阳水，流合清漳水。领县二。西北距布政司三百四十里。

榆社_{州西。}西有榆水。西南有武乡水。又西北有黄花岭、马陵关二巡检司。

和顺_{州北。}东有黄榆岭，北有松子岭，西有八赋岭，俱有巡检司。又清漳水在西北，松岭水及八赋水、梁榆水俱流入焉。

山西行都指挥使司　本大同都卫，洪武四年正月置。_{治白羊城}八年十月更名。二十五年八月徙治大同府。二十六年二月领卫二十六，宣府左、右，万全左、右，怀安五卫，改属万全都司。后领卫十四。_{朔州卫治州城，安东中屯卫寄治应州城。}

大同前卫　洪武七年二月置，与行都司同城。

大同后卫　洪武二十五年八月置，与行都司同城，寻罢。二十六年二月复置,治行都司东,后仍徙行都司城。东有聚落城,天顺三年筑。嘉靖二年九月置聚落守御千户所于此,来属。

大同中卫 洪武二十五年八月置,与行都司同城,后罢。

大同左卫 洪武二十五年八月置,与行都司同城。三十五年罢。永乐元年九月复置。七年徙治镇朔卫城。

大同右卫 洪武二十五年八月置,与行都司同城。三十五年罢。永乐元年九月复置。七年徙治定边卫城。

镇朔卫 洪武二十六年二月置,属行都司。永乐元年二月徙治北直蓟州,直隶后军都督府,而卫城遂虚。七年徙大同左卫来治。正统十四年又徙云川卫来同治。东有雕岭山。北有兔毛川,即武州川也。又西北有御河,自塞外流入,下流入于桑乾河。又北有盐池。东北距行都司一百二十里。

定边卫 洪武二十六年二月置,属行都司。永乐元年二月徙治北直通州,直隶后军都督府,而卫城遂虚。七年徙大同右卫来治。正统十四年又徙玉林卫来同治。西有大青山。东北有海子窊,兔毛川出焉,分为二,其一东南流入左卫界,其一西北流自杀虎口出塞。又有南大河,经卫东南,合于兔毛川。东南距行都司一百九十里。

阳和卫 元白登县,属大同路。洪武初,县废。二十六年二月置卫。宣德元年徙高山已来同治。北有雁门山,雁门水出焉。南有桑乾河。西南距行都司一百二十里。

天城卫 元天成县,属兴和路。洪武四年五月改属大同府,县寻废。二十六年二月置卫,后徙镇房卫来同治。桑乾河在南。南洋河在北,即雁门水也,东入宣府西阳和堡界。西南距行都司一百二十里。

威远卫 正统三年三月以净水坪置。南有大南山。西有小南山。又南有南大河,下流入于兔毛川。东距行都司一百八十里。

平房卫 成化十七年置,与行都司同城。嘉靖中徙今治。西有小青山,又有东胜卫流入。北有南大河。西北有云内县,本元云内州,属大同路,洪武五年废。宣德中复置县,属丰州,正统十四年复废。西北有平地县,元属大同路,亦洪武中废。东北距行都司二百四十里。领千户所一。

井坪守御千户所成化二十年七月置。

云川卫　洪武二十六年二月置,属行都司。永乐元年二月徙治北直畿内,直隶后军都督府。宣德元年还旧治,仍属行都司。正统十四年徙治旧镇朔卫城,与大同左卫同治,而卫城遂虚。东距行都司二百十里。

玉林卫　洪武二十六年二月置,属行都司。永乐元年二月徙治北直畿内,直隶后军都督府。宣德元年还旧治,仍属行都司。正统十四年徙治旧定边卫城,与大同右卫同治,而卫城遂虚。东有玉林山,玉林川出焉。东距行都司二百四十里。

镇虏卫　洪武二十六年二月置,属行都司。永乐元年二月徙治北直畿内,直隶后军都督府。宣德元年还旧治,仍属行都司。正统十四年徙治天成卫城,与天成卫同治,而卫城遂虚。东距行都司百　　十里。

高山卫　洪武二十六年二月置,属行都司。永乐元年二月徙治北直畿内,直隶后军都督府。宣德元年徙阳和卫城,与阳和卫同治,仍属行都司,而卫城遂虚。嘉靖二年九月置高山守御千户所于此,属大同前卫。东有高山。西有兔毛川。东距行都司三十里。

宣德卫元宣宁县,属大同路。洪武中,县废。二十六年二月置宣德卫,后废。东南距行都司八十里。

东胜卫元东胜州,属大同路。洪武四年正月,州废,置卫。二十五年八月分置东胜左、右、中、前、后五卫,属行都司。二十六年二月罢中、前、后三卫。永乐元年二月徙左卫于北直卢龙县,右卫于北直遵化县,直隶后军都督府。三月置东胜中、前、后三千户所于怀仁等处守御,而卫城遂虚。正统三年九月复置,后仍废。北有赤儿山。西有黄河。西北有黑河,源出旧丰州之官山,西流入云内州界,又东经此,入于黄河。又有兔毛川,亦入于黄河。又有紫河,源出旧丰州西北之黑峪口,下流至云内州界,入于黑河。又西有金河泊,上承紫河,下流亦入于黄河。西北有丰州,元属大同路,洪武中废,宣德元年复置;正统中内徙,复废。又有净州路,元直隶中书省,亦洪武中废。西距行都司五百里。领千户所五。

失宝赤千户所

五花城千户所

斡鲁忽奴千户所

燕只千户所

瓮吉剌千户所

俱洪武四年正月置。

明史卷四二
志第一八

地理三

河南　陕西

河南　禹贡豫、冀、扬、兖四州之域。元以河北地直隶中书省，河南地置河南江北行中书省。治汴梁路。洪武元年五月置中书分省。治开封路。二年四月改分省为河南等处行中书省。三年十二月置河南都卫。八年十月改都卫为都指挥使司。九年六月改行中书省为承宣布政使司。府八，直隶州一，属州十一，县九十六。为里三千八百八十有奇。北至武安，与北直、山西界。南至信阳，与江南、湖广界。东至永城，与山东、江南界。西至陕州，与山西、陕西界。距南京一千一百七十五里，京师一千五百八十里。洪武二十六年编户三十一万五千六百一十七，口一百九十一万二千五百四十二。弘治四年，户五十七万五千二百四十九，口四百三十六万四百七十六。万历六年，户六十三万三千六十七，口五百一十九万三千六百二。

开封府元汴梁路，属河南江北行省。洪武元年五月曰开封府。八月建北京。十一年，京罢。领州四，县三十。

祥符倚。洪武十一年正月建周王府。大河旧在城北。正统十三年，河决荥阳，东过城西南，而城遂在河北。东为开封县，元时同治郭内，洪武中省。南有朱仙镇。东北有陈桥镇。

陈留府东，少南。北有大河。东北有睢水，下流至南直宿迁县合泗水。

杞府东南。北有睢水，又有故黄河，洪武二十五年河决之故道也。嘉靖三十六年，全河合淮入海，而县遂无河患。

通许府东南。西南有故黄河，弘治后北徙，不经县界。

太康府东南。北有涡水，自通许县流入，下流至南直怀远县入淮。东有马厂集，正统十三年河决，自杞县经此。。

尉氏府南，少西。西南有大沟，东北合康沟，入于黄河。

洧川府西南。南有故城，洪武二年以河患迁今治。又南有洧水，下流至西华县合颍水。东南有南席店，弘治九年，河入粟家口，南行经此。

鄢陵府南，少西。北有洧水。

扶沟府南，少东。东有沙河，一名惠民河，又名小黄河，即宋蔡河故道也。成化中浚，下流达南直太和县界。又北有洧水，自西流入焉。又东北有黄河故道，弘治二年淤。

中牟府西。东有故城，天顺中，徙今治。大河在县北。又有汴河，旧自荥阳而东，下流经祥符县南，又东南至南直泗州入于淮。正统六年改从此入河，后淤。西北有圃田泽。

阳武府西北。北滨大河，自此至南直徐州，大河所行，皆唐、宋汴河故道。

原武府西北。北有黑阳山，下临大河。洪武二十四年，河决于此。正统十二年复决焉。东南有安城县，洪武初置，正统中废。

封丘府北。南有大河。西南有荆隆口，一名金龙口。弘治二年、五年，万历十五年，崇祯四年、五年，河屡决于此。又西北有沁河，弘治六年淤。西南有中乐镇巡检司。

延津府西北。大问旧经踢经县北。成化十四年，河决，徙流县南，而县北之流遂绝。西北有沙门镇，弘治十一年移项城县西之香台巡检司于此。

兰阳府东，少北。北滨大河，有李景高口。万历十七年，河决于此。

仪封府东，少北。元属睢州。洪武十年五月改属南阳府，后来属。故城在县北，洪武二十二年二月圮于河，徙日楼村，即今治也。东北有黄陵冈，大河旧经其下，入曹县界。弘治五年，河决于此，寻塞之，改从冈南入睢州界。又贾鲁故河亦在县北，正德四年，河决入焉。

新郑府西南。元属均州。隆庆五年七月改属。西南有大隗山，一名具茨山，溱水出焉，一名鲁固河，下流入颍。又南有陉山。北有大河。又有溱水，一曰浍水，流保县南之浉水。

陈州　洪武初，以州治宛丘县省入。南有颍水。又西有沙水，亦曰小黄河，至颍岐口，与颍水合，下流分为二。崇祯间，屡决于西南之苑家埠口。又南有故黄河，嘉靖时，黄河南出之道也。西北距府二百六十五里。领县四。

商水州西南。洪武初废。四年七月复置。北有颍水，又有濦水，亦曰大濦水。

西华州西，少北。北有颍水，又有沙水，即小黄河也。西南有濦水，又有常社镇巡检司。

项城州南。东北有故城。今治本南顿县之殄寇镇也，宣德三年迁。东有颍水，西有潎水流入焉。洪武二十四年，大河经陈州经县界合颍，下入于淮。永乐九年，河始复故道。又东北有沙水。

沈丘州东南。元属颍州。洪武初废。弘治十年改乳香台巡检司，来属。东北有颍水，东入南直颍州界。又北有沙河，东入南直太和县界。又东有界首巡检司。又北有南顿县，洪武初废。景泰初，置南顿巡检司于此。

许州　洪武初，以州治长社县省入。西有颍水。北有潩水。又东有东湖，一名秋湖。又西北有石固镇，与长葛县界。东北距府二百二十里。领县四。

临颍州东南。西有颍水，潩水自县北流入焉。又西南有小濦水。

襄城州西南。南有首山。东北有颍水。南有汝河。

郾城州东南。南有沙水，亦曰大潎水，上流即故汝水也，又东南有沣水来入焉。

长葛州西北。北有浉水。西有潩水。

禹州元曰钧州。洪武初，以州治阳翟县省入。万历三年四月避讳改曰禹州。成化二年七月建徽王府。嘉靖三十五年除。北有禹山，又西北有矿山，有铁母山，旧俱产铁。又北有颍水，下经襄城，一名渚水，至临颍合沙河。

东北距府三百二十里。领县一。

密州西北。南有洧水，又有溱水。

郑州　洪武初，以州治管城县省入。西南有梅山，郑水出焉，下流旧入汴水，后堙。又西有须水，源出荥阳县，旧亦入于汴水。正统八年尝浚以分决河之流，后亦堙。东北距府百四十里。领县四。

荥阳州西。南有大周山，汴水出焉。又东南有嵩渚山，京水出焉。又索水，源出小陉山，北流与京水合，下流入于郑水。又大河在北。东有须水镇，崇祯十年筑城。

荥泽州北，少西。元直隶汴梁路。洪武中，改属州。北有故城。洪武八年因河患徙于南。成化十五年正月又徙北，滨大河。东南有孙家渡，正统十三年，大河决于此。

河阴州西北。旧治在大岭口，洪武三年为水所圮，徙于此。东北有广武山，与三皇山连。西有敖仓，北滨大河。

汜水州东。故城在县东，洪武十一年七月徙于成皋。崇祯十六年又迁西北。北滨河，洛水自西，东至满家沟合汜水入焉。又西有虎牢关，洪武四年九月改曰古崤关，有巡检司。

河南府元河南府路，属河南江北行中书省。洪武元年为府。领州一，县十三。东距布政司三百八十里。

洛阳倚。洪武二十四年建伊王府。嘉靖四十三年废。万历二十九年十月建福王府。北有北邙山。西南有阙塞山，亦曰阙口山，亦曰伊阙山，俗曰龙门山。又西北有谷城山，亦曰篯亭山，瀍水所出。又东南有大谷，谷口有关。又大河在北。又有洛水，源自洛南冢岭山，东经庐氏、永宁诸县，至洛阳、偃师、巩县入于河。又东有伊水，自庐氏县东北流至偃师县而入洛。又北有瀍水，西有涧水，俱流会于洛。又西南有孝水。

偃师府东，少北。南有缑氏山。又有洛水，西有伊水流合焉。

巩府东北。西南有辕辕山，上有关。北滨河。西北有洛水，旧经县北入河，谓之洛汭，亦曰洛口。嘉靖后，东过汜水县入河。又南有郭水，会洛入河，亦曰郭口也。又东南有石子河，西南有长罗川，皆流入洛水。又西南有黑石渡巡检司。

　　孟津府东北。旧治在县东,今治本圣贤庄,嘉靖十四年七月迁于此。西北有大河。又西有硖石津,又西有委粟津,又有高渚、马渚、陶渚,皆大河津济处。东北有孟津巡检司。

　　宜阳府西南。西有女几山。东南有鹿蹄山,一名非山,甘水出焉。又北有洛水。西有宜水,又有昌谷水,与甘水俱流注于洛。又西南有赵保镇、木册镇二巡检司

　　永宁府西南。北有崤山,崤水出焉,北注于河。其东曰谷阳谷,谷水所出焉。又南有洛水。东北有刀镮川,下流为昌谷水。又有大宋川,下流为宜水。又西有崇阳镇、又有高门关、东有崤底关三巡检司。

　　新安府西。西有缺门山。北有大河。又南有涧水,古水自北流入焉。东有慈涧水,亦流入谷水。又有函谷新关。

　　渑池府西。元属陕州。洪武中改属。东北有广阳山,亦曰渑池山,北溪水出焉。又有白石山,涧水所出。西北滨河。南有谷水。又西北有南村巡检司。

　　登封府东南。北有嵩山,即中岳也,亦曰太室山。又西有少室山,颍水中源出焉;又有右源,出于山之南溪,又有左源,出于西南之阳乾山,合流至南直寿州入淮。又北有阳城山,洧水所出,下流至扶沟县入沙河。又东南有崿岭,即箕山也,上有崿坂关。又东南有五渡水,流入颍,亦曰三交水。又西南有少阳河,亦流入颍。

　　嵩府西南。元嵩州,属南阳府。洪武二年四月降为县,来属。三涂山在西南,陆浑山在东北。又东有筛山,北有露宝山,西有大矿山,皆产锡。西南有伏牛山,即天息山也,山有分水岭,汝水出焉,下流至南直颍州入淮,行千三百五十余里。又南有伊水,西北有高都川流入焉。又西南有旧县镇巡检司。西有没大岭巡检司。

　　庐氏府西南。元属嵩州。洪武元年四月属南阳府。三年三月属陕州。万历初,改属府。西南有熊耳山,洛水自陕西商州流入境,东南有峦山,一名网顿岭,伊水所出。北有铁岭,东洞水出焉,东南入洛。又东北有马回川,亦入于洛。又东南有栾州镇、西南有朱阳镇、北有杜管镇三巡检司。又西有白华关。

　　陕州元属河南府路。**洪武元年四月改属南阳府,以州治陕县省入。**东有底柱山,在大河中。山有三门,中曰神门,南曰鬼门,北曰人门,惟人门修广可行舟,鬼门最险。又南有橐水,一名永定涧,亦曰谩涧西北入河。又东

南有硖石关,有巡检司。又有雁翎关。**东距府三百里。领县二。**

灵宝州西,少南。北滨河。又西有弘农涧,南有虢略镇巡检司。又有函谷故关。西南又有洪关。

阌乡州西南。东南有夸父山,一名秦山,中有大谷关。北滨河,自山西芮城县流入,东南至永城县,入南直砀山县界。西有湖水,又有盘涧水北流入焉。又西有潼关,与陕西华阴县分界。

归德府元直隶河南江北行省。**洪武元年五月降为州,属开封府。嘉靖二十四年六月升为府。领州一,县八。西距布政司三百五十里。**

商丘倚。元曰睢阳。洪武初省。嘉靖二十四年六月复置,更名。旧治在南,弘治十五年圮于河,十六年九月迁于今治。北滨河。正统后,河决而南。城尝在河北,正德后,仍在河南。北有丁家道口巡检司。东南有琥津关巡检司。

宁陵府西。南有睢水。北有桃源集巡检司。

鹿邑府南。元属亳州。洪武中改属。南有颍水,又蔡河自西流入,谓之蔡河口,即沈丘县之沙河也。又北有涡水,东流入南直亳州境。

夏邑。府东。元曰下邑。洪武初,更名。北滨大河。又东南有睢水。

永城府东南。洪武元年五月属开封府。十一月来属。北有砀山,又有芒山,皆与南直砀山县界。又睢水、浍水皆在县南。又南有泡水,弘治间淤塞。

虞城府东北。元属济宁路。洪武二年正月来属。南有故城。嘉靖九年迁于今治。北有黄河。

睢州元属汴梁路。**洪武初,属开封府,以州治襄邑县省入。十年五月降为县。十三年十一月复升为州。嘉靖二十四年六月来属。北滨河。又有睢水亦在州东北。东距府百七十里。领县二。**

考城州北,元末省。洪武四年八月复置,属开封府。十年五月复省。十三年十一月复置,属州。旧治在县东南。正统十三年徙。北滨大河。

柘城州东南。元末省。洪武四年八月复置,属开封府。十年五月省入宁陵县。十三年十一月复置,属州。北有睢水。南有涡水。

汝宁府元直隶河南江北行省。**洪武初,因之。领州二,县十二。距**

布政司四百六十里。

汝阳倚。天顺元年三月建秀王府,成化八年除。十年建崇王府。洪武初,县废,四年七月复置。北有汝水,源出天息山,东流入境,过新蔡东南入淮。又南有溵水,又有汶水,又有溱水,又西北有亲水,俗名泥河,下流俱入于汝。又城南有柴潭。东有阳埠巡检司。

真阳府东。元属息州。洪武四年省入汝阳县。景泰四年置真阳镇巡检司于此。弘治十八年十二月仍置县,而徙巡检司于县南铜钟店,仍故名,寻废。南有淮水。又汝水在县东,北有溟水流入焉。

上蔡府北。洪武初废,四年五月复置。西有汝水,西南有沙水流合焉。

新蔡府东,少南。元属息州,后废。洪武四年五月复置,改属。南有汝水,又溵水自城北流合焉。又东北有瓦店巡检司。

西平府西北。北有汝水,源出县西南云庄、诸石二山。自元末塌断故汝,而此水遂为汝源。嘉靖九年复塞,改为洪河之上流。

确山府西南。洪武十年五月省入汝阳县,十三年十一月复置。成化十一年九月改属信阳州。弘治二年八月仍属府。西北有朗山,亦曰乐山。北有黄酉河,下流为练河,流入汝。又西有竹沟巡检司。南有明港巡检司。

遂平府西,少北。西南有查牙山,其东南相接者曰马鞍山。又西有洪山,龙陂之源出焉,自西平县云庄诸山之水即塞,遂以此为汝源。南有濯水,又有沙河,又北有石洋河,其下流皆入于汝。

信阳州元为信阳县,属信阳州,后废。洪武元年十月置信阳州于此,属河南分省。四年二月属中都临濠府。七年八月改属。十年五月降为县。成化十一年九月复升为州。西南有贤首山。南有土雅山,又有岘山。东南有石城山,亦曰冥山。北有淮水,又南有溮水流入焉。东北距府二百七十里。领县一。

罗山州东。元信阳州治,后州县俱废。洪武元年十月置州于旧信阳县,复置罗山县属焉。十年五月直隶汝宁府。成化十一年九月还属州。北有淮水,又南有小黄河入焉。东南有大胜关巡检司,与湖广黄陂界。西南有九里关,即黄岘关,义阳三关之一,有巡检司,与湖广应山县界。

光州　洪武初,以州治定城县省入。四年二月改属中都临濠府。十三年仍来属。北有淮水。又南有潢水,北流入淮水。西南有阴山关。

西北距府三百里。领县四。

光山州西南。南有石盘山。北滨淮。南有潢水,亦曰官渡河。又南有木陵关。西南又有白沙、土门、斗木岭、黄土岭、修善冲等五关,与湖广麻城县界。东南有牛山镇巡检司,后移于长潭。又有沙窝镇巡检司,后废。

固始州东北。南有白鹿崖。北滨淮。东有史河,西有淠河,俱入南直霍丘县界,下流入淮。又东北有朱皋镇,与南直颍州界,有巡检司。

息州西北。元息州,洪武四年二月属中都临濠府。寻降为县,属颍州。七年仍来属。南滨淮。东北有汝水。北有杨庄店巡检司,后移于县东北之固城仓。

商城州东南。成化十一年四月析固始县地置。南有金刚台山。又东南有竹根山。东有大苏山,灌水出焉,流入南直霍丘县。又东有牛山河,即史河上源也。西南有五水关河。又南有五河,下流俱入于史河。又南有金刚台巡检司,本置金刚台山下,嘉靖二十七年移于县东南之水东案。又南有长岭关,东南有松子关,俱接湖广罗田县界。

南阳府元直隶河南江北行省。洪武初,因之。领州二,县十一。距布政司六百八十里。

南阳倚。洪武二十四年建唐王府。城南有精山。北有百重山、雉衡山。又有分水岭,其水北流入于汝水,南流入于淯水。西南有卧龙冈。东有淯水,一名白河,下流至湖广襄阳县界入汉水。西南有湍水,西北有洱水,皆流入淯水。

镇平府西。洪武十年五月省入南阳县。十三年十一月复置。西北有五朵山,产铜。东有潦河,流入淯河。

唐府东南。洪武三年以故比阳县地置。南有唐子山。东北有大狐山,亦曰壶山,沘水所出。又西有黄淳水,又有泌水,下流皆入淯水。又东北有石夹口关。

泌阳府东。元为唐州治。洪武二年二月省入州。十三年十一月,州废,复置县。东有铜山,泌水出焉。又北有沘水,东北有漆水,下流俱入汝水。又象河关在县东北,有巡检司。

桐柏府东南。本唐县之桐柏镇巡检司。成化十二年十二月改置县,而移巡检司于毛家集。东有桐柏山,淮水所经,下流至南直安东县入海,行二千三百余里。又东有大复山。西北有胎簪山,淮水所出。又西有沄水,亦曰醴水,下流入泌水。

南召府北。成化十二年十二月以南阳县南召堡置。北有丹霞山,一名留山。北有鲁阳关,即三鸦路口也,兴鲁山县界。有鸦路镇巡检司,成化十二年十二月移于洼石口。

邓州元治穰县。洪武二年二月,县废。十三年十一月复置县。十四年五月复省入州。南有析隈山。西北有白崖山。北有湍水,又东有涅水,亦名赵河,自北来入焉。东北距府百二十里。领县三。

内乡州北,少西。东有熊耳山,湍水所出。西南有淅水,又有丹水。又北有菊潭。东北有金斗山巡检司,后废。又西北有西峡口关巡检司。又西南有党子口关。又西有武关,路出陕西商州。

新野州东南。西有清水,又有湍水,又北有沘水,东有棘水,皆流入于清水。

淅川州西。成化六年析内乡县地置。东南有太白山。又有丹崖山。东有均水,又西南有淅水,北有丹水俱流入焉,南入于汉水。西北有花园头巡检司,又有荆子口关。又西有峡口镇,南接湖广均州界。

裕州　洪武初,以州治方城县省入。东北有方城山,渚水出焉,下流入沘水。西南距府百二十里。领县二。

舞阳州东北。汝水在县北,旧入西平县界,元末于涡河塌断其流,使东归颍,而西平之水始别为汝源。南有沅水,亦曰舞水,又有溠水,下流俱入于汝宁府之汝水。西南有沙水,即水也。又北有澧水,下流归故汝水。

叶州北,少东。北有黄城山,一名长城山,有汝水。又北有湛水,流入汝。东北有沙水,一名渔水,又名泚水,又北有昆水入焉,下流入于汝。又北有昆阳关。

怀庆府元怀庆路,直隶中书省。洪武元年十月为府,属河南分省。领县六。东南距布政司三百里。

河内倚。永乐二十二年建卫王府。正统三年除。八年,郑王府自陕西凤翔府迁此。北有太行山,又有碗子城山,上有关。又有沁河,源出山西沁源县,流入府境,下流至武陟入大河。又有丹河,自泽州流入,注于沁河。又西有柏乡城,崇祯四年筑。

济源府西。元属孟州。洪武十年五月改属府。南滨大河。西有王屋山,接山西垣曲县界,济水出焉。西北有琮山,溴水出焉。又东北有沁水,经两山之间,一名枋口水。又西北有轵关。西有邵原镇巡检司。

修武府东,少北。西有沁水。

武陟府东。大河在县南。东有沁河,至南贾口入焉。又东北有莲花池,万历十五年,沁河决此。又西北有宁郭城,景泰中筑。

孟府南,少西。元孟州。洪武初,以州治河阳县省入。十年五月降为县。西南滨大河。

温府东南。元属孟州。洪武十年五月改属府。南滨大河,溴水自西北流入焉。又西南有济水,旧自济源县流经河沁镇,南注于河,后其道尽入河中。

卫辉府元卫辉路,直隶中书省。**洪武元年八月为府。十月属河南分省。领县六。南距布政司一百六十里。**

汲倚。弘治四年八月建汝王府。嘉靖二十年除。隆庆五年二月建潞王府。北有卫河,源出辉县,下流至北直静海县入海,行二千余里。又东北有洪门镇。

胙城府东,少南。洪武十年五月省入汲县。十三年十一月复置。

新乡府西南。北有卫河。西北有清水。又西南有大河故道,正统十三年河决县之八柳树由此,寻塞。西有古沁河,永乐十三年后,时决时涸。

获嘉府西,少南。洪武十年五月省入新乡县,十三年十一月复置。大河旧在县南。天顺六年中,河自武陟徙入原武,而县界之流绝。北有清水,又有小丹河合焉。

淇府北。元淇州,后废。洪武元年九月复置。十二月降为县。西北有淇水,又清水自东北流入焉,下流入于卫河。

辉府西北。元辉州,后废。洪武元年九月复置。十二月降为县。西有太行山。西北有白鹿山。又有苏门山,一名百门山,山有百门泉,泉通百道,其下流为卫水,故又名卫源。又西南有清水。又西北有侯赵川、西有鸭子口二巡检司。

彰德府元彰德路，直隶中书省。洪武元年闰七月为府。十月属河南分省。领州一，县六。南距布政司三百六十里。

安阳倚。永乐二年四月建赵王府。元末，县废。洪武元年九月复置。东北有韩陵山。西北有铜山，旧产铜。北有安阳河，本名洹水，自林县流入，至北直内黄县入卫河。又北有浊漳水。

临漳府东北。元末废。洪武元年九月复置。西有清、浊二漳水，合流于此，曰交漳口，入北直界。又有滏水，下流入于漳河。西南又有洹水。

汤阴府南。元末废。洪武元年九月复置。西有荡水，经县治北，下流入卫水。

林府西，少南。元林州，后废。洪武元年复置。二年四月降为县。西北有隆虑山，亦曰林虑，洹水出焉。又西南有天平山。西有太行山。又北有浊漳水，自山西平顺县流入。

磁州元治滏阳县，属广平路，后州县俱废。洪武元年十一月复置州，属广平府。二年四月来属。西北有神麇山滏水出焉。又南有清漳水。北有车骑关巡检司。南距府七十里。领县二。

武安州西北。元末废。洪武元年十一月复置。东南有滏山，滏水出焉。西南有磁山，产磁石。东北有洺河，流入北直邯郸县界。又西有固镇巡检司。

涉州西，少北。元属真定路，后废。洪武元年十一月复置，属真定府。二年四月来属。南有涉水，即清漳水也，自山西黎城县流入。又东北有偏店巡检司，后移于县西南之吾而峪口。

汝州元属南阳府。洪武初，以州治梁县省入。成化十二年九月直隶布政司。东南有霍山。又有鱼齿山，涉水出于此，入叶县界。又西南有鸣皋山。又有空峒山。南有汝水。西有广成泽。领县四，东北距布政司四百九十里。

鲁山州西南。东有鲁山。西有尧山，滍水所出，西南有波水流入焉。又西北有歇马岭关巡检司。

郏州东，少南。东南有汝水，西有扈涧水流入焉。

宝丰州东南。成化十一年四月析汝州地置。南有汝水，又有滶水。

伊阳州西，少南。成化十二年十二月以汝州之伊阙故县置，析嵩及鲁山二县地益之。西有伊阳山。又有尧山，即天息山也，上有分水岭，滶水出焉，俗又名沙水。又南有汝水。西有伊水。西南有上店镇巡检司，成化十二年十二月移于常界岭。又有普掠关巡检司，废。

陕西　禹贡雍、梁二州之域。元置陕西等处行中书省，治奉元路。又置甘肃等处行中书省。治甘州路。洪武二年四月置陕西等处行中书省。治西安府。三年十二月置西安都卫。与行中书省同治。八年十月改都卫为陕西都指挥使司。九年六月改行中书省为承宣布政使司。领府八，属州二十一，县九十有五。为里三千五百九十七。东至华阴，与济南，山西界。南至紫阳，与湖广、四川界。北至河套，西至肃州。外为边地。距南京二千四百三十里，京师二千六百五十里。洪武二十六年编户二十九万四千五百二十六，口二百三十一万六千五百六十九。弘治四年，户三十万六千六百四十四，口三百九十一万二千三百七十。万历六年，户三十九万四千四百二十三，口四百五十万二千六十七。

西安府元奉元路，属陕西行省。洪武二年三月改为西安府。领州六，县三十一。

长安倚。治西偏。洪武三年四月建秦王府。北有龙首山。南有终南山。西南有太一山，又有子午谷，谷中有关。北有渭水，源出鸟鼠山，流经县界，至华阴入黄河。又西有沣滈水。又西北有镐水，合澎水，又南有滈水，亦曰沉水，合涝水，俱北流入渭。

咸宁倚。治东偏。渭水在南。东有浐水，合霸水流入渭。

咸阳府西北。旧治在渭河北，洪武二年徙于渭南。东北有泾水，东入渭。东南有澧水，北入渭。

泾阳府北。西北有甘泉山。南有泾水，源自岍头山，流经县界，至高陵县入渭。又北有冶谷水，合清谷水，下流入渭。

兴平府西，少北。南有渭水。

临潼府东,少北。东南有骊山,北有渭水。西有潼水,又东有戏水,俱北入渭。又东有冷水,一曰零水,至零口镇亦入渭。又南有煮盐驿,旧产盐。

渭南府东。元属华州。嘉靖三十八年十一月改属府。北有渭水。

蓝田府东南。南有七盘山,旁有绛坡,谓之七盘十二绛,蓝关之险道。又有峣山。东南有蓝田山,有关。西有霸水,西北有长水,亦曰荆溪,又南有辋谷水,亦曰辋川,俱注于霸水。

雩府西南。南有牛首山,涝水出焉。北有渭水。西南有甘泉,西有渼陂,俱流合涝水,注于渭。又澧水在南,合高观谷、太平谷诸水,入长安县界。

盩厔府西南。西南有骆谷,谷长四百二十里,谷口有关。谷中有十八盘、又有柴家关二巡检司。北有渭水。南有龙水,西南有黑水流入焉。又东有骆谷水,东南有芒水,并北入渭。

高陵府东北。西南有渭水,泾水自西北流合焉。

富平府东北。元属耀州。万历三十六年改属府。西南有荆山。西北有漆沮水,旧经白水县南入洛,自郑渠堙废,不复东入洛矣。东北有美原巡检司,寻废。

三原府北,少东。元属耀州。弘治三年十一月改属府。西北有尧门山。东北有漆沮水。西有清水,下流注于渭。

醴泉府西北。元属乾州。嘉靖三十八年十一月改属府。西北有九嵏山,又有武将山。东有泾水,又不甘谷水,流合焉。

华州南有少华山。北有渭水,与同州界。西有赤水,分大小二流,又有石桥水,俱北注渭。**西距府二百里。领县二。**

华阴州东。南有华山,亦曰太华,即西岳也。东有牛心谷。西南有车箱谷。东北有大河,自朝邑县流入,至渭口,与渭水合,所谓渭汭也。南有敷水,北入渭。东北有潼水,入于大河。东有潼关。洪武七年置潼关守御千户所。九年十一月升为卫,属河南都司。永乐六年直隶中军都督府。

蒲城州西北。东有洛水。又西有西卤池,旧产盐。

商州　洪武七年五月降为县。成化十三年三月仍为州。东南有商洛山。西有熊耳山,伊水所出。南有丹崖山,旧产铜。又有冢岭山,洛水所出,下流至河南汜水县入大河。又南有丹水,流入河南内乡县界。东有武关、西有秦岭二巡检司。又东有龙驹寨。**西北距府二百二十里。领县四。**

商南州东，少南。成化十三年三月以商县之层峰驿置，寻徙治于沭河西。西南有两河，即丹水也，东有沭河，南有挟川，俱入焉。东有富水堡巡检司。

雒南州北，少东。元曰洛南，属商州。洪武七年五月改属华州。成化十三年三月复来属。天启初，改洛为雒。东北有鱼难山，鱼难水出焉，西北有玄扈山，玄扈水出焉，俱北入于洛。东南有三要、东北有石家坡二巡检司。

山阳州南，少东。本商县之丰阳巡检司，成化十二年十二月改为县，而移巡检司于县东南之漫川里，仍故名。东南有天柱山。西南有甲河，流入湖广上津县界，注于汉水。又东有竹林关巡检司。

镇安州西南。景泰三年以咸宁县野猪坪置，属府。天顺七年二月迁治谢家湾。成化十三年三月改属州。西有柞水，合县南洵水入洵阳县界，注于汉江。北有旧县、西有五郎坝二巡检司。

同州北有商原。南有渭水。西南有沮水，一名洛水。**西南距府二百六十里。领县五。**

朝邑州东。东有大河。南有渭水。又有洛水，旧自县南经华阴县西北葫芦滩入渭；成化中，自县南赵渡镇径入于河，不复入渭。东北有临晋关，一名大庆关，即蒲津关也，旧属蒲州，洪武九年八月来属。有蒲津关巡检司。

郃阳州东北。东有黄河。

韩城州东北。西有梁山，一名吕梁山，滨大河。东北有龙门山，夹河对峙。

澄城州北。西有洛水。

白水州西北。南有故城。洪武初，徙于今治。西有洛水，白水流入焉。西北有马莲滩巡检司。

耀州东有沮水，西有漆水流入焉。又有清水，流入三原县界。**南距府百八十里。领县一。**

同官州东北。北有神水峡，峡内有金锁关巡检司。又西北有北高山，漆水出焉，东南流兴同官川水合。又东有沮水，南有安公谷水，其下流合于沮水。

乾州西北有梁山，接岐山县界。其南有漠谷，漠谷水经其下，流为武水。又东北有甘谷水。又西有武亭水。**东南距府百六十里。领县二。**

武功州西南。西南有太白山，又有武功山。东南有悖物山。南有渭水。又西有漠谷水，又有武亭水，自县东北流合焉。俱汇于沣水。

永寿州北。东有泾水。西南有锦川河，下流为漠谷水。有土副巡检司。又有穆陵关。

邠州元直隶陕西行省。**洪武中来属，以州治新平县省入。**北有泾水。西南有白土川，亦名漆水，东南注于渭水，与入洛之漆异。**东南距府三百五十里。领县三。**

淳化州东。南有黄嵚山。西有泾水。东有清水，南流入耀州界。

三水州东北。成化十三年九月析淳化县地置。东南有石门山。东有三水河，一名汃水，西南流入泾水。东南有石门巡检司。

长武州西北。万历十一年三月以邠州宜禄镇置。北有泾水，自泾州流入。南有汭水，一名宜禄水，亦自泾州流入，迳县东停口镇，与黑水河合，入于泾水。西有窑店巡检司，本名宜禄治宜禄镇。弘治十七年迁于正东之冉杏，仍故名。万历十一年又迁，更名。

凤翔府元属陕西行省。**洪武二年三月因之。领州一，县七。东距布政司三百四十里。**

凤翔永乐二十二年建郑王府。正统八年迁于河南怀庆府。东北有杜阳山，杜水所出。西北有雍山，雍水出焉，下流合漆水入渭。又东南有横水，亦曰横渠，东入渭。

岐山府东。东北有岐山。又有梁山。又北有武将山。南有渭水，西北有岐水，又东有沣水，俱流入扶风县界。又南有斜谷水，北入渭。

宝鸡府西南。东南有陈仓山。西南有大散岭，大散关在焉。又有和尚原，接凤县界。南有渭河，东有河汧流入焉。又东南有箕谷水，有洛谷水，俱北入渭。西南有益门镇二里散关、东南多虢川二巡检司。又东南有金牙关。

扶风府东。西南有渭河。东有漆河，又有雍水自东南流入焉，又南有沣河，俱流入武功县界。

眉府东南。元属奉元路。洪武二年来属。西有衙岭山,褒水出其南,流入沔,斜水出其北,流入渭。西有五丈原。又西南有斜谷,南入汉中,有斜谷关。北有渭水。

麟游府东北。西有漆水,南有麟游水,下汉俱入于渭。西南又有杜水,亦曰杜阳川,东入漆。西北有石窑关巡检司。

汧阳府西。少北。元属陇州。嘉靖三十八年十一月改属府。旧治在县西,嘉靖二十七年徙于今治。南有汧河。

陇州元属巩昌总帅府。延祐四年十一月省州治汧源县入州。**洪武二年来属**。西北有陇山,上有关曰陇关,亦曰大震关,一名故关,有故关大寨巡检司。又有安夷关,亦曰新关。又西有小陇山,一名关山。又西南有汧山,汧水出焉。南有吴山,即吴岳,古文以为汧山。西南有白环谷,白环水出焉。西有弦蒲薮,汭水出焉,下流合于泾水。南有渭水。西南有方山原。又南有陇安、西南有香泉二巡检司。**东南距府百八十里**。

汉中府元兴元路,属陕西行省。洪武三年五月为府。六月改名汉中府。领州一,县八。东北距布政司九百六十里。

南郑倚。万历二十九年十月建瑞王府。西南有巴岭山,南连孤云、两角、米仓诸山,达四川之巴州。南滨汉水,又曰沔水,源自嶓冢,经县界,下流至湖广汉阳府入大江。又有沮水,汉水别源也,又西北有褒水,俱流入汉水。南有青石关巡检司。

褒城府西北。洪武十年六月省入南郑县,后复置。东北有褒谷,自此出连云栈,北抵斜谷之道也。南有沔水,即汉水也。又有廉水,又城东有褒水,西南有让水,一名逊水,下流俱入沔水。北有鸡头关巡检司。又有虎头关。西北有汉阳关。

城固府东,少北。南有汉水。东北有婿水,又名智水,下流入汉水。又西北有黑水,或云即褒水之上源。

洋府东南。元洋州。洪武三年降为县。十年六月省入西乡,后复置。北有兴势山。东有黄金谷。南有汉水。西北有婿水,西有洈水,亦曰骆谷水,又东有酉水,俱南入汉。

西乡府东南。东有饶风岭,有关。北有汉水。东有洋水,即清凉川也,西北合木马河入汉。东南有盐场关。西南有大巴山、东北有子镇三巡检司。

凤府西北。元凤州。洪武七年七月降为县。南有武都山。北有嘉陵江,源出县之嘉陵谷,下流至四川巴县入于大江。又东有大散水亦注于嘉陵江。东北有清风阁巡检司。南有留坝巡检司,后迁废丘关,又迁柴关,仍故名。南有仙人关。西有马岭关。

沔府西。元沔州,属四川广元路。洪武三年改属汉中府,省州治铎水县入州。七年七月降为县。十年六月省入略阳,后复置。成化二十一年六月属宁羌州。嘉靖三十八年十一月仍属府。北有铁山。东南有定军山。南有汉水。西有沮水,又有大安水,南入于汉。西南有大安县,洪武初废。又西有石顶关。

宁羌州本宁羌卫。洪武三十年九月以沔县之大安地置。成化二十一年六月置州,属府。东北有五丁山,亦曰金牛峡。北有蟠冢山,汉水出焉,亦曰漾水,下流至湖广汉阳县合大江。又东有嘉陵江,西有西汉水合焉。西南有白水,自洮州卫流经此,亦曰葭萌水,有白水关,其下流至四川昭化县合于嘉陵江。又东北有浕水,流入漾水,谓之浕口。又东有沮水。北有阳平关巡检司。**东北距府三百里。领县一。**

略阳州西北。元属沔州。洪武三年属府。成化二十一年六月改来属。西有盘龙山。东南有飞仙岭,栈道所经也。东有沮水,为汉水之别源。南有嘉陵江,西北有犀牛江,即西汉水也。又西有白水江。东北有九股树、西有罝口二巡检司。又西北有白水镇巡检司,后废。

延安府元延安路,属陕西行省。洪武二年五月为府。领州三,县十六。南距布政司七百四十里。

肤施倚。东有延水,又有清化水流入焉。

安塞府西北。西有洛水。北有延水,出县西北之芦关岭,又东南有西川水,北有金明川,俱流入焉。又北有塞门守御千户所,洪武十二年置。西南有敷政巡检司。

甘泉府西南。北有野猪峡。西有洛河,南有伏陆水流入焉。又东北有库利川。

安定府东北。北有高柏山,怀宁河出焉,东流入于无定河。西北有白洛城,洪下三年筑。

保安府西北。西南有洛河,有吃莫河流入焉。北有大盐池。又西有靖边守御千户所,隆庆元年二月置。北有顺宁巡检司。

宜川府东。南有孟门山,在大河中流。又西南有银川水,北有汾川水,西南有丹阳诸川,俱流入大河。

延川府东,少北。东滨大河。北有吐延川,合清涧水,流注于大河。又东北有永宁关,临河。

延长府东。东滨河。南有延水,流入大河。

青涧府东北。元属绥德州。嘉靖四十一年改属府。东有黄河,东北有无定河流入焉。又西有青涧河。

鄜州东有洛水,南兴单池水合,又名三川水。西有直罗巡检司**北距府百八十里。领县三。**

洛川州东南。西洛水。东南有鄜城巡检司。

中部州南。北有桥山,亦曰子午岭,沮水出焉。西北有谷河及子午水,俱入于沮水。又东北有洛水。

宜君州南。西南有玉华山,又有凤凰谷东有洛水。东北有沮水。

绥德州　洪武十年五月省入府,后复置。南有魏平关。东有黄河。城东有无定河,一名奢延水,亦曰圁水,西北有大理水流入焉。东北有官菜园渡口巡检司。**西南距府三百六十里。领县一。**

米脂州北。西有无定河。有大理水,又有小理水,西北有明堂川,俱流入无定河。北有碎金镇、西南有克戎寨二巡检司。又西有银州关,成化七年修筑。

葭州　洪武七年十一月降为县,属绥德州。十三年十一月复升为州,属府。东滨大河,西有葭芦河,城东有真乡川流合焉。**西南距府五百八十里。领县三。**

吴堡州南。元属州。洪武七年十一月改属绥德。寻省。十三年十一月复置,还属。东滨河。

神木州北。洪武初省。十三年十一月复置。西北有杨家城,正统五年移县治焉。成化中,复还故治。南有大河。北有轮川。西南有屈野川。

府谷州东北。洪武初省。十三年十一月复置。东滨大河,北有清水川入焉。

庆阳府_{元属巩昌总帅府。}**洪武二年五月直隶行省。领州一,县四。东南距布政司五百七十里。**

安化_{倚。洪武二十四年四月建庆王府。二十六年迁于宁夏卫。元省。洪武中复置。东北有白于山,洛水所出。又城东有东河,西有西河,流合焉,下流为马莲河。又西有黑水河,源出县北之太白山,下流至长武县合于泾河。东北有槐安、北有定边二巡检司。又西南有驿马关、又有灵州、又有大盐池三巡检司,废。}

合水_{府东南。东有建水,西有北岔河,流合焉,谓之合水,西南入马莲河。又东北有华池水,有平戎川流合焉,东入鄜州之洛河。有华池巡检司。}

环_{府西北。元环州,属巩昌总帅府。洪武初,降为县,来属。西有环河,出县北青冈峡,下流为府城之西河。又南有黑水河,又有咸河,西南有甘河,俱注于环河。又西有葫芦泉。西北有清平关。西北有安边守御千户所,弘治中置。}

真宁_{府东南。元属宁州。万历二十九年改属府。西有马莲河。南有大陵、小陵诸水,即九陵川之上源也。东有雕山岭巡检司。}

宁州_{元属巩昌总帅府。}**洪武中来属。**_{东有横岭,又有九龙川,亦曰宁江,亦曰九陵川,西南流,会上流群川,而南注于泾河。东北有襄乐巡检司。}**北距府百五十里。**

平凉府_{元属巩昌总帅府。}**洪武三年五月直隶行省。领州三,县七。东南距布政司六百五十里。**

平凉_{倚。洪武二十四年建安王府。永乐十五年除。二十二年,韩王府自辽东开原迁此。西南有可蓝山。西有崆峒山。又有笄头山,泾水出焉,下流至高陵县入渭。又西有横河,东有湫峪河,俱流入泾河。又西有群牧监。洪武三十年置陕西行太仆寺。永乐四年置陕西苑马寺,领长乐等六监,开成等二十四苑,俱在本府及庆阳、巩昌境内,正统三年又并甘肃苑马寺入焉。又东有通梢关。}

崇信_{府东南。北有汭水。西南有赤城川,南有白石川流合焉,下流合于泾水。}

华亭_{府南。西有小陇山。西北有瓦亭山,有瓦亭关巡检司,所谓东瓦亭}

也。东北有泾河。东南有汭水。又东南有三乡镇,北有马铺岭二巡检司。

镇原府东北。元镇原州,属巩昌总帅府。洪武初,降为县,来属。西北有胡庐河,分二流,一北注于黄河,其支流东南注于泾河。南有高平川,流入胡庐河。西有安平寨巡检司。西北有萧关。西南有木峡关。又西有石峡关。南有驿藏、本靖二关。

隆德府西南。元属靖宁州。嘉靖三十八年十一月改属府。东有好水,西流兴苦水合。西北有武延川,流入好水。东南有捺龙川,流入苦水。

泾州元直隶陕西行省。洪武三年以州治泾川县省入,来属。旧治在泾水北。今治本皇甫店,洪武三年于此。北有泾河,有汭水。东有金家凹巡检司。西北距府百五十里。领县一。

灵台州东南。西北有白石原。东北有三香水,一名三交川,下流至邠州合泾水。又西南有细川水,东北流合于三交川。

静宁州元属巩昌总帅府。洪武中来属。北有横山,即陇山支阜。南有洛川,一名石门水,下流至秦州入略阳川。又西有苦水河,即高平种之上源。东距府二百三十里。领县一。

庄浪州东南。元庄浪州,直隶陕西行省。洪武三年属凤翔府。八年三月降为县,来属。西有苦水川。

固原州 本固原守御千户所,景泰三年以故原州城置。成化四年升为卫。弘治十五年置州,属府。西南有六盘山,上有六盘关,东北有清水河出焉,下流合镇原县之胡庐河。又北有黑水,北流入于大河。又东西有二朝那湫,其下流注于高平川。南有开成州,元直隶陕西行省,治开成县。洪武二年省州,以县属平凉府。成化三年废县。又东南有广安州,元属开成州,洪武二年省。又西有甘州群牧所,永乐中置。又西北有西安守御千户所,成化五年以旧西安州置。北有镇戎守御千户所,成化十二年以葫芦峡城置。东北有平虏守御千户所,弘治十四年以旧豫望城置。又北有下马关,嘉靖五年置。东南距府百七十里。

巩昌府元属巩昌总帅府。洪武二年四月直隶行省。领州三,县十四。东距布司千六十里。

陇西倚。西有首阳山,上有关。北滨渭水,东有赤亭水,西流入焉。

　　安定府北。元定西州,属巩昌总帅府。至正十二年三月改名安定州。洪武十年降为县,属府。北有车道岘。西有西河,东有东济。流合焉。北有峡口巡检司。

　　会宁府东北。元会州,属巩昌总帅府。至正十二年三月改为会宁州。洪武十年降为县,属府。东有响水,北流入大河。东有青家巡检司。

　　通渭府东北。北滨渭,西有华川,东流入焉。

　　漳府南。西南有故城。今治,正统中所徙。西北有西倾山。南有漳水,北流入渭。东南有盐井。

　　宁远府东。南有太阳山,旧产铁。北有桃花峡,两山夹峙,渭水经其中。西有广吴水,又有山丹水,俱源出岷州,并流北注渭。

　　伏羌府东。西南有朱围山,俗名白崖山。北有渭水,西南有永宁河,西有洛门川,俱东北注于渭。

　　西和府东南。元西和州,属巩昌总帅府。洪武十年降为县,属府。旧治在西南白石镇,洪武中,移于今治。北有祁山。南有黑谷山,上有关。西北有西汉水,亦曰盐官水。西南有浊水,即白水江也。东北有盐井。

　　成府东南。元成州,属巩昌总帅府。洪武十年降为县,属府。西北有仇池山。东南有西汉水。西南有浊水,又西有建安水,又有洛谷川,俱流入西汉水。又东有泥阳水,下流至徽州界入嘉陵江。又北有黄渚关巡检司。

　　泰州元属巩昌总帅府。**洪武二年属府,省州治成纪县入州。**西南有嶓冢山,西汉水出焉,下流至宁羌州合嘉陵江。东北有渭水,有秦水东流入渭。又西有西谷水,下流入西汉水。又南有籍水,西南有段谷水流入焉。又东有长离水,即瓦亭川下流也,俱流入于渭。南有高桥巡检司。又有石榴关。又有现子关。**西距府三百里。领县三。**

　　秦安州北。东有大陇山。又东北有瓦亭山,所谓西瓦亭也。城南有渭水。又西有陇水,瓦亭川自东北流合焉。又东有松多川,下流入于秦水。又东有陇城关巡检司

　　清水州东。东有陇山,有盘岭巡检司。西南又有小陇山。西有渭水。东有秦水,南有清水流入焉。

　　礼州西南。元礼店文州军民元帅府,属吐蕃宣慰司。洪武四年十一月置礼店千户所。十一年属岷州卫。十五年改属秦州卫。成化九年十二月置礼县

于所城,属州。故城在东。洪武四年移于今治。东南有西汉水。西南有岷峨山,岷江出焉,东南流入阶州界合于西汉水。又西有有漩水镇、南有板桥山二巡检司。

阶州元属巩昌总帅府。洪武四年降为县,属府。十年六月复为州。旧城在东南坻龙冈上。今城,洪武五年所置。北有白水江。东北有犀牛江,即西汉水也。又西北有羌水,下流合白水江。又东有七防关巡检司。西北距府八百里。领县一。

文州东南。元文州。至元九年十月置,属吐蕃宣慰司。洪武四年降为县,属府。十年六月改属州。二十三年三月省。成化九年十二月复置,仍属州。东南有青唐岭,路入四川龙安府。东有白水,西有黑水,流合焉。又北有羌水,一名太白水。东有文县守御军民千户所,本文州番汉千户所,洪武四年四月置。二十三年改文县守御千户所。成化九年更今名。又东有玉垒关。西北有临江关。

徽州元属巩昌总帅府。洪武十年六月降为县,属府,后复升为州。东南有铁山。南有嘉陵江,又有河池水流入焉。又南有虞关巡检司。西南有小河关。西北距府四百八十里。领县一。

两当州东。洪武十年六月省入徽县,后复置,南有嘉陵江。

临洮府元临洮府,属巩昌总帅府。秦定元年九月改为临洮路。洪武二年九月仍为府。领州二,县三。南距布政司千二百六十里。

狄道倚。西南有常家山,兴西倾山相接。北有马寒山,浩尾河出于其北,阿干河出于其南,俱东流入大河。又西南有洮可,自洮州卫流入。又东有东峪河,南有邦金川,皆流会洮河。北有摩云岭巡检司。又北有打壁峪关,有结河关。南有南关,有下衬关,有八角关、十八盘关。西有三坌关,有分水岭关。

渭源府东,少南。西有南谷山,渭水所出。又有鸟鼠山,渭水所经,东至华阴县入大河。又西有分水岭,东流者入渭,西流者入洮,上有分水岭关巡检司。又西南有五竹山,清源河出焉,迳县东南入渭。

兰州元属巩昌总帅府。洪武二年九月降为县,来属。成化十三年九月复为州。建文元年,肃王府自甘州卫迁此。南有皋兰山。北滨大河,所谓金城河也,湟水自西,洮水、阿干河俱自南,先后流入焉。又西南有漓水,合于洮水。北有金城关,下有镇远浮桥,有河桥巡检司。西北有京玉关,南有阿干镇关。西南有凤林关。**南距府二百十里。领县一。**

金州东,少南。元金州,属巩昌总帅府。洪武二年九月降为县,属府。成化十三年改属州。旧城在南,洪武中,移于今治。北有大河,东北流乱山中,入靖虏卫界。又南有浩尾河,一名闪门河,入于大河。东北有一条城,万历二十五年置。

河州元河州路,属吐蕃宣慰司。洪武四年正月置河州卫,属西安都卫。六年正月置河州府,属陕西行中书省。七年七月置西安行都卫于此,领河州、朵甘、乌斯藏三卫。八年十月改行都卫为陕西行都指挥使司。九年十二月,行都指挥使司废,卫属陕西都指挥使司。十年分卫为左右。十二年七月,府废,改左卫于洮州,升右卫为军民指挥使司。成化九年十二月置州,属府,改军民指挥使司为卫。西南有雪山,与洮州界。西北有小积石山,上有关。大河自塞外大积石山东北流,迳此,又迳榆林卫北,折而南,与山西中流分界,至潼关卫北,折而东,入河南界,回环陕西境四千余里。南有大夏河,即漓水也,亦曰白石川。又西北有积石州,元属吐蕃宣慰司,洪武四年正月改置积石州千户所。西南有贵德州,元属吐蕃宣慰司,洪武八年正月改置归德守御千户所。又南有宁河县,东北有安乡县,元俱属河州路,洪武三年废,六年复置。十二年复废。又东南有定羌巡检司。**东北距府百八十里。**

灵州元属宁夏府路。洪武三年罢。弘治十三年九月复置,直隶布政司。大河在城北,洛浦河自南流入焉。南有小盐池。距布政司九百九十三里。

兴安州元金州,属兴元路。万历十一年八月更名。二十三年直隶布政司。旧治汉水北,后迁水南。万历十一年又迁故城南三里许。北有汉水。又西有衡河,亦曰恒河,下流入汉江。东北有乾佑关巡检司,废。领县六。西北距布政司六百四十里。

平利州南,少东。元末省。洪武三年置,属四川大宁州。五年二月来属。十年六月复省,后复置。东有女娲山,灌溪水出焉,西北与黄洋河合,入于汉。南有镇坪巡检司。

石泉州西。元末省。洪武三年置，属四川大宁州。五年二月来属。嘉靖三十八年十一月改属汉中府。万历十一年还属州。南有十八盘山，有汉江。西有饶风河，东有迟河，俱入汉。又西有饶岭巡检司，本治县东迟河口，后迁下饶风铺，更名。

洵阳州东。元末省。洪武三年复置。五年二月来属。东北有水银山，产水银、硃砂。南有汉江，东有旬水流入焉。又有乾佑河，自西北流入旬水。东有闾关、西北有三岔二巡检司。

汉阴州西，少北。元末省。洪武三年复置。十年六月省入石泉县，后复置，属州。嘉靖三十八年十一月改属汉中府。万历十一年还属州。南有汉水。东北有直水，又有恒河，俱流入汉水。又西有方山关。

白河州东南。成化十二年十二月以洵阳县白河堡置，属湖广郧阳府。十三年九月来属。北有汉江，东入湖广郧西县界。南有白石河，分二流，俱北注于汉。

紫阳州西南。正德七年十一月以金州紫阳堡置。初治此阳滩之左，嘉靖三十五年迁于滩右。西有汉江。

洮州卫元洮州，属吐蕃宣慰司。洪武四年正月置洮州军民千户所，属河州卫。十二年二月升为洮州卫军民指挥使司，属陕西都司。西南有西倾山，桓水出焉，下流为白水江，又漒川亦出焉，一名洮水。又北有石岭山，上有石岭关。东有黑松岭，上有松岭关。又东有黑石关、三岔关、高楼关。北有羊撒关。西南有新桥关、洮州关。东南有旧桥关。南距布政司千六百七十里。

岷州卫元岷州，以旧佑川县地置，属吐蕃宣慰司。洪武四年正月置岷州千户所，属河州卫。十一年七月升为卫，属陕西都司。十五年四月升为军民指挥使司。嘉靖二十四年又置州，改军民指挥使司为卫。四十年闰五月，州废，仍置军民指挥使司。洪武二十四年建岷王府。二十六年迁云南。北有岷山，洮河经其下。南有白水，一名临江。又东有石关。东北有铁州，元属吐蕃宣慰司。洪武四年正月置铁城千户所，属河州卫，后废。领所一。南距布政司千五百五十里。

西固城守御军民千户所卫南。本西固城千户所，洪武七年三月置，属巩昌府。十五年四月改置,来属。南有白水。北有化石关。西北有平定关。

　　榆林卫　成化六年三月以榆林川置。其城,正统二年所筑也。
西有奢延水,西北有黑水,经卫南,为三岔川流入焉。又北有大河,自宁夏卫东
北流经此,西经旧丰州西,折而东,经三受降城南,折而南,经旧东胜卫,又东
入山西平虏卫界,地可二千里。大河三面环之,所谓河套也。洪武中,为内地。
天顺后,元裔阿罗出,毛里孩,孛罗出相继居之。西南有盐池,旧属宁夏卫,嘉
靖九年来属。又卫东有长盐池、红盐池。西有西红盐池、锅底池。又东有长乐
堡,分辖双山等十二营堡,为中路。又有神木堡,分辖镇羌等九营堡,为东路。
西有安边营,分辖永济等十二营堡,为西路。俱成化后置。又北有边墙,成化九
年筑,长一千七百七十余里,东起清水营,接山西偏头关界,西抵定边营,接宁
夏花马池界。南距布政司千一百二十里。

　　宁夏卫　元宁夏府路,属甘肃行省。洪武三年为府。五年,府废。二
十六年七月置卫。二十八年四月罢。永乐元年正月复置。洪武二十
六年,庆王府自庆阳府迁此。西有贺兰山。又西南有峡口山,黄河流其中,一名
青铜峡。黄河出峡东流,亦曰三岔河。又东有黑水河,南有清水河,即葫芦河下
流也,俱注于黄河。有宁夏群牧千户所,洪武二十七年十二月置。领千户所
四。东南距布政司千四百里。

　　灵州守御千户所　卫东南。洪武十六年十月置,治在河口。宣德三年二
月徙于城东。弘治十三年九月复置灵州于所城。

　　兴武守御千户所　卫东南。正德元年以兴武营置。

　　韦州守御千户所　卫东南。弘治十年以故韦州置。西有大蠡山。南有小
蠡山。东有东湖。

　　平虏千户所　卫北,少东。嘉靖三十年以平虏城置。东北有老虎山,滨大
河。北有镇远关。

　　宁夏前卫　在宁夏城内,洪武十七年置。

　　宁夏左屯卫

　　宁夏右屯卫　亦俱在宁夏城内,洪武二十五年二月置,后废。
三十五年十二月复置。

　　宁夏后卫　本花马池守御千户所,成化十五年置。正德元年改
卫。其城,正统九年所筑也。东北有方山。西有花马池。西北有大盐池。

又西有小盐池。东有长城关，正德初置。**东南距布政司千一百二十里。**

宁夏中卫元应理州，属宁夏府。**洪武三年，州废。永乐元年正月置卫。**西有沙山，一名万斛堆。大河在南。又西南有温围水，流入大河。又有裴家川。又东南有鸣沙州，元属宁夏府置。洪武初废。**南距布政司千一百十里。**

靖虏卫　正统二年以故会州地置，属陕西都司。南有乌兰山，上有乌兰关。北有大河。西南有祖历万河，东北有亥剌河，皆注于大河。西南有会宁关。**南距布政司千二百二十里。**

陕西行都指挥使司元甘肃等处行中书省，治甘州路。**洪武五年十一月置甘肃卫。二十五年罢。二十六年，陕西行都指挥使司自庄浪徙置于此。领卫十二，守御千户所四。距布政司二千六百四十五里。**

甘州左卫倚。元甘州路。**洪武初废。二十三年十二月置甘州左卫。二十七年十一月罢。二十八年六月复置。**洪武二十五年三月建肃王府。建文元年迁于兰县。西南有祁连山。西北有合黎山。东北有人祖山，山口有关，曰山南，嘉靖二十七年置。又东北有居延海。西有弱水，出西南山谷中，下流入焉。又有张掖河，流合弱水，其支流曰黑水河，仍合于张掖河。又东南有庐水，亦曰沮渠川。

甘州右卫

甘州中卫　俱洪武二十五年三月置。

甘州前卫

甘州后卫　俱洪武二十九年置。四卫俱与甘州左卫同城。

肃州卫元肃州路，属甘肃行省。**洪武二十七年十一月置卫。**西有嘉峪山，其西麓即嘉峪关也。弘治七年正月扁关曰镇西。西南有小昆仑山，亦曰雪山，与甘州山相接。北有讨来河，东会于张掖河。西南有白水，又西北有黑水，东南有红水，俱流入白水，下流入西宁卫之西海。又东北有威虏卫，洪武中置，永乐三年三月省。**东距行都司五百十里。**

山丹卫元山丹州，直隶甘肃行省。**洪武初废。二十三年九月置卫，属陕西都司，后来属。**东南有焉支山。西有删丹河，即弱水也。北有红盐池。**西距行都司百八十里。**

永昌卫元永昌路,属甘肃行省,至正三年七月改永昌等处宣慰司。洪武初废。十五年三月置卫,属陕西都司,后来属。北有金山,丽水出焉。西南有白岭山,亦曰雪山。西有水磨川,上有水磨关。又东南有塞占河。西北距行都司三百十里。

凉州卫元西凉州,属永昌路。洪武九年十月置卫,属陕西都司,后来属。南有天梯山三岔河出焉。东南有洪池岭。又东北有白亭海,有潴野泽。又西有土弥干川,即五涧水也,亦出天梯山,下流合于三岔河。又东有杂木口关。又有凉州土卫,洪武七年十月置。西北距行都司五百里。

镇番卫 本临河卫,洪武中,以小河滩城置。三十年正月更名。建文中罢。永乐元年六月复置。西有黑河,即张掖河下流也。又东有三岔河。南有小河。西有盐池。西南有黑山关。西距行都司五百五十里。

庄浪卫 洪武五年十一月以永昌地置。十二年正月置陕西行都指挥使司于卫城。二十六年,行都司徙于甘州。建文中,改卫为守御千户所。洪武三十五年十月复改所为卫,属陕西都司,后来属。东有大松山。其北有小松山。西有分水岭,南出者为庄浪河,北出者为古浪河。又南有大通河,与庄浪河合,北流经卫西,入于沙漠。北距行都司九百四十里。

西宁卫元西宁州,直隶甘肃行省。洪武初废。六年正月置卫。宣德七年十一月升军民指挥使司,属陕西都司,后来属。西南有小积石山,兴河州接界。东南有峡口山,亦曰湟峡。南有大河,自西域流入,回环于陕西、山西、河南、山东四布政司,及南直隶之地,几至万里,至淮安府清河县,南合长淮,又东至安东县南入于海。又北有湟水,即苏木连河也,东入大河。又西南有赐支河,又城北有西宁河,皆流入大河。又西北有浩水,西南有宗哥川,俱流合于湟水。又西有西海,亦名卑禾羌海,俗呼青海。西北有赤海。又有鸟海盐池。东南有绥远关。西北距行都司又三百五十里。

碾伯守御千户所 本碾北地。洪武十一年三月置庄浪分卫。七月改置碾北卫,后废,而徙西宁卫右千户所于此。成化中更名。南有碾佰河。西北距行都司千二百三十里。

沙州卫元沙州路,属甘肃行省。洪武初废。永乐元年置卫。正统间废南有鸣沙山。东南有三危山。又东有龙勒山，又有渥洼水。西有瓜州，元属沙州路，洪武初废。东距行都司千三百六十里。

镇夷守御千户所　洪武三十年以甘州卫地置。建文二年罢。永乐六年复置所，旧在西北，天顺八年移于今治，南有里河，即张掖河也。西南有盐池。北有兔儿关，东南距行都司三百里。

古浪守御千户所正统三年六目以庄浪卫地置。古浪河在东。又南有古浪关。东有石峡关。东南距行都司六百四十里。

高台守御千户所　景泰七年以甘州卫之高台站置。弱水在北。又西有合黎山。西南有白城山。东南距行都司一百六十里。

明史卷四三

志第一九

地理四

四川　江西

四川　禹贡梁、荆二州之域。元置四川等处行中书省。治成都路。又置罗罗蒙庆等处宣慰司，治建昌路。属云南行中书省。洪武四年六月平明升。七月置四川等处行中书省。九月置成都都卫。与行中书省同治。八年十月改都卫为四川都指挥使司。领招讨司一，宣慰司二，安抚司五，长官司二十二及诸卫所。九年六月改行中书省为承宣布政使司。领府十三，直隶州六，宣抚司一，安抚司一，属州十五，县百十一，长官司十六。为里千一百五十有奇。北至广元，与陕西界。东至巫山，与湖广界。南至乌撒、东川，与贵州、云南界。西至威茂，与西番界。距南京七千二百六十里，京师一万七百一十里。洪武二十六年编户二十一万五千七百一十九，口一百四十六万六千七百七十八。弘治四年，户二十五万三千八百三，口二百五十九万八千四百六十。万历六年，户二十六万二千六百九十四，口三百一十万二千七十三。

成都府元成都路。洪武四年为府。领州六，县二十五。

成都倚。洪武十一年建蜀王府。

华阳倚。北有武担山。又有外江，自灌县分流经城北，绕城而南，一名清绕江。又有内江,亦自灌县分流经城南,远城而东,亦名石犀渠。合流南注于大江。此府城之内、外江也。东有宁州卫,洪武十一年四月置。东南有马军寨巡检司。

双流府西南。洪武十年五月省入华阳县。十三年十一月复置。东南有牧马川,即府城内、外江下流也。

郫府西。有内江,一名郫江,即府城内江之上流也。

温江府西,少南。西南有阜江,亦曰内江。

新繁府西北。洪武十年五月省入成都县。十三年十一月复置。西北有沱江。又西有湔涘口。

新都府北。东有雒水,自什邡县流经此,下流至泸州入大江,亦曰中水。北有湔水,即大江别流,自灌县东北出,流经此,至汉州入雒水。东北有绵水,自汉州流至此入雒江。三水同流,亦曰郫江也。

彭府北。元彭州。洪武十年五月降为县。北有九陇山,有葛璝山,又有大隋山、中隋山。南有沱江,又北有濛水流合焉。又东有濛阳县,元属彭州。洪武十年五月省。又北有白石沟巡检司。

崇宁府西北。元属彭州。洪武四年属府。十年五月省入灌县。十三年十一月复置。南有沱江。

灌府西,少北。元灌州。洪武中,降为县。西北有灌口山。又有玉垒山,下有玉垒关,一名七盘关。又西南有青城山。又西有湔江,亦曰都江,亦曰湔堋江,古离堆也。岷江经此,正流引而南,支流分三道,绕成都境。有石渠水口。又有白沙水,下流入都江。又南有沱江,即郫江上源也。又西有蚕崖关巡检司。西南有獠泽关。

金堂府东。洪武十年五月省入新都县。十三年十一月复置。东北有三学山。南有云顶山。有金堂峡,雒水经此,曰金堂河。东南又有怀口巡检司。

仁寿府南,少东。东有丽甘山,下有盐井。东有三嵋山,又有蟠溪,下流入资江。又南有陵井,产盐,亦曰仙井。

井研府南,少东。洪武六年十二月置。十年五月省入仁寿县。十三年十一月复置。东北有铁山,旧产铁。南有盐井。

资府东。明玉珍置资州。洪武初,降为县。南有珠江,即雒江也,东流为资江。东有银山镇巡检司。

内江府东南。洪武中置。西有中江，即雒之异名。南有椑木镇巡检司。

安府北，少东。元安州，治在西北。洪武中，降为县，移于今治。南有浮山，黑水出焉，南流入罗江县界。北有曲山关。东有小东坝关。又东南有睢水关，关西有绵堰堡，绵水发源处也。

简州　洪武六年降为县。正德八年又升为州。旧治在绛河北。正德八年徙治河南。东北有石鼓山。西有分栋山。东有雁水，即雒水也，绛水自北来合焉，一名赤水，亦曰牛鞞水。又城内有牛皮井，产盐。西有龙泉镇巡检司。西南有阳安关。**西北距府百五十里。领县一。**

资阳州东。洪武六年十二月置，属府。十年五月省入简县。成化元年七月复置，仍属府。正德中，改属州。西有资溪，流入雁水。东有资阳镇巡检司，后移治濛溪河。

崇庆州元治晋原县。洪武中省县入州。西有鹤鸣山。西北有邛江，东流入新津界。又北有味江，东北有白马江，皆岷江南出之别名也。西北有永康县。东南有江源县，明玉珍复置，洪武初省。西有清溪口巡检司。**东北距府百十里。领县一。**

新津州东。南有天社山。南枕大江，一名皀江。东有北江，亦曰新穿水，自府城南流经此合大江。

汉州明玉珍复置雒县，为州治。洪武四年省县入州。东有雒水，有绵水。又西南有湔水，流入雒。又北有雁水，亦流入雒，故雒水亦兼雁水之名。又东北有石亭水，流合绵水。东南有三水关巡检司。**西南距府百十里。领县三。**

什邡州西。洪武十年五月省入绵竹县。十三年十一月复置。西北有章山，雒水出此，亦名雒通山。南有高镜关，雒水经其南。又西有大蓬山。

绵竹州西北。西北有紫岩山，绵水出焉。又有紫溪河，一名射水河。又北有睢水关。

德阳州东北。洪武十年五月省入汉州。十三年十一月复置。北有鹿头山，上有鹿关关。东有绵水。西南有石亭水。南有白马关巡检司。

绵州元属潼川府。洪武三年来属。十年五月降为县。十三年十一月复为州。东有富乐山。西有涪水,源出松潘卫,流经此,亦曰绵江,下流至合州,合于嘉陵江。又西北有安昌水,一名龙安水,东南流合涪水。又东有㵱水,亦合于涪水。东有魏城巡检司。**西南距府三百六十里。领县二。**

罗江州南。洪武六年十二月省入绵州。十三年十一月复置。东北有罗江,涪水兴安昌水会流处也。又西有黑水,自安县流入界。又西南有白马关巡检司,关兴德阳县鹿头关相对。

彰明州北。洪武十年五月省入绵县。十三年十一月复置。东北有太华山。西有涪江,北有廉水,西有让水,俱流入焉。

茂州元治汶山县,属陕西行省吐番宣慰司。洪武中省县入州。十六年复置县,后复省。南有岷山,即陇山之南首也。汶江自松潘卫流入,经山下,又东经州城西,东南流,回环于四川、湖广、江西三布政司及南直隶之地,入于海,几七千余里。南有鸡宗关、东有积水关、北有魏磨关三巡检司。又南有七星关,又有雁门关。东有桃坪关。北有实大关。西北有黄崖关,有汶山长官司,又南有静川长官司,东南有陇木头长官司,西南有岳稀蓬长官司,俱洪武七年五月置,属重庆卫。又北有长宁堡,本长宁安抚司,宣德中,平历日诸蛮置,属松潘卫。正统元年二月改属叠溪所八年六月改属茂州卫。后废为堡。**东南距府五百五十里。领县一。**

汶川州西南。北有七盘山。西有玉轮江,即汶江也,有汶川长官司,洪武七年五月置。西有寒水关巡检司。又南有彻底关。

威州元以州治保宁县省入。明玉珍复置县。洪武二十年五月复省县入州。旧治在西北凤坪里,宣德三年六月迁于保子冈河西。十年六月又迁于保子冈河东千户所城内。东南有定廉山,盐溪出焉。又西南有雪山,亦曰西山。北有汶江,西北有赤水,北有平谷水,俱流入焉。东有通化县,洪武三年省。西北有保子关、彻底关。西南有镇夷关。**东南距府四百五十里。领县一。**

保州西北。洪武六年分保宁县地置。东有汶江。西北有镇安关。

保宁府元属广元路。洪府四年直隶行省。领州二,县八。**西南距布政司七百里。**

阆中倚。成化二十三年建雍王府。弘治三年迁于湖广衡州府。四年八月建寿王府。正德元年迁于湖广德安府。旧治在县东,明玉珍徙于此。东有蟠龙山,其北有锯山关。又有灵山,其麓为梁山关。南有嘉陵江,即西汉水,自陕西宁羌州流入,至巴县合大江,亦曰闾水,又曰巴水,其下流曰渝水。有南津关在城南,临嘉陵江。又有滴水关,在城北玉台山下。又东南有和溪关。

苍溪府西北。洪武十年五月省入阆中县。十三年十一月复置。大获山在东,宋江环其下。东南有云台山。西南有嘉陵江,宋江自西流入焉。北有八字堡巡检司。

南部府南,少东。洪武十年五月省入阆中县。十三年十一月复置。南有南山,一名跨鳌山。东南有离堆山。东北有嘉陵江。

广元府北,少西。元广元路,治绵谷县。洪武四年改为府。九年四月降为州,来属,以绵谷县省入。十三年十一月复置绵谷县。二十二年六月降州为县,复省绵谷县入焉。北有潭毒山,上有潭毒关,下临大江。又有朝天岭,上有朝天关。又有七盘岭,上有七盘关,为陕西、四川分界处。又东北有大漫天岭,其北有小漫天岭。西有嘉陵江。北有渡口,在大、小二漫间。东有百丈关,北有望云关。有龙门阁,北达陕西宁羌州。

昭化府西北。元属广元路。洪武十年五月省入广元州。十三年十一月复置,西南有长宁山,有白卫岭。又西有九曲山。东有嘉陵江,其津口曰桔柏津,渡口关在焉。北有白水,自陕西文县流入,亦曰葭萌水,合于嘉陵江。又北有马鸣阁,又有石柜阁。

剑州元属广元路。洪武六年以州治普安县省入,来属。九年省。十三年十一月复置。北有大剑山,亦曰梁山,西北接小剑山,飞阁通衢,谓之剑阁,有大、小剑门关在其上。又有汉阳山。东有嘉陵江。西南有涪江。北有大剑溪、小剑溪,又有泥溪。**东南距府三百二十里。领县一。**

梓潼州西南。西有梓潼水,亦曰潼江水,下流入于涪江。又北有扬帆水,流合潼江水。又东有小潼水,下流入嘉陵江。

巴州元属广元路。洪武九年四月以州治化城县省入,又改州为县,来属。正德九年复为州。东北有小巴山,与汉中大巴山接,巴江水出焉,经州东南,分为三,下流至合州入嘉陵江。南有清水江,流合巴江。东有会口县,元属州,后废。又北有米仓关巡检司,本治小巴山之巅,寻徙大巴山下,后废。**东北距府三百五十里。领县二。**

通江州东,少北。元至正四年置,属府。正德九年改属州。旧治在赵口坪,洪武中,徙于今治。东有得汉山。南有巴江。又有宕水,在县西壁山下,亦曰诺水,流入巴江。东北有濛坝、北有羊圈山二巡检司。又东北有桐柏关,相对樗林关。

南江州北。正德十一年置。北有两角山。南有难江,源出南郑县米仓山,下流入巴江。西北有大坝巡检司。

顺庆府元顺庆路。洪武中,领州二,县八。西南距布政司六百里。

南充倚。北有北津渡,县旧治也。洪武中,徙今治。南有清居山。西有大、小方山。东有嘉陵江。西有曲水,又有流溪水,东有清水溪,又有大斗溪,俱流注于嘉陵江。又西有昆井,产盐。府境州县多盐井。北有北津渡巡检司。

西充府西北。洪武十年五月省入南充县。十三年十一月复置。南有南岷山,上有九井、十三峰。西有西溪,即流溪也。

蓬州元属顺庆路。洪武中,以州治相如县省入。东南有云山。西有嘉陵江。东北有巴江。西南距府百四十里。领县二。

营山州东,少北。洪武十年五月省入蓬州。十三年十一月复置。东北有大、小蓬山。东有巴江。

仪陇州北,少东。洪武十年五月省入蓬州。十三年十一月复置。西有伏虞山。北有金城山,一名金粟山。东有巴江。北有鳌水,流入嘉陵江。

广安州元广安府,属顺庆路。洪武四年降为州,来属。十年五月以州治渠江县省入。东北有篆江,即巴江,合渠江之下流也。江中有三十六滩,亦名洄水。又北有浓水,南流合于环水,至州南合洄水,并注合州之嘉陵江。西北距府二百十里。领县四。

岳池州西北。东有岳池水。

渠州东北。元渠州,属顺庆路。至元二十六年五月省州治流江县入焉。洪武九年四月降为县。东北有八濛山。东有宕渠山,有渠江,下流合巴江。又北有卫渠关,正德中置。

邻水州东,少南。成化元年七月置。东南有邻山,产铁。有邻水,下流入大江,县以此名。

大竹州东,少北。元属渠州。洪武九年来属。西有九盘山。东有东流溪,下流合于渠江。

　　夔州府元夔州路,属四川南道宣慰司。**洪武四年为府。九年四月降为州,属重庆府。十年五月直隶布政司。十三年十一月复为府。领州一,县十二。西距布政司千九百里。**

　　奉节倚。洪武九年四月省。十三年十一月复置。东北有赤甲山。东有白帝山,又有白盐山。南滨江。东出为瞿唐峡,峡口曰滟滪堆。又西有南乡峡、虎须滩,东有龙脊滩,皆江流至险处。又东有大让水、东让水,俱流入江。南有尖山,又有金子山二巡检司。又东有瞿唐关。东南有江关。南有八阵碛,碛旁有盐泉。

　　巫山府东。东有巫山,亦曰巫峡,大江经其中,东入湖广巴东县界。东有大宁河,又有万流溪,皆流入大江。

　　大昌府东洪武十三年十一月置。西有千顷池。又有当阳镇巡检司。

　　大宁府东北。元大宁州。洪武九年降为县。北有宝源山,有石穴,盐泉出焉。又有马连溪,亦曰昌溪。东北有袁溪巡检司。北有青崖关。

　　云阳府西。元云阳州。洪武六年十二月降为县。南滨江。东有汤溪,源自湖广竹山,流经此,至奉节汤口入江。西有檀溪,上承巴渠水,入于汤水。北有盐井。又西北有五溪、北有铁檠二巡检司。

　　万府西,少南。元万州。洪武六年十二月降为县。南滨江。西有苧溪。东有彭溪。又西有武宁县,洪武四年省,有武宁巡检司。又西南有铜罗关巡检司。又西北有西柳关。

　　开府西,少北。元开州。洪武六年八月置,九月降为县。南有开江,彭溪之上流,有清江自县东流合焉,亦曰垒江。又南有垫江,一名浊水,亦合流于开江。

　　梁山府西。元梁山州,治梁山县。洪武六年十二月省州,存县。十年五月改属忠州,后来属。北有高梁山,又有高都山。西南有桂溪,南有蟠龙溪,下流俱入于江。

　　新宁元属达州。洪武三年改属重庆府。十年五月省入梁山县。十三年十一月复置,来属。东有雾山,开江出焉。又东有豆山关。

建始府东南。元属施州。洪武中来属。西有石乳山,产金,上有石乳关,与湖广施州卫界。南有清江,自施州卫流入,又东入湖广巴东县界。

达州元治通川县。洪武九年四月降为县,省通川县入焉。正德九年复升为州。西有石城山。东有渠江,通川江之下流,西南入渠江界,合于巴江,中有南昌滩,有土副巡检司。又西有铁山关。东北有深溪关。**东南距府八百里。领县二。**

东乡州东,少北。成化元年七月置。通川江在城东。

太平州东北。正德十年析东乡县地置。东北有万顷池,渠江、通川江出焉,下流为渠江。北有北江,又北入陕西紫阳县界,名任河,入于汉江,东北有明通巡检司。

重庆府元重庆路,属四川南道宣慰司。洪武中,为府。领州二,县十七。西北距布政司五百五十里。

巴倚。东有涂山。大江经城南,又东经明月峡,至城东,兴涪江合。西北有鱼鹿峡,涪江所经。东南有丹溪,东北有交龙溪,俱流入大江。东有大红江巡检司。西有佛图关。西南有二郎关。东有铜锣关。又南有南坪关。

江津府西南。北滨大江。东南有溪口,綦溪入江处,有清平巡检司。

璧山成化十九年三月析巴县地置。大江在南,涪江在北。又北有璧山巡检司。

永川府西,少南。洪武六年十二月置。

荣昌府西,少南。洪武六年十二月置。西有雒江,即中水。西北有昌宁县,明玉珍置,洪武七年省。

大足明玉珍置,属合州。洪武四年改属府。东有米粮关。北有化龙关。

安居成化十七年九月析铜梁、遂宁二县地置。东有安居溪,一名琼江,下流入涪江。

綦江府南,少东。元綦江长官司,属播州。明玉珍改为县。洪武中来属。南有綦江,即綦溪之上流,一名东溪,有东溪巡检司,后徙县南之赶水镇。又南有三溪渡,有綦市关。

南川府东南。洪武十年五月省入綦江县。十三年十一月复置。南有南江,北流为綦江,中有龙休滩,在县北。又东有四十八渡水,流入南江。又南有马颈关、雀子岗关。北有冷水关。

长寿府东,少北。洪武六年九月置,属涪州,寻改属府。北滨大江。南有乐温山,下有乐温滩,大江所经。又东有桃花溪。

黔江府东。元属绍庆府。洪武五年十二月省入彭水县。十一年九月置黔江守御千户所。十四年九月复置县,来属。南有黔江,源出贵州思州府界,正流自涪江合大江,支流经此,下流为湖广施州卫之清江。又东有石胜关,又有石牙关。西有白岩关。东南有老鹰关,与湖广施州界。

合州府北。元治石照县。明玉珍省县入焉。东有钓鱼山,嘉陵江经其北,涪江经其南。又东北有嘉渠口,嘉陵江与渠江合流处,经城东南,涪江自西流合焉,亦曰三江口,并流而南,入于大江。**南距府百五十里。领县二。**

铜梁州南。北有涪江。

定远州北。有旧城。今城本庙儿坝,嘉靖三十年徙此。东有武胜山。西南有涪江。东有嘉陵江。

忠州府东。元治临江县。**洪武中,以县省入。**南滨大江,江中有倒领滩,西北有鸣玉溪流入焉。西有临江巡检司。**西距府八百里。领县二。**

酆都州西南。元曰丰都。洪武十年五月省入涪州。十三年十一月复置,曰都。南滨大江,有葫芦溪自西南流入焉。东南有南宝县,洪武中省。又有沙子关巡检司。

垫江州西,少北。明玉珍置,属州。南有高滩溪,西南入长寿界,为桃花溪。

涪州大江自长寿县流入,东迳黄草峡,又东迳铁柜山,又东迳州城北,绕城而东,又南有涪陵江流合焉,江口有铜柱滩。又东南有清溪关。西南有白云关。又西有阳关。**西距府四百三十里。领县二。**

武隆州南。元曰武龙。洪武十年五月省入彭水县。十三年十一月复置,曰武隆。西南有涪陵江,亦曰黔江,亦曰巴江。

彭水州南。元绍庆府治此。属四川南道宣慰司。洪武四年,府废,改属重庆府。洪武十年五月来属。东有伏牛山,山左右有盐井。城西有涪陵江。又东南有水德江,源自贵州思南流入涪陵江。东南天池关。东北有亭子关。

遵义军民府元播州宣慰司,属湖广行省。洪武五年正月改属四川。十五年二月改属贵州都司。二十七年四月改属四川布政司。万历二十九年四月改置遵义军民府。领州一,县四。西北距布政司千七百里。

遵义倚。元播州总管。洪武五年正月改为播州长官司。万历二十九年四月改县,与府同徙治白田坝,在故司城之西。北有龙岩山。其东为定军山,又有大楼山,上有太平关,亦曰楼山关。又东有乌江,源自贵州水西,东有乐安水,亦俱流入焉。又东南有河渡关。西南有老君关。又东有三度关。西有落濛关。西北有崖门关、黑水关。北有海龙囤,有白石口隘。

桐梓府东。万历二十九年四月以旧夜郎县望草地置。北有夒溪,源出山箐,綦江之上流。

真安州元珍州思宁长官司。明玉珍改真州。洪武十七年置真州长官司。万历二十九年四月改置。南有芙蓉江,自乌江分流,东北入于黔江。又有三江,东南流合于虎溪,亦注于黔江。西南距府二百里。领县二。

绥阳府东北。万历二十九年四月以旧绥阳县地置。东有水德江,亦曰涪江,亦曰小乌江,流入彭水县界。

仁怀州西。万历二十九年四月以旧怀阳县地置。东南有芙蓉江,西南有仁水,其下流俱注于乌江。

叙州府元叙州路,属叙南等处蛮夷宣抚司。至元二十三年正月降为县。洪武六年六月置府。领州一,县九。北距布政司千二百里。

宜宾倚。弘治四年八月建申王府,未之国,除。西有朱提山,旧产银。西南有石城山。又西北有朝阳崖,大江经其下,又东经城东南,马湖江来合焉。又西南有石门江,俗呼横江,北入马湖江。又东南有黑水,一名南广溪,北入江。又西北有宣化县,洪武中省,有宣化巡检司。又西南有横江镇巡检司。又南有摸索关。

南溪府东。东滨大江,中有石笋滩,在县西。又有铜鼓滩,在县东。又南有青衣水,流入大江。

庆符府南。洪武十年五月省入宜宾县。十三年十一月复置。南有石门山，石门江经其下。又西北有马鸣溪，流入马湖江。

富顺府东北。元富顺州。洪武中，降为县。西南有虎头山。东有金川，亦曰中水，即雒江也。又西有荣溪，东有鳌溪，俱流合焉。又西有盐井。东有赵化镇巡检司。

长宁府东南。元长宁军，属马湖路。泰定二年十月改为州。洪武五年降为县。治东西有二溪，并冷水溪，三溪合流入大江，曰三江口。又东出虞公峡，曰溪，亦曰武宁溪，其下流入于大江。又治北有井，产盐。东有梅洞堡巡检司。

兴文府东南。元戎州，属马湖路。洪武四年降为县，来属。万历二年二月改曰兴文。南有南寿山，又有思早江，又东有水车河，俱流入淯溪。西有武宁城，万历二年二月筑，置建武守御千户所于此。所南有九丝城，所东南有李子关。县东北有板桥巡检司，后迁两河口，仍故名。

隆昌府东北。本富顺县隆桥马驿。隆庆元年置县，析荣昌、富顺二县及泸州地属之。西南有雒江。

高州元属叙南宣抚司。**洪武五年降为县，属府。正德十三年四月复为州。**旧治怀远寨。正德十三年迁治中坝。东有复宁溪，即黑水之上流。南有江口巡检司。**北距府百五十里。领县二。**

筠连州西。元筠连州，治胜川县，属永宁路，寻废县存州。洪武四年降州为县，属叙州府。六年十二月改属绵州，寻仍属叙州府。十年五月省入高县。十三年十一月复置，仍属叙州府。正德十三年四月来属。西有定川溪，下流与溪合。东南有三岔巡检司。

珙州东。元下罗计长官司，属叙南宣抚司。明玉珍改为珙州。洪武四年降为县。十年五月省入高县。十三年一月复置，属府。正德十三年四月来属。西南有珙溪，下流入溪。南有盐水坝巡检司，后迁歇马堡，仍故名。

龙安府元龙州，属广元路。明玉珍置龙州宣慰司。**洪武六年十二月复置龙州。十四年正月改松潘等处安抚司。二十年正月仍改为龙州。二十二年九月改龙州军民千户所。二十八年十月升龙州军民指挥使司，后复曰龙州。宣德七年改龙州宣抚司，直隶布政司。嘉靖四十五年十二月改曰龙安府。领县三。南距布政司四百八十里。**

平武倚。本名宁武，万历十八年四月置，后更名。州旧治在江油县界之雍村。洪武六年徙于青州所。二十二年又徙于盘龙坝箭楼山之麓，即今治也。东南有马盘山，又有石门山。东有涪江，有青川溪，下流合白水，入嘉陵江。西北有胡空关，又有黄阳关。东有铁蛇关，西有大鱼关，羊昌关、和平关，俱永乐中置。又东有栈阁，道出陕西文县。又西有永济桥，铁索为之，达松潘卫。又东有青川守御千户所，洪武四年十月以旧青川县置，属四川都司。嘉靖四十五年二月来属。所东有白水江。东北有明月关巡检司。南有杲阳关。北有北雄关，接陕西文县界。又有控夷关，万历中置。

江油府东南。元省。明玉珍复置。洪武十年五月省入梓潼县。十三年十一月复置，属剑州。嘉靖四十五年十二月来属。西有大匡山，兴彰明县界。东北有宝圌山。北有涪水，水上有涪水关。

石泉府西南。元属安州。洪武中，州废，改属成都府。嘉靖四十五年十二月来属。北有三面山，龙安水出焉。又东有湔水，东至江阳入江，有马坪口巡检司。北有松岭关。西有石板关。东有莫边关。东北有大方关。西北有上雄关。

马湖府元马湖路，属叙南宣抚司。洪武四年十二月为府。领县一，长官司四。东北距布司千一百里。

屏山倚。本泥溪长官司，洪武四年十二月置。万历十七年三月改县。西有雷番山。南有马湖江，其上源自黎州西徼外流入界，至此合金沙江，经府城东入宜宾县界。中有结发滩、铁锁滩、鸡肝石滩，俱在府西。又有马湖，湖在山顶，亦曰龙湖。东有悔泥溪巡检司。又东有龙关。西有凤关。又北有新乡镇，万历十七年三月建城，置戍焉。

平夷长官司府西。洪武四年十二月置。旧治在司东。万历中，移于今治。南有马湖江，又南有大汶溪东有小改溪，俱流合焉。。

蛮夷长官司府西，少南。洪武四年十二月置。南滨马湖江，西有什葛溪，东有大鹿溪，俱流合焉。南有戎宁巡检司。

沐川长官司府西，少北。无置。洪武四年十二月改为州，寻复。北有沐川，下流入大江。东有芭蕉溪，下流入马湖江。

雷坡长官司府西南。洪武四年十二月置。二十六年省。

镇雄府元芒部路,属云南行省。洪武十五年正月为府。十六年正月改属四川布政司。十七年五月升为军民府。嘉靖五年四月改府名。万历三十七年五月罢称军民府。北有乐安山,与叙州府界。又西有白水,亦曰八匡河,源出乌撒界,流经此,境内诸川俱流入焉,下流至叙州府入大江。又南有苴斗河,下流入乌撒之七星关河。又北有咸泉二,俱产盐。有益良州、强州,元俱属芒部路,洪武十七年后废。又有阿头、易溪、易娘三蛮部,元属乌撒路,洪武十五年三月属芒部十七年又改阿关涪为阿都府,属四川布政司。后俱废。南有阿赫关,与乌撒界。领长官司五。北距布政司千五百八十里。

白水江箕酬长官司正德十六年十一月置。

怀德长官司府西。本却佐寨。

威信长官司府南。本母响寨。

归化长官司府西南。本夷良寨。

安静长官司府西北。本落角寨。四司,俱嘉靖五年四月改属。

乌蒙军民府元乌蒙路,后至元元年九月属四川行省。洪武十五年正月为府,属云南布政司。十六年正月改属四川布政司。十七年五月升为军民府。西有凉山。北有界堆山,与叙州府界。西南有金沙江,下流合于马湖江。南有索桥,金沙江渡处。北有罗佐关。有归化州,洪武十五年三月置,属府,寻废。东北距布政司千三百里。

乌撕军民府元乌撒路,后至元元年九月属四川行省。洪武十五年正月为府,属云南布政司。十六年正月改属四川布政司。十七年五月升为军民府。西有盘江,出府西乱山中,经府南为可渡河,入贵州毕节卫界。有可渡河巡检司。又西有赵班巡检司。又有阿赫关、邹撒二巡检司。东南有七星关。东有老鸦关,又有善欲关,皆与贵州毕节卫界。又南有倘唐驿,路出云南沾益州。东北距布政司千八百五十里。

东川军民府。元东川路,属云南行省洪武十五年正月为府。十七年五月升为军民府,改属四川布政司。二十一年六月废。二十六年五月复置。西南有马鞍山,府旧治在焉。寻移治万额山之南。又西南有绛云弄山,接云南禄劝州界,下临金沙江。又东南有牛栏江,自云南寻甸府流入,至府北合金沙江。有藤索桥,在东北牛栏江上。东北距布政司千四百里。

潼川州元潼川府,直隶四川行省。洪武九年四月降为州,以州治郪县省入,直隶布政司。北有涪江,南有中江流合焉。又西南有郪江,有盐井。西南距布政司三百里。领县七。

射洪州南。洪武十年五月省入盐亭县。十三年十一月复置。东有涪江。又东南有射江,亦曰洳江,亦曰梓潼水,自盐亭县流入,经县东南之独坐山,合于涪江。又东南有沈水,亦入涪江。有盐井。

中江州西。洪武十年五月省入州。十三年十一月复置。西南有可蒙山,铜官山,南有赖应山,私熔山俱产铜。东南有中江南有郪江,有盐井。

监亭州东,少北。北有紫金山。南有梓潼水,东有盐亭水,自剑州南境流入,亦谓之洳江。城东有盐井。

遂宁州东南。元遂宁州。明玉珍省州治小溪县入焉。洪武九年四月降州为县。东有铜盘山,又有涪江,北有郪江流入焉,谓之郪口。西有倒流溪,有盐井。

蓬溪州东南。元属遂宁州。洪武十年五月省入遂宁县。十三年十一月复置,徙治故城之西南。西有明月山,下为明月池。又有伏龙山,下有火井。北有蓬溪,下流合于涪江,有盐井。

安岳州南,洪武四年于县置普州。九年,州废。西有岳阳溪,下流合于涪江,有盐井。

乐至州南,少西。成化元年七月置,属州。正德九年改属简州。嘉靖元年四月还属。有盐井。

眉州元属嘉定路。洪武九年四月降为县,仍属嘉定州。十三年十一月复为州,直隶布政司。东有暮颐山,西面临江,下为暮颐津。南有峨眉山。东有玻璃江，即大江也。南有思濛江，西南有金流江，一名难江，下流俱入大江。东南有鱼耶镇巡检司。**北距布政司百八十里。领县三。**

彭山州北。洪武十年五月省入眉县。十三年十一月复置。东熊彭亡山，亦曰平无山，俗呼为平模山。北有天社山。南有打鼻山。东北滨大江，内江自双流县流入焉，即牧马川也，合流而南，亦曰武阳江，江中有鼓楼滩。又有赤水，亦自东北流入大江。

丹棱州西。洪武六年十二月置，属嘉定府。十年五月省入眉县。十三年十一月复置，来属。东南有青衣水，源出庐山县，流经此，下流至嘉定州入大江。

青神州南。洪武十年五月省入嘉定州。十三年十一月复还属。西有能耳山，青衣水经其下。又东有大江。东南有松柏滩。东有犁头湾巡检司。

邛州元属嘉定府路。**洪武九年四月降为县，仍属嘉定州。成化十九年二月复为州，直隶布政司。**西有古城山，产铁。又东南有铜官山，产铜。西有相台山，下有火井，又有盐井。南有邛水，自雅州流入，至新津县入大江。南有夹门关巡检司。西有火井坝巡检司，后移于州南二十五里。**东北距布政司三百里。领县二。**

大邑州北，少东。洪武十年五月省入邛县。十三年十一月复置，属嘉定州。成化十九年二月还属。西北有鹤鸣山，与崇庆州界。东有牙江，下流入邛水。

蒲江州东南。元省入州。洪武六年十二月复置，属嘉定府。成化十九年二月还属。南有蒲水，源出名山县，流经此，东入邛州界。西有双路巡检司。

嘉定州元嘉定府路。**洪武四年为府。九年四月降为州，以州治龙游县省入，直隶布政司。**东有三龟山。又有九顶山。大江在城东，亦曰通江。又西有阳江，即大渡河，自峨眉县流入，经城东乌尤山下，合于大江。又西南有青衣水，至城西双湖，与阳江合。东南有金石井巡检司，后废。**北距布政司二百六十里，领县六。**

峨眉州西。西南有峨眉山，有大峨、中峨、小峨，罗目江出焉。阳江在县南，自黎州所夷界流入，与罗目江合。又西南有中镇巡检司，后徙治大围山。又有土地关,接蛮界。

夹江州西北。西有青衣水,又有洪雅川,合焉。

洪雅州西北。元省入夹江。成化十八年五月复置。西北有青衣水。西有洪雅川。又有竹箐山巡检司。

犍为州东南。旧治玉津镇。今治惩非镇,洪武中徙此。东有大江。东北有四望溪望入焉。有四望溪口巡检司。又北有石马关巡检司。

荣州东。本荣州。洪武六年十二月置。九年四月降为县。东有荣川水,有溪关、飞水关,俱洪武间置。又有大坪隘口,成化十二年八月置。

威远州东。洪武六年十二月置,属嘉定府。十年五月省入荣县。十三年十一月复置。

泸州元属重庆路。**洪武六年直隶四川行省。九年直隶布政司。**旧治在州东茜草坝。洪武中,徙此。城西有宝山。西南有方山。大江在东,一名泸江,又名汶江,资水自州北来合焉,亦曰中江。又有泸州卫,洪武二十一年十月置于州城,成化四年四月徙于州西南之渡船铺。南有石棚镇、北有李市镇二巡检司。又有江门、水流崖、洞扫等关堡,俱成化四年四月置。又南有龙透关,崇祯间修筑。**西北距布政司千五百五十里。领县三。**

纳溪州西南。北滨大江,城西有溪水,自蕃部西南流合焉。有纳溪口巡检司。南有倒马关、石虎关,俱通云南、交址路。

江安州西,少南。北滨大江,有绵水西南流入之,谓之绵水口。又南有清溪,又有泾滩,俱流合于绵水。有板桥巡检司。

合江州东,少北。旧治在神臂山南。洪武初徙安乐山之麓,即今治也。又南有榕山,俗名容子山。北滨大江,西有之溪、北溪入焉,因谓之合江。又南有安乐溪,西北流入江安县。

雅州元属陕西行省吐蕃宣慰司。**洪武四年以州治岩道县省入,直隶布政司。**东有蔡山,一名周公山,其下有经水,一名周公水。又东南有荣水,一名长濆河,又有小溪,一名百丈河,至州界,俱合流于青衣江。北有金鸡关。东北有金沙关。**东北距布政司四百五十里。领县三。**

名山州东北。洪武十年省入州。十三年十一月复置。东北有百丈山,旁有百丈县,元属州,洪武中省。西有蒙山。南有青衣江。

荣经州西南,明玉珍省入岩道县。洪武中复置。东北有铜山。东有邛崃山,与黎州所界,上有九折坂。西有大关山,邛崃关在焉。北有长渍河,南有周公水,并流入州界。西北有紫眼关,地接西番。又有碉门砦,亦曰和川镇,元置碉门安抚司。洪武五年设碉门百户所于此,其地与天全界。

芦山州西北。元曰泸山,后省。洪武六年十二月复置,改为芦山。东有庐山,青衣水出焉。南有三江渡,其水经多功峡,下流入平羌江。西北有临关,旧曰灵关,正统初更名。有临关巡检司。又南有飞仙关。

永宁宣抚司元永宁路。洪武七年为永宁长官司。八年正月升宣抚司。天启三年废,**地属叙州府**。故城在西。洪武十五年迁于今治。东南有狮子山。西北有青山。南有永宁河,东北流经泸州境,入于大江。又东南有赤水河。东有鱼浮关,洪武四年置。领长官司二。距布政司千八百里。

九姓长官司司城西南。元九姓罗氏党蛮夷长官千户。洪武六年十二月改置。天启六年改属泸州。南有通江溪,东北会于纳溪之江门峡。西南有金鹅池。

太平长官司元大坝军民府,洪武中废。成化四年四月改置。

天全六番招讨司元六番招讨司。洪武六年十二月改置,直隶四川布政司。二十一年二月改隶都司。东有多功山。南有和水,一名始阳河,亦名多功河,流入雅州青衣江。又西番境内有可跛海,其下流合云南样备水,流入交址。又禁门关、紫石关亦俱在司西。又东有善所、张所、泥山、天全、思经、乐蒿、始阳、乐屋、在城、灵关凡十百户所。东距布政司五百五十里。

松潘卫元松州,属云南行省。洪武初,因之。十二年四月兼置松州卫。十三年八月罢卫。未几,复置卫。二十年正月罢州,改卫为松潘等处军民指挥使司,属四川都司。嘉靖四十二年罗军民司,止为卫。东有雪栏山,上有关。南有红花山。西北有甘松岭。又北有大、小分水岭。西有岷江,自陕西洮州卫流经此,亦曰潘州河。又东有涪江,出小分水岭,东南流,入小河所界。北有潘州卫,洪武中,以故潘州置。二十年省入。又西有镇夷关,永乐四年七月置。又西北有流沙关。又东有望山、雪栏、风洞、黑松林、三

舍、小关子关。南有西宁、归化、安化、新塘、北定、蒲江六关。又有平夷关，万历
十四年置。又南为镇平关。又西北有漳腊堡，洪武十一年置。领千户所一，
长官司十六，安抚司五。东南距布政司七百六十里。

小可守御千户所宣德四年正月置。北有师家山，一名文山，山麓有文
山关。南有小河，即涪水也，东流入龙安府界，有铁索桥跨其上。

占藏先结簇长官司

腊匝簇长官司

白马路簇长官司

山洞族长官司

阿昔洞簇长官司

北定簇长官司

表匝簇长官司

者多簇长官司

牟力结簇长官司

班班簇长官司

祈命簇长官司

勒都簇长官司

包藏先结簇长官司以上十三司，俱洪武十四年正月置。

阿用簇长官司宣德十年五月置。

潘干寨长官司正统五年七月置。

别思寨长官司宣德十年五月置。

八郎安抚司永乐十五年二月置。

麻儿匝安抚司宣德二年三月，以阿乐地置。

阿角寨安抚司

芒儿者安抚司二司，俱正统五年七月置。

思曩日安抚司正统十一年七月置。

叠溪守御军民千户所本叠溪右千户所，洪武十一年以古翼州
置，属茂州卫。二十五年改置，直隶都司。南有排栅山。西有汶江，南有
黑水流合焉，谓之翼水。又南有南桥、中桥、彻底三关，北有永镇桥关、镇平关，

西有叠溪桥关,东有小关,俱洪武十一年置。**领长官司二。东南距布政司**
五百八十里。

叠溪长官司所城北。

郁即长官司所城西。俱永乐元年正月置。

黎州守御军民千户所　本黎州长官司,洪武九年七月置。十一
年六月升安抚司,直隶布政司。万历二十四年降为千户所,直隶都
司。东北有圣钟山,下有黎州,元属陕西行省吐蕃宣慰司。洪武五年省州治汉
源县入州。永乐后废。西北有飞越山,两面皆接生羌界。西南有大田山,东麓
为大田坝,万历二十四年立黎州土千户所于此。又东有冲天山。南有避瘴山。
西北又有笋箕山。南有大渡河,即古若水。洪武十五年六月置大渡河守御千户
所,后徙司城西北隅。又西南有汉水,源出飞越山之仙人洞,亦曰流沙河,下流
至试剑山,入大渡河。河南即清溪关,与建昌行都司界。西有黑崖关,洪武十六
年置。又有椒子关,路通长河西等处。**东北距布政司六百九十里。**

平茶洞长官司元溶江、芝子、平茶等处长官司。洪武八年正月置,
属酉阳宣抚司。十七年直隶布政司。西有百岁山。哨溪出于其东,满溪
出于其西,合流入买赛河。**北距布政司千六百七十里。**

溶溪芝麻子坪长官司元溶江、芝子、平茶等处长官司。洪武八年改
置,属湖广思南宣慰司。十七年五月直隶四川布政司。

安宁宣抚司　成化十三年二月置,领长官司二。

怀远长官司

宣化长官司

俱成化十三年二月,与宣抚司同置。

酉阳宣慰司元酉阳州,属怀德府。明玉珍改沿边溪洞军民宣慰司。洪
武五年四月仍置酉阳州,兼置酉阳宣慰司,州寻废。八年正月改宣
慰司为宣抚司,属四川都司。永乐十六年改属重庆卫。
天启元年升为宣慰司。东南有酉水,流合平茶水,至湖广长州府合流
于江,有宁俊江巡检司。**西北距重庆府四百九十里。领长官司三。**

石耶洞长官司司东南。元石耶军民府。洪武八年正月改为长官司。

邑梅洞长官司司南。元佛乡洞长官司。明玉珍改邑梅沿边溪洞军民

府。洪武八年正月改置。北有凯歌河，一名买赛河，自贵州平头著可司流入，东入酉阳司界。

麻兔洞长官司洪武八年正月置。

石砫宣慰司元石砫军民宣抚司。明玉珍改安抚司。洪武八年正月为宣抚司，属重庆卫。嘉靖四十二年改属夔州卫。天启元年升为宣慰司。东有石砫山。又有三江溪，即葫芦溪之上流也。西南距夔州府七百五十里。

四川行都指挥使司元罗罗蒙庆等处宣慰司，治建昌路，属云南行省。洪武十五年罗宣慰司。二十七年九月置四川行都指挥使司治建昌卫。领卫五，所八，长官司四。东北距布政司千四百八十里。

建昌卫军民指挥使司元建昌路，属罗罗蒙庆宣慰司。洪武十五年正月为府，属云南布政司，兼置卫，属云南都司。十月，卫府俱改属四川。二十五年六月，府废，升卫为军民指挥使司。二十七年九月来属。领守御千户所四，长官司三。南有泸水，流入金沙江。又北有长河，南有怀远河，西南有宁远河，下流俱合于泸水。又东有建安州、永宁州，又东有里州，东南有阔州，西南有泸州、隆州，元俱属建昌路，洪武十五年三月俱属建昌府。东有北社县，元属永宁州，洪武十五年三月因之，寻改为碧舍县。又西有德州，元属德昌路，洪武十五年三月属德昌府。二十七年后，府州县俱废。又有建昌前卫指挥使司，洪武二十七年六月置，与建昌军民卫同城，九月属四川行都司，万历三年省。又东有建昌土卫，洪武十五年置，万历后废。北有泸沽巡检司，即故泸沽县也。又南有麻刺巡检司。又西南有打冲河、东南有白水、东有龙溪三巡检司，后废。又东北有老君关，有太平关。东南有甸沙关。又有金川堡。

守御礼州后千户所

守御礼州中中千户所卫北。元礼州，属建昌路。洪武十五年三月属建昌府，兼置二守御所，属卫。二十七年后，州废。北有泸沽县，元属礼州，洪武十五年三月因之，亦二十七年后废。

守御打冲河中前千户所卫西。洪武二十七年二月置。西有打冲河，蛮名黑惠江，一名纳夷江，源出吐蕃，下流入金沙江。东北有水碴关。南有天星碴。

守御德昌千户所卫南。洪武十五年置。南有德昌路,元属罗罗蒙庆宣慰司。洪武十五年三月为府,属云南布政司,十月改属四川布政司,二十七年后废。

昌州长官司卫南。元属德昌路。洪武十五年三月属德昌府。永乐二年七月改置。

威龙长官司卫东南。元威龙州,属德昌路。洪武十五年三月以“龙”为“隆”,属德昌府。永乐二年七月改置。

普济长官司卫西南。元普济州,属德昌路。洪武十五年三月属德昌府。永乐二年七月改置。

宁番卫军民指挥使司元苏州,属建昌路。洪武十五年三月属建昌府。二十一年十月兼置苏州卫,属四川都司。二十五年六月,州废,升卫为军民指挥使司。二十六年三月更名,属四川都司。二十七年九月来属。南有南山,产铜。东有长河,亦名白沙江,南流会于泸水。又有中县,元属建昌路。洪武十五年三月改属永宁州。十七年改属苏州,后废。又有沙陀关、罗罗关、九盘关。南有乌角关。北有北山关。又西有定番堡,万历十五年置。南距行都司百九十里。领千户所一。

守御冕山桥后千户所卫东。正统七年以冕山堡置。东有东河,与泸沽河合,下流入金沙江。北有冕山关。

越嶲卫军民指挥使司　洪武二十五年七月置,属四川都司。二十七年九月来属。西有阿露山,亦曰大雪山。北有大渡河,与黎州界。又有鱼洞河,南有罗罗河,合流入大渡河。又北有青冈关,有海棠关,有暱经关。南有小相公岭关。西北有刺伯关。南距行都司百九十里。领千户所一,长官司一。

镇西后千户所卫北。弘治中置。

邛部长官司卫东。元邛部州,属建昌路。洪武十五年三月属建昌府,二十七年四月升军民府,后仍为州,属越嶲卫。永乐元年五月改为长官司。东有平夷、归化二堡,万历十五年开部夷地增置。

盐井卫军民指挥使司元柏兴府,治闰盐县,属罗罗蒙庆宣慰司。洪武十五年三月属云南布政司。二十四年二月降为州,省闰盐县入焉。二十六年六月,州废,置卫,属四川都司。二十七年九月来属。

南有柏林山。西有斛奭和山，产金。又西有铁石山，出砮石。东北有打冲河，上有索桥。西有双桥河，东有越溪河，俱流入打冲河。又治东有盐井。北有金县，元属柏兴府，洪武十五年三月因之，十七年后废。又东有双桥关。西有古德关。东南距行都司三百里。领千户所一，长官司一。

打冲河守御中左千户所卫东北。洪武二十五年置。

马刺长官司卫南。永乐初置。

会川卫军民指挥使司　本会川守御千户所，洪武十五年置，属建昌卫。二十五年六月升军民千户所。十一月升会川卫军民指挥使司，属四川都司。二十七年九月来属。东南有土田山，产石碌，有葛坫山，产石青。东有密勒山，产银矿。西南有金沙江，自云南武定府流入界。又西有泸水，南入焉。南有泸沽河，亦流入焉。又南有搭甲渡巡检司。东南有泸津关。南有迷郎关，又有松坪关。西有永昌关，有大龙关。北有甸沙关，接建昌卫界。有会川路，元属罗罗蒙庆宣慰司。洪武十五年三月为府，属云南布政司。十月改属四川布政司。二十六年四月，府废。坠其城。二十七年四月复置府，后复废。又西有永昌州，南有武安州，又有黎汉州，元俱属会川路，洪武十五年三月俱属会川府，十月俱改为县，二十四年二月复为州。东南有姜州，元属建昌路，又有会理州，元属会川路，洪武十五年三月俱改东川府。北有麻龙州，元属会川路，洪武十五年三月改属东川府。又有麻龙县，洪武十七年改属麻龙州。二十七年后，府州县俱废。西北距行都司五百里。领千户所一。

守御迷易千户所卫西北。洪武二十五年闰十二月置。

江西　禹贡扬州之域。元置江西等处行中书省。治龙兴路。太祖壬寅年正月因之。正月治吉安府。二月还治洪都。洪武三年十二月置江西都卫。与行中书省同治。八年十月改都卫为都指挥使司。九年六月改行中书省为承宣布政使司。领府十三，州一，县七十七。为里九千九百五十六有奇。北至九江，与江南、湖广界。东至玉山，与浙江界。南至安远，与福建、广东界。西至永宁，与湖广界。距南京一千五百二十里，京师四千一百七十五里。洪武二十六年编户一百五十五万三千九百二十三，口八百九十八万二千四百八十二。弘治四年，户一百三十六万三千六百二十九，口六百五十四万九千八百。万历六年，户一百三十四万一千五，口五百八十五万九千二十六。

南昌府元龙兴路，属江西行省。太祖壬寅年正月为洪都府。癸卯年八月改南昌府。领州一，县七。

南昌倚。洪武十一年建豫王府。二十五年改为代王，迁山西大同。永乐初，宁王府自大宁卫迁此，正德十四年除。故城在东。今城，明太祖壬寅年改筑。东湖在城东南隅。西有赣江，自丰城县流入，东北入鄱阳湖，出湖口县，入大江，亦曰漳江。又东南有武阳水，上源自南丰县盱江，北流经此，又东北入宫亭湖。南有市汊安检司。

新建倚。西有西山，跨南昌、新建、奉新、建昌四县之境。北有吴城山，临赣江。东有鄱阳湖。即彭蠡也，俗谓之东鄱湖；其西与宫亭湖相接，谓之西鄱湖。西南有筠水，一名蜀江，自高巡县流入，合于漳江。东北有赵家围、西有乌山、北有吴城、西北有昌邑四巡检司。

丰城府南，少西。元富州。洪武九年十二月改为丰城县。南有罗山，富水所出。又有杯山，丰水所出。西南有章江，丰水自南，富水自东南，俱流入焉。又东有云韶水，自抚州流入，亦入于章江。南有沛源、西南有江浒口二巡检司。又有河湖巡检司，废。又北有港口巡检司，治大江口，后迁县东北小江口，废。

进贤府东南。西南有金山，产金。北有三扬水，又有军山湖，又北有日月湖，下流俱入于鄱阳湖。东有润陂、东北有邬子寨、北有龙山、东南有花围四巡检司。

奉新府西。西有百丈山，冯水所出，下流入于章江。又西有华林山，华林水出焉。又西北有药王山，龙溪水出焉。二水合流，注于冯水。西有罗坊巡检司。又有白沙巡检司，废。

靖安府西北。西有毛竹山，接宁州界，双溪水出焉，下流入于冯水。北有桃源山，桃源水所出，流与双溪水合。又西北有长溪，源出名山，下流入于修水。

武宁府西北。西有太平山。西北有九宫山。南有修水。

宁州府西。元分宁县，为宁州治。洪武初，改县为宁县，省州入焉。弘治十六年，升县为州。西有幕阜山，修水发源于此，下流入鄱阳湖。又东有鹤源水，源发九宫山，下流合修水。西有杉市巡检司，后迁于崇乡北村。南有定江、又有八叠岭二巡检司，废。东南距府三百六十里。

瑞州府_{元瑞州路},属江西行省。洪武二年为府。领县三。东北距布政司二百里。

高安_倚。北有米山。西北有华林山。又北有蜀江,自上高县流入,东流汇于南昌之象牙潭而入章江,一名锦水。此别一蜀江,非出岷山之大江也。又南有曲水,亦东入章江。南有阴冈岭、又有洪武城二巡检司,废。

上高_{府西南}。南有蒙山,旧产银铅。西有天岭。又西有蜀江,自万载县流入,至县西北凌江口合新昌县之盐溪水。又有斜口水,源出蒙山,至县西亦流入焉。西有离娄桥、又有麻塘二巡检司。

新昌_{府西}。元新昌州。洪武初,降为县。西有盐溪水,一名若耶溪,南流至上高县入于蜀江。又北有藤江,下流与盐溪水合。西有黄冈洞、北有大姑岭二巡检司。

九江府_{元江州路}。属江西行省。太祖辛丑年为九江府。领县五。南距布政司三百里。

德化_倚。南有庐山,亦曰匡庐。东南有鄱阳湖,湖中有大孤山。县北滨大江,亦曰浔阳江,北岸为湖广黄梅县,南岸经湖口、彭泽二县,而入南直东流县境。江中有桑落州,与南直宿松县界。又西有湓浦,自瑞昌县流入,经城西,注于大江,所谓湓口也。又东南有女儿浦,源出庐山,东北入鄱阳湖。西有城子镇巡检司。又东有南湖咀、西有龙开河二巡检司。后废。

德安_{府西南}。南有博阳山,古文以为敷浅原,博阳川出焉,东南流入鄱阳湖。东北有谷帘水,源出庐山,下流亦入鄱阳湖。

瑞昌_{府西}。西有清湓山,湓水出焉。北有大江,北岸兴湖广济县分界。

湖口_{府东}。北滨大江。南有上石钟山。北有下石钟山。又南有青山,在鄱阳湖中。西南即鄱阳湖,汇章、贡群川之水,由此入江。南有湖口镇巡检司,后迁上石钟山。西北有茭石矶镇巡检司,后迁于黄茅潭。

彭泽_{府东,少北}。滨大江。北有小孤山在江中,江滨有彭浪矶,与小孤对。东北有马当山,横枕大江。有马当镇巡检司。西南有峰山、矶镇二巡检司

南康府_{元南康路},属江西行省。太祖辛丑年八月为西宁府。壬寅

年四月改曰南康府。领县四。南距布政司三百里。

星子倚。西北有庐山。北有鞵山，在鄱阳湖中。湖东为宫亭湖，西北为落星湖。又西有谷帘水，下流入鄱阳湖。东有长岭巡检司，后迁县南渚溪镇，又迁县东北青山镇，仍故名。

都昌府东。西南有石壁山，临章江。东南为鄱阳湖，北有后港河，合诸水入焉。西北有左蠡巡检司，滨湖。东南有柴棚巡检司，在湖中。

建昌府西南。元建昌州。洪武初，降为县。西南有长山，南有修水，自宁州流入，亦谓之西河。东有芦潭巡检司。

安义府西南。正德十三年二月析建昌县安义等五乡置。东有阳新迳水，南有龙江水，俱流合于修水。

饶州府元饶州路，属江浙行省。太祖辛丑年八月鄱阳府，隶江南行省。寻曰饶州府，来隶。领县七。西南距布政司二百四十里。

鄱阳倚。正统元年，淮王府自广东韶州府迁此。西北有鄱阳山，在鄱阳湖中。湖长三百里，阔四十里，互南康、饶州、南昌、九江四府之境。南有鄱江，源出南直婺源县及祁门县，下流会于城东。又西则广信上饶江来合焉，环城西北出，复分为二，俱入鄱阳湖，亦名双港水。又东有东湖，一名督军湖，流入鄱江。西北有棠阴巡检司，迁于双港口。北有石门镇巡检司。又东北有大阳埠。西有八字脑。

余干府南。元饶干州。洪武初，降为县。西北有康郎山，滨鄱阳湖南涯，因名其水曰康郎湖。又西有族亭湖。又南有余水，亦曰三余水。又南有龙窟河，合于余水，下入鄱江。有康山巡检司，旧在康郎山上，后迁黄埠。西有瑞虹镇，在鄱阳湖滨。

乐平府东。元乐平州。洪武初，降为县。东北有凤游山。南有乐安江，即鄱江之上流也。北有八涧镇巡检司。南有仙鹤镇巡检司，后迁万年县之荷溪镇。

浮梁府东。元浮梁州。洪武初，降为县。南有昌江，南直祁门县之水俱流汇焉，鄱江之别源也。西北有桃树镇巡检司，后迁县东北勒上市。西南有景德镇，宣德初，置御器厂于此。

德兴府东。东有银山，旧产银。北有铜山，山麓有胆泉，浸铁可以成铜。

西南有建节水,自弋阳县流入。北有大溪,自南直婺源县流入。下流俱合于乐安江。东有白沙巡检司。西南有永泰巡检司,废。

　　安仁府南,少东。南有锦江,亦名安仁港,自贵溪县流入,西北有余干境,为龙窟河。又东有白塔河,流合于锦江。南有白塔、东有田南二巡检司,后废。

　　万年府东南。正德七年以余干县之万春乡置,析鄱阳、乐平及贵溪三县地益之。北有万年山。东有桃源洞,桃源水出焉,经县西南,下流为余水。东北有荷溪镇、北有石头街二巡检司,后俱废。

　　广信府元信州路,属江浙行省。太祖庚子年五月为广信府。领县七。西北距布政司六百三十里。

　　上饶倚。西北有灵山,旧产水晶。南有丁溪山,产铁。又南有铜山。北有上饶江,自玉山县流入,经城北,下流至鄱阳县合于鄱江。又西有楮溪,源出灵山,亦曰灵溪,流入上饶江。南有八坊场、东北有郑家坊二巡检司。

　　玉山府东。有三清山。又有怀玉山,玉溪出焉,分二流,东入浙,西为上饶江。东南有柳都寨巡检司。

　　弋阳府西。南有军阳山,旧产银。东有弋阳江,即上饶江下流也,又有弋溪流合焉。又有葛溪,源出上饶县灵山,下流入鄱江。又有信义港,自福建邵武流入,合于葛溪。

　　贵溪府西。西南有象山,又有龙虎山,上清宫在焉。其南为仙岩。又南有芗溪,亦名贵溪,上流即上饶江也。又有须溪,自福建光泽县流入,来合焉。南有管界寨巡检司。西有神前街巡检司,本神峰寨,在县北。后迁潭溪,更名。

　　铅山府南。元铅山州,直隶江浙行省,治在八树岭之南。洪武初,降为县,迁于今治。西南有铜宝山,涌泉浸铁,可以为铜。又有铅山,产铅铜及青绿。北有鹅湖山。南有分水岭,与福建崇安县界,上有分水关巡检司。又有紫溪岭,紫溪水出焉。北有上饶江,至汭口,兴紫溪、桐木、黄诸水合流,入弋阳县界,谓之铅山河口。又东北有石溪,亦流合上饶江。西南有石佛寨巡检司,后迁善政乡湖坊街。又西有驻泊巡检司,治汭口镇,废。

　　永丰府南。东南有平洋山,旧产银矿。南有永丰溪,源出福建浦城县界,下流至上饶县界合玉溪。又东有永平溪,西会杉溪及诸溪谷之水,注于永丰溪。东有柘阳寨巡检司。又有杉溪寨巡检司,废。

兴安府西。嘉靖三十九年八月以弋阳县之横峰寨置,析上饶、贵溪二县地益之。县南有宋溪,源并出灵山,下流入上饶江。东有丫岩寨巡检司,后废。

建昌府元建昌路,属江西行省。太祖壬寅年正月为肇庆府,寻曰建昌府。领县五。西北距布政司四百里。

南城倚。永乐二十二年建荆王府。正统十年迁于湖广蕲州。成化二十三年建益王府。西南有麻姑山。东有盱江,一名建昌江,自南丰县流入,下流入金溪县。东有蓝田、北有伏牛二巡检司。又南有会潭、北有岳口二巡检司,废。又东南有杉关,接福建光泽县界。

南丰府南,少西。元南丰州,直隶江西行省。洪武初,降为县。南有军山。又东南有百丈岭,兴福建宁县分界。又有盱水。东南有龙池巡检司,本黄沙源坪,在县西南,后迁县南双港口,又迁县东南百丈岭,又迁刊都,寻又迁于此,更名。又南有太平、北有仙君二巡检司,废。

新城府东南。西有福山,黎水出焉,经县西,下流会于盱江。又东有飞猿岭,飞猿水出焉,下流至南城县入于盱江。又有五福港,源出杉关,流兴飞猿水合。东南有极高巡检司,迁水口村,后迁县南德胜关,又迁县东洵口,仍故名。西南有同安巡检司,后迁县西樟村,寻复。

广昌府西南。西北有金嶂山。西南有梅岭。又南有血木岭,盱水出焉,经城南,流入南丰县。西南有秀岭、南有泉镇二巡检司。

泸溪府东南。本南城县泸溪巡检司,万历六年十二月改为县。东有泸溪,源出福建崇安县之五凤山,流至县,又北入于安仁港。

抚州府元抚州路,属江西行省。太祖壬寅正月为临川府,寻曰抚州府。领县六。北距布政司二百四十里。

临川倚。南有灵谷山。西有铜山,旧产铜。城东有汝水,上源接盱江,自金溪县流入,东合于章江。又西有临水,源出崇仁县,流合汝水。北有温家圳、南有青泥、西有清远三巡检司。又有白竿巡检司,后废。

崇仁府西。南有巴山,一名临川山,临水出焉,亦曰巴水。又南有华盖山,西宁水出焉,下流俱合于汝水。又西南有宝唐山,宝唐水出其下,北合县境诸溪,入于临水。东有周坊巡检司。又西北有丁坊、南有河亭二巡检司,废。

金溪府东南。东有金窟山,旧产金。又有云林山,跨抚、信、建昌三府境。又有崖山,接贵溪县界。南有福水,即盱水下流也,自南城县流入,北合清江水,又北合石门港水。又北流为苦竹水,又西流为临川县之汝水。

宜黄府西南。东有宜黄水,下流入汝。南有止马寺巡检司。又有上胜巡检司,废。

乐安府西南。西北有大盘山,与新淦、永丰二县界,宝唐水出焉,下流合于临水。东有芙蓉山,鳌溪水出焉。下流合于赣水。北有龙义、又有望仙二巡检司。又西北有南平巡检司,后废。

东乡府东。正德七年八月以临川县之孝冈置,析金奚、进贤、余干、安仁四县地益之。西南有汝水。东北有横山、西北有古炽二巡检司,后废。

吉安府元吉安路,属江西行省。**太祖壬寅年为府。领县九。东北距布政司五百九十里。**

庐陵倚。北有螺山,南有神冈山,两山相望,赣江经其下。又北经城东,又北经虎口石,流入峡江县,为清江。南有富田、西有井冈、西南有敖城三巡检司。

泰和府南,少西。元太和州。洪武二年正月改为泰和县。东有王山,亦名匡山。赣江在城南,自万安县流入,经县西之牛吼石,而东北入庐陵县界。又南有云亭江,一名绘水,源出兴国县,北流至珠林口注于赣江。西有旱禾市、东北有花石潭、东南有三顾山三巡检司。

吉水府东北。元吉水州。洪武二年正月降为县。东有东山。北有王岭。又东北有吉文水,赣水之支流。北有白沙巡检司,迁县西北三曲滩,仍故名。

永丰府东。东有郭山。南有石空岭,又有恩江,下流入于赣江。东南有层山、南有沙溪,又有表湖三巡检司。又东北有视田巡检司,后废。

安福府西,少北。元安福州。洪武二年正月降为县。西有庐萧山,庐水出焉。经城北,东流与王江合,又东合禾水,至庐陵县神冈山下入于赣江。南有黄茆巡检司,治黄陂寨,后迁县西时耆镇,西有罗塘巡检司,治洋泽,后迁江背,俱仍故名。

龙泉府西南。东南有钱塘山。西有石含山。南有遂水,东流入赣江。西北有北乡巡检司。西南有禾源巡检司,后迁县西左安司,仍故名。西有秀洲巡检司,本金田,在县北',后迁治,更名。

　　万安府南。东有蕉源山,产铁。城西有赣江,江之滩三百里,在县境者十八滩,皇恐为最险。又南有皁口江,自赣县北注于赣江。有造口巡检司,在县西南。又东北有滩头巡检司。又东南有西平山巡检司,废。

　　永新府西南。元永新州。洪武二年正月降为县。东南有义山。西有秋山,一名禾山,禾水出焉,一名永新江,下流至泰和县入于赣江。东南有上坪寨、西北有粟传寨、又有禾山寨、又有新安寨四巡检司。

　　永宁府西南。北有七溪岭。西有浆山水,源自湖广茶陵州界,流经县南,合于永新县之禾江。西有升乡寨巡检司。西南有眢头寨巡检司,寻废。

　　临江府元临江路,属江西行省。太祖癸卯年为府。领县四。东北距布政司二百七十里。

　　清江倚。东有阁皁山,互二百余里。南有赣江,一名清江,有清江镇巡检司。又有袁江,自新喻县流入,至县南合焉。西有萧水,南有淦水,至县东清江镇,亦俱合于赣江。西南有太平市巡检司,废。

　　新淦府南。元新淦州。洪武初,降为县。西北有离岭,淦水出焉。又西有清江,又南有象江,有泥江,俱流入于清江。东有枉山巡检司,后迁蓝桥,寻复。

　　新喻府西。元新喻州,洪武初,降为县。西有铜山,旧产铜。北有蒙山。南有渝水,即袁江,颖江水北流入焉。北有水北墟巡检司。

　　峡江府南。本新淦县之峡江巡检司,嘉靖五年四月改为县,析新淦县六乡地益之。南有玉笥山,又有赣江,亦名峡江,有黄金水流合焉。

　　袁州府元袁州路,属江西行省。太祖庚子年为府。领县四。东北距布政司三百九十里。

　　宜春倚。南有蟠龙山,又有仰山。又秀江在城北,源出萍乡县,流经府西,亦曰稠江,即袁江之上源也。西有黄圃、南有洞富岭二巡检司。

　　分宜府东。东有钟山峡。西有昌山峡。秀江经两峡中,入新喻县境,为渝水。

萍乡府西。元萍乡州。洪武初，降为县。东有罗霄山，罗霄水出焉，分二派。东流者为庐溪水，下流为秀江，入宜春县界。西流者入湖广醴陵县界，合渌水。又西有萍川水，亦曰杨岐水，西流经县南，下流合渌水。北有安乐镇、东南有大安里二巡检司。又西有草市巡检司，后迁于插岭关，仍故名。又西有湘东市。东有庐溪镇。

万载府北。北有龙江，下流即瑞州府之蜀江。东北有康乐水入焉。西有铁山界巡检司。又有高村镇巡检司，寻废。

赣州府元赣州路，属江西行省。太祖乙巳年为府。领县二十。西北距布政司一千一百八十里。

赣倚。南有崆峒山，章、贡二水夹山左右，经城之东西。贡水一名东江，自福建长汀县流入府界。章水一名西江，自湖广宜章县流入府界。至城北，合流为赣江。北有桂源巡检司，后迁攸镇。东北有磨刀寨巡检司，后迁石院铺。南有长洛巡检司，后迁县西黄金镇。俱仍故名。

雩都府东。东北有高沙宝山。又北有雩山，雩水出焉，合宁都、会昌诸水，绕城而西，至赣县，合于贡水。东北有平头寨巡检司，又有印山，有青塘二巡检司、后废。。

信丰府东南。东有桃江，自龙南县流入，经县北，为信丰江，下流入于贡水。东南有新田巡检司。西有桃枝墟，又有黄田、覃塘，又东有新设四巡检司。后废。

兴国府东北。北有覆笥山。东北有潋江，西南流，合雩水入贡江。东有衣锦乡、东北有回龙寨二巡检司。

会昌府东，少南。元会昌州。洪武初，降为县。南有四望山，下有羊角水隘。北有湘洪水，即贡水，西北流，会雩水。南有湘乡寨、北有承乡镇二巡检司。又西有河口巡检司，后废。

安远府南。元属宁都州。洪武初，改属府。西有安远水，亦曰廉水，流入会昌县之贡。又南有三百坑水，下流入广东龙川县。西北有板口巡检司。

宁都府东北。元宁都州。洪武初，降为县。西北有金精山。北有梅岭。南有宁都水，与散水、筽篖，曲阳、黄沙、长乐五水合，又东北有虔化水，下流俱入于雩水。又有梅川水，出梅岭，下流亦经雩都县入贡水。东南有下河寨巡检司。

瑞金府东。元属会昌州。洪武初,改属府。东北有陈石山,绵江出焉,流至县南入贡水,又西入会昌县,为湘洪水。西北有瑞林、东北有湖陂二巡检司。东南有古城镇,路出福建长汀县。

龙南府南。元属宁都州。洪武初,改属府。西南有冬桃山,桃水出焉,东北流会诸水,至县北宫山下,与渥、濂二水合为三江口,又北流为信丰县之桃江。有冬桃隘,崇祯初,移定南县下历巡检司驻焉。

石城府东北。元元贞元年十一月属宁都州。洪武初,改属府。北有牙梳山。东有霸水,西南合虔化水,入贡江。北有捉杀寨巡检司,后迁县西赤江市,仍故名。

定南府东南。隆庆三年三月以龙南县之莲莆镇置,析安远、信丰二县地益之。西北有程岭,又南有神仙岭。东有指挥峰。东北有九洲河,下流会于信丰县之桃江。东北有下历巡检司,后迁高砂莲塘,又迁龙南县冬桃隘。

长宁府东南。万历四年三月以安远县之马蹄冈置,析会昌县地益之。东南有顶山,又南有大帽山,俱接闽、广境。又东有寻邬水,流入广东龙川县界。西北有黄乡巡检司。南有新坪巡检司,本大墩,后更名。北有双挢、南有丹竹楼二巡检司,后废。

南安府 元南安路,属江西行省。太祖乙巳年为府。领县四。东北距布政司一千五百二十里。

大庾倚。西南有大庾岭,五岭之一,亦名梅岭,上有关曰梅关。又有章江,亦曰南江,亦曰横江,下流兴贡水合。西有郁林镇巡检司,治晶都村,后迁浮江隘,又迁黄泥港,东北有赤石岭巡检司,治峰山里,后迁小溪城,又迁峰山新城,后迁峰山水西村,俱仍故名。又县南有水南城,与府城隔江对峙,嘉靖四十年筑。西北有新田城。又北有凤凰城,又西有杨梅城,俱嘉靖四十四年筑。又东有九所城,亦嘉靖四十四年筑。

南康府东北。西北有禽山,禽水出焉,东流至南野口入于章江。北有羊岭山。南有芙蓉江,即章江。东北有潭口镇、北有相安镇二巡检司。

上犹府东北。元永清县。洪武初,更名。西有书山,一名太傅山。东有大犹山,犹水出焉,下流至南康县,入于章江。西有浮龙巡检司,后迁太傅村,仍故名。

　　崇义府北。正德十四年三月以上犹县之崇义里置，析大庚、南康二县地益之。西南有聂都山。西有桶冈。又有章江，自湖广宜章县流入，又有横水，经县南，又西南有左溪，下流俱合章江。西北有上保巡检司，本过步，后迁治，更名。西南有铅厂巡检司，本在铅山，后迁聂都，东南有长龙巡检司，本治隆平里，后迁县北东尚德里江头，俱仍故名。

明史卷四四

志第二〇

地理五

湖广　浙江

　　湖广　《禹贡》荆、扬、梁、豫四州之域。元置湖广等处行中书省，治武昌路。又分置湖南道宣慰司。治天临路属焉。又以襄阳等三路属河南江北等处行中书省，又分置荆湖北道宣慰司治中兴路并属焉。太祖甲辰年二月平陈理，置湖广等处行中书省。洪武三年十二月置武昌都卫。与行中书省同治。八年十月改都卫为湖广都指挥使司。九年六月改行中书省为承宣布政使司。领府十五，直隶州二，属州十七，县一百有八，宣慰司二，宣抚司四，安抚司五，长官司二十一，蛮夷长官司五。为里三千四百八十有奇。北至均州，与河南、陕西界。南至九疑，与广东、广西界。东至蕲州，与江南、江西界。西至施州，与四川、贵州界。距南京一千七百一十五里，京师五千一百七十里。洪武二十六年编户七十七万五千八百五十一，口四百七十万二千六百六十。弘治四年，户五十万四千八百七十，口三百七十八万一千七百一十四。万历六年，户五十四万一千三百一十，口四百三十九万八千七百八十五。

　　武昌府元武昌路，属湖广行省。太祖甲辰年二月为府。领州一，县九。

江夏倚。洪武三年四月建楚王府于城内黄龙山。东有黄鹄山，下为黄鹄矶，临大江。又南有金水，一名涂水，西流至金口入江，有金口镇巡检司。又北有浒黄洲、西南有鲇鱼口镇二巡检司。

武昌府东。西有樊山，一名西山，产银铜铁及紫石英。南有神人山，其下为白鹿矶。西有西塞山，兴大冶县界。北滨江，中有芦洲，亦曰罗洲。又西南有樊港，一名樊溪，又名袁溪，汇县南湖泽凡九十九，北入大江，曰樊口。又东有南湖，一名五丈湖，通大江。东有金子矶镇、又有赤土矶镇、西南有白湖镇三巡检司。南有金牛镇、西有三江口镇二巡检司，后废。

嘉鱼府西南。西有赤壁山，兴江夏县界。北岸对乌林。西北滨大江，有陆水流入焉，曰陆口，亦曰蒲圻口。东北有排洲镇、西南有石头口镇二巡检司。

蒲圻府西南。西有蒲首山。南有蒲圻河，即陆水也。又西有蒲圻湖。西南有新店等湖，下流至嘉鱼县之石头口，注于大江。西南有羊楼巡检司。

咸宁府东南。陈友谅时徙治河北。洪武中复还故城，即今治也。西有淦水，即金水之别名。

崇阳府南。西有岩头山。西南有龙泉山。东北有壶头山，下有壶头港，亦曰崇阳港，汇群川西合陆水，又名隽水。

通城府西南。南有锡山，旧产银锡。北有陆水，自巴陵县流入。

兴国州元兴国路，属湖广行省。太祖甲辰年二月为府。洪武九年四月降为州，以州治永兴县省入，来属。北有银山，西有黄姑山，旧俱产银。南有太平山，与九宫山接。东有大坡山，产茶。东北有大江。东有富池湖，亦曰富水，北流注于江，有富池镇巡检司。又东北有黄颡口镇巡检司。西北距府三百八十里。领县二。

太冶州西北。北有铁山，又有白雉山，出铜矿。又东有围炉山，出铁。又西南有铜绿山，旧产铜。大江在北。有道士洑巡检司。

通山州西，少南。东南有九宫山，宝石河出焉，下流合于富水。东有黄泥垅巡检司。

汉阳府元属湖广行省。洪武九年四月降为州，属武昌府。十三年五月复为府,属湖广布政司,寻属河南。二十四年六月还湖广。领县二。西北距布政司,隔江仅七里。

汉阳倚。洪武九年四月省。十三年五月复置。大别山在城东北,一名翼际山,又名鲁山。汉水自汉川县流入,旧迳山南襄河口入江。成化初,于县西郭师口之上决,而东从山北注于大江,即今之汉口也,有汉口巡检司。大江自巴陵县西北接洞庭之水,流入府境,至此与汉水会。又西南有沔水,即汉水支流也,仍合汉入江。又有沌水,大江支流也,自沔阳州流入,仍入大江,谓之沌口,有沌口巡检司。又有弇水,在大江南岸,至弇口入江。又北有溾水,亦汉水支流也,有沦水流合焉,下流注于大江。又西有太白湖,江北诸水多汇焉。西有蔡店镇、西南有新滩镇二巡检司。又西南有百人矶镇巡检司,后迁于东江脑。

汉川府西,少北。元属汉阳路。洪武九年四月改属武昌府。十三年五月还属。南有小别山,一名甑山,又有阳台山。西南有汉水。东有涢水,自云梦县来,南入汉,谓之涢口。北有刘家堨巡检司。

黄州府元黄州路,属河南江北行省。太祖甲辰年为府,属湖广行省。九年属湖广布政司,寻改属河南。二十四年六月还属湖广。领州一,县八。西南距布政司百八十里。

黄冈倚。南有故城。洪武初,徙于今治。南滨大江,西北岸有赤鼻矶,非嘉鱼之赤壁。西有三江口,其上流水分三派,至此合流。中有新生洲,又有峥嵘洲。东有巴河,西有举水,俱入于江。江滨西有阳逻镇、北有团风镇、又西北有中和镇三巡检司。又有鹿城关,有大活关。又东北有阴山关。

麻城府北。东有龟峰山,举水出焉,流入黄冈县。东南有长河,又南有县前河流入焉,下流注于江西。有双城镇、鹅笼镇,东北有虎头关巡检司。又西北有木陵关,在木陵山上。东北有阴山关,在阴山上。又北有黄土关,与木陵、虎头、白沙、大城为五关。又西有岐亭镇,嘉靖五年筑城。

黄陂府西。东南滨大江,有武湖自西来,入于江,曰武口,又曰沙武口,亦曰沙洑口。又西有溾水,自汉阳流入江,曰溾口。北有大城潭镇巡检司。又北有白沙关,即麻城五关之一也。

黄安府西北。嘉靖四十二年以麻城县之姜畈置,析黄冈、黄陂二县地益之。东有三角山,接蕲水、罗田、蕲州界。又有东流河,下流出团风口入江。西有西河，又有双河，合流出潨口，入汉。又北有双山关巡检司。西北有金扁关，亦曰金山关，与河南罗山县界。

蕲水府东，少南。元属蕲州路。洪武九年四月属蕲州。十一年十月改属府。西南滨大江。南有浠水，源出英山县，流经县境西南入江。又东有兰溪，东南流入浠水。又北有巴水，源出县之板石山，流入黄冈县界。有兰溪镇、巴河镇二巡检司。

罗田府东北。元属蕲州路。洪武九年四月属州。十一年十月改属府。东南有浠水。西北有平湖水。南有官渡河，亦名县前河，平湖水流入焉，下流合黄冈县之巴河，入大江。东北有多云镇巡检司，又有粟子关，又有上岐岭、中岐岭、下岐岭等关。西北又有平湖关。

蕲州元蕲州路，属河南江北行省。太祖甲辰年为府。九年四月降为州，以州治蕲春县省入，来属。正统十年，荆王府自江西建昌迁此。东北有百家冶山，产蕲竹。南滨江。东北有蕲水，出大浮山，经州北，汇为赤东湖，西南流，接蕲水县界，注于大江。西有茅山镇、北有大同镇二巡检司。西距府二百十里。领县二。

广济州东北。南滨江，江中有中洲。崇祯末，迁治于此，寻复故。又有武山湖、马口湖皆流通大江。南有武家穴镇、西南有马口镇二巡检司。

黄梅州东北。东南有矿山，旧产铁。大江在南，江滨有太子洑。又南有县前河，由小池口入江。西南有新开口镇巡检司，屡圮于江，内徙。又南有靖江嘴镇巡检司。

承天府元安陆府，属荆湖北道宣慰司。太祖乙巳年属湖广行省。洪武九年四月降为州，直隶湖广布政司。二十四年六月改属河南，未几还属。弘治四年，兴王府自德安府迁此。嘉靖十年升州为承天府。十八年建兴都留守司于此。领州二，县五。东南距布政司五百七十里。

钟祥倚。洪武二十四年建郢王府，永乐十二年除。二十二年建梁王府，正统六年除。元曰长寿县，元末废。洪武，三年复置。九年四月省入州。嘉靖十年八月复置，更名。东有横木山，一名青泥山。北有松林山，与献王陵寝在焉，嘉靖十年赐名纯德山，置显陵县于此。明末，县废。西滨汉水。北有直河，自随州流入,有激水流合焉。又有丰乐水,又东有白水,俱注于汉水。

京山府东。南有县河,下流至景陵县,入汉江。又东北有撞河,自随州流入,至汉川县入汉江,或谓之富水。

潜江府东南。元属中兴路。洪武十年八月来属。北有汉水。西北有潜水,即汉水分流,经县东南入于汉。又东南有深江,又南有恩江,皆汉水支分也。西南有沱水,为江水之分流,经县南,有重湖环绕,又东汇于汉水。

荆门州元治长林县,属荆湖北道宣慰司。洪武九年四月改为县,省长林县入焉,属荆州府。十三年五月复为州,仍属荆州府。嘉靖十年八月来属。东南有章山,即内方山也。汉水迳其东,亦曰沔水。又西有权水,东南有直江,一名直河,又有阳水,一名建水,皆流入焉。南有荆门守御千户所。北有宜阳守御千户所。东南有建阳镇、新城镇,西北有仙居口,北有乐仙桥四巡检司。东北距府九十里。领县一。

当阳州西。地属荆门州。洪武九年改属荆州府。十年五月省入荆门县。十三年五月复置,仍属州。东南有方城,洪武初移治于此。十三年复故。南有玉泉山,玉泉水出焉。北有沮水,源出房县,迳县东南,合榕渡,与漳水会,下流至枝江县,入于大江。北有漳河口巡检司

沔阳州元沔阳府,属荆湖北道宣慰司。洪武九年四月降为州,以州治玉沙县省入,直隶湖广布政司,寻直隶河南。二十四年六月还直隶湖广。嘉靖十年十二月来属。东南有黄蓬山,其下为黄蓬湖。南有大江。北有汉水。东有太白湖,州西十四湖之水悉汇焉,由汉阳县之沌口入于大江。又南有长夏河,江水支流也,亦曰夏水。西北有襄水,汉水支流也,至州东北潜口合流,东入于沔水。东有沙镇、西南有茅镇二巡检司。西北距府三百二十五里。领县一。

景陵州西北。南有沔水。西南有杨水,北注沔,谓之杨口,亦曰中夏口,又曰杨林口。又有中水,流合杨水,曰中口。东有乾镇巡检司。

德安府元属荆湖北道宣慰司。洪武元年十月属湖广行省。九年四月降为州,属黄州府。十一月属武昌府。十三年五月复为府,属湖广布政司。二十四年六月改属河南,未几还属。领州一,县五。东南距布政司四百里。

安陆倚。成化二十三年建兴王府。弘治四年迁于安陆州。八年建岐王府，十四年除。正德元年，寿王府自四川保宁府迁此，嘉靖二十四年除。四十年建景王府，四十四年除。洪武初，县省。十三年五月复置。东有章山，即豫章山。涢水在城西，俗称府河，亦曰石潼河，又西有漳水入焉，谓之漳口。南有高核镇巡检司，后移于随州之合河店。

云梦府东南。西南有涢水。东有兴安镇巡检司，后废。

应城府西南。洪武九年四月属黄州府。十年五月省入云梦县。十三年五月复置。西北有西河，下流入汉水。又崎山镇巡检司亦在西北。

孝感府东南。洪武九年四月属黄州府。十年五月省入德安州。十三年五月复置。北有滠水，下流入于汉水。南有沦河，自涢河分流至汉阳，合滠水入江。北有小河溪、东南有马溪河二巡检司。

随州　洪武二年正月以州治随县省入。九年四月降为县，属黄州府。十年五月省入应山县。十三年五月复升为州。西有大溪山，涢水出焉，下流至汉川县入汉水。又西有大洪山，漳水所出。西北有溠水，源出栲栳山，又有溺水流入焉。又南有浪水，源出大猿山，下流俱注于涢水。又西北有合河店、东北有出山镇二巡检司。东南距府百八十里。领县一。

应山州东。洪武初省。十三年五月复置。西有鸡头山，溠水出焉。西南有涢水。东有白泉河。与溠水合，入孝感县界。西北有杏遮关巡检司，即平靖关，义阳三关之一。又西南有平里市巡检司。又东北有武阳关，一名武胜关，又名礼山关，亦义阳三关之一。

岳州府元岳州路，属湖广行省。太祖甲辰年为府。洪武九年四月降为州，直隶布政司。十四年正月复为府。领州一，县七。东北距布政司五百里。

巴陵倚。洪武九年四月省，十四年复置。西南有巴丘山。又有君山，在洞庭湖中。大江在西北。洞庭湖上纳湘、澧二水，自西南来合，谓之三江口。湖之南有青草湖，又西曰赤沙湖，谓之三湖。沅、渐、元、辰、叙、酉、澧、资、湘九水，皆汇于此，故亦名九江。东南有湖湖，亦名翁湖。南有鹿角巡检司。

临湘府东北。东南有龙窖山，跨临湘、通城、当阳、蒲圻四县界。西南有城陵矶，又有道人矶，皆滨大江，有城陵矶巡检司。又南有土门镇、东北有鸭栏矶二巡检司。

华容府西北。东有东山，又有石门山。大江在北。又有华容河，自大江分流，南达洞庭湖。南有澧水，东流入洞庭湖。西南有赤沙湖，与洞庭湖接。南有明山古楼巡检司。又东北有黄家穴巡检司，后移于塔市。北有北河渡巡检司，后废。

平江府东南。元平江州。洪武三年降为县。北有永宁山。东北有幕阜山。东有汨水，西南流，昌水北流入焉。东北有长寿巡检司。

澧州元澧州路，属湖广行省。太祖甲辰年为府。九年四月降为州，以州治澧阳县省入，属常德府。三十年三月来属。元元贞末徙治新城。洪武五年复旧治。东有关山。西南有大浮山，跨石门、武陵、桃源三县界。南有澧水，一名兰江，亦曰绣水。其东有澹水，北有涔水，俱流入焉。东有嘉山镇巡检司。东距府二百七十里。领县三。

安乡州东南。西有澧水，一名长河。北有涔水。

石门州西。南有澧水。西北有渫水，亦名添平河，自添平所南流入焉。

慈利州西，少南。元慈利州。洪武二年降为县。西南有天门山，有槟榔洞，与瑶分界。又西有崇山。又有历山，澧水出焉，下流至华容县入于洞庭湖。又西有溇水，源出四川巫山县，东流合诸溪洞之水，至县西汇于澧水，亦曰后江。西南有永定卫，洪武中置，二十三年八月徙于永顺宣慰司之芋岸坪。西北有龙伏关，东南有后平关、黑崇关，谓之永定三关。所属曰大庸守御千户所，本大庸卫，在卫西，洪武九年四月置。三十一年改为所。曰茅冈长官司，在卫东北，正统中置。北有九溪卫，洪武二十三年六月置，有九渊、野牛、三江口、闸口四关。所属曰守御添平千户所，在卫北，洪武二年置。曰守御安福千户所，在卫西北，洪武二十三年九月置。曰守御麻寮千户所，在卫北，洪武四年置。曰桑植安抚司，本桑植、荒溪等处宣抚司，在卫西北，太祖丙年二月置，后废，永乐四年十一月改置。

荆州府元中兴路，属荆湖北道。太祖甲辰年九月改为荆州府，属湖广行省。吴元年十月置湖广分省于此，寻罢。九年属湖广布政司，寻改属河南。二十四年还属。领州二，县十一。东距布政司千二百一十里。

江陵倚。洪武十一年正月建湘王府,建文元年四月除。永乐元年,辽王府自辽东广宁迁于此,隆庆二年十月除。万历二十九年十月建惠王府。南滨江。东南有夏水,至沔阳州合于沔水,故沔水亦兼夏水之名。又有阳水,东北至景陵县,入沔水。又东北有三海,沮、漳水汇流处。北有柞溪。又东有灵溪,亦曰零水,南入江,谓之零口。东北有龙弯市、东南有沙头市、南有郝穴口、西南有虎渡口四巡检司。

公安府东南。东北有旧城。今治,崇祯元年所迁。北滨江,西北有油河流入焉,谓之油口,有油口巡检司。东北有夏水。

石首府东南。元末,治楚望山北。洪武中,徙绣林山左,本宋时旧治也。北滨江,江中有石首山。又东有焦山,下有港,通洞庭湖。有调弦口巡检司。

监利府东,少南。南滨江。东南有鲁洑江,亦曰夏水,自大江分流,下至沔阳州入沔。又西有涌水,南入江,谓之涌口。又东有瓦子湾、西有窑所、南有白螺矶、北有毛家口、又有分盐所五巡检司。

松滋府西南。西南有巴山。北滨大江。南有红崖子巡检司。又有西坪塞巡检司,后废。

枝江府西。洪武十年五月省入松滋县。十三年五月复置。北滨大江,江中有百里洲,江水经此而分,故曰枝江。北有沮水,南入江,谓之沮口。

夷陵州元峡州路,属荆湖北道宣慰司。太祖甲辰年为府。九月降为州,置隶湖广行省。九年四月改州名夷陵,以州治夷陵县省入,来属。大江在南。西北有关曰下牢关,夹江为险。又有西陵、明月、黄牛三峡,峡中有使君、虎头、狼尾、鹿角等滩,皆江流至险处也。西北有赤溪,东合大江。南有南津口巡检司。又东有金竹坪巡检司,后废。又西有西津关,东北有白虎关。东距府三百四十里。领县三。

长阳州西南。东南有清江。西有旧关堡、西南有蹇家园、南有渔洋关三巡检司。南有古捍关。西有梅子八关。

宜都州东南。西北有荆门山,下临大江,其对岸即虎牙山也。又西有清江,东流合大江,有清江口巡检司。又西北有古江关、东北有普通镇二巡检司。

远安州东北。旧治亭子山下。成化四年迁于东庄坪。崇祯十三年又迁凤凰山麓,即今治也。东北有沮水。

归州元治秭归县,直隶湖广行省。洪武九年四月废州入秭归县,属
夷陵州。十年二月改县名长宁。十三年五月复改县为归州。旧治江
北,后治白沙南浦。洪武初,徙治丹阳。四年徙长宁,在江南楚王台下。嘉靖四
十年复还江北旧治。东有马肝、白狗、空舲等峡。大江,在州北,经峡中,入夷陵
界。其西有叱滩、莲花滩、新滩,皆滨江。西北有牛口巡检司,后迁于巴东县利
洲。东南有南逻口巡检司,后迁于新滩。东距府五百二十里。领县二。

兴山州西北。洪武九年改属夷陵州,后还属。正统九年三月省入州。弘
治三年五月复置。南有香溪,亦曰县前河,南流入江。东北有高鸡寨巡检司。又
东有桑林坪巡检司,后废。又北有猫儿关,达郧、襄。

巴东州西。元属归州。洪武九年改属夷陵州。隆庆四年还属。北滨大
江,自四川巫山县流入,东经门扇、东奔、破石,谓之巴东三峡,下流至黄梅县
入南直宿松县界。又南有清江,一名夷水,自四川建始县流入,下流入于大江。
又北有盐井。西南有连天关巡检司。南有野山关巡检司,本治石柱,隆庆四年
更名。

襄阳府元襄阳路,属河南江北行省。太祖甲辰年为府,属湖广行
省。九年属湖广布政司。二十四年六月改属河南,未几还属湖广。
领州一,县六。东南距布政司六百八十里。

襄阳倚。正统元年,襄王府自长沙迁此。南有虎头山,又有岘山。东南
有鹿门山。又西有隆中山。汉水在城北,亦曰襄江。白河在城东北,与唐河合,
南入汉,谓之白河口,亦曰三州口。又西北有青泥河,南有浮河,西南有檀溪,
下流皆入于汉。北有樊城,有樊城关巡检司,后移于县东北之柳树头。又东北
有双沟口巡检司。又西有油坊滩巡检司,嘉靖十九年移于县西北之北泰山庙
镇。

宜城府东南。东有汉水。西有蛮水,亦曰夷水,源出房县,流至县界,入
汉水,其支流曰长渠。又有㶍水,自汉中流入,合于蛮水,谓之㶍口。又有疏水,
在县东北,自南漳县流入,注汉,谓之疏口。

南漳府西南。西北有荆山。南有蛮水,又有沮水,又有漳河,流入当阳
县,合于沮水。东有方家堰、西南有金厢坪二巡检司。又西有七里头巡检司,后
移于保康县之常平堡。

枣阳府东北。洪武十年五月省入宜城县，后复置。东南有白水，南有洈水流合焉，西注于沔水，此县内之白水也。又西南有滚河，流入襄阳之白河。东北有鹿头店巡检司。

谷城府西，少北。东北有汉水，又有均水流入焉，谓之均口。又有筑水，经县治东南，注于汉水，曰筑口。西有石花街巡检司。

光化府西北。洪武十年省入谷城县。十三年五月复置。旧治在西。隆庆末，改建于阜城卫，即今治也。东有马窟山。北有汉水。东有白河，即清水，自河南新野县流入，有淅河流合焉。西北有左旗营巡检司，万历中，徙于县旧城。

均州　洪武二年七月以州治武当县省入。南有武当山，永乐中，尊为太岳太和山。山有二十七峰、三十六岩、二十四洞。北有汉江，一名沧浪水。东北有均水，自河南淅川县流入。又东南有黑虎庙巡检司。东南距府三百九十里。

郧阳府　成化十二年十二月置。领县七。又置湖广行都指挥使司于此。卫所俱无实土。东南距布政司千二百里。

郧倚。元属均州。成化十二年置郧阳府，治此。汉水在南。东南有龙门山，龙门河出焉，下流入于汉水。西北有青桐关。东北有雷峰、垭镇二巡检司。

房府南，少西。元房州，属襄阳路。洪武十年五月以州治房陵县省入，又降州为县，仍属襄阳府。成化十二年十二月来属。西南有景山，一名雁山，沮水出焉，流入远安县界。又南有粉水，亦曰彭水，又有筑水，俱流入谷城县，注汉。西南有板桥山巡检司，后移于县东南之博磨坪。

竹山府西南。元属房州。洪武十年五月省入房县。十三年五月复置，属襄阳府。成化十二年十二月来属。东有方城山。西有筑山，筑水出焉，流入房县界。又有上庸山，上庸水所出，南合孔阳水，下流入汉。又南有堵水，源出陕西平利县界，东流入汉。西北有黄茅关、吉阳关二巡检司。

竹溪府西南。本竹山县之尹店巡检司，成化十二年十二月改置县，而移巡检司于县东之县河镇，寻又迁巡检司于白土关。南有竹溪河。

上津府西北。洪武初置，属襄阳府。十年五月省入郧阳。十三年五月复置，仍属襄阳府。成化十二年十二月来属。西有十八盘山，又有吉水，西南流入汉，俗谓之夹河。南有江口镇巡检司。

郧西府西北。成化十二年十二月以郧县之南门保置。南有汉江，自陕西白河县流入，下流至汉阳县入于江。

保康府东南。弘治十年十一月以房县之潭头坪置。北有粉水。东南有常平堡，嘉靖十九年移南漳县之七里头巡检司于此。

长沙府元天临路，属湖南道宣慰司。太祖甲辰年为潭州府。洪武五年六月更名长沙。领州一，县十一。东北距布政司八百八十里。

长沙倚。治西北。洪武三年四月建潭王府，二十三年除。永乐元年，谷王府自北直宣府迁于此，十五年除。二十二年建襄王府，正统元年迁于襄阳。天顺元年三月建吉王府。县旧治城外，洪武初，徙城中。十八年复徙北门外。万历二十四年徙朝宗门内。西有湘水，源出广西兴安县，流入境，合潇水、烝水北流，环府城，东北出至湘阴县，达青草湖，注洞庭湖，行二千五百余里。北有浏阳水，西流入湘，谓之浏口。又有麻溪，流入湘水，曰麻溪口。又西北有乔口巡检司，乔江与濬江合流处。

善化倚。治东南。旧治在城外，洪武四年徙于城中。十年五月省入长沙县。十三年五月复置，治在南门外。成化十八年仍徙城中。西南有岳麓山，湘江绕其东麓。又有靳江，流入湘江。西有橘洲，在湘江中。南有暮云市巡检司。

湘阴府北。元湘阴州。洪武初，降为县。北有黄陵山。西有湘水，北达青草湖，谓之湘口。湖在县北，与洞庭连，亦曰重湖。南有哀江。又北有汨罗江，汨水自平江县流入，分流为罗水，会于屈潭，西流注湘，谓之汨罗口。西北有营田巡检司。

湘潭府西南。元湘潭州。洪武三年三月降为县。东有昭山。下有昭潭。西有湘水，西南有涓水流入焉。南有下㵻市巡检司。

浏阳府东。元浏阳州。洪武二年降为县。北有道吾山。东北有大光山。又有大围山，浏水出焉，经县南，入长沙县界，曰浏阳水。东南有渠城界、梅子园二巡检司。又有翟家寨巡检司，后废。

醴陵府东南。元醴陵州。洪武二年降为县。南有渌水，亦曰漉水，西北注于湘水，有渌口巡检司。

宁乡府西。西有大沩山。北有濬江，源出绥宁县，经此入沅江县界，注洞庭。

益阳府西北。元益阳州,洪武初,降历县。西南有濬江,亦曰益水。东有乔江,濬江之分流也,下流复合于濬江。

湘乡府西南。元湘乡州。太祖甲辰年降为县。西有龙山,涟水出焉,经县东南,下流入于湘水。又西有湄水,南有丰溪水,俱入于涟水。西南有武障市巡检司。又有永丰市、虞磨市二巡检司,后废。

攸府南,少东。元攸州。洪武三年三月降为县。南有司空山。东有攸水,自江西安福县流入,东南有洣水流合焉,下流至衡山县,入于湘水。南有凤岭巡检司,后废。

安化府西。东有浮泥山,有大峰山。西北有辰山。西有濬江。又南有善溪,自武陵县流注于濬江。

茶陵州元直隶湖南道。太祖甲辰年降为县。成化十八年十月复为州。西有云阳山。西北有洣水,自酃县流入。又东南有茶水,源出江西永新县之景阳山,西流来合焉,北入攸县之攸水。东有视渡口巡检司。北距府四百五十里。

常德府元常德路,属湖广行省。太祖甲辰年为府。领县四。东北距布政司一千零五十里。

武陵倚。弘治四年八月建荣王府。东南有善德山。南有沅水,又有朗水流入焉,谓之朗口。又东北有渐水,即鼎水也,自九溪卫流入。

桃源府西。元桃源州。洪武二年降为县。西有壶头山,接武陵、沅陵界。南有沅水,东有朗溪,西南有泥溪,俱流入焉。又西南有高都巡检司。又南有白马巡检司,本名苏溪,治县东后春村,寻徙,更名,后废。

龙阳府东,少南。元龙阳州。洪武三年三月降为县。旧治在东,今治景泰元年十二月所徙。东有军山。北有沅水,东北有鼎水流入焉,谓之鼎口,有鼎港口巡检司。又东南有赤沙湖,一名蠢湖。又西北有小江口巡检司。

沅江府东南。元属龙阳州。洪武三年,州废,来属。十年五月省入龙阳县。十三年五月复置。西南有沅水。又有濬水、澧水,并流入县境,至县东北,入洞庭湖。

衡州府元衡州路,属湖南道宣慰司。太祖甲辰年为府。领州一,县九。东北距布政司一千三百里。

衡阳倚。弘治十二年,雍王府自四川保宁府迁此,正德二年除。万历二十九年十月建桂王府。南有回雁峰,北有岣嵝峰。衡山之峰七十二,在县者凡七,而二峰最著。东有湘水,又有烝水自西南流入焉,谓之烝口。又东北有耒水,注湘,谓之耒口。又东有酃湖。又东有新城县,元末置。洪武十年五月为新城市,江东巡检司治此。西南有松柏市巡检司。

衡山府东北。元属天临路。洪武间改属。西有衡山,有七十二峰、十洞、十五岩、三十八泉、二十五溪、九池、九潭、九井,而峰之最大者曰祝融、紫盖、云密、石廪、天柱,惟祝融为最高。东有湘江。东南有茶陵江,即洣水也,自攸县合攸水流入境,注于湘,曰茶陵口。东有草市、东南有雷家埠二巡检司。

耒阳府东南。元耒阳州,直隶湖南道。洪武三年三月降为县。耒水在北。东有侯计山,肥水出焉,西南入耒水。又西南有罗渡巡检司。

常宁府南。元常宁州,直隶湖南道。洪武三年三月降为县。西北有湘水,东有舂陵水合焉。

安仁府东,少北。西有杨梅峰。南有小江水,自郴州流入,西北流至衡山县,合于洣水。南有安平、北有潭湖二巡检司。

酃府东。洣水在县东,源出洣泉,西有云秋水流合焉。

桂阳州元桂阳路,治平阳县,属湖南道宣慰司。洪武元年为府。九年四月降为县,省平阳县入焉。十三年五月升为州。西有大凑山。南有晋岭山。北有潭流岭。旧皆产银铅砂矿。西有蓝山。西北有舂陵水,又西有峤水流合焉。北有泗州寨、南有牛桥镇二巡检司。西北距府三百里。领县三。

临武州南。西北有舜峰山。西有西山,武水出焉,经宜章县合于章水,东北有两路口巡检司。又东有赤土巡检司,后废。

蓝山州西南。旧治在县北,洪武元年徙于此,属郴州。二年来属。南有黄璧山。东南有华阴山。西南有九疑山,山有杞林峰,峤水出焉,亦名舜水,北流合舂陵水。又西有守御宁溪千户所,洪武二十九年三月置。东有毛俊镇、北有乾溪镇、西南有大桥镇三巡检司。又西有小山堡、张家陂二巡检司,后废。

嘉禾州西南。崇祯十二年以桂阳州之仓禾堡置,析临武县地益之。东南有峤水,自蓝山县流入,北经石门山,又东北入州界。

永州府元永州路,属湖南道宣慰司。洪武元年为府。领州一,县七。东北距布政司千八百二十里。

零陵倚。北有湘水,经城西,潇水自南来合焉,谓之湘口,有湘口关。又南有永水,源出县西南之永山,北流入于湘水。北有黄杨堡巡检司,本高溪市,隆庆元年徙治,更名。

祁阳府东北。旧治在县西,景泰元年十二月徙于今治。北有祁山,上有黄罴镇。西北有四望山。西有湘水。又城北有祁水,源出邵阳县,东北流入焉。南有浯溪,下流亦入湘水。又东有归阳市、东南有白水市、西北有水隆太平市三巡检司。又东北有湘江市巡检司,后移于县东北之排山。

东安府西北。八十四渡山在县东。又东南有湘水,自广西全州境入。又有庐洪江,源出县北九龙岩,经城东,下流入湘水。有庐洪市巡检司。又有结陂市巡检司,后废。

道州元道州路,属湖南宣慰司。洪武元年为府。九年四月复降为州,以州治营道县省入,来属。西有营山,营水出焉,至泥江,兴江华县之淹水合。东有潇江,至青口,合于淹水。又西有濂溪,源出州西安定山下,东北合宜水,谓之龙滩,下流俱入湘水。北距府百五十里。领县四。

宁远州东,少北。南有九疑山,介衡、永、郴、道之间。山有朱明峰,潇水出焉。又南有舜源水,北流与江华县淹、潇二水合为三江口。南有九疑、鲁观巡检司,在九疑、鲁观二峒口。

江华州南。东南有故城。今治本宁远卫右千户所,洪武二十八年置。天顺六年徙县来同治。西有白芒岭,即萌渚岭,五岭之第四岭也。东有淹水,源出九疑山之石城、娥皇二峰,下流合于潇水。又东南有砅水,源出九疑山之女英峰,流合淹水。又东有守御锦田千户所,洪武二十九年置。又有锦田巡检司。又西南有锦冈巡检司,又有涛墟市巡检司,后移于宁远县之九疑、鲁观。

永明州西,少南。北有永明岭,即都庞岭,五岭之第三岭也。南有遨水,自广西富川县流入,下流注于潇水。东南有枇杷守御千户所,西南有桃川守御千户所,俱洪武二十九年置。又有桃川市巡检司。又西南有白面墟巡检司。

新田州东北。崇祯十二年以宁远县之新田堡置。西北有春陵山,与宁远县界,春陵水出焉,下流至常宁县,合于湘水。东南有白面寨巡检司。

宝庆府元宝庆路，属湖南道宣慰司。洪武元年为府。领州一，县四。东北距布政司千二百五十里。

邵阳倚。南有高霞山。东有烝水。又北有资水，邵水自东流合焉，有五十三滩，又有四十八滩，皆资水所经。西北有龙回巡检司。又北有巨口关。东北有白马关。

新化府北。南有上梅山，其下梅山在安化县境。东南有资水。西南有长鄄巡检司，寻废。又北有苏溪巡检司。

城步府西南。本武冈州之城步巡检司。弘治十七年改置县，析绥宁县地益之，而迁巡检司于县东北之茅坪铺，寻又迁山口，后废。东南有罗汉山，又有巫水，下流入于资水。

武冈州元武冈路，属湖南道宣慰司。洪武元年为府。九年四月降为州，以州治武冈县省入，来属。永乐二十二年，岷王府自云南迁于此。北有武冈山。南有云山。又有资水，西南有都梁水，东北流入焉。北有蓼溪隘、峡口镇，南有石门隘，东有紫阳关四巡检司。东有石羊关。东距府二百八十里。领县一。

新宁州东南。旧治在县界。景泰二年移于沙洲原。南有夫夷水，北流合都梁水。东南有靖位、西有新寨二巡检司。

辰州府元辰州路，属湖广行省。太祖甲辰年为府。领州一，县六。东北距布政司千七百里。

沅陵倚。西北有大酉山、小酉山。东有壶头山。西南有沅水，辰水自东北流入焉。又东有百曳、高涌、九矶、清浪等滩。又酉水在西北，东南入沅水。东有大剌、西北有明溪、又有会溪、东北有池蓬四巡检司。又有高岩巡检司，后废。

庐溪府西，少南。南有沅水。西有武溪，即沅溪也，下流合于沅水。又西有镇溪军民千户所，洪武三十年二月置。又南有溪洞巡检司。又西有河溪、西南有院场坪二巡检司，后废。

辰溪府西南。东南有五城山。西北有沅水。西有辰水。又东有渡口镇、南有晋市镇二巡检司,后废。

溆浦府东南。东有红旗洞。西有溆水,下流入沅水。南有龙潭、东北有镇宁二巡检司。

沅州元沅州路,直隶湖广行省。太祖甲辰年为府。九年四月降为州,以州治庐阳县省入,来属。北有明山。南有沅江,其源出四川遵义县,下流至沅江县,入洞庭湖。西有舞水,即无水也,流入于沅水。西有晃州巡检司。又西南有西关渡口巡检司,后废。东北距府二百七十里。领县二。

黔阳州东南。东南有罗公山。南有双石崖,一名屏风崖。景泰中,筑寨置戍于此,名安江双崖城。北有沅水。又东有洪江,西有郎江,南有黔江,俱流入焉。东有安江巡检司。又西有托口寨。东有洪江寨。

麻阳州北,少西。东有包茅山。西有蜡尔山,与保靖司及四川、贵州界,诸苗蛮在山下者凡七十四寨。南有辰水,自贵州铜仁府流入。西有锦水,下流入于辰州。东北有岩门巡检司。

郴州元郴州路,属湖南道宣慰司。洪武元年为府。九年四月降为州,以州治郴阳县省入,直隶布政司。南有黄岑山,与宜章县界,亦曰骑田岭,五岭之第二岭也,其支岭曰摺岭。又东北有云秋山,与酃县界,云秋水出焉。东有郴水,发源黄岑山,流合桂阳县之耒水,下流入于湘水。又西南有桂水,下流合于耒水。西南有石陂巡检司。领县五。北距布政司千八百八十里。

永兴州北,少西。东南有土富山,旧有银井。西有高亭山。东有郴水,又有白豹水,自西南流入焉,谓之森口。西有高亭、北有安福二巡检司。

宜章州南。西南有莽山。东有漏天山。北有章水,支流曰小章水,源俱出黄岑山,有武水自西来合焉,下流入江西崇义县界。东有赤石、南有白沙二巡检司。

兴宁州东北。南有耒水,东南有资兴水流合焉。东有州门巡检司。东南有滁口巡检司,后移于西南之黄家湄。

桂阳州西南。南有耒山,耒水所出,西北会于郴水。又东有孤山水,流入江西崇义县,达于赣水。东有守御广安千户所,洪武二十九年三月置,后废。宣德八年六月复置。东有益将、西有镇安、南有长乐山口、北有濠村四巡检司。

桂东州东。西北有小桂山,桂水所出,南有沤江来合焉。又南有高分岭巡检司。

靖州元靖州路,直隶湖广行省。太祖乙巳年七月为靖州军民安抚司。元年降为州。三年升为府。九年四月复降为州,以州治永平县省入,直隶布政司。南有侍郎山,与广西融县分界。东有渠水,下流合会同县之郎江而入沅水。西有零溪巡检司。领县四。东北距布政司千八百五十里。

会同州东北。西有沅水,又西南有郎水,自贵州黎平府流入,又东有雄溪,一名洪江,下流俱入于沅水。南有若水巡检司

通道州南。洪武十年五月省入州。十三年五月复置。北有福湖山。西有渠水,西北有播扬河,自贵州黎平府流合焉。有播扬巡检司。又西南有收溪寨巡检司。

绥宁州东。元属武冈路。洪武元年属武冈府。三年来属。东有双溪,即城步县巫水之下流也。东北有青坡巡检司,后移于武阳。西南有临口巡检司。

天桂州西北。本天柱守御千户所,洪武二十五年五月置。万历二十五年改为县,析绥宁、会同二县地益之。崇祯十年东迁龙塘,名龙塘县。后东迁雷寨。后还旧治,复故名。东有沅水。西北有屯镇汶溪后千户所,洪武二十三年置。东有镇远巡检司,后移上新市,又有江东巡检司。

施州卫军民指挥使司元施州,属四川行省夔路。洪武初省。十四年五月复置,属夔州府。六月兼置施州卫军民指挥使司,属四川都司。十二月属湖广都司。后州废,存卫。北有都亭山。东有连珠山,五峰关在山下。又东南有东门山。东北有清江,自四川黔江县流入,一名夷水,亦曰黔江,卫境诸水皆入焉,下流至宜都县入于大江。领所一,宣抚司四,安抚司九,长官司十三,蛮夷官司五。东北距布政司千七百里。

大田军民千户所　洪武二十三年闰四月以散毛宣抚司之大水田置。东有小关山。西南有万顷湖,与酉阳界。又南有深溪关。北有硝场,产硝。东北距卫二百二十里。

施南宣抚司 元施南道宣慰司。洪武四年十二月因之，后废。十六年十一月复置，属施州卫。二十七年后，复废。永乐二年五月改置长官司，属大田军民千户所。四年三月升宣抚司，仍属卫。东有旧治。后迁夹壁龙孔，即今治也。西有前江，发源七药山，西南流与后江合，入四川彭水县界。北距卫一百里。领安抚司五。

东乡五路安抚司 元东乡五路军民府。洪武四年十二月改置长官司，后升安抚司。领长官司三，蛮夷官司二。

摇把峒长官司 元又把峒安抚司，后废。宣德三年五月改置。

上爱茶峒长官司

下爱茶峒长官司 二长官司俱元容美洞地。至大二年置怀德府，属四川南道宣慰司。至顺二年正月升宣抚司。至正中，升军民宣慰司。太祖甲辰年六月改军民宣慰司，后废。宣德三年五月改置。

镇远蛮夷官司 宣德三年五月置。

隆奉蛮夷官司 元隆奉宣抚司。洪武四年十二月改长官司，后废。宣德三年五月改置官司。

忠路安抚司 明玉珍忠路宣抚司。洪武四年改安抚司。二十三年废。永乐五年复置，领长官司一。

剑南长官司 宣德三年五月置。

忠孝安抚司 元置。洪武四年十二月改置长官司，寻复故。二十三年废。永乐五年复置。

金峒安抚司 元置。洪武四年十二月改长官司。永乐五年复故。宣德三年五月领蛮夷官司一。隆庆五年正月降为峒长。

西坪蛮夷官司 宣德三年五月置。

中峒安抚司 嘉靖初置。

散毛宣抚司 元至元三十年四月置散毛洞蛮夷官。三十一年五月升为府，属四川行省。至正六年七月改散毛誓崖等处军民宣慰司。明玉珍改散毛宣慰使司都元帅。洪武七年五月改散毛沿边宣慰司，属四川重庆卫。二十三年废。永乐二年五月置散毛长官司，属大田军民千户所。四年三月升宣抚司，属施州卫。南有白水河，一名西溪，自忠建宣抚司流入，又东南入永顺司界。东北距卫二百五十里。领安抚司二。

龙潭安抚司元龙潭宣抚司。明玉珍改长官司。洪武八年十二月改龙潭安抚司,属四川重废卫。二十三年废。永乐四年三月复置,来属。南有清江。

大旺安抚司明玉珍大旺宣抚司。洪武八年十二月因之,属四川。永乐五年改置,领蛮夷官司二。

东流蛮夷官司洪武八年十二月置东流安抚司,属四川,后废。宣德三年五月改置,来属。

腾壁峒蛮夷官司宣德三年五月置。

忠建宣抚司元忠建军民都元帅府。明玉珍因之。洪武五年正月改长官司。六年升宣抚司。二十七年四月改安抚司,寻废。永乐四年复置宣抚司,属施州卫。南有白水河,源出将军山,西南流,车东河自容美司来合焉。北距卫二百五十里。领安抚司二。

忠峒安抚司元湖南镇边宣慰司。明玉珍改沿边溪洞宣抚司。洪武五年正月改沿边溪洞长官司,后废。永乐四年改置。西南有酉溪。

高罗安抚司元高罗宣抚司。明玉珍改安抚司。洪武六年废。永乐四年三月复置。领长官司一。

思南长官司成化后置。

容美宣抚司元容美等处宣抚司,属四川行省。太祖丙午年二月因之。吴元年正月改黄沙靖安麻寮等处军民宣抚司。洪武五年二月改置长官司。七年十一月升宣慰司,后废。永乐四年复置宣抚司,属施州卫。西南有山河,即溇水之上源,东入九溪卫界。西北距卫二百十里。领长官司五。

盘顺长官司元元统二年正月置盘顺府。至正十五年四月升军民安抚司。洪武五年三月改为长官司。

椒山玛瑙长官司

五峰石宝长官司

石梁下峒长官司

水尽源通塔平长官司四长官司,俱洪武七年十一月置,十四年废。永乐五年复置

木册长官司元木册安抚司。明玉珍改长官司。洪武四年废。永乐

四年三月复置，属高罗安抚司。宣德九年六月直隶施州卫。

镇南长官司元宣化镇南五路军民府，寻改湖南镇边毛岭峒宣慰司。明玉珍改镇南宣抚司。太祖丙午年二月因之，寻废。洪武八年二月复置，属施州卫。二十三年复废。永乐五年改置，直隶施州卫。有西溪。

唐崖长官司元唐崖军民千户所。明玉珍改安抚司。洪武七年四月改长官司，后废。永乐四年三月复置，直隶施州卫。南有黔水，即清江之上源。

永顺军民宣慰使司元至元中，置永顺路，后改永顺保靖南渭安抚司。至大三年四月改永顺等处军民安抚司。至正十一年四月升宣抚司，属四川行省。洪武二年为州。十二月置永顺军民安抚司。六年十二月升军民宣慰使司，属湖广行省，寻改属都司。西南有水溪，即酉水也，下流入沅陵县界。领州三，长官司六。东北距布政司二千里。

南渭州司西。元属新添葛蛮安抚司，后废。洪武二年复置，改属。

施溶州司东南。元会溪施溶等处长官司，属思州军民安抚司，后废。洪武二年改置，来属。

上溪州司西。洪武二年置。

腊惹洞长官司

麦著黄洞长官司

驴迟洞长官司

施溶溪长官司四长官司，元俱属思州军民安抚司。洪武三年改属。

白崖洞长官司元属新添葛蛮安抚司。洪武三年改属。

田家洞长官司洪武三年置。

保靖州军民宣慰使司元保靖州，属新添葛蛮安抚司。太祖丙午年二月置保靖州军民安抚司。洪武元年九月改宣慰司。六年十二月升军民宣慰使司，直隶湖广行省，寻改属都司。北有北河，自酉阳司流入，东入永顺司界。又有峒河，下流与卢溪县之武溪合。领长官司二。东北距布政司千九百七十里。

五寨长官司司南。元置。洪武七年六月因之。

箪子坪长官司司南。太祖甲辰年六月置箪子坪洞元帅府,后废。永乐三年七月改置。

浙江　《禹贡》扬州之域。元置江浙等处行中书省,治杭州路,又分置浙东道宣慰使司,治庆元路,属焉。太祖戊戌年十二月置中书分省。治宁越府。癸卯年二月移治严州府。丙午年十二月罢分省,置浙江等处行中书省。治杭州府。洪武三年十二月置杭州都卫。与行中书省同治。八年十月改都卫为浙江都指挥使司。九年六月改行中书省为承宣布政使司。领府十一,属州一,县七十五。为里一万零八百九十九,西至开化,与江南界。南至平阳,与福建界。北至太湖,与江南界。东至海。距南京九百里,京师四千二百里。洪武二十六年编户二百一十三万八千二百二十五,口一千四十八万七千五百六十七。弘治四年,户一百五十万三千一百二十四,口五百三十万五千八百四十三。万历六年,户一百五十四万二千四百八,口五百一十五万三千五。

杭州府元杭州路,属江浙行省。太祖丙午年十一月为府。领县九。

钱塘倚。洪武三年四月建吴王府。十一年正月改封周王,迁河南开封府。南有凤凰山,有秦望山。西南有灵隐山。南有钱塘江,亦曰浙江,有三源:曰新安江,出南直歙县;曰信安江,出开化县;曰东阳江,出东阳县。汇而东为钱塘江,至会稽县三江海口入海。西有西湖,源出武林泉。又北有运河,至秀水县北,而接南直运河。又有安溪,即苕溪也,自余杭县流入,下流至乌程县东北,注于太湖。

仁和倚。东北有皋亭山,有临平山,下有临平湖,后塞。北有北新关,成化中设户部分司于此。又有塘栖镇。

海宁府东,少北。元海宁州。洪武二年降为县。南滨海,有捍海塘。西南有赭山,与萧山县龛山相对,浙江经其中,东接大海,谓之海门。东南有石墩镇巡检司,本置县东北硖石镇,后迁于此,更名。西南有赭山镇巡检司,本置县西陈桥北,寻迁赭山,更名,又迁文堂山上,仍故名。又西北有长安镇。

富阳府西。东有观山。西南有湖沧山。东南临富春江,即钱塘江也,西南有东梓巡检司,后废。

余杭府西北。西南有大涤山。西北有径山。南有苕溪,源出于潜县天目山。东北有石濑巡检司,后废。

临安府西。旧治在县西西墅镇。洪武初徙于今所,本吴越衣锦军也。西有天目山,亦曰东天目,其在于潜境者为西天目。西北有南溪,即东苕溪也,源出天目山,经县南,亦曰新溪。

于潜府西。北有天目山,浮溪出焉。县南为紫溪,下流至桐庐县入浙江。

新城府西南。西有葛溪,又东北有松溪合焉,至岘口入于浙江。

昌化府西。东南有柳相山。南有铜坑山。西北有千顷山。西有昱岭,上有关。又西北有黄花岭,上亦有关。东南有柳溪,东流合于于潜之紫溪。又有双溪,自县治南流入柳溪。西有手穿岭巡检司,迁县西南株柳村,又迁县西湛村,又迁杨家塘,仍故名。

严州府元建德路,属江浙行省。太祖戊戌年三月为建安府,寻曰建德府。壬寅年二月改曰严州府。领县六。东北距布政司二百七十里。建德倚。北有乌龙山。西有铜官山。又新安江自淳安县流入,经城南,东阳江自西南来合焉。又东北有胥溪,来入江,谓之胥口,亦曰建德江。东有管界巡检司。

桐庐府东北。西有富春山,一名严陵山。桐江在南,即浙江也,亦曰睦江。自建德县流入,经富春山之钓台下,曰七里濑,又东经桐君山下,曰桐江。有桐溪自县东北流入焉,谓之桐江口,其上源即分水县之天目溪也。有桐江巡检司,后迁桐君山,又迁窄溪埠。

淳安府西。南有云濛山。西有都督山,又有威平洞,亦曰青溪洞,又名帮源洞。南有新安江,自甯直歙县流入,亦曰青溪。西有街口、又有永平、南有港口三巡检司,后废。东有锦溪关,嘉靖中置。

遂安府西,少南。西有武强溪,有双溪流合焉,曰三渡口,经城南,东北注于淳安之青溪。南有凤林巡检司,后废。

寿昌府西南。东南有岩峒山。西有寿冒溪,东北流至建德县,入新安江。南有常乐溪,东南流至兰溪县,入东阳江。西有社田、西南有上梅二巡检司。

分水府东北。东有天目溪,上源即于潜县之紫溪及昌化县柳溪也,下流为桐庐县之桐溪。又东南有前溪,自淳安县流入,东注于天目溪。东有吴村巡检司,后废。

嘉兴府元嘉兴路,属江浙行省。太祖丙午年十一月为府,直隶京师。十四年十一月改隶浙江。领县七。西南距布政司百九十五里。

嘉兴倚。南有南湖,亦曰鸳鸯湖,流合运河。又有长水塘,西南接海宁,东北接海盐县界。又东有双溪,东出为华亭塘,南直松江府之漕舟,由此入运河。

秀水倚。宣德五年三月析嘉兴县地置。西有运河,北经闻家湖,达南直吴江县之运河。东北有杉青闸、又有王江泾二巡检司。

嘉善府东。本嘉兴县魏塘镇巡检司,宣德五年三月改为县。南有华亭塘河,东有魏塘河,东北有清风泾,皆流合焉。西北有分湖,与南直吴江县分界。又北有章练塘水,亦流合华亭塘河,达华亭县之泖湖。东北有风泾、西北有陶庄二巡检司,废。

崇德府西南。元崇德州。洪武二年降为县。西北有运河,自德清县流入。东南有语溪,一名语儿中泾,又名沙渚塘。又东北有石门塘水,东南接运河,北达归安之乌镇。

桐乡府西,少南。宣德五年三月以崇德县之凤鸣乡置。北有运河,与崇德县接界。又有烂溪,北达吴江县之莺脰湖,西达湖州府浔溪。北有皂林镇巡检司。

平湖府东。宣德五年三月以海盐县之当涂镇置。东南有故邑山。南有雅山。俗曰瓦山。又当湖在县治东,下流出海盐澉浦口入海。其西为市西河,自嘉兴县流入,入于当湖。其分流南出者,则由县东南乍浦入海;北出者,则由县东北芦沥浦入海。浦傍有芦沥盐场。又北有东泖,即华亭三泖之上流。东有白沙湾巡检司,治广陈墅,后迁县东南独山。又东南有乍浦镇巡检司,后迁梁庄,仍故名"

海盐府东南。元海盐州。洪武二年降为县。南有秦驻山,又有长墙山。西南有凤凰山。东北有汤山。又有独山,旧置盐场于此。东临海,有防海塘,洪武初,以石为之,南北计四千八百丈。又有东、西、南三海口,而西海口在县东北,尤冲要。东北有吕港,港口有盐场。西南有鲍郎市,有盐课司。东北有守御乍浦千户所,东南有澉浦守御千户所,俱洪武十九年十月置。城东有海口巡检司,后徙砂腰村,南有澉浦巡检司,后迁秦驻山,俱仍故名。

湖州府元湖州路,属江浙行省。太祖丙午年十一月为府,直隶京师。十四年十一月改隶浙江。领州一,县六。南距布政司百九十里。

乌程倚。北有卞山,亦曰弁山。西南有石城山。南有岘山,本名显山。西南有铜山,一名铜岘山。北有太湖,接南直苏、常二府界。东北有大钱湖、小梅湖二口,府境群水皆于此入太湖。又西有苕溪,源自孝丰天目之阴,流经昆山下,出大钱湖口。又南有余不溪,即杭州境内之苕溪,自德清县流经府南,汇为玉湖,复东北出而汇于苕水,亦曰雪溪。东有后潘村巡检司,后迁南浔镇,仍故名。东北有大钱湖口巡检司。

归安倚。南有金盖山,亦名何山。又有衡山。东有升山,亦曰乌山,一名欧余山。又运河在城东,源自苕溪、余不溪二水,分流乌运河,东北经南浔镇,入吴江县界,合嘉兴之运河。又南有荻塘,亦曰荻港,东北接运河。其枝流东南出乌镇,合桐乡之烂溪。又东有浔溪,即余不溪支流也,流经南浔。东南有琏市巡检司。又西南有上沃埠巡检司,后废。

长兴府西北。元长兴州。太祖丁酉年三月改名长安州,壬寅年复曰长兴。洪武二年降为县。西北有顾渚山,产茶,一名西顾山,一名吴望山。东北有太湖,与南直宜兴县分中流为界。西有箬溪,下流入太湖。西南有荆溪,东南入于苕溪。东北有皋塘、西南有四安二巡检司。又西有合溪、南有和平二巡检司,废。

德清府南。少东。东北有敢三山。东南有运河,有余不溪,亦曰雪溪,即苕溪别名。东北有新市镇巡检司。又东有下塘巡检司,后迁五柳港口。又东有荷叶浦巡检司,废。

武康府西南。东有封山,一名防风山。又有禺山。西南有覆舟山。南有前溪,东北有后溪流入焉。下流入德清余不溪。

安吉州元安吉县。正德元年十一月升为州。西南有故城。洪武徙今治。东南有白阳山,旧产锡。西有苕溪。又有龙溪,即苕溪支流。东南有独松关巡检司,又有递铺巡检司,废。东北距府二十里。领县一。

孝丰州西南。成化二十三年析安吉县地置,属府。正德二年改属州。南有天目山,有天目山巡检司。又西南为金石山,即天目最高处。又南有苕溪,出天目山,此为苕溪之别源。又西有松坑巡检司。

绍兴府元绍兴路,属浙东道宣慰司。太祖丙午年十二月为府。领县八。西北距布政司百三十八里。

山阴倚。南有会稽山,其支山为云门山,又有法华山。西南为兰亭山。西北有涂山。北滨海,有三江口。三江者,一曰浙江;一曰钱清江,即浦阳江下流,其上源自浦江县流入,至县西钱清镇,曰钱清江;一曰曹娥江,即剡溪下流,其上源自嵊县流入,东折而北,经府东曹娥庙,为曹娥江,又西折而北,会钱清江、浙江而入海。又西有运河,自萧山县流入,又东南迳会稽县,又东入虞县界。又南有鉴湖,长十四五里,俗曰白塔洋,有若耶溪合焉。又北有白水湖,旁通运河。北有三江守御千户所,在浮山之阳,洪武二十年二月置。又有三江巡检司,在浮山桃松庄。又西北有白洋巡检司。

会稽倚。东南为会稽山,其东接宛委、秦望、天柱诸山。又东有银山、锡山,旧产银砂及锡。东南有若取山、东有昌娥江。东南有平水溪,南合剡溪。东北有沥海守御千户所,洪武二十年二月置。又有黄家堰巡检司,寻迁沥海所四,后迁上虞县界纂风镇,仍故名。

萧山府西北。西南有虎爪山,东南有龟山,俱下临浙江。龟山傍有小山曰鳖子山,浙江自县西东北流,出其中,东接大海,亦曰海门。东南有峡山,钱清江经其中,复北折而东,入山阴县界。城西有运河,东接钱清江。又有湘湖。西南有渔浦巡检司。又西有西兴,亦曰西陵,往钱塘者由此渡江。

诸暨府西南。元诸暨州。太祖己亥年正月改诸全州。丙午年十二月降为诸暨县。西南有新城,在五指山下,太祖癸卯年,李文忠所筑。西有长山,又有五泄山。南有句乘山。又有浣江,即浦阳江,亦曰青弋江。又西南有长清关、西有阳塘关二巡检司,废。

余姚府东北。元余姚州。洪武初,降为县。南有新城,与县城隔江对峙,姚江经其中。南有四明山,北濒海。姚江源自县西南太平山,一名舜江,西北流至上虞县,乃东北出,经县南。又东为慈溪之前江。东北有烛溪湖,引流为东横河。西有牟山湖,引流为西横河,俱注于姚江。又西北有临山卫,洪武二十年二月置。东北有三山守御千户所,一名浒山,亦洪武二十年二月置。又东北有三山巡检司,治金家山上,寻迁破山。北有眉山巡检司,治眉山寨,寻迁县西北湖海头。又有庙山巡检司,治庙山寨,寻迁上虞县界中源堰,仍故名。

上虞府东。西有夏盖山,北枕海,南临夏盖湖。西南有东山。东有覆厄山,接嵊县界。又东有通明江,即姚江上流,又有运河,在县治前。又西北有白马湖,北接夏盖湖,其相连者有上妃湖,亦曰上陂湖,引流为五夫湖,东北达于余姚之西横河。又西有梁湖巡检司,本治梁湖,寻迁百官市,仍故名。

嵊府东南。东有丹池山。东北有嵊山。北有嶀山,又有清风岭。西有太白山。南有剡溪,源出天台诸山。下流为曹娥江。西有长乐镇、西北有管解寨二巡检司,废。

新昌府东南。东有沃州山。东南有天姥山。又东有东溪,源出天台山,西北流入嵊县界。南有彩霞镇、又有丰乐、又有善政三巡检司,后废。

宁波府元庆元路,属浙东道宣慰司。太祖吴元年十二月为明州府洪武十四年二月改宁波。领县五。西并距布政司三百六十里。

鄞倚。东有郧山。西南有四明山,周八百余里。东有灌顶山,旧产铁。东南有阿育王山,有太白、天童诸山。东北滨海。有鄞江,一名甬江。东南有奉化江,西北有慈溪,皆流合焉。西南有小江湖,又西有广德湖,东有东钱湖,皆引流入鄞江。北有龙山守御千户所,洪武十九年十一月置。东有甬东巡检司,治甬东隅,后迁定海县东南竹山海口,仍故名。又有岱山、又有螺峰二巡检司,后废。

慈谿府西北。元曰慈溪。永乐十六年改"溪"为"谿"。西南有车厩山。东北滨海。南有慈谿,一曰前江,即姚江下流也,蓝溪、文溪诸水皆流合焉。西北有鸣鹤盐课司。又观海卫亦在西北,洪武十九年十一月置。又有松浦巡检司,治浦东,寻迁浦西。又有向头巡检司,治向头寨,寻迁洋浦,废,后复。

奉化府南。元奉化州。洪武二年降为县。南有蓬岛山,又有天门山。西北有雪宝山。北有奉化江,亦曰白渡江;又谓之剡溪。东有市河,东北有赵河,皆南流入焉。东有塔山、东南有鮚碕二巡检司。又有公棠、连山、栅墟、东宿四巡检司,废。

定海府东北。东有候涛山,一名招宝山,上有威远城,山麓有靖海城,俱嘉靖三十九年置。东北皆滨海。海中有舟山,有金塘山,有蛟门山,又有普陀落伽山,有大谢、小谢山。南有大浃江,其上流即鄞江,分流为小浃江,并入海。南有清泉等盐场。又东北有定海卫,本定海守御千户所,洪武十四年四月置,二十年二月升为卫。东南有穿山后千户所,洪武二十七年九月置。又有廓衢守御千户所,大嵩守御于户所,俱洪武十九年十一月置。又有舟山中中千户所,舟山中左千户所,本元昌国州,洪武二年降为县,二十年六月,县废,改置。南有上岸太平岙、西有管界寨二巡检司。又西北有施公山、南有长山二巡检司,后废。又南有霞屿巡检司,本名崎头,正统间更名,后废。又舟山东南有宝陀西北有岑港,又舟山东有岱山、西南有螺峰四巡检司,后废。

象山 府东南。南有石坛山,亦曰坛头山。东南北三面皆滨海,其南有三
茅山,一名三仙岛,俱在海中。南有正泉盐场。又西南有昌国卫,本昌国守御千户所,洪武十二年十月置于舟山,十七年九月改为卫。二十年来徙县南天门山,二十七年迁县西南后门山。又山西南有石浦守御前、后二千户所,俱洪武二十年置。西北有钱仓守御千户所,洪武十九年十一月置。西有爵溪守御千户所,洪武三十年十二月置。北有陈山巡检司,治陈山,寻迁县东南。西有爵溪巡检司,迁治姜屿渡。南有石浦巡检司,迁治青山头。又东有赵岙巡检司,自宁海县迁此。俱仍故名。

台州府 元台州路,属浙东道宣慰司。**洪武初,为府。领县六。西北距布政司四百四十里。**

临海 倚。西南有括苍山,一名真隐山。又东南有海门山,有金鳌山,皆滨海。南有澄江,一名灵江,流合天台、仙居诸山之水,至黄岩县入海。又大海在东,中有芙蓉山、高丽头山。又有杜渎监场。又海门卫亦在县东,洪武二十年二月置。其北为前千户所,洪武二十八年置。东北有桃诸前千户所,洪武二十年九月置。东有蛟湖巡检司,迁治海口陶屿。又有连盘巡检司,迁治海口长沙。俱仍故名。

黄岩 府东南。元黄岩州。洪武三年三月降为县。南有委羽山。东有大海。西北有永宁江,即澄江下流。东南有盐场,又有长浦巡检司。

天台 府西北。西有天台山。北有赤城山,又有石桥山,皆天台支阜也,其绝顶曰华顶峰。又西南有始丰溪,即澄江上源。又东有楢溪,产铁。其东为甬溪。又西有胡窦巡检司,废。

仙居 府西南。西北有苍岭,即括苍山。又有永安溪,下流亦会于澄江。又西南有曹溪,东有彭溪,俱流合于永安溪。西有田寺巡检司,后废。

宁海 府东北。北有天门山。西北有龙须山,旧产铜铁。东滨海。东北有鄞江,与象山县界。南有海游溪,有宁和溪,又有东溪,东有铁砂,冶之成铁,俱导流入海。又有梅岙镇,旧有铁场。又南有健跳千户所,洪武二十年九月置。东有越溪、又有长亭、北有铁场、南有曼岙、东南有窦岙五巡检司。

太平府东南。成化五年十二月以黄岩县之太平乡置,析乐清地益之。南有大雷山。西北有王城山。西南有灵山,与玉环山接。东扁浜海,曰大闾洋,中有松门石塘,大际等山。又东有迁江,一名新建河,至县北曰官塘河,北抵黄岩县,东入海。东有松门卫,本松门千户所,洪武十九年十二月置,二十年六月升为卫。东北有新河千户所,洪武十九年十二月置。南有隘顽千户所,西南有楚门千户所,俱洪武二十年二月置。又东有盘马、西有二山,又有蒲岐三巡检司。南有河角巡检司,本治岐头山下,后迁今治。西南有小鹿巡检司,迁治楚门所之横山后。西有温岭巡检司,废。

金华府元婺州路,属浙东宣慰司。太祖戊戌年十二月为宁越府。庚子年正月曰金华府。领县八。东北距布政司四百五十里。

金华倚。北有金华山。南有铜山,旧产铜。城南有东阳江,亦曰婺港,自东阳县流经此。又有南溪,自缙云县来合焉,谓之双溪,亦曰毂溪,合流至兰溪而会于信安江。

兰溪府西。元兰溪州。洪武三年三月降为县。东有铜山,旧产铜。西南有兰溪,即毂溪也,亦曰大溪,一自衢州之衢港,一自金华之婺港,会于西南兰阴山下,北入岩州界。西北有平渡巡检司。北有灵泉乡、龙岩乡二巡检司,废。

东阳府东。东南有大盆山,东阳江出焉,经县北,谓之北溪,亦曰东溪,西南有画溪,下流至义乌县入焉。东有永宁巡检司。又东南有瑞山、玉山。南有兴贤、仁寿二巡检司,废。

义乌府东,少北。南有乌伤溪,即东阳江。西有智者同义乡、南有双林明义乡、北有龙祈镇三巡检司,废。

永康府东南。东有铜山,旧产铜。南有南溪,亦曰永康溪。又东有孝义寨、南有义丰乡、东南有合德乡三巡检司,后废。

武义府南,少东。东北有永康溪,又有茭道市。西有苦竹市。又北有白溪口市。

浦江府东北。西有溪衾山,浦阳江出焉,东流入诸暨县界。东有杨家埠巡检司,后废。

汤溪府西南。成化七年正月析兰溪、金华、龙游、遂昌四县地置。南有银岭。西北有瀔江,即信安江。

衢州府 元衢州路,属浙东道宣慰司。太祖己亥年九月为龙游府。丙午年为衢州府。领县五。东北距布政司五百六十里。

西安 倚。永乐二十二年建越王府,宣德二年除。西有岩山。南有烂柯山,又有爵豆山,旧出银。又西北有铜山,旧出铜、锡铅。城西南有衢江,其上源曰大溪,自江山县流入。又有西溪,亦曰信安溪,自开化县发源,流至此与大溪合焉,曰双港口。又东有定阳溪,一名东溪,自遂昌县流入,合于衢江。西南有严剥、东南有板固二巡检司。

龙游 府东。东有龙丘山。北有梅岭。又有縠溪,即衢江也,一名盈川溪。又南有灵溪,自遂昌县流经县南灵山下,又东北入焉。东有湖头镇巡检司。又北有水北、南有灵山二巡检司,废。

常山 府西。有三衢山。东有常山,即信安岭也。北有金川,一名马金溪,自开化县流入。东有文溪,自江山县流入,合于金川,为信安溪上源。北有下坑、东南有镇平二巡检司,废。

江山 府西。东南有江郎山,有仙霞岭,仙霞关在其上。城东有大溪,仙霞岭水所汇也。又西有文溪。南有东山巡检司,本治仙霞岭下,后迁岭上。又小竿岭巡检司,废。

开化 府西北。金溪在城东,其源一出马金岭,一出百际岭,至城北合流而南,即金川上源也。北有金竹岭巡检司。又西有灵台、北有低坂、又有马金、南有华埠四巡检司,废。

处州府 元处州路,属浙东道宣慰司。太祖己亥年十一月为安南府,寻曰处州府。领县十。北距布政司七百三十里。

丽水 倚。大溪在城南,一名洄溪,自龙泉县流经此,下流至永嘉县,入于海。又东有好溪,本名恶溪,东南达于大溪。

青田 府东南。西有大、小连云山。南有南田山。又有南溪,即大溪也,亦曰青溪,自丽水县流入。西南有小溪流合焉。南有淡洋巡检司。又北有黄坛巡检司,废。

缙云 府北。东有仙都山,亦名缙云山。又有管溪宦山。西南有冯公岭,一名本合岭,一名桃花隘。又东有好溪,源出县东北之大盆山,有管溪自东流合焉。又北有南源溪,亦曰南溪,下流为永康溪,入于东阳江。

松阳府西。北有竹嵝岭。西有松溪,南有竹溪流入焉,下流至丽水县,入于大溪。又西南有净居巡检司。废。

遂昌南有双溪,有二源,至县南合流。又东经西明山南,分为二,其一入龙泉县之大溪,其一为东溪,入松阳县,为松溪。北有马步巡检司。

龙泉府西南。南有匡山,建溪之水出焉。南有大溪,源出台湖山,又有灵溪,自县北流合焉,东入云和县界。南有庆元巡检司,治查田市。

庆元府西南。洪武三年三月省。十三年十一月复置。西南有松源水,南流入福建,为松溪县之松溪。

云和府西南。景泰二年析丽水县地置。南有大溪,西有黄溪流入焉,东入丽水县界。又西有七赤渡。东有石塘隘。

宣平府北。本丽水县之鲍村巡检司。景泰三年改为县,而徙巡检司于县之后陶,仍故名,寻废。西北有砻坑山,旧产银。南有玉岩山,又有会高山,产矿。又南有虎踏溪,会汉于丽水县之大溪。

景宁府南。景泰五年析青田县置。南有敕木山。东有矿坑岭。西有彪溪,东北有大汇滩,下流皆注于青田县之大溪。北有沐溪巡检司,迁县南大漈,仍故名。又西有庐山巡检司,后废。东有龙首关,又有龙汇关、白鹿关,俱嘉靖中置。

温州府元温州路,属浙东道宣慰司。洪武初,为府。领县五。西北距布政司八百九十里。

永嘉倚。西有岷冈山,又有铁场岭。南有大罗山。东滨海。又永宁江在城北,一名瓯江,一名永嘉江,自苍括诸溪汇流入府界,又东注于海。江中有孤屿山。与北岸罗浮相望。又西北有安溪,东北有楠溪,俱注于瓯江。城西南又有会昌湖,东有宁村守御千户所,洪武二十年二月置。东南有中界山巡检司,后迁县东永昌堡。

瑞安府南。元瑞安州。洪武二年降为县。正德六年五月徙县城于故城西,去海三丈五尺,以避湖患。西有陶山。北有帆游山。城南有安阳江,源出福建政和县及青田县界,合流至此,曰瑞安江,亦曰飞云江,渡处有飞云关,东接海口。又县东海岸中有凤凰诸山。又县东北有海安守御千户所,县东南有沙园守御千户所,俱洪武二十年二月置。东有东山巡检司,本名梅头,治梅头寨,后迁,更名。

乐清府东北。东有北雁荡山。南滨海,有玉环山,在海中。又西北有荆溪。又县治傍有东、西二溪。西南有馆头江。西有象浦河,东北有石马港,下流皆达海。有长林盐场。又西有盘石卫,洪武二十年二月置。东有盘石守御后千户所,成化五年置。东北有蒲岐守御千户所,亦洪武二十年二月。西有馆头巡检司,迁治县西南岐头寨,后复。东南有北盐巡检司,治玉环山下,寻迁县东北蔡岙,又迁县东白沙岭,又迁鹦头,又迁窑岙山下,仍故名。

平阳府西南。元平阳州。洪武三年降为县。西南有雁荡山,有玉苍山。又东南海中有大岩头山,有南麂山。又西有前仓江,亦曰横阳江,东南经江口关注于海。南有天富南盐场。又南有金乡卫,有蒲门守御千户所,东北有壮士守御千户所,皆洪武二十年二月置。东南有肥艚、又有斗门二巡检司。南有江口巡检司,治下埠,后迁渡头。又东有仙口巡检司,迁县南麦城山,仍故名。又东南有龟峰巡检司,废。

泰顺府西南。景泰三年以瑞安县罗洋镇置,析平阳县地益之。南有分水山,上有关,为浙、闽分界处。又西有白溪,下流至福建宁德县入海。又东有仙居溪,流入瑞安境入海。北有池村巡检司。南有三冠巡检司,本洋望,后更名。东南有鸦阳巡检司,后废。又罗阳第一关在县东。

明史卷四五
志第二一

地理六

福建　广东　广西

福建　《禹贡》扬州之域。元置福建道宣慰使司，治福州路。属江浙行中书省。至正十六年正月改宣慰司为行中书省。太祖吴元年十二月平陈友定。洪武二年五月仍置福建等处行中书省。七年二月置福州都卫。与行中书省同治。八年十月改福州都卫为福建都指挥使司。九年六月改行中书省为承宣布政使司。领府八，直隶州一，属县五十七。为里三千七百九十七。北至岭，与浙江界。西至汀州，与江西界。南至诏安，与广东界。东至海距南京二千八百七十二里，京师六千一百三十三里。洪武二十六年编户八十一万五千五百二十七，口三百九十一万六千八百六。弘治四年，户五十万六千三十九，口二百一十万六千六十。万历六年，户五十一万五千三百七，口一百七十三万八千七百九十三。

福州府元福州路，属福建道。太祖吴元年为府。领县九。

闽倚。南有钓台山，亦曰南台山。东南有鼓山。南有方山，一名甘果山，下有官母屿，有巡检司。东南滨海。南有闽江，亦曰建江，自南平县流入府界。东南纳群川之水，至府西曰洪塘江，分二流，南出曰陶江，东出曰南台江，至鼓山下复合为一。又东南有马头江，自永福县流入，曰西峡江，又东有东峡江流合焉,又东南至五虎门,入于海。东有闽安镇巡检司。

　　侯官倚。西有旗山,有雪峰山,有建江,又有西禅浦。西南有阳崎、吴山、凤冈、泽苗、延泽、仙坂等六浦,皆建江支分,仍合正流入海。西北有怀安县,洪武十二年移入郭内,与闽、侯官同治,万历八年九月省。西北有竹崎、又有五县寨二巡检司。

　　长乐府东,少南。东滨海,有海堤。北有马头江。又东有守御梅花千户所,洪武二十一年二月置。东北有石梁蕉山、东南有松下镇二巡检司。又东有小祉山巡检司,后移治大祉澳。

　　福清府南,少东。元福清州。洪武二年二月降为县。东南际海,有盐场,海中有海坛山,又有小练山。南有龙江,又有迳江。东南有海口,江皆汇流入海。又东有镇东卫,东南有守御万安千户所,俱洪武二十一年二月置。又有泽朗山、有牛头门、又南有壁头山三巡检司。又东有海口镇巡检司,洪武二十年移于长乐县之松下镇。

　　连江府东北。东北滨海,海中有北茭镇巡检司。南有连江,东入海。东北有守御定海千户所,洪武二十一年二月置。

　　罗源府东北。东滨海。西有罗川,南流分三派入海。南有应德镇。

　　古田府西北。建江在县南,自南平县流入,经城南,有大溪流合焉,谓之水口。又东南迳模天岭下,江流至此始出险就平,东入闽清县界。东有杉洋镇,出银坑,有巡检司,后废。又西南有谷口镇、西北有西溪镇二巡检司,寻废。

　　闽清府西北。西南有大帽山。北有建江,西南有梅溪流合焉。东有青窑镇巡检司,废。

　　永福府西南。西南有高盖山,又南有陈山。东有东溪,汇诸山溪之水,下流会于福清之龙江而入海。又有漈门巡检司,后移于嵩口埕,寻复故。

　　兴化府元兴化路,属福建道宣慰司。洪武元年为府。领县二。北距布政司二百八十里。

　　莆田倚。东南滨海,海中有湄洲屿,又有南日山,俱东与琉球国相望。又南有木兰溪,北有延寿溪,东北有荻芦溪,又有通应港,俱会流入海。又西北有兴化县,正统十三年四月省。东有平海卫,东南有守御莆禧千户所,俱洪武二十一年二月置。东有嵌头、西北有大洋寨、东南有吉了三巡检司。东有冲沁巡检司,本治寻阳,后徙兴福。又有青山巡检司,本治武盛里南哨,后徙奉国里。

东南有南日山巡检司,后徙新安。东北有迎仙寨巡检司,后移鼓楼山。东有峙头、东南有小峙二巡检司,后废。

仙游府西。北有二飞山。东北有何岭。南临九鲤湖,湖在万山中,下流入莆田县界,合于延寿溪。西有三会溪,即木兰溪上源。西有白岭巡检司,后迁于文殊寨。南有枫亭市、西有潭边市二巡检司,后废。

建宁府元建宁路,属福建道宣慰司。洪武元年为府。领县八。四年正月置建宁都卫于此。八年十月改为福建行都指挥使司。东南距布政司五百二十五里。

建安倚。东北有凤凰山,产茶。东有东溪,即建江,自浙江庆元县流经此,又西合于西溪。又东南有寿岭巡检司。

瓯宁倚。西有西溪,源出崇安县,东会诸溪之水,流入县境,又东合于东溪,南入延平府界。西北有营头街巡检司。

建阳府西北。西北有西山。东南有锦江,亦曰交溪,有二源,合流于县东东山下,南流达于建溪。

崇安府西北。南有武夷山,中有清溪,九曲流入崇安。西北有分水岭,上有分水关巡检司。其水西流者入江西境,东流者入县境,即崇溪源。俗谓之大溪,经城西而南出,亦谓之西溪。其别源出县东北之岑阳山,亦曰东溪,西南流合于西溪,又南合武夷水而入建阳县界,即锦江之上源也。又西北有温林、岑阳、桐木、焦岭、谷口、寮竹、观音等关,与分水关为崇安入关。

浦城府东北。北有渔梁山,建溪之源出焉。又有盖仙山,有黎岭,又有枫岭,一名大竿岭,皆浙、闽通途。又东北有柘岭,与浙江丽水县分界,柘水出焉,流合大溪。又南有南浦溪,亦曰大溪即建溪也,下合建阳之交溪。东有高泉、东北有溪源、西北有盆亭三巡检司。

松溪府东。东有万山。东北有鹫峰山,接浦城及浙江之龙泉界。南有松溪,源出浙江庆元县,亦谓之松源水,又西有杉溪,下流俱入于建溪。北有二十四都巡检司。南有东关巡检司,后迁于鸟鞍岭,又迁于铁岭,又迁于峡桥。

政和府东。南有七星溪,源出县东之铜盘山,下流合于松溪。又东有丹溪,流经福安县入海。又东南有赤岩巡检司。

寿宁府东。景泰六年八月以政和县杨海村置,析福安县地益之。东有蟠溪,即福宁州长溪上源也。东有渔溪巡检司,后迁县北之官台山,又迁斜滩镇。

延平府元延平路,属福建道宣慰司。洪武元年为府。领县七。东南距布政司四百五里。

南平倚。南有九峰山。东北有衍仙山。城东南有剑溪,即建江也,亦曰东溪,自建宁府流入,南经黯淡滩,又西迳剑津,与西溪合。西溪出汀、邵二府之境,至县西,合于沙县之沙溪,为沙溪口;又东至剑津,合于东溪;又南至尤溪口,合于大溪,亦名南溪;又东至福州府,入于海;俗亦谓之三溪。东南有苍峡、西北有大历二巡检司。

将乐府西。南有天阶山。西北有百丈山。南有将溪,亦曰大溪,即西溪这上源也。又西北有梅溪,自邵武界流入,合于大溪。又北有万安寨巡检司。

沙府西南。西北有幼山。县治南有沙溪,亦名太史溪,自永安县流入,经县东,有霹雳等滩,下流合于西溪。北有北乡寨巡检司。

尤溪府南。北有丹溪岭,一名桃木岭,下有丹溪。东有尤溪,其上源一出龙岩县,一出德化县,合流于县西南,又北流会汤泉等二十溪,北出尤口,入建溪,亦曰湖头溪。西有英果寨、又有高才坂二巡检司。

顺昌府西,少北。南有徘徊岭。西北有顺阳溪,源出建阳县,又东经县南,与将溪合,又东经沙口,合邵武县之沙溪,又东经县西,兴西溪合,西溪即邵武县之紫云溪也,又东入南平县界,为南平之西溪。又西北有仁寿镇巡检司。

永安府西南。本沙县之浮流巡检司,正统十四年置永安千户所于此。景泰三年改置县,析尤溪县地益之。东北有贡川山。东南有石罗山。西有燕溪,四源合流,经城东北,下流为沙县之沙溪。又西有安砂镇、西南有湖口寨二巡检司。又西北有黄杨巡检司,废。

大田府西南。嘉靖十五年二月以尤溪县之大田置,析永安、漳平、德化三县地益之。北有五台山。南有大仙山。东有银瓶山,产银铁。又南有尤溪,自龙岩县流入,又东入尤溪县境。又东南有花桥巡检司。又西南有桃源店巡检司,本属漳平县,后来属。北有英寨、西南有安仁隘二巡检司,后废。

汀州府元汀州路,属福建道宣慰司。洪武元年为府。领县八。东距布政司九百七十里。

长汀倚。北有卧龙山。又北有新乐山,贡水出焉,流入江西界。西有新路岭。东有鄞江,即东溪,亦曰左溪,自宁化县流入,下流经广东大埔县入海,中有五百滩,亦谓之汀水。又东南有正溪,西有西溪,北有北溪,南有南溪,俱合于东溪。又西有古城寨巡检司。

宁化府东北。南有潭飞漈。又有大溪,源出县北万斛泉,分流为清流县之清溪,其正流入长汀县,为鄞江上流。北有安远寨巡检司。

上杭府南。西有金山,上有胆泉,浸铁能成铜。西南有羊厨山,产矿。南有大溪。

武平府西南。北有黄公岭。南有化龙溪,下流入广东程乡县。西南有武平城,洪武二十四年正月置武平千户所于此。东南有象洞巡检司,后移于县西南之悬绳隘。北有永平寨巡检司,后移县西北之贝寨。

清流府东北。南有丰山,东南有铁石山,南临九龙溪,有铁石矶头巡检司。西南有清溪,自宁化县流入,东北合半溪,又东南经九龙滩而入永安县界,亦曰龙溪,即燕溪之上源。

连城府东南。本曰莲城,洪武十七年后改"莲"曰"连"。东有莲峰山。南有文溪,下流达于清流县之清溪。西南有北园寨巡检司,后迁于县南之朗村隘,后又迁于县西南之新泉隘。

归化府东北。成化七年正月以清流县之明溪镇置,析将乐、沙县、宁化三县地益之。北有铁岭。南有归化溪,下流合将乐县之将溪。东有夏阳巡检司。

永定府南。成化十四年以上杭县溪南里之田心地置,析胜运等四里益之。西有大溪,即汀水,自上杭县流经此,又东入广东大埔县界。东南有三层岭巡检司。东北有太平巡检司,后徙高坡。西南有兴化巡检司,治溪南里古镇,寻废,复置,后迁于上杭县之峰头。

邵武府元邵武路,属福建道宣慰司。太祖吴元年为府。领县四。东南距布政司六百七十里。

邵武倚。东有三台山。东南有七台山,又有道人峰。又有樵溪,源自樵岚山,经城内,出北门,合紫云溪,流至顺昌县为顺阳溪。又东南有水口巡检司。又东有拏口、南有同巡、东北有杨坊三巡检司,废。

光泽府西北。北有云际岭。西北有杉岭,杉关在其上,与江西南城县接界。杭川出焉，亦名大溪，下流入紫云溪。又有大寺寨巡检司，在杉关东。又西北有黄土关。

泰宁府西南。西有金饶山。西北有大杉岭。西有二十四溪，南有滩江流合焉，下流会于樵溪。

建宁府西南。北有百丈岭，蓝溪出焉。南有绥江，源出金饶山，一名滩江，亦名宁溪，至绥城口，合蓝溪流入泰宁县界。西有西安巡检司，本治里心保，后迁丘坊隘，寻废，后复置，后又迁新安保之黄泥铺。

泉州府元泉州路，属福建道宣慰司。洪武元年为府。领县七。东距布政司四百十里。

晋江倚。东北有泉山，一名清源。东南有宝盖山。南有灵源山。东南滨海，有盐场。海中有彭湖屿。南有晋江，自南安县流入，经城西石塔山下，又东南至岱屿入海。东北有洛阳江，南流入海。又东南有永宁卫，南有守御福泉千户所，俱洪武二十一年二月置。东南有祥芝、又有乌浔、南有深沪、又有围头四巡检司。西南有安平城，嘉靖中筑。东南有石湖城，万历中筑。

南安府西，少北。东南滨海。南有黄龙溪，即晋江之上流，西有桃林溪流入焉。南有石井巡检司。又西北有澳头、西南有达河二巡检司，后废。

同安府西南。西有文圃山。南滨海，有盐场。西北有西溪，流合县东之东溪，县西之芎溪，又东南注于海。西南有守御金门千户所，西有守御高浦千户所，俱洪武二十一年二月置。又西南有永宁中左千户所，在嘉禾屿，即厦门也，洪武二十七年二月置。西有芎溪、南有塔头山、东南有田浦、又有陈坑四巡检司。又西南有白礁巡检司，后移于县西之灌口寨。东南有烈屿巡检司，后移于石浔港口。又有官澳巡检司，后移于踏石寨。又有峰上巡检司，后移于县西之下店港口。

惠安府东北。东南滨海，有盐场。西有洛阳江。又东南有守御崇武千户所，洪武二十一年二月置，嘉靖中移于县东北。城东有黄崎、南有獭窟、东南有小岞、东北有峰尾四巡检司。又东北有涂岭、又有沙格、东南有小兜三巡检司，洪武二十年废。

安溪府西。西北有佛耳山。南有蓝溪。又西北有源口渡巡检司，后迁白华堡，寻复。

永春府西北。西北有雪山，桃林溪出焉，东迳南安县，北合蓝溪，为双溪口，又东迳南安县，南合于黄龙溪。西有陈岩寨巡检司，洪武中废。

德化府西北。西北有戴云山。西有太湖山。南有丁溪，又有浐溪，合而北流入兴化仙游境。又西北有高镇巡检司，本东西团，后徙治，更名。东南有虎豹关。

漳州府元漳州路，属福建道宣慰司。洪武元年为府。领县十。东北距布政司七百里。

龙溪倚。东有歧山。西有天宝山。北有华封岭，一名龙头岭。东南滨海，海中有丹霞等屿。又东北有九龙江，亦名北溪，其上源出长汀及沙县，流入县界，历龙头岭下，谓之峡中，至县东出峡，为柳营江，又南有南溪流入焉。又东南为镇门港，入于海。有柳营江巡检司。又南有九龙岭巡检司。

漳浦府南。南有梁山，又东南有良山，兴梁山相峙。东北有大武山。县东南两面皆滨海。南有漳江，亦曰云霄溪，合李澳溪入于海。又有石墼溪。东北又有镇海卫，东有守御六鳌千户所。澳东南有古雷、又有后葛、东有井尾澳、西南有盘陀岭四巡检司。又东南有青山巡检司，后徙治月峙，又西南有云霄镇，俱洪武二十一年二月内置。

龙岩府西。东有龙岩山，又有东宝山，旧产银铅。西有紫金山。北有九侯山。又南有龙川，下流入漳平界，为九龙江上源。东北有雁石巡检司，后移于暝林口。

长泰府东。南有长泰溪，下流入九龙江。东南有朝天岭巡检司，后移于溪口。

南靖府西。旧治在西南，双溪之北。嘉靖四十五年北徙大帽山麓。万历二十三年复迁旧治。北有欧寮山。南有双溪，入龙溪县界，为南溪。北有永丰、西北有和溪二巡检司。又有小溪、寒溪二巡检司，后废。

漳平府西北。成化六年以龙岩县九龙乡置，析居仁等五里地益之。东南有象湖山。南有百家畲洞，踞龙岩、安溪、龙溪、南靖、漳平五县之交。又有九龙溪，自龙岩县流经此，下流入龙溪县。南有归化巡检司，后移于县东之析溪口。又东北有溪南巡检司，后废。

平和府西南。正德十四年六月以南靖县之河头大洋陂置，析漳浦县地益之。东南有三平山。东有大峰山，河头溪所出，分数流达海，又西有芦溪流合焉。有芦溪巡检司，后迁枋头板，改名漳汀巡检司。

诏安府南。本南诏守御千户所,弘治十八年置。嘉靖九年十二月改为县。南临海,海滨有川陵山,海中有南澳山。又东有东溪,为河头溪分流,东南流入海。又南有守御玄钟千户所,东有守御铜山千户所,俱洪武二十一年二月置。东有金石、洪淡二巡检司。西南有分水关,漳、潮分界,巡检司治焉。

海澄府东南。嘉靖四十五年十二月以龙溪县之靖海馆置,析漳浦县地益之。东北滨海。西有南溪,自龙溪县流入,与柳营江合流入海。东有海门巡检司,后迁于青浦社。东北有濠门巡检司,本治海沧洋,后迁县东北之嵩屿。东有岛尾巡检司。又西北有石马镇。

宁洋府西北。本龙岩县之东西洋巡检司,正统十一年置。嘉靖四十五年十二月改置县,又析大田、永安二县地益之。南有香寮山。东南有东洋,溪流所汇也。

福宁州元福州路。洪武二年八月降为县,属福州府。成化九年三月升为州,直隶布政司。北有龙首山。东有松山,山下有烽火门水寨,正统九年自海中三沙堡移此。东北有大姥山。东南滨海,海中有嵛山、台山、官澳山、屏风屿。东有白水江。西有长溪,源出寿宁县界,至县西南古镇门入海。东有福宁卫,南有守御大金千户所,俱洪武二十一年二月置。西北有柘洋巡检司,又有芦门巡检司,后移桐山堡。又东北有大筼筜巡检司,后移秦屿堡。又东有清湾巡检司,后徙牙里堡。南有高罗巡检司,后移闰峡堡。又有延亭巡检司,后移下浒堡。又东北有蒋洋,又有小澜,西北有小澳、犀溪,西南有蓝田,南有西白六巡检司,后废。领县二。西南距布政司五百四十里。

宁德州西南。洪武二年属福州府。成化九年来属。北有霍童山,有龟屿。东南滨海,中有官扈山,下有官井洋。又东有瑞峰,亦在海中。西有穹窿溪,南有赤鉴湖,北有外涉溪,下流俱达于海。北有东洋麻岭巡检司,后徙涵村,又徙县东北之云淡门,又徙县东之黄湾,后还故治。南有南靖关。东有长崎镇。

福安州西北。洪武二年属福州府。成化九年来属。西南有城山。海在南。西北有长溪,东南入福宁州境。西北有白石巡检司,后徙于县东南之黄崎镇。

广东 《禹贡》扬州之域及扬州徼外。元置广东道宣慰使司,治广州路。属江西行中书省。又置海北海南道宣慰使司,治雷州路。属湖广行中书省。洪武二年三月以海北海南道属广西行中书省。四月改广东道为广东等处行中书省。六月以海南海北道所领并属焉。四年十一月置广东都卫。与行中书省同治。八年十月改都卫为广东都指挥使司。九年六月改行中书省为承宣布政使司。领府十，直隶州一，属州七，县七十五。为里四千二十八。北至五岭，与江西界。东至潮州，与福建界。西至钦川，与广西界。南至琼海。距南京四千三百里，京师七千八百三十五里。洪武二十六年编户六十七万五千五百九十九，口三百万七千九百三十二。弘治四年，户四十六万七千三百九十，口一百八十一万七千三百八十四。万历六年，户五十三万七百一十二，口五百四万六百五十五。

广州府元广州路，属广东道宣慰司。洪武元年为府。领州一，县十五。

南海倚。西北有石门山、双女山。南滨海。又南有三江口。三江者，一曰西江，上流合黔、郁、桂三水，自广西梧州府流入一曰北江，即溱水；一曰东江，即龙川水。俱与西江会，经番禺县南，入于南海。西北有三江巡检司，本治侧水村，后迁村堡。又有金利、西南有神安、又有黄鼎、又有江浦四巡检司。又南有五斗口巡检司，后迁磨刀口，又迁佛山镇。

番禺倚。在城有番、禺二山，县是以名。东有鹿步、南有沙湾、北有慕德、东南有茭塘、又有狮岭五巡检司。

顺德府西南。景泰三年，以南海县大良堡置，析新会县地益之。西北有西江。南有马宁、北有紫泥二巡检司。西有江村巡检司，后迁县西北查浦。北有宁都巡检司，后迁都粘堡。又东南有马冈巡检司，后废。

东莞府东南。南滨海，海中有三洲，有南头、屯门、鸡栖、佛堂门、十字门、冷水角、老万山、零丁洋等澳。北有东江。西有中堂、西南有白沙、又有缺口镇三巡检司。东北有京山巡检司，本治茶园，后迁京口村，更名又西南有虎头山关，洪武二十七年置。

新安府东南。本东莞守御千户所，洪武十四年八月置。万历元年改为县。南滨海。有大鹏守御千户所，亦洪武十四年八月置。东南有官富、西北有福永二巡检司。

三水府北。嘉靖五年五月以南海县之龙凤冈置，析高安县地益之。西江在南，北江在西。又西南有三江、北有胥江、东有西南镇三巡检司。又南有横石巡检司。**增城**府东。东有增江。南有东江。西南有乌石，西北有茅田巡检司。**龙门**府东。弘治六年以增城县七星冈置，析博罗县地益之。南有龙门水，亦曰九淋水，流入东江。东有上龙门巡检司。

香山府南。南滨海。东有零丁洋。北有黄圃巡检司。西北有大揽巡检司，本名香山，后更名。

新会府西南。南滨海，中有崖山。东北有西江。西南有恩平江，一名岘冈水。东南有潮连、西有牛肚湾二巡检司。又西北有乐迳巡检司，后迁县北之石螺冈。又东北有大瓦巡检司，本治中乐都，后迁鸾台村。又南有沙村巡检司，本治大神冈，后迁仙洞村，又迁长沙村，后复故治。

新宁府西南。弘治十一年以新会县德行都之上坑蒴置，析文章等五都地益之。南滨海。北有恩平江，一名长沙河。又南有广海卫，洪武二十七年九月置。西有望高巡检司。西南有城冈巡检司，后废。

从化府东北。弘治二年以番禺县横潭村置，析增城县地益之。九年迁于流溪马场曲。东北有流溪巡检司，本治县北石潭村，后迁神冈村。

清远府北。东有中宿峡。西有大罗山。又滇水在县东北，东南有洭水来合焉，谓之洭江口，有洭江巡检司。又西南有回岐、西北有滨江二巡检司。东北有横石矶巡检司，后废。

连州元桂阳州，直隶广东道。**洪武二年三月省入连州。四月，连州废，地属连山。三年九月，连山废，地属阳山。十四年置连州于此，属府。**东北有桂水。西有湟水，亦曰洭水，自湖广宁远县流入，东南合滇水。西北有朱冈巡检司。又有西岸巡检司，治仁内乡，后徙阳山县境。**东南距府五百六十里。领县二。**

阳山州东北。元属桂阳山。洪武二年三月，桂阳州废，属连州。四月，连州废，属韶州府。十四年四月改为连州，徙州于桂阳州旧治，复置县，属焉。南有阳溪，即洭水。西北有星子巡检司。东有西岸巡检司，自连州移此，治青莲水口。又北有湟溪、阳山二关。

连山州西。元连州治此，直隶广东道。洪武二年四月，州废，属韶州府。三年九月省入阳山。十三年十一月复置。十四年四月属州。旧治在县西北钟山。永乐元年徙县西程山下。天顺六年又徙小坪。南有黄连山。北有高良水，又名大获水，东至州界入湟水。西有宜善巡检司，即程山下旧县治，

肇庆府元肇庆路，属广东道。洪武元年为府。领州一，县十一。南距布政司二百三十里。

高要倚。北有石室山。南有铜鼓山。东有高峡山、烂柯山。城南有西江，又南有新江，东有苍梧水，俱流入焉。东南有古耶巡检司，治龙池都之冯村，后迁县东之横槎下都。东有禄步巡检司，初在下村，后迁上村水口。东有横槎巡检司，初治上半都，后迁水口，寻废。

高明府东南。本高要县高明镇巡检司，成化十一年十二月改为县，析清泰等都益之。南有仓步水，一名沧江，下流入于西江。东北有太平巡检司，治太平都，后迁县东都含海口。又迁县西南山台寺，又迁县东清溪申石奇海滨。

四会府北。南有北江。东有南津巡检司，治黄冈村，寻迁县东南津水口。

新兴府南。元新州治，直隶广东道。洪武二年四月，州废，来属。东有新江。西南有立将巡检司。又南有禄缘巡检司，后废。

开平府南。本恩平县之开平屯。明末改为县，析新兴、新会二县地益之。南有恩平江，源出旧恩平县西北平城山，东流合鸟石水，下流入广州新会县界。东南有沙冈巡检司，本治沙冈村，后迁平康都之长沙村。又南有松柏、北有四合二巡检司。

阳春府南。元属南恩州。洪武元年属新州。二年四月，新州废，属府。西有漠阳江。北有古良巡检司，寻废，后复置于县西，又迁南乡都小水口。又北有思良巡检司，后废。

阳江府南。元南恩州治此，直隶广东道。洪武元年，南恩州废，改属新州。二年四月，新州废，属府。南滨海。中有海陵山，山西北为鹤州山，海陵巡检司在焉。西有漠阳江，源出古铜陵县北云浮山下，南流过阳春县，会诸水，经南恩旧城，直通北津港门，入于海。东南有海朗守御千户所，西南有双鱼守御千户所，俱洪武二十七年置。又东北有莲塘堡，西有太平堡，俱嘉靖间筑。

恩平府南。本阳江县之恩平巡检司，初治县东北之恩平故县，后迁恩平堡。成化十四年六月改堡为县，析新兴、新会二县地益之，而迁巡检司于县东南之城村，仍故名，后又迁白蒙屯。县南有恩平江。

广宁府西北。嘉靖三十八年十月以四会县地置。初治县东南潭圃山下，

后迁大圃村福星山下，即今治也。北有绥江，又有龙口屯田千户所，亦嘉靖三十八年置。西北有金溪巡检司。南有扶溪巡检司，初治东乡水口，后迁扶溪口，又迁官埠。

德庆州元德庆路，属广东道。**洪武元年为府。九年四月降为州，以府治端溪县省入，来属。**西有小湘峡，西江经其中，端溪自东北入焉。东有悦城乡巡检司，治悦城故县，后迁灵溪水口。**东距府二百十里。领县二。**

封川州西。元封州治此，直隶广东道。洪武二年三月，州废，改属。南有西江，西有贺江，西北有东安江，俱流入焉。北有文德巡检司，初治县西北大洲口，后迁县西贺江口，后又迁于此。

开建州西北。元属封州。洪武二年三月改属。西有开江，一名封溪，即贺江之下流。北有古今巡检司，治古今村，后迁县东北之褥村。

韶州府元韶州路，属广东道宣慰司。**洪武元年为府。领县六。西距布政司八百里。**

曲江倚。永乐二十二年建淮王府，正统元年迁于江西饶州府。南有莲花山。东北有韶石山。西有桂山。浈水在东，东南有曹溪水，西有武水，俱流入焉，抱城回曲，故谓之曲江，下流即始兴江。东北有平圃、南有濛浬二巡检司。

乐昌府西北。南有昌山。东北有灵君山。西有三泷水，即武水。北有九峰、西北有黄圃、又有罗家湾三巡检司。东有高胜巡检司，后废。

英德府西南。元英德州，直隶广东道。洪武二年三月降为县，来属。南有皋石山，一名浈阳峡。又浈水在县东，一名溱水，洭水在县西，一名洸水，至县西南合流，谓之洸口，有洮口巡检司。又南有浛头水，兴浈水合。又东有象冈、北有清溪、西有含洸三巡检司。又南有南崖巡检司，废。

仁化府东北。治水西村，后迁城口村。西北有吴竹岭，吴溪水出焉，下流为潼溪，入浈。东北有扶溪巡检司。又北有恩村巡检司。

乳源府西。本治虞塘，洪武元年迁于洲头津。西有腊岭，五岭之一。西北有武水，自湖广宜章县流入，有武阳巡检司。

翁源府东南。元属英德州。洪武二年三月改属。故城在西北，今治本长安乡也，洪武初，迁于此。北有宝山。东有灵池山，湓溪出焉，即浈头水。东有桂丫山巡检司，初治茶园铺，后迁南浦。

南雄府元南雄路,属广东道。洪武元年为府。领县二。西距布政司千九十里。

保昌倚。大庾岭在北,亦曰梅岭,上有梅关,浈水所出。西北有凌江水,流合焉,南至番禺入海,谓之北江。又县东有小庾岭。西北有百顺、东南有平田二巡检司。又东北有红梅巡检司,旧治梅关下,后迁于此。始兴府西。西有始兴江,即浈水,南有清代经巡检司又东北有黄塘巡检司,本治璎珞铺,后迁黄塘江口,又迁黄田铺。

惠州府元惠州路,属广东道宣慰司。洪武元年为府。领州一,县十。西北距布政司三百六十里。

归善倚。南滨海。西江在西南。东有东江,自江西安远县流入府境,亦曰龙川江,西南至番禺县,会西江入海。东南有平海守御千户所,洪武二十七年九月置。又有内外管理、又有碧甲二巡检司。

博罗府西北。西北有罗浮山。南有东江。西有石湾、又西北有善政里二巡检司。

长宁府西。隆庆三年正月以归善县鸿雁洲置,析韶州府英德、翁源二县地益之。万历元年徙治君子峰下。南有新丰江,下流入龙江。西有圩坪巡检司。又北有黄峒巡检司,后废。

永安府东北。隆庆三年正月以归善县安民镇置,析长乐县地益之。西有东江。西南有宽仁里巡检司,治苦竹派,后迁桃子园。又有驯雉里巡检司,治凤凰冈,后迁县东鸟石屯。寻俱还故治。

海丰府东。北有五坡岭。南滨海,一名长沙海。又东南有碣石卫,东有甲子门守御千户所,俱洪武二十七年十月置。南有捷胜守御千户所,洪武二十八年二月置,初名捷径,三月更名。有甲子门巡检司。又西有鹅埠岭巡检司。又西南有长沙港巡检司,后迁谢道。

龙川府东北。元循州治此,直隶广东道。洪武二年四月,州废,来属。东有霍山。南有龙江,即东江上流,自江西安远县流入。东有通衢巡检司,后迁老龙埠,寻还故治。东北有十一都巡检司。

长乐府东北。元属循州。洪武四年四月来属。旧治在紫金山北。洪武初,徙于今治。东南有兴宁江。南有十二都巡检司。又西有清溪巡检司,后废。

兴宁府东北。元属循州。洪武二年四月来属。南有兴宁江,东入潮州府程乡县界。东南有水口巡检司,治水口隘,后废,复置于下岸,寻迁于上岸水东。又北有十三都巡检司,后迁白水寨,寻复故。

连平州本连平县。崇贞六年以和平县惠化都置,析长宁、河源二县及韶州府翁源县地益之。寻升为州西有银梅水,源出杨梅坪,即浈水上源。南有长吉里、东南有忠信里二巡检司。**东北距府百八十里。领县二。**

河源州北。旧属府,崇祯六年改属州。故城在西南。洪武二年徙于寿春市。万历十年迁于今治。南有槎江,即龙川江,下流为东江。又北有新丰江入焉。又东北有蓝口巡检司。

和平州少北。正德十三年八月以龙川县之和平司置,析河源县地益之,属府。崇祯六年改属州。北有九连山。西北有浰头山,三浰水出焉,亦名和平水,有浰头巡检司。

潮州府元潮州路,属广东道宣慰司。洪武二年为府。领县十一。西距布政司千一百九十里。

海阳倚。南滨海,有急水门。东有鳄溪,一名恶溪,亦名韩江,又名意溪,东入于海。西北有潘田巡检司。又有枫洋巡检司,寻迁县南园头村。

潮阳府南。东南滨海。西南有练江。南有海门守御千户所,洪武二十七年置。东有招宁、西北有门辟、北有桑田三巡检司。又有吉安巡检司,治减水都南山下,后迁贵屿村。

揭阳府西。西北有揭岭。南有古溪。东南滨海。西有南寨巡检司,本名湖口,治湖口村,后迁棉湖寨,更名。东有北寨巡检司,本治县西北冈头山,后迁县东北乌石山南,寻还旧治,后又迁县东桃山铺前。

程乡府西北。元梅州治此,直隶广东道。洪武二年四月,州废,来属。南有梅溪,即兴宁江之下流,一名恶溪,西北有程江合焉。西有太平乡巡检司,治梅塘堡,后迁县西北镇村旁。东南有丰顺乡巡检司,本在县西北平远县界,后迁松口市。

饶平府东北。成化十二年十月以海阳县三饶地置,治下饶。东南滨海,海中有南澳山,有大成守御千户所,洪武二十七年置。南有黄冈、西有凤凰山二巡检司。又东南有柘林寨。

惠来府西南。嘉靖三年十月以潮阳县惠来都置,析惠州府海丰县地益之。南滨海。西有三河,以大河、小河、清远河三水交会而名,即韩江之上源。东南有靖海守御千户所,洪武二十七年置。南有神泉巡检司,本名北山,治县西北村,后迁神泉村,更名。

镇平府北。本平远县石窟巡检司,崇祯六年改为县,析程乡县地益之。西有石窟溪,下流入于程江。东有蓝坊巡检司,自石窟司迁治,更名。

大埔府东。嘉靖五年以饶平县大埔村置,析滦洲,清远二都地益之。南有神泉河,即福建汀州府之鄞江。又西有恶溪。东北有虎头沙、西有三河镇二巡检司。又南有大产巡检司,后迁黄沙。西南有鸟槎巡检司,后迁高陂。

平远府西北。嘉靖四十一年五月以程乡县豪居都之林子营置,析福建之武平、上杭,江西之安远,惠州府之兴宁四县地益之,属江西赣州府。四十二年正月还三县割地,止以兴宁程乡地置县,来属。

普宁府西南。嘉靖四十二年正月以潮阳县洸水都置,析洋乌、黄坑二都地益之,寄治贵山都之贵屿。万历十年移治黄坑,以洋乌、洸水二都还潮阳。西有冬瓜山,冬瓜水出焉,下流为揭阳县之古溪,与南、北二溪合,下流至澄海县入于海。西南有云落径巡检司。

澄海府东南。本海阳县之辟望巡检司。嘉靖四十二年正月改为县,析揭阳、饶平二县地益之,而徙辟望巡检司于县北之南洋府,仍故名。南滨海,亦曰鸣洋海。西南有蓬州守御千户所,洪武二十六年四月置。又有驼浦巡检司。

高州府元高州路,属海北海南道,治电白。洪武元年为府。七年十一月降为州。九年四月复为府。后徙治茂名。领州一,县五。东南距布政司一千里。

茂名倚。洪武七年十一月省,十四年五月复置。南滨海。城西有窦江,源出信宜县,东北流鉴江入焉,西南流入化州界。南有赤水巡检司。东南有平山巡检司,治红花堡,后迁县东北之电白故县。又西南有博茂巡检司,后废。

电白府东。旧治在西北。今治本神电卫,洪武二十七年十月置。成化三年九月迁于此。东滨海。西北有立石巡检司,后废。

信宜府北。南有窦江。东北有中道巡检司,治在怀德乡黄儒寨之左,废,后复置于罗马村,寻又迁于三桥。

化州元化州路,属海北海南道。洪武元年为府。七年十一月降为州,以州治石龙县省入。九年四月又降为县,来属。十四年五月复为州。北有石城山,又有来安山。东北有茂名水,窦江之下流。又有陵水、罗水,俱自广西北流县流入,与茂名水合,至吴川县为川水,南入于海。北有梁家沙巡检司。**东南距府九十里。领县二。**

吴川州南。元属化州路。洪武九年四月属高州府。十四年五月改属州。南滨海,中有硇洲。有硇洲巡检司,在洲南滨海。后迁洲上。东南有宁川守御千户所,洪武二十七年四月置。又北有宁村巡检司,治川潭,后迁县西北之地聚村,又迁于芒艻口。

石城州西。元属化州路。洪武九年四月属高州府。十四年五月改属州。南滨海。西有零绿巡检司。

雷州府元雷州路,属海北海南道宣慰司。**洪武元年为府。领县三。东距布政司千四百五十里。**

海康倚。东滨海。南有擎雷水,自擎雷山南流,东入于海。西有海康守御千户所,洪武二十七年十月置。西南有清道、东南有黑石二巡检司。

遂溪府北。东西滨海。西南有乐民守御千户所,洪武二十七年十月置。西北有湛川巡检司,治故湛川县,后迁县东南故铁杷县。又西南有涠洲巡检司,治海岛中博里村,后迁蚕村。

徐闻府南。东西南三面滨海。西有海安守御千户所,东有锦囊守御千户所,俱洪武二十七年十月置。西南有东场、东有宁海二巡检司。又西北有遇贤巡检司,废。

廉州府元廉州路,属海北海南道宣慰司。**洪武元年为府。七年十一月降为州。九年四月属雷州府。十四年五月复为府。领州一,县二。东距布政司千二百十里。**

合浦倚。洪武七年十一月省,十四年五月复置。东有大廉山,州以此名。东南滨海,亦曰珠母海,以海中有珠池也。又城北有廉江,亦曰合浦江,自广西容县流入,迳州,江口分为五,西南注于海。又北有石康县,成化八年省。东有永安守御千户所,洪武二十七年置。东南有珠场、东北有永平二巡检司。又北有高仰巡检司,治马栏墟,后迁于县西南。

钦州元钦州路,属海北海南道。洪武二年为府。七年十一月降为州,以州治安远县省入。九年四月降为县,来属。十四年五月复为州。西南滨海,中有乌雷山,入安南之要道也。又有分茅岭,亦兴安南分界。龙门江在城东,又东有钦江,俱入于海。南有淞海、西南有长墩、西北有管界三巡检司。又西有如昔、又有佛淘二巡检司,与交址接界,宣德二年入于安南,嘉靖二十一年复。又西南有千金镇。东距府百四十里。领县一。

灵山州北。元属钦州。洪武九年四月属廉州。十四年五月仍属钦州。北有洪崖山,洪崖江出焉,经县东,与罗阳山水合,为南岸江,南流为钦江。又南有林墟、西有西乡二巡检司。

琼州府元乾宁军民安抚司。元统二年十月改为乾宁安抚司,属海北南道宣慰司。洪武元年十月改为琼州府。二年降为州。三年仍升为府。领州三,县十。东北距布政司千七百五十里。

琼山倚。南有琼山。北滨海,有神应港,亦曰海口渡,有海口守御千户所,洪武二十年十月置。又西南有水蕉村,万历二十八年置水会守御千户所于此。南有石山。又有清澜巡检司,废。

澄迈府西。北滨海。南有黎母江。东有澄江。西北有澄迈巡检司,治石矍都。南有兔颖巡检司,治曾家东都,后迁南黎都,废。西南有铜鼓巡检司,治新安都,后迁西黎都,废。又有那拖巡检司,治那拖市,后迁县西森山市,废。

临高府西。北滨海。南有黎母江。南有田牌巡检司,后迁坟横冈。又东有定南、北有博铺二巡检司,废。

定安府南。元至元二十九年六月置。天历二年十月升为南建州。洪武元年十月复为县。南有五指山,亦曰黎母山,黎人环居山下,外为熟黎,内为生黎。北有建江,绕郡境西北流,入南渡江。东有潭览屯田千户所,元置,洪武中因之,永乐四年废。西有青宁巡检司。又东有宁村巡检司,治潭览村,后迁县东南南资都,仍故名。

文昌府东。西北有七星山。南有紫贝山。东北滨海。东南有文昌江,入于海。又东北有清澜守御千户所,洪武二十七年八月置,万历九年迁县东南南砣都陈家村。西北有铺前巡检司。东北有青蓝头巡检司,后迁县东抱凌港。

会同府东南。元至元二十九年六月置。东滨海。西有黎盆溪。东有调嚣巡检司,治端赵都,寻迁县东南南沧村。

乐会府东南。西有白石山。东滨海。西北有万泉河,有黎盆水流入焉。

儋州元南宁军,属海北海南道宣慰司。**洪武元年十月改为儋州,属府。正统四年六月以州治宜伦县省入。**西北有龙门岭。西滨海。北有伦江。西南有镇南、又有安海二巡检司。又东有归姜巡检司,废。**东北距府三百七十里。领县一。**

昌化州南。旧城在东南,今城本昌化守御千户所,洪武二十五年置。正统六年五月徙县治焉。西滨海。南有昌江。

万州元万安军,属海北海南道。**洪武元年十月改为万州,属府。正统四年六月以州治万安县省入。**北有六连山,龙滚河出焉。东南海中有独洲山。东有莲塘巡检司,后废。**西北距府四百七十里。领县一。**

陵水州南。东北有旧县城,今治本南山守御千户所,洪武二十七年置。正统间,迁县于此。西有小五指山。东滨海,海中有双女屿。东北有牛岭巡检司。

崖州元吉阳军,属海北海南道宣慰司。**洪武元年十月改为崖州,属府。正统四年六月以州治宁远县省入。**南有南山。北有大河,自五指山分流,南入海。东有滕桥、西有抱岁、又西北有通远三巡检司。**北距府千四百一十里。领县一。**

感恩州西北。旧属儋州。正统五年来属。西滨海。南有南湘江,源自黎母山,西南入于海。东南有延德巡检司。

罗定州元泷水县,属德庆路。**洪武元年属德庆州。万历五年五月升为罗定州,直隶布政司。**西南有泷水,源出瑶境。又有泷水、新宁、从化三千户所,俱万历七年置又有函江守御千户所,万历五年五月置于西宁县境,十六年迁于州界之两沟驿。南有开阳乡、西北有晋康乡二巡检司。又东有建水巡检司,治建水乡,后迁县东南古模村,又迁高要县白泥村,寻复还白模。**领县二。东距布政司五百三十里。**

东安州东。万历五年十一月以泷水县东山黄姜峒置,析德庆州及高要、新兴二县地益之。北有西江,西有泷水流入焉。东北有南乡守御千户所,西南有富霖守御千户所,俱万历五年五月置。东南有罗苛巡检司。

西宁州西。万历五年十一月以泷水县西山大峒置,析德庆州及封川县地益之。东北有西江,与德庆州分界。东南有泷水。西南有封门守御千户所,万历五年五月置。北有都城乡巡检司。又西南有怀乡巡检司,后废。

广西 《禹贡》荆州之域及荆、扬二州之徼外。元置广西两江道宣慰使司,治静江路。属湖广行中书省。至正末,改宣慰使司为广西等处行中书省。洪武二年三月因之。六年四月置广西都卫。与行中书省同治。八年十月改都卫为都指挥使司。九年六月改行中书省为承宣布政使司。领府十一,州四十有八,县五十,长官司四。为里一千一百八十三。北至怀远,与湖广、贵州界。东至梧州,与广东界。西至太平,与贵州、云南界。南至博白,与广东界。距南京四千二百九十五里,京师七千四百六十二里。洪武二十六年编户二十一万一千二百六十三,口一百四十八万二千六百七十一。弘治四年,户四十五万九千六百四十,口一百六十七万六千二百七十四。万历六年,户二十一万八千七百一十二,口一百一十八万六千一百七十九。

桂林府元静江路。洪武元年为府。五年六月改为桂林府。领州二,县七。

临桂倚。洪武三年七月建靖江王府于独秀峰前。东有桂山。东北有尧山。又有桂江,亦曰漓江,南有阳江来合焉,至苍梧县合于左、右江。东有芦田市、西有两江口二巡检司。南有湘山渡巡检司,后废。

兴安府北。南有海阳山,湘水出其北,流入湖广永州府界,漓水出其南,南入梧州府界。北有越城岭,亦曰始安峤,五岭之最西岭,下有始安水流入漓水。西南有融江六峒、西有盐砂寨、北有唐家铺三巡检司。又西南有岩关。

灵川府北。北有百丈山。东北有融江,源出融山二洞中,一名银江,流经县境,又南入灵川县界,合于漓江。南有白石潭、东北有千秋峡二巡检司。

阳朔府南。北有阳朔山。东有漓江。东南有伏荔市、南有都乐墟二巡检司。西有白竹寨巡检司,废。

全州元全州路,属湖广道。洪武元年为府。九年四月降为州,省州治清湘县入焉，属湖广永州府。二十七年八月来属。西有湘山。南有湘水，又北有洮水流合焉。又西有西延、西南有建安、东北有柳浦三巡检司。又东北有平塘巡检司，废。**南距府二百五十里。领县一。**

灌阳州南，少东。南有灌水，经州界，合于湘水。西南有吉宁乡崇顺里巡检司。

永宁州元古县。洪武十四年改为古田县。隆庆五年三月升为永宁州。县旧治在今州南三十里。洪武初，移于今州南八里。成化十八年又移今治。又有黄源水，下流入漓江。南有桐木镇、又有常安镇、西南有富橡镇三土巡检司。**东距府百五十里。领县二。**

永福州东南。旧属府，隆庆五年三月改属州。西南有太和山，太和江环其下，东入柳州府，为洛清江。又西南有理定县，元属静江旧路，正统五年九月省。又有兰麻镇、东北有铜鼓市二巡检司，废。

义宁州东北。旧属府，隆庆五年三月改属州。北有丁岭，义江出焉，下流分为二，东流者为临桂县之相思水，入于漓江，南流者为永福县之白石水，即太和江也。西北有桑江口巡检司。

平乐府元大德五年十一月置。**洪武元年因之。领州一，县七。北距布政司百九十里。**

平乐倚。东南有鲁溪山。西北有漓江，又北有乐川水，东经昭潭流合焉。又东有榕津寨巡检司，又有水产营土巡检司。又东有龙平寨巡检司、昭平堡土巡检司，废。又东有团山堡，东南有广运堡、足滩堡，又南有甑滩堡，俱弘治后置。

恭城府东北。南有乐川水，又东有势江，南有南平江，北有平川江，西南有西水江，俱流合焉。东北有镇峡寨、东有势江源二巡检司。又有白面寨、西岭寨二土巡检司。

富川府东，少北。元属贺州。洪武十年五月改属浔州府，后来属。西南有钟山县，旧治于此，洪武二十九年十一月移治霭石山下，而置边蓬寨巡检司于旧治。北有秦山，接湖广道州界。东北有岷渚岭，即临贺岭，与湖广江华县分界。又东有富江，南合贺水。西南有白霞寨、西北有寨下市二巡检司。

贺府东南。元贺州，直隶广西两江道。洪武初，以州治临贺县省入，属浔州府。十年五月降为县，后来属。东北有临贺岭，亦曰桂岭，元末废。东有贺江，至广东封川县合于西江。南有信都乡巡检司。北有沙田寨巡检司,后迁县西点灯寨,寻废。又东北有大宁寨、樊字寨、白花洞三土巡检司,后废。

荔浦府西,少南。旧属桂林府,弘治四年来属。旧治在今县西。景泰七年移于后山,即今治。东有铜鼓岭,一名火焰山。又荔江在南,下流入漓江。东南有峰门寨巡检司,后迁中洞。西北有南原寨巡检司,后迁县东南下洞,又迁县东延滨江。又西南有华盖城,万历中筑。

修仁府西,少南。旧属桂林府,弘治四年来属。旧治在今县西马浪坪。景泰初,迁今县南霸寨村。成化十五年迁于五福岭,即今治。东北有荔江,有丽壁市土巡检司。西南有石墙堡,万历间筑。

昭平府南,少东。万历四年四月析平乐,富川二县地置五年又析贺县地益之。东有立指山。又有漓江,又有思勤江下流入于漓江。东南有龙平县元属府,洪武十八年废。

永安州元立山县,属府。洪武十八年废为立山乡,属荔浦县。成化十三年二月置州,曰永安,属桂林府。弘治三年九月改为长官司。五年复为州,来属。东有蒙山,下有蒙水。南有古眉寨土巡检司。北有群峰寨土巡检司,后迁州西北杜莫寨,又迁州北猫儿堡。东南有仙回营,万历中置。东北距府百二十里。

梧州府元梧州路。洪武元年为府。领州一,县九。北距布政司五百八十里。

苍梧倚。城西南有大江,江即黔、郁二水,合流于浔州府城东,为浔江;入府界,东经立山下,又东经此,与桂江合,谓之三江口,下流为广东之西江。东有长行、西有安平、北有东安、西南有罗粒四巡检司。

藤府西。元藤州,直隶广西两江道。洪武二年九月省州治镡津县入焉。十月来属。十年五月降为县,北有藤江亦曰镡江,即浔江也。东南有绣江,西有幕僚江,俱流入焉。又西北有五屯守御千户所,嘉靖初置。西有白石寨、南有宝家寨、东北有赤水镇三巡检司。又东有漯州、南有周村、西南有驿面、又南有思罗四巡检司,废。

容府西南。元容州,直隶广西两江道。洪武二年十月来属。十年五月降为县,省州治普宁县入焉。西北有容山。南有容江,亦名绣江。又东有波罗里大洞、西南有粉壁寨二巡检司。

岑溪府南，少西。元属藤州。洪武十年五月改为府。东北有乌峡山。西有绣江。东南有上里平河村、西南有南渡二巡检司。又东南有连城乡义平巡检司，废。

怀集府东北。元属贺州。洪武初，属平乐府。十年五月来属。西南有怀溪水。东有武城乡、西有慈乐寨、西北有兰峒寨三巡检司。

郁林州元直隶广西南江道。洪武二年九月以州治南流县省入。十月来属。南有南流江，至广东合浦县入海。有横岭、文俊二巡检司，废。东北距府三百三十里。领县四。

博白州西南。西有双角山，绿珠江出其下，流合县南饮马水，下流入南流江。南有周罗、西南有沙河二巡检司。又有安定、春台、平山、兆常四土巡检司，寻废。又东南有海门镇，旧为入安南之道。

北流州北。元属容州。洪武十年五月来属。东北有勾漏山。东有铜石山，产水银、滪砂。又南有扶来山，陵水出焉，西南有峨石山，罗水出焉，俱流入广东化州界。又北有绿蓝山，绿蓝水出焉，分为二。东流者经城东登龙桥，与广东高州府流入之绣江合，又东经容县，为容江。西流者入郁林州，为南流江。南有双威寨巡检司。西有都陇、又有中山、又有清湾三巡检司，废。又西有天门关，本名鬼门关，洪武初，改为桂门关；宣德中，更今名。

陆川州南，少东。元属容州。洪武十年五月来属。旧为入安南之道。东有龙化江，下流合容江。南有温水寨巡检司。

兴业州西，少北。南有铁城山。北有翻车岭，龙母江出焉，下流入南流江。南有赵家寨、西有长宁寨、北有平安寨、又有棠木寨四巡检司，后俱废。

浔州府元浔州路。洪武元年为府。领县三。东北距布政司九百八十里。

桂平倚。南有白石山。西北有大藤峡。北有黔江，一名北江，亦曰右江，南有郁江，一名南江，亦曰左江，至城东汇为浔江。东北有武靖州，成化三年置，万历末废。又东有大黄江口、北有靖宁乡、东北有大宣乡、又有思隆乡、有木盘浦、西南有常林乡六巡检司。又南有罗秀土巡检司，又北有碧滩堡、镇峡堡，俱成化中置。东有牛犀湾堡，西有淰冲堡、秀江堡，俱嘉靖中置。

平南府东。东南有龚江，即浔江也，东有白马江流入焉。又有奉议卫，洪武二十八年八月置于奉议州，正统六年五月迁于此。东北有大同、西北有泰川、西南有武林三巡检司。又南有洞心、东南有三堆、东北有大峡西北有平岭四土巡检司。

贵府西。元贵州，直隶广西两江道。洪武二年十月降为县，来属。南山在南。又有东、西、北三山。南有郁江，亦曰南江，群川悉流入焉。有向武军民千户所，本向武守御千户所，洪武十八年十月置于向武州，三十年三月升军民所，正统六年五月来迁县北门外，万历二十三年又迁县西北谢村镇。东南有新安寨、北有北山寨二巡检司。又南有桥头墟、西有瓦塘渡、又有五州寨、又有东垦渡、又有郭东里五巡检司，废。又东南有三江城，万历中筑。

柳州府 元柳州路。洪武元年为府。领州二，县十。东北距布政司四百里。

马平倚。元为府属，洪武元年徙府治于此。南有柳江，亦曰浔水，亦曰黔江，上流自贵州黎平府流入界境，下流至桂平县合于郁江，亦曰右江。南有新兴镇、都博镇二巡检司。又有归化镇巡检司，废。

洛容府东北。旧治白龙岩，天顺中，徙于朱峒。正德时，为瑶、僮所据，嘉靖三年十一月复。万历四年正月迁于灵塘，以朱峒旧治为平乐镇，留兵百名守之。城南有洛清江，至马平县入于柳江。西南有江口镇、又有运江二巡检司。东有平乐镇巡检司，治石榴江，后迁县东北中渡。又西南有章洛镇巡检司，废。

柳城府西北。旧治龙江南，元为府治。洪武元年迁治龙江东，而府徙治马平县。龙江自天河县流入，合于融江，即柳江上流。东有东泉镇巡检司。北有古凳镇巡检司，初治融江东岸，后迁马头驿。又东北有古清镇、西有洛好镇、又有廖洞镇三巡检司。

罗城府西北。洪武二年十月以罗城乡置，属融州。十年五月来属。北有武阳江，下流合于融江。北有武阳镇、又有莫离镇、又有通道镇三巡检司。又旧有安湘镇、乐善镇、中峒镇三巡检司，废。

怀远府北。元属融州。洪武十年废，置三江镇巡检司。十三年十一月复置县，来属，治大融江、浔江之汇。万历十九年移治丹阳镇。西北有九曲山，山南为石门山，两山夹峙。福禄江自贵州永从县流迳其中，至融县为融江，至柳城县为柳江。又东北有浔江，自湖广靖州流合焉，有浔江镇巡检司。又西北有万石镇,又有宜良镇、丹阳镇三巡检司。

融府西北。元融州,直隶广西两江道。洪武二年十月以州治融水县省入,来属。十年五月降为县。东南有灵岩山。北有云际山。其西曰上石门,以两山夹峙,融江中流也。又东有宝积山,产铁。东北有思管镇、东南有清流镇、西南有鹅头隘三巡检司。又北有长安镇巡检司,本在融江东岸,后迁西岸。又有大约镇土巡检司。又有保江镇、理源镇、西峒镇三巡检司,废。

来宾府南。元属象州。洪武十年五月来属。西南有白牛洞。北有白云洞。南有大江,亦曰都泥江。西有界牌镇巡检司,后迁县南之南冈。

象州元直隶广西两江道。洪武二年十月来属,以州治阳寿县省入。西有象山。东有雷山。南有象江,即柳江。东北有龙门寨巡检司。又有鹅颈镇、尖山镇二巡检司,废。西北距府百十三里,领县一。

武宣州南。元曰武仙。宣德六年更名。旧治阴江。宣德六年三月徙于高立。东南有大藤峡,后名永通峡。西有柳江,又有都泥江,亦谓之横水江,来入焉,下流为浔州府之右江,亦入于柳江。西北有安永镇、西南有县郭镇二巡检司。又东有东乡、又有周冲、又有闲得三巡检司,废。

宾州元直隶广西两江道。洪武二年九月以州治领方县省入。十月来属。东南有镇龙山。西南有灯台山。西有古漏山,下有古漏关,古漏水出焉,入于宾水。宾水在南,即都泥江也。东有安城镇巡检司。又东有梁村镇巡检司,后废。北距府三百里。领县二。

迁江州北。西有古党山,有峒。东北有大江,即都泥江。东有迁江屯田千户所,洪武二十五年九月置。东南有清水镇巡检司,又有罢目镇、李广镇二巡检司,废。又东有石零堡,北有都历堡,俱正德中筑。

上林州西,少北。西有大明山,澄江出焉,亦名南江,东合北江,又东入迁江县之大江。西北有三里营,南丹卫在焉。卫旧在南丹州,洪武二十八年八月置,二十九年正月升军民指挥使司,寻罢军民,止为卫。永乐二年十二月徙上林县东,正统六年五月徙宾州城,兴宾州千户所同治,万历八年徙于此。西南有周安堡,在八寨中,旧为瑶、僮所据,嘉靖三年讨平之,万历七年改属南丹卫。西北有三畔镇巡检司。又东北有琴水桥、东南有思龙镇、又有三门滩镇巡检司。

庆远府元庆远路。洪武元年为府。二年正月改庆远南丹军民安

抚司。三年六月复曰庆远府。领州四，县五，长官司三。东北距布
政司五百七十里。

宜山倚。北有龙江，东流入融县，合于融江。西有河池守御千户所，洪武
二十八年十月置于河池县，永乐六年徙于此。东有大曹镇、西有怀远镇、又有
德胜镇、又有东江镇四巡检司。

天河府北，少东。旧县在高寨。洪武二年迁于兰石。正统七年又迁甘场。
嘉靖十三年又迁福禄镇。万历十九年始移今治。西南有龙江，自贵州独山州流
入。北有东禅镇巡检司，又有思农镇、归仁镇二土巡检司。

忻城府南，少东。西有乌泥江，即都泥江。北有三寨堡土巡检司。

河池州元河池县。弘治十七年五月升为州。县旧治在州北怀德故
城。天顺六年迁屏风山。成化十三年还治怀德。嘉靖四年又迁凤仪山南。西
有智州山。东有金城江，下流合于都泥江。江北有金城镇巡检司。又东有都铭
镇、土堡镇二巡检司，后废。东距府二百五十里。领县二。

思恩州东北。旧属府，正德元年二月改属州。旧治在环江洲。永乐末，
迁于清潭村。宣德三年十一月迁于白山寨。成化八年迁于欧家山。南有环江，
北有带溪，皆合流于龙江。有安化镇、归思镇二巡检司。又有普义镇、吉安镇、
北兰镇三巡检司，废。

荔波州西北。洪武十七年九月析思恩县地置，属府。正统十二年改属南
丹州。成化十一年九月又属府。正德元年来属。州东南有劳村江，源出贵州陈
蒙烂土长官司，流入州界，为金城江。又东有穷来、南有蒙石、又有方村三土巡
检司，后废。

南丹州　洪武七年七月置。二十八年废，寻复置。西有孟英山，
旧产银。南有都泥江，自贵州定番州流入。东距府二百四十里。

东兰州　洪武十二年置。以西兰州省入，又省安习、忠、文三州入焉。
东南有隘洞江，一名都泥江，又名红水河，又名乌泥江。东北距府四百二十
里。

那地州元地州。洪武元年改置。北有都泥江，有布柳水流合焉。南有
那州，洪武元年省。东北距府二百四十里。

永顺长官司府西南。

永定长官司府南。二司皆弘治五年析宜山县地置。

永安长官司_{弘治九年九月析天河县十八里地置。}

南宁府_{元南宁路。}洪武元年为府。领州七,县三。东北距布政司千二百里。

宣化_{倚。}东有昆仑山,上有昆仑关。又有横山,又有思玉山。北有马退山。东南有望仙坡,与青、罗二山相对。城西南有大江,即郁江,一曰夜朗豚水。其上流有二:一为南盘江,经府城南,曰右江;一为丽江,经府城西南,曰左江。合流处谓之合江镇,下流为浔州府之左江。东有金城寨、西有那南寨、又有那龙寨、又有迁隆寨、南有八尺寨五巡检司。

隆安府西北。嘉靖十二年四月析宣化县那久地置。东有火焰山。城北有盘江,亦曰右江。西南有那楼寨、西北有驮演寨二巡检司。

横州_{元直隶广西两江道。}洪武二年九月以州治宁浦县省入,属浔州府。十年五月降为县,来属。十三年十一月复为州,仍置宁浦县为州治,县寻废。东有乌蛮山。南有郁江,又东南有武流江,源自广东灵山县,流入境合焉。东有古江口、西有南乡二巡检司。又南有太平关,成化四年置。西北距府二百四十里。领县一。

永淳_{州西。元属横州。}洪武十年五月省入横县。十三年十一月复置,属州。西临郁江。南有南里乡、北有武罗乡二巡检司。又东北有修德乡巡检司,景泰间迁于县西,后废。

新宁州　隆庆六年二月以宣化县定禄洞地置。北有三峰山。城西有丽江,一名定禄江,又名文字水。东南有渠乐寨巡检司。东距府二百里。

上思州_{元属思明路。}洪武初废。二十一年正月复置,属思明府。弘治十八年来属。南有十万山,上思江出焉,东流合西小江,西即交阯所出之左江也。又有明江,亦出十万山,西流入思明府界。又西有迁隆峒土巡检司。东南距府三百里。

归德州_{元属田州路。}洪武二年属田州府。弘治十八年来属。郁江在西南。东南距府三百五十里。

果化州_{元属田州路。}洪武二年属田田州府。嘉靖九年十二月来属。南盘江在西,东南距府三百二十里。

忠州_{元属思明路。}洪武初废二十一年正月复置,属思明府。万历三年九月来属。东北距府四百余里。

下雷州元下雷峒。洪武初，属镇安府。嘉靖四十三年来属。万历十八年升为州。南有逻水，自镇安府流入，南宁府左江之别源也。东距府五百八十里。

思恩军民府元思恩州，属田州路。洪武二年属田州府，后属云南广西府。永乐二年八月直隶广西布政司。正统四年十月升为府。六年十一月升军民府。旧治在府西北。正统七年迁府东北之乔利。嘉靖七年七月又迁武缘县止戈里之荒田驿，因割止戈二里属之。西北有都阳山。东南有靖远峰。北有红水江，又有驮蒙江，一名清水江，流合焉。又有大揽江，出城东北大名山，下流俱入于郁江。东有凤化县，正德六年七月置，嘉靖八年十月废。东有古零，西有定罗、那马、下旺，北有兴隆，东北有白山、安定，西北有旧城、都阳九土巡检司。领州二，县二。东北距布政司千二百里。

奉议州元直隶广西两江道。洪武五年省入来安府。七年二月复置，直隶行省。二十八年复废，寻复置，直隶布政司。嘉靖六年二月来属。东有旧城。今治本寨林村也，洪武初，迁于此。北滨南盘江，有州门渡。距府　百　十里。

上映州元属镇安路。洪武五年废为洞。万历三十二年复置，来属。东北距府四百七十里。

上林府西南。元属田州路。洪武二年属田州府。嘉靖七年七月来属。北有南盘江，南有大罗溪，东流合焉，即枯榕江之下流也。

武缘府南。元属南宁路。万历五年十月来属。西有西江，即大揽江也，东南有南流江合焉。东有莫邪寨、又有博涩寨、西有高井寨、西北有西舍寨四巡检司。又南有横山寨巡检司，废。

太平府元太平路，至元二十九年闰六月置。洪武二年七月为府。领州十七，县三。东北距布政司二千五十里。

崇善倚。府治驮庐村，洪武二年徙治丽江。旧县治在府西北，嘉靖十九年迁入郭内。北有青连山。东有将军山，下有威震关，一名伏波关。南有府前江，即丽江，又西有逻水流入焉。北有壶关，正德三年置。又东北有保障关。

陀陵府东北。东有渌空山,渌空江出焉,亦名绿瓮江。又南有丽江。

罗阳府东北。南有丽江。西有耿排江,源出永康县,下流入于丽江。以上三县,元俱属太平路。

左州东有旧治。成化十三年迁于思崖村。正德十五年迁于今治,本古揽村也。西北有金山。南有丽江。**西南距府百里。**

养利州有旧州三,一在州北,一在西北,一在东北。又西北有养水。北有通利江,至崇善县注于丽江。以上二州,元属太平路。**南距府百五十里。**

永康州元永康县,属太平路。万历二十八年六月升为州。北有故城。万历中,迁于今治。西有绿瓮江,下流亦合丽江焉。西南有思同州,旧属府。万历二十八年六月省**西南距府二百里。**

上石西州元属思明路。洪武末省。永乐二年复置。万历三十八年来属。东有明江,西北流入丽江。**东北距府三百三十里。**

太平州自此以下十一州,元属太平路。逻水在西,下流入丽江。**东南距府八十里。**

思城州南有教水,下流合于陇水。**东南距府五百里。**

安平州南有陇水下流合手逻水,**东南距府百十里。**

万承州西南有绿降水,亦名玉带水。**西南距府五十里。**

全茗州西有通利江,一名大利江。**南距府百六十里。**

镇远州北有杨山。南有岩磨水。**西南距府二百八十里。**

茗盈州南有观音岩,洞水出焉,下流入于丽江。**西南距府六十里。**

龙英州南有通利江,有三源,下流入于丽江。**南距府二百十里。**

结安州西有堰水,下流入丽江。**西南距府二百二十里。**

结伦州南有咘毕水,即堰水之上流。**西南距府三百三十里。**

都结州南有咘毕水。**西南距府三百三十里。**

上下冻州元属龙州万户府。洪武初来属。西有八峰山,大源水出焉。又北有青连山。南有拱天岭。**东距府二百二十里。**

思明州元属思明路。洪武二年属思明府。万历十六年三月来属。东有逐象山。东北有明江,自思明府流入。**东北距府二百十里。**

思明府元思明路。洪武二年七月为府，直隶行省。九年直隶布政司。南有明江，有永平寨巡检司。领州三。北距布政司二千二百里。

下石西州元属思明路。洪武二年属府。旧治在东南。万历间，始迁今治。西距府百四十里。

西平州元属思明路。洪武三年省。永乐二年复置。宣德元年与安南。

禄州元属思明府。洪武三年省。二十一年正月复置，寻没于交址。永乐三年收复。宣德元年与安南。

镇安府元镇安路。洪武二年为府。西有镇安旧城。洪武二年徙于废冻州，即今治也。南有驮命江，下流合郁江。又有逻水，发源府北土山峡中，下流至胡润寨，与归顺州之逻水合，有湖润寨巡检司。距布政司二千二百里。

田州元田州路。洪武二年七月为府。嘉靖七年六月降为州，徙治八甲，而置田宁府于府城。八年十月，府废，州复还故治，直隶布政司。东南有南盘江。西有来安路，元属广西两江道，洪武二年七月为府，领归仁州、罗博州、田州，十七年复废。北有上隆州，元属田州路，洪武二年属府，成化三年徙治浔州府东北，更名武靖州。又有恩城州，元属路，洪武初属府，弘治五年废。东有床甲、拱甲、焚凤，西有武隆、累彩，北有邑马甲、篆甲，东北有下隆，东南有寨桑，西北有凌时，西南有万冈阳院，又有大甲、子甲，又有县甲、怕河、怕牙、思郎、思幼、候周十九土巡检司。距布政司千六百里。

归顺州元属镇安路。洪武初，废为洞。弘治九年八月复置，属镇安府。嘉靖初，直隶布政司。东北有龙潭水，南入交址高平府界。又南有逻水，发源西北鹅槽临界。距布政司二千三百二十里。

泗城州元属田州路。洪武七年直隶行中书省。九年直隶布政司。旧州在西南，洪武六年移于古勘洞。西在南盘江，自贵州慕役长官司流入，下流为南宁府之右江。又北有红水江。东北有程县，洪武二十一年以泗城州之程丑庄置，属州，寻属庆远府，宣德初，还属州，嘉靖元年废。西南利州，元属田州路，洪武七年十一月直隶布政司，正统六年五月徙治泗城州古那甲，嘉靖二年废。又西有上林长官司，永乐七年以州之上林洞置，直隶布政司，万历中，省入州，崇祯六年分司西地入云南广南府。有罗博关巡检司。北距布政司一千八百一十五里。

向武州元属田州路。洪武二年七月属田州府。二十八年废。建文二年复置，直隶布政司。旧州在东。万历四十五年迁于乃甲。南有枯榕江，下流入于右江。北有富劳县，元属田州路，洪武二年属田州府，寻为夷僚所据，建文四年复置，后废。东有武林县，元亦属田州路，洪武二年属田州府，永乐初省入富劳县。距布政司二千四百里。

都康州元属田州路。洪武二年属田州府，后为夷僚所据。建文元年复置，直隶布政司。西有邑炉江，下流合于通利江。距布政司二千五百四十里。

龙州元龙州万户府。洪武二年七月仍为州，属太平府。九年六月直隶布政司。南有龙江，自交址广源州流入，即丽江也，有明江流入焉，下流为南宁府之左江。距布政司二千三百里。

江州元属思明路。洪武二十年直隶布政司。东有归安水，西有绿眉水，下流俱合于丽江。领县一。距布政司二千一百十里。

罗白州东北。洪武三年置，属思明府，后来属。南有陇冬水，下流入于丽江。

思陵州元属思明路。洪武三年省入思明府。二十一年正月复置，直隶布政司。南有角硬山，角硬水出焉，又有淰削水合之，下流入思明府界。距布政司二千一百二十里。

凭祥州　本凭祥县。永乐二年五月以思明府之凭祥镇置，属思明路。成化十八年升为州，直隶布政司。西北有丽江，自交址广源州流入。又南有镇南关，一名大南关，即界首关也。距布政司二千四十里。

安隆长官司元致和元年三月置安隆州,属云南行省。后废为寨,属泗城州。洪武三十五年十二月置安隆长官司,仍属泗城州,后直隶布政司。西在坝达山,浑水河经其下,即红水江也,东入泗城州界。又西南有同舍河。距布政司里。

明史卷四六
志第二二

地理七

云南　贵州

　　云南　《禹贡》梁州徼外。元置云南等处行中书省。治中庆路。洪武十五年二月癸丑平云南,置云南都指挥使司。乙卯置云南等处承宣布政使司。同治云南府。领府五十八,州七十五,县五十五,蛮部六。后领府十九,御夷府二,州四十,御夷州三,县三十,宣慰司八,宣抚司四,安抚司五,长官司三十三,御夷长官司二。北至永宁,与四川界。东至富州,与广西界。西至干崖,与西番界。南至木邦,与交阯界。距南京七千二百里,京师一万六百四十五里。洪武二十六年编户五万九千五百七十六,口二十五万九千二百七十。弘治四年,户一万五千九百五十,口一十二万五千九百五十五。万历六年,户一十三万五千五百六十,口一百四十七万六千六百九十二。

　　云南府元中庆路。洪武十五年正月改为云南府。领州四,县九。
　　昆明倚。洪武二十六年,岷王府逢陕西岷州迁于此。永乐二十二年迁岷王府于湖广武冈州,建滕王府于此,宣德元年除。东有金马山,与西南碧鸡山相对,俱有关,山下即滇池。池在城南,周五百里,其西南为海口,至武定府北,注于金沙江。又东有盘龙江,西注滇池。东有赤水鹏、清水江二巡检司。
　　富民府西北。东有螳螂川,源自滇池,下流入金沙江。东南有安宁河。

宜良府东,少南。东有大池江,一名大河,亦曰巴盘江。西有汤池巡检司。

罗次府西北。旧属安宁州,弘治十三年八月改属府。西有星宿河,自武定府流入。又有沙摩溪,即安宁河。南有炼象关巡检司。

晋宁州西有大堡河,下流入滇池。北距府百里。领县二。

归化东北有交七浦,滇池下流。

呈贡州北。西有滇池,北有落龙河,南流入焉。

安宁州西有呀嵝山,有煎盐水,设盐课提举司,辖盐井四。天启三年改设于琅井,此司遂废。又南有螳螂川。西有安宁河。又有禄表、贴琉二巡检司。东距府八十里。领县一。

禄丰州西。西有南平山,上有关。东有大溪,即安宁河。西有星宿河,河东有老鸦关巡检司。又西有兰谷关。

昆阳州东南有渠滥川,东北入于滇池。北距府百五十里。领县二。

三泊州西北。西有三泊溪,流入滇池。

易门州西。南有易门守御千户所,洪武二十四年置,旧县治在焉。万历三年复还县治于此。又南有黎崖山,产异马,一名马头山。西有九渡河,即禄丰县大溪,下流入元江府界。

嵩明州 洪武十五年三月改曰嵩盟。成化十八年复故。东北有罗锦山。东有秀嵩山。西北有东葛勒山。东南有鸟纳山,牧漾水出焉,西南入滇池。又东南有嘉利泽,亦曰杨林泽。又西有邵甸河,汇九十九泉,至昆明为盘龙江。西有邵甸县,洪武十五年三月属州,寻废。东南有杨林县,成化十七年十月废。又东有杨林守御千户,洪武二十五年置。又西有兔儿关巡检司。西南距府百二十里。

曲靖府元曲靖路。洪武十五年三月为府。二十七年四月升为军民府。领州四,县二。西距布政司二百九十里。

南宁倚。东南有石堡山,山西有元越州治,洪武二十八年正月废。北有白石江,流合城南之潇湘江,又东南合左小江,亦谓之南盘江,下流环云南、澄江、广西三府之境,至罗平州入贵州界。东北有白水关巡检司。

亦佐府东。元属罗雄州。永乐初,改属府。西南有块泽江。

　　沾益州东南有堆涌山。北有北盘江，其上流即贵州毕节卫之可渡河，流入州境，又东南入贵州安南卫。其西北又有南盘江，即南宁县之东山河。南有交水县，东南有罗山县，东北有石梁县，元皆属州，洪武十五年皆废。南有平夷卫，本平夷千户所，洪武二十一年十一月置，二十三年四月改为卫，后废，永乐元年复置卫。卫当贵州西入之冲，东有杏冈，西有定南岭，北有豫顺关、宣威关。州东南又有越州卫，洪武二十三年七月置，二十四年十二月徙于陆凉州，二十八年与州同废，永乐元年九月复置。又州南有松韶铺、阿幢桥二巡检司。又南有炎方城，西南有松株城，俱天启五年筑。**西南距府二百十三里。**

　　陆凉州东有丘雄山，下有中涎泽，即南盘江所汇也。西北有木容山，有关。又西有部封山。又西有芳华县，南有河纳县，元皆属州，永乐初皆废。西南有陆凉卫，洪武二十三年二月以古鲁昌地置。西南有莽甸，万历二年立营置戍于此。四十八年复设法古甸、龙洞等营，协守其地。**北距府百二十里。**

　　马龙州东南有木容箐山，洪武二十四年十二月置宁越堡于此。山下有木容溪，下流即潇湘江。又西有杨磨山，一名关索岭，上有关。西南有通泉县，元属州，永乐初废。北有马隆守御千户所，本马隆卫，洪武二十三年七月置，二十八年十月改为所。南有鲁婆伽巡检司。又有马龙县，元属州，洪武十五年废。西南有分水岭关。东有三叉口关。**东距府七十里。**

　　罗平州元罗雄州。万历十五年四月更名。北有禄布山。东南有盘江，下流入贵州慕役长官司界。南有定雄守御千户所，万历十四年九月置。**西北距府二百七十里。**

　　寻甸府元仁德府。洪武十六年十月辛未升为仁德军民府。丁丑改寻甸军民府。成化十二年改为寻甸府。旧治在东。今治在凤梧山下，嘉靖七年十月徙。西南有落陇雄山，又有哇山。西有果马山，其泉流为龙巨江，下流入滇池。又西南有三梭山，上有九十九泉，即盘龙江之上源。又东有阿交合溪。又北有为美县，西有归厚县，元属府，洪武十一年三月因之，寻废。东南有木密关，一名易龙堡，洪武二十三年四月置木密关守御千户所于此。**西南距布政司二百六十里。**

　　临安府元临安路。洪武十五年正月为府。领州六，县五，长官司九。北距布政司四百二十里。

建水州倚。元时，府在州北。洪武中，移府治此。西南有宝山。西北有火焰山。东有石岩山，泸江水自石屏州流经此，伏流入岩洞中，东出为乐蒙河。又东北有曲江，东入于盘江，有曲江巡检司。又西有礼社江，源出赵州，流经此。又有宁远州，万历十四年析建水州置，四十八年废。东南有纳更山土巡检司。

石屏州元曰石坪。洪武十五年三月改曰石平，后改今名。南有钟秀山。东有莱玉山，产石似玉。有曲江。又有异龙湖，周百五十里，中有大、小、中三岛，其大岛、中岛上皆有城，其水引流为泸江。西有宝秀关巡检司。东距府七十里。

阿迷州元阿甯万户。洪武十五年三月置州。东南有买吾山，万历初，改名雷公山。又南有盘江，东有乐蒙河流入焉。又东有火井，有东山口土巡检司。又有部旧村巡检司，后废。又有阿迷守御城，万历二年筑。西距府百二十里。

宁州东南有登楼山。东有水角甸山，产芦甘石。又东有婆兮江，源出澄江府抚仙湖，下流入盘江，又西南有浣江，流合焉。又东有西沙县，元属州，后省，洪武十五年三月复置，仍属州，寻复省。西北有甸直巡检司。西南距府百八十里。

通海府西北。元属宁州，洪武十五年三月改属府。南有秀山。北有通海湖。东有守御通海前前、右右二千户所，本元临安路治。洪武初，徙府治建水州。十五年置守御千户所于此。

河西府西北。东有曲江。又西有禄卓江，自新兴州流入，合于曲江。又东北有碌碌河，其下流即通海湖。又北有曲陀关巡检司，后废。

嶍峨府西北。元属宁州。洪武十五年二月改属府。东有曲江，自新兴州流入，又南有合流江，西北有丁癸江，俱流合焉。又西南有伽罗关、西有兴衣乡二巡检司。

蒙自府东南。西有目则山。东有云龙山，又有羡哀山。又东南有黎花江，即礼社江也，东南注于交址清水江。有黎花旧市栅，宣德五年五月置临安卫右千户所于此。又西南有西溪二，出银矿。又南有莲花滩，即澜沧江下流，交址洮江上流。西南有箐口关巡检司，又有大窝关、杨柳河关。东南有废果寨，又有贺谜寨,俱道通交址。

新平府西北。万历十九年置。东南有鲁奎山。东有平甸河。南有南洞巡检司。

新化州　本马龙他郎甸长官司。洪武十七年四月置,直隶布政司。弘治八年改为新化州。万历十九年来属。北有彻崇山。西有马笼山,蛮酋结寨处,元置马笼部千户所于此,属元江路,洪武十五年废。又北有法龙山,亦蛮酋结寨处。又东南有马笼江,即礼社江,亦曰摩沙勒江,有摩沙勒巡检司。东北有阿怒甸。东南距府五百三十里。

宁远州元至治三年二月置,直隶云南行省。洪武十五年来属。宣德元年与安南。

纳楼茶甸长官司府西南。本纳楼千户所,洪武十五年置,属和泥府。十七年四月改置。北有羚羊洞,产银矿。又有禄丰江,即礼社江下流。又东有倘甸。

教化三部长官司府东南。元强现三部,洪武中改置。西南有鲁部河,源出礼社江,下流合蒙自县黎花江。

王弄山长官司府东南。元王弄山大小二部,洪武中改置。

亏容甸长官司府西南。元铁容甸,属元江路。洪武中改置,来属。西有亏容江,源出沅江府,东经车人寨,出宁远州境。

溪处甸长官司府西南。元溪处甸军民副万户,属元江路。洪武中改置,来属。

思佗甸长官司府西南。元和泥路。洪武十五年三月为府,领纳楼千户所伴溪、七溪、阿撒三蛮部,十七年废,后改置。

左能寨长官司府西南。本思佗甸寨,洪武中改置。

落恐甸长官司府东南。元伴溪落恐部军民万户。洪武中改置。

安南长官司府东南。元舍资千户,后改安南道防送军千户。洪武十五年三月仍曰舍资千户所,寻改置长官司。正德六年省入蒙自县。天启二年复置。

澄江府元澄江路。洪武十五年三月为府。领州二,县三。西北距布政司八十里。

河阳倚。旧治在西。洪武中，迁绣球山上。弘治中，又迁县东金莲山。正德十三在年又迁县东旸溥山麓。嘉靖二十年又迁金莲山南。隆庆四年又迁舞凤山下，即今治。北有罗藏山。南有抚仙湖，一名罗伽湖，下流东会于盘江。又东有铁池河，源出陆凉州，流至此，会抚仙湖，复引流为铁赤河，入于盘江。

江川府西南。南有故城，崇祯七年圮于水，迁于旧江川驿，即今治。又南有星云湖，东南入抚仙湖。北有关索岭巡检司。

阳宗府东北。北有明湖，一名阳宗湖，源出罗藏山，流入于盘江。

新兴州东北有罗么山，一名石崖山。西北有大棋山。又有蒙习山，山与晋宁州交界。又有大溪，下流至嵋峨县，入于曲江。有罗么溪，源出罗么山，入于大溪。又北有普舍县，南有研和县，元俱属州，洪武十五年三月因之，寻废。又北有铁炉关巡检司。**东距府二百里。**

路南州西南有竹子山。东有扎龙山，石可炼铜。西有巴盘江，源自陆凉州。又有铁赤河合焉。东南有邑市县，元属州，弘治三年九月废。东北有革泥巡检司。**西距府百三十里。**

广西府元广西路。洪武十五年三月为府。西有阿卢山。西北有巴盘江。又西有南盘江。又南有矣邦池，一名龙甸海，跨弥勒州界，南入盘江。领州三。西北距布政司三百十里。

师宗州西有龟山，万历四十八年筑督捕城于此。东有英武山。西有盘江，又西北有巴盘江合焉，东北入罗平州界。**西南距府八十里。**

弥勒州南有卜龙山。西有阿欲山。陈南有盘江山，南盘江经其下。又东有八甸溪，南合南盘江。又西有十八寨山，嘉靖元年二月置十八寨守御千户所于此，直隶云南都司。又南有捏招巡检司。**东北距府九十里。**

维摩州元大德四年二月置。东北有小维摩山。东南有大维摩山，又有阿母山。又东北有宝宁溪，下流经广南府界，合西洋江。西有三乡城，万历二十二年筑。**西北路府二百二十里。**

广南府元广南西路宣抚司。洪武十五年十一月改置广南府。西北有牌头山，土人筑寨其上。南有西洋江，东南至广西田州府，入于左江。领州一。西北距布政司七百九十里。

富州元至元十三年置,属广南西路。洪武十五年改属府。东南有者鸡山。东北有西宁山。又东有楠木溪,至州南与南汪溪合,伏流十五里,东出于西洋江。西南有安宁州,东北有罗佐州,俱元至元十三年置,属广南西路。洪武十五年因之,后俱废。西距府二百里。

元江军民府元元江路。洪武十五年三月为府。永乐初,升军民府。领州二。东北距布政司七百九十里。

奉化州倚。本因远罗必甸长官司,洪武十八年四月置。嘉靖中,改州。东有罗盘山,亦名玉台山。又有路通山。东南有元江,亦曰礼社江,东南入纳楼茶甸长官司界。西南有澜沧江,与车里宣慰司分界。又西有步日部,洪武中废。又东有禾摩村巡检司。

楚雄府元威楚开南路。洪武十五年三月改为楚雄府。领州二,县五。东距布政司六百里。楚雄倚。元曰威楚。洪武十五年二月更名。西有薇溪山,又有龙川江,经城北青峰下,曰峨卤江,下流入武定府,合金沙江。西有波弄洞,其麓有峳水,元设盐课司于此,明废。西北有吕合巡检司。

广通府东。元属南安州。洪武十五年因之,后改属府。东北有盐龙山,亦曰九盐山。西有罗苴甸山。东有盐仓山,旧产盐。又有卧象山,东南有卧狮山,俱产银矿。又东北有阿陋雄山,有阿陋井、猴井,俱产盐。又东有舍资河,自武定府流入,下流入于元江。又北有大河,西北入定远县之龙川江。东有舍资巡检司,东北有沙矣旧、西有回登关二土巡检民司。

定远府西北。西有赤石山。东有龙川江。又有黑盐井,设提举于此。又有琅井提举司,本置于安宁州,天启三年移此,有黑井、琅井二巡检司。又西南有罗平关、南有会基关二巡检司。

定边府西。元至元十二年置,属镇南州。洪武中,改属。北有螺盘山,上有自普关,又有无量山。南有定边河,又有阳江,自蒙化府流合焉。

碍嘉府南。元置。西有黑初山。东北有卜门河,在卜门山下,又东北合马龙江,流入新化州。又西有上江河,接南安州界。

南安州东有健林苍山。又西南有表罗山,产银。北有舍资河。西北距府五十里。

镇南州东北有石吶山。东有五楼山。西南有马龙江，其上流为定边河，又东南入礁嘉县界。又西有平夷川，龙川江之上流。又有沙桥巡检司。又有镇南关、英武关、阿雄关三土巡检司。**东南距府五十里。**

姚安军民府元姚安路。**洪武十五年三月为府。二十七年四月升军民府。领州一，县一。东南距布政司七百里。**

姚州倚。元属大理路。洪武十五年三月来属。东有东山，一名饱烟萝山。东北有金沙江。南有青蛉河，源出三窠山，下流合大姚河。北有守御姚安千户所，洪武二十八年置。东有箭场、西有普昌、南有三窠、西南有普淜四巡检司。

大姚府北。元属姚州。洪武十五年三月因之，后改属府。西北有赤石崖。北有大姚河，源出书案山。西北有龙蛟江，源出铁索箐，一名苴泡江，产金。俱东北流入金沙江。南有白盐井提举司，辖盐井九。又有白盐井巡检司。东有姚安中屯千户所，洪武二十八年置。

武定府元武定路。**洪武十五年三月为府，寻升军民府。隆庆三年闰六月徙治狮子山。万历中，罢称军民。领州二，县一。东南距布政司百五十里。**

和曲州倚。旧城在南，元州治于此。隆庆三年十二月徙州为府附郭，令吏目领兵守焉。西北有三台山。北有金沙江，源出吐蕃共龙川犛牛石，下流经丽江、鹤庆二府，至本府北界，东流入黎溪州，又东入四川会川卫界。有金沙江土巡检司。又有乌龙河，流入金沙江。又西北有西溪河，即楚雄府龙川江下流。又有只旧、草起二盐井。东有南甸县，元路治，洪武十五年三月改属州，成化二十年仍属府，正德元年七月省。西北有乾海子、又有罗摩洱、又南有小甸关三巡检司。西北有龙街关土巡检司。

元谋府西北。西北有住雄山，又有竹沙雄山。北有金沙江，西有西溪河流入焉。

禄劝州北有法块山，又有哇匿歪山。东北有幸丘山，又有乌蒙山，一名绛云露山。北有金沙江，与四川东川府界。又东有普渡河，即螳螂川，下流会掌鸠河水，入于金沙江。北有易笼县，元属州，洪武十七年省。东有石旧县，元属州，天启元年七月省。又北有普渡河巡检司。南有撒墨巡检司，后废。**西距府**

二十里。

景东府元至顺二年二月置。洪武十五年闰二月因之。三月降为州,属楚雄府。十七年正月仍升为府。西有景董山,洪武中筑景东卫城于其上,又筑小城于山颠,谓之月城。北有蒙落山,一名无量山。西南有澜沧江,源出金齿,流经府西南二百余里,南注车里,为九龙江,下流入交趾。东南有大河,即定边河之下流,又东入镇南州,为马龙江。又南有土井,产盐。北有开南州,元属威楚开南路。洪武十五年三月属楚雄府,寻省。又东有三汊河、西北有保甸二土巡检司。又北有安定关。南有母瓜关。东南有景兰关。西南有兰津桥,铁索为之。东北距布政司千一百八十里。

镇沅府本镇沅州。洪武三十五年十二月置。永乐四年四月升为府。西有波弄山,山上下有盐井六。南有杉木江,源出者乐甸,下流合威远州之谷宝江。领长官司一。北距布政司千五十里。

禄谷寨长官司府东北。永乐十年四月以禄平寨置。北有马容山。南有南浪江,西南流合杉木江。

大理府元大理路。洪武十五年三月为府。领州四,县三,长官司一。东南距布政司八百九十里。

太和倚。西有点苍山。东有西洱河,一名洱海,自浪穹县流入,经天桥下,又东合点苍山之十八川汇于此,中有三岛、四洲、九曲。西有样备江,一曰漾鼻水,自剑川州流入,经点苍山后,合于西洱河,又西南流入澜沧江。南有太和土巡检司。又北有龙首关,亦曰上关。南有龙尾关,亦曰下关。

赵州　洪武十五年三月改名赵喜州,寻复。南有九龙顶山。又有定西岭,大江之源出焉,一名波罗江,西北入西洱河。又西南有样备江,南入蒙化府界。东南有白崖睑江,源出定西岭,下流为礼社江。有旧白崖城,嘉靖四十三年修筑,更名彩云城。又东有乾海子、南有迷度市二巡检司。又有定西岭上巡检司。西北距府三十里。领县一。

云南州东。元云南州。洪武十五年三月改为县,属府。十七年改属州。西北有宝泉山,有一泡江。东北有周官㽵海子。西有品甸,洪武十九年四月置洱海卫于此。又东北有你场、又有楚甸、南有安南坡三巡检司。

邓川州北有钟山，又有普陀江，一名蒲萄江，又名弥苴佉江，南入西洱河。又东有豪猪洞，一名银坑。又有青索鼻土巡检司。**南距府七十里。领县一。**

浪穹州东。东北有佛光山，山半有洞，可容万人，山后险仄，名一女关。又有莲花山，有蒙次和山，皆险峻。西南有凤羽山。北有罢谷山，洱水所出。西有样备江。西北有宁湖，亦曰明河，即普陀江上源。又有五盐井提举司，洪武十六年置，万历四十二年废。西南有凤羽县，洪武十五年三月置，属邓川州，寻省。有凤羽乡巡检司。又东南有晋陀崆巡检司，后废。西有上江嘴、西南有下江嘴二土巡检司。

宾川州　弘治六年四月析赵州及太和、云南二县地置。西有鸡足山，一名九曲岩。东北有金沙江，东入姚安府界。西有金龙湫，流入西洱河。又东有大罗卫，在钟英山下，弘治六年四月与州同置。又东北有赤石崖、西南有宾居二巡检司。西有神摩洞。又南有蔓神寨、北有白羊市二巡检司，后废。又北有金沙江土巡检司。**西距府百里。**

云龙州元云龙甸军民府，至元末置。**洪武十七年改为州，来属。正统间属蒙化府，后仍来属。**西有三峰山。东有澜沧江。又西北有诺邓等盐井，东南有大井等盐井，旧俱辖于五井提举司，后改属州。东有云龙甸巡检司，后废。东北有顺荡井、又有上五井、东有师井、北有箭捍场四巡检司，又东有十二关土巡检司，旧俱属浪穹县，后改属。**东南距府六十里。**

十二关长官司府东。元十二关防送千户所。洪武中改置。嘉靖元年五月徙于一泡江之西。

鹤庆军民府。元鹤庆路。**洪武十五年三月为府。三十年十一月升军民府。**南有方丈山，又有半子山，产矿。东有金沙江。东南有漾共江，即鹤川，其下流入金沙江。有木按州，又有副州，元俱属府，洪武十五年俱废。东北有宣化关、西南有观音山、又有清水江三巡检司。**领州二。东南距布政司千一百六十里。**

剑川州元剑川县。**洪武十五年三月因之。十七年正月升为州。**西南有石宝山。南有剑川湖，俗呼海子，样备江之下流。又西南有弥沙井盐课司。

又有弥沙井巡检司。东距府九十里。

顺州元属丽江路。洪武十五年三月属北胜府,寻来属。西有金沙江。东有浴海浦,与北胜州分界。西距府百二十里。

丽江军民府元丽江路宣抚司。洪武十五年三月为府。三十年十一月升军民府。领州四。东南距布政司千二百四十里。

通安州倚。西北有玉龙山,一名雪岭。又有金沙江,古名丽水,源出吐蕃界犁牛石下,名犛水,“犛”讹“丽”,流经巨津、宝山二州,至武定府,北流入四川大江。西有石门关巡检司。

宝山州西南有阿那山。南有金沙江。西距府二百四十里。

兰州元属丽江路。洪武十五年三月属丽江府,寻属鹤庆府,后仍来属。北有福源山。西北有澜沧江,源出吐蕃嵯和歌甸,流入境,南入云龙州界。东北距府三百六十里。

巨津州南有华马山。北有金沙江,流入州界,有铁桥跨其上。西北有临西县,元属州,洪武十五年三月因之,弘治后废。又东北有雪山关。东南距府三百里。

永宁府元永宁州,属丽江路。洪武十五年三月属北胜府。十七年属鹤庆府。二十九年改属澜沧卫。永乐四年四月升为府。金沙江在西。又东有泸沽湖,周三百里,中有三岛。又东南有鲁窟海子,在干木山下,下流入四川盐井卫之打冲河。又北有勒汲河,自吐蕃流入,亦东流入打冲河。又南有罗易江,自蒗蕖州流入,注于泸沽湖。领长官司四。东南距布政司千四百五十里。

剌次和长官司府东北。

革甸长官司府西北。

香罗甸长官司府西。

瓦鲁之长官司府北。四司,俱永乐四年四月置。

北胜州元北胜府,属丽江路。洪武十五年三月属布政司,寻降为州，属鹤庆府。二十九年改属澜沧卫。正统七年九月直隶布政司。弘治九年徙治澜沧卫城。澜沧卫旧在州南，本澜沧卫军民指挥使司，洪武二十八年九月置，属都司。弘治九年徙州来同治。寻罢军民司，止为卫。西南有澜沧山。南有九龙山。西有金沙江，环绕州治，亦曰丽江。又南有陈海，又有呈湖，东南有浪峨海，下流俱入金沙江。东有罗易江，下流入永宁府界，北有蒗蕖州，元属丽江路，洪武十五年三月属北胜府，寻属鹤庆军民府，二十九年改属澜沧卫，天启中废。东有宁番土巡检司。南距布政司千二十五里。

　　永昌军民府元永昌府，属大理路。洪武十五年三月属布政司。十八年二月兼置金齿卫，属都司。二十三年十二月省府，升卫为金齿军民指挥使司。嘉靖元年十月罢军民司，止为卫，复置永昌军民府。领州一，县二，安抚司四，长官司三。东距布政司千二百里。

　　保山倚。本金齿千户所，洪武中置。永乐元年九月又置永昌府守御千户所，俱属金齿军民司。嘉靖三年三月改二所为保山县。东有哀牢山，本名安乐，夷语哀牢。西有九隆山。又东北有罗岷山，澜沧江经其麓。又南有潞江，旧名怒江，一名喳里江，自潞江司流入。又北有清水河，经县东南峡口山下，伏流东出，入澜沧江。又有潞江州，宣德八年六月置，直隶布政司，正统二年五月废。又东北有沙木和、西北有清水关二巡检司。又北有甸头、南有水眼二土巡检司。

　　永平府东北。元属永昌府。洪武二十三年属金齿军民司。嘉靖元年仍属府。西南有博南山，一名金浪巅山，俗讹为丁当丁山，上有关。又有花桥山，产铁矿。又东北有横岭山，驿道所经。东有银龙江，下流入澜沧江。又东北有胜备江，下流入蒙化府样备江。又西南有花桥河，源出博南山，流入银龙江，上有花桥关，亦曰玉龙关。又东北有上甸定夷关巡检司。东有打牛坪土巡检司。

　　腾越州元腾冲府，属大理路。洪武十五年三月属布政司，寻废。永乐元年九月置腾冲守御千户所，属金齿军民司。宣德六年八月直隶都司。正统十年三月升所为腾冲军民指挥使司。嘉靖三年十月置腾越州，属府。十年十二月罢司为腾冲卫。东有球牟山。东南有罗生山。南有罗佐冲山，上有镇夷关，有巡检司。又东北有高黎共山，一名昆仑冈。西北有明光山，有银矿铜矿。西有大盈江，亦曰大车江，自徼外流入，下流至比苏蛮界，注于金沙江。又东北有龙川江，源出徼外峨昌蛮地之七藏甸，下流合于大盈江,有藤桥在其上。有龙川江关巡检司。又西南有叠水河,即大盈江之支流。又有腾冲土州,宣德五年六月置,属金齿军民司,后直隶布政司,正统三年五月仍属金齿军民司,寻废。又西有古勇关。东北距府二百七十五里。

潞江安抚司元柔远路。洪武十五年三月为府,后废,属麓川平缅司。永乐元年正月析置潞江长官司,直隶都司。十六年六月升安抚司。宣德元年六月改隶布政司。正统三年六月属金齿军民司。嘉靖元年十月属府。北有潞江,一名怒江,源出吐蕃雍望甸,南流经此,折而东南入府界。东岸有潞江关,北岸有细甸。又西有镇姚守御千户所,万历十三年置,治老姚关凤山之阿。又西有全腾关。东北距府三百五十里。

镇道安抚司

杨塘安抚司二司地旧属西番,与丽江府接界。俱永乐四年正月置,属金齿军民司。嘉靖元年属府。

瓦甸安抚司 本瓦甸长官司。宣德二年置,属金齿军民司。九年二月直隶都司。正统三年五月仍属金齿军民司。五年十一月升为安抚司。嘉靖元年属府。

凤溪长官司府东。洪武二十三年十一月置,属金齿军民司。嘉靖元年改属府。

施甸长官司府南。元石甸长官司。洪武十七年五月更名,属府。二十三年属金齿军民司。嘉靖元年仍属府。西有坪市河,下流入于怒江。东南有猛淋寨,万历十三年置镇安守御千户所于此。南有金齿巡检司,治蒲关。又南有石甸巡检司。

茶山长官司永乐五年析孟养地置,属金齿军民司。嘉靖元年属府。东有高黎共山。

蒙化府元蒙化州,属大理路。洪武十五年三月因之。正统十三年六月升为府。北有龙宇图山、又有甸头山,一名天耳山。南有甸尾山。西有阳江,源出甸头洞,下流至定边县,入定边河。又西有样备江,一名神庄江,与永平县分界,南入顺宁府境,为黑惠江。西南有澜沧江。有甸头、甸尾、样备、澜沧江四巡检司。又西南有备溪江土巡检司。又东有迷渡市,嘉靖初筑。东距布政司八百六十里。

顺宁府 元泰定四年十一月置。洪武十五年三月庚戌因之。己未降为州,属大理府。十七年正月仍升为府。西北有乐平山。南有把边山,中有把边关。东北有澜沧江,又有黑惠江,即样备江也,又名墨会江,南流至府东泮山下,合于澜沧江。又城东有顺宁河,源出甸头村山箐,流入云州之孟祐河。南有宝通州,又有庆甸县,元俱与府同置,洪武十五年省。又西南有矣堵寨,万历三十年置右甸守御土千户所于此。北有锡铅寨、又有牛街、又有猛麻、又有锡蜡寨、董瓮寨、蟒水寨、亦壁岭七巡检司。领州一。东距布政司千五百五十里。

云州 本大侯长官司。永乐元年正月析麓川平缅地置,直隶都司。宣德三年五月升为大侯御夷州,直隶布政司。万历二十五年更名,来属。旧治在南。万历三十年移于今治。南有澜沧江,东有孟祐河流入焉。有腊丁乡巡检司,后废。西距府百五十里。领长官司一。

孟缅长官司 州西南。宣德五年六月以景东府之孟缅、孟梳地置,属景东府,后直隶布政司。万历二十五年来属。有大猛麻、又有锰撒二土巡检司,与猛缅称为“三猛”。

车里军民宣慰使司 元车里路,泰定二年七月置,即大彻里。洪武十五年闰二月为军民府。十九年十一月改军民宣慰使司。永乐中废。宣德六年复置。东北有澜沧江,与九龙江会,达于交址,为富良江,而入于海。又有沙木江。东有小彻里部,永乐十九年正月置车里靖安宣慰司,宣德九年十月省入车里。又有元耿冻路,至正七年正月置,又有耿当、孟弄二州,亦元末置,洪武十五年俱省入车里。西北距布政司三十四程。

缅甸军民宣慰使司 本缅中宣慰司。洪武二十七年六月置,寻废。永乐元年十月复置,更名。北有大金沙江,其上流即大盈也,源出青石山,自孟养境内流经司北江头城下,下流注于南海。东有阿瓦河,自孟养流入境,下流入大金沙江。又北有江头城、太公城、马来城、安正国城、蒲甘缅王城,谓之“缅中五城”。元后至元四年十二月置邦牙宣慰司于蒲甘缅王城,至正二年六月废。至元二十六年置太公路于太公城,洪武十五年三月为府,后废。领长官司一。东北距布政司三十八程。

东倘长官司宣德八年九月置。

木邦军民宣慰使司元木邦路，至顺元年三月置。洪武十五年三月为府。后废。三十五年十二月复置。永乐二年六月改军民宣慰使司。北有慕义山。西有喳里江，即潞江，自芒市流入境，又西南入缅甸界。又北有蒙怜路、蒙来路，俱元置，洪武十五年三月俱为府，后俱废。又西北有孟炎甸，有天马关。东北距布政司三十五程。

八百大甸军民宣慰使司元八百等处宣慰司。洪武二十四年六月改置。东北有南格剌山，下有河，与车里分界。有八百者乃军民宣慰使司，永乐二年四月分八百大甸地置，后废。又有蒙庆宣慰司，元泰定四年闰月置，至正二年四月罢，洪武十五年三月复置府，后废。又有孟绢路，元元统元年置，属八百宣慰司，洪武十五年三月为府，后废。又有木按、孟杰二路，俱元置，洪武十五年三月俱为府，后俱废。北距布政司三十八程。

孟养军民宣慰使司元云远路。洪武十五年三月为府。十七年改为孟养府，后废。三十五年十二月复置。永乐二年六月改军民宣慰使司。正统十三年废。万历十三年改置长官司。东有鬼窟山，又有茫崖山。又有大金沙江，其上流即大盈江，南流入于缅甸。又南有密堵城，有速送城。又南有蔓撒寨。西有猛伦，西南有孟拱、蔓里、猛别、盏西诸部。东北距布政司三十七程。

老挝军民宣慰使司　永乐二年四月置。东南有三关，与安南界。西北距布政司六十八程。

南甸宣抚司元至元二十六年置南甸路。洪武十五年三月为府，后废，属腾冲守御千户所。永乐十二年正月置州，直隶布政司。正统三年五月改属金齿军民指挥使司。九年六月升宣抚司，仍直隶布政司。东有丙弄山，又有蛮干山。南有沙木笼山，上有沙木笼关。西有大盈江。东北有小梁河，西南经南牙山下，曰南牙江，入干崖境内。又东南有孟乃河，即腾越州之龙川江。又南有黄连坡关。东北有小陇川关。东北距布政司二十二程。

干崖宣抚司元镇西路。洪武十五年三月为府，后废，属麓川平缅司。永乐元年正月析置干崖长官司，直隶都司，后属金齿军民指挥使司。宣德五年六月复属都司。正统三年五月复属金齿军民指挥使司。九年六月升宣抚司，直隶布政司。东有云笼山。西有大盈江，又南有槟榔江，自吐蕃界流合焉。东有安乐河，即小梁河，下流经云笼山下，曰云笼江，经司治北，折而西，合于槟榔江。又西北有南赕，元置，洪武中废。又西有雷弄、盏达等部。东北距布政司二十三程。

陇川宣抚司　本麓川平缅军民宣慰使司。正统六年废，九年九月改置，治陇把。元平缅路，在陇把东北。洪武十五年闰三月置平缅宣慰司。三月又改路为府，未几府废。十七年八月丙子升司为平缅军民宣慰使司。甲午改麓川平缅军民宣慰使司，省麓川路入焉。元麓川路在陇把南，洪武十五年三月为府，未几府废。十七年八月为麓川平缅军民宣慰司治所，正统中，司废，曰平麓城，亦曰孟卯城，万历十二年置宣抚司同知于此。又西南有通西军民总管府，元至元二十六年置，洪武十五年三月为府，后废。又东南有遮放城，万历十二年置宣抚副使于此。北有马鞍山。西北有大金沙江。又有麓川江，即龙川江，自南甸流入，与芒市分界，西南入于大金沙江。东北距布政司六十六程。

孟定御夷府　元孟定路，至元三十一年四月置。洪武十五年三月为府。东北有无量山，又有喳哩江，与麓川江合。东南有谋粘路，元泰定三年七月置。有木连路，元至正二十六年置。洪武十五年三月俱因之，后俱废。领安抚司一。东北距布政司十八程。

耿马安抚司　万历十三年析孟定地置。西南三尖山。南有喳哩江，与孟定分界。北距府百里。

孟艮御夷府　永乐三年七月置，直隶都司，后直隶布政司。东有木朵路，又有孟隆路，俱元泰定三年九月置。东北有孟爱等甸军民府，元至元二十六年置。洪武十五年三月俱为府，后俱废。北距布政司三十八程。

威远御夷州　元威远州，属威楚路，后改威远蛮棚府。洪武十五年三月仍为威远州，属楚雄府。十七年升为府，后废。三十五年十二月复置州，直隶布政司。北有蒙乐山，接景东府界。西北有威远江，一名谷宝江，下流合澜沧江。东北距布政司十九程。

　　湾甸御夷州　本湾甸长官司。永乐元年正月析麓川平缅地置，直隶都司。三年四月升为州，直隶布政司。西北有高黎共山。北有姚关，与顺宁府界。东北距布政司二十程。

　　镇康御夷州元镇康路。洪武十五年三月为府。十七年降为州，后废，以其地属湾甸州。永乐七年七月复置，直隶布政司。西有喳哩江，接潞江安抚司界。南有昔剌寨。西南有控尾寨。东北距布政司二十三程。

　　孟密宣抚司　本孟密安抚司。成化二十年六月析木邦地置。万历十三年升为宣抚司。东北有南牙山，与缅甸分界。西南有摩勒江，有大金沙江，俱与缅甸分界。又有宝井。北有猛乃、猛哈，东北有孟广等部。东北距布政司三十三程。

　　蛮莫安抚司　万历十三年析孟密地置。东北有等练山。西南有那莫江，下流入大金沙江。又西有孟木寨。东北距布政司三十一程。

　　者乐甸长官司　永乐元年正月析麓川平缅地置，直隶都司，后改隶布政司。南有澜沧江。又东有景来河，自景东府流入，下流入马龙江。东北距布政司千一百七十里。

　　钮兀御夷长官司　宣德八年十月以和泥之钮兀、五隆二寨置，北距布政司十六程。

　　芒市御夷长官司元芒施路。洪武十五年三月为府，后废。正统八年四月改置，属金齿军民指挥司，后直隶布政司。西南有永昌干山，又有孟契山。又有大盈江，西南经青石山下，又西有麓川江来合焉。东北距布政司二十三程。

　　孟琏长官司旧为麓川平缅司地，后为孟定府。永乐四年四月置，直隶都司。东南有木来府，元置，洪武十五年三月因之，后废。东北距布政司二十三程。

　　大古剌军民宣慰使司在孟养西南。亦曰摆古，滨南海，与暹罗邻。
　　底马撒军民宣慰使司在大古剌东南。
　　小古剌长官司

茶山长官司

底板长官司

孟伦长官司

八家塔长收司 皆在西南极边。俱永乐四年六月置。

刺和庄长官司 永乐四年十月置，直隶都司。

促瓦长官司

散金长官司 旧俱为麓川平缅司地。永乐六年四月置。

里麻长官司 永乐六年七月析孟养地置，直隶都司。

八寨长官司 永乐十二年九月置，直隶都司。

底兀剌宣慰使司 永乐二十二年三月置。地旧为大古剌所据，上谕还之，故置司。

广邑州 本金齿军民司之广邑寨。宣德五年五月升为州。八年十一月直隶布政司。正统元年三月徙于顺宁府之右甸。

贵州 《禹贡》荆、梁二州徼外。元为湖广、四川、云南三行中书省地。洪武十五年正月置贵州都指挥使司，治贵州宣慰司。其民职有司则仍属湖广、四川、云南三布政司。永乐十一年置贵州等处承宣布政使司。与都指挥司同治。领府八，州一，县一，宣慰司一，长官司三十九。后领府十，州九，县十四，宣慰司一，长官司七十六。北至铜仁，与湖广、四川界。南至镇宁，与广西、云南界。东至黎平，与湖广、广西界。西至普安，与云南、四川界。距南京四千二百五十里，京师七千六百七十里。弘治四年，编户四万三千三百六十七，口二十五万八千六百九十三。万历六年，户四万三千四百五，口二十九万九千九百七十二。

贵阳军民府 本程番府。成化十二年七月分贵州宣慰司地置，

治程番长官司。隆庆二年六月移入布政司城,与宣慰司同治。三年
三月改府名贵阳。万历二十九年四月升为军民府。领州三,县二,
长官司十六。

新贵倚。本贵竹长官司,洪武五年正月置,属宣慰司。万历十四年二月
改置县,来属。西有狮子山。西北有木阁箐山,在水西境内。北有贵人峰。又
西有白龙洞。北有乌江,源出水西,与四川遵义府分界,北流至四川彭水县,入
涪陵江。西北有陆广河,下流入于乌江,有陆广河巡检司。又西有宅溪。又西
北有蔡家关,一名响水关,又有阆水关。

贵定倚。万历三十六年析新贵县及定番州地置。东有铜鼓山,有石门
山。南有高连山,有南门河。又东有龙洞河,下流俱入陆广河。

开州　崇祯四年十一月以副宣慰洪边旧地置。西南距府一百
二十里。

广顺州　本金筑长官司。洪武五年三月置,属四川行省。十年
正月改安抚司。十九年十二月属广西。二十七年仍属四川。二十
九年属贵州卫。正统三年八月直隶贵州布政司。成化十二年七月
属程番府。隆庆二年六月贵阳府。万历四十年置州。东南有天台山。
北有天生桥。南距府一百一十里。

定番州元程番武胜军安抚司。洪武五年罢。成化十二年七月置程
番府,领金筑安抚司,上马桥、大龙番、小龙番、程番、方番、韦番、卧
龙番、洪番、小程番、卢番、罗番、金石番、卢山、木瓜、大华、麻响十
六长官司。隆庆二年六月移府入布政司城。万历十四年三月置州。
距府八十五里,领长官司十六。

程番长官司倚。洪武五年三月置,属贵州卫。正统三年八月属贵州宣
慰司。成化十二年七月属程番府。万历十四年三月属州。北有青岩。南有都
泥江,源出州西北乱山中,曰濛潭,经司南,州境之水皆流合焉,入广西南丹州
界。下十二司所属仿此。

小程番长官司州西北。元小程悉按抚司。洪武六年正月改置。

上马桥长官司州西北。洪武十五年六月置。

卢番长官司州北。元卢番静海军安抚司。洪武六年正月改置,省元卢
番蛮夷军民长官司入焉。

韦番长官司_{州南。}元韦番蛮夷长官司。洪武十五年六月改置。

方番长官司_{州南。}元方番河中府安抚司。洪武五年改置。

洪番长官司_{州西。}元洪番永盛军安抚司。洪武六年正月改置。

卧龙番长官司_{州南。}元卧龙番南宁州安抚司。洪武五年改置。

小龙番长官司_{州东南。}元小龙番静蛮军安抚司。洪武六年正月改置。

大龙番长官司_{州东南。}元大龙番应天府安抚司。洪武五年改置。

金石番长官司_{州东。}元金石番太平军安抚司。洪武五年改置。

罗番长官司_{州南。}元罗番大龙遏蛮军安抚司。洪武五年改置。

卢山长官司_{州南。}元卢山等处蛮夷军安抚司。洪武六年正月改置。

木瓜长官司_{元木瓜等处蛮夷军民长官司。}洪武五年改置，属贵州卫。正统三年八月属金筑安抚司。成化十二年七月，属程番府。万历十四年三月属州。下二司仿此。

麻响长官司_{洪武七年六月置。}

大华长官司_{洪武七年六月置。}

贵州宣慰使司_{元改顺元路军民安抚司置，属湖广行省。}**洪武五年正月属四川行省。九年六月属四川布政司。永乐十一年二月来属。**_{有沙溪、的澄河二巡检司。又有黄沙渡、龙谷二土巡检司。}领长官司七。

水东长官司_{宣慰司北。}元水东寨长官司。洪武五年改置，后废。永乐元年六月置，属都司，后来属。

中曹蛮夷长官司_{宣慰司东南。}元中曹白纳等处长官司，属管番民总管。洪武五年改置，来属。

龙里长官司_{宣慰司东。}元龙里等寨长官司，属管番民总管。洪武五年改置，来属。

白纳长官司_{宣慰司东南。}元苤山白纳等处长官司。洪武五年并入中曹司。永乐四年五月置，来属。

底寨长官司_{宣慰司北。}元底寨等处长官司。洪武五年改置。

乖西蛮夷长官司_{宣慰司东北。}元乖西军民府，属管番民总管。洪武五年改置，后废。永乐元年六月复置，属都司，后来属。

养龙坑长官司_{宣慰司北。元养龙坑宿征等处长官司。洪武五年改置。}

安顺军民府_{元安顺州，属普定路。}洪武十五年三月属普定府。十八年直隶云南布政司。二十五年八月属四川普卫。正统三年八月直隶贵州布政司。成化中，徙州治普定卫城。万历三十年九月升安顺军民府。_{普定卫旧在州西北，洪武十五年正月置，属四川都司。三月升军民指挥使司。正统三年改属贵州都司。成化中，州自卫东南来同治。西北有旧坡山，两峰相对，中有石关。东有岩孔山。北有欢喜岭，又有思腊河，接水西界。西南有北盘江，自云南霑益州流入。东南有九溪河。又东有元普定路，属云南行省，洪武十五年三月为府，属云南布政司，寻升军民府，改属四川布政司，十八年七月废。}领州三，长官司六。东距布政百五十里。

宁谷寨长官司_{府西南。洪武十九年置，属安顺州。二十五年八月属普定卫。正统三年八月仍来属。下仿此。东南有乾海子。}

西堡长官司_{府西北。建置所属同上。北有浪伏山，元置习安州于山下，属普定路，洪武十五年三月属普定府，后废。又北有白石岩。东南有楚油洞山。北有谷龙河，下流合乌江。}

镇宁州_{元至正十一月四月以火烘夷地置，属普定路。}洪武十五年三月属普定府。二十五年八月属普定卫，后侨治卫城。正统三年八月直隶贵州布政司。嘉靖十一年六月徙州治安庄卫城。万三十年九月属府。_{安庄卫，旧在州西，洪武二十三年五月置，属贵州都司。万历三十五年九月，州自卫东来同治。南有白水河，又有乌泥江，即都泥江，源出山箐中，东南流，入金筑安抚司境。}东距府五十五里。领长官司二。

十二营长官司_{州北。洪武十九年置，属安顺州。二十五年八月属普定卫。正统三年八月来属。下仿此。东北有天生桥，又有公具河。北有阿破河。}

康佐长官司_{州东。建置所属同上。}

永宁州_{元以打罕夷地置，属普定路。}洪武十五年三月属普定府。二十五年八月属普定卫，后侨治卫城。正统三年八月直隶贵州布政司。嘉靖十一年三月徙州治关索岭守御千户所城。万历三十年九月属府。_{关索所旧在州西南，洪武二十五年置，属安庄卫。万历三十年九月，州自所东北来同治。西北有红崖山。西有北盘江，自普安州流入，有盘江河巡}

检司。东北距府一百二十里。领长官司二。

慕役长官司州西。洪武十九年置,属安顺州。二十五年八月普定卫。正统三年八月来属。下仿此。北有安笼箐山。西北有象鼻岭。东有北盘江,与永宁州分界,东南流,南盘江自云南罗平州来合焉,又南入广西泗城州界。

顶营长官司州北。洪武四年置,所属同上。东有关索岭。西有盘江。

普安州　本贡宁安抚司。建文中置,属普安军民府。永乐元年正月改普安安抚司,属四川布政司。十三年十二月改为州,直隶贵州布政司。万历十四年二月徙治普安卫城。三十年九月属府。普安卫旧在州南,洪武十五年正月置,属云南都司,后改属贵州都司。二十二年三月升军民指挥使司。万历十四年二月,州自卫北来同治。东有八部山,元普安路治山下,属云南行省,洪武十五年三月为府,属云南布政司,寻升军民府,二十七年四月改属四川,永乐后废。东北有格孤山。又西北有番纳牟山,一名云南坡。又东南有得都山,一名白崖,产雄黄水银。又东有盘江。东南有者卜河,下流入于盘江。东有芭蕉关。西有分水岭关。东南有安笼箐关。又西南有乐民守御千户所,西有平夷守御千户所,俱洪武二十二年置,又东南有安南安御千户所,又有安笼守御千户所,俱洪武二十三年置,皆属普安卫。正统十年四月徙安南所于罗渭江。东北距府三百三十里。

都匀府　本都匀安抚司。洪武十九年十二月置。二十三年十月改都匀卫,属贵州都司。二十九年四月升军民指挥使司,属四川布政司。永乐十七年仍属贵州都司。弘治七年五月置都匀府于卫城。西有龙山。南有独山镇巡检司。北有平定关,西有威镇关,俱洪武二十四年置。领州二,县一,长官司八。西北距布政司二百六十里。

都匀长官司府南。元上都匀等处军民长官。洪武十六年更名。南有都匀河,亦名马尾河。

邦水长官司府西。元中都云板水等处军民长官司,属管番民总管。洪武十六年更名。邦水河在东南,本名扳河,即都匀河上源。

平浪长官司府西。洪武十六年置。西南有凯阳山,上有灭苗镇,即故凯口囤。东南有麦冲河。

平洲六洞长官司府西南。洪武十六年置。西南有六洞山。南有平洲河,中有沙洲。

麻哈州　本麻喻长官司。洪武十六年置,属平越卫。弘治七年五月升为州,来属。南有麻哈江,即邦水河之上源。南距府六十里。领长官司二。

乐平长官司州西北。洪武二十四年五月置,属云南,后属平越卫。弘治七年五月来属。东北有马场山。南有乐平溪。

平定长官司州西北。洪武二十二年置,属平越卫。三十六属清平卫。弘治七年五月来属。东有山江河。

独山州　本九名九姓独山州长官司。洪武十六年置,属都匀卫。弘治七年五月升为独山州,属府。南有独山,有独山江,即都匀河下流,南入广西天河县界,为龙江。北距府百五十里。领县一,长官司二。

清平府北。本清平长官司,洪武二十二年置,属平越卫。三十年属清平卫。弘治七年五月属为县,属麻哈州,后来属。东有香炉山,嘉靖十二年四月徙清平卫中左所于此。北有云溪洞。南有木级坡。又东有山江河,源出香炉山,有舟溪江流合焉,亦都匀河上源。又南有鸡场关,北有罗冲关,俱洪武二十五年置。又东北有黎树等寨。

合江洲陈蒙烂土长官司州东。洪武十六年置,属都匀卫。弘治七年五月属州。东南有梅花洞。

丰宁长官司州西南。洪武二十三年置,属都匀卫。弘治七年五月属州。西南有行郎山。

平越军民府元平月长官司。洪武十四年置平越守御千户所。十五年闰二月改为平越卫。十七年二月升军民指挥使司。领长官司五,属四川布政司,寻属贵州都司。万历二十九年四月置平越军民府于卫城,以播州地益之,属贵州布政局。东有峨黎山,又有七盘坡。东南有麻哈江,其上源即黄平州之两岔江。南有马场江,又有羊场河,俱东入于麻哈江。南有武胜关。西南有通津关。东南有羊场关。领卫二,州一,县三,长官司二。西距布政司百八十里。

清平卫　洪武二十三年六月置,属贵州都司。万历二十九年来属。卫治在清平县北一里。西南距府六十里。

兴隆卫　洪武二十二年六月置,属贵州都司,万历二十九年来属。北有龙岩山,亦名龙洞山,又有截洞,甚深险。东有飞云岩。西南距府百二十里。

黄平州　本黄平安抚司。洪武七年十一月置,属播州宣慰司。万历二十九年四月改为州,来属。东有七里谷。西南有两岔江,以两源合流而名。又东有冷水河。西北有黄平守御千户所,洪武十一年正月置,十五年正月改为卫,闰二月仍为千户所。南距府三十里。

余庆州西。本余庆长官司,洪武十七年置,属播州宣慰司。万历二十九年四月改为县,来属。东有白泥长官司,亦洪武十七年置,属播州宣慰司,万历二十九年四月省入余庆县,南有小乌江,下流入于乌江。东南有白泥河,下流合于思南河。又有走马坪寨,嘉靖三十四年置。

瓮安州西北。本瓮水安抚司,洪武初置。万历二十九年四月改为县,来属。东有草塘安抚司,洪武十七年六月置,又有重安长官司,永乐四年九月置,俱属播州宣慰司,万历二十九年四月俱省入瓮安县。东南有万丈山。西有乌江,县境诸山溪之水皆流合焉。又有黄滩关。东北有飞练堡,有天邦囤,西有西坪等寨。

湄潭州北。万历二十九年四月以播州湄潭地置。西有容山长官司,洪武中置,属播州宣慰司。万历二十九年省入湄潭县。南有湄潭水,又西有三江水,下流俱入于乌江。

凯里长官司府东北。本凯里安抚司,嘉靖八年二月分播州宣慰司地置,属清平卫。万历二十九年来属。三十五年六月改为长官司。

杨义长官司府东南。洪武初置,属平越卫。万历二十九年属府。西有杉木箐山。又有清水江,上流自新添卫流入,经城西,又名皮陇江,北经乖西、巴香诸苗界,而入乌江。

黎平府　本思州宣慰司地。洪武十八年正月置五开卫,属湖广都司,后废。三十五年十一月复置。永乐十一年二月置黎平府于卫城,属贵州布政司。弘治十年徙府治卫南。万历二十九年十一月改府属湖广。三十一年四月还属贵州。南有宝带山。东有摩天岭。东北有铜鼓岩。西有新化江。又有福禄江,其上源为古州江,下流入广西怀远县境。西南有黎平守御千户所,洪武二十一年九月置,属五开卫。领县一,长官司十三。西距布政司六百三十里。

永从府南。本元福禄永从民长官司。洪武中改置福禄永从蛮夷长官司,后废。永乐元年正月复置,属贵州卫。十二年三月来属。正统六年九月改为县。南有福禄江,有彩江流合焉。又有永从溪。

潭溪蛮夷长官司府东南。元潭溪长官司。洪武三年正月改置,属湖广辰州卫。三月改属湖广靖州卫,后废。永乐元年正月复置,属贵州卫。十二年三月来属。西南有铜关铁寨山。南有潭溪。

八舟蛮夷长官司府北。元八舟军民长官司。洪武五年改置,后废。永乐元年正月复置,属贵州卫。十二年三月来属。西南有八舟江,源自府城,西为三十里江,北流经此,又东北为新化江。

洪州泊里蛮夷长官司府东南。元洪州泊里军民长官司。洪武初改置,后废。永乐元年正月复置,属贵州卫。十三年三月来属。北有洪州江,下流合于湖广靖州之渠河。西南有中潮守御千户所,洪武二十一年九月置,属五开卫。

曹滴洞蛮夷长官司府西北。元曹滴等洞军民长官司。洪武初改置,后废。永乐元年正月复置,属贵州卫。十二年三月来属。西南有容江,源出苗地,北流入福禄江。

古州蛮夷长官司府西北。元古州八万洞军民长官司。洪武三年正月改置,属湖广辰州卫。三月改属湖广靖州卫,后废。永乐元年正月复置,属贵州卫。十二年三月来属。有古州卫,洪武二十六年,寻废。东北有古州江。

西山阳洞蛮夷长官司府西南。洪武初置,后废。永乐元年正月复置,属贵州卫。十二年三月来属。西北有大岩山,大岩江出焉,东南入于福禄江。

新化蛮夷长官司府东北。元新化长官司。洪武三年正月改置,属湖广辰州卫,三月改属湖广靖州卫,后废。永乐元年正月复置,属贵州卫。十一年二月置新化府于此,领湖耳、亮寨、欧阳、新化、中林验洞、龙里六蛮夷长官司,赤溪浦洞长官司。宣德九年十一月,府废,以所领俱属黎平府。西有六叠山。东南有新化江,又西北合于清水江。又东有新化亮寨守御千户所,洪武二十一年九月置,西南有新化屯千户所,洪武二十五年置,俱属五开卫。

湖耳蛮夷长官司府东北。元湖耳洞长官司。洪武三年正月改置,属湖广辰州卫。三月改属湖广靖州卫,后废。永乐元年正月复置,属贵州卫。十二年三月属新化府,府废,来属。西有铜鼓卫,本铜鼓守御千户所,洪武二十一年九月置,属五开卫,三十年改所为卫,属湖广都司,后二年废,三十五年十一月复,属湖广都司。

亮寨蛮夷长官司府东北。本八万亮寨蛮夷长官司。洪武三年正月置,属湖广辰州卫。三月属湖广靖州卫,后废。永乐元年正月复置,改名,属贵州卫。十二年三月属新化府,府废,来属。

欧阳蛮夷长官司府东北。元欧阳寨长官司。洪武三年正月改置,属湖广辰州卫,三月改属湖广靖州卫,后废。永乐元年正月复置,属贵州卫。十二年三月属新化府,府废,来属。

中林验洞蛮夷长官司府北。洪武初置,后废。永乐元年正月复置。十二年三月属新化府,府废,来属。下二司仿此。

赤溪湳洞蛮夷长官司府东北。

龙里蛮夷长官司府北。南有龙里守御千户所,洪武二十五年置,属五开卫。

思南府元思南宣慰司,属湖广行省。洪武四年改属四川。六年十二月升为思南道宣慰使司。仍属湖广。永乐十一年二月改为府,属贵州布政司。隆庆四年三月徙治平溪卫。寻复故有都儒五堡二坑等处巡检司。又有覃韩偏力水土巡检司。又有板桥巡检司,旧属石阡府,后来属。领县三,长官司三。西南距布政司六百二十里。

安化倚。本水特姜长官司,元属思州安抚司。洪武初,改曰水德江,属思南宣慰司。永乐十二年三月属府。万历三十三年改置安化县。西南有崖门山。南有万胜山。又有乌江,自石阡府流入,经城西鲇鱼峡北,入四川彭水县界,合涪陵江。东南有水德江,即乌江之分流,又有思印江流合焉,下流亦入于涪陵江。旧有洪安、化济二长官司,属思南宣慰司,洪武二十六年五月省。东有水胜关。南有武胜关。北有太平关。

蛮夷长官司倚。洪武十年十月置,属思南宣慰司。永东十二年三月属府。

婺川府北。元属思州安抚司。洪武五年属镇远。十七年后仍属思州。永乐十二年三月来属。东有河只水,又有罗多水,下流俱注于水德江。

印江府江。本思印江长官司,元属思南宣慰司。永乐十二年三月属府。弘治七年六月改为印江县。

沿河祐溪长官司府东北。洪武七年十月置,属思南宣慰司。永乐十二年三月属府。

朗溪蛮夷长官司府东。洪武七年十月置,属思南宣慰司,永乐十二年三月属乌罗府。正统三年五月,府废,来属。有厥溪蛮夷长官司,亦洪武七年十月置,寻废。

思州府元思州宣慰司。永乐十一年二月改为府,属贵州布政司。领长官司四。西距布政司七百五十里。

都坪峨异溪蛮夷长官司倚。洪武六年置,二十五年省。永乐十二年三月复置。南有峨山。西北有江头山。东有异溪。东北有平溪,上有关,洪武二十二年三月置平溪卫于此,属湖广都司,万历二十九年十一月改属贵州,三十一年四月还属湖广。又有鲇鱼关。南有黄土关。又东北有晃州驿,路出湖广沅州。

都素蛮夷长官司府西。永乐十二年三月置,属府。

施溪长官司府北。元施溪样头长官司。洪武五年改名,属湖广沅州卫。永乐十二年三月来属。东有施溪。

黄道溪长官司府东北。元属思州宣慰司。永乐十二年三月属府。西南有黄道溪。

镇远府元镇远府,属思州安抚司。洪武四年降为镇远州,属思南宣慰司。五年六月直隶湖广。永乐十一年二月置镇远府于州治,属贵州布政司。正统三年五月省州入焉。领县二,长官司三。西距布政司五百三十里。

镇远倚。本镇远溪洞金容金达蛮夷长官司,洪武二年二月置,属思南宣慰司。永乐十二年三月属州。正统三年五月改属府。弘治七年十月改为镇远县。北有石崖山。东有中河山。以两水夹流而名。东北有铁山。又东有观音山,有马场坡。东南有巴邦山。西有平冒山。南有镇阳江,一名镇南江,亦曰沅水,上受兴隆、黄平诸水,东流三百里,入于沅江。又东北有铁溪,出铁山,下流入镇阳江。又西有油榨关。有焦溪关、梅溪关。又有清浪关，清浪卫治于此，又西有偏桥，偏桥卫在焉，俱洪武二十三年四月置。西南有镇远卫，洪武二十二年七月置。俱属湖广都司，万历二十九年十一月俱改属贵州，三十一年四月还湖广。

施秉府西南。本施秉蛮夷长官司，洪武五年置，属思南宣慰司。永乐十二年三月属州。正统九年七月改为县。天启元年四月省。崇祯四年十一月复置。南有洪江，即镇阳江。

偏桥长官司府西。元偏桥中寨蛮夷军民长官司。洪武五年改置，属思南宣慰司。永乐十二年三月来属。

邛水十五洞蛮夷长官司府东。元邛水县。洪武五年改置团罗、得民、晓隘、陂带、邛水五长官司，属思州宣慰司。二十九年以四司并入邛水司，属思南宣慰司。永乐十二年三月属府。

臻剖六洞横坡等处长官司府西。本臻剖、六洞、横坡三长官司，洪武二十二年置，属镇远卫，后并为一司。

铜仁府　本思州宣慰司地。永乐十一年二月置铜仁府。领县一，长官司五。西南距布政司七百七十里。

铜仁倚。元铜人大小江等处蛮夷军民长官司，属思州安抚司。洪武初，改置铜仁长官司，属思南宣慰司。永乐十二年三月置府治于此。万历二十六年四月改为县。南有铜崖山。又有新坑山，产砗砂水银。西南有铜仁大江，西北有小江流合焉，下流入沅州界，注于沅江。

省溪长官司府西。元省溪坝场等处蛮夷长官司，属思州安抚司。洪武初，改名，属思南宣慰司。永乐十二年三月来属。西有㵲逻江，即省溪，产金。

提溪长官司府西。元提溪等处军民长官司，属思州安抚司。洪武初，改名，属思南宣慰司。永乐十二年三月来属。东有印江。西有提溪，产砂金。

大万山长官司府南。元大万山苏葛办等处军民长官司，属思州安抚司。洪武初，改名，属思南宣慰司。永乐十二年三月来属。

乌罗长官司府西。元乌罗龙干等处长官司，属思州安抚司。洪武初，更名，属思南宣慰司。永乐十一年二月置乌罗府，领朗溪蛮夷长官司，乌罗、答意、治古、平头著可四长官司治于此。正统三年五月，府废，来属。西有九龙山，铜仁大江源于此。又西南有观音囤，亦曰乌罗洞。南有九江。又有木耳溪，亦曰九十九溪,下流亦入沅江。

平头著可长官司府西北。元平头著可通达等处长官司,属思州安抚司。洪武七年十月改置,属思南宣慰司。永乐十二年三月属乌罗府,府废,来属。又有答意长官司,治古寨长官司,俱永乐三年七月置,属贵州宣慰司,十二年三月改属乌罗府,正统三年五月俱与府同废。

石阡府　本思州宣慰司地。永乐十一年二月置石阡府。领县一,长官司三。西南距布政司六百三十里。

石阡长官司倚。元石阡等处军民长官司,属思州安抚司。洪武初改置,属思州宣慰司。永乐十二年三月为石阡府治。西有崖门山。南有秋满洞。西有乌江,自四川遵义府流入,东北入思南府界。有石阡江,下流入于乌江。

龙泉府西。本龙泉坪长官司,元为思州安抚司治。洪武七年七月复置,属思州宣慰司。永乐十二年三月来属。万历二十九年四月改为县。北有腾云洞。南有邓坎等寨。

苗民长官司府西南。洪武七年十月置,属思州宣慰司。永乐十二年三月来属。

葛彰葛商长官司府南。元属思州安抚司。洪武中属思州宣慰司。永乐十二年三月来属。

龙里卫军民指挥使司　洪武二十三年四月置卫。二十九年四月升军民指挥使司。西有莲花泾,又有加牙河,下流入瓮音河。东南有平伐长官司,本元平伐等处长官,洪武十五年改置,属贵州卫,二十八年属龙里卫,万历十四年二月省入新贵县。又西有长冲关。东有羌耸关。领长官司一。西距布政司五十里。

太平伐长官司卫南。洪武十九年置,属贵州卫。二十八年来属。东北有谷峡山。东南有瓮首河,下流合清水江。

新添卫军民指挥使司元新添葛蛮安抚司,后废。洪武二十二年置新添千户所,属贵州卫。二十三年二月改为新添卫,属贵州都司。二十九年四月升军民指挥使司。领长官司五。西距布政司百十里。

新添长官司倚。洪武四年置。东有凭虚洞,一名猪母洞。西北有清水江。西南有瓮城河,有瓮城河土巡检司。又东有谷忙关。

小平代长官司卫西南。洪武十五年六月置,属贵州卫,寻属龙里卫。二十九年来属。

把平寨长官司卫南。洪武十五年六月置,属贵州卫,寻属龙里卫。二十九年来属。

丹平长官司卫西南。洪武三十年置,寻省。永乐二年复置。

丹行长官司卫西南。洪武三十年置,寻省。永乐二年复置。

安南卫 洪武十五年正月置尾洒卫于此,寻废。二十三年十二月复置,更名,属贵州都司。南有尾洒山。东有盘江山,有清源洞。又有北盘江,自云南沾益州流入,又南入安顺府界。东南有者卜河,自普安州流入,注于盘江。西有江西陂,初置栅屯守于此,寻徙于尾洒,筑城为卫。南有乌鸣关,亦洪武中置。东北距布政司三百四十里。

威清卫 洪武二十三年六月置,属贵州都司。北有羊耳山。西有的澄河,即陆广河上流。西北有鸭池河,即乌江。西距布政司六十里。

平坝卫 洪武二十三年闰四月置, 属贵州都司。东南有南仙洞,有马头山。东有东溪。西南距布政司八十里。

毕节卫 洪武十七年二月置,属贵州都司。东有木稀山,有关。又有响水河。南有善欲关,西有老鸦关,俱洪武中置。东北有层台卫,洪武二十一年九月置,二十七年六月废。领守御所一。东南距布政司四百五十里。

守御七星关后千户所卫西。洪武二十一年置,属乌撒卫。永乐中来属。有七星关河,亦曰可渡河,源出四川乌撒府,即北盘江上流,七星关在其上,下流入云南沾益州界。

赤水卫 洪武二十一年十月置,北有雪山,上有关。东有赤水河,有赤水关。领所四。距布政司六百二十里。

摩尼千户所卫北。

白撒千户所卫东南。二所俱洪武二十二年九月置。

阿落密千户所卫南。

前千户所卫南。二所俱洪武二十年置。

普市守御千户所 洪武二十三年三月析永宁宣抚司地置,直

隶贵州都司。东有木案山。西南有水脑洞。又东南有龙泉洞。**距布政司
七百二十里。**

敷勇卫　本扎佐长官司。洪武五年改元落邦札佐等处长官司
置,属贵州宣慰司。崇祯三年改置,属贵州都司。东有阳明洞。西有三
湘水。北有乌江,有陆广河。领所四。南距布政司五十里。

于襄守御千户所卫西。本青山长官司,洪武五年改元青山远地等处长
官司置,属贵州宣慰司。崇祯三年改置。

息烽守御千户所卫东北。崇祯三年以贵州前卫故绝六屯并割
底寨司地置。西有西望山。南有石天洞。北有乌江。

濯灵守御千户所卫北。西有陆广河,北流合乌江。

修文守御千户所卫东北。二所俱宣慰司水西地,崇祯三年同置。

镇西卫　崇祯三年以宣慰司水西地置。北有天柱洞,又有鸭池河,
即乌江异名。领所四。西南距布政司六十里。

威武守御千户所卫东。

赫声守御千户所卫北。有鸭池河。

柔远守御千户所卫□。

定远守御千户所卫□。以上俱水西地,崇祯三年与卫同置。

明史卷四七
志第二三

礼一 吉礼一

坛壝之制
神位祭器玉帛牲牢祝册之数
笾豆之实　祭祀杂议诸仪
祭祀日期　习仪　斋戒　遣官祭祀
分献陪祀

《周官》、《仪礼》尚已，然书缺简脱，因革莫详。自汉史作《礼志》，后皆因之，一代之制，始的然可考。欧阳氏云："三代以下，治出于二，而礼乐为虚名。"要其用之郊庙朝廷，下至闾里州党者，未尝无可观也。惟能修明讲贯，以实意行乎其间，则格上下，感鬼神，教化之成即在是矣。安见后世之礼，必不可上追三代哉。

明太祖初定天下，他务未遑，首开礼、乐二局，广征耆儒，分曹究讨。洪武元年，命中书省暨翰林院、太常司，定拟祀典。乃历叙沿革之由，酌定郊社宗庙议以进。礼官及诸儒臣又编集郊庙山川等仪，及古帝王祭祀感格可垂鉴戒者，名曰《存心录》。二年诏诸儒臣修礼书。明年告成，赐名《大明集礼》。其书准五礼而益以冠服、车辂、仪仗、卤簿、字学、音乐，凡升降仪节，制度名数，纤悉毕具。又屡敕议礼臣李善长、傅瓛、宋濂、詹同、陶安、刘基、魏观、崔亮、牛谅、陶凯、朱升、乐韶凤、李原名等，编辑成集。且诏郡县举高洁博雅之士徐一夔、梁寅、周子谅、胡行简、刘宗弼、董彝、蔡深、滕公琰至京，同修礼书。在位三十余年，所著书可考见者，曰《孝慈录》，曰《洪武礼制》，曰《礼仪定式》，曰《诸司职掌》，曰《稽古定制》，曰《国朝制作》，曰《大礼要议》，曰《皇朝礼制》，曰《大明礼制》，曰《洪武礼法》，曰《礼制集要》，曰《礼制节文》，曰《太常集礼》，曰《礼书》。若夫厘正祀典，凡天皇、太乙、六天、五帝之类，皆为革除，而诸神封号，悉改从本称，一洗矫诬陋习，其度越汉、唐远矣。又诏定国恤，父母并斩衰，长子降为期年，正服旁服以递而杀，斟酌古今，盖得其中。

永乐中，颁《文公家礼》于天下，又定巡狩、监国及经筵日讲之制。后宫罢殉，始于英宗。陵庙嫡庶之分，正于孝宗。暨乎世宗，以制礼作乐自任。其更定之大者，如分祀天地，复朝日夕月于东西郊，罢二祖并配，以及祈谷大雩，享先蚕，祭圣师，易至圣先师号，皆能折衷于古。独其排众议，祔睿宗太庙跻武宗上，徇本生而违大统，以明察始而以丰昵终矣。当时将顺之臣，各为之说。今其存者，若《明伦大典》，则御制序文以行之；《祀仪成典》，则李时等奉敕而修；《郊祀考议》，则张孚敬所进者也。至《大明会典》，自孝宗朝集纂，其于礼制尤详。世宗、神宗时，数有增益，一代成宪略具是焉。

今以五礼之序，条为品式，而随时损益者，则依类编入，以识沿革云。

五礼，一曰吉礼。凡祀事皆领于太常寺而属于礼部。明初以圜丘、方泽、宗庙、社稷、朝日、夕月、先农为大祀，太岁、星辰、风云雷雨、岳镇、海渎、山川、历代帝王、先师、旗纛、司中、司命、司民、司禄、寿星为中祀，诸神为小祀。后改先农、朝日、夕月为中祀。凡天子所亲祀者，天地、宗庙、社稷、山川。若国有大事，则命官祭告。其中祀、小祀，皆遣官致祭，而帝王陵庙及孔子庙，则传制特遣焉。每岁所常行者，大祀十有三：正月上辛祈谷、孟夏大雩、季秋大享、冬至圜丘皆祭昊天上帝，夏至方丘祭皇地祇，春分朝日于东郊，秋分夕月于西郊，四孟季冬享太庙，仲春仲秋上戊祭太社太稷。中祀二十有五：仲春仲秋上戊之明日祭帝社帝稷，仲秋祭太岁、风云雷雨、四季月将及岳镇、海渎、山川、城隍，霜降日祭旗纛于教场，仲秋祭城南旗纛庙，仲春祭先农，仲秋祭天神地祇于山川坛，仲春仲秋祭历代帝王庙，春秋仲月上丁祭先师孔子。小祀八：孟春祭司户，孟夏祭司灶，季夏祭中霤，孟秋祭司门，孟冬祭司井，仲春祭司马之神，清明、十月朔祭泰厉，又于每月朔望祭火雷之神。至京师十庙，南京十五庙，各以岁时遣官致祭。其非常祀而间行之者，若新天子耕藉而享先农，视学而行释奠之类。嘉靖时，皇后享先蚕，祀高禖，皆因时特举者也。

其王国所祀，则太庙、社稷、风云雷雨、封内山川，城隍、旗纛、五祀、厉坛。府州县所祀，则社稷、风云雷雨、山川、厉坛、先师庙及所在帝王陵庙。各卫亦祭先师。至于庶人，亦得祭里社、谷神及祖父母、父母并祀灶，载在祀典。虽时稍有更易，其大要莫能逾也。

至若坛壝之制，神位、祭器、玉帛、牲牢、祝册之数，笾豆之实，酒齐之名，析其彼此之异同，订其初终之损益，胪于首简，略于本条，庶无缺遗，亦免繁复云尔。

明初，建圜丘于正阳门外，钟山之阳，方丘于太平门外，钟山之阴。圜丘坛二成。上成广七丈，高八尺一寸，四出陛，各九级，正南广九尺五寸，东西北八尺一寸。下成周围坛面，纵横皆广五丈，高视上成，陛皆九级，正南广一丈二尺五寸，东西北杀五寸五分。甃砖阑楯，皆以琉璃为之。壝去坛十五丈，高八尺一寸，四面灵星门，南三门，东西北各一。外垣去壝十五丈，门制同。天下神祇坛在东门外。神库五楹，在外垣北，南向。厨房五楹，在外坛东北，西向。库房五楹，南向。宰牲房三楹，天池一，又在外库房之北。执事斋舍，在坛外垣之东南。坊二，在外门外横甬道之东西。燎坛在内壝外东南丙地，高九尺，广七尺，开上南出户。方丘坛二成。上成广六丈，高六尺，四出陛，南一丈，东西北八尺，皆八级。下成，四面各广二丈四尺，高六尺，四出陛，南丈二尺，东西北一丈，皆八级。壝去坛十五丈，高六尺。外垣四面各六十四丈，余制同。南郊有浴室，瘗坎在内墙外壬地。

洪武四年改筑圜丘。上成广四丈五尺，高五尺二寸。下成每面广一丈六尺五寸，高四尺九寸。二成通径七丈八尺。坛至内墙墙，四面各九丈八尺五寸。内墙墙至外墙墙，南十三丈九尺四寸，北十一丈，东西各十一丈七尺。方丘，上成广三丈九尺四寸，高三尺九寸。下成每面广丈五尺五寸，高三尺八寸，通径七丈四寸。坛至内墙墙，四面皆八丈九尺五寸。内墙墙至外墙墙，四面各八丈二尺。

十年改定合祀之典。即圜丘旧制，而以屋覆之，名曰大祀殿，凡十二楹。中石台设上帝、皇地祇座。东西广三十二楹。正南大祀门六楹，接以步廊，与殿庑通。殿后天库六楹。瓦皆黄琉璃。厨库在殿东北，宰牲亭井在厨东北，皆以步廊通殿两庑，后缭以围墙。南为石门三洞以达大祀门，谓之内坛。外周垣九里三十步，石门三洞南为甬道三，中神道，左御道，右王道。道两旁稍低，为从官之地。斋宫在外垣内西南，东向。其后殿瓦易青琉璃。二十一年增作坛墙，坛后树松柏，外墙东南凿池二十区，冬月伐冰藏凌阴，以供夏秋祭祀之用。成祖迁都北京，如其制。

嘉靖九年复改分祀。建圜丘坛于正阳门外五里许，大祀殿之南，方泽坛于安定门外之东。圜丘二成，坛面及栏俱青琉璃，边角用白玉石，高广尺寸皆遵祖制，而神路转远。内门四。南门外燎炉毛血池，西南望燎台。外门亦四。南门外左具服台，东门外神库、神厨、祭器库、宰牲亭，北门外正北泰神殿。正殿以藏上帝、太祖之主，配殿以藏从祀诸神之主。外建四天门。东曰泰元，南曰昭亨，西曰广利。又西銮驾库，又西牲牲所，其北神乐观。北曰成贞。北门外西北为斋宫，迤西为坛门。坛北，旧天地坛，即大祀殿也。十七年撤之，又改泰神殿曰皇穹宇。二十四年又即故大祀殿之址，建大享殿。方泽亦二成，坛面黄琉璃，陛增为九级，用白石围以方坎。内，北门外西瘗位，东灯台，南门外皇祇室。外，西门外迤西神库、神厨、宰牲亭、祭器库，北门外西北斋宫。又外建四天门，西门外北为銮驾库、遣官房、内陪祀官房。又外为坛门，门外为泰折街牌坊，护坛地千四百余亩。

太社稷坛，在宫城西南，东西峙，明初建。广五丈，高五尺，四出陛，皆五级。坛土五色随其方，黄土覆之。坛相去五丈，坛南皆树松。二坛同一壝，方广三十丈，高五尺，甃砖，四门饰色随其方。周垣四门，南灵星门三，北戟门五，东西戟门三。戟门各列戟二十四。洪武十年改坛午门右，社稷共一坛，为二成。上成广五丈，下成广五丈三尺，崇五尺。外壝崇五尺，四面各十九丈有奇。外垣东西六十六丈有奇，南北八十六丈有奇。垣北三门，门外为祭殿，其北为拜殿。外复为三门，垣东、西、南门各一。永乐中，建坛北京，如其制。帝社稷坛在西苑，坛址高六寸，方广二丈五尺，甃细砖，实以净土。坛北树二坊，曰社街。王国社稷坛，高广杀太社稷十之三。府州县社稷坛，广杀十之五，高杀十之四，陛三级。后皆定同坛合祭，如京师。

朝日、夕月坛，洪武三年建。朝日坛高八尺，夕月坛高六尺，俱方广四丈。两壝，壝各二十五步。二十一年罢。嘉靖九年复建，坛各一成。朝日坛红琉璃，夕月坛用白。朝日坛陛九级，夕月坛六级，俱白石。各建天门二。

先农坛，高五尺，广五丈，四出陛。御耕耤位，高三尺，广二丈五尺，四出陛。

山川坛，洪武九年建。正殿、拜殿各八楹，东西庑二十四楹。西南先农坛，东南具服殿，殿南耤田坛，东旗纛庙，后为神仓。周垣七百余丈，垣内地岁种谷蔬，供祀事。嘉靖十年，改名天神地祇坛，分列左右。

太岁坛与岳渎同。岳镇海渎山川城隍坛，据高阜，南向，高二尺五寸，方广十倍，四出陛，南向五级，东西北三级。王国山川坛，高四尺，四出陛，方三丈五尺。天下山川所在坛，高三尺，四出陛，三级，方二丈五尺。

神位　圜丘。洪武元年冬至，正坛第一成，昊天上帝南向。第二成，东大明，星辰次之，西夜明，太岁次之。二年奉仁祖配，位第一成，西向。三年，坛下壝内，增祭风云雷雨。七年更定，内壝之内，东西各三坛。星辰二坛，分设于东西。其次，东则太岁、五岳，西则风云雷雨、五镇。内壝之外，东西各二坛。东四海，西四渎。次天下神祇坛。东西分设。

方丘。洪武二年夏至，正坛第一成，皇地祇，南向。第二成，东五岳，次四海，西五镇，次四渎。三年奉仁祖配，位第一成，西向。坛下壝内，增祭天下山川。七年更定，内壝之内，东西各二坛。东四海，西四渎。次二坛，天下山川。内壝之外，东西各设天下神祇坛一。

十二年正月合祀大祀殿。正殿三坛，上帝、皇地祇并南向。仁祖配位在东，西向。从祀十四坛。丹陛东一坛曰大明，西一坛曰夜明。两庑坛各六：星辰二坛；次东，太岁、五岳、四海，次西，风云雷雨、五镇、四渎二坛；又次天下山川神祇二坛。俱东西向。二十一年增修丹墀内石台四，大明、夜明各一，星辰二。内壝外石台二十：东十坛，北岳、北镇、东岳、东镇、东海、太岁、帝王、山川、神祇、四渎；西十坛，北海、西岳、西镇、西海、中岳、中镇、风云雷雨、南岳、南镇、南海。俱东西向。台高三尺有奇，周以石栏，陛降为磴道。台上琢石凿龛，以置神位。建文时，撤仁祖，改奉太祖配，位第一成，西向。洪熙元年，增文皇帝于太祖下。

嘉靖九年复分祀之典。圜丘则东大明，西夜明。次东，二十八宿、五星、周天星辰。次西，风云雷雨。共四坛。方丘则东五岳，基运、翊圣、神烈三山，西五镇，天寿、纯德二山。次东四海，次西四渎。南北郊皆独奉太祖配。太社稷配位别见。先农正位南向，后稷配位西向。凡神位，天地、祖宗曰"神版"，余曰"神牌"。圜丘神版长二尺五寸，广五寸，厚一寸，趺高五寸，以栗木为之。正位题曰"昊天上帝"，配位题曰"某祖某皇帝"，并黄质金字。从祀风云雷雨位版，赤质金字。神席，上帝用龙椅龙案，上施锦褥，配位同。从祀，位置于案，不设席。方丘正位曰皇地祇，配位及从祀，制并同圜丘。奉先殿帝后神主高尺二寸，广四寸，趺高二寸，用木，饰以金，镂以青字。龛高二尺，广二尺，趺高四寸，朱漆镂金龙凤花版，开二窗，施红纱，侧用金铜环，内织金文绮为藉。社稷，社主用石，高五尺，广五尺，上微锐。立于坛上，半在土中，近南北向。稷不用主。洪武十年皆设木主，丹漆之。祭异，贮于库，仍用石主埋坛中，微露其末。后奉祖配，其位制涂金牌座，如先圣椟用架罩。嘉靖中，藏于寝庙。帝社稷神位以木，高一尺八寸，广三寸，朱漆质金书。坛南置石龛，以藏神位。王府州县社主皆用石，长二尺五寸，广尺五寸。日月坛神位，以松柏为之，长二尺五寸，广五寸，趺高五寸，朱漆金字，余仿此。

祭器　南郊。洪武元年定，正位，登一，笾豆各十二，簠簋各二，爵三；坛上，太尊二，著尊、牺尊、山罍各一；坛下，太尊一，山罍二。从祀位，登一，笾豆各十，簠簋各二，东西各设著尊二，牺尊二。北郊同。七年增圜丘从祀，共设酒尊六于坛西，大明、夜明位各三。天下神祇，铏三，笾豆各八，簠簋各二，壝内外东西各设酒尊三，每位爵三。方丘、岳镇，各设酒尊三，壝内东西各设酒尊三，壝外东西各设酒尊三，每位爵三。神祇与圜丘同。八年，圜丘从祀，更没登一，铏二。每位增酒斝，晨辰、天下神祇各三十，太岁、风云雷雨、岳镇、海渎各十五。方丘，从祀同。十年定合祀之典，各坛陈设如旧，惟太岁、风云雷雨酒盏各十，东西庑俱共设酒尊三、爵十八于坛南。

二十一年更定，正殿上三坛，每坛，登一，笾豆各十二，簠簋各二，共设酒尊六、爵九于殿东南，西向。丹墀内四坛，大明、夜明各登一，笾豆十，簠簋二，酒尊三，爵三。星辰二坛。各登一，铏二。酒盏三十，余与大明同。壝外二十坛，各登一，铏二，笾豆各十，簠簋各二，酒盏十，酒尊三，爵三。神祇坛，铏三，笾豆各八。帝王、山川、四渎、中岳、风云雷雨神祇坛，酒盏各三十，余并同岳镇。

太庙时享。洪武元年定，每庙登一，铏三，笾豆各十二，簠簋各二，共酒尊三、金爵八、瓷爵十六于殿东西向。二十一年更定，每庙登二，铏二。弘治时，九庙通设酒尊九，祫祭加一，金爵十七，祫祭加二，瓷爵三十四，祫祭加四。亲王配享，洪武三年定，登铏各三，笾豆各十二，簠簋各二，酒尊三，酒注二。二十一年更定，登铏各一，爵各三,笾豆各十,簠簋各二,共用酒尊三于殿东。功臣配享,洪武二年定,每位笾豆各二,簠簋各二。三年增定,共用酒尊二,酒注二。二十一年更定,十坛,每坛铏一,笾豆各二,簠簋各一,爵三,共用酒尊三于殿西。

太社稷。洪武元年定,铏三,笾豆各十,簠簋各二,配位同。正配位皆设酒尊三于坛东。十一年更定,每位登一,铏二,笾豆十二,正配位共设酒尊三,爵九。后太祖、成祖并配时,增酒尊一,爵三。府州县社稷,铏一,笾豆四,簠簋二。

朝日、夕月。洪武三年定,太尊、著尊、山罍各二,在坛上东南隅,北面。象尊、壶尊、山罍各二,在坛下。笾豆各十,簠簋各二,登铏各三。

先农,与社稷同,加登一,笾豆减二。

神祇。洪武二年定,每坛笾豆各四,簠簋登爵各一。九年更定,正殿共设酒尊三,爵七,两庑各设酒尊三,爵三,余如旧。二十一年更定,每坛登一,铏二,笾豆各十,簠簋各二,酒盏三十。星辰,正殿中登一,铏二。余九坛,铏二。每坛笾豆十,簠簋各一,酒盏三十,爵一,共设酒尊三。太岁诸神,笾豆各八,簠簋各二,酒尊三。岳渎山川同。

历代帝王。洪武四年定,登一,铏二,笾豆各八,簠簋各一,俎一,爵三,尊三。七年更定,登、铏、簠簋各一,笾豆各十,爵各三,共设酒尊五于殿西阶,酒尊三于殿东阶。二十一年增定,每位铏二,簠簋各二,五室共设酒尊三,爵四十八。配位每坛笾豆各二,簠簋各一,馈盘一,每位铏一,酒盏三。三皇,笾豆各八,簠簋各二,登、铏各二,爵三,牺尊、象尊、山罍各一。配位,笾豆各四,簠簋各二,铏一,爵三,牺尊、象尊各一。

至圣先师。洪武元年定,笾豆各六,簠簋各二,登一,铏二。牺尊、象尊、山罍各一。四配位,笾豆各四,簠簋各一,登一。十哲,两庑笾豆二。四年更定,正位,笾豆各十,酒尊三,爵三,余如旧。四配,每位酒尊一,余同正位。十哲,东西各爵一,每位笾豆各四,簠簋各一，铏一，酒盏一。两庑，东西各十三坛，东西各爵一，每坛笾豆各四，簠簋各一，酒盏四。十五年更定，正位，酒尊一，爵三，登一，铏二，笾豆各八，簠簋各二。四配位，共酒尊一，各爵三，登一，铏二，笾豆各六，簠簋各一。十哲，共酒尊一，东西各爵五，铏一，笾豆各四，簠簋各一。东西庑，每四位爵四，笾豆各二，簠簋各一。景泰六年增两庑笾豆各二，簠簋各一。成化十二年，增正位笾豆为十二。嘉靖九年仍减为十。

旗纛，与先农同。马神，笾豆各四，簠簋、登、象尊、壶尊各一。

玉帛牲牢　玉三等：上帝，苍璧；皇地祇，黄琮；太社、太稷，两圭有邸；朝日、夕月，圭璧五寸。帛五等：曰郊祀制帛，郊祀正配位用之。上帝，苍；地祇，黄；配位，白。曰礼神制帛，社稷以下用之。社稷，黑；大明，赤；夜明、星辰、太岁、风云雷雨、天下神祇俱白；五星，五色；岳镇、四海、陵山随方色；四渎，黑；先农，正配皆青；群神，白；帝王、先师皆白。旗纛，洪武元年用黑，七年改赤，九年定黑二、白五。曰奉先制帛，太庙用之，每庙二。曰展亲制帛，亲王配享用之。曰报功制帛，功臣配享用之。皆白。每位各一。惟圜丘，嘉靖九年用十二，而周天星辰则共用十，孔庙十哲、两庑东西各一云。又洪武十一年，上以小祀有用楮钱者为不经。礼臣议定，在京，大祀、中祀用制帛，有筐。在外，王国府州县亦如之。小祀惟用牲醴。

牲宰三等：曰犊，曰羊，曰豕。色尚骍，或黝。大祀，入涤九旬；中祀，三旬；小祀，一旬。大祀前一月之朔，躬诣牺牲所视牲，每日大臣一人往视。洪武二年，帝以祭祀省牲，去神坛甚迩，于人心未安，乃定省牲之仪，去神坛二百步。七年定制，大祀，皇帝躬省牲；中祀、小祀，遣官。嘉靖十一年更定，冬、夏至，祈谷，俱祭前五日亲视，后俱遣大臣。圜丘，苍犊；方丘，黄犊；配位，豕纯犊。洪武七年增设圜丘配位。星辰，牛一，羊豕三。太岁，牛羊豕一。风云雷雨，天下神祇，羊豕各五。方丘配位，天下山川，牛一，羊豕各三。太庙禘，正配皆太牢，祫皆太牢。时享每庙犊羊豕各一。亲王配位，洪武三年定，共牛羊豕一。二十一年更定，每坛犊羊豕各一。功臣配位，洪武二年定,每位羊豕体各一。二十一年更定,每坛羊豕一。太社稷,牷羊豕各一,配位同。府州县社稷,正配位,共羊一、豕一。洪武七年增设,各羊一、豕一。朝日、夕月,牷羊豕各一。先农与太社稷同。神祇,洪武二年定,羊六、豕六。二十一年更定,每坛牷羊豕各一。嘉靖十年,天神左,地祇右,各牲五。星辰,每坛羊豕一。灵星诸神,每神羊豕各一,共牛一。太岁诸神,皆太牢。岳镇海渎诸神,牷一、羊一、豕一。帝王,每室牷羊豕各一。配位,每坛羊豕各一。先师如帝王,四配如配位,十哲东西各豕一分五,两庑东西各豕一,后增为三。府州县学先师,羊一、豕一。四配,共羊一、豕一,解为四体。十哲东西各豕一,解为五体。两庑豕一,解为百八分。旗纛,洪武九年定牷羊豕,永乐后,去牷。王国及卫所同。五祀马神俱用羊豕。

祝册　南北郊祝板长一尺一分,广八寸,厚二分,用楸梓木。宗庙,长一尺二寸,广九寸,厚一分,用梓木,以楮纸冒之。群神帝王先师,俱有祝,文多不载。祝案设于西。

凡笾豆之实,用十二者,笾实以形盐、蒿鱼、枣、栗、榛、菱、芡、鹿脯、白饼、黑饼、糗饵、粉餈。豆实以韭菹、醯醢、菁菹、鹿醢、芹菹、兔醢、笋菹、鱼醢、脾析、豚胉、饤食、糁食。用十者,笾则减糗饵、粉餈,豆则减饤食、糁食。用八者,笾又减白、黑饼,豆又减脾析、豚胉。用四者,笾则止实以形盐、蒿鱼、枣、栗,豆则止实以芹菹、兔醢、菁菹、鹿醢。各二者,笾实栗、鹿脯,豆实菁菹、鹿臡。簠簋和二者,实以黍稷、稻粱。各一者,实以稷粱。登实以太羹,铏实以和羹。

洪武三年,礼部言:“《礼记·郊特牲》曰,‘郊之祭也’,‘器用陶匏’,尚质也。《周礼·笾人》,‘凡祭祀供簠簋之实’,《疏》曰,‘外祀用瓦簠’。今祭祀用瓷,合古意。惟盘盂之属,与古簠簋登铏异制。今拟凡祭器皆用瓷,其式皆仿古簠簋登豆,惟笾以竹。”诏从之。

酒齐仿周制,用新旧醅,以备五齐三酒。其实于尊之名数,各不同。

其祭祀杂议诸仪,凡版位,皇帝位,方一尺二寸,厚三寸,红质金字。皇太子位,方九寸,厚二寸,红质青字。陪祀官位,并白质黑字。

拜褥。初用绯。洪武三年定制,郊丘席为表,蒲为里。宗庙、社稷、先农、山川,红文绮为表,红木棉布为里。

赞唱。凡皇帝躬祀,入就位时,太常寺奏中严,奏外办。盥洗、升坛、饮福、受胙,各致赞辞。又凡祀,各设爵洗位,涤爵拭爵。初升坛,唱再拜,及祭酒,唱赐福胙。洪武七年,礼部奏其烦渎,悉删去。

上香礼。明初祭祀皆行。洪武七年以翰林詹同言罢。嘉靖九年复行。

拜礼。初,每节皆再拜。洪武九年,礼臣奏:"《礼记》一献三献五献七献之文,皆不载拜礼。唐、宋郊祀,每节行礼皆再拜。然亚献终献,天子不行礼,而使臣下行之。今议大祀、中祀,自迎神至饮福送神,宜各行再拜礼。"帝命节为十二拜,迎神、饮福、受胙、送神各四拜云。

登坛脱舄。初未行。洪武八年诏翰林院臣考定大祀登坛脱舄之礼。学士乐韶凤杂考汉、魏以来朝祭仪,议于郊祀庙享前期一日,有司以席藉地,设御幕于坛东南门外,设执事官脱履之次于坛门外西阶侧。祭日,大驾入幕次,脱舄升坛。其升坛执事、导驾、赞礼、读祝并分献陪祀官,皆脱舄于外,以次升坛供事。协律郎、乐舞生依前跣袜就位。祭毕,降坛纳舄。从之。嘉靖十七年罢其礼。

钦天监选择,太常寺预于十二月朔至奉天殿具奏。盖古卜法不存,而择干支之吉以代卜也。洪武七年命太常卿议祭祀日期,书之于版,依时以祭,著为式。其祭日,遣官监祭,不敬失仪者罪之。

凡祭祀,先期三日及二日,百官习仪于朝天宫。嘉靖九年更定,郊祀冬至,习仪于先期之七日及六日。

　　洪武二年,学士朱升等奉敕撰斋戒文曰:"戒者,禁止其外。斋者,整齐其内。沐浴更衣,出宿外舍,不饮酒,不茹荤,不问疾,不吊丧,不听乐,不理刑名,此则戒也。专一其心,严畏谨慎,苟有所思,即思所祭之神,如在其上,如在其左右,精白一诚,无须臾间,此则斋也。大祀七日,前四日戒,后三日斋。"太祖曰:"凡祭祀天地、社稷、宗庙、山川等神,为天下祈福,宜下令百官斋戒。若自有所祷于天地百神,不关民事者,不下令。"又曰:"致斋以五日七日,为期太久,人心易怠。止临祭,斋戒三日,务致精专,庶可格神明。"遂著为令。是年,从礼部尚书崔亮奏,大祀前七日,陪祀官诣中书省受誓戒:"各扬其职,不共其事,国有常刑。"宗庙社稷,致斋三日,不誓戒。三年谕礼部尚书陶凯曰:"人心操舍无常,必有所警,而后无所放。"乃命礼部铸铜人一,高尺有五寸,手执牙简,大祀则书致斋三日,中祀则书致斋二日于简上,太常司进置斋所。四年,定天子亲祀斋五日,遣官代祀斋三日,降香斋一日。五年,命诸司各置木牌,以警亵慢,刻文其上曰:"国有常宪,神有鉴焉。"凡祭祀则设之。又从陶凯奏,凡亲祀,皇太子宫中居守,亲王戎服侍从。皇太子亲王虽不陪祀,一体斋戒。

　　六年,建陪祀官斋房于北郊斋宫之西南,复定斋戒礼仪。凡祭天地,正祭前五日午后,沐浴更衣,处外室。次早,百官于奉天门观誓戒牌。次日,告仁祖庙,退处斋宫,致斋三日。享宗庙,正祭前四日午后,沐浴更衣,处外室。次日为始,致斋三日。祭社稷、朝日、夕月、周天星辰、太岁、风云雷雨、岳镇海渎、山川等神,致斋二日,如前仪。凡传制降香,遣官代祀,先一日沐浴更衣,处外室。次日遣官。七年定制,凡大祀前期四日,太常卿至天下神祇坛奠告,中书丞相诣京师城隍庙发咨。次日,皇帝诣仁祖庙请配享。二十一年定制,斋戒前二日,太常司官宿于本司。次日,奏请致斋。又次日,进铜人,传制谕文武百官斋戒。是日,礼部太常司官檄城隍神,遍请天下当祀神祇,仍于各庙焚香三日。

　　二十六年定传制誓戒仪。凡大祀前三日,百官诣阙,如大朝仪,传制官宣制云："某年月日,祀于某所,尔文武百官,自某日为始,致斋三日,当敬慎之。"传制讫,四拜,奏礼毕。宣德七年大祀南郊,帝御斋宫。命内官内使饮酒食荤入坛唾地者,皆罪之,司礼监纵容者同罪。斋之日,御史检视各官于斋次。仍行南京,一体斋戒。弘治五年,鸿胪少卿李燧言:"分献陪祭等官,借居道士房榻,贵贱杂处,且宣召不便。乞于坛所隙地,仿天寿山朝房体制,建斋房。"从之。嘉靖九年定前期三日,帝御奉天殿,百官朝服听誓戒。万历四年十一月,礼部以二十三日冬至祀天,十八日当奏祭,十九日百官受誓戒。是日,皇太后圣旦,百官宜吉服贺。一日两遇礼文,服色不同,请更奏祭、誓戒皆先一日。帝命奏祭.誓戒如旧,而以十八日行庆贺礼。

洪武二十六年定传制特遣仪。是日,皇帝升座如常仪,百官一拜.礼毕,献官诣拜位四拜,传制官由御前出宣制。如祭孔子,则曰:"某年月日,祭先师孔子大成至圣文宣王,命卿行礼。"祭历代帝王,则曰:"某年月日,祭先圣历代帝王,命卿行礼。"俯伏,兴,四拜,礼毕出。

其降香遣官仪。前祀一日清晨,皇帝皮弁服,升奉天殿。捧香者以香授献官。献官捧由中陛降中道出,至午门外,置龙亭内。仪仗鼓吹,导引至祭所。后定祭之日,降香如常仪,中严以待。献官祭毕复命,解严还宫。嘉靖九年定大祀遣官,不行饮福礼。

凡分献官,太常寺豫请旨。洪武七年,太祖谓学士詹同曰:"大祀,终献方行分献礼,未当。"同乃与学士宋濂议以上,初献奠玉帛将毕,分献官即行初献礼。亚献、终献皆如之。嘉靖九年。四郊工成,帝谕太常寺曰:"大祀,分献官豫定,方可习仪。"乃用大学士张璁等于大明、夜明、星辰、风云雷雨四坛。旧制,分献用文武大臣及近侍官共二十四人,今定四人,法司官仍旧例不与。

凡陪祀,洪武四年,太常寺引《周礼》及唐制,拟用武官四品、文官五品以上,其老疾疮疥刑余丧过体气者不与。从之。后定郊祀,六科都给事中皆与陪祀,余祭不与。又定凡南北郊,先期赐陪祀执事官明衣布,乐舞生各给新衣。制陪祀官入坛牙牌,凡天子亲祀,则佩以入。其制有二,圆者与祭官佩之,方者执事人佩之。俱藏内府。遇祭则给,无者不得入坛。洪武二十九年初祀山川诸神,流官祭服,未入流官公服。洪武二十九年从礼臣言,未入流官,凡祭皆用祭服,与九品同。

明史卷四八
志第二四

礼二 <small>吉礼二</small>

郊祀　郊祀配位　郊祀仪注　祈谷
大雩　大飨　令节拜天

郊礼之制　洪武元年，中书省臣李善长等奉敕撰进《郊祀议》，略言：

王者事天明，事地察，故冬至报天，夏至报地，所以顺阴阳之义也。祭天于南郊之圜丘，祭地于北郊之方泽，所以顺阴阳之位也。《周礼·大司乐》：“冬日至，礼天神，夏日至，礼地祇”。《礼》曰：“享帝于郊，祀社于国”。又曰：“郊所以明天道，社所以明地道。”《书》曰：“敢昭告于皇天后土。”按古者或曰地祇，或曰后土，或曰社，皆祭地，则皆对天而言也。此三代之正礼，而释经之正说。

自秦立四畤，以祀白、青、黄、赤四帝。汉高祖复增北畤，兼祀黑帝。至武帝有雍五畤，及渭阳五帝、甘泉太乙之祠，而昊天上帝之祭则未尝举行。魏、晋以后，宗郑玄者，以为天有六名，岁凡九祭。宗王肃者，以为天体唯一，安得有六？一岁二祭，安得有九？虽因革不同，大抵多参二家之说。自汉武用祠官宽舒议，立后土祠于汾阴脽上，礼如祀天。而后世因于北郊之外，仍祠后土。又郑玄惑于《纬书》，谓夏至于方丘之上祭昆仑之祇，七月于泰折之坛祭神州之祇，析而为二。后世又因之，一岁二祭。元始间，王莽奏罢甘泉泰畤，复长安南北郊。以正月上辛若丁，天子亲合祀天地于南郊。由汉历唐，千余年间，皆因之合祭。其亲祀北郊者，惟魏文帝、周武帝、隋高祖、唐玄宗四帝而已。宋元丰中，议罢合祭。绍圣、政和间，或分或合。高宗南渡以后，惟用合祭之礼。元成宗始合祭天地五方帝，已而立南郊，专祀天。泰定中，又合祭。文宗至顺以后，惟祀昊天上帝。

　　今当遵古制，分祭天地于南北郊。冬至则祀昊天上帝于圜丘，以大明、夜明、星辰、太岁从祀。夏至则祀皇地祇于方丘，以五岳、五镇、四渎从祀。

太祖如其议行之。建圜丘于钟山之阳，方丘于钟山之阴。三年增祀风云雷雨于圜丘，天下山川之神于方丘。七年增设天下神祇坛于南北郊。九年定郊社之礼，虽有三年丧，不废。十年秋，太祖感斋居阴雨，览京房灾异之说，谓分祭天地，情有未安，命作大祀殿于南郊。是岁冬至，以殿工未成，乃合祀于奉天殿，而亲制祝文，意谓人君事天地犹父母，不宜异处。遂定每岁合祀于孟春，为永制。十二年正月始合祀于大祀殿，太祖亲作《大祀文》并歌九章。永乐十八年，京都大祀殿成，规制如南京。南京旧郊坛，国有大事，则遣官告祭。

　　嘉靖九年，世宗既定《明伦大典》，益覃思制作之事，郊庙百神，咸欲斟酌古法，厘正旧章。乃问大学士张璁："《书》称燔柴祭天，又曰，'类于上帝'，《孝经》曰'郊祀后稷以配天，宗祀文王于明堂以配上帝'，以形体主宰之异言也。朱子谓祭之于坛谓之天，祭之屋下谓之帝。今大祀有殿，是屋下之祭帝耳，未见有祭天之礼也。况上帝皇地祇合祭一处，亦非专祭上帝。"璁言："国初遵古礼，分祭天地，后又合祀。说者谓，大祀殿下坛上屋，屋即明堂，坛即圜丘，列圣相承，亦孔子从周之意。"帝复谕璁："二至分祀，万代不易之礼。今大祀殿拟周明堂或近矣，以为即圜丘，实无谓也"璁乃备述《周礼》及宋陈襄、苏轼、刘安世、程颐所议分合异同以对。且言祖制已定，无敢轻议。帝锐欲定郊制，卜之奉先殿太祖前，不吉。乃问大学士翟銮,銮具述因革以对。复问礼部尚书李时,时请少需日月,博选儒臣,议复古制。帝复卜之太祖,不吉,议且寝。

会给事中夏言请举亲蚕礼。帝以古者天子亲耕南郊,皇后亲蚕北郊,适与所议郊祀相表里,因令璁谕言陈郊议。言乃上书言:"国家合祀天地,及太祖、太宗之并配,诸坛之从祀,举行不于长至而于孟春,俱不应古典。宜令群臣博考《诗》、《书》、《礼经》所载郊祀之文,及汉、宋诸儒匡衡、刘安世、朱熹等之定论,以及太祖国初分祀之旧制,陛下称制而裁定之。此中兴大业也。"礼科给事中王汝梅等诋言说非是,帝切责之。乃敕礼部令群臣各陈所见。且言:"汝梅等举《召诰》中郊用二牛,谓明言合祭天地。夫用二牛者,一帝一配位,非天地各一牛也。又或谓天地合祀,乃人子事父母之道,拟之夫妇同牢。此等言论,亵慢已甚。又或谓郊为祀天,社稷为祭地。古无北郊,夫社乃祭五土之祇,独言五方帝耳,非皇地祇也。社之名不同,自天子以下,皆得随所在而祭之。故《礼》有'亲地'之说,非谓祭社即方泽祭地也。"璁因录上《郊祀考议》一册。

时詹事霍韬深非郊议,且言分祀之说,惟见《周礼》,莽贼伪书,不足引据。于是言复上疏言:

《周礼》一书,于祭祀为详。《大宗伯》以祀天神,则有禋祀、实柴、槱燎之礼,以祀地祇,则有血祭、薶沈、疈辜之礼。《大司乐》冬至日,地上圜丘之制,则曰礼天神,夏至日,泽中方丘之制,则曰礼地祇。天地分祀,从来久矣。故宋儒叶时之言曰:"郊丘分合之说,当以《周礼》为定。"今议者既以大社为祭地,则南郊自不当祭皇地祇,何又以分祭为不可也? 合祭之说,实自莽始,汉之前皆主分祭,而汉之后亦间有之。宋元丰一议,元祐再议,绍圣三议,皆主合祭,而卒不可移者,以郊赉之费,每倾府藏,故省约安简便耳,亦未尝以分祭为非礼也。

今之议者,往往以太祖之制为嫌为惧。然知合祭乃太祖之定制,为不可改,而不知分祭固太祖之初制,为可复。知《大祀文》乃太祖之明训,为不可背,而不知《存心录》固太祖之著典,为可遵。且皆太祖之制也,从其礼之是者而已。敬天法祖,无二道也。《周礼》一书,朱子以为周公辅导成王,垂法后世,用意最深切,何可诬以莽之伪为耶?且合祭以后配地,实自莽始。莽既伪为是书,何不削去圜丘、方丘之制,天神地祇之祭,而自为一说耶?

于是礼部集上群臣所议郊礼,奏曰:"主分祭者,都御史汪铉等八十二人,主分祭而以慎重成宪及时未可为言者,大学士张璁等八十四人,主分祭而以山川坛为方丘者,尚书李瓒等二十六人,主合祭而不以分祭为非者,尚书方献夫等二百六人,无可否者,英国公张仑等一百九十八人。臣等祇奉敕谕,折衷众论。分祀之义,合于古礼,但坛壝一建,工役浩繁。《礼》,屋祭曰帝,夫既称昊天上帝,则当屋祭。宜仍于大祀殿专祀上帝,改山川坛为地坛,以专祀皇地祇。既无创建之劳,行礼亦便。"帝复谕当遵皇祖旧制,露祭于坛,分南北郊,以二至日行事。言乃奏曰:"南郊合祀,循袭已久,朱子所谓千五六百年无人整理。而陛下独破千古之谬,一旦举行,诚可谓建诸天地而不悖者也。"

已而命户、礼、工三部偕言等诣南郊相择。南天门外有自然之丘,金谓旧丘地位偏东,不宜袭用。礼臣欲于具服殿少南为圜丘。言复奏曰:"圜丘祀天,宜即高敞,以展对越之敬。大祀殿享帝,宜即清閟,以尽昭事之诚。二祭时义不同,则坛殿相去,亦宜有所区别。乞于具服殿稍南为大祀殿,而圜丘更移于前,体势峻极,可与大祀殿等。"制曰"可"。于是作圜丘,是年十月工成。明年夏,北郊及东、西郊亦以次告成,而分祀之制遂定。

万历三年,大学士张居正等辑《郊祀新旧图考》进呈。旧礼者,太祖所定。新礼者,世宗所定也。

郊礼配位　洪武元年,始有事于南郊。有司议配祀。太祖谦让不许,亲为文告太庙曰:"历代有天下者,皆以祖配天。臣独不敢者,以臣功业有未就,政治有阙失。去年上天垂戒,有声东南,雷火焚舟击殿吻，早暮兢惕，恐无以承上帝好生之德，故不敢辄奉以配。惟祖神与天通，上帝有问，愿以臣所行奏帝前，善恶无隐。候南郊峻事，臣率百司恭诣庙廷，告成大礼，以共享上帝之锡福。"明年夏至将祀方丘，群臣复请。太祖执不允。固请。乃曰："俟庆阳平，议之。"八月，庆阳平。十一月冬至，群臣复固请。乃奉皇考仁祖淳皇帝配天于圜丘。明年祀方丘，亦如之。建文元年改奉太祖配。洪熙改元，敕曰："太祖受命上天，肇兴皇业。太宗中兴宗社，再奠寰区。圣德神功，咸配天地。《易》曰，'殷荐上帝，以配祖考'。朕崇敬祖考，永惟一心。正月十五日大祀天地神祇，奉皇祖、皇考以配。"遂于郊祀前告太庙及几筵，请太祖、太宗并配。

嘉靖九年，给事中夏言上疏言："太祖、太宗并配，父子同列，稽之经旨，未能无疑。臣谓周人郊祀后稷以配天，太祖足当之。宗祀文王于明堂以配上帝，太宗足当之。"礼臣集议，以为二祖配享，百有余年，不宜一旦轻改。帝降敕谕，欲于二至日奉太祖配南、北郊，岁首奉太宗配上帝于大祀殿。于是大学士张璁、翟銮等言，二祖分配，于义未协，且录仁宗所撰敕谕并告庙文以进。帝复命集议于东阁，皆以为："太庙之祀，列圣昭穆相向，无嫌并列。况太祖、太宗，功德并隆，圜丘、大祀殿所祀，均之为天，则配天之祖，不宜阙一。臣等窃议南、北郊及大祀殿，每祭皆宜二祖并配。"帝终以并配非礼，谕阁臣讲求。璁等言："《礼》曰：'有其举之，莫敢废也。'凡祭尽然，况祖宗配享大典？且古者郊兴明堂异地，故可分配。今圜丘、大祀殿同兆南郊，冬至礼行于报而太宗不与，孟春礼行于祈而太祖不与，心实有所不安。"帝复报曰："万物本乎天，人本乎祖。天惟一天，祖亦惟一祖。故大报天之祀，止当以高皇帝配。文皇帝功德，岂不可配天？但开天立极，本高皇帝肇之耳。如周之王业，武王实成之，而配天止以后稷，配上帝止以文王，当时未闻争辨功德也。"因命寝其议。

已而夏言复疏言："虞、夏、殷、周之郊，惟配一祖。后儒穿凿，分郊丘为二，及误解《大易》配考、《孝经》严父之义。以致唐、宋变古，

乃有二祖并侑,三帝并配之事。望断自宸衷,依前敕旨。"帝报曰:
"礼臣前引太庙不嫌一堂。夫祀帝与享先不同,此说无当。"仍命申
议。于是礼臣复上议:"南北郊虽曰祖制,实今日新创。请如圣谕,
俱奉太祖独配。至大祀殿则太祖所创,今乃不得侑享于中,恐太宗
未安,宜仍奉二祖并配。"遂依拟行之。

　　郊祀仪注　洪武元年冬至,祀昊天上帝于圜丘。先期,皇帝散
斋四日,致斋三日。前祀二日,皇帝服通天冠、绛纱袍,省牲器。次
日,有司陈设。祭之日,清晨,车驾至大次,太常卿奏中严,皇帝服衮
冕。奏外办,皇帝入就位。赞礼唱迎神,协律郎举麾奏《中和之曲》。
赞礼唱《燔柴》,郊社令升烟,燔全犊于燎坛。赞礼唱"请行礼",太常
卿奏:"有司谨具,请行事。"皇帝再拜,皇太子及在位官皆再拜。赞
礼唱"奠玉帛",皇帝诣盥洗位。太常卿赞曰:"前期斋戒,今辰奉祭,
加其清洁,以对神明。"皇帝搢圭,盥手,帨手。出圭,升坛。太常卿
赞曰:"神明在上,整肃威仪。"升自午陛,协律郎举麾奏《肃和之
曲》。皇帝诣昊天上帝神位前跪,搢圭,三上香,奠玉帛,出圭,再拜
复位。赞礼唱"进俎",协律郎举麾奏凝和之曲。皇帝诣神位前,搢
圭,奠俎,出圭,复位。赞礼唱"行初献礼"。皇帝诣爵洗位,搢圭,涤
爵,拭爵,以爵授执事者,出圭。诣酒尊所,搢圭,执爵,受泛齐,以爵
授执事者,出圭。协律郎举麾奏《寿和之曲》、《武功之舞》。皇帝诣
神位前跪,搢圭,上香,祭酒,奠爵,出圭。读祝官捧祝跪读讫,皇帝
俯伏,兴,再拜,复位。亚献,酌醴齐,乐奏《豫和之曲》、《文德之舞》。
终献,酌盎齐,乐奏《熙和之曲》、《文德之舞》。仪并同初献,但不用
祝。赞礼唱"饮福受胙",皇帝升坛,至饮福位,再拜,跪,搢圭。奉爵
官酌福酒跪进,太常卿赞曰:"惟此酒殽,神之所与,赐以福庆,亿兆
同沾。"皇帝受爵,祭酒,饮福酒,以爵置于坫。奉胙官奉胙跪进,皇
帝受胙,以授执事者,出圭,俯伏,兴,再拜,复位。皇太子以下在位
官,皆再拜。赞礼唱"彻豆",协律郎举麾奏《雍和之曲》,掌祭官彻
豆。赞礼唱"送神",协律郎举麾奏《安和之曲》。皇帝再拜,皇太子

以下在位官皆再拜。赞礼唱读祝官奉祝，奉币官奉币，掌祭官取馔爵酒，各诣燎所。唱"望燎"，皇帝至望燎位。半燎，太常卿奏礼毕，皇帝还大次，解严。

二年夏至，祀皇地祇于方丘，其仪并同。惟迎神后瘗毛血，祭毕，奉牲帛祝馔而埋之，与郊天异。其冬，奉仁祖配天于南郊，仪同元年。其奠玉帛、进俎、三献，皆先诣上帝前，次诣仁祖神位前，行礼亦如之，惟不用玉。四年定，先祭六日，百官沐浴宿官署。翼日，朝服诣奉天殿丹墀，受誓戒。丞相以祀期遍告百神，复诣各祠庙行香三日。次日，驾诣仁祖庙，告请配享。礼毕，还斋宫。七年去中严、外办及赞唱上香之缛节，定十二拜礼。十年改合祀之制，奠玉帛、进俎、三献，俱先诣上帝神位前，次皇地祇，次仁祖，余悉仍旧仪。

嘉靖八年罢各庙焚香礼。九年复分祀之制，礼部上大祀圜丘仪注。

前期十日，太常寺题请视牲。次请命大臣三员看牲，四员分献。前期五日，锦衣卫备随朝驾，帝诣牺牲所视牲。其前一日，常服告于庙。前期四日，御奉天殿，太常寺进铜人如常仪。太常博士请太祖祝版于文华殿，候帝亲填御名捧出。前期三日，帝具祭服，以脯醢酒果诣太庙，请太祖配。帝还易服，御奉天殿，百官朝服受誓戒。前期二日，太常光禄卿奏省牲，帝至奉天殿亲填祝版。前期一日免朝，锦衣卫备法驾，设版舆于奉天门。常服告庙，乘舆诣南郊，由西天门入，至昭亨门外降舆。礼部太常官导由左门入，至内壝。太常卿导至圜丘，恭视坛位，次至神库视笾豆，至神厨视牲毕，仍由左门出，升舆至斋宫。分献陪祀官叩首。礼部太常官诣皇穹宇，请皇天上帝神版、太祖神主、从祀神牌，奉安坛座。

祭之日，三鼓，帝自斋宫乘舆至外壝神路之西，降舆至神路东大次。礼部、太常寺捧神位官复命讫，退。百官分列神路东西以候。帝具祭服出，导引官导由左灵星门入内。赞对引官导行至内壝，典仪唱乐舞生就位，执事官各司其事。帝至御拜位，自燔柴、迎神至礼毕，其仪悉如旧。至大次易服，礼部太常官奉神位安于皇穹宇。还斋宫，少憩。驾还，诣庙参拜毕，回宫。

诏如拟。

明年，定方泽仪。先期一日，太常卿请太祖配位，奉安皇祇室。至期，礼部太常官同请皇地祇神版、太祖神主、从祀神牌，奉安坛座。祀毕，太常奉神版、神版安皇祇室，奉神主还庙寝。余皆如圜丘仪。

是年十月，帝将郊祀，谕礼部尚书夏言欲亲行奉安礼。言乃拟仪注以闻。

先期择捧主执事官十一员，分献配殿大臣二员，撰祝文，备脯醢、酒果、制帛、香烛。前一日行告庙礼，设神舆香案于奉天殿，神案二于泰神殿，神案二于东西配殿，香案一于丹墀正中，设大次于圜丘左门外。

是日质明，帝常服诣奉天殿，行一拜三叩头礼。执事官先后捧昊天上帝、太祖高皇帝及从祀神主，各奉安舆中，至圜丘泰神殿门外。帝乘辂至昭亨门，礼官导至泰神殿丹墀。执事官就神舆捧神主升石座，奉安于龛中。帝乃诣香案前，行三献礼如仪。礼毕，出至大次升座，百官行一拜三叩头礼毕，还宫。

帝从之，而命行礼用祭服，导引用太常寺官一员，合礼部堂上官四员。十一年冬至，尚书言，前此有事南郊，风寒莫备。乃采《礼书》天子祀天张大次、小次之说，请"作黄毡御幄为小次。每大祭，所司以随。值风雪，则设于圜丘下，帝就幄中对越，而陟降奠献以太常执事官代之"。命著为令。

祈谷　明初未尝行。世宗时，更定二祖分配礼。因诸臣固请，乃许于大祀殿祈谷，奉二祖配。嘉靖十年始以孟春上辛日，行祈谷礼于大祀殿。礼毕，帝心终以为未当，谕张璁曰："自古惟以祖配天，今二祖并配，决不可法后世。嗣后大报与祈谷，但奉太祖配。"寻视制祝文，更定仪注，改用惊蛰节，礼视大祀少杀，帛减十一，不设从坛，不燔柴，著为定式。十一年惊蛰节，帝疾，不能亲，乃命武定侯郭勋代。给事中叶洪言：“祈谷、大报，祀名不同，郊天一也。祖宗无不亲郊。成化、弘治间，或有故，宁展至三月。盖以郊祀礼重，不宜摄以人臣，请俟圣躬痊，改卜吉日行礼。”不从。十八年改行于大内之玄极宝殿，不奉配，遂为定制。隆庆元年，礼臣言：“先农亲祭，遂耕耤田，即祈谷遗意。今二祀并行于春，未免烦数。且玄极宝殿在禁地，百官陪祀，出入非便。宜罢祈谷，止先农坛行事。”从之。

大雩 明初，凡水旱灾伤及非常变异，或躬祷，或露告于宫中，或于奉天殿陛，或遣官祭告郊庙、陵寝及社稷、山川，无常仪。嘉靖八年春祈雨，冬祈雪，皆御制祝文，躬祀南郊及山川坛。次日，祀社稷坛。冠服浅色，卤簿不陈，驰道不除，皆不设配，不奏乐。九年，帝欲于奉天殿丹陛上行大雩礼。夏言言：“按《左传》‘龙见而雩’。盖巳月万物始盛，待雨而大，故祭天为百谷祈膏雨也。《月令》：‘雩帝用盛乐，乃命百县雩祀，祀百辟卿士有益于民者，以祈谷实。’《通典》曰：‘巳月雩五方上帝，其坛名雩，崇于南郊之傍。’先臣丘浚亦谓：‘天子于郊天之外，别为坛以祈雨者也。后世此礼不传，遇有旱暵，辄假异端之人为祈祷之事，不务以诚意感格，而以法术劫制，诬亦甚矣。’浚意欲于郊傍择地为雩坛，孟夏后行礼。臣以为孟春既祈谷矣，苟自二月至四月，雨旸时若，则大雩之祭，可遣官摄行。如雨泽愆期，则陛下躬行祷祝。”乃建崇雩坛于圜丘坛外泰元门之东，为制一成，岁旱则祷，奉太祖配。

十二年，夏言等言：“古者大雩之祀，合乐正习盛乐、舞皇舞。盖假声容之和，以宣阴阳之气。请于三献礼成之后，九奏乐止之时，乐奏《云门之舞》。仍命儒臣括《云汉》诗词，制《云门》一曲，使文武舞士并舞而合歌之。盖《云门》者，帝尧之乐，《周官》以祀天神，取云出天气，雨出地气了。且请增鼓吹数番，教舞童百人，青衣执羽，绕坛歌《云门之曲》而舞，曲凡九成。”因上其仪，视祈谷礼。又言：“大雩乃祀天祷雨之祭，凡遇亢旱，则礼部于春末请行之。”帝从其议。十七年躬祷于坛，青服，用一牛，熟荐。

大飨礼　明初无明堂之制。嘉靖十七年六月，致仕扬州府同知丰坊上疏言："孝莫大于严父，严父莫大于配天。请复古礼，建明堂。加尊皇考献皇帝庙号称宗，以配上帝。"下礼部会议。尚书严嵩等言：

昔羲、农肇祀上帝，或为明堂。嗣是夏后氏世室，殷人重屋，周人作明堂之制，视夏、殷加详焉。盖圣王事天，如子事父，体尊而情亲。故制为一岁享祀之礼，冬至圜丘，孟春祈谷，孟夏雩坛，季秋明堂，皆所以尊之也。明堂帝而享之，又以亲之也。今日创制，古法难寻，要在师先王之意。明堂圜丘，皆所以事天，今大祀殿在圜丘之北，禁城东南，正应古之方位。明堂秋享，即以大祀殿行之为当。

至配侑之礼，昔周公宗祀文王于明堂，《诗》传以为物成形于帝，犹人成形于父。故季秋祀帝明堂，而以父配之，取其成物之时也。汉孝武明堂之享，以景帝配，孝章以光武配，唐中宗以高宗配，明皇以睿宗配，代宗以肃宗配，宋真宗以太宗配，仁宗以真宗配，英宗以仁宗配，皆世以递配，此主于亲亲也。宋钱公辅曰："郊之祭，以始封之祖，有圣人之功者配焉。明堂之祭，以继体之君，有圣人之德者配焉。"当时司马光、孙抃诸臣执辩于朝，程、朱大贤倡议于下，此主于祖宗之功德也。今复古明堂大享之制，其所当配之帝，亦惟二说而已。若以功德论，则太宗再造家邦，功符太祖，当配以太宗。若以亲亲论，则献皇帝，陛下之所自出，陛下之功德，即皇考之功德，当配以献皇帝。至称宗之说，则臣等不敢妄议。

帝降旨："明堂秋报大礼，于奉天殿行，其配帝务求画一之说。皇考称宗，何为不可？再会议以闻。"于是户部左侍郎唐胄抗疏言：

三代之礼，莫备于周。《孝经》曰："郊祀后稷以配天，宗祀文王于明堂以配上帝。"又曰："严父莫大于配天，则周公其人也。"说者谓周公有圣人之德，制作礼乐，而文王适其父，故引以证圣人之孝，答曾子问而已。非谓有天下者，皆必以父配天，然后为孝。不然，周公辅成王践阼，其礼盖为成王而制，于周公为严父，于成王则为严祖矣。然周公归政之后，未闻成王以严父之故，废文王配天之祭，而移于武王也。后世祀明堂者，皆配以父，此乃误《孝经》之义，而违先王之礼。昔有问于朱熹曰："周公之后，当以文王配耶，当以时王之父配耶？"熹曰："只当以文王为配。"又曰："继周者如何？"熹曰："只以有功之祖配，后来第为严父说所惑乱耳。"由此观之，明堂之配，不专于父明矣。

今礼臣不能辨严父之非，不举文、武、成、康之盛，而乃滥引汉、唐、宋不足法之事为言，谓之何哉！虽然，丰坊明堂之议，虽未可从，而明堂之礼，则不可废。今南、北两郊皆主尊尊，必季秋一大享帝，而亲亲之义始备。自三代以来，郊与明堂各立所配之帝。太祖、太宗功德并盛，比之于周，太祖则后稷也，太宗则文王也。今两郊及祈谷，皆奉配太祖，而太宗独未有配，甚为缺典。故今奉天殿大享之祭，必奉配太宗，而后我朝之典礼始备。

帝怒，下胄诏狱。嵩乃再会廷臣，先议配帝之礼，言："考季秋成物之指，严父配天之文，宜奉献皇帝配帝侑食。"因请奉文皇帝配祀于孟春祈谷。帝从献皇配帝之请，而却文皇议不行。

已复以称宗之礼，集文武大臣于东阁议，言："《礼》称：'祖有功，宗有德。'释者曰：'祖，始也。宗，尊也。'《汉书》注曰：'祖之称始，始受命也。宗之称尊，有德可尊也。'《孝经》曰：'宗祀文王于明堂，以配上帝。'王肃注曰：'周公于文王，尊而祀之也。'此宗尊之说也。古者，天子七庙。刘歆曰：'七者正法，苟有功德则宗之，不可预为设数。宗不在数中，宗变也。'朱熹亦以歆之说为然。陈氏《礼书》曰：'父昭子穆，而有常数者，礼也。祖功宗德，而无定法者，义也。'此宗无数之说，礼以义起者。今援据古义，推缘人情，皇考至德昭闻，密佑穹旻，宗以其德可。圣子神孙，传授无疆，皆皇考一人所衍布,宗以其世亦可。宜加宗皇考,配帝明堂,永为有德不迁之庙。"

帝以疏不言祔庙,留中不下。乃设为臣下奏对之词,作《明堂或问》,以示辅臣。大略言:"文皇远祖,不应严父之义,宜以父配。称宗虽无定说,尊亲崇上,义所当行。既称宗,则当祔庙,岂有太庙中四亲不具之礼?"帝既排正议,崇私亲,心念太宗永无配享,无以谢廷臣,乃定献皇配帝称宗,而改称太宗号曰成祖。时未建明堂,迫季秋,遂大享上帝于玄极宝殿,奉睿宗献皇帝配。殿在宫右乾隅,旧名钦安殿。礼成,礼部请帝升殿,百官表贺,如郊祀庆成仪。帝以大享初举,命赐宴群臣于谨身殿。已而以足疾不御殿,命群臣勿行贺礼。礼官以表闻,并罢宴,令光禄寺分给。

二十一年敕谕礼部:"季秋大享明堂,成周礼典,与郊祀并行。曩以享地未定,特祭于玄极宝殿,朕诚未尽。南郊旧殿,原为大祀所,昨岁已令有司撤之。朕自作制象,立为殿,恭荐名曰泰享,用昭寅奉上帝之意。"乃定岁以秋季大享上帝,奉皇考睿宗配享。行礼如南郊,陈设如祈谷。明年,礼部尚书费寀以大享殿工将竣,请帝定殿门名,门曰大享,殿曰皇乾。及殿成,而大享仍于玄极宝殿,遣官行礼以为常。

隆庆元年,礼臣言:"我朝大享之礼,自皇考举行,追崇睿宗,以昭严父配天之孝。自皇上视之,则睿宗为皇祖,非周人宗祀文王于明堂之义。"于是帝从其请,罢大享礼,命玄极宝殿仍改钦安殿。

　　令节拜天　嘉请初,沿先朝旧仪,每日宫中行拜天礼。后以为渎,罢之。遇正旦、冬至、圣诞节,于奉天殿丹陛上行礼。既定郊祀,遂罢冬至之礼。惟正旦、圣诞节行礼于玄极宝殿。隆庆元年正旦,命宫中拜天,不用在外执事,祭品亦不取供于太常。

明史卷四九
志第二五

礼三 吉礼三

社稷　朝日夕月　先农　先蚕
高禖　祭告　祈报　神祇　星辰
灵星寿星 司中司命司民司禄
太岁月将风云雷雨　岳镇海渎山川
城隍

社稷　社稷之祀，自京师以及王国府州县皆有之。其坛在宫城西南者，曰太社稷。明初建太社在东，太稷在西，坛皆北向。洪武元年，中书省臣定议："周制，小宗伯掌建国之神位，右社稷，左宗庙。社稷之祀，坛而不屋。其制在中门之外，外门之内。尊而亲之，与先祖等。然天子有三社。为群姓立者曰太社。其自为立者曰王社。又胜国之社屋之，国虽亡而存之，以重神也。后世天子惟立太社、太稷。汉高祖立官太社、太稷，一岁各再祀。光武立太社稷于洛阳宗庙之右，春秋二仲月及腊，一岁三祀。唐因隋制，并建社稷于含光门右，仲春、秋戊日祭之。玄宗升社稷为大祀，仍令四时致祭。宋制如东汉时。元世祖营社稷于和义门内，以春秋二仲上戊日祭。今宜祀以春秋二仲月上戊日。"是年二月，太祖亲祀太社、太稷。社配以后土，西向。稷配以后稷，东向。帝服皮弁服，省牲；通天冠、绛纱袍，

行三献礼。初,帝命中书省翰林院议创屋,备风雨。学士陶安言:
"天子太社必受风雨霜露。亡国之社则屋之,不受天阳也。建屋非
宜。若遇风雨,则请于斋宫望祭。"从之。三年,于坛北建祭殿五间,
又北建拜殿五间,以备风雨。

　　十年,太祖以社稷分祭,配祀未当,下礼官议。尚书张筹言:

　　　　按《通典》,颛顼祀共工氏子句龙为后土。后土,社也。烈
　　山氏子柱为稷。稷,田正也。唐、虞、夏因之。此社稷所由始也。
　　商汤因旱迁社,以后稷代柱。欲迁句龙,无可继者,故止。然王
　　肃谓社祭句龙,稷祭后稷,皆人鬼,非地神祇。而陈氏《礼书》又
　　谓社祭五土之祇,稷祭五谷之神。郑康成亦谓社为五土总神,
　　稷为原隰之神。句龙为平水土功,故配社,后稷有播种功,故配
　　稷。二说不同。汉元始中,以夏禹配官社,后稷配官稷。唐、宋
　　及元,又以句龙配社,周弃配稷。此配祀之制,初无定论也。

　　　　至社稷分合之义,《书·召诰》言"社于新邑",孔注曰:"社
　　稷共牢。"《周礼》"封人掌设王之社壝",注云:"不言稷者,举社
　　则稷从之。"陈氏《礼书》曰:"稷非土无以生,土非稷无以见生
　　生之效,故祭社必及稷。"《山堂考索》曰:"社为九土之尊,稷为
　　五谷之长,稷生于土,则社与稷固不可分。"其宜合祭,古有明
　　证。请社稷共为一坛。

　　　　至句龙,共工氏之子也,祀之无义。商汤欲迁未果。汉尝
　　易以夏禹,而夏禹今已列祀帝王之次,弃祀亦配先农。请罢句
　　龙、弃配位,谨奉仁祖淳皇帝配享,以成一代盛典。

遂改作于午门之右,社稷共为一坛。

　　初,社稷列中祀,及以仁祖配,乃升为上祀。具冕服以祭,行奉
安礼。十一年春,祭社稷行新定仪。迎神、饮福、送神凡十二拜,余
如旧。建文时,更奉太祖配。永乐中,北京社稷坛成,制如南京。洪
熙后,奉太祖、太宗同配。旧制,上丁释奠孔子,次日上戊祀社稷。弘
治十七年八月,上丁在初十日,上戊在朔日,礼官请以十一日祀社
稷。御史金洪劾之,言如此则中戊,非上戊矣。礼部复奏言:"洪武

二十年尝以十一日为上戊，失不始今日。"命遵旧制，仍用上戊。

嘉靖九年谕礼部："天地至尊，次则宗庙，又次则社稷。今奉祖配天，又奉祖配社，此礼官之失也。宜改从皇祖旧制，太社以句龙配，太稷以后稷配。乃以更正社稷坛配位礼，告太庙及社稷，遂藏二配位于寝庙，更定行八拜礼。其坛在西苑豳风亭之西者，曰帝社稷。东帝社，西帝稷，皆北向。始名西苑土谷坛。嘉靖十年，帝谓："土谷坛亦社稷耳，何以别于太社稷？"张璁等言："古者天子称王，今若称王社、王稷，与王府社稷名同。前定神牌曰五土谷之神，名义至当。"帝采帝籍之义，改为帝社、帝稷，以上戊明日祭。后改次戊，次戊在望后，则仍用上巳。春告秋报为定制。隆庆元年，礼部言："帝社稷之名，自古所无，嫌于烦数，宜罢。"从之。

中都亦有太社坛，洪武四年建。取五方土以筑。直隶、河南进黄土，浙江、福建、广东、广西进赤土，江西、湖广、陕西进白土，山东进青土，北平进黑土。天下府县千三百余城，各土百斤，取于名山高爽之地。

王国社稷，洪武四年定。十一年，礼臣言："太社稷既同坛合祭，王国各府州县亦宜同坛，称国社国稷之神，不设配位。"诏可。十三年九月，复定制两坛一墙如初式。十八年，定王国祭社稷山川等仪，行十二拜礼。

府州县社稷，洪武元年颁坛制于天下郡邑，俱设于本城西北，右社左稷。十一年，定同坛合祭如京师。献官以守御武臣为初献，文官为亚献、终献。十三年，溧水县祭社稷，以牛醢代鹿醢。礼部言："定制，祭物缺者许以他物代。"帝曰："所谓缺者，以非土地所产。溧水固有鹿，是有司故为苟简也。百司所以能理其职而尽民事者，以其常存敬惧之心耳。神犹忽之，于人事又何惧焉。"命论如律。乃敕礼部下天下郡邑，凡祭祀必备物，苟非地产、无从市鬻者，听其缺。十四年，令三献皆以文职长官，武官不与。

里社，每里一百户立坛一所，祀五土五谷之神。

朝日夕月

洪武三年，礼部言：

> 古者祀日月之礼有六。《郊特牲》曰，"郊之祭，大报天而主日，配以月"，一也。《玉藻》曰，"朝日于东门之外"，《祭义》曰，"祭日于东郊，祭月于西郊"，二也。《小宗伯》，"肆类于四郊，兆日于东郊，兆月于西郊"，三也。《月令》孟冬"祈来年于天宗"，天宗，日月之类，四也。《觐礼》，"拜日于东门之外，反祀方明，礼日于南门之外，礼月于北门之外"，五也。"霜雪风雨之不时，则崇日月"，六也。说者谓因郊祀而祀之，非正祀也。类崇而祀之，与觐诸侯而礼之，非常祀也。惟春分朝之于东门外，秋分夕之于西门外者，祀之正与常也，盖天地至尊，故用其始而祭以二至。日月次天地，春分阳气方永，秋分阴气方长，故祭以二分，为得阴阳之义。

> 自秦祭八神，六曰月主，七曰日主，雍又有日月庙。汉郊太乙，朝日夕月改周法。常以郊泰畤，质明出行宫，东向揖日，西向揖月，又于殿下东西拜日月。宣帝于神山祠日，莱山祠月。魏明帝始朝日东郊，夕月西郊。唐以二分日，朝日夕月于国城东西。宋人因之，升为大祀。元郊坛以日月从祀，其二分朝日夕月，皇庆中议建立而未行。

> 今当稽古正祭之礼，各设坛专祀。朝日坛宜筑于城东门外，夕月坛宜筑于城西门外，朝日以春分，夕月以秋分。星辰则祔祭于月坛。

从之。其祀仪与社稷同。二十一年，帝以大明、夜明已从祀，罢朝日夕月之祭。

嘉靖九年，帝谓"大报天而主日，配以月。大明坛当与夜明坛异。且日月照临，其功甚大。太岁等神，岁有二祭，而日月星辰止一从祭，义所不安。"大学士张璁亦以为缺典。遂定春秋分之祭如旧仪，而建朝日坛于朝阳门外，西向；夕月坛于阜城门外，东向。坛制有隆杀以示别。朝日，护坛地一百亩；夕月，护坛地三十六亩。朝日无从祀，夕月以五星、二十八宿、周天星辰共一坛，南向祔焉。春祭，时以寅，迎日出也。秋祭，时以亥，迎月出也。十年，礼部上朝日、夕月仪：朝日迎神四拜，饮福、受胙两拜，送神四拜；夕月迎神、饮福、受胙、送神皆再拜。余并如旧仪。隆庆元年，礼部议定，东郊以甲、丙、戊、庚、壬年，西郊以丑、辰、未、戌年，车驾亲祭。余岁遣文大臣摄祭朝日坛，武大臣摄祭夕月坛。三年，礼部上朝日仪，言："正祭遇风雨，则设小次于坛前，驾就小次行礼。其升降奠献，俱以太常寺执事官代。"制曰"可"。

先农　洪武元年谕廷臣以来春举行耤田礼。于是礼官钱用壬等言："汉郑玄谓王社在耤田之中。唐祝钦明云：'先农即社。'宋陈祥道谓：'社自社，先农自先农。耤田所祭乃先农，非社也。'至享先农与躬耕同日，礼无明文。惟《周语》曰：'农正陈耤礼。'而韦昭注云：'祭其神为农祈也。'至汉以耤田之日祀先农，而其礼始著。由晋至唐、宋相沿不废。政和间，命有司享先农，止行亲耕之礼。南渡后，复亲祀。元虽议耕耤，竟不亲行。其祀先农，命有司摄事。今议耕耤之日，皇帝躬祀先农。礼毕，躬耕耤田。以仲春择日行事。"从之。

二年二月，帝建先农坛于南郊，在耤田北。亲祭，以后稷配。器物祀仪与社稷同。祀毕，行耕耤礼。御耒耜二具，韬以青绢，御耕牛四，被以青衣。礼毕，还大次。应天府尹及上元、江宁两县令率庶人终亩。是日宴劳百官耆老于坛所。十年二月遣官享先农，命应天府官率农民耆老陪祀。二十一年，更定祭先农仪，不设配位。

永乐中建坛京师，如南京制，在太岁坛西南。石阶九级。西瘗位，东斋宫、銮驾库，东北神仓，东南具服殿，殿前为观耕之所。护坛地六百亩，供黍稷及荐新品物地九十余亩。每岁仲春上戊，顺天府尹致祭。后凡遇登极之初，行耕耤礼，则亲祭。

弘治元年定耕耤仪。前期百官致斋。顺天府官以耒耜及穜稑种进呈，内官仍捧出授之，由午门左出，置彩舆，鼓乐，送至耤田所。至期，帝翼善冠黄袍，诣坛所具服殿，服衮冕，祭先农。毕，还，更翼善冠黄袍。太常卿导引至耕耤位,南向立。三公以下各就位,户部尚书北向跪进耒耜,顺天府官北向跪进鞭。帝秉耒,三推三反讫。户部尚书跪受耒耜,顺天府官跪受鞭,太常卿奏请复位。府尹挟青箱以种子播而覆之。帝御外门,南向坐,观三公五推,尚书九卿九推。太常卿奏耕毕,帝还具服殿,升座。府尹率两县令耆老人行礼毕,引上中下农夫各十人,执农器朝见,令其终亩。百官行庆贺礼,赐酒馔。三品以上丹陛上东西坐,四品以下台下坐,并宴劳耆老于坛旁。宴毕,驾还宫。大乐鼓吹振作,农夫人赐布一匹。

嘉靖十年,帝以其礼过烦,命礼官更定。迎神、送神止行二拜。先二日,顺天府尹以耒耜穜稑种置彩舆,至耕耤所,并罢百官庆贺。后又议造耕根车载耒耜,府尹于祭日进呈毕,以耒耜载车内前玉辂行。其御门观耕,地位卑下,议建观耕台一。诏皆可。后又命垦西苑隙地为田。建殿曰无逸,亭曰豳风,又曰省耕,曰省敛,仓曰恒裕。礼部上郊庙粢盛支给之数,因言:“南郊耤田,皇上三推,公卿各宣其力,较西苑为重。西苑虽农官督理,皇上时省耕敛,较耤田为勤。请以耤田所出,藏南郊圆廪神仓,以供圜丘、祈谷、先农、神祇坛、长陵等陵、历代帝王及百神之祀。西苑所出,藏恒裕仓,以供方泽、朝日、夕月、太庙、世庙、太社稷、帝社稷、禘祫、先蚕及先师孔子之祀。”从之。十六年谕凡遇亲耕,则户部尚书先祭先农。皇帝至,止行三推礼。三十八年罢亲耕,惟遣官祭先农。四十一年并令所司勿复奏。隆庆元年罢西苑耕种诸祀,皆取之耤田。

先蚕　明初未列祀典。嘉靖时,都给事中夏言请改各宫庄田为亲蚕厂公桑园。令有司种桑柘,以备宫中蚕事。九年复疏言,耕蚕之礼,不宜偏废。帝乃敕礼部:“古者天子亲耕,皇后亲蚕,以劝天下。自今岁始,朕亲祀先农,皇后亲蚕,其考古制,具仪以闻。”大学士张璁等请于安定门外建先蚕坛。詹事霍韬以道远争之。户部亦言:“安定门外近西之地,水源不通,无浴蚕所。皇城内西苑中有太液、琼岛之水。考唐制在苑中,宋亦在宫中,宜仿行之。”帝谓唐人因陋就安，不可法。于是礼部尚书李时等言："大明门至安定门道路遥远，请凤辇出东华、玄武二门。"因条上四事：一、治茧之礼，二、坛壝之向，三、采桑之器，四、掌坛之官。帝从其言，命自玄武门出。内使陈仪卫，军一万人，五千围坛所，五千护于道，余如议。

二月，工部上先蚕坛图式，帝亲定其制。坛方二丈六尺，叠二级，高二尺六寸，四出陛。东西北俱树桑柘，内设蚕宫令署。采桑台高一尺四寸，方十倍，三出陛。銮驾库五间。后盖织堂。坛围方八十丈。礼部上皇后亲蚕仪。

蚕将生，钦天监择吉巳日以闻。顺天府具蚕母名数送北郊，工部以钩箔筐架诸器物给蚕母。顺天府以蚕种及钩筐一进呈，内官捧出，还授之。出玄武右门，置彩舆中，鼓乐送至蚕室。蚕母受蚕种，浴饲以待。命妇文四品、武三品以上俱陪祀，携一侍女执钩筐。皇后斋三日，内执事并司赞、六尚等女官及应入坛者，斋一日。先一日，太常寺具祝版，祭物，羊、豕、笾豆各六、黑帛，送蚕宫令。是日，分授执事女官。日未明，宿卫陈兵备，女乐司设监备仪仗及重翟车，俱候玄武门外。将明，内侍诣坤宁宫奏请。皇后服常服，导引女官导出宫门，乘肩舆，至玄武门。内侍奏请降舆，升重翟车。兵卫仪仗及女乐前导，出北安门，障以行帷，至坛内壝东门。内侍奏请降车，乘肩舆，兵卫、仪仗停东门外。皇后入具服殿，易礼服，出，至坛。司赞奏就位。公主、内外命妇各就拜位。祭先蚕，行三献礼，女官执事如仪。迎神四拜，赐福胙二拜，送神四拜。凡拜跪兴，公主、内外命妇皆同。礼毕，皇后还具服殿，更常服。

司宾引外命妇先诣采桑坛东陛下，南北向。尚仪奏请，皇后诣采桑位，东向。公主以下位皇后位东，亦南北向，以西为上。执钩者跪进钩，执筐者跪奉筐受桑。皇后采桑三条，还至坛南仪门坐，观命妇采桑。三公命妇采桑五条，列侯、九卿命妇采九条。讫，各授女侍。司宾引内命妇一人，诣桑室，尚功率执钩筐者从。尚功以桑授蚕母。蚕母受桑，缕切之，以授内命妇。内命妇食蚕，洒一箔讫，还。尚仪奏礼毕，皇后还坐具服殿。司宾率蚕母等叩头讫，司赞唱班齐。外命妇序立定,尚仪致词云:"亲蚕既成,礼当庆贺。"四拜毕,赐宴命妇,并赐蚕母酒食。公主及内命妇于殿内,外命妇文武二品以上于台上,三品以下于丹墀,尚食进膳。教坊司女乐奏乐。宴毕,公主以下各就班四拜。礼毕,皇后还宫,导从如前。

诏如拟。

四月,蚕事告成,行治茧礼。选蚕妇善缲丝及织者各十人。卜日,皇后出宫,导从如常仪,至织堂。内命妇一人行三盆手礼,布于织妇,以终其事。蚕宫令送尚衣织染监局造祭服。其祀先蚕,止用乐,不用舞,乐女生冠服俱用黑。

十年二月,礼臣言:"去岁皇后躬行采桑,已足风励天下。今先蚕坛殿工未毕,宜且遣官行礼。"帝初不可,令如旧行。已而以皇后出入不便,命改筑先蚕坛于西苑。坛之东为采桑台,台东为具服殿,北为蚕室,左右为厢房,其后为从室,以居蚕妇。设蚕宫署于宫左,令一员,丞二员,择内臣谨恪者为之。四月,皇后行亲蚕礼于内苑。帝谓亲耕无贺,此安得贺,第行叩头礼,女乐第供宴,勿前导。三十八年罢亲蚕礼。四十一年并罢所司奏请。

高禖　嘉靖九年,青州儒生李时飏请祠高禖,以祈圣嗣。礼官复以闻。帝曰:"高禖虽古礼,今实难行。"遂寝其议。已而定祀高禖礼。设木台于皇城东,永安门北,震方。台上,皇天上帝南向,骍犊、苍璧。献皇帝配,西向,牛羊豕各一。高禖在坛下西向,牲数如之,礼三献。皇帝位坛下北向,后妃位南数十丈外北向,用帷。坛下陈弓矢、弓韣如后妃嫔之数。祭毕,女官导后妃嫔至高禖前,跪取弓矢授后妃嫔,后妃嫔受而纳于弓韣。

祭告　明制,凡登极、巡幸及上谥、葬陵、册立、册封、冠婚等事,皆祭告天地、宗庙、社稷。凡营造宫室,及命将出师,岁时旱潦,祭告天地、山川、太庙、社稷、后土。凡即位之初,并祭告阙里孔庙及历代帝王陵寝。

洪武二年，从礼部尚书崔亮奏，圜丘、方丘、大祀，前期亲告太庙，仍遣使告百神于天下神祇坛。六年，礼部尚书牛谅奏，太岁诸神，凡祈报，则设一十五坛。有事祭告，则设神位二十八坛。中，太岁、风云雷雨、五岳、五镇、四海，凡五坛。东，四渎、京畿、湖广、山东、河南、北平、广西、四川、甘肃山川，夏冬二季月将，京都城隍，凡十二坛。西，钟山，江西、浙江、福建、山西、陕西、广东、辽东山川，春秋二季月将，旗纛、战船等神，凡十一坛。若亲祀，皇帝皮弁服行一献礼，每三坛行一次礼。八年，帝驻跸中都，祭告天地于中都之圜丘。九年，以诸王将之藩，分日告祭太庙、社稷、岳、镇、海、渎，及天下名山大川，复告祀天地于圜丘。

初，诸王来朝还藩，祭真武等神于端门，用豕九、羊九、制帛等物。祭护卫旗纛于承天门，亦如之。二十六年，帝以其礼太繁，定制豕一、羊一，不用帛。寻又罢端门祭，惟用荤素二坛祭于承天门外。

永乐七年巡狩北京，祭告天地、宗庙、社稷。嘉靖八年秋，以躬祭山川诸神，命先期不必遣官告太庙。凡出入，必亲告祖考于内殿。圣诞前一日，以酒果告列圣帝后于奉先殿。至日，以酒脯告皇天上帝于玄极宝殿，遣官以牲醴祭神烈、天寿、纯德诸陵山，及东岳、都城隍，以素羞祭真武及灵济宫，又告修斋于道极七宝帝尊。隆庆三年，以亲祭朝日坛，预告奉先、弘孝、神霄殿。

祈报　洪武二年，太祖以春久不雨，祈告诸神祇。中设风云雷雨、岳、镇、海、渎，凡五坛。东设钟山、两淮、江西、两广、海南北、山东、燕南燕蓟山川、旗纛诸神，凡七坛。西设江东、两浙、福建、湖广荆襄、河南北、河东、华州山川、京都城隍，凡六坛。中五坛奠帛。初献，帝亲行礼，两庑命官分献。三年夏，旱。六月朔，帝素服草履，步祷于山川坛。藁席露坐，尽曝于日，夜卧于地，凡三日。六年，从礼部尚书牛谅言，太岁诸神，春祈秋报，凡十五坛。中，太岁、风云雷雨、五岳、五镇、四海。东，四渎、京畿山川，春秋二季月将、京都各府城隍。西，钟山、甘肃山川，夏冬二季月将，旗纛战船等神。各五坛。

时甘肃新附,故附其山川之祭于京师。其亲祀之仪与祭告同。

正统九年三月,雨雪愆期,遣官祭天、地、社稷、太岁、风云雷雨、岳、镇、海、渎。弘治十七年,畿内、山东久旱,命官祭告天寿山,分命各巡抚祭告北岳、北镇、东岳、东镇、东海。

嘉靖八年春,帝谕礼部:"去冬少雪,今当东作,雨泽不降,当亲祭南郊社稷、山川。"尚书方献夫等言:"《周礼·大宗伯》:'以荒礼哀凶札。'释者谓:'君膳不举,驰道不除,祭事不县,皆所以示贬损之意。'又曰:'国有大故,则旅上帝及四望。'释者曰:'故谓凶灾。旅,陈也。陈其祭祀以祷焉,礼不若祀之备也。'今陛下闵劳万姓,亲出祈祷。礼仪务简约,以答天戒。常朝官并从,同致省愆祈吁之诚。"随具上仪注。二月亲祷南郊,山川同日,社稷用次日,不除道。冠服浅色,群臣同。文五品、武四品以上于大祀门外,余官于南天门外,就班陪祀。是秋,帝欲亲祀山川诸神。礼部尚书李时言:"旧例山川等祭,中夜行礼,先一日出郊斋宿。祭毕,清晨回銮。两日毕事,礼太重。宜比先农坛例,昧爽行礼。"因具仪以进。制可。祭服用皮弁,迎神、送神各两拜。

十一年,大学士李时等以圣嗣未降,请廷臣诣岳镇名山祝祷。帝欲分遣道士,赍香帛行,令所在守臣行礼,在廷大臣分诣地祇坛祈告。于是礼部尚书夏言言:"我朝建地祇坛,自岳、镇、海、渎以及远近名山大川莫不怀柔,即此而祷,正合古人'望衍'之义。但辅臣所请,止于岳镇。窃以山川海渎,发祥效灵,与岳镇同功,况基运、翊圣、神烈、天寿、纯德诸山,又祖宗妥灵之地,祈祷之礼皆不可缺。"遂命大臣诣坛分祀。

神祇坛　洪武二年从礼部尚书崔亮言,建天下神祇坛于圜丘壝外之东,及方丘壝外之西。郊祀前期,帝躬诣坛,设神位,西向,以酒脯祭告。郊之日,俟分献从祀将毕,就坛以祭。后定遣官预告。又建山川坛于正阳门外天地坛西,合祀诸神。凡设坛十有九,太岁、春夏秋冬四季月将为第一,次风云雷雨,次五岳,次五镇,次四海,次四渎,次京都钟山,次江东,次江西,次湖广,次淮东、淮西,次浙东、浙西、福建,次广东、广西、海南、海北,次山东、山西、河南、河北,次北平、陕西,次左江、右江,次安南、高丽、占城诸国山川,次京都城隍,次六纛大神、旗纛大将、五方旗神、战船、金鼓、铳炮、弓弩、飞枪、飞石、阵前阵后诸神,皆躬自行礼。先祭,礼官奏:"祝文,太岁以下至四海,凡五坛,称臣者亲署御名。其钟山诸神,称余者请令礼官代署。"帝曰:"朋友书牍,尚亲题姓名,况神明乎?"遂加亲署。后又定惊蛰、秋分后三日,遣官祭山川坛诸神。七年令春、秋仲月上旬,择日以祭。九年复定山川坛制,凡十三坛。正殿,太岁、风云雷雨、五岳、五镇、四海、四渎、钟山七坛。东西庑各三坛,东,京畿山川、夏冬二季月将。西,春秋二季月将、京都城隍。十年定正殿七坛,帝亲行礼,东西庑遣功臣分献。二十一年增修大祀殿诸神坛壝。乃敕十三坛诸神并停春祭,每岁八月中旬,择日祭之。命礼部更定祭山川坛仪,与社稷同。永乐中,京师建山川坛并同南京制,惟正殿钟山之右,益以天寿山之神。

嘉靖十一年改山川坛名为天神地祇坛,改序云师、雨师、风伯、雷师。天神坛在左,南向,云、雨、风、雷,凡四坛。地祇坛在右,北向,五岳、五镇、基运翊圣神烈天寿纯德五陵山、四海、四渎,凡五坛。从祀,京畿山川,西向;天下山川,东向。以辰、戌、丑、未年仲秋,皇帝亲祭,余年遣大臣摄祭。其太岁、月将、旗纛、城隍,别祀之。十七年加上皇天上帝尊称,预告于神祇,遂设坛于圜丘外壝东南,亲定神祇坛位,陈设仪式。礼部言:"皇上亲献大明坛,则四坛分献诸臣,不敢并列。请先上香毕,命官代献。"帝裁定,上香、奠帛、献爵复位后,分献官方行礼。亚、终二献,执事官代,余坛俱献官三行。隆庆元年,礼臣言:"天神地祇已从祀南北郊,其仲秋神祇之祭不宜复举。"令罢之。

星辰坛　洪武三年,帝谓中书省臣:"日月皆专坛祭,而星辰乃祔祭于月坛,非礼也。"礼部拟于城南诸神享祭坛正南向,增九间,朝日夕月祭周天星辰，俱于是行礼。朝日夕月仍以春秋分祭，星辰则于天寿节前三日。从之。四年九月，帝躬祀周天星辰。正殿共十坛，中设周天星辰位，仪如朝日。二十一年以星辰既从祀南郊，罢崇星之祭。

灵星诸神　洪武元年，太常司奏：“《周礼》‘以槱燎祀司中、司命、风师、雨师’。《天府》‘若祭天则祀司民、司禄，而献民数、谷数，受而藏之’。汉高帝命郡国立灵星祠。唐制，立秋后辰日祀灵星，立冬后亥日遣官祀司中、司命、司民、司禄，以少牢。宋祀如唐，而于秋分日祀寿星，今拟如唐制，分日而祀，为坛于城南。”从之。二年从礼部尚书崔亮奏，每岁圣寿日祭寿星，同日祭司中、司命、司民、司禄，示与民同受其福也。八月望日祀灵星。皆遣官行礼。三年罢寿星等祀。

太岁月将风云雷雨之祀　古无太岁、月将坛宇之制，明始重其祭。增云师于风师之次，亦自明始。太祖既以太岁诸神从祀圜丘，又合祭群祀坛。已而命礼官议专祀坛壝。礼臣言：“太岁者，十二辰之神。按《说文》，岁字从步从戌。木星一岁行一次，历十二辰而周天，若步然也。阴阳家说，又有十二月将，十日十二时所直之神，若天乙、天罡、太乙、功曹、太冲之类。虽不经见，历代因之。元每有大兴作，祭太岁、月将、日直、时直于太史院。若风师、雨师之祀，见于《周官》，后世皆有祭。唐天宝中，增雷师于雨师之次。宋、元因之。然唐制各以时别祭，失享祀本意。宜以太岁、风云雷雨诸天神合为一坛，诸地祇为一坛，春秋专祀。”乃定惊蛰、秋分日祀太岁诸神于城南。三年复以诸神阴阳一气，流行无间，乃合二坛为一，而增四季月将。又改祭期，与地祇俱用惊蛰、秋分后三日。

嘉靖十年命礼部考太岁坛制。礼官言：“太岁之神，唐、宋祀典不载，元虽有祭，亦无常典。坛宇之制，于古无稽。太岁天神，宜设坛露祭，准社稷坛制而差小。”从之。遂建太岁坛于正阳门外之西，与天坛对。中，太岁殿。东庑，春、秋月将二坛。西庑，夏、冬月将二坛。帝亲祭于拜殿中。每岁孟春享庙，岁暮袷祭之日，遣官致祭。王国府州县亦祀风云雷雨师，仍筑坛城西南。祭用惊蛰、秋分日。

　　岳镇海渎山川之祀　洪武二年，太祖以岳渎诸神合祭城南，未有专祀。又享祀之所，屋而不坛，非尊神之道。礼官言：“虞舜祭四岳，《王制》始有五岳之称。《周官》，‘兆四望于四郊’，《郑注》，以四望为五岳四镇四渎。《诗序》巡狩而礼四岳河海，则又有四海之祭。盖天子方望之事，无所不通。而岳镇海渎，在诸侯封内，则各祀之。秦罢封建，岳渎皆领于祠官。汉复建诸侯，则侯国各祀其封内山川，天子无与。武帝时，诸侯或分或废，五岳皆在天子之邦。宣帝时，始有使者持节祠岳渎之礼。由魏及隋，岳镇海渎，即其地立祠，有司致祭。唐、宋之制，有命本界刺史、县令之祀，有因郊祀而望祭之祀，又有遣使之祀。元遣使祀岳镇海渎，分东西南北中为五道。今宜以岳镇海渎及天下山川城隍诸地只合为一坛，与天神埒，春秋专祀。”遂定祭日以清明、霜降。前期一日，皇帝躬省牲。至日，服通天冠绛纱袍，诣岳镇海渎前，行三献礼。山川城隍，分献官行礼。是年命官十八人，祭天下岳镇海渎之神。帝皮弁御奉天殿，躬署御名，以香祝授使者。百官公服，送至中书省，使者奉以行。黄金合贮香，黄绮幡二，白金二十五两市祭物。

　　三年诏定岳镇海渎神号。略曰：“为治之道，必本于礼。岳镇海渎之封，起自唐、宋。夫英灵之气，萃而为神，必受命于上帝，岂国家封号所可加？渎礼不经，莫此为甚。今依古定制，并去前代所封名号。五岳称东岳泰山之神，南岳衡山之神，中岳嵩山之神，西岳华山之神，北岳恒山之神。五镇称东镇沂山之神，南镇会稽山之神，中镇霍山之神，西镇吴山之神，北镇医无闾山之神。四海称东海之神，南海之神，西海之神，北海之神。四渎称东渎大淮之神，南渎大江之神，西渎大河之神，北渎大济之神。”帝躬署名于祝文，遣官以更定神号告祭。六年，礼臣言：“四川未平，望祭江渎于峡州。今蜀既下，当遣人于南渎致祭。"从之。十年命官十八人分祀岳镇海渎,赐之制。

万历十四年,巡抚胡来贡请改祀北岳于浑源州。礼臣言:"《大明集礼》载,汉、唐、宋北岳之祭,皆在定州曲阳县,与史俱合。浑源之称北岳,止见州志碑文,经传无可考,仍祀曲阳是。"

其他山川之祀。洪武元年躬祀汴梁诸神,仍遣官祭境内山川。二年,以天下山川祔祭岳渎坛。帝又以安南、高丽皆臣附,其国内山川,宜与中国同祭。谕中书及礼官考之。安南之山二十一,其江六,其水六。高丽之山三,其水四。命著祀典,设位以祭。三年,遣使往安南、高丽、占城,祀其国山川。帝斋戒,亲为祝文。仍遣官颁革正山川神号诏于安南、占城、高丽。六年,琉球诸国已朝贡,祀其国山川。八年,礼部尚书牛谅书:"京都既罢祭天下山川,其外国山川,亦非天子所当亲祀。"中书及礼臣请附祭各省,从之。广西附祭安南、占城、真腊、暹罗、锁里,广东附祭三佛齐、爪哇,福建附祭日本、琉球、渤泥,辽东附祭高丽,陕西附祭甘肃、朵甘、乌斯藏,京城不复祭。又从礼官言,各省山川居中南向,外国山川东西向,同坛共祀。其王国山川之祀,洪武十三年定制。十八年定王国祭山川,仪同社稷,但无瘗埋之文。凡岳镇海渎及他山川所在,今有司岁二祭以清明、霜降。

城隍　洪武二年,礼官言:"城隍之祀,莫详其始。先儒谓既有社,不应复有城隍。故唐李阳冰《缙云城隍记》谓'祀典无之,惟吴、越有之'。然成都城隍祠,李德裕所建,张说有祭城隍之文,杜牧有祭黄州城隍文,则不独吴、越为然。又芜湖城隍庙建于吴赤乌二年,高齐慕容俨、梁武陵王祀城隍,皆书于史,又不独唐而已。宋以来其祠遍天下,或赐庙额,或颁封爵,至或迁就傅会,各指一人以为神之姓名。按张九龄《祭洪州城隍文》曰:'城隍是保,庇庶是依。'则前代崇祀之意有在也。今宜附祭于岳渎诸神之坛。"乃命加以封爵。京都为承天鉴国司民升福明灵王,开封、临濠、太平、和州、滁州皆封为王。其余府为鉴察司民城隍威灵公,秩正二品。州为鉴察司民城隍灵佑侯,秩三品。县为鉴察司民城隍显佑伯,秩四品。衮章冕旒俱有差。命词臣撰制文以颁之。

三年,诏去封号,止称某府州县城隍之神。又令各庙屏去他神。定庙制,高广视官署厅堂。造木为主,毁塑像异置水中,取其泥涂壁,绘以云山。六年,制中都城隍神主成,遣官赍香币奉安。京师城隍既附飨山川坛,又于二十一年改建庙。寻以从祀大祀殿,罢山川坛春祭。永乐中,建庙都城之西,曰大威灵祠。嘉靖九年罢山川坛从祀,岁以仲秋祭旗纛日,并祭都城隍之神。凡圣诞节及五月十一日神诞,皆遣太常寺堂上官行礼。国有大灾则告庙。在王国者王亲祭之,在各府州县者守令主之。

明史卷五○
志第二六

礼四 吉礼四

**历代帝王陵庙　三皇　圣师
先师孔子　旗纛　五祀　马神
南京神庙　功臣庙　京师九庙
诸神祠　厉坛**

历代帝王陵庙　洪武三年遣使访先代陵寝,仍命各行省具图以进,凡七十有九。礼官考其功德昭著者,曰伏羲,神农,黄帝,少昊,颛顼,唐尧,虞舜,夏禹,商汤、中宗、高宗,周文王、武王、成王、康王,汉高祖、文帝、景帝、武帝、宣帝、光武、明帝、章帝,后魏文帝,隋高祖,唐高祖、太宗、宪宗、宣宗,周世宗,宋太祖、太宗、真宗、仁宗、孝宗、理宗,凡三十有六。各制衮冕,函香币。遣秘书监丞陶谊等往修祀礼,亲制祝文遣之。每陵以白金二十五两具祭物。陵寝发者掩之,坏者完之。庙敝者葺之。无庙者设坛以祭。仍令有司禁樵采。岁时祭祀,牲用太牢。

四年,礼部定议,合祀帝王三十五。在河南者十:陈祀伏羲、商高宗,孟津祀汉光武,洛阳祀汉明帝、章帝,郑祀周世宗,巩祀宋太祖、太宗、真宗、仁宗。在山西者一:荥河祀商汤。在山东者二:东平祀唐尧,曲阜祀少昊。在北平者三:内黄祀商中宗,滑祀颛顼、高辛。

在湖广者二：酃祀神农，宁远祀虞舜。在浙江者二：会稽祀夏禹、宋
孝宗。在陕西者十五：中部祀黄帝，咸阳祀周文王、武王、成王、康
王、宣王，汉高帝、景帝，咸宁祀汉文帝，兴平祀汉武帝，长安祀汉宣
帝，三原祀唐高祖，醴泉祀唐太宗，蒲城祀唐宪宗，泾阳祀唐宣宗。
岁祭用仲春、仲秋朔。于是遣使诣各陵致祭。陵置一碑，刊祭期及
牲帛之数，俾所在有司守之。

　　已而命有司岁时修葺，设陵户二人守视。又每三年，出祝文、香
帛，传制遣太常寺乐舞生赍往所在，命有司致祭。其所祀者，视前去
周宣王，汉明帝、章帝，而增祀娲皇于赵城，后魏文帝于富平，元世
祖于顺天，及宋理宗于会稽，凡三十六帝。后又增祀隋高祖于扶风，
而理宗仍罢祀。又命帝王陵庙所在官司，以春秋仲月上旬，择日致
祭。

　　六年，帝以五帝、三王及汉、唐、宋创业之君，俱宜于京师立庙
致祭，遂建历代帝王庙于钦天山之阳。仿太庙同堂异室之制，为正
殿五室：中一室三皇，东一室五帝，西一室夏禹、商汤、周文王，又东
一室周武王、汉光武、唐太宗，又西一室汉高祖、唐高祖、宋太祖、元
世祖。每岁春秋仲月上旬甲日致祭。已而以周文王终守臣服，唐高
祖由太宗得天下，遂寝其祀，增祀隋高祖。七年令帝王庙皆塑衮冕
坐像，惟伏羲、神农未有衣裳之制，不必加冕服。八月，帝躬祀于新
庙。已而罢隋高祖之祀。

　　二十一年令每岁郊祀，附祭历代帝王于大祀殿。仍以岁八月中
旬，择日遣官祭于本庙，其春祭停之。又定每三年遣祭各陵之岁，则
停庙祭。是年诏以历代名臣从祀，礼官李原名奏拟三十六人以进。
帝以宋赵普负太祖不忠，不可从祀。元臣四杰，木华黎为首，不可祀
孙而去其祖，可祀木华黎而罢安童。既祀伯颜，则阿术不必祀。汉
陈平、冯异，宋潘美，皆善始终，可祀。于是定风后、力牧、皋陶、夔、
龙、伯夷、伯益、伊尹、傅说、周公旦、召公奭、太公望、召虎、方叔、张
良、萧何、曹参、陈平、周勃、邓禹、冯异、诸葛亮、房玄龄、杜如晦、李
靖、郭子仪、李晟、曹彬、潘美、韩世忠、岳飞、张浚、木华黎、博尔忽、

博尔术、赤老温、伯颜，凡三十七人，从祀于东西庑，为坛四。初，太公望有武成王庙，尝遣官致祭如释奠仪。至是，罢庙祭，去王号。

永乐迁都，帝王庙，遣南京太常寺官行礼。嘉靖九年罢历代帝王南郊从祀。令建历代帝王庙于都城西，岁以仲春秋致祭。后并罢南京庙祭。十年春二月，庙未成，躬祭历代帝王于文华殿，凡五坛，丹陛东西名臣四坛。礼部尚书李时言：“旧仪有赐福胙之文。赐者自上而下之义，惟郊庙社稷宜用。历代帝王，止宜云答。”诏可。十一年夏，庙成，名曰景德崇圣之殿。殿五室，东西两庑，殿后祭器库，前为景德门。门外神库、神厨、宰牲亭、钟楼。街东西二坊，曰景德街。八月壬辰亲祭。帝由中门入，迎神、受福胙、送神各两拜。嗣后岁遣大臣一员行礼，四员分献。凡子、午、卯、酉祭于陵寝之岁，则停秋祭。二十四年，以礼科陈棐言，罢元世祖陵庙之祀，及从祀木华黎等，复迁唐太宗与宋太祖同室。凡十五帝，从祀名臣三十二人。

三皇　明初仍元制，以三月三日、九月九日通祀三皇。洪武元年令以太牢祀。二年命以句芒、祝融、风后、力牧左右配，俞跗、桐君、僦贷季、少师、雷公、鬼臾区、伯高、岐伯、少俞、高阳十大名医从祀。仪同释奠。四年，帝以天下郡邑通祀三皇为渎。礼臣议：“唐玄宗尝立三皇五帝庙于京师。至元成宗时，乃立三皇庙于府州县。春秋通祀，而以医药主之，甚非礼也。”帝曰：“三皇继天立极，开万世教化之原，泹于药师可乎？”命天下郡县毋得亵祀。

正德十一年立伏羲氏庙于秦州。秦州，古成纪地，从巡按御史冯时雄奏也。嘉靖间，建三皇庙于太医院北，名景惠殿。中奉三皇及四配。其从祀，东庑则僦贷季、岐伯、伯高、鬼臾区、俞跗、少师、桐君、雷公、马师皇、伊尹、扁鹊、淳于意、张机十四人，西庑则华陀、王叔和、皇甫谧、葛洪、巢元方、孙思邈、韦慈藏、王冰、钱乙、朱肱、李杲、刘完素、张元素、朱彦修十四人。岁仲春、秋上甲日，礼部堂上官行礼，太医院堂上官二员分献，用少牢。复建圣济殿于内，祀先医，以太医官主之。二十一年，帝以规制湫隘，命拓其庙。

圣师　圣师之祭,始于世宗,奉皇师伏羲氏、神农氏、轩辕氏,帝师陶唐氏、有虞氏,王师夏禹王、商汤王、周文王、武王,九圣南向。左先圣周公,右先师孔子,东西向。每岁春秋开讲前一日,皇帝服皮弁,拜跪,行释奠礼。用羹酒果脯帛祭于文华殿东室。

初,东室有释像,帝以其不经,撤之,乃祀先圣先师。自为祭文,行奉安神位礼。辅臣礼卿及讲官俟行礼讫,入拜。先是洪武初,司业宋濂建议欲如建安熊氏之说,以伏羲为道统之宗,神农、黄帝、尧、舜、禹、汤、文、武,以次列焉。秩祀天子之学,则道统益尊。太祖不从。至是,世宗仿其意行之。十六年移祀于永明殿后,行礼如初。其后常遣官代祭。隆庆初,仍于文华殿东室行礼。

至圣先师孔子庙祀　汉、晋及隋,或称先师,或称先圣、宣尼、宣父。唐谥文宣王,宋加至圣号,元复加号大成。明太祖入江淮府,首谒孔子庙。洪武元年二月诏以太牢祀孔子于国学,仍遣使诣曲阜致祭。临行谕曰:"仲尼之道,广大悠久,与天地并。有天下者,莫不虔修祀事。朕为天下主,期大明教化,以行先圣之道。今既释奠成均,仍遣尔修祀事于阙里,尔其敬之。"又定制,每岁仲春、秋上丁,皇帝降香,遣官祀于国学。以丞相初献,翰林学士亚献,国子祭酒终献。先期,皇帝斋戒。献官、陪祀、执事官皆散斋二日,致斋一日。前祀一日,皇帝服皮弁服,御奉天殿降香。至日,献官行礼。三年诏革诸神封号,惟孔子封爵仍旧。且命曲阜庙庭,岁官给牲币,俾衍圣公供祀事。四年,礼部奏定仪物。改初制笾豆之八为十,笾用竹。其簠簋登铏及豆初用木者,悉易以瓷。牲易以熟。乐生六十人,舞生四十八人,引舞二人,凡一百一十人。礼部请选京民之秀者充乐舞生。太祖曰:"乐舞乃学者事,况释奠所以崇师。宜择国子生及公卿子弟在学者,豫教肄之。"五年罢孟子配享。逾年,帝曰:"孟子辨异端,辟邪说,发明孔子之道,配享如故。"七年二月,上丁日食,改用仲丁。

十五年，新建太学成。庙在学东，中大成殿，左右两庑，前大成门，门左右列戟二十四。门外东为牺牲厨，西为祭器库，又前为灵星门。自经始以来，驾数临视。至是落成，遣官致祭。帝既亲诣释奠，又诏天下通祀孔子，并颁释奠仪注。凡府州县学，笾豆以八，器物牲牢，皆杀于国学。三献礼同，十哲两庑一献。其祭，各以正官行之。有布政司则以布政司官，分献则以本学儒职及老成儒士充之。每岁春、秋仲月上丁日行事。初，国学主祭遣祭酒，后遣翰林院官，然祭酒初到官，必遣一祭。十七年敕每月朔望，祭酒以下行释菜礼，郡县长以下诣学行香。二十六年颁大成乐于天下。二十八年以行人司副杨砥言，罢汉扬雄从祀，益以董仲舒。三十年以国学孔子庙隘，命工部改作，其制皆帝所规画。大成殿门各六楹，灵星门三，东西庑七十六楹，神厨库皆八楹，宰牲所六楹。永乐初，建庙于太学之东。

宣德三年，以万县训导李译言，命礼部考正从祀先贤名位，颁示天下。十年，慈利教谕蒋明请祀元儒吴澄。大学士杨士奇等言当从祀，从之。正统二年，以宋儒胡安国、蔡沈、真德秀从祀。三年禁天下祀孔子于释、老宫。孔、颜、孟三氏子孙教授裴侃言："天下文庙惟论传道，以列位次。阙里家庙，宜正父子，以叙彝伦。颜子、曾子、子思，子也，配享殿廷。无繇、子皙、伯鱼，父也，从祀廊庑。非惟名分不正，抑恐神不自安。况叔梁纥元已封启圣王，创殿于大成殿西崇祀，而颜、孟之父俱封公，惟伯鱼、子皙仍侯，乞追土封公爵，偕颜、孟父俱配启圣王殿。"帝命礼部行之，仍议加伯鱼、子皙封号。成化二年，追封董仲舒广川伯，胡安国建宁伯，蔡沈崇安伯，真德秀浦城伯。十二年，从祭酒周洪谟言，增乐舞为八佾，笾豆各十二。弘治八年追封杨时将乐伯，从祀，位司马光之次。九年增乐舞为七十二人，如天子之制。十二年，阙里孔庙燬，敕有司重建。十七年，庙成，遣大学士李东阳祭告，并立御制碑文。正德十六年诏有司改建孔氏家庙之在衢州者，官给钱，董其役。令博士孔承义奏祀。

嘉靖九年，大学士张璁言："先师祀典，有当更正者。叔梁纥乃孔子之父，颜路、曾皙、孔鲤乃颜、曾、子思之父，三子配享庙庭，纥

及诸父从祀两庑,原圣贤之心岂安?请于大成殿后,别立室祀叔梁
纥,而以颜路、曾皙、孔鲤配之。"帝以为然。因言:"圣人尊天与尊亲
同。今笾豆十二,牲用犊,全用祀天仪,亦非正礼。其谥号、章服悉
宜改正。"璁缘帝意,言:"孔子宜称先圣先师,不称王。祀宇宜称庙,
不称殿。祀宜用木主,其塑像宜毁。笾豆用十,乐用六佾。配位公
侯伯之号宜削,止称先贤先儒。其从祀申党、公伯寮、秦冉等十二人
宜罢,林放、蘧瑗等六人宜各祀于其乡,后苍、王通、欧阳修、胡瑗、
蔡元定宜从祀。"帝命礼部会翰林诸臣议。编修徐阶疏陈易号毁像
之不可。帝怒,谪阶官,乃御制《正孔子祀典说》,大略谓孔子以鲁僭
王为非,宁肯自僭天子之礼。复为《正孔子祀典申记》,俱付史馆。璁
因作《正孔子庙祀典或问》奏之。帝以为议论详正,并令礼部集议。
于是御史黎贯等言:"圣祖初正祀典,天下岳渎诸神皆去其号,惟先
师孔子如故,良有深意。陛下疑孔子之祀,上拟祀天之礼。夫子之
不可及也,犹天之不可阶而升,虽拟诸天,亦不为过。自唐尊孔子为
文宣王,已用天子礼乐。宋真宗尝欲封孔子为帝,或谓周止称王,不
当加帝号。而罗从彦之论,则谓加帝号亦可。至周敦颐则以为万世
无穷,王祀孔子,邵雍则以为仲尼以万世为王。其辨孔子不当称王
者,止吴澄一人而已。伏望博考群言,务求至当。"时贯疏中言:"莫
尊于天地,亦莫尊于父师。陛下敬天尊亲,不应独疑孔子王号为
僭。"帝因大怒,疑贯借此以斥其追尊皇考之非,诋为奸恶,下法司
会讯,褫其职。给事中王汝梅等亦极言不宜去王号,帝皆斥为谬论。

于是礼部会诸臣议:"人以圣人为至,圣人以孔子为至。宋真宗
称孔子为至圣,其意已备。今宜于孔子神位题至圣先师孔子,去其
王号及大成、文宣之称。改大成殿为先师庙,大成门为庙门。其四
配称复圣颜子、宗圣曾子、述圣子思子、亚圣孟子。十哲以下凡及门
弟子,皆称先贤某子。左丘明以下,皆称先儒某子。不复称公侯伯。
遵圣祖首定南京国子监规制,制木为神主。仍拟大小尺寸,著为定
式。其塑像,即令屏撤。春秋祭祀,遵国初旧制,十笾十豆。天下各
学,八笾八豆。乐舞止六佾。凡学别立一祠,中叔梁纥题启圣公孔

氏神位,以颜无繇、曾点、孔鲤、孟孙氏配,俱称先贤某氏。至从祀之贤,不可不考其得失。申党即申枨,厘去其一。公伯寮、秦冉、颜何、荀况、戴圣、刘向、贾逵、马融、何休、王肃、王弼、杜预、吴澄罢祀。林放、蘧瑗、卢植、郑众、郑玄、服虔、范宁各祀于其乡。后苍、王通、欧阳修、胡瑗宜增入。"命悉如议行。又以行人薛侃议,进陆九渊从祀。

初,洪武时,司业宋濂请去像设主,礼仪乐章多所更定,太祖不允。成、弘间,少詹程敏政尝谓马融等八人当斥。给事中张九功推言之,并请罢荀况、公伯寮、蘧瑗等,而进后苍、王通、胡瑗。为礼官周洪谟所却而止。至是以璁力主,众不敢违。毁像盖用濂说,先贤去留,略如九功言。其进欧阳修,则以濮议故也。

明年,国子监建启圣公祠成。从尚书李时言,春秋祭祀,与文庙同日。笾豆牲帛视四配,东西配位视十哲,从祀先儒程珦、朱松、蔡元定视两庑。辅臣代祭文庙,则祭酒祭启圣祠。南京,祭酒于文庙,司业于启圣祠。遂定制,殿中先师南向,四配东西向。稍后十哲:闵子损、冉子雍、端木子赐、仲子由、卜子商、冉子耕、宰子予、冉子求、言子偃、颛孙子师皆东西向。两庑从祀:先贤澹台灭明、宓不齐、原宪、公冶长、南宫适、高柴、漆雕开、樊须、司马耕、公西赤、有若、琴张、申枨、陈亢、巫马施、梁鳣、公晳哀、商瞿、冉孺、颜辛、伯虔、曹恤、冉季、公孙龙、漆雕哆、秦商、漆雕徒父、颜高、商泽、壤驷赤、任不齐、石作蜀、公良孺、公夏首、公肩定、后处、鄡单、奚容蒧、罕父黑、颜祖、荣旂、秦祖、左人郢、句井疆、郑国、公祖句兹、原亢、县成、廉洁、燕伋、叔仲会、颜之仆、邦巽、乐欬、公西舆如、狄黑、孔忠、公西蒧、步叔乘、施之常、秦非、颜哙,先儒左丘明、公羊高、谷梁赤、伏胜、高堂生、孔安国、毛苌、董仲舒、后苍、杜子春、王通、韩愈、胡瑗、周敦颐、程颢、欧阳修、邵雍、张载、司马光、程颐、杨时、胡安国、朱熹、张栻、陆九渊、吕祖谦、蔡沈、真德秀、许衡凡九十一人。

隆庆五年,以薛瑄从祀。万历中,以罗从彦、李侗从祀。十二年,又以陈献章、胡居仁、王守仁从祀。二十三年,以宋周敦颐父辅成从祀启圣祠。又定每岁仲春、秋上丁日御殿传制,遣大臣祭先师及配位。其十哲以翰林官,两庑以国子监官各二员分献。每月朔,及每科进士行释菜礼。司府州县卫学各提调官行礼。牲用少牢,乐如太学。京府及附府县学,止行释菜礼。崇祯十五年,以左丘明亲授经于圣人,改称先贤。并改宋儒周、二程、张、朱、邵六子亦称先贤,位七十子下,汉唐诸儒之上。然仅国学更置之,阙里庙庭及天下学宫未遑颁行也。

旗纛 旗纛之祭有四。其一,洪武元年,礼官奏:"军行旗纛所当祭者,旗谓牙旗。《黄帝出军诀》曰:'牙旗者,将军之精,一军之形候。凡始竖牙,必祭以刚日。'纛,谓旗头也。《太白阴经》曰:'大将中营建纛。天子六军,故用六纛。牦牛尾为之,在左骖马首。'唐、宋及元皆有旗纛之祭。今宜立庙京师,春用惊蛰,秋用霜降日,遣官致祭。"及命建庙于都督府治之后,以都督为献官,题主曰军牙之神、六纛之神。七年二月诏皇太子率诸王诣阅武场祭旗纛,为坛七,行三献礼。后停春祭。止霜降日祭于教场。其二,岁暮享太庙日,祭旗纛于承天门外。其三,旗纛庙在山川坛左。初,旗纛与太岁诸神合祭于城南。九年别建庙。每岁仲秋,天子躬祀山川之日,遣旗手卫官行礼。其正祭,旗头大将、六纛大将、五方旗神、主宰战船正神、金鼓角铳炮之神、弓弩飞枪飞石之神、阵前阵后神祇五昌等众,凡七位,共一坛,南向。皇帝服皮弁,御奉天殿降香。献官奉以从事。祭物视先农,帛七,黑二、白五。瘗毛血、望燎,与风云雷雨诸神同。祭毕,设酒器六于地,刺雄鸡六,沥血以衅之。其四,永乐后,有神旗之祭,专祭火雷之神。每月朔望。神机营提督官祭于教场。牲用少牢。凡旗纛皆藏内府,祭则设之。

王国祭旗纛,则遣武官戎服行礼。天下卫所于公署后立庙,以指挥使为初献官,僚属为亚献、终献。仪物杀京都。

五祀 洪武二年定制,岁终腊享,通祭于庙门外。八年,礼部奏:"五祀之礼,周、汉、唐、宋不一。今拟孟春祀户,设坛皇宫门左,司门主之。孟夏祀灶,设坛御厨,光禄寺官主之。季夏祀中霤,设坛乾清宫丹墀,内官主之。孟秋祀门,设坛午门左,司门主之。孟冬祀井,设坛宫内大庖井前,光禄寺官主之。四孟于有事太庙之日,季夏于土旺之日,牲用少牢。"制可。从定中霤于奉天殿外文楼前。又岁暮合祭五祀于太庙西庑下,太常寺官行礼。

马神 洪武二年命祭马祖、先牧、马社、马步之神,筑坛后湖。礼官言:"《周官》春祭马祖,天驷星也;夏祭先牧,始养马者;秋祭马社,始乘马者;冬祭马步,乃神之灾害马者。隋用周制,祭以四仲之月。唐、宋因之。今定春、秋二仲月,甲、戊、庚日,遣官致祀。为坛四,乐用时乐,行三献礼。"四年,蜀明升献良马十,其一白者,长丈余,不可加鞯勒。太祖曰:"天生英物,必有神司之。"命太常以少牢祀马祖,囊沙四百斤压之,令人骑而游苑中,久之渐驯。帝乘之以夕月于清凉山。比还,大悦,赐名飞越峰。复命太常祀马祖。五年并诸神为一坛,岁止春祭。永乐十三年立北京马神祠于莲花池。其南京马神,则南太仆主之。

南京神庙 初称十庙。北极真武以三月三日、九月九日,道林真觉普济禅师宝志以三月十八日,都城隍以八月祭帝王后一日,祠山广惠张王渤以二月十八日,五显灵顺以四月八日、九月二十八日,皆南京太常寺官祭。汉秣陵尉蒋忠烈公子文、晋咸阳卞忠贞公壸、宋济阳曹武惠王彬、南唐刘忠肃王仁瞻、元卫国忠肃公福寿俱以四孟朔,岁除,应天府官祭。惟蒋庙又有四月二十六日之祭。并功臣庙为十一。后复增四:关公庙,洪武二十七年建于鸡笼山之阳,称汉前将军寿亭侯。嘉靖十年订其误,改称汉前将军汉寿亭侯。以四孟岁暮,应天府官祭,五月十三日,南京太常寺官祭。天妃,永乐七年封为护国庇民妙灵昭应弘仁普济天妃,以正月十五日、三月二十三日,南京太常寺官祭。太仓神庙以仲春、秋望日,南京户部官祭。司马、马祖、先牧神庙,以春、秋仲月中旬,择日南京太仆寺官祭。诸庙皆少牢，真武与真觉禅师素羞。

功臣庙　太祖既以功臣配享太庙，又命别立庙于鸡笼山。论次功臣二十有一人，死者塑像，生者虚其位。正殿：中山武宁王徐达、开平忠武王常遇春、岐阳武靖王李文忠、宁河武顺王邓愈、东瓯襄武王汤和、黔宁昭靖王沐英。羊二，豕二。西序：越国武庄公胡大海、梁国公赵德胜、巢国武壮公华高、虢国忠烈公俞通海、江国襄烈公吴良、安国忠烈公曹良臣、黔国威毅公吴复、燕山忠愍侯孙兴祖。东序：郢国公冯国用、西海武庄公耿再成、济国公丁德兴、蔡国忠毅公张德胜、海国襄毅公吴桢、蕲国武义公康茂才、东海郡公茅成。羊二，豕二。两庑各设牌一，总书"故指挥千百户卫所镇抚之灵"。羊十，豕十。以四孟岁暮，遣驸马都尉祭。

初，胡大海等殁，命肖像于卞壶、蒋子文之庙。及功臣庙成，移祀焉。永乐三年以中山王勋德第一，又命正旦、清明、中元、孟冬、冬至遣太常寺官祭于大功坊之家庙，牲用少牢。

京师九庙　京师所祭者九庙。真武庙，永乐十三年建，以祀北极佑圣真君。正德二年改为灵明显佑宫，在海子桥之东，祭日同南京。

东岳泰山庙，在朝阳门外，祭以三月二十八日。

都城隍庙，祭以五月十一日。

汉寿亭侯关公庙，永乐间建。成化十三年，又奉敕建庙宛平县之东，祭以五月十三日。皆太常寺官祭。

京都太仓神庙建于太仓，户部官祭。

司马、马祖、先牧神庙，太仆寺官祭。

宋文丞相祠，永乐六年从太常博士刘履节请，建于顺天府学之西。元世祖庙，嘉靖中罢。皆以二月、八月中旬顺天府官祭。

洪恩灵济宫，祀徐知证、知谔。永乐十五年，立庙皇城之西，正旦、冬至圣节，内阁礼部及内官各一员祭。生辰，礼部官祭。弘治中，大学士刘健等请毋遣阁臣。喜靖中，改遣太常寺官。

其荣国公姚广孝，洪熙元年从祀太庙。嘉靖九年撤庙祀，移祀大兴隆寺，在皇城西北隅。后寺燬，复移崇国寺。

东岳、都城隍用太牢，五庙用少牢，真武、灵济宫素羞。

诸神祠　洪武元年，命中书省下郡县，访求应祀神祇。名山大川、圣帝明王、忠臣烈士，凡有功于国家及惠爱在民者，著于祀典，令有司岁时致祭。二年，又诏天下神祇，常有功德于民，事迹昭著者，虽不致祭，禁人毁撤祠宇。三年定诸神封号，凡后世溢美之称皆革去。天下神祠不应祀典者，即淫祠也，有司毋得致祭。

弘治元年，礼科张九功言：“祀典正则人心正。今朝廷常祭之外，又有释迦牟尼文佛、三清三境九天应元雷声普化天尊、金玉阙真君元君、神父神母，诸宫观中又有水官星君、诸天诸帝之祭，非所以法天下。”帝下其章礼部，尚书周洪谟等言：

> 释迦牟尼文佛生西方中天竺国。宗其教者，以本性为法身，德业为报身，并真身为三，其实一人耳。道家以老子为师。朱熹有曰：“玉清元始天尊既非老子法身，上清太上道君又非老子报身，设有二像，又非与老子为一。而老子又自为上清太上老君，盖仿释氏而又失之者也”。自今凡遇万寿等节，不令修建吉祥斋醮，或遇丧礼，不令修建荐扬斋醮。其大兴隆寺、朝天宫俱停遣官祭告。

> 北极中天星主紫微大帝者，北极五星在紫微垣中，正统初，建紫微殿，设像祭告。夫幽崇祭星，古礼也。今乃像之如人，称之为帝，稽之祀典，诚无所据。

> 雷声普化天尊者，道家以为总司五雷，又以六月二十四日为天尊示现之日，故岁以是日遣官诣显灵宫致祭。夫风云雷雨，南郊合祀，而山川坛复有秋报，则此祭亦当罢免。

> 祖师三天扶教辅玄大法师真君者，传记云：“汉张道陵，善以符治病。唐天宝、宋熙宁、大观间，累号正一靖应真君，子孙

亦有封号。国朝仍袭正一嗣教真人之封。"然宋邵伯温云："张鲁祖陵、父衡,以符法相授受,自号师君。"今岁以正月十五日为陵生日,遣官诣显灵宫祭告,亦非祀典。

大小青龙神者,记云："有僧名卢,寓西山。有二童子来侍。时久旱,童子入潭化二青龙,遂得雨。后赐卢号曰感应禅师,建寺设像,别设龙祠于潭上。宣德中,建大圆通寺,加二龙封号,春秋祭之。"迩者连旱,祈祷无应,不足崇奉明矣。

梓潼帝君者,记云："神姓张名亚子,居蜀七曲山。仕晋战没,人为立庙。唐、宋屡封至英显王。道家谓帝命梓潼掌文昌府事及人间禄籍,故元加号为帝君,而天下学校亦有祠祀者。景泰中,因京师旧庙辟而新之,岁以二月三日生辰,遣祭。"夫梓潼显灵于蜀,庙食其地为宜。文昌六星与之无涉,宜敕罢免。其祠在天下学校者,俱令拆毁。

北极佑圣真君者,乃玄武七宿,后人以为真君,作龟蛇于其下。宋真宗避讳,改为真武。靖康初,加号佑圣助顺灵应真君。图志云："真武为净乐王太子,修炼武当山,功成飞升。奉上帝命镇北方。被发跣足,建皂纛玄旗。"此道家附会之说。国朝御制碑谓,太祖平定天下,阴佑为多,尝建庙南京崇祀。及太宗靖难,以神有显相功,又于京城艮隅并武当山重建庙宇。两京岁时朔望各遣官致祭,而武当山又专官督祀事。宪宗尝范金为像。今请止遵洪武间例,每年三月三日、九月九日用素羞,遣太常官致祭,余皆停免。

崇恩真君、隆恩真君者,道家以崇恩姓萨名坚,西蜀人,宋徽宗时尝从王侍宸、林灵素辈学法有验。隆恩,则玉枢火府天将王灵官也,又尝从萨传符法。永乐中,以道士周思得能传灵官法,乃于禁城之西建天将庙及祖师殿。宣德中,改大德观,封二真君。成化初改显灵宫。每年换袍服,所费不訾。近今祈祷无应,亦当罢免。

金阙上帝、玉阙上帝者,志云："闽县灵济宫祀五代时徐温子知证、知谔。国朝御制碑谓太宗尝弗豫，祷神辄应，因大新闽地庙宇，春秋致祭。又立庙京师，加封金阙真君、玉阙真君。正统、成化中，累加号为上帝。朔望令节俱遣官祀，及时荐新，四时换袍服。”夫神世系事迹，本非甚异，其僭号宜革正，妄费亦宜节省。神父圣帝、神母元君及金玉阙元君者，即二徐父母，及其配也。宋封其父齐王为忠武真人，母田氏为仁寿仙妃，配皆为仙妃。永乐至成化间，屡加封今号，亦宜削号罢祀。

东岳泰山之神者，泰山五岳首，庙在泰安州山下。又每岁南郊及山川坛俱有合祭之礼。今朝阳门外有元东岳旧庙，国朝因而不废。夫既专祭封内，且合祭郊坛，则此庙之祭，实为烦渎。

京师都城隍之神者，旧在顺天府西南，以五月十一日为神诞辰，故是日及节令皆遣官祀。夫城隍之神，非人鬼也，安有诞辰？况南郊秋祀俱已合祭，则诞辰及节令之祀非宜，凡此俱当罢免。

议上，乃命修建斋醮，遣官祭告，并东岳、真武、城隍庙、灵济宫祭祀，俱仍旧。二徐真君及其父母妻革去帝号，仍旧封，冠袍等物换回焚毁，余如所议行之。

按祀典，太祖时，应天祀陈乔、杨邦乂、姚兴、王铖，成都祀李冰、文翁、张咏，均州祀黄霸，密县祀卓茂，松江祀陆逊、陆抗、陆凯，龙州祀李龙迁，建宁祀谢夷甫，彭泽祀狄仁杰，九江祀李黻，安庆祀余阙、韩建之、李宗可。宣宗时，高邮祀耿遇德。英宗时，豫章祀韦丹、许逊，无锡祀张巡。宪宗时，崖山祀张世杰、陆秀夫。孝宗时，新会祀宋慈元杨后，延平祀罗从彦、李侗，建宁祀刘子翚，乌撒祀潭渊，庐陵祀文天祥，婺源祀朱熹，都昌祀陈澔，饶州祀江万里，福州祀陈文龙，兴化祀陈瓚，湖广祀李芾，广西祀马慨。武宗时，真定祀颜杲卿、真卿，韶州附祀张九龄子拯，沂州祀诸葛亮，萧山祀游酢、罗从彦。皆历代名臣，事迹显著。守臣题请，礼官议覆，事载实录，年月可稽。至若有明一代之臣抗美前史者，或以功勋，或以学行，或以直节，或以死事，胪于志乘，刻于碑版，匪一而足。其大者，鄱阳湖忠臣祠祀丁普郎等三十五人，南昌忠臣祠祀赵德胜等十四人，太平忠臣庙祀花云、王鼎、许瑗，金华忠臣祠祀胡大海，皆太祖自定其典。其后，通州祀常遇春，山海关祀徐达，苏州祀夏原吉、周忱，淮安祀陈瑄，海州卫祀卫青、徐安生，甘州祀毛忠，榆林祀余子俊，杭州祀于谦，萧山祀魏骥，汀州祀王得仁，广州祀杨信民、毛吉，云南祀沐英、沐晟，贵州祀顾成，庐陵祀刘球、李时勉，广信祀邓颙，宝庆祀贺兴隆，上杭祀伍骥、丁泉，庆远祀叶祯，云南祀王祎、吴云，青田祀刘基，平阳祀薛瑄，杭州祀邹济、徐善述，金华祀章懋，皆众著耳目，炳然可考。其他郡县山川龙神忠烈之士，及祈祷有应而祀者，《会典》所载，尤详悉云。

　　厉坛　泰厉坛祭无祀鬼神。《春秋传》曰"鬼有所归，乃不为厉。"此其义也。《祭法》，王祭泰厉，诸侯祭公厉，大夫祭族厉。《士丧礼》"疾病祷于厉"，《郑注》谓"汉时民间皆秋祠厉"，则此祀达于上下矣，然后世皆不举行。洪武三年定制，京都祭泰厉，设坛玄武湖中，岁以清明及十月朔日遣官致祭。前期七日，檄京都城隍。祭日，设京省城隍神位于坛上，无祀鬼神等位于坛下之东西，羊三，豕三，饭米三石。王国祭国厉，府州祭郡厉，县祭邑厉，皆设坛城北，一年二祭如京师。里社则祭乡厉。后定郡邑厉、乡厉，皆以清明日、七月十五日、十月朔日。

明史卷五一
志第二七

礼五 吉礼五

庙制　禘祫　时享　荐新
加上谥号　庙讳

宗庙之制　明初作四亲庙于宫城东南，各为一庙。皇高祖居中，皇曾祖东第一，皇祖西第一，皇考东第二，皆南向。每庙中室奉神主。东西两夹室，旁两庑。三门，门设二十四戟。外为都宫。正门之南斋次，其西馔次，俱五间，北向。门之东，神厨五间，西向。其南宰牲池一，南向。

洪武元年，命中书省集儒臣议祀典，李善长等言：

周制，天子七庙。而《商书》曰，"七世之庙，可以观德。"则知天子七庙，自古有之。太祖百世不迁。三昭三穆以世次比，至亲尽而迁。此有天下之常礼。若周文王、武王虽亲尽宜祧，以其有功当宗，故皆别立一庙，谓之文世室、武世室，亦百世不迁。

汉每帝辄立一庙，不序昭穆，又有郡国庙及寝园庙。光武中兴，于洛阳立高庙，祀高祖及文、武、宣、元五帝。又于长安故高庙中，祀成、哀、平三帝。别立四亲庙于南阳春陵，祀父南顿君以上四世。至明帝，遗诏藏主于光烈皇后更衣别室。后帝相承，皆藏于世祖之庙。由是同堂异室之制，至于元莫之改。

　　唐高祖尊高、曾、祖、考，立四庙于长安。太宗议立七庙，虚太祖之室。玄宗创制，立九室，祀八世。文宗时，礼官以景帝受封于唐，高祖、太宗创业受命，百代不迁。亲尽之主，礼合祧迁，至禘祫则合食如常。其后以敬、文、武三宗为一代，故终唐之世，常为九世十一室。

　　宋自太祖追尊僖、顺、翼、宣四祖，每遇禘，则以昭穆相对，而虚东向之位。神宗奉僖祖为太庙始祖，至徽宗时增太庙为十室，而不祧者五宗。崇宁中，取王肃说谓二祧在七世之外，乃建九庙。高宗南渡，祀九世。至于宁宗，始别建四祖殿，而正太祖东向之位。

　　元世祖建宗庙于燕京，以太祖居中，为不迁之祖。至泰定中，为七世十室。

　　今请追尊高、曾、祖、考四代，各为一庙。

　　于是上皇高祖考谥曰玄皇帝，庙号德祖，皇高祖妣曰玄皇后。皇曾祖考谥曰恒皇帝，庙号懿祖，皇曾祖妣曰恒皇后。皇祖考谥曰裕皇帝，庙号熙祖，皇祖妣曰裕皇后。皇考谥曰淳皇帝，庙号仁祖，皇妣陈氏曰淳皇后。

　　诏制太庙祭器。太祖曰：“礼顺人情，可以义起。所贵斟酌得宜，随时损益。近世泥古，好用古笾豆之属，以祭其先。生既不用，死而用之。甚无谓也。孔子曰：‘事死如事生，事亡如事存。’其制宗庙器用服御，皆如事生之仪。”于是造银器，以金涂之。酒壶盂觥皆八，朱漆盘碗二百四十，及椸椵枕簟篋笥帏幔浴室皆具。后又诏器皿以金涂银者，俱易以金。

　　二年诏太庙祝文止称孝子皇帝，不称臣。凡遣皇太子行礼，止称命长子某，勿称皇太子。后称孝玄孙皇帝，又改称孝曾孙嗣皇帝。初，太庙每室用币一。二年从礼部议，用二白缯。又从尚书崔亮奏，作圭瓒。

　　八年改建太庙。前正殿，后寝殿。殿翼皆有两庑。寝殿九间，间一室，奉藏神主，为同堂异室之制。十月，新太庙成。中室奉德祖，东一室奉懿祖，西一室奉熙祖，东二室奉仁祖，皆南向。十五年，以孝慈皇后神主祔享太庙，其后皇后祔庙仿此。建文即位，奉太祖主祔庙。正殿神座次熙祖，东向。寝殿神主居西二室，南向。成祖迁都，建庙如南京制。

宣德元年七月，礼部进太宗神主祔庙仪。先期一日，遣官诣太庙行祭告礼。午后，于几筵殿行大祥祭。翼日昧爽，设酒果于几筵殿，设御辇二、册宝亭四于殿前丹陛上。皇帝服浅淡服，行祭告礼毕，司礼监官跪请神主升辇，诣太庙奉安。内使二员捧神主，内使四员捧册宝，由殿中门出，安奉于御辇、册宝亭。皇帝随行至思善门，易祭服，升辂。至午门外，仪卫伞扇前导，至庙街门内，皇帝降辂。监官导诣御辇前奏，跪请神主奉安太庙，俯伏，兴。内使捧神主册宝，皇帝从，由中门入，至寝庙东第三室，南向奉安。皇帝叩头，毕，祭祀如时祭仪。文武官具祭服行礼。其正殿神座，居仁祖之次，西向。二年五月，仁宗神主祔庙，如前仪。寝殿，西第三室，南向。正殿，居高祖之次，东向。其后大行祔庙，仿此。正统七年十二月奉昭皇后神主祔庙，神主诣列祖神位前谒庙。礼毕，太常寺官唱赐座，内侍捧衣冠，与仁宗同神位。唱请宣宗皇帝朝见，内侍捧宣宗衣冠置褥位上，行四拜礼讫，安奉于座上。

孝宗即位，宪宗将升祔。时九庙已备，议者咸谓德、懿、熙、仁四庙，宜以次奉祧。礼臣谓："国家自德祖以上，莫推世次，则德祖视周后稷，不可祧。宪宗升祔，当祧懿祖。宜于太庙寝殿后，别建祧殿，如古夹室之制。岁暮则奉祧主合享，如古祫祭之礼。"吏部侍郎杨守陈言："《礼》，天子七，祖功而宗德。德祖可比商报乙、周亚圉，非契、稷比。议者习见宋儒尝取王安石说，遂使七庙即有始祖，又有太祖。太祖既配天，又不得正位南向，非礼之正。今请并祧德、懿、熙三祖，自仁祖下为七庙，异时祧尽，则太祖拟契、稷，而祧主藏于后寝，祫礼行于前殿。时享尊太祖，祫祭尊德祖，则功德并崇，恩义亦备。"帝从礼官议，建祧庙于寝殿后，遣官祭告宗庙。帝具素服告宪宗几筵，祭毕，奉迁懿祖神主衣冠于后殿，床幔、御座、仪物则贮于神库。其后奉祧仿此。

嘉靖九年春，世宗行特享礼。令于殿内设帷幄如九庙，列圣皆南向，各奠献，读祝三，余如旧。十年正月，帝以庙祀更定，告于太庙、世庙并祧庙三主。迁德祖神主于祧庙，奉安太祖神主于寝殿正中，遂以序进迁七宗神位。丁酉，帝诣太庙行特享礼。九月谕大学士李时等，以"宗庙之制，父子兄弟同处一堂，于礼非宜。太宗以下宜皆专庙，南向。"尚书夏言奏："太庙两傍，隙地无几，宗庙重事，始谋宜慎。"未报。中允廖道南言："太宗以下宜各建特庙于两庑之地。有都宫以统庙，不必各为门垣。有夹室以藏主，不必更为寝庙。第使列圣各得全其尊，皇上躬行礼于太祖之庙，余遣亲臣代献，如古诸侯助祭之礼。"帝悦，命会议。言等言："太庙地势有限，恐不能容，若小其规模，又不合古礼。且使各庙既成，陛下遍历群庙，非独筋力不逮，而日力亦有不给。古者宗伯代后献之文，谓在一庙中，而代后之亚献。未闻以人臣而代主一庙之祭者也。且古诸侯多同姓之臣，今陪祀执事者，可拟古诸侯之助祭者乎？先臣丘浚谓宜间日祭一庙，历十四日而遍。此盖无所处，而强为之说耳。若以九庙一堂，嫌于混同。请以木为黄屋，如庙庭之制，依庙数设之，又设帷幄于其中，庶得以展专奠之敬矣。"议上，不报。

十三年，南京太庙灾。礼部尚书湛若水请权将南京太庙香火并于南京奉先殿，重建太庙，补造列圣神主。帝召尚书言与群臣集议。言会大学士张孚敬等言："国有二庙，自汉惠始。神有二主，自齐桓始。周之三都庙，乃迁国立庙，去国载主，非二庙二主也。子孙之身乃祖宗所依，圣子神孙既亲奉祀事于此，则祖宗神灵自当陟降于此。今日正当专定庙议，一以此地为根本。南京原有奉先殿，其朝夕香火，当合并供奉如常。太庙遗址当仿古坛墠遗意，高筑墙垣，谨司启闭，以致尊严之意。"从之。

时帝欲改建九庙。夏言因言："京师宗庙，将复古制，而南京太庙遽灾，殆皇天列祖佑启默相，不可不灵承者。"帝悦，诏春和兴工。诸臣议于太庙南，左为三昭庙，与文祖世室而四，右为三穆庙。群庙各深十六丈有奇,而世室殿寝稍崇,纵横深广,与群庙等。列庙总门与太庙戟门相并,列庙后垣与太庙祧庙后墙相并。具图进。帝以世室尚当隆异,令再议。言等请增拓世室前殿,视群庙崇四尺有奇,深广半之;寝殿视群庙崇二尺有奇,深广如之。报可。十四年正月谕阁臣:"今拟建文祖庙为世室,则皇考世庙字当避。"张孚敬言:"世庙著《明伦大典》,颁诏四方,不可改。文世室宜称太宗庙。其余群庙不用宗字,用本庙号,他日递迁,更牌额可也。"从之。二月尽撤故庙改建之。诸庙各为都宫,庙各有殿有寝。太祖庙寝后有祧庙,奉祧主藏焉。太庙门殿皆南向,群庙门东西向,内门殿寝皆南向。十五年十二月,新庙成,更创皇考庙曰睿宗献皇帝庙。帝乃奉安德、懿、熙、仁四祖神主于祧庙,太祖神主于太庙,百官陪祭如仪。翌日,奉安太宗以下神主,列于群庙,命九卿正官及武爵重臣,俱诣太宗庙陪祭。文三品以上,武四品以上,分诣群庙行礼。又择日亲捧太祖神主,文武大臣捧七宗神主,奉安于景神殿。

二十年四月,太庙灾,成祖、仁宗主燬,奉安列圣主于景神殿。遣大臣诣长陵、献陵告题帝后主,亦奉安景神殿。二十二年十月,以旧庙基隘,命相度规制。议三上,不报。久之,乃命复同堂异室之旧,庙制始定。二十四年六月,礼部尚书费寀等以太庙安神,请定位次。帝曰:"既无昭穆,亦无世次,只序伦理。太祖居中,左四序成、宣、宪、睿,右四序仁、英、孝、武,皆南向。"七月,以庙建礼成,百官表贺,诏天下。新庙仍在阙左,正殿九间,前两庑,南戟门。门左神库,右神厨。又南为庙门,门外东南宰牲亭,南神宫监,西庙街门。正殿后为寝殿,奉安列圣神主,又后为祧庙,藏祧主,皆南向。

二十七年,帝欲祔孝烈皇后方氏于太庙,而祧仁宗。大学士严嵩、礼部尚书徐阶等初皆持不可,既而不能坚其议。二十九年十一月祧仁宗,遂祔孝烈于西第四室。隆庆六年八月,穆宗将祔庙,敕礼臣议当祧庙室。礼科陆树德言:"宣宗于穆宗仅五世,请仍祔睿宗于世庙,而宣宗勿祧。"疏下礼部,部议宣宗世次尚近,祧之未安。因言:"古者以一世为一庙,非以一君为一世,故晋之庙十一室而六世,唐之庙十一室而九世。宋自太祖上追四祖至徽宗,始定为九世十一室之制,以太祖、太宗同为一世故也。其后徽宗以与哲宗同一世,高宗祔以与钦宗同一世,皆无所祧,及光宗长升祔,增为九世十二室。今自宣宗至穆宗凡六世,上合二祖仅八世,准以宋制可以无祧,但于寝殿左右各增一室,则尊祖敬宗并行不悖矣。”帝命如旧敕行,遂祧宣宗。天启元年七月,光宗将祔庙。太常卿洪文衡请无祧宪宗,而祧睿宗。不听。

　　禘祫　洪武元年祫飨太庙。德祖皇考妣居中,南向。懿祖皇考妣东第一位,西向。熙祖皇考妣西第一位,东向。仁祖皇考妣东第二位,西向。七年,御史答禄与权言:“皇上受命七年而禘祭未举。宜参酌古今,成一代之典。”诏下礼部、太常司、翰林院议,以为:“虞、夏、商、周,世系明白,故禘礼可行。汉、唐以来,莫能明其始祖所自出,当时所谓禘祭,不过祫已祧之祖而祭之,乃古之大祫,非禘也。宋神宗尝曰:“禘者,所以审谛祖之所自出。”是则莫知祖之所自出,禘礼不可行也。今国家追尊四庙,而始祖所自出者未有所考,则禘难遽行。”太祖是其议。弘治元年定每岁暮奉祧庙懿祖神座于正殿左,居熙祖上,行祫祭之礼。

　　嘉靖十年,世宗以禘祫义询大学士张璁,令与夏言议。言撰《禘义》一篇献之,大意谓:“自汉以下,谱牒难考,欲如虞夏之禘黄帝,商周之禘帝喾,不能尽合。谨推明古典,采酌先儒精微之论,宜为虚位以祀。”帝深然之。会中允廖道南谓朱氏为颛顼裔,请以《太祖实录》为据,禘颛顼。遂诏礼部以言、道南二疏,会官详议。诸臣咸谓:“称虚位者,茫昧无据,尊颛顼者,世远难稽。庙制既定高皇帝始祖之位,当禘德祖为正。”帝意主虚位,令再议。而言复疏论禘德祖有四可疑,且言今所定太祖为太庙中之始祖,非王者立始祖庙之始祖。帝并下其章。诸臣乃请设虚位,以禘皇初祖,南向,奉太祖配,西向。礼臣因言,大祫既岁举,大禘请三岁一行,庶疏数适宜。帝自为文告皇祖,定丙、辛岁一行,敕礼部具仪择日。四月,礼部上大禘仪注。前期告庙,致斋三日,备香帛牲醴如时享仪。锦衣卫设仪卫,太常卿奉皇初祖神牌、太祖神位于太庙正殿,安设如图仪。至日行礼,如大祀圜丘仪。及议祧德祖,罢岁除祭,以冬季中旬行祫礼。太常寺设德祖神位于太庙正中,南向。懿祖而下,以次东西向。

十五年复定庙飨制。立春特享,各出主于殿。立夏、立秋、立冬出太祖、成祖七宗主,飨太祖殿,为时祫。季冬中旬,卜日出四祖及太祖、成祖七宗主,飨太祖殿,为大祫。祭毕,各归主于其寝。十七年定大祫祝文,九庙帝后谥号俱全书,时祫止书某祖、某宗某皇帝。更定季冬大祫日,奉德、懿、熙、仁及太祖异室皆南向,成祖西向北上,仁宗以下七宗东西相向。礼三献,乐六奏,舞八佾。皇帝献德祖帝后,大臣十二人分献诸帝,内臣十二人分献诸后。二十年十一月,礼官议,岁暮大祫,当陈祧主,而景神殿隘,请暂祭四祖于后寝,用连几,陈笾豆,以便周旋。诏可。二十二年定时享。大祫,罢出主、上香、奠献等仪,临期捧衣冠出纳,太常及神宫监官奉行。二十四年罢季冬中旬大祫,并罢告祭,仍以岁除日行大祫,礼同时享。二十八年复告祭仪。穆宗即位,礼部以大行皇帝服制未除,请遵弘治十八年例,岁暮大祫、孟春时享两祭,皆遣官摄事。乐设而不作,帝即丧次致斋,陪祀官亦在二十七日之内,宜令暂免。从之。

时享　洪武元年定宗庙之祭。每岁四孟及岁除,凡五享。学士陶安等言:"古者四时之祭,三祭皆合享于祖庙,惟春祭于各庙。自汉而下,庙皆同堂异室,则四时皆合祭。今宜仿近制,合祭于第一庙,庶适礼之中,无烦渎也。"太祖命孟春特祭于各庙,三时及岁除则祫祭于德祖庙。二年定时享之制,春以清明,夏以端午,秋以中元,冬以冬至,岁除如旧。三年,礼部尚书崔亮言:"孟月者,四时之首。因时变,致孝思,故备三牲黍稷品物以祭。至仲季之月,不过荐新而已。既行郊祀,则庙享难举,宜改从旧制。其清明等节,各备时物以荐。"从之。九年新建太庙。凡时享,正殿中设德祖帝后神座,南向。左懿祖,右熙祖,东西向。仁祖次懿祖。凡神座俱不奉神主,止设衣冠。礼毕,藏之。孟春择上旬日,三孟用朔日,及岁除皆合享。
自是五享皆罢特祭,而行合配之礼。二十一年定时享仪。更前制,
迎神四拜,饮福四拜,礼毕四拜。二十五年定时享。若国有丧事,乐
备而不作。

正统三年正月享太庙。礼部言:故事,先三日,太常寺奏祭祀,
御正殿受奏。是日,宣宗皇帝忌辰,例不鸣钟鼓,第视事西角门。帝
以祭祀重事,仍宜升殿,余悉遵永乐间例行之。天顺六年,阁臣以皇
太后丧,请改孟冬时享于除服后。从之。成化四年,礼部以慈懿太
后丧,请改孟秋享庙于初七日。不从。

嘉靖十一年,大学士张孚敬等言:“太庙祭祀,但设衣冠。皇上
改行出主,诚合古礼。但遍诣群庙,躬自启纳,不免过劳。今请太祖
神主,躬自安设。群庙帝后神主,则以命内外捧主诸臣。”帝从其请。
十七年定享祫礼。凡立春特享,亲祭太祖,遣大臣八人分献诸帝,内
臣八人分献诸后。立夏时祫,各出主于太庙。太祖南向,成祖西向,
序七宗之上,仁、宣、英、宪、孝、睿、武宗东西相向。秋冬时祫,如夏
礼。二十四年,新庙成,复定享祫止设衣冠,不出主。隆庆元年,孟
夏时享,以世宗几筵未撤,遵正德元年例,先一日,帝常服祭告几
筵,祇请诸庙享祀。其后,时享、祫祭在大祥内者,皆如之。

荐新　洪武元年定太庙月朔荐新仪物。正月,韭、荠、生菜、鸡
子、鸭子。二月,水芹、蒌蒿、薹菜、子鹅。三月,茶、笋、鲤鱼、鳖鱼。
四月,樱桃、梅、杏、鲥鱼、雉。五月,新麦、王瓜、桃、李、来禽、嫩鸡。
六月,西瓜、甜瓜、莲子、冬瓜。七月,菱、梨、红枣、葡萄。八月,芡、
新米、藕、茭白、姜、鳜鱼。九月,小红豆、栗、柿、橙、蟹、鳊鱼。十月,
木瓜、柑、橘、芦菔、兔、雁。十一月,荞麦、甘蔗、天鹅、鹨鹑、鹿。十
二月,芥菜、菠菜、白鱼、鲫鱼。其礼皆天子躬行。未几,以属太常。
二年诏,凡时物,太常先荐宗庙,然后进御。三年定朔日荐新。各庙
共羊一、豕一、笾豆八、簠簋登铏各二、酒尊三,及常馔鹅羹饭。太常
卿及与祭官法服行礼。望祭,止常馔鹅羹饭,常服行礼。又有献新

之仪,凡四方别进新物,在月荐外者,太常卿与内使监官常服献于太庙,不行礼。其后朔望祭祀,及荐新、献新,俱于奉先殿。

加上谥号　洪武元年追尊四庙谥号,册宝皆用玉。册简长尺二寸,广一寸二分,厚五分。简数从文之多寡。联以金绳,藉以锦褥,覆以红罗泥金夹帕。册匣,朱漆镂金,龙凤文。其宝,篆文,广四寸九分,厚一寸二分。金盘龙纽,系以锦绶,裹以红锦,加帕纳于盝,盝装以金。德祖册文曰:"孝玄孙嗣皇帝臣某,再拜稽首上言。臣闻尊敬先世,人之至情。祖父有天下,传之子孙,子孙有天下,追尊祖父,此古今通义也。臣遇天下兵起,躬披四胄,调度师旅,戡定四方,以安人民,土地日广,皆承祖宗之庇。臣庶推臣为皇帝,而先世考妣未有称号。谨上皇高祖考府君尊号曰玄皇帝,庙号德祖。伏惟英爽,鉴此孝思。"其宝文曰"德祖玄皇帝之宝。"玄皇后、懿祖以下,帝后册宝并同。建文时,追尊谥册之典,以革除无考。

永乐元年五月进高皇帝、高皇后谥议。前一日,于奉天殿中设谥议案。是日早,帝衮冕升殿,如常仪。文武官朝服四拜。礼部官奏进尊谥议。序班二员引班首升丹陛,捧谥议官以谥议文授班首,由中门入,至殿中。赞进尊谥议。驾兴,诣谥议文案。班首进置于案,跪,百官皆跪。帝览毕,复坐。班首与百官俯伏,兴,复位,再行四拜。礼毕,帝亲举谥议,付翰林院臣撰册文。

六月,以上尊谥,先期斋戒,遣官祭告天地、宗庙、社稷。鸿胪寺设香案于奉天殿。是日早,内侍以册宝置于案。太常寺于太庙门外丹陛上,皇考、皇妣神御前各设册宝案。鸿胪寺设册宝舆于奉天门外,卤簿、乐悬如常仪。百官祭服诣太庙门外立俟,执事官并宣册宝官先从太庙右门入,序立殿右。帝衮冕御华盖殿。捧册宝官四员祭服,于奉天殿东西序立。鸿胪寺奏请行礼。帝出奉天殿册宝案前,捧册宝官各捧前行。置彩舆内,卤簿大乐前导。帝乘舆,随彩舆行。至午门外降舆,升辂,至太庙门。百官跪俟彩舆过,兴。帝降辂,随彩舆至太庙中门外。捧册宝官各捧前行,帝随行,至丹陛上。捧册宝置于案，典仪传唱如常。内赞奏就位，典仪奏迎神奏乐。乐止，内赞奏帝四拜，百官同。

典仪奏进册宝，捧册宝官前行，驾由左门入，至庙中，诣皇考神御前。奏跪，搢圭。奏进册，捧册官跪进于帝左，帝受册以授执事官，置于案左。奏出圭，赞宣册，宣册官跪宣于帝左。册文曰："惟永乐元年，岁次癸未，六月丁未朔，越十一日丁巳，孝子嗣皇帝臣某，谨拜手稽首言：臣闻俊德赞尧，重华美舜，禹、汤、文、武，列圣相承，功德并隆，咸膺显号。钦惟皇考皇帝，统天肇运，奋自布衣，戡定祸乱，用夏变夷，以孝治天下。四十余年，民乐永熙。礼乐文章，垂宪万世。德合乾坤，明同日月，功超千古，道冠百王。谨奉册宝，上尊谥曰圣神文武钦明启运俊德成功统天大孝高皇帝，庙号太祖。伏惟神灵陟降，阴骘下民，覆帱无极，与天常存。"宣册讫，奏搢圭。奏进宝，捧宝官以宝跪进于帝左。帝受宝，以授执事官，置于案右。奏出圭。赞宣宝，宣宝官跪宣于帝右，宝文如谥号。宣宝讫，奏俯伏，兴。

帝诣皇妣神御前，进宣册宝如前仪。册文曰："臣闻自古后妃，皆承世绪。妫汭嫔虞，发祥帝室，周姜辅治，肇基邦君。钦惟皇妣孝慈皇后以圣辅圣，同起侧微，弘济艰难，化家为国。克勤克俭，克敬克诚，克孝克慈，以奉神灵之统，理万物之宜。正位中宫十有五年，家邦承式，天下归仁。谨奉册宝，上尊谥曰孝慈昭宪至仁文德承天顺圣高皇后。伏惟圣灵陟降，膺慈显名，日月光华，照临永世。"宝文如谥号。宣宝讫，帝复位。奏四拜，百官同。行祭礼如常仪。翌日，颁诏天下，以上谥礼成，赐陪祀执事官宴，余官人赐钞一锭。

仁宗即位，九月，礼部同诸臣进大行皇帝仁孝皇后谥议。仁宗立受之，览毕，流涕不已，以付翰林院撰谥册。礼部奏上谥仪，前期斋戒遣祭如常，内侍置册宝舆于奉天门。厥明，捧册宝置舆中。帝衰服诣奉天门，内侍举册宝舆，帝随舆后行，降阶，升辂。百官立金水桥南，北向跪。俟舆过，兴。随至思善门外，序立，北向。帝降辂，册宝舆由中门入，至几筵殿丹陛上。帝由左门入，就丹陛上拜位。捧册宝官由殿左门入，至几筵前。导引官奏四拜，皇太孙、亲王、皇孙陪拜丹陛上，百官陪拜思善门外。帝由殿左门入，诣大行皇帝位前，跪进册、进宝。宣册宝官跪宣毕，奏俯伏、兴。帝诣仁孝皇后神位前，礼并同。奏复位四拜，皇太孙以下同。礼毕，行祭礼。是日，改题仁孝皇后神主，诏颁天下。是后，上皇帝及太皇太后、皇太后尊谥，皆仿此。

嘉靖十七年，世宗用丰坊奏，加献皇帝庙号，称宗配帝，乃改奉太宗为成祖。命制二圣神位于南宫，遂诣景神殿，奉册宝。尊文皇帝曰成祖启天弘道高明肇运圣武神功纯仁至孝文皇帝，尊献皇帝曰睿宗知天守道洪德渊仁宽穆纯圣恭俭敬文献皇帝。又上皇天上帝大号。十一月朔，帝诣南郊，恭进册表。礼成，还诣太庙，奉册宝，加上高皇帝尊号曰太祖开天行道肇纪立极大圣至神仁文义武俊德成功高皇帝，加上高皇后尊号曰孝慈贞化哲顺仁徽成天育圣至德高皇后。是日，中宫捧高皇后主，助行亚献礼，文武官命妇陪祀。复择日诣太庙，行改题神主礼。

庙讳　天启元年正月从礼部奏，凡从点水加各字者，俱改为"雒"，从木加交字者，俱改为"较"。惟督学称较字未宜，应改为学政。各王府及文武职官，有犯庙讳御名者，悉改之。

明史卷五二
志第二八

礼六 吉礼六

奉先殿　奉慈殿　献皇帝庙
亲王从飨　功臣配飨　王国宗庙
群臣家庙

　　奉先殿　洪武三年，太祖以太庙时享，未足以展孝思，复建奉先殿于宫门内之东。以太庙象外朝，以奉先殿象内朝。正殿五间，南向，深二丈五尺。前轩五间，深半之。制四代帝后神位、衣冠，定仪物、祝文。每日朝晡，帝及皇太子、诸王二次朝享。皇后率嫔妃日进膳羞。诸节致祭，月朔荐新，其品物视元年所定。惟三月不用鲚鱼，四月减鲥鱼，益以王瓜羕，五月益以茄，九月减柿蟹，十月减木瓜、芦菔，益以山药，十一月减天鹅、鸂鷘，益以獐。皆太常奏闻，送光禄寺供荐。凡遇时新品物，太常供献。又录皇考妣忌日，岁时享祀以为常。成祖迁都北京，建如制。宣德元年奉太宗祔庙毕，复遣郑王瞻埈诣奉先殿，设酒果祭告，奉安神位。天顺七年奉孝恭皇后祔庙毕，帝还行奉安神位礼，略如祔庙仪。弘治十七年，吏部尚书马文升言："南京进鲜船，本为奉先殿设。挽夫至千人，沿途悉索。今扬、徐荒旱，愿仿古凶年杀礼之意，减省以苏民困。"命所司议行之。武宗即位，祧熙祖。奉先殿神位亦迁德祖之西，其衣冠、床幔、仪物贮于神库。

嘉靖十四年定内殿之祭并礼仪。清明、中元、圣诞、冬至、正旦，有祝文，乐如宴乐。两宫寿旦，皇后并妃嫔生日，皆有祭，无祝文、乐。立春、元宵、四月八日、端阳、中秋、重阳、十二月八日，皆有祭，用时食。旧无祝文，今增告词。旧仪，但一室一拜，至中室跪祝毕，又四拜，焚祝帛。今就位四拜，献帛爵，祝毕，后妃助亚献，执事终献，彻馔又四拜。忌祭，旧具服作乐，今更浅色衣，去乐。凡祭方泽、朝日夕月，出告、回参，及册封告祭，朔望行礼，皆在焉。十五年，礼部尚书夏言等奏："悼灵皇后神主，先因祔于所亲，暂祔奉慈殿孝惠太后之侧。兹三后神主既拟迁于陵殿，则悼灵亦宜暂迁奉先殿旁室，享祀祭告，则一体设馔。"从之。隆庆元年，礼部言："旧制，太庙一岁五享，而节序忌辰等祭，则行于奉先殿。今孝洁皇后既祔太庙，则奉先殿亦宜奉安神位。"乃设神座、仪物于第九室，遣官祭告如仪。万历三年，帝欲以孝烈、孝恪二后神位，奉安于奉先殿。礼官谓世宗时，议祔陵祭，不议祔内殿。帝曰："奉先殿见有孝肃、孝穆、孝惠三后神位，俱皇祖所定，宜遵行祔安。"盖当时三后既各祔陵庙，仍并祭于奉先殿，而外廷莫知也。命辅臣张居正等入视。居正等言："奉先殿奉安列圣祖妣，凡推尊为后者，俱得祔享内殿，比之太庙一帝一后者不同，今亦宜奉安祔享。"从之。

先是，册封告祭，以太常寺官执事，仍题请遣官。至万历元年，帝亲行礼，而遣官之请废。二年，太常寺以内殿在禁地，用内官供事便。帝俞其请。凡圣节、中元、冬至、岁暮，嘉靖初俱告祭于奉先殿。十五年罢中元祭。四十五年罢岁暮祭。隆庆元年罢圣节、冬至祭。其方泽、朝日、夕月、出告、回参，嘉靖中行于景神殿。隆庆元年仍行于奉先殿。诸帝后忌辰，嘉靖以前行于奉先殿。十八年改高皇帝、后忌辰于景神殿，文皇帝、后以下于永孝殿。二十四年仍行于奉先殿。凡内殿祭告，自万历二年后，亲祭则祭品告文执事，皆出内监。遣官代祭，则皆出太常。惟品用脯醢者，即亲祭亦皆出太常。万历十四年，礼臣言："近年皇贵妃册封，祭告奉先殿，祝文执事出内庭，而祭品取之太常，事体不一。夫太常专主祀享，而光禄则主膳羞。内庭祭告，盖取象于食时上食之义也。宜遵旧制，凡祭告内殿，无论亲行、遣官，其祭品光禄寺供；惟告文执事人，亲行则办之内庭，遣官则暂用太常寺。"从之。

　　奉慈殿　孝宗即位，追上母妃孝穆太后纪氏谥，祔葬茂陵。以不得祔庙，遂于奉先殿右，别建奉慈殿以祀。一岁五享，荐新忌祭，俱如太庙奉先殿仪。弘治十七年，孝肃周太后崩。先是成化时，预定周太后祔葬、祔祭之议，至是召辅臣议祔庙礼。刘健等言："议诚有之，愿当年所引唐、宋故事，非汉以前制也。"帝以事当师古，乃援孝穆太后别祭奉慈殿为言，而命廷臣议。健退，复疏论其事，以坚帝心。于是英国公张懋、吏部尚书马文升等言："宗庙之礼，乃天下公议，非子孙得以私之。殷、周七庙，父昭子穆，各有配座，一帝一后，礼之正仪。《春秋》书'考仲子之宫'，胡安国《传》云：'孟子入惠公之庙，仲子无祭享之所。'以此见鲁秉周礼，先王之制犹存，祖庙无二配故也。伏睹宪宗敕谕，有曰'朕心终不自安'。窃窥先帝至情，以重违慈意，因勉从并配之议。群臣欲权以济事，亦不得已而为此也。据礼区处，上副先帝在天遗志，端有待于今日。稽之《周礼》，有祀先妣之文，《疏》云'姜嫄也'，诗所谓"閟宫"是已。唐、宋推尊太后，不配食祖庙者，则别立殿以享之，亦得閟宫之义。我朝祖宗迄今已溢九庙，配皆无二。今宜于奉先殿外建一新庙，如《诗》之閟宫，宋之别殿，岁时荐享，仍称太皇太后，则情义两尽。"议上，复召健等至素幄，袖出《奉先殿图》，指西一区曰："此奉慈殿也。"又指东一区曰："此神厨也。欲于此地别建庙，奉迁孝穆神主，并祭于此。"健等皆对曰："最当。"已而钦天监奏，年方有碍，廷议暂奉于奉慈殿正中，徙孝穆居左。

　　及孝宗崩，武宗即位，礼部始进奉安孝肃神主仪。前期致斋三日，告奉先殿及孝宗几筵。是日早，帝具黑翼善冠、浅淡色服、黑犀带，告孝穆神座。礼毕，帝诣神座前，请神主降座。帝捧主立，内执事移神座于殿左间。帝奉安讫,行叩头礼。至午,帝诣清宁宫孝肃几筵,行礼毕,内侍进神主舆于殿前,衣冠舆于丹陛上。帝诣拜位,亲王吉服后随,四拜,兴。帝捧神主由殿中门出,奉安舆内。执事捧衣冠置舆后随。帝率亲王步从。至宝善门外,太皇太后、皇太后率宫妃迎于门内。先诣奉慈殿,序立于殿西。神主舆至奉先殿门外,少驻。帝诣舆前跪,请神主诣奉先殿,俯伏,兴,捧神主由殿左门入,至殿内褥位,跪,置神主。帝行五拜三叩头礼毕,捧神主,仍由左门出,安舆内。至奉慈殿门外,帝捧神主由中门入。奉安于神座讫,行安神礼,三献如常仪。太皇太后以下四拜。礼毕,内侍官设褥位于殿正中之南。帝诣孝穆皇太后神座前,跪请神主谒孝肃太皇太后,跪置于褥位上,俯伏,兴,行五拜三叩头礼。毕,帝捧主兴,仍安于神座讫,行安神礼如前。皇太后以下四拜。

　　嘉靖元年,世宗奉孝惠邵太后祔祀。八年二月,礼部尚书方献夫等言:“悼灵皇后,礼宜祔享太庙,但今九庙之制已备。考唐、宋故事,后于太庙,未有本室,则创别庙。故《曲台礼》有别庙皇后,禘祫于太庙之文。又《礼记·丧服小记》:‘妇祔于祖姑,祖姑有三人,则祔于亲者。’释之者曰:‘亲者谓舅所生母也。’今孝惠太皇太后实皇考献皇帝之生母,则悼灵皇后当祔于侧。”诏可。三月,行祔庙礼。先期祭告诸殿。至期,请悼灵后主诣奉慈殿奉安。内侍捧神主、谥册、衣冠随帝至奉先殿谒见。帝就位,行五拜三叩头礼。次诣崇先殿,次诣奉慈殿,谒三太后,内侍捧主安神座,皇妃以下四拜。

　　十五年,帝以三太后别祀奉慈殿,不若奉于陵殿为宜。廷臣议:“古天子宗庙,惟一帝一后,所生母,荐于寝,身殁而已。孝宗奉慈殿之祭,盖子祀生母,以尽终身之孝焉耳。然《礼》‘妾母不世祭’,《疏》曰:‘不世祭者,谓子祭之,于孙则止。’明继祖重,故不复顾其私祖母也。今陛下于孝肃,曾孙也;孝穆,孙属也;孝惠,孙也。礼不世祭,议当祧。考宋熙宁罢奉慈庙故事,与今同。宜迁主陵庙,岁时祔享如故。”报可。奉慈殿遂罢。世宗孝烈后,隆庆时,祀弘孝殿,万历三年迁祔奉先殿。穆宗母孝恪皇太后,隆庆初,祀神霄殿,又祔孝懿后于其侧。六年,孝懿祔太庙,万历三年,孝恪迁祔奉先殿,二殿俱罢。

献皇帝庙　嘉靖二年四月始命兴献帝家庙享祀,乐用八佾。初,礼官议庙制未决,监生何渊上书,请立世室于太庙东。礼部尚书汪俊等皆谓不可。帝谕奉先殿侧别立一室,以尽孝思。礼官集议言:"奉慈之建,礼臣据姜嫄特庙而言。至为本生父立庙大内,古所未有。惟汉哀为定陶共王建庙京师,不可为法。"詹事石珤等亦言不可。不听。葺奉慈殿后为观德殿以奉之。四年四月,渊已授光禄寺署丞,复上书请立世室,崇祀皇考于太庙。礼部尚书席书等议:"天子七庙,周文、武并有功德,故立文、武世室于三昭穆之上。献皇帝追称帝号,未为天子。渊妄为谀词,乞寝其奏。"帝令再议,书等言:"将置主于武宗上,则武宗君也,分不可僭。置武宗下,则献皇叔也,神终未安。"时廷臣于称考称伯,异同相半,至议祔庙,无一人以为可者。学士张璁、桂萼亦皆以为不可,书复密疏争之。帝不听,复令会议。乃准汉宣故事,于皇城内立一祢庙,如文华殿制。笾豆乐舞,一用天子礼。帝亲定其名曰世庙。五年七月,谕工部以观德殿窄隘,欲别建于奉天殿左。尚书赵璜谓不可,不听。乃建于奉先之东,曰崇先殿。十三年,命易承天家庙曰隆庆殿。十五年,以避渠道,迁世庙,更号曰献皇帝庙,遂改旧世庙曰景神殿,寝殿曰永孝殿。

十七年,以丰坊请,称宗以配明堂。礼官不敢违,集议者久之,言:"古者父子异昭穆,兄弟同世数。故殷有四君一世而同庙,宋太祖、太宗同居昭位。今皇考与孝宗当同一庙。"遂奉献皇帝祔太庙。二十二年更新太庙,廷议睿宗、孝宗并居一庙,同为昭。帝责诸臣不竭忠任事,寝其议。已而左庶子江汝璧请迁皇考庙于穆庙首,以当将来世室,与成祖庙并峙。右赞善郭希颜又欲于太祖庙、文世室外,止立四亲庙,而祧孝宗、武宗。以礼臣斥其妄而止。二十四年六月,新太庙成,遂奉睿宗于太庙之左第四,序跻武宗上,而罢特庙之祀。四十四年以旧庙柱产芝,更号曰玉芝宫,定日供时享仪。穆宗初,因礼臣请，乃罢时享及节序、忌辰、有事奉告之祭，但进日供而已。隆庆元年，礼科王治请罢献皇祔庙，而专祀之世庙，章下所司。万历九年，礼科丁汝谦请仍专祭玉芝宫，复奉宣宗帝后冠服于太庙。帝责汝谦妄议，谪外任。天启元年，太常少卿李宗延奏祧庙宜议，言："睿宗入庙，世宗无穷之孝思也，然以皇上视之，则远矣。俟光宗升祔时，或从旧祧，或从新议。盖在孝子固以恩事亲，而在仁人当以义率祖。"章下礼部，卒不能从。

亲王从飨　洪武三年定以皇伯考寿春王、王夫人刘氏为一坛，皇兄南昌王、霍丘王、下蔡王、安丰王、霍丘王夫人翟氏、安丰王夫人赵氏为一坛，皇兄蒙城王、盱眙王、临淮王、临淮王夫人刘氏为一坛，后定夫人皆改称妃，皇侄宝应王、六安王、来安王、都梁王、英山王、山阳王、昭信王为一坛，凡一十九位。春夏于仁祖庙东庑，秋冬及岁除于德祖庙东庑，皇帝行初献礼，时献官诣神位分献。四年，进亲王于殿内东壁。九年，新太庙成，增祀蒙城王妃田氏、盱眙王妃唐氏。正德中，御史徐文华言："族有成人而无后者，祭终兄弟之孙之身。诸王至今五六世矣，宜祧。"礼官议不可。嘉靖间，仍序列东庑。二十四年，新建太庙成，复进列东壁，罢分献。万历十四年，太常卿裴应章言："诸王本从祖祔食。今四祖之庙已祧，而诸王无所于祔，宜罢享，而祔之祧庙。"礼部言："祧以藏毁庙之主，为祖非为孙。礼有祧，不闻有配祧者。请仍遵初制，序列东庑为近礼。"报可。

功臣配飨　洪武二年享太庙，以廖永安、俞通海、张得胜、桑世杰、耿再成、胡大海、赵德胜配。设青布帏六于太庙庭中，遣官分献。俟皇帝亚南将毕，行礼。每岁春秋享庙，则配食于仁祖庙之东庑。三年，定配享功臣常遇春以下凡八位。春夏于仁祖庙西庑，秋冬于德祖庙西庑，设位东向，遂罢帏次之设。更定三献礼，皇帝初献，时献官即分诣行礼，不拜。四年，太祖谓中书省臣："太庙之祭，以功臣配列庑间。今既定太庙合祭礼，朕以祖宗具在，使功臣故旧殁者得少依神灵，以同享祀，不独朝廷宗庙盛典，亦以寓朕不忘功臣之心。"于是礼官议："凡合祭时，为黄布幄殿，中祖考神位，旁设两壁，以享亲王及功臣，令大臣分献。"制可。已而命去布幄。九年，新太庙成，以徐达、常遇春、李文忠、邓愈、汤和、沐英、俞通海、张得胜、胡大海、赵德胜、耿再成、桑世杰十二位配于西庑，罢廖永安。建文时，礼部侍郎宋礼言："功臣自有鸡笼山庙，请罢太庙配享。"帝以先帝所定，不从。且令候太庙享毕，别遣官即其庙祭之。洪熙元年以张玉、朱能、姚广孝配享太庙。遣张辅、朱勇、王通及尚宝少卿姚继各祭其父。

嘉靖九年以廖道南言，罢姚广孝。十年以刑部郎中李瑜议，进刘基位次六王。十六年以武定侯郭勋奏，进其祖英。初二庙功臣，位各以爵，及进基位公侯上，至是复令礼官议合二庙功臣叙爵。于是列英于桑世杰上，张玉、朱能于沐英下，基于世杰下。二十四年进诸配位于新太庙西壁，罢分献。万历十四年，太常卿裴应章言："庙中列后在上，异姓之臣礼当别嫌。且至尊拜俯于下，诸臣之灵亦必不安。"命复改西庑，遣官分献。天启元年，太常少卿李宗延言："前代文臣皆有从祀，我朝不宜独阙。"下礼部议，不行。

王国宗庙　洪武四年，礼部尚书陶凯等议定，王国宫垣内，左宗庙，右社稷。庙制，殿五间，寝殿如之，门三间。永乐八年建秦愍王享堂，命视晋恭王制，加高一尺。因定享堂七间，广十丈九尺五寸，高二丈九尺，深四丈三尺五寸。弘治十三年，宁王宸濠奏庙祀礼乐未有定式，乞颁赐遵守。礼部议："洪武元年，学士宋濂等奏定诸王国祭祀礼乐，用清字，但有曲名，而无曲辞，请各王府稽考。于是靖江王长史具上乐章，且言四孟上旬及除夕五祭所用品物、俎豆、佾舞，礼节悉遵国初定制。"从之。嘉靖八年，秦王充燿言："代懿王当祔庙，而自始封至今，已盈五庙之数，请定祧庙之制。"礼臣言："亲王祧庙，古制未闻，宜推太庙祧祔之礼而降杀之。始封居中，百世不迁，以下四世，亲尽而祧。但诸侯无祧庙，祧主宜祔始祖之室，置椟藏之,每岁暮则出祧主合祭。"诏如议。

群臣家庙　明初未有定制,权仿朱子祠堂之制,奉高、曾、祖、祢四世神主,以四仲之月祭之,加腊月忌日之祭与岁时俗节之荐。其庶人得奉祖父母、父母之祀,已著为令。至时享于寝之礼,略同品官祠堂之制。堂三间,两阶三级,中外为两门。堂设四龛,龛置一桌。高祖居西,以次而东,藏主椟中。两壁立柜,西藏遗书衣物,东藏祭器。旁亲无后者,以其班附。庶人无祠堂,以二代神主置居室中间,无椟。

洪武六年,定公侯以下家庙礼仪。凡公侯品官,别为祠屋三间于所居之东,以祀高、曾、祖、考,并祔位。祠堂未备,奉主于中堂享祭。二品以上,羊一豕一,五品以上,羊一,以下豕一,皆分四体熟荐。不能具牲者,设馔以享。所用器皿,随官品第,称家有无。前二日,主祭者闻于上,免朝参。凡祭,择四仲吉日,或春、秋分,冬、夏至。前期一日,斋沐更衣,宿外舍。质明,主祭者及妇率预祭者诣祠堂。主祭者捧正祔神主椟,置于盘,令子弟捧至祭所。主祭开椟。捧各祖考神主,主妇开椟,捧各祖妣神主,以序奉安。子弟捧祔主,置东西壁。执事者进馔,读祝者一人,就赞礼,以子弟亲族为之。陈设神位讫,各就位,主祭在东,伯叔诸兄立于其前稍东,诸亲立于其后,主妇在西,母及诸母立于其前稍西,妇女立于后。赞拜,皆再拜。主祭者诣香案前跪,三上香,献酒奠酒,执事酌酒于祔位前。读祝者跪读讫。赞拜,主祭者复位,与主妇皆再拜。再献、终献并如之,惟不读祝。每献,执事者亦献于祔位。礼毕,再拜,焚祝并纸钱于中庭,安神主于椟。

成化十一年,祭酒周洪谟言:"臣庶祠堂神主,俱自西而东。古无神道尚右之说,惟我太祖庙制,合先王左昭右穆之义。宜令一品至九品,皆立一庙,以高卑广狭为杀。神主则高祖居左,曾祖居右,祖居次左,考居次右。"帝下礼臣参酌更定。嘉靖十五年,礼部尚书夏言言:"按三代有五庙、三庙、二庙、一庙之制者,以其有诸侯、卿、大夫、上中下之爵也。后世官职既殊，无世封采邑，岂宜过泥于古。至宋儒程颐乃始约之而归于四世。自公卿以及士庶，莫不皆然。谓五服之制，皆至高祖，则祭亦当如之。今定官自三品以上立五庙，以下皆四庙。为五庙者，亦如唐制。五间九架，厦旁隔板为五室，中祔五世祖，旁四室，祔高、曾、祖、祢。为四庙者，三间五架，中一室祔高曾，左右二室祔祖祢。若当祀始祖，则如朱熹所云临祭时，作纸牌，祭讫焚之。其三品以上者，至世数穷尽，则以今之得立庙者为世世奉祀之祖，而不迁焉。四品以下，四世递迁而已。”从之。

明史卷五三
志第二九

礼七　嘉礼一

登极仪　大朝仪　常朝仪
皇太子亲王朝仪　诸王来朝仪
诸司朝觐仪　中宫受朝仪
朝贺东宫仪　大宴仪
上尊号徽号仪

　　二曰嘉礼。行于朝廷者，曰朝会，曰宴飨，曰上尊号、徽号，曰册命，曰经筵，曰表笺。行于辟雍者，曰视学。自天子达于庶人者，曰冠，曰婚。行于天下者，曰巡狩，曰诏赦，曰乡饮酒。举其大者书之。仪之同者，则各附于其类云。

　　登极仪　汉高帝即位汜水之阳，其时绵蕞之礼未备。魏、晋以降，多以受禅改号。元世祖履尊既久，一统后，但举朝贺。明兴，太祖以吴元年十二月将即位，命左相国李善长等具仪。善长率礼官奏。

　　即位日，先告祀天地。礼成，即帝位于南郊。丞相率百官以下及都民耆老，拜贺舞蹈，呼万岁者三。具卤簿导从，诣太庙，上追尊四世册宝，告祀社稷。还，具衮冕，御奉天殿，百官上表贺。

先期，侍仪司设表案于丹墀内道之西北，设丞相以下拜位于内道东西。每等异位，重行北面。捧表、展表、宣表官位于表案西，东向。纠仪御史二人于表案南，东西向。宿卫镇抚二人于东西陛下，护卫百户二十四人于其南，稍后。知班二人，于文武官拜位北，东西向。通赞、赞礼二人于知班北，通赞西，赞礼东。引文武班四人于文武官拜位北，稍后，东西向。引殿前班二人于引文武班南。举表案二人于引文武班北。举殿上表案二人于西陛下，东向。丹陛上设殿前班指挥司官三人，东向。宣徽院官三人，西向。仪鸾司官于殿中门之左右，护卫千户八人于殿东西门，俱东西向。鸣鞭四人于殿前班之南，北向。将军六人于殿门左右，天武将军四人于陛上四隅，俱东西向。殿上，尚宝司设宝案于正中，侍仪司设表案于宝案南。文武侍从两班于殿上东西，文起居注、给事中、殿中侍御史、尚宝卿，武悬刀指挥，东西向。受表官于文侍从班南，西向。内赞二人于受表官之南，卷帘将军二人于帘前，俱东西向。

是日，拱卫司陈卤簿，列甲士于午门外，列旗仗，设五辂于奉天门外。侍仪舍人二，举表案入。鼓初严，百官朝服立午门外。通赞、赞礼、宿卫官、诸侍卫及尚宝卿侍从官入。鼓三严，丞相以下入。皇帝衮冕升御座，大乐鼓吹振作。乐止，将军卷帘，尚宝卿置宝于案。拱卫司鸣鞭，引班导百官入丹墀拜位。初行乐作，至位乐止。知班赞班，赞礼赞拜。乐作，四拜，兴。乐止。捧表以下官由殿西门入。内赞赞进表。捧表官跪捧。受表官搢笏，跪受，置于案。出笏，兴，退立，东向。内赞赞宣表。宣表官前，搢笏，跪，展表官搢笏，同跪。宣讫，展表官出笏，以表复于案，俱退。宣表官俯伏兴。俱出殿西门，复位。赞礼赞拜。乐作，四拜，乐止。搢笏，鞠躬三，舞蹈。拱手加额，呼万岁者三。出笏，俯伏兴。乐作，四拜，贺毕。遂遣官册拜皇后，册立皇太子，以即位诏告天下。

成祖即位仓猝，其议不详。仁宗即位，先期，司设监陈御座于奉天门，钦天监设定时鼓，尚宝司设宝案，教坊司设中和韶乐，设而不作。是日早，遣官告天地宗社，皇帝具孝服告几筵。至时，鸣钟鼓，设卤簿。皇帝衮冕,御奉天门。百官朝服,入午门。鸿胪寺导执事官行礼,请升御座。皇帝由中门出,升座,鸣鞭。百官上表,行礼,颁诏,俱如仪。

宣宗以后,储官嗣立者并同。正德十六年,世宗入承大统。先期告行殿于宣武门外,南向。设帷幄御座,备翼善冠服及卤簿大驾以候。至期,百官郊迎。驾入行殿,行四拜礼。明日,由大明门入。省诏草,改年号,素服诣大行几筵谒告。毕,设香案奉天殿丹陛上。皇帝衮冕,行告天地礼。诣奉先殿、奉慈殿谒告,仍诣大行几筵、慈寿皇太后、庄肃皇后前各行礼,遂御华盖殿。百官朝服入。传旨免贺,五拜三稽首。鸿胪寺官请升殿,帝由午门出御奉天殿。鸣鞭,赞拜,颁诏如制。

大朝仪　汉正会礼,夜漏未尽七刻,钟鸣受贺。公卿以下执贽来庭,二千石以上升殿,称万岁,然后宴飨。晋《咸宁注》,有晨贺昼会之分。唐制,正旦、冬至、五月朔、千秋节,咸受朝贺。宋因之。

明太祖洪武元年九月定正旦朝会仪,与登极略相仿。其后屡诏更定,立为中制。

凡正旦、冬至,先日,尚宝司设御座于奉天殿,及宝案于御座东,香案于丹陛南。教坊司设中和韶乐于殿内东西,北向。翌明,锦衣卫陈卤簿、仪仗于丹陛及丹墀,设明扇于殿内,列车辂于丹墀。鸣鞭四人,左右北向。教坊司陈大乐于丹陛东西,北向。仪礼司设同文、玉帛两案于丹陛东。金吾卫设护卫官于殿内及丹陛,陈甲士于丹墀至午门外,锦衣卫设将军于丹陛至奉天门外,陈旗帜于奉天门外,俱东西列。典牧所陈仗马犀象于文、武楼南,东西向。司晨郎报时位于内道东,近北。纠仪御史二,位于丹墀北,内赞二,位于殿内,外赞二,位于丹墀北,传制、宣表等官位于殿内,俱东西向。鼓初严,百官朝服,班午门外。次严,由左、右掖门入,诣丹墀东西,北向立。三严,执事官诣华盖殿,帝具衮冕升座,钟声止。

仪礼司奏执事官行礼,赞五拜,毕,奏请升殿。驾兴,中和乐作。

尚宝司捧宝前行，导驾官前导，扇开帘卷，宝置于案，乐止。鸣鞭报时，对赞唱排班，班齐。赞礼唱鞠躬，大乐作。赞四拜，兴，乐止。典仪唱进表，乐作。给事中二人，诣同文案前，导引序班举案由东门入，置殿中，乐止。内赞唱宣表目。宣表目官跪，宣讫，俯伏，兴。唱宣表，展表官取表，宣表官至帘前，外赞唱，众官皆跪。宣表讫，内外皆唱，俯伏，兴。序班举表案于殿东，外赞唱众官皆跪。代致词官跪丹陛中，致词云："具官臣某，兹遇正旦，三阳开泰，万物咸新。"冬至则云："律应黄钟，日当长至。""恭惟皇帝陛下，膺乾纳祜，奉天永昌。"贺毕，外赞唱，众官皆俯伏，兴。乐作，四拜，兴。乐止。传制官跪奏传制，由东门出，至丹陛，东向立，称有制。赞礼唱，跪，宣制。正旦则云："履端之庆，与卿等同之。"冬至则云："履长之庆，与卿等同之。"万寿圣节则致词曰："具官臣某，钦遇皇帝陛下圣诞之辰，谨率文武官僚敬祝万岁寿。"不传制。赞礼唱俯伏，兴，乐止。赞搢笏，鞠躬三，舞蹈。赞跪唱山呼，百官拱手加额曰"万岁"；唱山呼，曰"万岁"；唱再山呼，曰"万万岁"。凡呼万岁，乐工军校齐声应之。赞出笏，俯伏，兴，乐作。赞四拜，兴，乐止。仪礼司奏礼毕，中和乐作。鸣鞭，驾兴。尚宝官捧宝，导驾官前导，至华盖殿，乐止。百官以次出。

洪武三十年更定同文、玉帛案俱进安殿中，宣表讫，举置于宝案之南。嘉靖十六年更定蕃国贡方物案入于丹陛中道左右，设定时鼓于文楼上，大乐陈奉天门之内东西，北向。他仪亦略有增损。

立春日进春，都城府县举春案由东阶升，跪置于丹陛中道，俯伏，兴。赞拜，乐作。四拜，兴，乐止。文武官北向立，致词官诣中道之东，跪奏云："新春吉辰，礼当庆贺。"赞拜，乐作。五拜三叩头，兴，乐止。仪礼司奏礼毕。正统十一年，正旦立春，礼部议顺天府官进春后，百官即诣班行贺正旦礼。旧制，冬至日行贺礼。嘉靖九年分祀二郊，以冬至大报，是日行庆成礼。次日，帝诣内殿，行节祭礼。又诣母后前行贺礼讫，始御奉天殿受贺。

常朝仪　古礼，天子有外朝、内朝、燕朝。汉宣帝五日一朝。唐制,天子日御紫宸殿见群臣曰常参,朔望御宣政殿见群臣曰入阁。宋则侍从官日朝垂拱谓之常参,百司五日一朝紫宸为六参,在京朝官朔望朝紫宸为朔参、望参。

明洪武三年定制,朔、望日,帝皮弁服御奉天殿,百官朝服于丹墀东西,再拜。班首诣前,同百官鞠躬,称"圣躬万福"。复位,皆再拜,分班对立。省府台部官有奏,由西阶升殿。奏毕降阶,百官出。十七年罢朔望起居礼。后更定,朔望御奉天殿,常朝官序立丹墀,东西向,谢恩见辞官序立奉天门外,北向。升座作乐。常朝官一拜三叩头,乐止,复班。谢恩见辞官于奉天门外,五拜三叩头毕,驾兴。

又凡早朝,御华盖殿,文武官于鹿顶外东西立,鸣鞭,以次行礼讫。四品以上官入侍殿内,五品以下仍前北向立。有事奏者出班,奏毕,鸣鞭,以次出。如御奉天殿,先于华盖殿行礼。奏事毕,五品以下诣丹墀,北向立,五品以上及翰林院、给事中、御史于中左、中右门候鸣鞭,诣殿内序立,朝退出。凡百官于御前侍坐,有官奏事,必起立,奏毕复坐。从皇帝行丹墀,常北面,不南向,左右周旋不背北。皇帝升奉天门及丹陛,随从官不得径由中道并王道。二十四年定侍班官:东则六部都察院堂上官、十三道掌印御史、通政司、大理寺、太常寺、太仆寺、应天府、翰林院、春坊、光禄寺、钦天监、尚宝司、太医院、五军断事及京县官,西则五军都督、锦衣卫指挥、各卫掌印指挥、给事中、中书舍人。又令礼部置百官朝牌,大书品级,列丹墀左右木栅上,依序立。二十六年令凡入殿必履韈。

永乐初,令内阁官侍朝立金台东,锦衣卫在西,后移御道,东西对立。四年,谕六部及近侍官曰:"早朝多四方所奏事。午后事简,君臣之间得从容陈论。自今有事当商榷者,皆于晚朝。"七年,谕行在礼部曰:"北京冬气严凝,群臣早朝奏事,立久不胜。今后朝毕,于右顺门内便殿奏事。"

景泰初,定午朝仪。凡午朝,御左顺门,设宝案。执事奏事官候于左掖门外。驾出,以次入。内阁、五府、六部奏事官,六科侍班官,案西序立;侍班御史二,序班二,将军四,案南,面北立;鸣赞一,案东,西向立;锦衣卫、鸿胪寺东向立;管将军官、侍卫官立于将军西。府部奏事毕,撤案,各官退。有密事,赴御前奏。

嘉靖九年令常朝官礼毕,内阁官由东陛、锦衣卫官由西陛升,立于宝座东西。有钦差官及外国人领敕,坊局官一人奉敕立内阁后,稍上,候领敕官辞,奉敕官承旨由左陛下,循御道授之。隆庆六年诏以三、六、九日视朝。万历三年令常朝日记注起居官四人,列于东班给事中上,稍前,以便观听。午朝,列于御座西,稍南。

凡入朝次第,洪武二十四年,令朝参将军先入,近侍次之,公、侯、驸马、伯又次之,五府、六部又次之,应天府及在京杂职官员又次之。成化十四年令进士照办事衙门次第,立见任官后。

皇太子亲王朝仪　前史多不载。明洪武元年九月定制,凡正旦等大朝,皇帝御奉天殿,先设皇太子、亲王次于文楼,设拜位并拜褥于丹陛上正中。皇帝升座,殿前执事班起居讫。引进引皇太子及亲王由奉天东门入,百官齐入。乐作,皇太子、亲王升自东阶,至丹陛拜位,乐止。赞四拜,乐作,兴,乐止。引进导由殿东门入,乐作。内赞引至御座前位,乐止。唱跪,皇太子跪称贺云,“长子某,兹遇履端之节”,冬至则云“履长”,“谨率诸弟某等,钦诣父皇陛下称贺”。传制如前,赞俯伏,兴。皇太子、诸王由东门出,乐作。引进引复丹陛位,乐止。赞四拜,乐作,兴,乐止。降自东阶,乐作。至文楼,乐止。百官随入贺。其朝皇后,则于坤宁宫,略如朝皇帝仪。

二十六年,改定朝贺于乾清宫。其日,皇帝、皇后升座,侍从导引如仪,引礼引皇太子及妃、亲王及妃诣上位前,赞礼赞四拜,兴。赞礼引皇太子诣前,赞跪,引礼赞太子妃、诸王及妃皆跪。皇太子致词,同前,不传制。赞礼赞皇太子俯伏,兴,引礼赞诸王俯伏,兴,太子妃、诸王妃皆兴。赞礼引皇太子复位。赞拜,皇太子以下皆四拜。礼毕,引礼引至皇后前,其前后赞拜,皆如朝皇帝仪。致词称“母后殿下”。礼毕,出。七年更定,不致贺辞,止行八拜礼。朝贺皇太后礼,皆同。

诸王来朝仪　古者，六年五服一朝。汉法有四见仪。魏制，藩王不得入觐。晋泰始中，令王公以下入朝者，四方各为二番。唐以后，亲藩多不就国。明代仿古封建，亲王之藩不常入朝，朝则赐赉甚厚。

明初，凡来朝，先期陈御座于奉天殿，如常仪。诸王次于奉天门外东耳房。鼓三严，百官入就侍立位。引礼导王具衮冕，由东门入，升东陛，就位。王府从官就丹墀位。赞拜，乐作，王与从官皆四拜。兴，乐止。王从殿东门入，乐作。内赞导至御前，乐止。王跪，王府官皆跪。王致辞曰："第几子某王某，兹遇某时入觐，钦诣父皇陛下朝拜。"赞俯伏，兴。王由东门出。乐作，复拜位，乐止。赞拜，王兴。从官皆四拜，兴。乐作，驾兴。王及各官以次出。

洪武二十六年定，凡诸王大朝，行八拜礼。常朝，一拜。凡伯、叔、兄见天子，在朝行君臣礼，便殿行家人礼。伯、叔、兄西向坐，受天子四拜。天子居中南面坐，以尚亲亲之义，存君臣之礼。凡外戚朝见，皇后父母见帝行君臣礼，后见父母行家人礼。皇太子见皇后父母，皇后父母西向立，皇太子东向行四拜礼，皇后父母立受两拜，答两拜。

诸司朝觐仪　明制，天下官三年一入朝。自十二月十六日始，鸿胪寺以次引见。二十五日后，每日方面官随常朝官入奉天门行礼，府州县官及诸司首领官吏、土官吏俱午门外行礼。正旦大朝以后，方面官于奉天殿前序立，知府以下，奉天门金水桥南序立，如常朝仪。天顺三年令凡方面官入朝，递降京官一等。万历五年令凡朝觐，南京府尹、行太仆寺苑马寺卿、布按二司，俱于十二月十六日朝见，外班行礼。由右掖门至御前，鸿胪寺官以次引见。其盐运司及知府以下官吏，浙江、江西十七日，山东、山西十八日，河南、陕西十九日，湖广、南直隶二十日，福建、四川二十一日，广东、广西二十二日，云南、贵州二十三日，北直隶二十四日，各外班行礼，至御前引见。免朝则止，仍候御朝日引见。正旦朝贺，俱入殿前行礼。凡朝觐官见辞谢恩，具公服，正旦具朝服，不著朱履。常朝俱锦绣。

中宫受朝仪　　惟唐《开元礼》有朝皇太后及皇后受群臣贺、皇后会外命妇诸仪。明制无皇后受群臣贺仪，而皇妃以下，正旦、冬至朝贺仪，则自洪武元年九月诏定。

凡中宫朝贺，内使监设皇后宝座于坤宁宫。丹陛仪仗，内使执之。殿上仪仗，女使执之。陈女乐于宫门外。设皇贵妃幄次于宫门外之西，近北；设公主幄次于宫门外之东，稍南；设外命妇幄次于门外之南，东西向。皇后服袆衣出阁，仗动，乐作。升座，乐止。司宾导外命妇由东门入内道，东西班侍立，讫。导皇贵妃、众妃由东门入，至陛上拜位。赞拜，乐作，四拜，兴，乐止。导由殿东门入，乐作。内赞接引至殿上拜位，乐止。赞跪，妃皆跪。皇贵妃致词曰，“妾某氏等，遇兹履端之节”，冬至则云“履长”，“恭诣皇后殿下称贺。”致词毕，皆俯伏，兴，乐作。复位，乐止。赞拜，乐作，四拜，兴，乐止。降自东阶出。司宾导公主由东门入，至陛下拜位，以次立，行礼如皇妃仪。司宾导外命妇入殿前中道拜位，赞拜如仪。班首由西陛升，入殿西门，乐作。内赞接引至殿上拜位，班首及诸命妇皆跪。班首致词曰：“某国夫人妾某氏为称贺。”贺毕，出复位。司言跪承旨，由殿中门出，立露台之东，南向，称有旨。命妇皆跪，司言宣旨曰：“履端之庆，与夫人等共之。”赞兴。司言奏宣旨毕。皇后兴，乐作。入内阁门，乐止。诸命妇出。太皇太后、皇太后朝贺仪同。

洪武二十六年重定中宫朝贺仪。先日，女官设御座香案。至日，内官设仪仗、陈女乐于丹陛东西，北向，设笺案于殿东门。命妇至宫门，司宾引入就拜位，女官具服侍班。尚宫、尚仪等官诣内奉迎，皇后具服出，作乐，赞拜如前仪。女官举笺案由殿东门入，乐作。至殿中，乐止。赞跪，命妇皆跪。赞宣笺目，女官宣讫，赞殿笺，宣笺女官诣案前，展宣讫，举案于殿东。命妇皆兴，司宾引班首由东阶升入殿东门，乐作。内赞引至殿中，乐止。赞跪，班首及诸命妇皆跪。班首致词讫，皆兴，由西门出。赞拜及司言宣旨，皆如仪，礼毕。千秋节致词云：“兹遇千秋令节，敬诣皇后殿下称贺。”不传旨。凡朔望命妇朝参，是日设御座于宫中，陈仪仗女乐。皇后升座，引礼女官引命妇入班，文东武西，各以夫品。赞拜，乐作，四拜。礼毕，出。阴雨、大寒暑则免。后命妇朝贺，俱于仁智殿。朝东宫妃，仪如朝中宫，不传令。

朝贺东宫仪　汉以前无闻。隋文帝时，冬至百官朝太子，张乐受贺。唐制，宫臣参贺皇太子，皆舞蹈。开元始罢其礼。故事，百官诣皇太子止称名，惟宫臣称臣。明洪武十四年，给事中郑相同请如古制，诏下群臣议。编修吴沈等议曰：“东宫，国之大本，所以继圣体而承天位也。臣子尊敬之礼，不得有二。请凡启事东宫者，称臣如故。”从之。

凡朝东宫，前期，典玺官设皇太子座于文华殿，锦衣卫设仪仗于殿外，教坊司陈大乐于文华门内东西，北向，府军卫列甲士旗帜于门外，锦衣卫设将军十二人于殿中门外及文华门外，东西向，仪礼司官设笺案于殿东门外，设百官拜位于殿下东西，设传令宣笺等官位于殿内东西。是日，百官诣文华门外。导引官启外备，皇太子具冕服出，乐作。升座，乐止。百官入，赞拜，乐作。四拜兴，乐止。丞相升自西阶，至殿内拜位，俱跪。丞相致词曰：“某等兹遇三阳开泰，万物维新。敬惟皇太子殿下，茂膺景福。”毕，俯伏，兴，复位。舍人举笺案入殿中，其捧笺、展笺、宣笺、传令，略与皇后同。令曰：“履兹三阳，愿同嘉庆。”余俱如仪。冬至致词，则易“律应黄钟，日当长至”。传令则易“履长之节”。千秋节致词则云：“兹遇皇太子殿下寿诞之辰，谨率文武群官，敬祝千岁寿。”不传令。凡朔望，百官朝退，诣文华殿门外，东西立。皇太子升殿，乐作。百官行一拜礼。其谢恩见辞官亦行礼。

洪武元年十二月，帝以东宫师傅皆勋旧大臣，当待以殊礼，命议三师朝贺东宫仪。礼官议曰：“唐制，群臣朝贺东宫，行四拜礼，皇太子答后二拜。三公朝贺，前后俱答拜。近代答拜之礼不行，而三师之礼不可不重。今拟凡大朝贺，设皇太子座于大本堂，设答拜褥位于堂中，设三师、宾客、谕德拜位于堂前。皇太子常服升座，三师、宾客常服入就位，北向立。皇太子起立，南向。赞四拜，皇太子答后二拜。"六年，诏百官朝见太子，朝服去蔽膝及佩。

二十九年，诏廷臣议亲王见东宫仪。礼官议，诸王来见，设皇太子位于正殿中，设诸王拜位于殿门外及殿内，设王府官拜位于庭中道上之东西，设百官侍立位于庭中，东西向。至日，列甲士，陈仪仗，设乐如常。诸王诣东宫门外幄次，皇太子常服出，乐作。升座，乐止。引礼导诸王入就殿门外位。初行，乐作，就位，乐止。导诣殿东门入，乐作。内赞引至位，北向立，乐止。赞跪，王与王府官皆跪，致词曰："兹遇某节，恭诣皇太子殿下。"致词毕，王与王府官皆俯伏，兴，乐作。复位，乐止。赞拜，乐作，王与王府官皆四拜。兴，乐止。礼毕，王及各官以次出。王至后殿，叙家人礼，东宫及王皆常服，王由文华殿东门入，至后殿。王西向，东宫南向。相见礼毕，叙坐，东宫正中，南面，诸王列于东西。

嘉靖二十八年，礼部奏，故事，皇太子受朝贺，设座文华殿中，今易黄瓦，似应避尊。帝曰："东宫受贺，位当设文华门之左，南向。然侍卫未备，已之。"隆庆二年册皇太子，诏于文华殿门东间，设座受贺。

大宴仪　汉大朝会，群臣上殿称万岁，举觞。百官受赐宴飨，大作乐。唐大飨登歌，或于殿庭设九部伎。宋以春秋仲月及千秋节，大宴群臣，设山楼排场，穷极奢丽。

明制，有大宴、中宴、常宴、小宴。

洪武元年大宴群臣于奉天殿，三品以上升殿，余列于丹墀，遂定正旦、冬至、圣节宴谨身殿礼。二十六年重定大宴礼，陈于奉天殿。永乐元年，以郊祀礼成，大宴。十九年，以北京郊社、宗庙及宫殿成，大宴。宣德、正统间，朝官不与者，给赐节钱。凡立春、元宵、四月八日、端午、重阳、腊八日,永乐间俱于奉天门赐百官宴,用乐。其后皆宴于午门外,不用乐。立春日赐春饼,元宵日团子,四月八日不落荚,嘉靖中,改不落荚为麦饼。端午日凉糕粽,重阳日糕,腊八日面,俱设午门外,以官品序坐。宣德五年冬,久未雪,十二月大雪。帝示群臣《喜雪》诗,复赐赏雪宴。群臣进和章,帝择其寓警戒者录之,而为之序。皇太后圣诞,正统四年赐宴午门。东宫千秋节,永乐间,赐府部堂上、春坊、科道、近侍锦衣卫及天下进笺官,宴于文华殿。宣德以后,俱宴午门外。凡祀圜丘、方泽、祈谷、朝日夕月、耕耤、经筵日讲、东宫讲读,皆赐饭。亲蚕,赐内外命妇饭。纂修校勘书籍,开馆暨书成,皆赐宴。阁臣九年考满,赐宴于礼部,九卿侍宴。新进士赐宴曰恩荣。

凡大飨,尚宝司设御座于奉天殿,锦衣卫设黄麾于殿外之东西,金吾等卫设护卫官二十四人于殿东西。教坊司设九奏乐歌于殿内,设大乐于殿外,立三舞杂队于殿下。光禄寺设酒亭于御座下西,膳亭于御座下东,珍羞醯醢亭于酒膳亭之东西。设御筵于御座东西,设皇太子座于御座东,西向,诸王以次南,东西相向。群臣四品以上位于殿内,五品以下位于东西庑,司壶、尚酒、尚食各供事。

至期,仪礼司请升座。驾兴,大乐作。升座,乐止。鸣鞭,皇太子亲王上殿。文武官四品以上由东西门入,立殿中,五品以下立丹墀,赞拜如仪。光禄寺进御筵,大乐作。至御前,乐止。内官进花。光禄寺开爵注酒,诣御前,进第一爵。教坊司奏《炎精之曲》。乐作,内外官皆跪,孝坊司跪奏进酒。饮毕,乐止。众官俯伏,兴,赞拜如仪。各就位坐,序班诣群臣散花。第二爵奏《皇风之曲》。乐作,光禄寺酌酒御前,序班酌群臣酒。皇帝举酒,群臣亦举酒,乐止。进汤,鼓吹响节前导,至殿外,鼓吹止。殿上乐作,群臣起立,光禄寺官进汤,群臣复坐。序班供群臣汤。皇帝举箸,群臣亦举箸,赞馔成,乐止。武舞入,奏《平定天下之舞》。第三爵奏《眷皇明之曲》。乐作,进酒如初。乐止,奏《抚安四夷之舞》。第四爵奏《天道传之曲》,进酒、进汤如初,奏《车书会同之舞》。第五爵奏《振皇纲之曲》,进酒如初,奏《百戏承应舞》。第六爵奏《金陵之曲》,进酒、进汤如初,奏《八蛮献宝舞》。第七爵奏《长杨之曲》,进酒如初,奏《采莲队子舞》。第八爵奏《芳醴之曲》,进酒、进汤如初,奏《鱼跃于渊舞》。第九爵奏《驾六龙之曲》,进酒如初。光禄寺收御爵,序班收群臣盏。进汤,进大膳,大乐作,群臣起立。进讫复坐,序班供群臣饭食。讫,赞膳成,乐止。撤膳,奏《百花队舞》。赞撤案,光禄寺撤御案,序班撤群臣案。赞宴成,群臣皆出席,北向立。赞拜如仪,群臣分东西立。仪礼司奏礼毕,驾兴,乐止,以次出。其中宴礼如前,但进七爵。常宴如中宴,但一拜三叩头,进酒或三或五而止。

凡宴命妇,坤宁宫设仪仗、女乐。皇后常服升座,皇妃、皇太子妃、王妃、公主亦常服随出阁,入就位。大小命妇各立于座位后。丞相夫人率诸命妇举御食案。丞相夫人捧寿花,二品外命妇各举食案,于皇妃、皇太子妃、王妃、公主前。大小命妇各就座位,奉御执事人分进寿花于殿内及东西庑。酒七行,上食五次,酌酒、进汤、乐作止,并如仪

上尊号徽号仪　子无爵父之道。汉高帝感家令之言,而尊太公,荀悦非之。晋哀帝欲尊崇皇太妃,江彪以为宜告显宗之庙,明事不在己。宋、元志俱载皇太后上尊号仪,而不行告庙,非礼也。明制,天子登极,奉母后或母妃为皇太后,则上尊号。其后或以庆典推崇皇太后,则加二字或四字为徽号。世宗时,上两宫皇太后,增至八字。上徽号致词,而上尊号则止进宝册。

上尊号,自宣宗登极尊皇太后始。先期遣官祭告天地宗社,帝亲告太宗皇帝、大行皇帝几筵。是日,鸣钟鼓,百官朝服。奉天门设册宝彩舆香亭。中和韶乐及大乐,设而不作。内官设皇太后宝座,陈仪仗于宫中。设册宝案于宝座前,设皇帝拜位于丹陛正中,亲王拜位于丹墀内。女乐设而不作。皇帝冕服御奉天门。奉册宝官以册宝置舆中,内侍举舆,皇帝随舆降阶升辂。百官于金水桥南,北向立,舆至皆跪,过兴。随至思善门外桥南,北向立。皇帝至思善门内

降辂。皇太后升座。舆至丹陛。皇帝由左门入,至陛右,北向立。亲王冕服各就位。奏四拜,皇帝及王以下皆四拜。奉册宝官以册宝由殿中门入,立于左。皇帝由殿左门入,至拜位跪,亲王百官皆跪。奏搢圭,奏进册。奉册官以册跪进,皇帝受册献讫。执事官跪受,置案左。奏进宝,奉宝官以宝跪进。皇帝受宝,献讫,执事官跪受,置案右。奏出圭,奏宣册,执事官跪宣读。皇帝俯伏,兴,由左门出,至拜位。奏四拜,传唱百官同四拜。礼毕,驾兴。

是日,皇帝奉皇太后谒奉先殿及几筵,行谒谢礼。礼毕,皇太后还宫,服燕居冠服,升座。皇帝率皇后、皇妃、亲王、公主及六尚等女官,行庆贺礼。翌日,外命妇四品以上,行进表笺礼。

宣德以后,仪同。正统初,尊太皇太后仪同。天顺八年二月,增命妇致词云:“某夫人妾某氏等,恭惟皇太后陛下尊居慈极,永膺福寿。”弘治十八年上两宫尊号,改皇太后致词云:“尊居慈闱,茂隆福寿。”

嘉靖元年二月上尊号,以四宫行礼过劳,分为二日。又以武宗服制未满,庄肃皇后免朝贺,命妇贺三宫,亦分日。

上徽号,自天顺二年正月奉皇太后始。致词云:“嗣皇帝臣,伏惟皇太后陛下,功德兼隆,显崇徽号,永膺福寿,率土同欢。”命妇进表庆贺致词云:“某夫人妾某氏等,恭惟皇太后陛下德同坤厚,允协徽称,寿福无疆,舆情欢戴。”余如常仪。后上徽号及加上徽号,仿此。成化二十三年,礼部具仪上,未及皇太子妃礼,特命增之。

明史卷五四
志第三〇

礼八　嘉礼二

册皇后仪　册妃嫔仪附
册皇太子及皇太子妃仪
册亲王及王妃仪　册公主仪附
皇帝加元服仪　皇太子皇子冠礼
品官冠礼　庶人冠礼

册皇后仪　古者立后无册命礼。至汉灵帝立宋美人为皇后，始御殿，命太尉持节，奉玺绶，读册。皇后北面称臣妾，跪受。其后沿为定制，而仪文代各不同。明仪注大抵参唐、宋之制而用之。

太祖初，定制：凡册皇后，前期三日斋戒，遣官祭告天地、宗庙。前一日，侍仪司设册宝案于奉天殿御座前，设奉节官位于册案之东，掌节者位于其左，稍退，设承制官位于其南，俱西向。设正副使受制位于横街之南，北向。设承制宣制官位于其北，设奉节奉册奉宝官位于其东北，俱西向。设正副使受册宝褥位于受制位之北，北向。典仪二人位丹陛上南，赞礼二人位正副使北，知班二人位赞礼之南，俱东西相向。百官及侍从位，如朝仪。

是日早，列卤簿，陈甲士，设乐如仪。内官设皇后受册位及册节宝案于宫中，设香案于殿上，设权置册宝案于香案前，设女乐于丹陛。质明,正副使及百官入。鼓三严,皇帝衮冕御奉天殿。礼部官奉册宝,各置于案。诸执事官各入,就殿上位立。乐作,四拜。兴,乐止。承制官奏发皇后册宝,承制讫,由中门出,降自中陛,至宣制位,曰"有制"。正、副使跪,承制官宣制曰:"册妃某氏为皇后,命卿等持节展礼。"宣毕,由殿西门入。正、副使俯伏,兴。执事者举册宝案,由中门出,降自中陛。奉节官率掌节者前导,至正、副使褥位,以案置于北。掌节者脱节衣,以节授奉节官。奉节官以授正使,正使以授掌节者,掌节者跪受。兴,立于正使之左。奉节官退。引礼引正使诣受册位,奉册官以册授正使,正使跪受,置于案。退,复位。副使受宝亦如之。乐作,正、副使四拜。兴,乐止。正使随册,副使随宝,掌节者前导,举案者次之,乐作。出奉天门,乐止。侍仪奏礼毕,驾兴,百官出。

掌节者加节衣,奉册宝官皆搢笏,取册宝置龙亭内,仪仗大乐前导,至中宫门外,乐作。皇后具九龙四凤冠,服袆衣,出阁,至殿上,南向立。乐止,正、副使奉册宝权置于门外所设案上。引礼引正、副使及内使监令俱就位。正使诣内使监令前,称册礼使臣某,副使臣某,奉制授皇后册宝。内使监令入告皇后,出,复位。引礼引内外命妇入就位。正使奉册授内使监令,内使监令跪受,以授内官。副使授宝亦如之。各复位。内使监令率奉册奉宝内官入,各置于案。尚仪引皇后降陛,诣庭中位立。内官奉册宝立于皇后之东西。内使监令称"有制",尚仪奏拜。皇后拜,乐作。四拜,兴,乐止。宣制讫,奉册内官以册授读册内官读讫,以授内使监令。内使监令跪以授皇后,皇后跪受,以授司言。奉宝如前仪。受讫,以授司宝。尚仪奏拜,皇后拜如前。内使监令出,诣正、副使前,称"皇后受册礼毕"。使者退诣奉天殿横街南,北面西上立,给事中立于正、副使东北,西向。正副使再拜复命曰:"奉制册命皇后礼毕。"又再拜。给事中奏闻,乃退。

皇后既受册宝,升座。引礼引内命妇班首一人,诣殿中贺位跪,致词曰:"兹遇皇后殿下,膺受册宝,正位中宫。妾等不胜欢庆,谨奉贺。"赞拜,乐作,再拜,兴,乐止。退,复位。又引外命妇班首一人,入就殿上贺位,如内命妇仪。礼毕俱出。皇后降座,乐作。还阁,乐止。

次日,百官上表笺称贺。皇帝御殿受贺,如常仪。遂卜日,行谒庙礼。先遣官用牲牢行事,告以皇后将祗见之意。前期,皇后斋三日,内外命妇及执事内官斋一日。设皇后拜位于庙门外及庙中,设内命妇陪祀位于庙庭南,外命妇陪祀位于内命妇之南。司赞位皇后拜位之东西,司宾位内命妇之北,司香位香案右。陈盥洗于阶东,司盥洗官位其所。至日,内外命妇各翟衣集中官内门外。皇后具九龙四凤冠,服袆衣。出内宫门,升舆,至外门外降舆,升重翟车。鼓吹设而不作。尚仪陈仪卫,次外命妇,次内命妇,皆乘车前导。内使监扈从,宿卫陈兵仗前后导从。皇后至庙门,司宾引命妇先入。皇后降车,司赞导自左门入,就位,北向立。命妇各就位,北向立。司赞奏拜,司宾赞拜,皇后及命妇皆再拜,兴。司赞请诣盥洗位,盥手帨手,由东阶升,至神位前。司赞奏上香者三,司香捧香于右,皇后三上讫,导复位,赞拜如前。司赞奏礼毕,皇后出自庙之左门,命妇以次出。皇后升车,命妇前导,如来仪。过庙,鼓吹振作,皇后入宫。是日,皇帝宴群臣于谨身殿,皇后宴内外命妇于中宫,皆如正旦宴会仪。

及成祖即位,册皇后徐氏,其制小异。皇帝皮弁服御华盖殿,翰林院官以诏书用宝讫,然后御奉天殿,传制皇后受册。礼毕,翰林官以诏书授礼部官,礼部官奉诏书于承天门开读。皇帝还宫,率皇后具服诣奉先殿谒告毕。皇后具服于内殿,俟皇帝升座。赞引女官导诣拜位,行谢恩礼,乐作。八拜,兴,乐止。礼毕。次日,皇帝、皇后受贺宴会,如前仪。天顺八年,增定亲王于皇帝前庆贺,次诣皇太后庆贺,次诣皇后前八拜仪。嘉靖十三年册皇后方氏,礼臣具仪注,有谒告内殿仪,无谒告太庙、世庙之礼,帝命议增。于是礼臣以仪上。先期斋三日,所司陈设如时祫仪。至日,皇帝御辂,皇后、妃御翟车,同诣太庙。命官奉七庙主升神座讫。皇帝奉高皇帝主,皇后奉高皇后主,出升神座。迎神、上香、奠帛、祼献,乐作止,皆如仪。次诣世庙行礼,同上仪。隆庆元年增定,颁诏次日,命妇行见皇后礼。

册妃之仪。自洪武三年册孙氏为贵妃,定皇帝不御殿,承制官宣制曰:"妃某氏,特封某妃,命卿等持节行礼。"但授册,无宝,余并如中宫仪。永乐七年定册妃礼。皇帝皮弁服御华盖殿,传制。至宣宗立孙贵妃,始授宝,宪宗封万贵妃,始称皇,非洪武之旧矣。嘉靖十年,帝册九嫔,礼官上仪注。先日,所司陈设仪仗如朔望仪。至期,皇帝具衮冕,告太庙、世庙讫,易皮弁服,御华盖殿。百官公服入行礼。正、副使朝服承制,举节册至九嫔宫。九嫔迎于宫门外,随至拜位。女官宣册,九嫔受册,先后八拜。送节出宫门复命。九嫔随具服候,皇后率诣奉先殿谒告,及诣皇帝、皇后前谢恩,俱如册妃礼。惟圭用次玉,谷文、银册少杀于皇妃五分之一。二十年册德妃张氏。以妃将就室,而帝方静摄,不传制,不谒告内殿,余并如旧。

册皇太子及皇太子妃仪　自汉代始称皇太子,明帝始有临轩、册拜之仪。唐则年长者临轩册授,幼者遣使内册。宋惟用临轩。元惟用内册,不以长幼。

明兴定制,册皇太子,所司陈设如册后仪。设皇太子拜位于丹陛上。中严,皇帝衮冕御谨身殿,皇太子冕服俟于奉天门。外办,皇帝升奉天殿,引礼导皇太子入奉天东门。乐作,由东阶升至丹陛位,乐止。百官各就丹墀位。乐作,皇太子再拜,兴,乐止。承制官由殿中门出,立于门外,曰:"有制。"皇太子跪。宣制曰:"册长子某为皇太子。"皇太子俯伏,兴,乐作,再拜,乐止。引礼导皇太子由殿东门入,乐作。内赞导至御座前,乐止。内赞赞跪,赞宣册。宣毕,赞搢圭,赞授册。皇太子搢圭,跪受册,以授内侍。复赞授宝,如授册仪。赞出圭,皇太子出圭,俯伏,兴,由殿东门出。执事官举节册宝随出。皇太子复位,乐作。四拜兴,乐止。由东阶降,乐作。至奉天门,乐止。仪仗、鼓乐迎册宝至文华殿。持节官持节复命,礼部官奉诏书赴午门开读,百官迎诏至中书省,颁行。侍仪奏礼毕,驾兴,还宫。皇

太子诣内殿,候皇后升座,行朝谢礼,四拜,恭谢曰:"小子某,兹受
册命,谨诣母后殿下恭谢。"复四拜,礼毕。亲王、世子、郡王俟于文
华殿陛上。皇太子升座,亲王以下由东陛升,就拜位四拜。长王恭
贺曰:"小弟某,兹遇长兄皇太子荣膺册宝,不胜欣忭之至,谨率诸
弟诣殿下称贺。"贺毕,皆四拜。皇太子兴,以次出。诸王诣中宫四
拜,长王致词贺毕,皆四拜出。是日,皇太子诣武英殿见诸叔,行家
人礼,四拜,诸叔西向坐受。见诸兄,行家人礼,二拜,诸兄西向立
受。次日,百官进表笺庆贺,内外命妇庆贺中宫,如常仪。乃择日,
太子谒太庙。

　　洪武二十八年,皇太子、亲王俱授金册,不用宝。永乐二年定,
先三日斋戒,遣官祭告天地、宗庙,受册宝毕,先诣太庙谒告,后至
奉天殿谢恩,乃入谢中宫。二十二年十月册东宫,以梓宫在殡,乐设
而不作。奉先殿行礼毕,仍诣几筵谒告。宣德二年十一月,皇子生,
群臣表请立太子。三年二月行礼,以太子尚幼,乃命正、副使授册宝
于文华门。成化十一年,以册立皇太子礼成,文武官分五等,赐绦缎
有差。嘉靖十八年二月册东宫,帝诣南郊告上帝,诣太庙告皇祖,自
北郊及列圣宗庙以下皆遣官。时太子方二岁,保姆奉之,迎册宝于
文华殿门,诣皇帝前谢恩,皇后、贵妃代太子八拜。诣皇后前,贵妃
代八拜。诣贵妃前,保姆代四拜。余如常仪。

　　其皇太子妃受册,与皇太子同日传制。节册将至内殿,妃降自
东阶,迎置于案。赞就拜位,赞跪,妃跪。赞宣册,女官跪取册,立宣
毕。赞授册,赞搢圭。女官以册授妃,妃搢圭,受册讫,以授女官。女
官跪受,捧立。赞出圭,兴,四拜。礼毕,内官持节出,妃送至殿外,
正、副使持节复命。是日,妃具礼服诣奉先殿行谒告礼。随诣宫门,
俟皇帝、皇后升座,入谢恩,行八拜礼。又诣各宫皇妃前,行四拜礼。
还宫,诣皇太子前,亦四拜。礼毕,升座,王妃、公主、郡主及外命妇,
于丹墀拜贺如仪。

　　册亲王及王妃仪　汉册亲王于庙。唐临轩册命,礼极详备。宋

有册命之文，皆上表辞免，惟迎官诰还第。元亦降制命之，不行册礼。

明洪武三年定制，册命亲王，先期告宗庙，所司陈设如册东宫仪。

至日，皇帝御奉天殿，皇太子、亲王由奉天东门入。乐作，升自东陛。皇太子由殿东门入，内赞导至御前侍立位。亲王入至丹陛拜位，乐止。赞拜，乐作，再拜。兴，乐止。承制官承制如仪，诸王皆跪，宣制曰："封皇子某为某王，某为某王。"宣毕，诸王俯伏，兴。赞拜，乐作。再拜，兴，乐止。引礼导王由殿东外入，乐作。内赞引至御座前拜位，乐止。王跪。赞授册，捧册官以册授读册官，读讫，以授丞相。丞相授王，王搢圭受，以授内使。授宝如上仪。讫，王出圭，俯伏，兴。引礼导王出，复位。以次引诸王入殿，授册宝如仪。内使以册宝置绿亭讫，赞拜，乐作。诸王皆四拜，兴，乐止。内使举亭前行，亲王由东阶降，乐作。出奉天东门，乐止。礼部尚书请诏书用宝，赴午门开读。礼毕，皇帝还宫，皇太子出。王年幼，则遣官赍册宝授之。丞相承制至王所，东北立，西南向，宣制。最幼者行保抱之礼。

是日，亲王朝谢皇后、太子，与东宫受册朝谢同。亲王各自行贺，幼者诣长者，行四拜礼。百官诣亲王贺，亦行四拜礼。丞相至殿上跪，文武官于庭中。丞相致词曰："某官某等，兹遇亲王殿下荣膺册宝，封建礼成，无任欣忭之至。"贺毕，丞相及百官复四拜。

次日，皇太子冕服于奉天殿朝贺皇帝。太子致词曰："长子某，兹遇诸弟某等受封建国，谨诣父皇陛下称贺。"贺中宫，致词曰："谨诣母后殿下称贺。"百官进表笺贺皇帝及中宫、东宫，如东宫受册仪。内外命妇贺中宫，致词曰："妾某氏等，兹遇亲王受封建国，恭诣皇后殿下称贺。"是日，百官及命妇各赐宴。择日，诸王谒太庙。时秦、晋、燕、楚、吴五王皆长，而齐、潭、赵、鲁四王方幼，故兼具其制。靖江王则以亲王封，故视秦、晋仪。

二十八年定制，亲王嫡长子年十岁，授金册宝，立为王世子。次嫡及庶子皆封郡王。凡王世子必以嫡长，王年三十，正妃未有嫡子，其子止为郡王。待王与正妃年五十无嫡子,始立庶长子为王世子,袭封。朝廷遣人行册命之礼。成化末,封兴、歧、益、衡、雍五王,帝亲告奉先殿,遣使就各王府册之,罢临轩礼。而诸王当袭封者,俱于岁终遣官册封。嘉靖中,改于孟春,著为令。册王妃与册太子妃仪同。

册公主仪。洪武九年七月命使册公主。设册案于乾清宫御座之东南,册用银字镀金。皇帝、皇后升御座,遣使捧册传制如仪。使者至华盖殿,公主拜受,其仪略与册太子妃同。凡皇姑曰大长公主,皇姊妹曰长公主,皇女曰公主,亲王女曰郡主,郡王女曰县主,孙女曰郡君,曾孙女曰县君,玄孙女曰乡君。郡主以下,受诰封,不册命。

皇帝加元服仪　古者冠必于庙,天子四加。魏以后始冠于正殿,又以天子至尊,礼惟一加,历代因之。

明洪武三年定制:先期,太史院卜日,工部制冕服,翰林院撰祝文,礼部具仪注。中书省承制,命某官摄太师,某官摄太尉。既卜日,遣官告天地、宗庙。前一日,内使监令陈御冠席于奉天殿正中,其南设冕服案及香案宝案。侍仪司设太师、太尉起居位于文楼南,西向,设拜位于丹墀内道,设侍立位于殿上御席西,设盥洗位于丹陛西。其百官及诸执事位次如大朝仪。

是日质明,鼓三严,百官入。皇帝服空顶帻、双童髻、双玉导、绛纱袍,御舆以出。侍卫警跸奏乐如仪。皇帝升座。鸣鞭报时讫,通班赞各供事。太师、太尉先入,就拜位,百官皆入。赞拜,乐作。四拜,兴,乐止。引礼导太师先诣盥洗位,搢笏盥帨讫,出笏,由西陛升。内赞接引至御席西,东向立。引礼复导太尉盥帨讫,入立于太师南。

侍仪奏请加元服。太尉诣皇帝前,少右,跪搢笏。脱空顶帻以授内使,置于箱。进栉设纚毕,出笏,兴,退立于西。太师前,北向立。内使监令取冕立于左,太师祝曰:“令月吉日,始加元服。寿考维祺,以介景福。”内使监令捧冕,跪授太师。太师搢笏,跪受冕。加冠、加簪缨讫，出笏，兴，退立于西。御用监令奏请皇帝著衮服，皇帝兴，著衮服。侍仪奏请就御座，内赞赞进醴，乐作。太师诣御前北面立，光禄卿奉酒进授太师，太师搢笏受酒，祝曰："甘醴惟厚，嘉荐令芳。承天之休，寿考不忘。"祝讫，跪授内使。内使跪受酒，捧进。皇帝受，祭少许，啐酒讫，以虚盏授内使，乐止。内使受盏，降，授太师。太师受盏兴，以授光禄卿，光禄卿受盏，退。太师出笏，退，复位。内赞导太师、太尉出殿西门，乐作，降自西阶。引礼导至丹墀拜位，乐止。赞拜，乐作。太师、太尉及文武官皆四拜，兴，乐止。三舞蹈，山呼，俯伏，兴，乐作。复四拜，乐止。

礼毕，皇帝兴，鸣鞭，乐作，入宫，乐止。百官出。皇帝改服通天冠、绛纱袍，拜谒太后，如正旦仪。择日谒太庙，与时祭同。明日，百官公服称贺，赐宴谨身殿。

万历三年正月，帝择日长发，命礼部具仪。大学士张居正等言："礼重冠婚，皇上前在东宫已行冠礼，三加称尊，执爵而酳。钜礼既成，可略其细，不必命部臣拟议。第先期至奉先殿、弘孝殿、神霄殿以长发告。礼毕，诣两宫皇太后，行五拜三叩头礼，随御乾清宫受贺。"帝是之，遂著为令。

皇太子皇子冠礼　《礼》曰："冠于阼，以著代也。醮于客位，三加弥尊，加有成也。已冠而字之，成人之道也。""虽天子之元子，独士也。"其礼历代用之。明皇太子加元服，参用周文王、成王冠礼之年，近则十二，远则十五。嘉靖二十四年，穆宗在东宫，方十岁，欲行冠礼。大学士严嵩、尚书费寀初皆难之。后遂阿旨以为可行，而请稍简烦仪，止取成礼。帝以冠当具礼，至二十八年始行之。

其仪，洪武元年定。前期，太史监卜日，工部置衮冕诸服，翰林院撰祝文。中书省承制，命某官为宾，某官赞。既卜日，遣官告天地宗庙。前一日，陈御座香案于奉天殿，设皇太子次于殿东房，宾赞次于午门外。

质明，执事官设罍洗于东阶，设皇太子冠席于殿上东南，西向，

设醴席于西阶上，南向，张帷幄于东序内，设褥席于帷中，又张帷于
序外。御用监陈服于帷内东，领北上。衮服九章、远游冠、绛纱袍、
折上巾、缂缅犀簪在服南，栉又在南。司尊实醴于侧尊，加勺冪，设
于醴席之南。没坫于尊东，置二爵。进馔者实馔，设于尊北。诸执
事者各立其所。

鼓三严，文武官入。皇帝服通天冠、绛纱袍，升座如常仪。宾赞
就位，乐作。四拜，兴，乐止。侍仪司跪承制，降至东阶，诣宾前，称
有敕。宾赞及在位官皆跪。宣制曰："皇太子冠，命卿等行礼。"皆俯
伏，兴，四拜。文武侍从班俱就殿内位，宾赞执事官诣东阶下位。

东宫官及太常博士诣殿前东房，导皇太子入就冠席，二内侍夹
侍，东宫官后从，乐作，即席西南向，乐止。宾赞以次诣罍洗，乐作。
搢笏，盥帨，出笏，乐止。升自西阶，执事者奉折上巾进，宾降一等受
之。右执项，左执前，进太子席前，北面祝毕，跪冠，乐作。宾兴，席
南北面立。赞冠者进席前，北面跪，正冠，兴，立于宾后。内侍跪进
服，皇太子兴，服讫，乐止。宾揖皇太子复坐。宾赞降，诣罍洗讫，赞
进前跪，脱折上巾，置于箱，兴，以授内侍。执事者奉远游冠进，宾降
二等受之，乐作，进冠如前仪。赞进前，北面跪，簪结纮，内侍跪进
服，乐止。宾揖皇太子复坐。又诣罍洗，赞脱冠，执事者奉衮冕进，
宾降三等受之，乐作。进冠结纮，内侍跪进服，如前仪，乐止。

太常博士导皇太子降自东阶，乐作。由西阶升，即醴席，南向
坐，乐止。宾诣罍洗盥帨讫，赞冠者取爵、盥爵、帨爵，诣司尊所酌
醴，授宾。宾受爵，跪进于皇太子。祝毕，皇太子搢圭，跪受爵，乐作。
饮讫，奠爵，执圭。进馔者奉馔于前，皇太子搢圭，食讫，执圭，兴，乐
止。彻爵与馔。博士导皇太子降自西阶，至殿东房，易朝服，诣丹墀
拜位，北向。东宫官属各复拜位。宾赞诣皇太子位稍东，西向。宾
少进字之辞曰："奉敕字某。"皇太子再拜，跪听宣敕。复再拜，兴，进
御前跪奏曰："臣不敏，敢不祗承。"奏毕，复位。侍立官并降殿复位，
四拜礼毕，皇帝兴。内给事导皇太子入内殿，见皇后，如正旦仪。明
日谒庙，如时享礼。又明日，百官朝服诣奉天殿称贺，退易公服，诣

东宫称贺,锡宴。

成化十四年续定皇太子冠礼。先日,设幕次于文华殿东序,设节案、香案、冠席、醴席、盥洗、司尊所等,具如仪。内侍张帷幄,陈袍服、皮弁服、衮服、圭带、舄、翼善冠、皮弁、九旒冕。

质明,皇帝御奉天殿传制,遣官持节。皇太子迎于文华殿门外,捧入,置于案,退。礼部官导皇太子诣香案前,乐作,四拜,乐止。行初加冠礼。内侍奉翼善冠,宾祝曰:"吉月令辰,乃加元服。懋敬是承,永介景福。"乐作。宾跪进冠,兴,乐止。礼部官启易服,皇太子入幄,易袍服出,启复坐。行再加冠礼。内侍奉皮弁,宾祝曰:"冠礼申举,以成令德。敬慎威仪,惟民之式。"冠毕,入幄,易皮弁服舄出,启复坐。行三加冠礼。内侍奉冕旒,宾祝曰:"章服咸加,饬敬有虔。永固皇图,于千万年。"冠毕,入幄,易衮服出,启复坐。

行醮礼,皇太子诣醴席,乐作。即坐,乐止。光禄寺官举醴案,乐作。赞酌醴授宾,宾执爵诣席前,乐止。宾祝曰:"旨酒孔馨,加荐再芳。受天之福,万世其昌。"宾跪进爵,皇太子搢圭,受爵,置于案。教坊司作乐,奏《喜千春之曲》。次启进酒,皇太子举爵饮讫,奠爵于案,乐止。光禄寺官进馔,乐作。至案,乐止。馔讫,出圭,彻案,宾赞复位。鸣赞赞受敕戒。皇太子降阶,乐作。至拜位,乐止。宣敕戒官诣皇太子前稍东,西向立,曰"有制"。皇太子跪,宣敕戒曰:"孝事君亲,友于兄弟。亲贤受民,居仁由义。毋怠毋骄,茂隆万世。"乐作。四拜兴,乐止。持节官捧节出,乐作。皇太子送节至殿门外,还东序。内侍导还宫,乐止。宾赞等官持节复命,余如旧仪。是日,皇太子诣皇太后、皇帝、皇后前谢,俱行五拜三叩头礼,用乐。明日,皇帝及皇太子受群臣贺,如仪。

皇子冠礼。初加,进网巾,祝词曰:"兹惟吉日,冠以成人。克敦孝友,福禄来骈。"再加,进翼善冠,祝词曰:"冠礼斯举,实由成德。敬慎威仪,维民之则。"三加,进衮冕,祝词曰:"冠至三加,命服用章。敬神事上,永固藩邦。"酌醴祝曰:"旨酒嘉荐,载芬载芳。受兹景福,百世其昌。"敕戒词曰:"孝于君亲,友于兄弟。亲贤爱民,率由礼义。毋溢毋骄，永保富贵。”其陈设执事及传制谒谢，并如皇太子仪。初，皇子冠之明日，百官称贺毕，诣王府行礼。成化二十三年，皇子冠之次日，各诣奉天门东庑序坐，百官常服四拜。

万历二十九年，礼部尚书冯琦言：“旧制皇太子冠，设冠席、醴席于文华殿内。今文华殿为皇上临御遣官之地，则皇太子冠醴席，应移于殿之东序。又亲王冠，旧设席于皇极门之东庑。今皇太子移席于殿东序，则亲王应移席于殿西序。”从之。

永乐九年十一月命皇太子嫡长子为皇太孙，冠于华盖殿，其仪与皇太子同。

品官冠礼　古者男子二十而冠，大夫五十而后爵，故无大夫冠礼。唐制，三加，一品之子以衮冕，逮九品之子以爵弁，皆仿士礼而增益之。

明洪武元年定制，始加缁布冠，再加进贤冠，三加爵弁。其仪，前期择日，主者告于家庙，乃筮宾。前二日，戒宾及赞冠者。明日，设次于大门外之右，南向。至日，夙兴，设洗于阼阶东南，东西当东霤，六品以下当东荣，南北以堂深。罍水在洗东，加勺幂。篚在洗西南。肆实巾一于篚，加幂。设席于东房西牖下，陈服于席东，领北上。莞筵四，加藻席四，在南。侧尊甒醴在服北，加勺幂，设坫在尊北。四品以下，设篚无坫，馔陈于坫北。设洗于东房，近北。罍在洗西，篚在洗东北，肆实以巾。

质明，宾赞至门外，掌次者引之次。宾赞公服，诸行事者各服其服，就位。冠各一笥，人执之，侍于西阶之西，东面北上。设主席于阼阶上，西面；设宾席于西阶，东面；冠者席于主者东北，西面。主者公服立于阼阶下，当东序，西面。诸亲公服立于罍洗东南，西面北上。尊者在别室。侯者公服立于门内道东，北面。冠者双童髻、空顶帻、双玉导、绛襦、锦绅、乌皮履，六品以下，导不以玉，立于房中，南面。主者、赞冠者公服立于房内户东，西面。宾及赞冠者出次，立于门西，东面北上。侯者进受命，出立门东，西面，曰：“敢请事。”宾曰:"某子有嘉礼,命某执事。"傧者入告,主者迎宾于大门外之东,西面,再拜,宾答拜。主者揖赞冠者,赞冠者报揖。又揖宾,宾报揖。主者入,宾赞次入,及内门至阶。主者请升,宾三辞,乃升。主者自阼阶,立于席东,西向;宾自西阶,立于席西,东向。宾赞冠者及庭,盥于洗,升自西阶,入于东房,立于主赞冠者之南,西面。主赞冠者导冠者立于房外之西,南面。宾赞冠者取缅栉簪,跪奠于筵南端,退立于席北,少东,西面。

宾揖冠者,冠者进升席,西向坐。宾赞冠者进筵前,东面跪,脱双童髻,栉毕,设缅,兴,复位立。宾降至疂,洗盥讫,诣西阶。主者立于席后西面,宾立于西阶上,东面。执缁布冠者升,宾降一等受之,右执项,左执前,进冠者筵前,东向立。祝用士礼祝词,祝毕,跪冠。兴,复位。宾赞冠者进筵前,东面跪,结缨,兴,复位。冠者兴,宾揖之适房,宾主皆坐。冠者衣青衣素裳出户西,南面立,宾主俱兴。宾揖冠者,冠者进升席,西向坐。宾赞冠者跪,脱缁布冠,栉毕,设缅。宾进进贤冠,立祝,如初加礼。易"万年"为"永年",易"胡福"为"遐福"。祝毕,跪冠,兴,复位。宾赞冠者跪,脱进贤冠,栉毕,设缅。宾进爵弁,立祝,如再加礼。宾赞冠者,设簪结缨如前。冠者适房,著爵弁之服出。主赞冠者彻缅栉及筵,入于房。

又设筵于室户西,南向。冠者出房户西,南面立。主赞洗觯于房,酌醴出,南面立。宾揖冠者就筵西,南面立。宾受醴,进冠者筵前,北面立。祝毕,冠者拜受觯,宾复西阶上答拜。执馔者进馔于筵,冠者左执觯,右取脯,祭于笾豆间。赞者取肺一以授冠者,奠觯于荐西以祭。冠者坐取觯,祭醴,奠觯,再拜,宾答拜。冠者执觯,兴,宾主俱坐。冠者升筵,跪奠觯于荐东。兴,进,北面跪取脯,降自西阶。入见母,进奠脯于席前。退,再拜出。母不在,则使人受脯于西阶下。

初,冠者入见母,宾主俱兴。宾降,当西序东面立,主者降,当东序西面立。冠者出,立于西阶东,南面。宾少进字之,辞同士礼。冠者再拜,跪曰:"某不敏,夙夜祇承。"宾出,立者送于内门外,西向,请礼从者。宾就次,主者入。

初，宾出，冠者东面见诸亲，诸亲拜之，冠者答拜。冠者西向拜宾赞，宾赞亦答拜。见诸尊于别室，亦如之。宾主既释服，入醴席，一献讫，宾与众宾出次，立于门东，西面。主者出揖宾，宾报揖。主者先入，宾及众宾从之。至阶，宾立于西阶上，主者立于东阶上。众宾立于西阶下。主者授币筐于宾赞，复位，还阼阶上，北面拜送。宾赞降自西阶，主者送宾于大门外，西面，再拜而入。孤子则诸父诸兄戒宾。冠之日，主者纚而迎宾，冠于阼阶下，其仪亦如之。明日见庙，冠者朝服入南门中庭道西，北面再拜出。

庶人冠礼　古冠礼之存者惟士礼，后世皆推而用之。明洪武元年诏定冠礼，下及庶人，纤悉备具。然自品官而降，鲜有能行之者，载之礼官，备故事而已。

凡男子年十五至二十，皆可冠。将冠，筮日，筮宾，戒宾，俱如品官仪。

是日，夙兴，张幄为房于厅事东，皆盛服。设冠于阼阶下东南，陈服于房中西牖下。席二在南，酒在服北次。幞头巾帽，各盛以盘，三人捧之，立于堂下西阶之西，南向东上。主人立于阼阶下，诸亲立于盥东，俟者立于门外以俟宾。冠者双紒袍，勒帛素履待于房。

宾至，主人出迎，揖而入。坐定，冠者出于房，执事者请行事。宾之赞者取栉总篦幞头，置于席南端。宾揖冠者，即席西向坐。赞者为之栉，合紒施总，加幞头。宾降，主亦降，立于阼阶下。宾盥，主人揖让，升自西阶，复位。执事者进巾，宾降一等受之，诣冠者席前，东向。祝词同品官。祝讫，跪著巾。兴，复位。冠者兴，宾揖之入房，易服，深衣大带，出就冠席。宾盥如初。执事者进帽，宾降二等受之。进祝，跪，冠讫，兴，复位。揖冠者入房，易服，襕衫要带，出就冠席。宾盥如初。执事者进幞头，宾降三等受之。进祝，跪，冠讫，兴，复位。揖冠者入房，易公服出。

执事者彻冠席，设醴席于西阶，南向。赞者酌醴出房，立于冠者之南。宾揖冠者即席，西向立。宾受醴，诣席前北面祝。冠者拜受，宾答拜。执事者进馔,冠者即席坐,饮食讫,再拜。宾答拜。冠者离席,立于西阶之东,南向。宾字之,如品官词。冠者拜,宾答拜。冠者拜父母,父母为之起。拜诸父之尊者,遂出见乡先生及父之执友。先生执友皆答拜。宾退,主人请礼宾,固请,乃入,设酒馔。宾退,主人酬宾赞,侑以币。礼毕,主人以冠者见于祠堂,再拜出。

明史卷五五
志第三一

礼九　嘉礼三

**天子纳后仪　皇太子纳妃仪
亲王婚礼　公主婚礼　品官婚礼
庶人婚礼　皇帝视学仪　经筵
日讲　东宫出阁讲学仪
诸王读书仪**

天子纳后仪　婚礼有六,天子惟无亲迎礼。汉、晋以来,皆遣使持节奉迎,其礼物仪文,各以时损益。明兴,诸帝皆即位后行册立礼。正统七年,英宗大婚,始定仪注。

凡纳采、问名,前期择日,遣官告天地、宗庙。至期,设御座、制案、节案、卤簿、绿舆、中和大乐如仪。礼部陈礼物于丹陛上及文楼下。质明,皇帝冕服升座,百官朝服行礼讫,各就位。正、副使朝服四拜,执事举制案、节案,由中门出,礼物随之,俱置丹陛中道。传制官宣制曰:"兹选某官某女为皇后,命卿等持节行纳采、问名礼。"正、副使四拜,驾兴。举制、节案由奉天门中门出。正、副使取节及制书置绿舆中,仪仗大乐前导,出大明门。释朝服,乘马行,诣皇后第。第中设使者幕次于大门外左,南向,设香案于正堂,设制、节案于南,别设案于北。

使者至，引礼导入幕次，执事官陈礼物于正堂。使者出次，奉制书于案。礼官先入，立于东；主婚朝服出，立于西。礼官曰："奉制建后，遣使行纳采、问名礼。"引主婚者出迎。使者捧制书及节，主婚者随至堂，置制书及节于案。正、副使分立案左右。主婚者四拜，诣案前跪。正使取纳采制，宣曰："朕承天序，钦绍鸿图。经国之道，正家为本。夫妇之伦，乾坤之义，实以相宗祀之敬，协奉养之诚，所资惟重。祗遵圣母皇太后命，遣使持节，以礼采择。"宣讫，授主婚者。主婚者授执事者，置于北案上稍左。副使取问名制，宣曰："朕惟夫妇之道，大伦之本。正位乎内，必资名家。特遣使持节以礼问名，当伫来闻。"宣讫，授如前，置案上稍右。主婚者俯伏，兴。执事举表案，以表授主婚者。主婚者跪授正使，表曰："臣某，伏承嘉命。正使某官某等，重宣制诏，问臣名族。臣女，臣夫妇所生，先臣某官某之曾孙，先臣某官某之孙，先臣某官某之外孙。臣女今年若干，谨具奏闻。"主婚者俯伏，兴，退四拜。使者出，置表綵舆中。主婚者前曰："请礼从者。"酒馔毕，主婚者捧币以劳使者。使者出，主婚者送至大门外。使者随綵舆入大明门左门，至奉天门外，以表节授司礼监，复命。

次纳吉、纳徵、告期，传制遣使，并如前仪。但纳徵用玄纁、束帛、六马、谷圭等物，制词曰："兹聘某官某女为皇后，命卿等持节行纳吉、纳徵、告期礼。"皇后第，陈设如前，惟更设玉帛案。使者至，以制书、玉帛置案上，六马陈堂下。执事先设皇后冠服诸物于正堂。礼官入，主婚者出迎，执事举玉帛案，正使捧纳吉、纳徵制书，副使捧告期制书，执节者捧节，以次入，各置于案。主婚者四拜，诣案前跪。正使取制书，宣曰："大婚之卜，龟筮师士协从。敬循礼典，遣使持节告吉。"又宣曰："卿女有贞静之德，称母仪之选，宜共承天地宗庙。特遣使持节，以礼纳徵。"宣讫，授主婚者。正、副使又捧圭及玄纁以授主婚者，俱如前仪。副使取制书，宣曰："岁令月良，吉日某甲子，大婚维宜。特遣使持节，以礼告期。"宣讫，授如前仪。主婚者四拜，使者持节出，主婚者礼使者，使者还，复命如初。

次发册奉迎,所司陈设如前仪。礼部陈雁及礼物于丹陛上,内官监陈皇后卤簿车辂于奉天门外。制词曰:"兹册某官某女为皇后,命卿等持节奉册宝,行奉迎礼。"正、副使以册宝置綵舆中,随诣皇后第。至门,取制书册宝置案上。礼官先入,主婚者朝服出见。礼官曰:"奉制册后,遣使持节奉册宝,行奉迎礼。"主婚者出迎。执事才举案前行,使者捧制书及节,执事者以雁及礼物从之。至堂中,各置于案。使者左右立,主婚者四拜,退立于西南。

女官以九龙四凤冠綵衣进皇后。内官陈仪仗于中堂前,设女乐于堂下,作止如常仪。使者以节册宝授司礼监官,内赞导入中堂。皇后具服出阁,诣香案前,向阙立,四拜。赞宣册,皇后跪。宣册官宣讫,以授皇后。皇后搢圭,受册,以授女官。女官跪受,立于西。赞宣宝,如宣册仪。赞出圭,赞兴,四拜讫,皇后入阁。司礼监官持节出,授使者,报受册宝礼毕。主婚者诣案前跪。正使取奉迎制宣讫,授主婚者。副使进雁及礼物。主婚者皆跪受,如前仪。主婚者兴,使者四拜出。主婚者礼使者如初。

女官奏请皇后出阁。自东阶下,立香案前,四拜。升堂,南向立。主婚者进立于东,西向,曰:"戒之敬之,夙夜无违。"退立于东阶。母进立于西,东向,施衿结帨,曰:"勉之敬之,夙夜无违。"退立于西阶。内执事请乘舆,皇后降阶升舆。导从出,仪仗大乐前行,次綵舆,正、副使随,次司礼监官拥导,从大明门中门入。百官朝服于承天门外班迎,候舆入,乃退。皇后至午门外,鸣钟鼓,卤簿止。正、副使以节授司礼监,复命。捧册宝官捧册宝,仪仗大乐前导,进奉天门。至内庭幕次,司礼监以册宝授女官。皇后出舆,由西阶进。皇帝由东阶降迎于庭,揖皇后入内殿。帝诣更服处,具衮冕。后诣更服处,更礼服。同诣奉先殿,行谒庙礼。祭毕,还宫。合卺,帝更皮弁,升内殿。后更衣。从升。各升座,东西相向。执事者举馔案于前,女官取四金爵,酌酒以进。既饮,进馔。复进酒、进饭讫,女官以两卺酌酒,合和以进。既饮,又进馔毕,兴,易常服。帝从者馂后之馔,后从者馂帝之馔。

次日早，帝后皆礼服，候太后升座。帝后进座前。宫人以殿脩盘立于后左，帝后皆四拜。执事举案至，宫人以殿脩盘授后，后捧置于案。女官举案，后随至太后前，进讫，复位。帝后皆四拜。三日早，帝冕服，后礼服，同诣太后宫，行八拜礼。还宫，帝服皮弁，升座。女官导后，礼服诣帝前，行八拜礼。后还宫，升座。引礼导在内亲属及六尚等女官，行八拜礼，次各监局内官内使，行八拜礼。是日，皇帝御奉天殿，颁诏如常仪。四日早，皇帝服衮冕御华盖殿，亲王八拜，次执事官五拜，遂升奉天殿，百官进表，行庆贺礼。是日，太后及皇后各礼服升座。亲王入，八拜出，次内外命妇庆贺及外命妇进表笺，皆如常仪。五日，行盥馈礼，尚膳监具膳脩。皇后礼服诣太后前，四拜。尚食以膳授皇后，皇后捧膳进于案，复位，四拜，退立于西南。俟膳毕，引出。

皇太子纳妃仪　历代之制与纳后同。隋、唐以后，始亲迎，天子临轩醮戒。宋始行盥馈礼，明因之。

洪武元年定制，凡行礼，皆遣使持节，如皇帝大婚仪。

纳采、问名。制曰："奉制纳某氏女为皇太子妃，命卿等行纳采问名礼。"至妃第，傧者出，诣使者前曰："敢请事。"使者曰："储宫纳配，属于令德。邦有常典，使某行纳采之礼。"傧者入告，主婚者曰："臣某之子，昧于壸仪，不足以备采择。恭承制命，臣某不敢辞。"傧者出告，使者入，陈礼物于庭，宣制曰："某奉诏采择。"奠雁礼毕，使者出。傧者复诣使者前曰："敢请事。"使者曰："储宫之配，采择既谐。将加卜筮，奉制问名。"傧者入告，主婚者曰："制以臣某之女，可以奉侍储宫，臣某不敢辞。"傧者出告。使者复入，陈礼奠雁如仪，宣制曰："臣某奉诏问名，将谋诸卜筮。"主婚者曰："臣某第几女，某氏出。"

次纳吉。傧者请事如前，使者曰："谋诸卜筮，其占协从，制使某告吉。"傧者入告，主婚者曰："臣某之女蠢愚，惧弗克堪。卜筮云吉，惟臣之幸，臣谨奉典制。"傧者出告。使者入，陈礼奠雁如仪，宣制曰:"奉制告吉。"

又次纳徵。傧者出告,使者入陈玉帛礼物,不奠雁,宣制曰:"某奉制告成。"

又次请期。辞曰:"询于龟筮,某月某日吉,制使某告期。"主婚者曰:"敢不承命。"陈礼奠雁如仪。

又次告庙。遣使持节授册宝仪注,悉见前。

又次醮戒。皇帝服通天冠、绛纱袍,御奉天殿,百官侍立。引进导皇太子至丹陛。四拜。入殿东门就席位,东向立。司爵以酏进,皇太子跪,搢圭,受酏祭酒。司馔以馔进,跪受亦如之。兴,就席坐,饮食讫,导诣御座前跪。皇帝命之曰:"往迎尔相,承我宗事,勖帅以敬。"皇太子曰:"臣某谨奉制旨。"俯伏,兴。出至丹陛,四拜毕,皇帝还宫,皇太子出。

又次亲迎。前一日,有司设皇太子次于妃氏大门外,南向,东宫官次于南,东西相向。至日质明,东宫官具朝服陈卤簿鼓吹于东宫门外,皇太子冕服乘舆出,侍卫导从如仪。至宫门,降舆升辂,东宫官皆从至妃第,回辕南向,降辂升舆。至次,降舆入就次,东宫官皆就次。

先是,皇太子将至,主婚者设会宴女。至期,妃服褕翟花钗,出就阁南面立,傅姆立于左右。主婚者具朝服立于西阶之下。引进导皇太子出次,立于大门之东,西向。傧者朝服出,立于门东,曰:"敢请事。"引进跪启讫,皇太子曰:"某奉制亲迎。"引进受命,兴,承传于傧者。傧者入告,导主婚者出迎于大门外之西,东向,再拜。皇太子答拜。引进导皇太子入门而左,执雁者从。傧者导主婚者入门而右。皇太子升东阶进,立于阁门户前,北向立。主婚者升西阶,立于西,东向。引进启奠雁,执雁者以雁进。皇太子受雁,以授主婚者。主婚者跪受,兴,以授左右,退立于西。皇太子再拜,降自东阶,出至次以俟。主婚者不降送。

初,皇太子入门,妃母出,立于阁门外,奠雁位之西,南向。皇太子拜讫,宫人傅姆导妃出,立于母左。主婚者命之曰:"戒之戒之,夙夜恪勤,毋或违命。"母命之曰:"勉之勉之,尔父有训,往承惟钦。"庶母申之曰:"恭听父母之言。"宫人傅姆擎执导从,妃乘舆出门,降舆,乘凤轿。皇太子揭帘讫,遂升辂,侍从如来仪。至东宫门外,降辂乘舆。至阁,降舆入,俟于内殿门外之东,西面。司闺导妃诣内殿门外之西,东面。皇太子揖妃入,行合卺礼,如中宫仪。

又次朝见。其日,妃诣内殿陛下,候皇帝升座。司闺导妃入,北面立,再拜,自西阶升。宫人奉枣栗盘,进至御座前授妃。妃奠于御前,退复位,再拜。礼毕,诣皇后前,奉腶脩盘,如上仪。

又次醴妃,次盥馈,次谒庙,次群臣命妇朝贺,皆如仪。

四年,册开平王常遇春女为皇太子妃。礼部上仪注,太祖览之曰:"贽礼不用笄,但用金盘,翟车用凤轿,雁以玉为之。古礼有亲迎执绥御轮,今用轿,则揭帘是矣。其合卺,依古制用匏。妃朝见,入宫中,乘小车,以帷幕蔽之。谒庙,则皇太子俱往。礼成后三日,乃宴群臣命妇。"著为令。

成化二十二年更定婚礼。凡节册等案,俱由奉天左门出。皇太子亲迎,由东长安门出。亲迎日,妃服燕居服,随父母家庙行礼。执事者具酒馔,妃饮食讫。父母坐堂上,妃诣前各四拜。父命之曰:"尔往大内,夙夜勤慎,孝敬无违。"母命之曰:"尔父有训,尔当敬承。"合卺前,于皇太子内殿各设拜位。皇太子揖妃入就位,再拜,妃四拜,然后各升座。庙见后,百官朝贺,致词曰:"某官臣某等,恭惟皇太子嘉礼既成,益绵宗社隆长之福。臣某等不胜欣忭之至,谨当庆贺。"帝赐宴如正旦仪。命妇诣太后、皇后前贺,亦赐宴,致词曰:"皇太子嘉聘礼成,益绵景福。"余大率如洪武仪。

亲王婚礼 唐制,皇子纳妃,命亲王主婚。宋皆皇帝临轩醮戒,略与皇太子同。明因之。

其宣制曰:"册某氏为某王妃。"纳采致词曰:"某王之俪,属于懿淑,使某行纳采礼。"问名词曰:"某既受命,将加诸卜筮,奉制问名。"主婚者曰:"制以臣某之子,可以奉侍某王,臣某不敢辞。"纳吉词曰：“卜筮协从，使某告吉。”主婚者曰：“臣某之子，愚弗克堪。卜觊之吉，臣与有幸，谨奉典制。”纳徵词曰：“某王之俪，卜既协吉，制使某以仪物告成。”主婚者曰：“奉制赐臣以重礼，臣某谨奉典制。”请期词曰：“某月日涓吉，制使某告期。”主婚者曰：“谨奉命。”醮戒命曰：“往迎尔相，用承厥家，勖帅以敬。”其亲迎、合卺、朝见、盥馈，并如皇太子。盥馈毕，王皮弁服，妃翟衣，诣东宫前，行四拜礼。东宫坐受，东宫妃立受二拜，答二拜。王与妃至妃家，妃父出迎。王先入，妃父从之。至堂，王立于东，妃父母立于西。王四拜，妃父母立受二拜，答二拜。王中坐，其余亲属见王，四拜，王皆坐受。妃入中堂，妃父母坐，妃四拜。其余，序家人礼。

太祖之世，皇太子、皇子有二妃。洪武八年十一月徵卫国公邓愈女为秦王次妃，不传制，不发册，不亲迎。正、副使行纳徵礼，冠服拟唐、宋二品之制，仪仗视正妃稍减。婚之日，王皮弁服，导妃谒奉先殿。王在东稍前，妃西稍后。礼毕入宫，王与正妃正坐，次妃诣前四拜，复诣王正妃前四拜。次妃东坐。宴饮成礼。次日朝见，拜位如谒殿。谒中宫，不用枣栗腶脩，余并同。

公主婚礼　古者天子嫁女，不自主婚，以同姓诸侯主之，故曰公主。唐犹以亲王主婚。宋始不用，惟令掌婚者于内东门纳表，则天子自为主矣。明因之。

凡公主出降，行纳采、问名礼，婿家备礼物表文于家庭，望阙再拜。掌婚者奉至内东门，诣内使前曰：“朝恩觊室于某官某之子，某习先人之礼，使臣某请纳采。”以表跪授内使。内使跪受，奉进内殿，执雁及礼物者从入。内使出，掌婚者曰：“将加卜筮，使臣某问名。”进表如初，内使出曰：“有制。”掌婚者跪，内使宣曰：“皇帝第几女，封某公主。”掌婚者俯伏，兴。入就次，赐宴出。

纳吉仪与纳采同。掌婚者致词曰：“加诸卜筮，占曰从吉，谨使臣某敢告纳徵。”婚家具玄纁、玉帛、乘马、表文如仪。掌婚者致词曰：“朝恩觊室于某官某之子某，有先人之礼，使臣某以束帛、乘马纳徵。"请期词曰："某命臣某谨请吉日。"

亲迎日,婿公服告庙曰："国恩觌室于某,以某日亲迎,敢告。"将行,父醮于厅,随意致戒。婿再拜出,至内东门内。内使延入次,执雁及奉礼物者各陈于庭。

其日,公主礼服辞奉先殿,诣帝后前四拜,受爵。帝后随意训戒。受命讫,又四拜。降阶,内命妇送至内殿门外,公主升辇。至内东门,降辇。婿揭帘,公主升轿。婿出次立。执雁者以雁跪授婿,婿受雁,跪进于内使。内使跪受以授左右。婿再拜,先出,乘马还。公主卤簿车辂后发,公侯百官命妇送至府。婿先候于门。公主至,婿揭帘。公主降,同诣祠堂。婿东,公主西,皆再拜。进爵,读祝,又再拜。出,诣寝室。婿公主相向再拜,各就坐,婿东,公主西。进馔合卺如仪,复相向再拜。明日,见舅姑。舅姑坐于东,西向。公主立于西,东向,行四拜礼。舅姑答二拜。第十日,驸马朝见谢恩,行五拜礼。

初,洪武九年,太祖以太师李善长子祺为驸马都尉,尚临安公主。先期告奉先殿。下嫁前二日,命使册公主。册后次日,谒奉先殿。又定驸马受诰仪,吏部官捧诰命置龙亭,至太师府,驸马朝服拜受。次日,善长及驸马谢恩。后十日,始请婚期。二十六年稍更仪注。然仪注虽存,其拜姑舅及公主驸马相向拜之礼,终明之世实未尝行也。明年又更定公主、郡主封号、婚礼,及驸马仪宾品秩。

弘治二年册封仁和长公主,重定婚仪。入府,公主、驸马同拜天地,行八拜礼。堂内设公主座于东,西向,驸马东向座,余如前仪。嘉靖二年,工科给事中安磐等言："驸马见公主,行四拜礼,公主坐受二拜。虽贵贱本殊,而夫妇分定,于礼不安。"不听。崇祯元年,教习驸马主事陈钟盛言："臣教习驸马巩永固,驸马黎明于府门外月台四拜,云至三月后,则上堂、上门、上影壁,行礼如前。始视膳于公主前,公主饮食于上,驸马侍立于旁,过此,方议成婚。驸马馈果肴书臣,公主答书赐,皆大失礼。夫既合卺,则俨然夫妇,安有跪拜数月,称臣侍膳,然后成婚者?《会典》行四拜于合卺之前,明合卺后无拜礼也。以天子馆甥，下同隶役，岂所以尊朝廷？”帝是其言，令永固即择日成婚。

凡选驸马，礼部榜谕在京官员军民子弟年十四至十六，容貌齐整、行止端庄、有家教者报名，司礼内臣于诸王馆会选。不中，则博访于畿内、山东、河内。选中三人，钦定一人，余二人送本处儒学，充廪生。自宣德时，驸马始有教习，用学官为之。正统以后，令驸马赴监读书习礼。嘉靖六年始定礼部主事一人，专在驸马府教习。

品官婚礼　周制，凡公侯大夫士之婚娶者，用六礼。唐以后，仪物多以官品为降杀。明洪武五年诏曰：“古之婚礼，结两姓之欢，以重人伦。近世以来，专论聘财，习染奢侈。其仪制颁行，务从节俭，以厚风俗。”故其时品节详明，皆有限制，后克遵者鲜矣。

其制，凡品官婚娶，或为子聘妇，皆使媒氏通书。女氏许之，择吉纳采。主婚者设宾席。至日，具祝版告庙讫，宾至女氏第。主婚者公服出迎，揖宾及媒氏入。雁及礼物陈于厅。宾左主右，媒氏立于宾南，皆再拜。宾诣主人曰：“某官以伉俪之重施于某，某率循典礼，谨使某纳采。”主婚者曰：“某之子弗娴姆训，既辱采择，敢不拜嘉。”宾主西东相向坐，彻雁受礼讫，复陈雁及问名礼物。宾兴，诣主婚者曰：“某官慎重婚礼，将加卜筮，请问名。”主婚者进曰：“某第几女，妻某氏出。”或以红罗，或以销金纸，书女之第行年岁。宾辞，主婚者请礼从者。礼毕，送宾至门外。

纳吉如纳采仪。宾致词曰：“某官承嘉命，稽诸卜筮，龟筮协从，使某告吉。”主婚者曰：“某未教之女，既以吉告，其何敢辞。”纳徵如纳吉仪，加玄纁、束帛、函书，不用雁。宾致词曰：“某官以伉俪之重，加惠某官，率循典礼。有不腆之币，敢请纳徵。”主婚者曰：“某官贶某以重礼，某敢不拜受。”宾以函书授主婚者，主婚者亦答以函书。请期，亦如纳吉仪。

亲迎日，婿父告于祢庙。婿北面再拜立，父命之曰：“躬迎嘉偶，厘尔内治。”婿进曰：“敢不承命。”再拜，媒氏导婿之女家。其日，女氏主婚者告庙讫,醴女如家人礼。婿至门,下马,就大门外之次。女从者请女盛服,就寝门内,南向坐。婿出次,主婚者出迎于门外,揖而入。主婚者入门而右。婿入门而左,执雁者从,至寝户前,北面立。主婚者立于户东,西向。婿再拜,奠雁,出就次。主婚者不降送。

婿既出,女父母南向坐,保姆导女四拜。父命之曰:"往之女家,以顺为正,无忘肃恭。"母命之曰:"必恭必戒,毋违舅姑之命。"庶母申之曰:"尔忱听于训言,毋作父母羞。"保姆及侍女翼女出门,升车。仪卫导前,送者乘车后。

婿先还以俟。妇车至门,出迎于门内,揖妇入。及寝门,婿先升阶,妇从升。入室,婿盥于室之东南,妇从者执巾进水以沃之;妇盥于室之西北,婿从者执巾进水以沃之。盥毕,各就座,婿东,妇西。举食案,进酒,进馔。酒食讫,复进如初。侍女以卺注酒,进于婿妇前。各饮毕,皆兴,立于座南,东西相向,皆再拜。婿妇入室,易服。婿从者馂妇之余,妇从者馂婿之余。

明日见宗庙,设婿父拜位于东阶下,婿于其后;主妇拜位于西阶下,妇于其后。诸亲各以序分立。其日夙兴,婿父以下各就位,再拜。赞礼引妇至庭中,北面立。婿父升自东阶,诣神位前,跪。三上香,三祭酒,读祝,兴,立于西。妇四拜,退,复位。婿父降自西阶就拜位,婿父以下皆再拜,礼毕。次见舅姑。其日,妇立堂下,伺舅姑即座,就位四拜。保姆引妇升自西阶,至舅前,侍女奉枣栗授妇。妇进讫,降阶四拜。诣姑前,进腶脩,如前仪。次舅姑醴妇,如家人礼。次盥馈。其日,妇家备馔至婿家。舅姑即座,妇四拜。升自西阶,至舅前。从者举食案以馔授妇,妇进馔,执事者加豆箸。进馔于姑,亦如之。食讫,彻馔,妇降阶就位,四拜,礼毕。舅姑再醴妇,如初仪。

庶人婚礼 《礼》云"婚礼下达",则六礼之行,无贵贱一也。《朱子家礼》无问名、纳吉,止纳采、纳币、请期。洪武元年定制用之;下令禁指腹、割衫襟为亲者。凡庶人娶妇,男年十六,女年十四以上,并听婚娶。婿常服或假九品服,妇服花钗大袖。其纳采、纳币、请期,略仿品官之仪。有媒无宾,词亦稍异。亲迎前一日,女氏使人陈设于婿之寝室,俗谓之铺房。至若告词、醮戒、奠雁、合卺,并如品官仪。见祖祢舅姑,舅姑醴妇,亦略相准。

皇帝视学仪　《礼》曰:"凡始立学者,必释奠于先圣先师。"周末沦丧,礼废不行。汉明帝始幸辟雍。唐以后,天子视学,始设讲榻。

洪武十五年,太祖将幸国子监。议者言,孔子虽圣,乃人臣,礼宜一奠而再拜。太祖不从,命礼部尚书刘仲质定其制。

前期设御幄于大成门东,南向,设御座于彝伦堂。至日,学官率诸生迎驾于成贤街左。皇帝入御幄,具皮弁服,诣先师神位,再拜。献爵,复再拜。四配、十哲、两庑分献,如常仪。皇帝入御幄,易常服。升舆,至彝伦堂升座。学官诸生五拜叩头,东西序立于堂下。三品以上及侍从官,以次入堂,东西序立。赞进讲,祭酒、司业、博士、助教四人由西门入,至堂中。赞举经案于御前,礼部官奏,请授经于讲官。祭酒跪受。赐讲官坐。乃以经置讲案,叩头。就西南隅几榻坐讲。赐大臣翰林儒臣坐,皆叩头,序坐于东西,诸生圜立以听。讲毕,叩头,退就本位。司业、博士、助教,各以次进讲。出堂门,复位。赞宣制,学官诸生列班俱北面跪,听宣谕,五拜叩头。礼毕,学官诸生出成贤街送驾。明日,祭酒率学官上表谢恩。

永乐四年,礼部尚书郑赐引宋制,请服靴袍,再拜。帝不从,仍行四拜礼。进讲毕,赐百官茶。礼部请立视学之碑,帝亲制文勒石。祭酒等表谢。帝御奉天门,赐百官宴,仍赐祭酒、司业纻丝罗衣各二袭,学官三十五人各纻丝衣一袭,监生三千余人各钞五锭。正统五年,帝幸国子监,如仪。礼毕,赐公、侯、伯、驸马、武官都督以上、文官三品以上及翰林学士至检讨、国子监祭酒至学录宴。

先是,视学祭先师,不设牲,不奏乐。至成化元年,始用牲乐。视学之日,乐设而不作。礼毕,百官庆贺,赐衣服,赐宴,皆及孔、颜、孟三氏子孙。弘治元年定先期致斋一日,奠加币,牲用太牢,改分献官为分奠官。嘉靖元年定衍圣公率三氏子孙,祭酒率学官诸生,上表谢恩,皆赐宴于礼部。十二年以先师祀典既正,再视学,命大臣致奠启圣公祠。万历四年定次日行庆贺礼,颁赏如旧,免赐宴。

初,宪宗取三氏子孙赴京观礼,又命衍圣公分献。至世宗命衍圣公颜、孟二博士,孔氏老成者五人,颜、孟各二人,赴京陪祀。

经筵　明初无定日,亦无定所。正统初,始著为常仪,以月之二日御文华殿进讲,月三次,寒暑暂免。其制,勋臣一人知经筵事,内阁学士或知或同知。尚书、都御史、通政使、大理卿及学士等侍班,翰林院、春坊官及国子监祭酒二员进讲,春坊官二员展书,给事中、御史各二员侍仪,鸿胪寺、锦衣卫堂上官各一员供事,鸣赞一赞礼,序班四举案,勋臣或驸马一人领将军侍卫。

礼部择吉请,先期设御座于文华殿,设御案于座东稍南,设讲案于案南稍东。是日,司礼监先陈所讲《四书》经、史各一册置御案,一册置讲案,皆《四书》东,经、史西。讲官各撰讲章置册内。帝升座,知经筵及侍班等官于丹陛上,五拜三叩头。后每讲止行叩头礼。以次上殿,东西序立。序班二员,举御案于座前,二员举讲案置御案南正中。鸿胪官赞进讲。讲官二员从东西班出,诣讲案前,北向并立。东西展书官各至御案南铜鹤下,相向立。鸿胪官赞讲官拜,兴。东班展书官诣御案前,跪展《四书》,退,立于东鹤下。讲官至讲案前立,奏讲某书,讲毕退。展书官跪掩书,仍退立鹤下。西班展书官展经或史,讲官进讲,退,如初。鸿胪官赞讲官拜,兴。各退就东西班,展书官随之,序班彻御案、讲案。礼毕,命赐酒饭。各官出至丹陛,行叩头礼。至左顺门,酒饭毕,入行叩头礼。

隆庆元年定,先一日告奉先殿,告几筵。是日,帝诣文华殿左室,展礼先圣先师。讲章于前两日先进呈览。万历二年定,春讲以二月十二日起,至五月初二日止,秋讲以八月十二日起,至十月初二日止,不必题请。

日讲　日讲,御文华穿殿,止用讲读官内阁学士侍班,不用侍仪等官。讲官或四或六。开读初,吉服,五拜三叩首,后常服,一拜三叩首。阁臣同侍于殿内,候帝口宣"先生来",同进,叩首,东西立。读者先至御前一揖,至案展书,压金尺,执牙签。读五过,掩书一揖退。先书,次经,次史,进讲如读仪。侍书官侍习书毕,各叩头退。于文华殿赐茶,文华门赐酒饭。

午讲,隆庆六年定。每日早讲毕,帝进暖阁少憩,阅章奏。阁臣等退西厢房。久之,率讲官再进午讲,讲《通鉴节要》及《贞观政要》。讲毕,帝还宫。凡三、六、九视朝日,暂免讲读。

又嘉靖六年定制,月三、八日,经筵日讲官二员,讲《大学衍义》。十年定无逸殿讲仪。质明,帝常服乘辇至殿门,众官于门外迎候。帝降辇。乘板舆,至殿升座。各官于殿门外一拜三叩首,入内,东西序立。赞进讲,讲官大学士一员出班叩首。命赐坐,一叩首,乃坐。讲毕,展书官跪掩讲章,讲官叩首复班。又学士一员承旨坐讲,如初礼毕。各官至豳风亭候驾至,亭内赐宴。

东官出阁讲学仪　太祖命学士宋濂授皇太子、诸王经于大本堂,后于文华后殿。世宗改为便殿,遂移殿东厢。天顺二年定出阁仪。是日早,侍卫侍仪如常。执事官于文华后殿四拜,鸿胪官请皇太子升殿,师保等官于丹陛上四拜。各官退出,内侍导皇太子至后殿升座,以书案进。侍班、侍读、讲官入,分班东西立。内侍展书,侍读、讲官以次进读讲,叩头而退。

其每日讲读仪,早朝退后,皇太子出阁升座,不用侍卫等官,惟侍班、侍读、讲官入,行叩头礼。内侍展书,先读《四书》,则东班侍读官向前,伴读十数遍,退复班。次读经或史,则西班伴读,亦如之。读毕,各官退。至巳时,各官入,内侍展书,侍讲官讲早所读《四书》毕,退班。次讲经史亦然。讲毕,侍书官侍习写字。写毕,各官叩头退。凡读书,三日后一温,背诵成熟。温书之日,不授新书。凡写字,春夏秋日百字,冬日五十字。凡朔望节假及大风雨雪、隆寒盛暑,则暂停。

弘治十一年更定，三师三少并宫僚于丹陛四拜毕，从殿左右门入，东西立。候讲读毕，叩头退。隆庆六年改设皇太子座于文华殿之东厢，正中西向。每日讲读各官，先诣文华门外东西向，序立。候帝御日讲经筵毕，皇太子出阁升座。凡东宫初讲时，阁臣连侍五日，后每月三、八日一至，先拜出，然后各官入。崇祯十一年，署礼部事学士顾锡畴言："东宫嘉礼告成，累朝锡赍有据。《实录》载成化十五年，皇太子出阁讲学，六卿皆加保、傅。弘治十年，皇太子出阁讲学，内阁徐溥等四人、尚书马文升等七人，俱加宫保。"帝命酌议行之。

诸王读书仪　书堂在皇极门右厢。讲官选部曹或进士改授翰林官充之。天顺二年定，初入书堂，其日早，王至右顺门之北书堂，面东，中坐。提督讲读并讲读官行四拜礼。内官捧书展于案上，就案左坐。讲读官进立于案右，伴读十遍，叩头退。每日讲读，清晨，王至书堂，讲读官行叩头礼，伴读十遍，出。饭后，复诣堂伴看写字。讲书毕，仍叩头退。万历六年定，书堂设中座，书案在左，写字案在右。辅臣率讲读侍书官候于门外。王入书堂，传令旨"先生进"。辅臣率各官入，四拜，分班侍立。讲读官以次授书各十遍讫，令旨"先生吃酒饭"。各官出，王暂入堂南间少憩。辅臣各率官入。令旨"先生进"，遂入，分班侍立。侍书官看写字，讲读以次进讲毕，各官一拜出。

明史卷五六
志第三二

礼十　嘉礼四　宾礼

巡狩　东宫监国　皇长孙监国
颁诏仪　迎接诏赦仪　进书仪
进表笺仪　乡饮酒礼　蕃王朝贡礼
遣使之蕃国仪　蕃国遣使进表仪
品官相见礼　庶人相见礼

　　巡狩之制　永乐六年北巡，礼部行直省，凡有重事及四夷来朝与进表者，俱达行在所，小事达京师启闻。车驾将发，奏告天地、社稷、太庙、孝陵，祭大江、旗纛等神，辄祭于承天门。缘涂当祭者，遣官祭。将至北京，设坛祭北京山川等神。车驾至，奏告天地，祭境内山川。扈从马步军五万。侍从，五府都督各一，吏、户、兵、刑四部堂上官各一，礼、工二部堂上官各二，都察院堂上官一，御史二十四，给事中十九，通政、大理、太常、光禄、鸿胪堂上官共二十，翰林院、内阁官三，侍讲、修撰、典籍等官六，六部郎官共五十四，余不具载。车驾将发，宴群臣，赐扈从官及军校钞。至北京，宴群臣、耆老，赐百官及命妇钞。所过郡县，官吏、生员、耆老朝见，分遣廷臣核守令贤否，即加黜陟。给事、御史存问高年，赐币帛酒肉。

　　嘉靖十八年幸承天。先期亲告上帝于玄极宝殿。同日，告皇祖及睿宗庙,遣官分告北郊及成祖以下诸庙、社稷、日月、神祇。驾出正阳门,后妃辇轿从。锦衣卫设钦制武阵驾,卫卒八千,奉舆辇,执仪仗。卫指挥前驱。武重臣二员留守,兵部尚书参赞机务,各赐敕行事。分命文武重臣,出督宣大、蓟州、山海关,行九边,亦各赐敕。皇城及京城诸门,皆命文武大臣各一员坐守。设敬备扈驾官军六千。驾发,百官吉服送于彰义门外。扈从官军,略如永乐时数。先发在途者免朝参,惟礼兵二部、鸿胪、太常、科道纠仪官及光禄寺从行。

过真定,望祭北岳。帝常服,从臣大臣及巡抚都御史吉服行礼。卫辉,遣官祭济渎。钧州,望祭中岳;荥泽,祭河;礼如北岳。南阳,遣祭武当山。途次古帝王、圣贤、忠臣、烈士祠墓,遣官致祭。抚、按、三司迎于境上,至行宫,吉服朝见。生员耆老,俱三十里外迎。所过王府,亲王常服候驾,随至行宫,冕服朝见。赐宴,宗室不许出。至承天,诣献皇帝庙谒告。越四日,行告天礼于龙飞殿丹陛上,奉献皇帝配。更皮弁服,诣国社稷及山川坛行礼。次日,谒显陵。次日,从驾官上表贺,遂颁诏如仪。回京,亲谢上帝、皇祖、皇考,分遣官告郊、庙、社稷、群神,行礼如初。

东宫监国　古制,太子出曰“抚军”,守曰“监国”。三代而下,惟唐太子监国,结双龙符,而其仪不著。

永乐七年,驾幸北京,定制。凡常朝,皇太子于午门左视事。左右侍卫及各官启事如常仪。若御文华殿,承旨召入者方入。凡内外军机及王府急务,悉奏请。有边警,即调军剿捕,仍驰奏行在。皇城及各门守卫,皆增置官军。遇圣节、正旦、冬至,皇太子率百官于文华殿前拜表,行十二拜礼。表由中门出,皇太子由左门送至午门,还宫。百官导至长安右门外,文五品、武四品以上,及近侍官、监察御史,俱乘马导至三山门外,以表授进奏官。至期,告天祝寿,行八拜礼。其正旦、冬至、千秋节,百官于文华殿庆贺如常仪。凡享太庙及社稷诸神之祭,先期敕皇太子摄祭,其祀典神祇,太常寺于行在奏闻,遣官行礼。凡四夷来朝,循例赐宴,命礼部遣送行在所。凡诏书至,设龙亭仪仗大乐,百官朝服,出三山门外奉迎。皇太子冕服迎于午门前,至文华殿,行五拜三叩头礼,升殿展读。使者捧诏置龙亭中,皇太子送至午门外。礼部官置诏书云舆中,文武二品以上官迎至承天门,开读如仪。以鼓乐送使者诣会同馆。使者见皇太子,行四拜礼,赐宴于礼部。

十二年北征,复定制。常朝于文华殿视事,文武启事,俱达北京。嘉靖十八年南巡,命皇太子监国。时太子幼,命辅臣一人居守,军国机务悉听启行。

皇太孙监国 永乐八年,帝自北京北征。时皇太子已监国于南,乃命皇长孙居北京监国。时宣宗未冠,及冠始加称皇太孙云。

其制,每日皇长孙于奉天门左视事,侍卫如常仪。诸司有事,具启施行。若军机及王府要务,一启皇太子处分,一奉闻行在所。圣节,设香案于奉天殿,行礼如常仪。天下诸司表文俱诣北京。四夷朝贡俱送南京。武选及官民有犯,大者启皇太子,小者皇长孙行之。皇亲有犯,启皇太子所。犯情重及谋逆者,即时拘执,命皇亲会问。不服,乃命公、侯、伯、五府、六部、都察院、大理寺会皇亲再问,启皇太子,候车驾回京,奏请处分。

颁诏仪 凡颁命四方,有诏书,有赦书,有敕符、丹符,有制谕、手诏。诏赦,先于阙廷宣读,然后颁行。敕符等,则使者赍付所授官,秘不敢发。开读迎接,仪各不同。

洪武二十六年定颁诏仪。设御座于奉天殿,设宝案于殿东,陈中和韶乐于殿内,设大乐于午门及承天门外,设宣读案于承天门上,西南向。清晨,校尉擎云盖于殿内帘前,百官朝服班承天门外,公、侯班午门外,东西向。皇帝皮弁服,升殿如仪。礼部官捧诏书诣案前,用宝讫,置云盖中。校尉擎云盖,由殿东门出。大乐作,自东陛降,由奉天门至金水桥南午门外。乐作,公、侯前导,迎至承天门上。鸣赞唱排班,文武官就位,乐作,四拜,乐止。宣读展读官升案,称有制,众官跪。礼部官捧诏书,授宣读官。宣讫,礼部官捧置云盖中。赞礼唱俯伏,兴,乐作,四拜,乐止。舞蹈山呼,又四拜。仪礼司奏礼毕,驾兴。礼部官捧诏书分授使者,百官退。

嘉靖六年续定,鸿胪官设诏案,锦衣卫设云盖盘于奉天殿内东,别设云盘于在承天门上,设绥舆于午门外,鸿胪官设宣读案于承天门上。百官入丹墀侍立,帝冕服升座,如朝仪。翰林院官捧诏书从,至御座前东立。百官入班,四拜,出至承天门外。赞颁诏,翰林院官捧诏书授礼部官,捧至云盘案上。校尉擎云盖,俱从殿左门出,至午门外,捧诏置绥舆内。公、侯、伯、三品以上官前导,迎至承天门上,宣读赞拜,俱如上仪。礼部官捧诏书授锦衣卫官,置云匣中,以绥索系之龙竿,颁降。礼部官捧置龙亭内,鼓乐迎至礼部,授使者颁行。隆庆六年,诏出至皇极门,即奏礼毕,驾还。

迎接诏赦仪　洪武中定。凡遣使开读诏赦,本处官具龙亭仪仗鼓乐,出郭迎。使者下马,奉诏书置龙亭中,南向,本处官朝服行五拜礼。众官及鼓乐前导,使者上马随龙亭后,至公廨门。众官先入,文武东西序立,候龙亭至,排班四拜。使者捧诏授展读官,展读官跪受,诣开读案。宣读讫,捧诏授朝使,仍置龙亭中。众官四拜,舞蹈山呼,复四拜毕。班首诣龙亭前,跪问皇躬万福,使者鞠躬答曰:"圣躬万福。"众官退,易服见使者,并行两拜礼。复具鼓乐送诏于官亭。如有出使官在,则先守臣行礼。

进书仪　惟《实录》最重。皇帝具衮冕,百官朝服,进表称贺。其余纂修书成,则以表进。重录书及《玉牒》,止捧进。兹详载进《实录》仪,余可推见云。

建文时,《太祖实录》成,其进仪无考。永乐元年,重修《太祖实录》成。设香案于奉天殿丹陛正中,表案于丹陛之东,设宝舆于奉天门,设卤簿大乐如仪。史官捧《实录》置舆中,帝御殿如大朝仪。百官诣丹墀左右立，鸿胪官引宝舆至丹陛上，史官举《实录》置于案，遂入班。鸿胪官奏进《实录》，序班举《实录》案，以次由殿中门入，班首由左门入。帝兴，序班以《实录》案置于殿中。班首跪于案前，赞史官皆跪。序班并内侍官举《实录》案入谨身殿，置于中。帝复座。赞俯伏，班首俯伏，兴。复位，赞四拜。赞进表，序班举表案，由左门入，置于殿中。赞宣表，赞众官皆跪。宣讫，俯伏，兴，四拜。进《实录》官退于东班，百官入班。鸿胪官奏庆贺，各官四拜，兴。赞有制，史官仍入班。赞跪，宣制云："太祖高皇帝、高皇后功德光华，纂述详实。朕心欢庆，与卿等同之。"宣讫，俯伏，兴，三舞蹈，又四拜，礼毕。

万历五年，《世祖实录》成，续定进仪。设宝舆、香亭、表亭于史馆前，帝衮冕御中极殿，百官朝服侍班。监修、总裁、纂修等官，朝服至馆前。监修官捧表置表亭中，纂修官捧《实录》置宝舆中，鸿胪官导迎。用鼓乐伞盖，由会极门下阶，至桥南，由中道行。监修、总裁等官随表亭后，由二桥行至皇极门。《实录》舆由中门入，表亭由左门入，至丹墀案前。监修官捧表置于案，纂修官捧《实录》置于案，俱侍立于石墀东。内殿百官行礼讫，帝出御皇极殿。监修、总裁等官入，进《实录》、进表俱如永乐仪。次日，司礼监官自内殿送《实录》下殿，仍置宝舆中，用伞盖，与监修、总裁官同送皇史宬尊藏。

　　进表笺仪　明初定制，凡王府遇圣节及冬至、正旦，先期陈设毕。王冕服就位，四拜，诣香案前跪。进表讫，复位，四拜，三舞蹈，山呼，又四拜。百官朝服，随班行礼。进中宫笺仪如之，惟不舞蹈山呼。进皇太子笺，王皮弁服，行八拜礼，百官朝服，随班行礼。

凡进贺表笺，皇子封王者，于天子前自称曰"第几子某王某"，称天子曰"父皇陛下"，皇后曰"母后殿下"。若孙，则自称曰"第几孙某王某"，称天子曰"祖父皇帝陛下"，皇后曰"祖母皇后殿下"。"若弟，则自称曰："第几弟某封某"，称天子曰："大兄皇帝陛下"，皇后曰："尊嫂皇后殿下"。侄则自称曰"第几侄某封某"，称天子曰"伯父皇帝陛下"，"叔父皇帝陛下"，皇后曰"伯母皇后殿下"，"叔母皇后殿下"。若尊属,则自称曰"某封臣某",称天子曰"皇帝陛下",皇后曰"皇后殿下"。若从孙以下,则称"从孙、再从孙、三从孙某封某",皆称皇帝皇后曰"伯祖、叔祖皇帝陛下","伯祖母、叔祖母皇后殿下"。至世宗时,始令各王府表笺,俱用圣号,不得用家人礼。

凡在外百官进贺表笺,前一日,结绵于公廨及街衢。文武官各斋沐,宿本署。清晨,设龙亭于庭中,设仪仗鼓乐于露台,设表笺案于龙亭前,香案于表笺案前,设进表笺官位于龙亭东。鼓初严,各官具服。次严,班首具服诣香案前,涤印用印讫,以表笺置于案,退立幕次。三严,各官入班四拜,班首诣香案前。赞跪,众官皆跪。执事者以表笺跪授班首,班首跪授进表官,进表官跪受,置龙亭中。班首复位,各官皆四拜,三舞蹈,山呼,四拜。金鼓仪仗鼓乐百官前导,进表官在龙亭后东。至郊外,置龙亭南向,仪仗鼓乐陈列如前,文武官侍立。班首取表笺授进表官,进表官就于马上受表,即行,百官退。

乡饮酒礼 《记》曰:"乡饮酒之礼废,则争斗之狱繁矣。"故《仪礼》所记,惟乡饮之礼达于庶民。自周迄明,损益代殊,而其礼不废。洪武五年诏礼部奏定乡饮礼仪,命有司与学官率士大夫之老者,行于学校,民间里社亦行之。十六年诏班《乡饮酒礼图式》于天下,每岁正月十五日、十月初一日,于儒学行之。

其仪,以府州县长吏为主,以乡之致仕官有德行者一人为宾,择年高有德者为僎宾,其次为介,又其次为三宾,又其次为众宾,教职为司正。赞礼、赞引、读律,皆使能者。

前期,设宾席于堂北两楹之间,少西,南面;主席于阼阶上,西面;介席于西阶上,东面;僎席于宾东,南面;三宾席于宾西,南面。皆专席不属。众宾六十以上者,席于西序,东面北上。宾多则设席于西阶,北面东上;僚佐席于东序,西面北上。设众宾五十以下者,位于堂下西阶之西,当序,东面北上。宾多则又设位于西阶之南,北面东上。司正及读律者,位于堂下阼阶之南,北面西上。设主之赞者位于阼阶之东,西面北上。设主及僚佐以下次于东廊,宾介及众宾次于庠门之外，僎次亦在门外。设酒尊于堂上东南隅，加勺幂，用葛巾；爵洗于阼阶下东南；篚一于洗西，实以爵觯；盥洗在爵洗东。设卓案于堂上下席位前，陈豆于其上。六十者三豆，七十者四豆，八十者五豆，九十者六豆，堂下者二豆。主人豆如宾之数，皆实以菹醢。

至期，宾将及门，执事者进报曰："宾至。"主人率僚属出迎于门外，主西面，宾以下皆东面。三揖三让，而后升堂，相向再拜，升坐。执事者报僎至，迎坐如前仪。赞礼唱司正扬觯。司正诣盥洗位，次诣爵洗位，取觯于篚，洗觯。升自西阶，诣尊所酌酒，进两楹之间，北面立。在坐者皆起，司正揖，僎宾以下皆报揖。司正乃举觯，言曰："恭惟朝廷，率由旧章。敦崇礼教，举行乡饮，非为饮食。凡我长幼，各相劝勉。为臣竭忠，为子尽孝，长幼有序，兄友弟恭。内睦宗族，外和乡里，无或失坠，以忝所生。"言毕，赞礼唱司正饮酒。饮毕，揖报如初。司正复位，僎宾以下皆坐。赞礼唱读律令，执事举律令案于堂之中。读律令者诣案前，北向立读，皆如扬觯仪。有过之人俱赴正席立听，读毕复位。赞礼唱供馔，执事者举馔案至宾前，次僎，次介，次主，三宾以下各以次举讫。赞礼唱献宾，主降诣盥洗及爵洗位，洗爵酌酒，至宾前，置于席。稍退，两拜，宾答拜。又诣僎前，亦如之。主退复位。赞礼唱宾酬酒，宾起，僎从之，诣盥洗爵洗位如仪。至主前，置爵。宾、僎、主皆再拜，各就坐。执事者于介、三宾、众宾以下，以次斟酒讫。赞礼唱饮酒，或三行，或五行。供汤三品毕。赞礼唱彻馔，在坐者皆兴。僎、主、僚属居东，宾、介、三宾、从宾居西，皆再拜。赞礼唱送宾，以次下堂，分东西行，仍三揖出庠门而退。里中乡饮略同。

二十二年，命凡有过犯之人列于外坐，同类者成席，不许杂于善良之中，著为令。

三曰宾礼，以待蕃国之君长与其使者。宋政和间，详定五礼，取《周官·司仪》掌九仪宾客摈相，诏王南乡以朝诸侯之义，故以朝会仪列为宾礼。按古之诸侯，各君其国，子其民，待以客礼可也，不可与后世之臣下等。兹改从其旧，而百官庶人相见之礼附焉。

蕃王朝贡礼　蕃王入朝，其迎劳宴飨之礼，惟唐制为详。宋时，蕃国皆遣使入贡，所接见惟使臣而已。

明洪武二年定制。凡蕃王至龙江驿，遣侍仪、通赞二人接伴。馆人陈蕃王座于厅西北，东向。应天府知府出迎，设座于厅东南，西向。以宾主接见。宴毕，知府还，蕃王送于门外。明日，接伴官送蕃王入会同馆，礼部尚书即馆宴劳。尚书至，蕃王服其国服相见。宴飨迎送俱如龙江驿。酒行，用乐。明日，中书省奏闻，命官一员诣馆，如前宴劳。侍仪司以蕃王及从官具服，于天界寺习仪三日，择日朝见。

设蕃王及从官次于午门外，蕃王拜位于丹墀中道，稍西，从官在其后。设方物案于丹墀中道东西。知班二，位于蕃王拜位北，引蕃王舍人二，位于蕃王北，引蕃王从官舍人二，位于蕃王从官北，俱东西相向。鼓三严，百官入侍。执事举方物案，蕃王随案由西门入，至殿前丹墀西，俟立。皇帝服通天冠、绛纱袍御殿。蕃王及从官各就拜位，以方物案置拜位前。赞四拜讫，引班导蕃王升殿。宣方物官以方物状由西陛升，入殿西门，内赞引至御前。赞拜，蕃王再拜，跪，称贺致词。宣方物官宣状。承制官宣制讫，蕃王俯伏，兴，再拜，出殿西门，复位。赞拜，蕃王及其从官皆四拜。礼毕，皇帝兴，蕃王以下出。乐作乐止皆如常。

见皇太子于东宫正殿，设拜位于殿外。皇太子皮弁服升座，蕃王再拜，皇太子立受。蕃王跪称贺，致词讫，复位，再拜，皇太子答拜。蕃王出，其从官行四拜礼。见亲王，东西相向，再拜，王答拜。俱就座，王座稍北。礼毕，揖而出。见丞相、三公、大都督、御史大夫，皆钧礼。蕃王陛辞，如朝见仪，不传制。中书省率礼部官送至龙江驿，宴如初。

二十七年四月，以旧仪烦，命更定。凡蕃国来朝，先遣礼部官劳于会同馆。明日，各具其国服，如尝赐朝服者则服朝服，于奉天殿朝见。行八拜礼毕，即诣文华殿朝皇太子，行四拜礼。见亲王，亦如之，王立受，答后二拜。从官随蕃王后行礼。凡遇宴会，蕃王居侯、伯之下。

凡蕃国遣使朝贡，至驿，遣应天府同知礼待。明日至会同馆，中书省奏闻，命礼部侍郎于馆中礼待如仪。宴毕，习仪三日，择日朝见。陈设仪仗及进表，俱如仪。承制官诣使者前，称有制。使者跪，宣制曰：“皇帝问使者来时，尔国王安否？”使者答毕，俯伏，兴，再拜。承制官称有后制，使者跪。宣制曰：“皇帝又问，尔使者远来勤劳。”使者俯伏，兴，再拜。承制官复命讫，使者复四拜。礼毕，皇帝兴，乐作止如仪。见东宫四拜，进方物讫，复四拜。谒丞相、大都督、御史大夫，再拜。献书，复再拜。见左司郎中等，皆钧礼。

凡锡宴，陈御座于谨身殿。设皇太子座于御座东，诸王座于皇太子下，西向，设蕃王座于殿西第一行，东向，设文武官座于第二、第三行，东西向。酒九行，上食五次，大乐、细乐间作，呈舞队。蕃国从官坐于西庑下，酒数食品同，不作乐。东宫宴蕃王，殿上正中设皇太子座，设诸王座于旁，东西向；蕃王座于西偏，诸王之下，东向；三师、宾客、谕德位于殿上第二行，东西向；蕃王从官及东宫官位于西庑，东向北上。和声郎陈乐，光禄寺设酒馔，俱如谨身殿仪。或宰相请旨宴劳，则设席于中书省后堂，宾西主东。设蕃王从官及左右司官坐于左司。教坊司陈乐于堂及左司南楹。蕃王至省门外，省官迎入，从官各从其后。升阶就坐，酒七行，食五品，作乐，杂陈诸戏。宴毕，省官送至门外。都督府、御史台宴如之。

其宴蕃使，礼部奉旨锡宴于会同馆。馆人设坐次及御酒案，教坊司设乐舞，礼部官陈龙亭于午门外。光禄寺官请旨取御酒，置龙亭，仪仗鼓乐前导。至馆，蕃使出迎于门外。执事者捧酒由中道入，置酒于案。奉旨官立于案东，称有制，使者望阙跪。听宣毕，赞再拜。奉旨官酌酒授使者，北面跪饮毕，又再拜。各就坐，酒七行，汤五品，作乐陈戏如仪。宴毕，奉旨官出，使者送至门外。皇太子锡宴，则遣宫官礼待之。省府台亦置酒宴会,酒五行,食五品,作乐,不陈戏。

遣使之蕃国仪　凡遣使、赐玺绶及问遗废吊,自汉始。唐使外国,谓之入蕃使,宋谓之国信使。明祖既定天下,分遣使者奉诏书往谕诸国,或降香币以祀其国之山川。抚柔之意甚厚,而不伤国体,视前代为得。

凡遣使,翰林院官草诏。至期,陈设如常仪。百官入侍,皇帝御奉天殿。礼部官捧诏书,尚宝司奏用宝,以黄销金袱裹置盘中,置于案。使者就拜位四拜,乐作止如仪。承制官至丹陛称有制,使者跪。宣制曰:"皇帝敕使尔某诏谕某国,尔宜恭承朕命。"宣讫,使者俯伏,兴,四拜。礼部官奉诏降自中陛,以授使者。使者捧出午门,置龙亭内。驾兴,百官出。

使者入蕃国境,先遣人报于王,王遣使远接。前期,于国门外公馆设幄结绵,陈龙亭香案,备金鼓仪仗大乐。又于城内街巷结绵,设阙亭于王殿上,设香案于其前。设捧诏官位殿陛之东北,宣诏展诏官以次南,俱西向。诏使至,迎入馆。王率国中官及耆老出迎于国门外,行五拜礼。仪仗鼓乐导龙亭入,使者随之。至殿上,置龙亭于正中。使者立香案东,蕃王位殿庭中北向,众官随之。使者南向立,称有制,蕃王以下皆四拜。蕃王升自西阶,诣香案前跪。三上香,俯伏,兴。众官同。蕃王复位。使者诣龙亭前,取诏书授捧诏官。捧诏官捧诣开读案,授宣诏官。宣诏官受诏,展诏官对展,蕃王以下皆跪听。宣讫,仍以诏置龙亭。蕃王以下皆俯伏,兴,四拜,三舞蹈,复四拜。凡拜皆作乐。礼毕,使者以诏书付所司颁行。蕃王与使者分宾主行礼。

其赐蕃王印绶及礼物,宣制曰:"皇帝敕使尔某,授某国王印绶,尔其恭承朕命。"至蕃国,宣制曰:"皇帝敕使某,持印赐尔国王某,并赐礼物。"余如仪。

蕃国遣使进表仪　洪武二年定。所司于王宫及国城街巷结绵,设阙庭于殿上正中。前设表笺案,又前设香案。使者位于香案东,捧表笺二人于香案西。设龙亭于殿庭南正中,仪仗鼓乐具备。清晨,司印者陈印案于殿中,涤印讫,以表笺及印俱置于案。王冕服,众官朝服。诣案前用印毕,用黄袱裹表,红袱裹笺,各置于匣中,仍各以黄袱裹之。捧表笺官捧置于案。引礼引王至殿庭正中,众官位其后。赞拜,乐作,再拜,乐止。王诣香案前跪,众官皆跪,三上香讫。捧表官取表东向跪进王,王授表以进于使者。使者西向跪受,兴,置于案。赞兴,王复位。赞拜,乐作,王与众官皆四拜。乐止,礼毕。捧表笺官捧表前行,置于龙亭中,金鼓仪仗鼓乐前导。王送至宫门外,还。众官朝服送至国门外。使者乃行。

　　品官相见礼　凡官员揖拜,洪武二十年定,公、侯、驸马相见,各行两拜礼。一品官见公、侯、驸马,一品官居右,行两拜礼,公、侯、驸马居左,答礼。二品见一品,亦如之。三品以下仿此。若三品见一品,四品见二品,行两拜礼。一品二品答受从宜,余品仿此。如有亲戚尊卑之分,从行私礼。三十年令,凡百官以品秩高下分尊卑。品近者行礼,则东西对立,卑者西,高者东。其品越二、三等者,卑者下,尊者上。其越四等者,则卑者拜下,尊者坐受,有事则跪白。

　　凡文武官公聚,各依品级序坐。若资品同者,照衙门次第。若王府官与朝官坐立,各照品级,俱在朝官之次。成化十四年定,在外总兵、巡抚官位次,左右都督与左右都御史并,都督同知与副都御史并,都督佥事与佥都御史并,俱文东武西。伯以上则坐于左。十五年重定,都御史系总督及提督军务者,不分左右副佥,俱坐于左。总兵官虽伯,亦坐于右。

　　凡官员相遇回避,洪武三十年定,驸马遇公、侯,分路而行。一品二品遇公、侯、驸马,引马侧立,须其过。二品见一品,趋右让道而行。三品遇公、侯、驸马,引马回避,遇一品引马侧立,遇二品趋右让道而行。四品遇一品以上官,引马回避,遇二品引马侧立,遇三品趋右让道而行。五品至九品,皆视此递差。其后不尽遵行。文职虽一命以上,不避公、侯、勋戚大臣,而其相回避者,亦论官不论品秩矣。

凡属官见上司,洪武二十年定,属官序立于堂阶之上,总行一揖,上司拱手,首领官答揖。其公干节序见上司官,皆行两拜礼,长官拱手,首领官答礼。

凡官员公座,洪武二十年定,大小衙门官员,每日公座行肃揖礼。佐贰官揖长官,长官答礼。首领官揖长官、佐贰官,长官、佐贰官拱手。

庶人相见礼　洪武五年令,凡乡党序齿,民间士农工商人等平居相见及岁时宴会谒拜之礼,幼者先施。坐次之列,长者居上。十二年令,内外官致仕居乡,惟于宗族及外祖妻家序尊卑,如家人礼。若筵宴,则设别席,不许坐于无官者之下。与同致仕官会,则序爵;爵同,序齿。其与异姓无官者相见,不须答礼。庶民则以官礼谒见。凌侮者论如律。二十六年定,凡民间子孙弟侄甥婿见尊长,生徒见其师,奴婢见家长,久别行四拜礼,近别行揖礼。其余亲戚长幼悉依等第,久别行两拜礼,近别行揖礼。平交同。

明史卷五七
志第三三

礼十一　军礼

亲征　遣将　祃祭　受降
奏凯献俘　论功行赏　大阅
大射　救日伐鼓

　　四曰军礼。亲征为首,遣将次之。方出师,有祃祭之礼。及还,有受降、奏凯献俘、论功行赏之礼。平居有阅武、大射之礼。而救日伐鼓之制,亦以类附焉。

　　亲征　洪武元年闰七月诏定军礼。中书省臣会儒臣言,古者天子亲征,所以顺天应人,除残去暴,以安天下。自黄帝习用干戈以征不享,此其始也。周制,天子亲征,则类于上帝,宜于大社,造于祖庙,祃于所征之地,及祭所过山川。师还,则奏凯献俘于庙社。后魏有宣露布之制。唐仍旧典,宋亦间行焉。于是历考旧章,定为亲征礼奏之。前期,择日祭告天地宗社。皇帝服武弁,乘革辂,备六军,具牲币,作乐,皆行三献礼,其仪与大祀同。又于国南神祠行祃祭礼。凡所过山川岳镇海渎用太牢,其次少牢,又次特牲。若行速,止用酒脯,祭器笾豆各一。前期,斋一日。皇帝服通天冠、绛纱袍,省牲视涤。祭之日,服武弁,行一献礼。凯旋,告祭宗社,礼与出师同。

献俘庙社，以露布诏天下，然后论功行赏。永乐、宣德、正统间，率遵用之。

正德十四年，帝亲征宸濠，礼部上祭告仪注如旧。帝令祭祀俱遣官代。及疏请遣官，有旨勿遣。其颁诏，亦如旧制。明年十一月将凯旋，礼臣言：“宸濠悖逆，皇上亲统六师，往正其罪，与宣德间亲征汉庶人高煦故事相同。但一切礼仪无从稽考。请于师还之日，圣驾从正阳门入，遣官告谢天地庙社。驾诣奉先殿、几筵殿，谒见毕，朝见皇太后。次日早，御午门楼，百官朝见，行献俘礼。择日诏告天下。”十二月，帝还京，百官迎于正阳门外，帝戎服乘马入。

遣将　洪武元年，中书省臣会官议奏，王者遣将，所以讨有罪，除民害也。《书》称大禹徂征，《诗》美南仲薄伐。《史记》引《兵书》曰：“古王者之遣将，跪而推毂。”汉高命韩信为将，设坛具礼。北齐亲授斧钺。唐则告于庙社，又告太公庙。宋则授旌节于朝堂，次告庙社，又祃祭黄帝。今定遣将礼，皇帝武弁服，御奉天殿。大将军入就丹墀，四拜，由西陛入殿，再拜跪。承制官宣制，以节钺授大将军。大将军受之，以授执事者，俯伏，兴，再拜出。降陛，复位，四拜。驾还宫，大将军出。至午门外勒所部将士，建旗帜，鸣金鼓，正行列，擎节钺。奏乐前导，百官以次送出。造庙宜社之礼，即命大将军具牲币，行一献礼，与遣官祭告庙社仪同。其告武成王庙仪，前二日，大将省牲。祭日，大将于幕次金祝版，入就位，再拜。诣神位前上香、奠帛、再拜。进熟酌献，读祝，再拜。诣位，再拜。饮福受胙，复再拜。彻豆、望燎。其配位，亦大将行礼。两庑陪祀，诸将分献。

祃祭　亲征前期，皇帝及大将陪祭官皆斋一日。前一日，皇帝服通天冠、绛纱袍，省牲，诣神厨，视鼎镬涤溉。执事设军牙六纛于庙中之北，军牙东，六纛西，笾豆十二，簠簋各二，铏登俎各三。设瘗坎位于神位西北，设席于坎前。上置酒碗五，雄鸡五，余陈设如常仪。祭日，建牙旗六纛于神位后。皇帝服武弁，自左南门入。至庙庭南,正中北向立。大将及陪祭官分文武重行班于后。迎神,再拜,奠币。行初献礼,先诣军牙神位前,再诣六纛神位前,俱再拜。亚献、终献如之。惟初献读祝,诣饮福位,再拜,饮福,受胙,又再拜。掌祭官彻豆,赞礼唱送神,复再拜。执事官各以祝币,掌祭官取馔诣燎所,太常奏请望燎。执事杀鸡,刺血于酒碗中,酹神。燎半,奏礼毕,驾还。若遣将,则于旗纛庙坛行三献礼。大将初献,诸将亚献、终献。

受降　洪武四年七月,蜀夏明昇降表至京师,太祖命中书集议受降礼。省部请如宋太祖受蜀主孟昶降故事,拟明昇朝见日,皇帝御奉天门,昇等于午门外跪进待罪表。侍仪使捧表入,宣表官宣读讫,承制官出传制。昇等皆俯伏于地,侍仪舍人掖昇起,其属官皆起,跪听宣制释罪。昇等五拜,三呼万岁。承制官传制,赐衣服冠带。侍仪舍人引昇入丹墀中,四拜。侍仪使传旨,昇跪听宣谕,俯伏,四拜,三呼万岁,又四拜,出。百官行贺礼。帝以昶专治国政,所为奢纵,昇年幼,事由臣下。免其叩头伏地上表请罪礼,惟命昇及其官属朝见,百官朝贺。

奏凯献俘　凡亲征师还,皇帝率诸将陈凯乐俘馘于庙南门外,社北门外。告祭庙社,行三献礼,同出师仪。祭毕,以俘馘付刑部,协律郎导乐以退。皇帝服通天冠、绛纱袍,升午门楼,以露布诏天下,百官具朝服以听,仪与开读诏赦同。

大将奏凯仪。先期,大都督以露布闻。内使监陈御座于午门楼上前楹,设奏凯乐位于楼前,协律郎位于奏凯乐北,司乐位于协律郎南。又设献俘位于楼前少南,献俘将校位于其北,刑部尚书奏位于将校北,皆北向。又设刑部尚书受俘位于献俘位西,东向。设露布案于内道正中,南向。受露布位于案东,承制位于案东北,俱西向。宣露布位于文武班南,北向。至日,清晨,先陈凯乐俘馘于庙社门外,不奏歌曲。俟告祭礼毕,复陈乐于午门楼前,将校引俘侍立于兵仗之外,百官入侍立位。皇帝常服升楼,侍卫如常仪。大将于楼前就位，四拜。诸将随之，退，就侍立位。赞奏凯乐，协律郎执麾引乐工就位，司乐跪请奏凯乐。协律郎举麾，鼓吹振作，编奏乐曲。乐止，赞宣露布。承制官以露布付受露布官，引礼引诣案跪受，由中道南行，以授宣露布官。宣讫，付中书省颁示天下。将校引俘至位，刑部尚书跪奏曰："某官某以某处所俘献，请付所司。"奏讫，退复位。其就刑者立于西厢，东向，以付刑官。其宥罪者，楼上承制官宣旨，有敕释缚。楼下承旨，释讫，赞礼赞所释之俘谢恩，皆四拜，三呼，将校以所释俘退。如有所赐，就宣旨赐之。大将以下就拜位，舞蹈山呼如常仪。班前稍前跪，称贺致词讫，百官复四拜，礼毕还宫。

洪武三年六月，左副将军李文忠北征大捷，遣官送所俘元孙买的里八剌及宝册至京师。百官请行献俘礼。帝不许，事详《本纪》。止令服本俗服，朝见毕，赐中国衣冠，就谢。复谓省臣曰："故国之妃朝于君者，元有此礼，不必效之。"亦令衣本俗服，入见中宫，赐中国服，就谢。十月，大将军徐达及文忠等师还，车驾出劳于江上。明日，达率诸将上《平沙漠表》。帝御奉天殿，皇太子、亲王侍，百官朝服陪列，达、文忠奉表贺，礼成，退自西阶。皇太子、亲王入贺。后定，凡大捷，择日以宣，其日不奏事，百官吉服贺，即日遣官荐告郊庙。中捷以下，止宣捷，不祭告庆贺。

永乐四年定，凡捷，兵部官以露布奏闻，大将在军则进露布官行礼，次日行开读礼，第三日行庆贺礼，余如前仪。武宗征宸濠还，礼部上献俘仪，值帝弗豫，不果行。嘉靖二十三年十月，叛贼王三屡导吉囊入犯大同，官军计擒之。遣官谢南北郊、景神殿、太社稷。择日献俘，百官表贺。天启二年，四川献逆犯樊友邦等，山东献逆犯徐鸿儒等，俱遣官告祭郊庙，御楼献俘。

论功行赏　凡凯还，中书省移文大都督府，兵部具诸将功绩，吏部具勋爵职名，户、礼二部具赏格。中书集六部论定功赏，奏取上裁。前期，陈御座香案于奉天殿，设宝案诏书案于殿中，诰命案于丹陛正中之北，宣制案于诰命案之北。吏、户、礼三部尚书位于殿上东南,大都督、兵部尚书位于殿上西南,应受赏官拜位于丹墀中,序立位于丹墀西南,受赏位于诰命案之南,受赏执事位于受赏官序立位之西。每官用捧诰命、捧礼物各一人,俱北向。余陈设如朝仪。是日,鼓三严,执事官各就位。皇帝衮冕升座,皇太子、诸王衮冕,自殿东门入侍立,受赏官入就拜位,四拜。承制官跪承制,由殿中门出,吏、户、礼尚书由殿西门出,立于诰命案东,承制官南向称有制,受赏官皆跪,宣制曰:“朕嘉某等为国建功,宜加爵赏。今授以某职,赐以某物,其恭承朕命。”宣毕,受赏官俯伏,兴,再拜。唱行赏,受赏官第一人诣案前跪,吏部尚书捧诰命,户部尚书捧礼物,各授受赏官。受赏官以授左右,俯伏,兴,复位。余官以次受赏讫,承制官、吏部尚书等俱至御前复命,还复位。受赏官皆再拜,三舞蹈,山呼。俯伏,兴,复四拜。礼毕,皇帝还宫。各官出,至午门外以诰命礼物置于龙亭,用仪仗鼓乐各送还本第。明日进表称谢,如常仪。

　　大阅　宣德四年十月,帝将阅武郊外,命都督府整兵,文武各堂上官一员,属官一员扈从。正统间,或阅于近郊,于西苑,不著令。隆庆二年,大学士张居正言:“祖宗时有大阅礼,乞亲临校阅。”兵部引宣宗、英宗故事,请行之。命于明年八月举行。及期,礼部定仪。

　　前期一日,皇帝常服告于内殿,行四拜礼,如出郊仪。司设监设御幄于将台上,总协戎政大臣、巡视科道督率将领军兵预肃教场。

　　至日早,遣官于教场祭旗纛之神。三大营官军具甲仗,将官四员统马兵二千扈驾。文臣各堂上官、科道掌印官、礼兵二科、礼部仪制司、兵部四司官、纠仪监射御史、鸿胪寺供事官、武官都督以上、锦衣卫堂上及南镇抚司掌印金书官,俱大红便服,关领扈从,牙牌悬带,先诣教场。

　　是日,免朝。锦衣卫备卤簿。皇帝常服乘辇由长安左门出,官军导从,钲鼓振作。出安定门,至阅武门外。总协戎政官率大小将佐戎服跪迎,入将台下,北向序立。驾进阅武门,内中军举号炮三,各营钲鼓振作,扈从官序于行宫门外。驾至门,降辇。兵部官导入行宫,鸣金止鼓,候升座。扈从官行一拜礼,传赐酒饭。各官谢恩出,将台下东西序立。兵部官奏请大阅。兵部、鸿胪寺官导驾登台,举炮三。京营将士叩头毕,东西侍立。总协戎政官列于扈从官之北,诸将列从官之南。兵部尚书奏请,令各营整搠人马。台上吹号笛,麾黄旗,总协戎政及将佐等官各归所部。兵部尚书请阅阵,举炮三。马步官军演阵,如常法。演毕,复吹号笛,麾黄旗,将士俱回营。少顷,兵部尚书请阅射。总协戎政官以下及听射公、侯、驸马、伯、锦衣卫等官,俱于台下较射。马三矢,步六矢,中的者鸣鼓以报,御史、兵部官监视纪录。把总以下及家丁、军士射,以府部大臣并御史、兵部官于东西厅较阅。枪刀火器等艺,听总协戎政官量取一队,于御前呈验。兵部尚书奏大阅毕,台下举号旗,总协戎政官及诸将领俱诣台下,北向序立。鸿胪寺官奏传制,赞跪。宣制讫,赞叩头。各官先退,出门外,赞扈从官行叩头礼。

礼毕,驾回行宫,少憩,扈从等官趋至门内立。皇帝升辇。中军举炮三,各营皆鼓吹,卤簿及马兵导从如来仪,钲鼓与大乐相应振作。总协戎政以下候驾至,叩头退。马兵至长安左门外止。卤簿大乐至午门外止。驾还,仍诣内殿参谒,如前仪。百官不扈从者,各吉服于承天门外桥南序立。恭送驾还,迎如之。

次日,总协戎政官以下表谢,百官侍班行称贺礼,如常仪。兵部以将士优劣及中箭多寡、教练等第奏闻。越二日,皇帝御皇极门,赐敕勉励将士。总协戎政官捧至綵舆,将士迎导至教场,开读行礼如仪。是日,即行赏赉并戒罚有差。次日,总协戎政官率将佐复谢恩。

诏如议行。驾还,乐奏《武成之曲》。

万历九年大阅,如隆庆故事。

大射　大射之礼,后世莫讲,惟《宋史》列于嘉礼。至《明集礼》则附军礼中,《会典》亦然。

其制,洪武三年定。凡郊庙祭祀,先期行大射礼,工部制射侯等器。其射鹄有七。虎鹄五采,天子用之。熊鹄五采,皇太子用之。豹鹄五采,亲王用之。豹鹄四采,文武一品、二品者用之。糁鹄三采,三品至五品用之。狐鹄二采,六品至九品用之。布鹄无采,文武官子弟及士民俊秀用之。凡射时,置乏于鹄右。乏又名容,见《周礼·大司马·服不氏》,职执旗及待获者以蔽身。设福及韦,当射时置于前,以齐矢。设射中五皮。树中,天子大射用之。闾中,天子宴射用之。虎中,皇太子、亲王射用之。兕中,一品至五品文武官用之。鹿中,六品至九品及文武官子弟士民俊秀通用之。其职事,设司正官二,掌验射者品级尊卑人力强弱而定耦,其中否则书于算,兵部官职之。司射二,掌先以强弓射鹄诱射,以鼓众气,武职官充之。司射器官二,掌辨弓力强弱,分为三等,验人力强弱以授,工部官职之。举爵者,掌以马潼授中者饮,光禄寺官职之。请射者,掌定耦射。射毕,再请某耦射,侍仪司职之。待获者、掌矢纳于司射器者,以隶仆供其役。执旗者六人,掌于容后执五色旗。如射者中的,举红旗应之。中采,举采旗应之。偏西,举白旗。偏东,举青旗。过于鹄,举黄旗。不及鹄,举黑旗。军士二人掌之。引礼二,掌引文武官进退,侍仪司舍人职之。

太祖又以先王射礼久废,弧矢之事专习于武夫,而文士多未解。乃诏国学及郡县生员,皆令习射,颁仪式于天下。朔望则于公廨或闲地习之。其官府学校射仪,略仿大射之式,而杀其礼。射位初三十步,自后累加至九十步。射四矢,以二人为耦。

永乐时有击球射柳之制。十一年五月五日幸东苑,击球射柳,听文武群臣四夷朝使及在京耆老聚观。分击球官为两朋,自皇太孙而下诸王大臣以次击射,赐中者币布有差。

救日伐鼓　洪武六年二月定救日食礼。其日,皇帝常服,不御正殿。中书省设香案,百官朝服行礼。鼓人伐鼓,复圆乃止。月食,大都督府设香案,百官常服行礼,不伐鼓,雨雪云翳则免。

二十六年三月更定,礼部设香案于露台,向日,设金鼓于仪门内,设乐于露台下,各官拜位于露台上。至期,百官朝服入班,乐作,四拜,兴,乐止,跪。执事者捧鼓,班首击鼓三声,众鼓齐鸣,候复圆,复行四拜礼。月食,则百官便服于都督府救护如仪。在外诸司,日食则于布政使司、府州县,月食则于都指挥使司、卫所,如仪。

　　隆庆六年,大丧。方成服,遇日食。百官先哭临,后赴礼部,青素衣、黑角带,向日四拜,不用鼓乐。

明史卷五八
志第三四

礼十二 凶礼一

山　陵

　　次五曰凶礼。凡山陵、寝庙与丧葬、服纪及士庶丧制,皆以类编次。其谒陵、忌辰之礼,亦附载焉。

　　山陵　太祖即位,追上四世帝号。皇祖考熙祖,墓在凤阳府泗州蚬城北,荐号曰祖陵。设祠祭署,置奉祀一员,陵户二百九十三。皇考仁祖,墓在凤阳府太平乡。太祖至濠,尝议改葬,不果。因增土以培其封,令陵旁故人汪文、刘英等二十家守视。洪武二年荐号曰英陵,后改称皇陵。设皇陵卫并祠祭署,奉祀一员,祀丞三员,俱勋旧世袭。陵户三千三百四十二,直宿洒扫。礼生二十四人。四年建祖陵庙。仿唐、宋同堂异室之制,前殿、寝殿俱十五楹,东西旁各二,为夹室,如晋王肃所议。中三楹通为一室,奉德祖神位,以备祫祭。东一楹奉懿祖,西一楹奉熙祖。十九年命皇太子往泗州修缮祖陵,葬三祖帝后冠服。

　　三十一年,太祖崩。礼部定议,京官闻丧次日,素服、乌纱帽、黑角带,赴内府听遗诏。于本署斋宿,朝晡诣几筵哭。越三日成服,朝晡哭临,至葬乃止。自成服日始,二十七日除。命妇孝服,去首饰,由西华门入哭临。诸王、世子、王妃、郡主、内使、宫人俱斩衰三年,二十七月除。凡临朝视事,素服、乌纱帽、黑角带,退朝衰服。群臣麻布员领衫、麻布冠、麻绖、麻鞋。命妇麻布大袖长衫,麻布盖头。明器如卤簿。神主用栗,制度依家礼。行人颁遗诏于天下。在外百官,诏书到日,素服、乌纱帽、黑角带,四拜。听宣读讫,举哀,再四拜。三日成服,每旦设香案哭临,三日除。各遣官赴京致祭,祭物礼部备。孝陵设神宫监并孝陵卫及祠祭署。建文帝诏行三年丧,事在《本纪》。以遭革除,丧葬之制皆不传。

文帝崩于榆木川,遗诏一遵太祖遗制。京师闻讣,皇太子以下皆易服。宫中设几筵,朝夕哭奠。百官素服,朝夕哭临思善门外。礼部定丧礼,宫中自皇太子以下及诸王、公主,成服日为始,斩衰三年,二十七月除。服内停音乐、嫁娶、祭祀,止停百日。文武官闻丧之明日,诣思善门外哭,五拜三叩头,宿本署,不饮酒食肉。四日衰服,朝夕哭临三日,又朝临十日。衰服二十七日。凡入朝及视事,白布裹纱帽、垂带、素服、腰绖、麻鞋。退朝衰服,二十七日外,素服、乌纱帽、黑角带,二十七月而除。听选办事等官衰服,监生吏典僧道素服,赴顺天府,朝夕哭临三日,又朝临十日。命妇第四日由西华门入,哭临三日,俱素服,二十七日除。凡音乐祭祀,并辍百日。婚嫁,官停百日,军民停一月。军民素服,妇人素服不妆饰,俱二十七日。在外以闻丧日为始,越三日成服,就本署哭临,余如京官。命妇素服举哀三日,二十七日除。军民男女皆素服十三日,余俱如京师。凡京官服,给麻布一疋自制。四夷使臣,工部造与。诸王、公主遣官及内外文武官诣几筵祭祀者,光禄寺备物,翰林院撰文,礼部引赴思善门外行礼。京城闻丧日为始,寺观各鸣钟三万杵,禁屠宰四十九日。丧将至,文武官衰服,军民素服赴居庸关哭迎。皇太子、亲王及群臣皆衰服哭迎于郊。至大内,奉安于仁智殿,加敛,奉纳梓宫。遣中官奉大行皇帝遗衣冠。作书赐汉王、赵王。礼臣言:"丧服已逾二十七日,请如遗命,以日易月。"帝以梓宫在殡,不忍易,素冠、麻衣、麻绖视朝,退仍衰服,群臣听其便。

十二月,礼部进葬祭仪。发引前三日,百官斋戒。遣官以葬期告天地宗社，皇帝衰服告几筵，皇太子以下皆衰服随班行礼。百官衰服朝一临，至发引止。前一日，遣官祭金水桥、午门、端门、承天门、大明门、德胜门并所过河桥、京都应祀神祇及经过应祀神祠，仪用酒果肴馔。是夕，设辞奠，帝后太子以下皆衰服，以序致祭。司礼监、礼部、锦衣卫命执事者设大升舆、陈葬仪于午门外并大明门外。

将发，设启奠。皇帝暨皇太子以下衰服四拜。奠帛、献酒、读祝，四拜。举哀，兴，哀止，望瘗。执事者升，彻帷幕，拂拭梓宫，进龙輴于几筵殿下。设神亭、神帛舆、谥册宝舆于丹陛上，设祖奠如启奠仪。皇帝诣梓宫前，西向立。皇太子、亲王以次侍立。内侍于梓宫前奏，请灵驾进发，捧册宝、神帛置舆中。次铭旌出。执事官升梓宫，内执事持翣左右蔽。降殿，内侍官请梓宫升龙輴，执事官以绣帷幕梓宫，内侍持伞扇侍卫如仪。旧御仪仗居前，册宝、神帛、神亭、铭旌以次行。皇帝由殿左门出，后妃、皇太子、亲王及宫妃后随。至午门内，设遣奠，如祖奠仪。内侍请灵驾进发，皇帝以下哭尽哀，俱还宫。

梓宫至午门外，礼官请梓宫升大升舆。执事官奉升舆讫，礼官请灵驾进发。皇太子、亲王以下哭送出端门外，行辞祖礼。执事官设褥位于太庙香案前。皇太子易常服，捧神帛，由左门入，至褥位跪，置神帛于褥，兴，正立于神帛后跪。礼官跪于左，奏太宗体天弘道高明广运圣武神功纯仁至孝文皇帝谒辞。皇太子俯伏，兴，赞五拜三叩头毕，皇太子捧神帛，兴，以授礼官。礼官安舆中，请灵驾进发。皇太子仍丧服，亲王以下随行。梓宫由大明中门出，皇太子以下由左门出，步送至德胜门外，乘马至陵，在途朝夕哭奠临。诸王以下及百官、军民耆老、四品以上命妇，以序沿途设祭。文武官不系山陵执事者悉还。

至陵，执事官先陈龙輴于献殿门外，俟大升舆至。礼官请灵驾降舆，升龙輴，诣献殿。执事官奉梓宫入，皇太子、亲王由左门入，安奉讫，行安神礼。皇太子四拜，兴，奠酒，读祝。俯伏，兴，四拜，举哀。亲王以下陪拜，如常仪。遣官祀告后土并天寿山，设迁奠礼，如上仪。将掩玄宫，皇太子以下诣梓宫前跪。内侍请灵驾赴玄宫，执事官奉梓宫入皇堂。内侍奉册宝置于前,陈明器,行赠礼。皇太子四拜,兴,奠酒,进赠。执事官捧玉帛进于右,皇太子受献,以授内执事,捧入皇堂安置。俯伏,兴,四拜,举哀,遂掩玄宫。行飨礼,如迁奠仪。遣官祀谢后土及天寿山。

设香案玄宫门外,设题主案于前,西向。设皇太子拜位于前,北向。内侍盥手奉主置案上,题主官盥手西向题毕,内侍奉主安于神座,藏帛箱中。内侍奏请太宗文皇帝神灵上神主。赞四拜,兴,献酒,读祝。俯伏,兴,四拜,举哀。内侍启椟受主讫,请神主降座升舆。至献殿,奏请神主降舆升座,行初虞礼。皇太子四拜,初献,奠帛酒,读祝,俯伏,兴。亚献、终献,四拜,举哀,望瘗。内官捧神帛箱埋于殿前,焚凶器于野。葬日初虞,柔日再虞,刚日三虞,后间日一虞,至九虞止。在途,皇太子行礼。还京,皇帝行礼。

神主将还,内侍请神主降座升舆,仪仗侍卫如仪。皇太子随,仍朝夕奠。至京,先于城外置幄次,列仪卫,鼓吹备而不作。百官衰服候城外,主入幄次,百官序列,五拜三叩首。神主行,百官从。至午门外,皇帝衰服迎于午门内,举哀,步导主升几筵殿。皇帝立殿上,内侍请神主降舆升座,行安神礼。皇帝四拜,兴,奠酒,读祝。俯伏,兴,四拜,举哀。皇太子以下陪拜。百官于思善门外行礼如仪。明日,百官行奉慰礼。

卒哭用虞祭后刚日,礼同虞祭,自是罢朝夕奠。祔飨用卒哭之明日,太常寺设醴馔于太庙,如时飨仪,乐设而不作。设仪卫伞扇于午门外,内侍进御辇于几筵殿前,皇帝衰服四拜,举哀。兴,哀止,立于拜位之东,西向。内侍请神主降座升辇,诣太庙祔飨。至思善门外,皇帝易祭服,升辂,随至午门外,诣御辇前跪。太常卿奏请神主降辇,皇帝俯伏,兴,捧主由左门入,至丹陛上。典仪唱"太宗文皇帝谒庙"。至庙前,内侍捧主至褥位,皇帝于后行八拜礼。每庙俱同。内侍捧主北向,太常卿立坛东,西向。唱"赐坐",皇帝搢圭,奉神主安于座,诣拜位行祭礼,如时飨仪。太常卿奏请神主还几筵,皇帝捧主由庙左门出,安奉于御辇。皇帝升辂随,至思善门降辂,易衰服,随至几筵殿前。内侍请神主降辇，升座。皇帝由殿左门入，行安神礼毕，释服还宫。明日，百官素服行奉慰礼。

大祥，奉安神主于太庙，礼详庙制。皇帝祭告几筵殿，皇太后、皇后以下各祭一坛，王府遣官共祭一坛，在京文武官祭一坛。自神主出几筵殿，内侍即撤几筵、帷幄，焚于思善门外。禫祭，遣亲王诣陵行礼。

洪熙元年，仁宗崩。皇太子还自南京，至良乡，宫中始发丧，宣遗诏。文武官常服于午门外四拜。宣毕，举哀，复四拜。易素服，迎皇太子于卢沟桥，桥南设幕次香案。皇太子至，常服，诣次四拜。听宣遗诏，复四拜，哭尽哀。易素服至长安右门下马，步哭至宫门外，释冠服，披发诣梓宫前，五拜三叩首，哭尽哀。宫中自皇后以下皆披发哭。皇太子就丧次东，见母后。亲王以次见皇太子毕，各居丧次，行祭告礼。丧仪俱如旧。惟改在京朝夕哭临三日，后又朝临止七日，在外止朝夕哭临三日，无朝临礼。文武官一品至四品命妇入哭临。服除，礼臣请帝服浅淡色衣、乌纱翼善冠、黑角带，于奉天门视事。百官皆浅淡色衣、乌纱帽、黑角带，朝参如常仪。退朝，仍终太宗服制。帝曰："朕心何能忍，虽加一日愈于已。"仍素服坐西角门，不鸣钟鼓，令百日后再议。已百日，礼臣复请御奉天门。帝命候山陵事毕。

先是，诏营献陵，帝召尚书蹇义、夏原吉谕曰："国家以四海之富葬亲，岂惜劳费。然古圣明王皆从俭制。孝子思保其亲体魄于永久，亦不欲厚葬。况皇考遗诏，天下所共知，宜尊先志。"于是建寝殿五楹，左右庑神厨各五楹，门楼三楹。其制较长陵远杀，皆帝所规画也。吏部尚书蹇义等请祔庙后，素服御西角门视事。至孟冬岁暮，行时飨礼。鸣钟鼓，黄袍御奉天门视朝。禫祭后，始释素，从之。

宣宗崩，丧葬如献陵故事。惟改命妇哭临，自三品以上。英宗崩，遗命东宫过百日成婚，不得以宫妃殉葬。宪宗即位，百日御奉天门视朝，礼仪悉用古典。宪宗崩，孝宗既除服，仍素翼善冠、麻衣、腰绖视朝，不鸣钟鼓，百官素服朝参，百日后如常。弘治元年正旦，时未及小祥,帝黄袍御殿受朝。次日,仍黑翼善冠,浅淡服、犀带。及大祥,神主奉安太庙及奉先殿。至禫祭,免朝。择日遣官诣陵致祭。

孝宗崩,工部言:"大行遗诏,惓惓以节用爱民为本。乞敕内府诸司,凡葬仪冥器并山陵殿宇,务从减省。"礼部言:"百日例应变服,但梓宫未入山陵,请仍素翼善冠、麻布袍服、腰绖,御西角门视事,不鸣钟鼓,百官仍素服朝参。"从之。自辞灵至虞祔,荣王俱在陪列。既而王以疾奏免。礼部请以驸马等官捧帛朝祖,帝曰:"朝祖捧帛,朕自行。"发引,亲王止送至大明门外。其在途及至陵临奠,俱护丧官行礼。后遂为例。

世宗崩,令旨免命妇哭临。隆庆元年正月,未及二十七日,帝衰服御宣治门,百官素服、腰绖奉慰。发引,帝行遣奠礼。至朝祖,则遣官捧帛行礼。梓宫至顺天府,皇亲命妇及三品以上命妇祭,余如旧制。

光宗即位,礼部言:"丧服列代皆有制度,而断自孝宗。盖孝宗笃于亲,丧礼详且备,故武、世、穆三庙皆宗之。今遵旧制,以衰服御文华门视事,百官素服朝参,候梓宫发引除。"从之。

明自仁宗献陵以后,规制俭约。世宗葬永陵,其制始侈。及神宗葬定陵,给事中惠世扬、御史薛贞巡视陵工,费至八百余万云。

明史卷五九
志第三五

礼十三　凶礼二

皇后陵寝　兴宗帝后陵寝
睿宗帝后陵寝　皇妃等丧葬
皇太子及妃丧葬
诸王及妃公主丧葬

皇后陵寝　洪武十五年，皇后马氏崩。礼部引宋制为请。于是命在京文武官及听除官，人给布一匹，令自制服，皆斩衰二十七日而除，服素服百日。凡在京官，越三日素服至右顺门外，具丧服入临毕，素服行奉慰礼，三日而止。武官五品以上、文官三品以上命妇，亦于第四日素服至乾清宫入临。用麻布盖头，麻布衫裙鞋，去首饰脂粉。其外官服制，与京官同。闻讣日，于公厅成服，命妇服亦与在京命妇同，皆三日而除。军民男女素服三日。禁屠宰，在京四十九日，在外三日。停音乐祭祀百日。嫁娶，官停百日，军民一月。将发引，告太庙，遣官祭金水桥、午门等神及钟山之神。帝亲祭于几筵，百官丧服诣朝阳门外奉辞。是日，安厝皇堂。皇太子奠，玄纁玉璧，行奉辞礼。神主还宫，百官素服迎于朝阳门外，仍行奉慰礼。帝复以醴馔祭于几筵殿，自再虞至九虞，皆如之。遣官告谢钟山之神。卒哭，以神主诣庙行祔享礼。丧满百日，帝辍朝，祭几筵殿，致钦不拜。东宫以下奠帛爵，百官素服行奉慰礼。东宫、亲王、妃、主以牲醴祭孝陵，公、侯等从。命妇诣几筵殿祭奠。自后凡节序及忌日，东宫亲王祭几筵及陵。小祥，辍朝三日。禁在京音乐屠宰，设醮于灵谷寺、朝天宫各三日。帝率皇太子以下诣几筵殿祭。百官素服，诣宫门。进香讫，诣后右门奉慰。外命妇诣几筵殿进香。皇太子、亲王熟布练冠九𫃅，皇孙七𫃅，皆去首绖，负版辟领衰。见帝及百官则素服、乌纱帽、乌犀带。妃、主以下，熟布盖头，去腰绖。宗室驸马练冠，去首绖。内尚衣、尚冠，以所释服于几筵殿前丙位焚之。皇太子、亲王复诣陵行礼。大祥，奉安神主于奉先殿，预期斋戒告庙。百官陪祀毕，行奉慰礼。

成祖皇后徐氏崩，自次日辍朝，不鸣钟鼓。帝素服御西角门，百官素服诣思善门外哭临毕，行奉慰礼。三日成服，哭临如上仪。自次日为始，各就公署斋宿，二十七日止。文武四品以上命妇，成服日为始，诣思善门内哭临三日。听选办事官，俱丧服。人材、监生、吏典、僧道、坊厢耆老各素服。自成服日始，赴应天府举哀三日，余悉遵高后时仪。又定诸王、公主等服制，世子、郡王皆齐衰不杖期。世子郡王妃、郡主皆大功。周、楚诸王及宁国诸公主及郡王之子皆小功。遣官讣告诸王府，造衬，谒太庙。祭器、谥册、谥宝悉用檀香。将册，帝躬告天地于奉天殿丹陛上。御华盖殿，鸿胪寺官引颁册宝官入行礼，传制曰：“永乐五年十月十四日，册谥大行皇后，命卿行礼。”四拜毕，序班举册宝案至奉天殿丹陛上，置綵舆中，由中道出，入右顺门至几筵殿，以册宝置案，退俟于殿外。尚仪女官诣香案前，跪进曰：“皇帝遣某官册谥大行皇后，谨告。”赞宣册，女官捧册宣于几筵之右，置册于案，宣宝如之。尚仪奏礼毕，女官以册宝案置几筵之左。内官出报礼毕，颁册宝官复命。百日，礼部请御正门视朝，鸣钟鼓，百官易浅淡色服。帝以梓宫未葬，不允。至周期，帝素服诣几筵致祭，百官西角门奉慰，辍朝三日。在京停音乐、禁屠宰七日。礼部官于天禧寺、朝天宫斋醮。其明日，帝吉服御奉天门视朝，鸣钟鼓。百官服浅淡色衣、乌纱帽、黑角带，退朝署事仍素服。遇朔望，朝见庆贺如常仪。几筵祭祀，熟布练冠。及发引，斋三日，遣官以葬

期告郊庙社稷。帝素服祭告几筵，皇太子以下衰服行礼，遣官祭所
过桥门及沿途祀典诸神。百官及命妇俱素服，以次路祭。梓宫至江
滨，百官奉辞于江滨。皇太子送渡江，汉王护行，途中朝夕哭奠。官
民迎祭者，皆素服。既葬，赐护送官军及舁梓宫军士钞米有差。

正统中，仁宗皇后张氏崩，礼部定大行太皇太后丧礼。皇帝成
服三日后，即听政。祀典皆勿废，诸王以下内外各官及命妇哭临如
前仪，衰服二十七日而除，军民男女素服十三日。诸王勿会葬，外官
勿进香，臣民勿禁音乐嫁娶。及葬，遣官告太庙。帝亲奉太后衣冠
谒列祖帝后及仁宗神位，又奉宣宗衣冠谒太后神位，其礼视时享。
天顺中，宣宗皇后孙氏崩，仪如故事，止改哭临于清宁门。英宗皇后
钱氏崩，礼如旧，惟屠宰止禁七日，外国使臣免哭临。正德元年，景
帝后汪氏薨。礼部会群臣言，宜如皇妃例，辍朝三日，祭九坛。太后、
中宫、亲王以下文武大臣命妇皆有祭。制可。

宪宗废后吴氏，正德四年薨，以大学士李东阳等言，礼如英宗
惠妃故事。宪宗皇后王氏，正德十三年崩。越三日，帝至自宣府，乃
发丧。百官具素服，于清宁宫门外听宣遗诰。及发引，先期结平台，
与顺天府交衢相值。帝晨出北安门迎，皇太后及皇后御平台候殡。
复入至清宁宫，亲奉梓宫朝祖。百官步送德胜门外，惟送丧官骑送。
明日，帝奉神主还京，百官迎于德胜门。帝素服、腰绖御西角门，百
官奉慰。卒哭，始释服。孝宗母纪氏，宪宗妃也。成化中薨，辍朝如
故事。自初丧及葬，帝及皇太后、中宫、妃、主、皇子皆致祭。遣皇子
奉祝册行礼，茔域、葬仪俱从厚。皇亲百官及命妇送葬设祭，皆如
仪。

世宗祖母邵氏，嘉靖元年崩。服除，部臣毛澄等请即吉视事。议
再上，命考孝肃太皇太后丧礼。澄等言："孝肃崩时，距葬期不远，故
暂持凶服，以待山陵事竣，与今不同。况当正旦朝元，亦不宜缛衣临
见万国。若孝思未忘，第毋御中门，及不鸣钟鼓足矣。"从之，仍免朔
望日升殿。既葬四日，帝御奉天门，百官行奉慰礼，始从吉。嘉靖中，
孝宗皇后张氏崩，礼臣以旧制上。帝谓郊社不宜渎，罢祭告。又谓

躬行诸礼,前已谕代,亦罢谒庙礼。及太常寺以朝祖祔庙,请各庙捧主官,诏主俱不必出,盖从杀也。

先是,武宗皇后夏氏崩,礼部上仪注,有素冠、素服、绖带举哀及群臣奉慰礼。帝曰:"朕于皇兄后无服,翊上奉两宫,又迫圣母寿旦,忍用纯素。朕青服视事,诸仪再拟。"于是尚书夏言等言:"庄肃皇后丧礼,在臣民无容议。惟是皇上以天子之尊,服制既绝,不必御西角门。群臣成服后,不当素服朝参。"及上丧葬仪,帝复谕:"毅皇后事宜与累朝皇后不同,无几筵之奉,当即行祔庙,令皇后摄事于内殿。"言等议:"按礼,卒哭乃行祔告。盖以新主当入,旧主当祧,故预以告也。此在常典则然,非今日义例。毅皇后神主诚宜即祔太庙,以妥神灵,而祔告之礼宜免。"因具上其仪。制可。

嘉靖七年,世宗皇后陈氏崩。礼部上丧祭仪,帝疑过隆。议再上,帝自裁定,概从减杀,欲五日释服。阁臣张璁等言:"夫妇之伦,参三纲而立。人君乃纲常之主,尤不可不慎。《左传》昭公十五年六月乙丑,周景王太子寿卒。秋八月戊寅,王穆后崩。叔向曰:'王一岁而有三年之丧二焉。'盖古礼,父为子,夫为妻,皆服报服三年。后世,夫为妻,始制为齐衰杖期,父母在则不杖。《丧服》,自期以下,诸侯绝,然特为旁期言。若妻丧,本自三年报服,杀为期年,则固未尝绝者。今皇上为后服期,以日易月,仅十二日。臣子为君母服三年,以日易月,仅二十七日。较诸古礼,已至杀矣。皇上宜服期,十二日,臣子素服,终二十七日。不然,则恩纪不明,典礼有乖。"礼臣方献夫亦杂引《仪礼·丧服》等篇反复争辩,并《三朝圣谕》所载仁孝皇后崩,太宗衰服后,仍服数月白衣冠故事以证之。帝言:"文皇后丧时,上无圣母,下有东宫,从重尽礼为宜。今不敢不更其制。"已,詹事霍韬言:"今百官遭妻丧,无服衰莅事之礼。盖妻丧内而不外,阴不可当阳也。圣谕云'素服十日,仿辍朝之义',于内廷行之则可。若对临百官,总理万几,履当阳之位,行中宫之服则不可。百官为皇后服衰,为其母仪天下也。礼,父在为母杖不上于堂,尊父也。于朝廷何独不然?臣请陛下玄冠素服,御西角门十日,即玄冠玄服御奉天门,百官入左掖门则乌纱帽、青衣侍班。退出公署及私室,则仍素服白帽二十七日。若曰于礼独有未慊,则山陵事毕而除。"帝从其言。

寻定进册谥仪,礼部议:"先期,帝衮冕告奉先殿、崇先殿。至期,帝常服御奉天门,正副使常服,百官浅淡色衣、黑角带,入班行礼如仪。节册至右顺门,内侍捧入正门,至几筵前置于案。内赞赞就位上香,宣册官立宣讫,复置册于案。内侍持节由正门出,以节授正副使,报礼毕,正副使持节复命。"次日,礼部誊黄颁示天下。

时中宫丧礼自文皇后而后,至是始再行。永乐时典礼燬于火,《会典》所载皆略,乃断自帝心,著为令。梓宫将葬,帝亲定诸仪,亦从减损。以思善门逼近仁智殿,命百官哭临止一日,亦罢辞祖礼,丧由左王门出。

二十六年,皇后方氏崩,即日发丧,谕礼部:"皇后尝救朕危,其考元后丧礼行之。"礼部定仪:"以第四日成服,自后黑冠素服,十日后易浅色衣,俱西角门视朝。百官十日素服经带,自后乌纱帽、黑角带、素服,通前二十七日。帝常服于奉天门视朝,百官浅色衣,鸣钟鼓、鸣鞭如常,朔望不升殿。梓宫发引,百官始常服。帝于奉先等殿行礼,俱常服。于几筵祭,则服其服。服满日,命中官代祭。"从之。寻谕"皇妃列太子后非礼,其改正"。及葬,部臣以旧仪请。诏梓宫由中道行,虞祭如制用九数。安玄宫居左,他日即配祀。部臣复上仪注,改席殿曰行享殿。又以孝洁皇后自发引至神主还京将半载,遇令节百官常服,今孝烈皇后初十日发引,十五日即还,事礼不同,以诸臣服制请。帝命随丧往来者,仍制服。祭毕,乌纱帽素服入朝,素冠素服办事。迎主仍制服,思善门外行安神礼,更素冠素服从事。先是,帝命孝烈居左,而迁孝洁。既而以孝洁久安,不宜妄动,罢不行。乃更命孝烈居右,而虚其左以自待。

穆宗母杜氏,三十三年薨。礼部言:"宜用成化中淑妃纪氏丧制。且裕王已成婚,宜持服主丧,送葬出城。"乃议辍朝五日,裕王遵《孝慈录》斩衰三年。钦遣大臣题主,开茔掩圹,祠谢后土,并用工部官,送葬仪仗人数皆增于旧。帝谓非礼之正,令酌考贤妃郑氏例。于是尚书欧阳德等复上仪注，辍朝二日，不鸣钟鼓。帝服浅淡色衣，奉天门视事，百官浅色衣、乌纱帽、黑角带朝参。命裕王主馈奠之事，王率妃入宫，素服哭尽哀，四拜视殓。成服后，朝夕哭临三日。后每日一奠，通前二十七日而止。仍于燕居尽斩衰三年之制。册谥焚黄日，陈祭仪，裕王诣灵前行礼。丧出玄武门，裕王步送至京城门外，路祭毕，还宫。帝谓焚黄乃制命，非王可行，仍如常仪。礼部复奏："皇妃焚黄仪，传讹已久。皆拜献酒，跪读祝，乃参用上尊谥之仪，而未思赐谥为制命，其祭文称皇帝遣谕，与上尊谥不同。今奉旨以常礼从事，当改议赐谥，如赐祭礼。读祝、宣册皆平立不拜。"报可，著为令。

穆宗皇后李氏，裕邸元妃也，先薨，葬西山。隆庆元年，加谥孝懿皇后，亲告世宗几筵。御皇极门，遣大臣持节捧册宝诣陵园上之。

神宗母皇太后李氏，万历四十二年崩。帝谕礼部从优具仪，帝衰服行奠祭礼。穆庙皇妃、中宫妃嫔、太子、诸王、公主以下皆成服。百官诣慈宁宫门外哭临，命妇入宫门哭临。余俱如大丧礼。

兴宗帝后陵寝　洪武二十五年，皇太子薨，命礼部议丧礼。侍郎张智等议曰："丧礼，父为长子服齐衰期年。今皇帝当以日易月，服齐衰十二日，祭毕释之。在内文武官公署斋宿。翌日，素服入临文华殿，给衰麻服。越三日成服，诣春和门会哭。明日，素服行奉慰礼。其当祭祀及送葬者，仍衰绖以行。在京，停大小祀事及乐，至复土日而止。停嫁娶六十日。在外，文武官易服，于公署发哀。次日，成服行礼。停大小祀事及乐十三日，停嫁娶三十日。"其内外官致祭者，帝令光禄寺供具，百官惟致哀行礼。建文帝即位，追谥为兴宗孝康皇帝，所荐陵号不传。

元妃常氏，先兴宗薨。太祖素服，辍朝三日。中宫素服哀临，皇太子齐衰。葬毕，易常服。皇孙斩衰，祭奠则服之。诸王、公主服如制。建文初，追谥曰孝康皇后。永乐初，皆追削。福王立南京，复帝后故号。

睿宗帝后陵寝　睿宗帝后陵寝在安陆州。世宗入立,追谥曰睿宗献皇帝。茸陵庙,荐号曰显陵。既而希进之徒屡言献皇帝梓宫宜改葬天寿山。帝不听。嘉靖十七年,帝母蒋太后崩。礼部言:“岁除日,大行皇太后服制二十七日已满,适遇正旦,请用黑冠、浅淡服受朝。”疏未下,帝谕大学士夏言:“元旦玄极殿拜天,仍具祭服,先期一日宜变服否?”礼部请“正旦拜天、受朝,及先一日俱青服。孟春时享,前三日斋,青服,臣下同之,余仍孝贞皇太后丧礼例”。不从。于是定议,岁除日变服玄色吉衣,元旦祭服于玄极殿行告祀礼,具翼善冠、黄袍御殿,百官公服致词,鸣钟鼓、鸣鞭,奏堂上乐。

是时议南北迁祔,久不决。帝亲诣承天。及归,乃定议梓宫南祔。礼部上葬仪,自常典外,帝复增定太庙辞谒、承天门辞奠、朝阳门遣奠、题主后降神祪神,及梓宫登舟、升岸等祭。梓宫发引,帝衰服行诸礼如仪。百官步送朝阳门外,奠献,使行遣奠礼。至通州,题主官复命。神主回京,百官奉迎于门外,帝衰服率皇后以下哭迎午门内,奉安于几筵殿。梓宫所过河渎江山神祇,俱牲醴致祭。功臣青服行礼,梓宫升席殿。先诣睿宗旧陵,奉迁于祾恩殿,复奉梓宫至殿,合葬于新寝。

皇妃等丧葬　洪武七年九月,贵妃孙氏薨。无子,太祖命吴王橚主丧事,服慈母服,斩衰三年。东宫诸王皆服期。由是作《孝慈录》。

永乐中,贵妃王氏薨。辍朝五日,御祭一坛,皇后、皇妃、皇太子各祭一坛,亲王共祭一坛,公主共祭一坛。七七、百日期、再期,皆祭赠谥册,行焚黄礼。开茔域,遣官祠后土。发引前期,辞灵祭坛与初丧同,惟增六尚司及内官、内使各一坛。启奠、祖奠、遣奠各遣祭一坛。发引日,百官送至路祭所,皇亲驸马共一坛,公侯伯文武共一坛,外命妇共一坛。所过城门祭祀,内门遣内官,外门遣太常寺官。下葬,遣奠、遣祭一坛。掩圹,遣官祀后土,迎灵轿至享堂,行安神礼,遣祭一坛。

天顺七年,敬妃刘氏薨,辍朝五日,帝服浅淡黄衣于奉天门视事,百官浅淡色衣、乌纱帽、黑角带朝参。册文置灵柩前,皇太子以下行三献礼。灵柩前仪仗,内使女乐二十四人,花幡、雪柳女队子二十人,女将军十一人。自初丧至期年辞灵,各于常祭外增祭一坛。

弘治十四年,宪庙丽妃章氏发引,辍朝一日。

凡陪葬诸妃,岁时俱享于殿内。其别葬金山诸处者,各遣内官行礼。嘉靖间,始命并入诸陵,从祭祾恩殿之两旁,以红纸牌书曰"某皇帝第几妃之位",祭毕,焚之。后改用木刻名号。嘉靖十三年谕礼、工二部:"世妇、御妻皆用九数。九妃同一墓,共一享殿,为定制。"

皇太子及妃丧葬　自洪武中懿文太子后,至成化八年怀献太子薨,年甫三岁。帝谕礼部,礼宜从简,王府及文武官俱免进香帛。礼部具仪上。自发丧次日,辍朝三日。帝服翼善冠、素服,七日而除。又三日,御西角门视朝,不鸣钟鼓,祭用素食。文武群臣,素服、麻布、绖带、麻鞋、布裹纱帽,诣思善门哭临,一日而除。第四日,素服朝西角门奉慰。在外王府并文武官,素服举哀,二日而除。

嘉靖二十八年,庄敬太子薨。礼部上丧礼。帝曰:"天子绝期。况十五岁外方出三殇,朕服非礼,止辍朝十日。百官如制成服,十二日而除。诣停柩所行,罢诣门哭临。葬遣戚臣行礼。"

万历四十七年二月,皇太子才人王氏薨,命视皇太子妃郭氏例。辍朝五日,不鸣钟鼓。帝服浅淡色衣,百官青素服、黑角带朝参,皇长孙主馈奠。

诸王及妃公主丧葬诸仪　洪武二十八年,秦王爽薨,诏定丧礼。礼部尚书任亨泰言:"考宋制,宜辍朝五日。今遇时享,请暂辍一日。皇帝及亲王以下,至郡主及靖江王宫眷服制,皆与鲁王丧礼同。皇太子服齐衰期,亦以日易月,十二日而除,素服期年。"从之。

定制:亲王丧,辍朝三日。礼部奏遣官掌行丧葬礼,翰林院撰祭文、谥册文、圹志文,工部造铭旌,遣官造坟,钦天监官卜葬,国子监监生八名报讣各王府。御祭一,皇太后、皇后、东宫各一,在京文武官各一。自初丧至除服,御祭凡十三坛。封内文武祭一。其服制,王妃、世子、众子及郡王、郡主,下至宫人,斩衰三年。封内文武齐衰三日,哭临五日而除。在城军民素服五日。郡王、众子、郡君,为兄及伯叔父齐衰期年,郡王妃小功。凡亲王妃丧,御祭一坛,皇太后、中宫、东宫、公主各祭一坛。布政司委官开圹合葬。继妃、次妃祭礼同。其夫人则止御祭一坛。俱造圹祔葬。郡王丧,辍朝一日。行人司遣官掌行丧葬礼,余多与亲王同,无皇太后、皇后祭。郡王妃与亲王妃同,无公主祭。合葬郡王继妃次妃丧礼,俱与正妃同。凡世子丧,御祭一,东宫祭一。遇七及百日、下葬、期年、除服,御祭各一。凡世孙丧礼,如世子,减七七及大祥祭。凡镇国将军,止闻丧、百日、下葬三祭,奉国将军以下,御祭一。

初,洪武九年五月,晋王妃谢氏薨,命议丧服之制。侍讲学士宋濂等议曰:“按唐制,皇帝为皇妃等举哀。宋制,皇帝为皇亲举哀。今参酌唐、宋之制,皇帝及中宫服大功,诸妃皆服小功,南昌皇妃服大功,东宫、公主、亲王等皆服小功,晋王服齐衰期,靖江王妃小功,王妃服缌麻。辍朝三日。既成服,皇帝素服入丧次,十五举音。百官奉慰。皇帝出次释服,服常服。”制曰“可”。其后,王妃丧视此。

正统十三年定,亲王茔地五十亩,房十五间。郡王茔地三十亩,房九间。郡王子茔地二十亩,房三间。郡主、县主茔地十亩,房三间。天顺二年,礼部奏定,亲王以下,依文武大臣例。或王、或妃先故者,合造其圹。后葬者,止令所在官司安葬。继妃则祔葬其旁,同一享堂。

成化八年二月,忻王见治薨。发引日,帝不视朝。及葬,辍朝一日。十三年,四川按察使彭韶言:“亲王郡王薨逝,皆遣官致祭,使臣络绎,人夫劳扰。自后惟亲王如旧,其郡王初丧遣官一祭,余并遣本处官。凡王国母妃之丧,俱遣内官致祭。今宗妇众多,其地有镇守太监者,宜遣行礼。又王国茔葬,夫妇同穴。初造之时,遣官监修。开圹合葬,乞止命本处官司。"帝从礼部复奏,王妃祭礼如旧,余依议行。弘治十六年七月,申王祐楷薨。礼部言:"前沂穆王薨,未出府。申王已出府而未之国,拟依沂穆参以在外亲王例行之。"

王妃葬地载于《会典》者,明初追封寿春等十王及妃,坟在凤阳府西北二十五里白塔,设祠祭署、陵户。南昌等五王及妃祔葬凤阳皇陵,有司岁时祭祀,皆与享。怀献世子以下诸王未之国者,多葬于西山,岁时遣内官行礼。

永乐十五年正月,永安公主薨。时初举张灯宴,遂罢之。辍朝四日,赐祭,命有司治丧葬。二月,太祖第八女福清公主薨,辍朝三日。定制,凡公主丧闻,辍朝一日。自初丧至大祥,御祭凡十二坛。下葬,辍朝一日。仪视诸王稍杀,丧制同,惟各官不成服。其未下嫁葬西山者,岁时遣内官行礼。

明史卷六〇
志第三六

礼十四　凶礼三

　　谒祭陵庙　洪武元年三月遣官致祭仁祖陵。二年加号英陵。礼部尚书崔亮请下太常行祭告礼。博士孙吾与言："山陵之制，莫备于汉，初未有祭告之礼。盖庙号、陵号不同。庙号易大行之号，必上册谥，告之神明，陵号则后嗣王所以识别先后而已。愿罢英陵祭告。"亮言："汉光武加先陵曰昌，宋太祖加高、曾、祖考陵曰钦、康、定、安。盖尊祖考则尊其陵，尊其陵则必以告，礼缘人情，告之是。"廷议皆是亮。从之。熙祖陵，每岁正旦、清明、中元、冬至及每月朔望，本署官供祭行礼。又即其地望祭德祖、懿祖二陵。英陵后改称皇陵，多孟冬一祭，俱署官行礼，朔望，中都留守司官行礼。

　　八年，诏翰林院议陵寝朔望节序祭祀礼。学士乐韶凤等言："汉诸庙寝园有便殿，日祭于寝，月祭于庙，时祭于便殿。后汉都洛阳，以关西诸陵久远，但四时用特牲祀。每西幸，即亲诣。岁正月祀郊庙毕，以次上洛阳诸陵。唐园陵之制，皇祖以上陵，皆朔望上食，元日、冬至、寒食、伏腊、社各一祭。皇考陵，朔望及节祭日进食，又荐新于诸陵。永徽二年，定献陵朔望、冬夏至、伏腊、清明、社等节皆上食。开元中，敕献、昭、乾、定、桥、恭六陵，朔望上食，冬至、寒食各设一祭。宋每岁春秋仲月，遣太常宗正卿朝诸陵。我朝旧仪，每岁元旦、清明、七月望、十月朔、冬至日，俱用太牢，遣官致祭。白塔二处，则用少牢，中官行礼。今拟如旧仪，增夏至日用太牢，其伏腊、社、每月朔望，则用特羊，祠祭署官行礼。如节与朔望、伏腊、社同日，则用节礼。”从之。

十六年，孝陵殿成，命皇太子以牲醴致祭。清晨陈祭仪毕，皇太子、亲王由东门入，就殿中拜位，皆四拜。皇太子少前，三上香，奠酒，读祝曰：“园陵始营，祭享之仪未具。今礼殿既成，奉安神位，谨用祭告。”遂行亚献、终献礼，皇太子以下皆四拜，执事行礼皆内官。二十六年令，车马过陵，及守陵官民入陵者，百步外下马，违者以大不敬论。

建文初，定孝陵每岁正旦、孟冬、忌辰、圣节，俱行香。清明、中元、冬至，俱祭祀。勋旧大臣行礼，文武官陪祀。若亲王之藩，过京师者谒陵。官员以公事至，入城者谒陵，出城者辞陵。国有大事，遣官祭告。懿文太子陵在孝陵左，四孟、清明、中元、冬至、岁暮及忌辰，凡九祭。

永乐元年，工部以泗州祖陵黑瓦为言。帝命易以黄，如皇陵制。宣宗即位，遣郑王谒祭孝陵。正统二年谕，天寿山陵寝，剪伐树木者重罪，都察院榜禁，锦衣卫官校巡视，工部钦天监官环山立界。十年谒三陵，谕百官具浅色衣服，如洪武、永乐例。南京司礼太监陈祖圭言：“魏国公徐俌每祭孝陵，皆出红券门直入，至殿内行礼，僭妄宜改。”俌言：“入由红券门者，所以重祖宗之祭，尊皇上之命。出由小旁门者，所以守臣下之分。循守故事，几及百年，岂敢擅易。”下礼部议，言：“长陵及太庙，遣官致祭，所由之门与孝陵事体相同，宜如旧。”从之。

弘治元年，遣内官监护凤阳皇陵，凡官员以公事经过者俱谒陵。十七年更裕陵神座。初，议以孝肃太皇太后祔葬裕陵，已遣官分告诸陵及天寿山后土，而钦天监以为岁杀在北，方向不利。内官监亦谓英庙陵寝，难以轻动，遂议别建庙，奉安神主。帝心未慊，卒移英庙居中，孝庄居左，孝肃祔其右云。

正德间，定长陵以下诸陵，各设神宫监并卫及祠祭署。凡清明、中元、冬至，俱分遣驸马都尉行礼，文武官陪祭。忌辰及正旦、孟冬、圣节，亦遣驸马都尉行礼。亲王之藩，诣诸陵辞谒。恭让章皇后陵，清明、中元、冬至、忌辰内官行礼。西山景皇帝陵，祭期如上，仪宾行礼。

初，成祖易黄土山名天寿山。嘉靖十年名祖陵曰基运山，皇陵曰翌圣山，孝陵曰神烈山，显陵曰纯德山，及天寿山，并方泽从祀，所在有司祭告各陵山祇。礼官因奏：“神祇坛每年秋祭，有钟山、天寿山之神，今宜增基运等山。”从之。

十四年，谕礼部尚书夏言：“清明节既遣官上陵，内殿复祭，似涉烦复。”言因言：“我朝祀典，如特享、时享、祫祭、禘祭，足应经义，可为世法。惟上陵及奉先殿多沿前代故事。上陵之祀，每岁清明、中元、冬至凡三。中元俗节，事本不经。往因郊祀在正首，故冬至上陵，盖重一气之始，伸报本之义。今冬至既行大报配天之礼，则陵事为轻。况有事南郊，乃辍陪祀臣僚，远出山陵，恐于尊祖配天之诚未尽。可罢冬至上陵，而移中元于霜降，惟清明如旧。盖清明礼行于春，所谓雨露既濡，君子履之，有怵惕之心者也。霜降礼行于秋，所谓霜露既降，君子履之，有凄怆之心者也。二节既遣官上陵，则内殿之祭，诚不宜复。”遂著为令。

十五年谕言曰：“庙重于陵，其礼严。故庙中一帝一后，陵则二三后配葬。今别建奉慈殿，不若奉主于陵殿为宜。且梓宫配葬，而主乃别置，近于黜之，非亲之也。”乃迁孝肃、孝穆、孝惠三后神主于陵殿。又谕言曰:“三后神主称皇太后、太皇太后者,乃子孙所奉尊称。今既迁陵殿,则名实不准。”言等议曰:“三后神主,礼不祔庙,义当从祧。迁奉陵殿,深合典礼。其称皇太后、太皇太后者,乃子孙所上尊号。今已迁奉于陵,则当从夫妇之义,改题孝肃神主,不用睿字,孝穆、孝惠神主,俱不用纯字,则嫡庶有别,而尊亲并隆矣。”命如拟行。又谕:“祭告长陵等七陵俱躬叩拜,恭让章皇后、景皇帝陵亦展拜一次,以慰追感之情。”十七年,改陵殿曰祾恩殿,门曰祾恩门。又建成祖圣迹亭于平台山,率从官行祭礼。二十一年,工部尚书顾璘请以帝所上显陵圣制歌诗,制为乐章,享献陵庙。礼部言:“天寿山诸陵,岁祀皆不用乐。”已而承天府守备太监傅霖乞增显陵岁暮之祭。部议言:“诸陵皆无岁暮祀典。”诏并从部议。

隆庆二年,帝诣天寿山春祭。前一日,告世宗几筵及奉先、弘孝、神霄殿。驾至天寿山红门,降舆,由左门入,升舆,驻跸感思殿。越二日,质明行礼。帝青袍,乘板舆至长陵门外,东降舆,由殿左门入,至拜位,上香,四拜。至神御前献帛、献爵讫,复位。亚献、终献,令执爵者代,复四拜。余如常祭之仪。随诣永陵行礼。是日,遣官六员,俱青服,分祭六陵。

万历八年,谒陵礼如旧。十一年,复谒陵。礼部言:“宜遵世宗彝宪,酌分二日,以次展拜。”乃定长、永、昭三陵,上香,八拜,亲奠帛。初献,六陵二寝,上香,四拜。其奠帛三献,俱执事官代。十四年,礼部言:“诸妃葬金山诸处者,嘉靖中俱配享各陵殿,罢本坟祭。今世庙诸妃安厝西山者,宜从其例。至陵祭品物,九陵、恭让、恭仁之陵,止于酒果,而越、靖诸王及诸王妃则又有牲果祝文,反从其厚者,盖以九陵帝后,岁暮已祫祭于庙,旬日内且复有孟春之享。故元旦陵殿止用酒果,非俭也。诸王诸妃则祫祭春祭皆不与,元旦一祭不宜从简,故用牲帛祝文,非丰也。特恭让、恭仁既不与祫享于庙中,又不设牲帛于陵殿,是则礼文之缺,宜增所未备。而诸王诸妃祝文,尚仍安厝时所用,宜改叙岁时遣官之意,则情顺礼安。”报可。

凡山陵规制,有宝城,长陵最大,径一百一丈八尺。次永陵,径

八十一丈。各陵深广丈尺有差。正前为明楼,楼中立帝庙谥石碑,
下为灵寝门。惟永陵中为券门。左右墙门各一楼。明楼前为石几
筵,又前为棱恩殿、棱恩门。殿惟长陵重檐九间,左右配殿各十五
间。永陵重檐七间,配殿各九间。诸陵俱殿五间,配殿五间。门外
神库或一或二,神厨宰牲亭,有圣迹碑亭。诸陵碑俱设门外,率无
字。长陵迤南有总神道,有石桥,有石像人物十八对,擎天柱四,石
望柱二。长陵有《神功圣德碑》,仁宗御撰,在神道正南。南为红门,
门外石牌坊一。门内有时陟殿,为车驾更衣之所。永陵稍东有感思
殿,为驻跸之所。殿东为神马厂。

忌辰　洪武八年四月,仁祖忌日,太祖亲诣皇陵致祭。永乐元
年,礼部尚书李至刚等奏定,高皇帝忌辰前二日,帝服浅淡色衣,御
西角门视事。不鸣钟鼓,不行赏罚,不举音乐,禁屠宰。百官浅淡色
衣、黑角带朝参。至日,亲祀于奉先殿,仍率百官诣孝陵致祭。高皇
后忌辰如之。

宣德四年令,凡遇忌辰,通政司、礼科、兵马司勿引囚奏事。五
年,敕百官朝参,辍奏事仪。

英宗即位,召礼臣及翰林院议忌辰礼。大学士杨士奇、杨荣,学
士杨溥议:"每岁高庙帝后、文庙帝后、仁宗忌辰,服浅淡色服,不鸣
钟鼓,于奉天门视事。宣宗忌辰,小祥之日,于西角门视事。"从之。

弘治十四年令,凡遇忌辰,朝参官不得服纻丝纱罗衣。景皇帝、
恭让皇后忌辰,遇节令,服青丝花样。宣宗忌辰,遇祭祀,服红。十
六年八月,吏部尚书马文升言:"宣德间,仁宗忌辰,诸司悉免奏事。
自太宗至仁宗生忌,俱辍朝。其后不知何时,仁宗忌辰,依前奏事。
惟太祖至宪宗忌辰,百官浅淡色服、黑角带。朝廷亦出视朝,鸣钟
鼓,奏事。臣思自仁至宪,世有远近,服有隆杀。请自仁宗忌辰、英
宗生忌日,视朝,鸣钟鼓。若遇宪宗及孝穆皇太后忌日,不视朝,著
浅淡服,进素膳,不预他事。或遵宣宗时例,自太祖至宪宗生忌,俱
辍朝一日。宪宗、孝穆忌日,如臣所拟。"帝下礼部议。部臣言:"经

传所载,忌日为亲死之日。则死日为忌,非谓生辰也。其曰忌日不用,不以此日为他事也。曰忌日不乐,是不可举吉事也。此日当专意哀思父母,余事皆不举。但先朝事例,迄今见行,未敢更易。"帝乃酌定,以浅淡服色视事。

嘉靖七年令,忌辰只祭本位。十八年令,高庙帝后忌辰祭于景神殿,列圣帝后忌辰祭于永孝殿。二十四年令,仍祭于奉先殿。

乘舆受蕃国王讣奏仪　凡蕃国王薨,使者讣奏至,于西华门内壬地设御幄,皇帝素服乘舆诣幄。太常卿奏:"某国世子遣陪臣某官某,奏某国王臣某薨。"承制官至使者前宣制曰:"皇帝致问尔某国王某,得何疾而逝?"使者答故。其仪大略如临王公大臣丧仪,但不举哀。

凡塞外都督等官讣至,永乐间遣官赍香钞谕祭。后定例,因其奏请,给与表里祭文,令携归自祭。来京病故者,遣官谕祭或赐棺赐葬。后定年终类奏,遣官祭之。若在边殁于战阵者,不拘此例。凡外国使臣病故者,令所在官司赐棺及祭,或欲归葬者听。

乘舆为王公大臣举哀仪　洪武二年,开平王常遇春卒于军。讣至,礼官请如宋太宗为赵普举哀故事。遂定制,凡王公薨,讣报太常司,示百官,于西华门内壬地设御幄,陈御座,置素褥。设仪者位于前,设百官陪哭位东西向,奉慰位于讣者位北,北向。赞礼二人,位于讣者位之北,引讣者二人,位于赞礼之南,引百官四人,位于陪位之北,皆东西向。其日,备仪仗于奉天门迎驾。皇帝素服乘舆诣幄,乐陈于幄之南,不作。太常卿奏:"某官来讣,某年月日,臣某官以某疾薨,请举哀。"皇帝哭,百官皆哭。太常卿奏止哭,百官奉慰讫,分班立。讣者四拜退,太常卿奏礼毕。乘舆还宫,百官出。东宫为王公举哀仪同,但设幄于东宫西门外,陪哭者皆东宫属。

乘舆临王公大臣丧仪　凡王公大臣讣奏,太史监择皇帝临丧日期。拱卫司设大次于丧家大门外,设御座于正厅中。有司设百官次于大次之左右。侍仪司设百官陪立位于厅前左右,引礼四人位于百官之北,东西向。设丧主以下拜位于厅前,主妇以下哭位于殡北幔中。其日,銮驾至大次,降辂,升舆,入易素服。百官皆易服,先入就厅前,分班侍立。御舆出次。丧主以下免绖去杖,衰服,出迎于大门外。望见乘舆,止哭,再拜,入于门内之西。乘舆入门,将军四人前导,四人后从。入至正厅,降舆,升诣灵座前,百官班于后。皇帝哭,百官皆哭。太常卿奏止哭,三上香,三祭酒。出至正厅御座,主丧以下诣厅下拜位,再拜。承制官诣丧主前云"有制"。丧主以下皆跪。宣制讫,皆再拜,退立于厅西。太常卿奏礼毕,皇帝升舆,出就大次,易服。御舆出,丧主以下诣前再拜退。皇帝降舆升辂,丧主杖哭而入。诸仪卫赞唱,大略如常。

其公、侯卒葬辍朝礼,洪武二十三年定。凡公、侯卒于家者,闻丧辍朝三日。下葬,一日。卒于外者,闻丧,一日。柩至京,三日。下葬,仍一日。凡辍朝之日,不鸣钟鼓,各官浅淡色衣朝参。初制,都督至都指挥卒,辍朝二日。永乐后更定,惟公、侯、驸马、伯及一品官,辍朝一日。

中宫为父祖丧仪　凡中宫父母薨,讣报太常寺,转报内使监。前期,设荐于别殿东壁下,为皇后举哀位及内命妇以下哭位。皇后出诣别殿,内使监令奏,"考某官以某月某日薨",母则云"妣某夫人",祖考、妣同。皇后哭,内命妇以下皆哭尽哀。皇后问故,又哭尽哀。乃素服,内命妇皆素服,止哭,还宫。

内使监令奏闻。得旨:"皇后奔丧。"丧家设荐席于丧寝之东,从临内命妇哭位于其下,主丧以下哭位于丧寝之西,主妇以下哭位于丧寝之北幔下。至日,内使监进辂车,备仪仗导引。皇后素服出宫,升舆,三面白布行帷。至阁外,降舆,升辂车。至丧家大门内,降车,哭入,仍以行帷围护。从临者皆哭入。丧主以下,降诣西阶下立哭。皇后升自东阶,进至尸东,凭尸哭。从临者皆哭。丧主升自西阶,俱哭于尸西。皇后至哭位,内使监令跪请止哭。应奉慰者诣皇后前,奉慰如常礼。如皇后候成服,则从临命妇应还者先还。如本日未即奔丧,则是晡复哭于别殿。尚服制皇后齐衰及从临命妇孝服,俟丧家成服日进之。诣灵前再拜,上香,复位,再拜。如为诸王外戚举哀,仍于别殿南向,不设荐位。

遣使临吊仪　太常司奉旨遣吊。前期,设宣制位于丧家正厅之北,南向;丧主受吊位于南,北向;妇人立哭位于殡北幕下。其日,使者至。丧主去杖,免绖衰服,止哭,出迎于中门外。复先入,就厅前拜位。内外止哭,使者入,就位称有制。丧主以下再拜跪。宣制曰:"皇帝闻某官薨,遣臣某吊。"丧主以下复再拜。礼毕,内外皆哭。使者出,丧主至中门外,拜送,杖哭而入。宫使则称有令。至遣使赗赠及致奠,其仪节亦相仿云。赗赠之典,一品米六十石,麻布六十匹。二品以五,三品、四品以四,五品、六品以三,公侯则以百。永乐后定制,公、侯、驸马、伯皆取上裁。凡阵亡者全支,边远守御出征及出海运粮病半支。

其遣百官会王公大臣丧仪。前期,有司于丧家设位次。其日,百官应会吊者素服至。丧主以下就东阶哭位,主妇以下就殡北哭位。百官入,就殡前位哭,主丧主妇以下皆哭。止哭,再拜,主丧以下答拜。班首诣丧主前展慰毕,百官出,丧主拜送,杖哭而入。会葬仪同。

遣使册赠王公大臣仪　前期,礼部奏请制册,翰林院取旨制文,中书省礼部奏请某官为使。其日,祠祭司设龙亭、香亭于午门前正中。执事于受册者家设宣制官位于正厅之东北,南向;丧主代受册命者位于厅前,北向。礼部官封册文,以盝匣盛之,黄袱裹置龙亭中。仪仗、鼓乐前导,至其家。代受册者出迎于大门外。执事舁龙亭置厅上正中,使者入,立于东北。代受册者就拜位,再拜。使者稍前,称"有制"。代受册者跪。宣制曰:"皇帝遣臣某,册赠故某官某为某勋某爵。"宣讫,代受册者复再拜。使者取册授之,代受册者捧置灵座前。使者出,代受册者送至大门外。如不用册者,吏部用诰命,丧家以册文录黄,设祭仪于灵前。代受册者再拜,执事者展黄立读于左。丧主以下皆再拜,焚黄。

赐祭葬　洪武十四年九月,衍圣公孔希学卒,遣官致祭。其后,群臣祭葬,皆有定制。太祖谕祭群臣文,多出御笔。嘉靖中,世宗为礼部尚书席书、兵部尚书李承勋亲制祭文。皆特典,非常制也。

隆庆元年十二月,礼部议上恤典条例。

凡官员祭葬,有无隆杀之等,悉遵《会典》。其特恩,如侍从必日侍讲读、军功必躬履行阵、东宫官必出阁讲授有劳者。据嘉靖中事例,祭葬加一等,无祭者与祭一坛,无葬者给半葬,半葬者给全葬。讲读官五品本身有祭,四品及父母,三品及妻。军功四品得祭葬,三品未满及父母。讲读年久、启沃功多、军旅身歼、勋劳茂著者,恩恤加厚,临期请旨。

《会典》,凡一品官,祭九坛。父母妻加祭,或二坛、一坛,或妻止一坛者,恩难预拟,遇有陈乞,酌拟上请。二品,二坛。加东宫三少,或兼大学士赠一品者,至四坛,父母妻俱一坛,致仕加三少者加一坛,加太子太保者加三坛,妻未封夫人者不祭。三品祭葬,在任、致仕俱一坛,兼学士赠尚书者二坛,未及考满病故者一坛减半。造葬悉如旧例。四、五品官不得重封。故四品官由六、七品升者,父母有祭。由五品升者,以例不重封,遂不得祭。

今定四品官,凡经考满者,父母虽止授五品封,亦与祭一坛。四品以上官,本身及父母恩典,必由考满而后得。然有二品、三品共历四五年,父母未授三品封,终不得沾一祭者,宜并叙年资。二品、三品共历三年以上者,虽未考三品满,本身及父母俱与三品祭葬。三品、四品共历三年以上者,虽未考四品满,本身用三品未考满例,祭一坛,半葬,父母祭一坛。凡被劾闲住者,虽遇覃恩,复致仕,仍不给祭葬。

勋臣祭葬,皇亲出自上裁。驸马都尉祭十五坛。公、侯、伯在内掌府事坐营、在外总兵有殊勋加太子太保以上者,遵《会典》。公、侯十六坛,伯十五坛,掌府坐营总兵有勋劳者七坛,掌府坐营年劳者五坛,掌府坐营而政迹未著者四坛,管事而被劾勘明闲住者二坛,被劾未经勘实者一坛。勘实罪重者,并本爵应得祭葬皆削。

又正德间,公、侯、伯本祭俱三坛,嘉靖间二坛。今遵嘉靖例,以复《会典》之旧。武臣祭葬,遵正德、嘉靖例,都督同知佥事、锦衣卫指挥祭三坛,署都督同知佥事一坛,余推类行之。帝从其议。

万历六年更定,凡致仕养病终养听用等官,祭葬俱与现任官同。十二年续定,被劾自陈致仕官,有日久论定原无可议者,仍给祭葬,父母妻视本身为差等。

丧葬之制　洪武五年定。凡袭衣,三品以上三,四品、五品二,六品以下一。饭含,五品以上饭稷含珠,九品以上饭粱含小珠。铭旌、绛帛,广一幅,四品以上长九尺,六品以上八尺,九品以上七尺。敛衣,品官朝服一袭,常服十袭,衾十番。

灵座设于柩前,用白绢结魂帛以依神。棺椁,品官棺用油杉朱漆,椁用土杉。墙翣,公、侯六,三品以上四,五品以上二。明器,公、侯九十事,一品、二品八十事,三品、四品七十事,五品六十事,六品、七品三十事,八品、九品二十事。

引者,引车之绋也;披者,以缯为之,系于辆车四柱,在旁执之,以备倾覆者也;铎者,以铜为之,所以节挽歌者。公、侯四引六披,左右各八铎。一品、二品三引四披,左右各六铎。三品、四品二引二披,左右各四铎。五品以下,二引二披,左右各二铎。羽幡竿长九尺,五品以上,一人执之以引柩,六品以下不用。功布,品官用之,长三尺。方相,四品以上四目,七品以上两目,八品以下不用。

柳车上用竹格,以绿结之,旁施帷幔,四角重流苏。志石二片,品官皆用之。其一为盖,书某官之墓。其一为底,书姓名、乡里、三代、生年、卒葬月日及子孙、葬地。妇人则随夫与子孙封赠。二石相向，铁束埋墓中。祭物，四品以上羊豕，九品以上豕。

初，洪武二年敕葬开平王常遇春于钟山之阴，给明器九十事，纳之墓中。钲二，鼓四，红旗、拂子各二，红罗盖、鞍、笼各一，弓二，箭三，灶、釜、火炉各一，俱以木为之。水罐、甲、头盔、台盏、勺、壶、瓶、酒瓮、唾壶、水盆、香炉各一，烛台二，香盒、香匙各一，香箸二，香匙箸瓶、茶钟、茶盏各一，箸二，匙二，匙箸瓶一，碗二，楪十二，櫜二，俱以锡造，金裹之。班剑、牙仗各一，金裹立瓜、骨朵戟、响节各二，交椅、脚踏、马机各一，诞马六，枪、剑、斧、弩、食桌、床、屏风、拄杖、箱、交床、香桌各一，凳二，俱以木为之。乐工十六，执仪仗二十四，控士六，女使十，青龙、白虎、朱雀、玄武神四，门神二，武士十，并以木造，各高一尺。杂物，翠六，璧一，筐、笥、桦、槌、衿、縏各一，筥二，筲二，粮浆瓶二，油瓶一，纱厨、暖帐各一。束帛青三段、缥二段，每段长一丈八尺。后定制。公、侯九十事者，准此行之。余以次减杀。

碑碣　明初，文武大臣薨逝，例请于上，命翰林官制文，立神道碑。惟太祖时中山王徐达、成祖时荣国公姚广孝及弘治中昌国公张峦治先茔，皆出御笔。其制，自洪武三年定。五品以上用碑，龟跌螭首。六品以下用碣，方跌圆首。五年复详定其制。功臣殁后封王，螭首高三尺二寸，碑身高九尺，广三尺六寸，龟跌高三尺八寸。一品螭首，二品麟凤盖，三品天禄辟邪盖，四品至七品方跌。首视功臣殁后封王者，递杀二寸，至一尺八寸止。碑身递杀五寸，至五尺五寸止。其广递杀二寸，至二尺二寸止。跌递杀二寸，至二尺四寸止。

坟茔之制，亦洪武三年定。一品，茔地周围九十步，坟高一丈八尺。二品，八十步，高一丈四尺。三品，七十步，高一丈二尺。以上石兽各六。四品，四十步。七品以下二十步，高六尺。五年重定。功臣殁后封王，茔地周围一百步，坟高二丈，四围坟墙高一丈，石人四，文武各二，石虎、羊、马、石望柱各二。一品至六品茔地如旧制，七品加十步。一品坟高一丈八尺，二品至七品递杀二尺。一品坟墙高九尺,二品至四品递杀一尺,五品四尺。一品、二品石人二,文武各一,虎、羊、马、望柱各二。三品四品无石人,五品无石虎,六品以下无。

当太祖时,盱眙扬王坟置守户二百一十,宿州徐王坟置坟户九十三,滁州滁阳王坟亦置坟户。四年,又赐功臣李善长、徐达、常茂、冯胜坟户百五十,邓愈、唐胜宗、陆仲亨、华云龙、顾时、陈德、耿炳文、吴桢、孙恪、郭兴坟户百。成化十五年,南京礼部言:“常遇春、李文忠等十四人勋臣坟墓,俱在南京城外,文忠曾孙薵等,以岁久颓坏为言,请命工修治。”帝可其奏,且令无子孙者,复墓旁一人守护之。

赐谥　亲王例用一字,郡王二字,文武大臣同。与否,自上裁。若官品未高而侍从有劳,或以死勤事者,特赐谥,非常例。洪武初,有应得谥者,礼部请旨,令礼部行翰林院拟奏。弘治十五年定制,凡亲王薨,行抚、按,郡王病故,行本府亲王及承奉长史,核勘以奏,乃议谥。文武大臣请谥,礼部取旨,行吏、兵部考实迹。礼部定三等,行业俱优者为上,颇可者为中,行实无取者为下,送翰林院拟谥。有应谥而未得者,抚、按、科道官以闻。

按明初旧制,谥法自十七字至一字,各有等差。然终高帝世,文臣未尝得谥,武臣非赠侯、伯不可得。鲁、秦二王曰荒、曰愍。至建文谥王祎,成祖谥胡广,文臣始有谥。迨世宗则滥及方士,且加四字矣。定例,三品得谥,词臣谥“文”。然亦有得谥不止三品,谥“文”不专词臣者,或以勋劳,或以节义,或以望实,破格崇褒,用示激劝。其冒滥者,亦间有之。

万历元年,礼臣言:“大臣应得谥者,宜广询严核。应谥而未请者,不拘远近,抚、按、科道举奏,酌议补给。”十二年,礼臣言:“大臣谥号,必公论允服,毫无瑕疵者,具请上裁。如行业平常,即官品虽崇,不得概予。”帝皆从之。三十一年,礼部侍郎郭正域请严谥典。议夺者四人,许论、黄光昇、吕本、范谦。应夺而改者一人,陈瓒。补者七人,伍文定、吴悌、鲁穆、杨继宗、邹智、杨源、陈有年。阁臣沈一贯、朱赓力庇吕本,不从其议。未几,御史张邦俊请以吕柟从祀孔庙,而论应补谥者,雍泰、魏学曾等十四人。部议久之,共汇题先后七十四人,留中不发。

天启元年,始降旨俞允,又增续请者十人,而邦俊原请九人不与。正域所请伍文定等亦至是始定。凡八十四人。其官卑得谥者,邹智、刘台、魏良弼、周天佐、杨允绳、沈炼、杨源、黄巩、杨慎、周怡、庄昶、冯应京皆以直谏,孟秋、张元忭、曹端、贺钦、陈茂烈、马理、陶望龄皆以学行,张铨以忠义,李梦阳以文章,鲁穆、杨继宗、张朝瑞、朱冠、傅新德、张允济皆以清节,杨慎之文宪,庄昶之文节,则又兼论文学云。

三年,礼部尚书林尧俞言:"谥典五年一举,自万历四十五年至今,蒙恤而未谥者,九卿台省会议与臣部酌议。"帝可之。然是时,迟速无定。六年,礼科给事中彭汝楠言:"耳目近则睹记真,宜勿逾五年之限。"又谓:"三品以上为当予谥,而建文诸臣之忠义,陶安等之参帷幄,叶琛等之殉行间,皆宜补谥。"事下礼部,以建文诸臣未易轻拟,不果行。至福王时,始从工科给事中李清言,追谥开国功臣李善长等十四人,正德谏臣蒋钦等十四人,天启惨死诸臣左光斗等九人,而建文帝之弟允熥、允燧、允熙,子文奎,亦皆因清疏追补。

品官丧礼　品官丧礼载在《集礼》、《会典》者,本之《仪礼·士丧》,稽诸《唐典》,又参以《朱子家礼》之编,通行共晓。兹举大要,其仪节不具录。

凡初终之礼,疾病,迁于正寝。属纩,俟绝气乃哭。立丧主、主妇,护丧以子弟贤能者。治棺讣告。设尸床、帷堂、掘坎。设沐具,沐者四人,六品以下三人,乃含。置虚座,结魂帛,立铭旌。丧之明日乃小敛,又明日大敛,盖棺,设灵床于枢东。又明日,五服之人各服其服,然后朝哭相吊。既成服,朝夕奠,百日而卒哭。乃择地,三月而葬。告后土,遂穿圹。刻志石,造明器,备大舆,作神主。既发引,至墓所,乃窆。施铭旌志石于圹内,掩圹覆土,乃祠后土于墓。题主,奉安。升车,反哭。

凡虞祭,葬之日,日中而虞,柔日再虞,刚日三虞。若去家经宿以上,则初虞于墓所行之。墓远,途中遇柔日,亦于馆所行之。若三虞,必俟至家而后行。三虞后,遇刚日卒哭。明日祔家庙。期而小祥。丧至此凡十三月,不计闰。古卜日祭,今止用初忌,丧主乃易练服。再期而大祥。丧至此凡二十五月,亦止用第二忌日祭。陈禫服,告迁于祠堂。改题神主,递迁而西,奉神主入于祠堂。彻灵座,奉迁主埋于墓侧。大祥后,间一月而禫。丧至此计二十有七月。卜日,丧主禫服诣祠堂,祗荐禫事。

其在远闻丧者,始闻,易服,哭而行。至家,凭殡哭,四日而成服。若未得行,则设位,四日而变服。若既葬,则先哭诸墓,归诣灵座前哭,四日成服。齐衰以下闻丧,为位而哭。若奔丧,则至家成服。若不奔丧,四日成服。凡有改葬者,孝子以下及妻、妾、女子子,俱缌麻服,周亲以下素服。不设祖奠,无反哭,无方相魌头,余如常葬之仪。既葬,就吉帷灵座前一虞。孝子以下,出就别所,释缌服,素服而还。

洪武二十六年四月,除期服奔丧之制。先是,百官闻祖父母、伯叔、兄弟丧,俱得奔赴。至是,吏部言:“祖父母、伯叔、兄弟皆系期年服。若俱令奔丧守制,或一人连遭五六期丧,或道路数千里,则居官日少,更易繁数,旷官废事。今后除父母、祖父母承重者丁忧外,其余期丧不许奔,但遣人致祭。”从之。

士庶人丧礼 《集礼》及《会典》所载,大略仿品官制,稍有损益。

洪武元年,御史高元侃言:“京师人民,循习旧俗。凡有丧葬,设宴,会亲友,作乐娱尸,竟无哀戚之情,甚非所以为治。乞禁止以厚风化。”乃令礼官定民丧服之制。

五年诏定:“庶民袭衣一称,用深衣一、大带一、履一双,裙裤衫袜随所用。饭用粱,含钱三。铭旌用红绢五尺。敛随所有,衣衾及亲戚襚仪随所用。棺用坚木,油杉为上,柏次之,土杉松又次之。用黑漆、金漆,不得用朱红。明器一事。功布白布三尺引柩。柳车以衾覆棺。志石二片,如官之仪。茔地围十八步。祭用豕,随家有无。”

又诏:“古之丧礼,以哀戚为本,治丧之具,称家有无。近代以来,富者奢僭犯分,力不足者称贷财物,夸耀殡送,及有惑于风水,停柩经年,不行安葬。宜令中书省臣集议定制,颁行遵守,违者论罪。”又谕礼部曰:“古有掩骼埋胔之令,近世狃元俗,死者或以火焚,而投其骨于水。伤恩败俗,莫此为甚。其禁止之。若贫无地者,所在官司择宽闲地为义冢,俾之葬埋。或有宦游远方不能归葬者,官给力费以归之。

服纪 明初颁《大明令》,凡丧服等差,多因前代之旧。洪武七年,《孝慈录》成,复图列于《大明令》,刊示中外。

先是,贵妃孙氏薨,敕礼官定服制。礼部尚书牛谅等奏曰:“周《仪礼》,父在,为母服期年,若庶母则无服。”太祖曰:“父母之恩一也,而低昂若是,不情甚矣。”乃敕翰林院学士宋濂等曰:“养生送死,圣王大政。讳亡忌疾,衰世陋俗。三代丧礼散失于衰周,厄于暴秦。汉、唐以降,莫能议此。夫人情无穷,而礼为适宜。人心所安,即天理所在。尔等其考定丧礼。”于是濂等考得古人论服母丧者凡四十二人,愿服三年者二十八人,服期年者十四人。太祖曰:“三年之丧,天下通丧。观愿服三年,视愿服期年者倍,岂非天理人情之所安乎?”乃立为定制。子为父母,庶子为其母,皆斩衰三年。嫡子、众子为庶母,皆齐衰杖期。仍命以五服丧制,并著为书,使内外遵守。其制服五。曰斩衰,以至粗麻布为之,不缝下边。曰齐衰,以稍粗麻布为之,缝下边。曰大功,以粗熟布为之。曰小功,以稍粗熟布为之。曰缌麻,以稍细熟布为之。

其叙服有八。曰斩衰三年者:子为父母,庶子为所生母,子为继母;子为慈母,谓母卒父命他妾养己者;子为养母,谓自幼过房与人者;女在室为父母,女嫁被出而反在室为父母;嫡孙为祖父母承重及曾高祖父母承重者;为人后者为所后父母,及为所后祖父母承重夫为后则妻从服,妇为舅姑;庶子之妻为夫之所生母;妻妾为夫。

曰齐衰杖期者:嫡子众子为庶母;嫡子众子之妻为夫之庶母,为嫁母、出母、父卒继母改嫁而己从之者;夫为妻。

曰齐衰不杖期者:父母为嫡长子及众子,父母为女在室者,继母为长子及众子,慈母为长子及众子;孙为祖父母,孙女虽适人不降,高曾皆然;为伯叔父母;妾为夫之长子及众子,为所生子;为兄弟,为兄弟之子及兄弟之女在室者,为姑及姊妹在室者;妾为嫡妻;嫁母、出母为其子;女在室及虽适人而无夫与子者,为其兄弟及兄弟之子;继母改嫁为前夫之子从己者;为继父同居两无大功之亲者;妇人为夫亲兄弟之子,妇人为夫亲兄弟子女在室者;女出嫁为父母;妾为其父母;为人后者为其父母;女适人为兄弟之为父后者;祖为嫡孙;父母为长子妇。

曰齐衰五月者:为曾祖父母。

曰齐衰三月者:为高祖父母,为继父昔同居而今不同者,为继父虽同居而两有大功以上亲者。

曰大功九月者:为同堂兄弟及姊妹在室者,为姑及姊妹及兄弟之女出嫁者;父母为众子妇,为女之出嫁者;祖为众孙;为兄弟之子妇;妇人为夫之祖父母,为夫之伯叔父母,为夫之兄弟之子妇,为夫兄弟之女嫁人者;女出嫁为本宗伯叔父母,及为兄弟与兄弟之子,为姑姊妹及兄弟之女在室者;为人后者为其兄弟及姑姊妹在室者;妻为夫本生父母;为兄弟之子为人后者。

曰小功五月者:为伯叔祖父母,为同堂伯叔父母,为再从兄弟及再从姊妹在室者,为同堂兄弟之子,为祖姑在室者,为从祖姑在室者,为同堂兄弟之女在室者,为兄弟之妻;为人后者为其姑姊妹适人者;为嫡孙妇,为同堂姊妹之出嫁者,为孙女适人者,为兄弟之孙及兄弟之女孙在室者,为外祖父母,为母之兄弟姊妹,为同母异父之兄弟姊妹,为姊妹之子;妇人为夫之姑及夫之姊妹,为夫之兄弟及夫兄弟之妻,为夫兄弟之孙及夫兄弟之女孙在室者,为夫同堂兄弟之子及同堂兄弟之女在室者。

曰缌麻三月者:为族曾祖父母,为族伯叔祖父母,为族父母,为族兄弟及族姊妹在室者,为族曾祖姑在室者,为族祖姑及族姑在室者,为兄弟之曾孙,女在室同,为曾孙玄孙,为同堂兄弟之孙,女在室同,为再从兄弟之子,女在室同,为祖姑、从祖姑及从祖姊妹之出嫁者,为兄弟之孙女出嫁者,为同堂兄弟之女出嫁者,为乳母,为舅之子,为姑之子,为姨之子,为外孙,为婿,为妻之父母,为兄弟孙之妇,为同堂兄弟子之妇,为同堂兄弟之妻,为外孙妇,为甥妇;妇人为夫之曾祖、高祖父母,为夫之叔伯祖父母,为夫之同堂伯叔父母,为夫兄弟之曾孙,为夫之同堂兄弟,为夫同堂兄弟之孙,孙女同,为夫再从兄弟之子,为夫兄弟之孙妇,为夫同堂兄弟子之妇,为夫同堂兄弟之妻,为夫同堂姊妹,为夫之外祖父母,为夫之舅及姨,为夫之祖姑及从祖姑在室者;女出嫁为本宗叔伯祖父母,为本宗同堂叔伯父母,为本宗同堂兄弟之子女,为本宗祖姑及从祖姑在室者,为本宗同堂姊妹之出嫁者;为人后者为本生外祖父母。

嘉靖十八年正月谕辅臣:"昨居丧理疾,阅《礼记·檀弓》等篇,其所著礼仪制度俱不归一,又不载天子全仪。虽曰'三年之丧,通乎上下',而今昔亦有大不同者。皇祖所定,未有全文,每遇帝后之丧,亦未免因仍为礼。至于冠裳衰绖,所司之制不一,其与礼官考定之。自初丧至除服,冠裳轻重之制具为仪节,俾归至当。"于是礼部议丧服诸制奏之。帝令更加考订,画图注释,并祭葬全仪,编辑成书备览。

明史卷六一
志第三七

乐　一

　　古先圣王,治定功成而作乐,以合天地之性,类万物之情,天神格而民志协。盖乐者,心声也,君心和,六合之内无不和矣。是以乐作于上,民化于下。秦、汉而降,斯理浸微,声音之道与政治不相通,而民之风俗日趋于靡曼。明兴,太祖锐志雅乐。是时,儒臣冷谦、陶凯、詹同、宋濂、乐韶凤辈皆知声律,相与究切厘定。而掌故阔略,欲还古音,其道无由。太祖亦方以下情偷薄,务严刑以束之,其于履中蹈和之本,未暇及也。文皇帝访问黄钟之律,臣工无能应者。英、景、宪、孝之世,宫县徒为具文。殿廷燕享,郊坛祭祀,教坊羽流,慢渎苟简,刘翔、胡瑞为之深慨。世宗制作自任,张鹗、李文察以审音受知,终以无成。盖学士大夫之著述止能论其理,而施诸五音六律辄多未协,乐官能纪其铿锵鼓舞而不晓其义,是以卒世莫能明也。稽明代之制作,大抵集汉、唐、宋、元人之旧,而稍更易其名。凡声容之次第,器数之繁缛,在当日非不灿然俱举,第雅俗杂出,无从正之。故备列于篇,以资考者。

　　太祖初克金陵,即立典乐官。其明年置雅乐,以供郊社之祭。吴元年命自今朝贺,不用女乐。先是命选道童充乐舞生,至是始集。太祖御戟门,召学士朱升、范权引乐舞生入见,阅试之。太祖亲击石磬,命升辨五音。升不能审,以宫音为徵音。太祖哂其误,命乐生登歌一曲而罢。是年置太常司,其属有协律郎等官。元末有冷谦者,知音，善鼓瑟，以黄冠隐吴山。召为协律郎，令协乐章声谱，俾乐生习之。取石灵璧以制磬，采桐梓湖州以制琴瑟。乃考正四庙雅乐，命谦较定音律及编钟、编磬等器，遂定乐舞之制。乐生仍用道童，舞生改用军民俊秀子弟。又置教坊司，掌宴会大乐。设大使、副使、和声郎，左、右韶乐，左、右司乐，皆以乐工为之。后改和声郎为奉銮。

洪武元年春亲祭太社、太稷。祫享于太庙。其冬祀昊天上帝于圜丘。明年祀皇地祇于方丘，又以次祀先农、日月、太岁、风雷、岳渎、周天星辰、历代帝王、至圣文宣王，皆定乐舞之数，奏曲之名。

圜丘。迎神，奏《中和之曲》。奠玉帛，奏《肃和之曲》。奏牲，奏《凝和之曲》。初献，奏《寿和之曲》，《武功之舞》。亚献，奏《豫和之曲》，终献，奏《熙和之曲》，俱《文德之舞》。彻豆，奏《雍和之曲》。送神，奏《安和之曲》。望燎，奏《时和之曲》。方丘并同，曲词各异，易望燎曰望瘗。太社太稷，易迎神曰《广和》，省奉牲，余并与方丘同，曲词各异。

先农。迎神、奠帛，奏《永和之曲》。进俎，奏《雍和之曲》。初献、终献，并奏《寿和之曲》。彻豆、送神，并奏《永和之曲》。望瘗，奏《太和之曲》。

朝日。迎神，奏《熙和之曲》。奠玉帛，奏《保和之曲》。初献，奏《安和之曲》，《武功之舞》。亚献，奏《中和之曲》，终献，奏《肃和之曲》，俱《文德之舞》。彻豆，奏《凝和之曲》。送神，奏《寿和之曲》。望燎，奏《豫和之曲》。

夕月，迎神易《凝和》，奠帛以下与朝日同，曲词各异。

太岁、风雷、岳渎。迎神，奏《中和》。奠帛，奏《安和》。初献，奏《保和》。亚献，奏《肃和》。终献，奏《凝和》。彻豆，奏《寿和》。送神，奏《豫和》。望燎，奏《熙和》。

周天星辰，初附祀夕月，洪武四年别祀。迎神，奏《凝和》。奠帛、初献，奏《保和》，《武功舞》。亚献，奏《中和》，终献，奏《肃和》，俱《文德舞》。彻豆，奏《豫和》。送神，奏《雍和》。

太庙。迎神，奏《太和之曲》。奉册宝，奏《熙和之曲》。进俎，奏

《凝和之曲》。初献,奏《寿和之曲》,《武功之舞》。亚献,奏《豫和之曲》,终献,奏《熙和之曲》,俱《文德之舞》。彻豆,奏《雍和之曲》。送神,奏《安和之曲》。初献则德、懿、熙、仁各奏乐舞,亚、终献,则四庙共之。

释奠孔子,初用大成登歌旧乐。洪武六年始命詹同、乐韶凤等更制乐章。迎神,奏《咸和》。奠帛奏《宁和》。初献,奏《安和》。亚献,终献,奏《景和》。彻馔、送神,奏《咸和》。

历代帝王。迎神,奏《雍和》。奠帛、初献,奏《保和》,《武功舞》。亚献,奏《中和》,终献,奏《肃和》,俱《文德舞》。彻豆,奏《凝和》。送神,奏《寿和》。望瘗,奏《豫和》。

又定王国祭祀乐章。迎神,奏《太清之曲》。初献,奏《寿清之曲》。亚献,奏《豫清之曲》。终献,奏《熙清之曲》。彻馔,奏《雍清之曲》。送神,奏《安清之曲》。其社稷山川,易迎神为《广清》,增奉瘗曰《时清》。此祭祀之乐歌节奏也。

洪武三年又定朝会宴飨之制。凡圣节、正旦、冬至、大朝贺,和声郎陈乐于丹墀百官拜位之南,北向。驾出,仗动。和声郎举麾,奏《飞龙引之曲》,乐作,升座。乐止,偃麾。百官拜,奏《风云会之曲》,拜毕,乐止。丞相上殿致词,奏《庆皇都之曲》,致词毕,乐止。百官又拜,奏《喜升平之曲》,拜毕,乐止。驾兴,奏《贺圣朝之曲》,还宫,乐止。百官退,和声郎、乐工以次出。

凡宴飨,和声郎四人总乐舞,二人执麾,立乐工前之两旁;二人押乐,立乐工后之两旁。殿上陈设毕,和声郎执麾由两阶升,立于御酒案之左右;二人引歌工、乐工由两阶升,立于丹陛上之两旁,东西向。舞师二人执旌,引武舞士立于西阶下之南;又二人执翿,引文舞士立于东阶下之南;又二人执幢,引四夷舞士立于武舞之西南;俱北向。武舞曰《平定天下之舞》,象以武定祸乱也;文舞曰《车书会同之舞》,象以文德致太平也;四夷舞曰《抚安四夷之舞》,象以威德服远人也。引大乐二人,执戏竹,引大乐工陈列于丹陛之西,文武二舞乐工列于丹陛之东,四夷乐工列于四夷舞之北,俱北向。驾将出,仗动,大乐作。升座,乐止。进第一爵,和声郎举麾,唱奏《起临濠之曲》。引乐二人引歌工、乐工诣酒案前,北面,重行立定。奏毕,偃麾,押乐引众工退。第二,奏《开太平之曲》。第三,奏《安建业之曲》。第四,奏《削群雄之曲》。第五,奏《平幽都之曲》。第六,奏《抚四夷之曲》。第七,奏《定封赏之曲》。第八,奏《大一统之曲》。第九,奏《守承平之曲》。其举麾、偃麾,歌工、乐工进退,皆如前仪。进第一次膳,和声郎举麾,唱奏《飞龙引之乐》,大乐作。食毕,乐止,偃麾。第二,奏《风云会之乐》。第三,奏《庆皇都之乐》。第四,奏《平定天下之舞》。第五,奏《贺圣朝之乐》。第六,奏《抚安四夷之舞》。第七,奏《九重欢之乐》。第八,奏《车书会同之舞》。第九,奏《万年春之乐》。其举麾、偃麾如前仪。九奏三舞既毕,驾兴,大乐作。入宫,乐止,和声郎执麾引众工以次出。

宴飨之曲,后凡再更。四年所定,一曰《本太初》,二曰《仰大明》,三曰《民初生》,四曰《品物亨》,五曰《御六龙》,六曰《泰阶平》,七曰《君德成》,八曰《圣道行》,九曰《乐清宁》。其词,詹同、陶凯所制也。十五年所定,一曰《炎精开运》,二曰《皇风》,三曰《眷皇明》,四曰《天道传》,五曰《振皇纲》,六曰《金陵》,七曰《长杨》,八曰《芳醴》,九曰《驾六龙》。

凡大朝贺,教坊司设中和韶乐于殿之东西,北向;陈大舞于丹陛之东西,亦北向。驾兴,中和韶乐奏《圣安之曲》。升座进宝,乐止。百官拜,大乐作。拜毕,乐止。进表,大乐作。进讫,乐止。宣表目,致贺讫,百官俯伏,大乐作。拜毕,乐止。宣制讫,百官舞蹈山呼,大乐作。拜毕,乐止。驾兴,中和韶乐奏《定安之曲》。导驾至华盖殿,乐止。百官以次出。

其大宴飨,教坊司设中和韶乐于殿内,设大乐于殿外,立三舞杂队于殿下。驾兴,大乐作。升座,乐止。文武官入列于殿外,北向拜,大乐作。拜毕,乐止。进御筵,乐作。进讫,乐止。进花,乐作。进讫,乐止。进第一爵,教坊司奏《炎精开运之曲》,乐作。内外官拜毕,乐止。散花,乐作。散讫,乐止。第二爵,教坊司奏《皇风之曲》。

乐止,进汤。鼓吹飨节前导至殿外,鼓吹止,殿上乐作。群臣汤馔成,乐止。武舞入,教坊司请奏《平定天下之舞》。第三爵,教坊司请奏《眷皇明之曲》,进酒如前仪。乐止。教坊司请奏《抚安四夷之舞》。第四爵,奏《天道传之曲》,进酒进汤如前仪。乐止,奏《车书会同之舞》。第五爵,奏《振皇纲之曲》,进酒如前仪。乐止,奏百戏承应。第六爵,奏《金陵之曲》,进酒进汤如前仪。乐止,奏八蛮献宝承应。第七爵,奏《长杨之曲》,进酒如前仪。乐止,奏采莲队子承应。第八爵,奏《芳醴之曲》,进酒进汤如前仪。乐止,奏鱼跃于渊承应。第九爵,奏《驾六龙之曲》,进酒如前仪。乐止,收爵。进汤,进大膳,乐作。供群臣饭食讫,乐止,百花队舞承应。宴成彻案。群臣出席,北向拜,乐作。拜毕,乐止。驾兴,大乐作、鸣鞭,百官以次出。此朝贺宴飨之乐歌节奏也。

其乐器之制,郊丘庙社,洪武元年定。乐工六十二人,编钟、编磬各十六,琴十,瑟四,搏拊四,柷、敔各一,埙四,篪四,箫八,笙八,笛四,应鼓一;歌工十二;协律郎一人执麾以引之。七年,复增龥四,凤笙四,埙用六,搏拊用二,共七十二人。舞则武舞生六十二人,引舞二人,各执干戚;文舞生六十二人,引舞二人,各执羽龥;舞师二人执节以引之。共一百三十人。惟文庙乐生六十人,编钟、编磬各十六,琴十,瑟四,搏拊四,柷敔各一,埙四,篪四,箫八,笙八,笛四,大鼓一;歌工十。六年,铸太和钟。其制,仿宋景钟。以九九为数,高八尺一寸。拱以九龙,柱以龙虡,建楼于圜丘斋宫之东北,悬之。郊祀,驾动则钟声作。升坛,钟止。众音作。礼毕,升辇,钟声作。俟导驾乐作,乃止。十七年改铸,减其尺十之四焉。

朝贺.洪武三年定丹陛大乐:箫四,笙四,箜篌四,方响四,头管四,龙笛四,琵琶四,纂六,杖鼓二十四,大鼓二,板二。二十六年又定殿中韶乐:箫十二,笙十二,排笙四,横笛十二,埙四,篪四,琴十,瑟四,编钟二,编磬二,应鼓二,柷一,敔一,搏拊二。丹陛大乐:戏竹二,箫十二,笙十二,笛十二,头管十二,纂八,琵琶八,二十弦八,方响二,鼓二,拍板八,杖鼓十二。命妇朝贺中宫,设女乐:戏竹二,箫十四，笙十四，笛十四，头管十四，篥十，琵琶八，二十弦八，方响六，鼓五，拍板八，杖鼓十二。正旦、冬至、千秋凡三节。其后太皇太后、皇太后并用之。朔望朝参：戏竹二，箫四，笙四，笛四，头管四，篥二，琵琶二，二十弦二，方响一，鼓一，拍板二，杖鼓六。

大宴。洪武元年定殿内侑食乐：箫六，笙六，歌工四。丹陛大乐：戏竹二，箫四，笙四，琵琶六，篥六，箜篌四，方响四，头管四，龙笛四，杖鼓二十四，大鼓二，板二。文武二舞乐器：笙二，横管二，篥二，杖鼓二，大鼓一，板一。四夷舞乐：腰鼓二，琵琶二，胡琴二，箜篌二，头管二，羌笛二，篥二，水盏一，板一。二十六年又定殿内侑食乐：柷一，敔一，搏拊一，琴四，瑟二，箫四，笙四，笛四，埙二，篪二，排箫一，钟一，磬一，应鼓一。丹陛大乐：戏竹二，箫四，笙四，笛二，头管二，琵琶二，篥二，二十弦二，方响二，杖鼓八，鼓一，板一。迎膳乐：戏竹二，笙二，笛四，头管二，篥二，杖鼓十，鼓一，板一。进膳乐：笙二，笛二，杖鼓八，鼓一，板一。太平清乐：笙四，笛四，头管四，篥四，方响一，杖鼓八，小鼓一，板一。

乐工舞士服色之制。郊庙，洪武元年定；朝贺，洪武三年定。文武两舞：武舞士三十二人，左干右戚，四行，行八人。舞作发扬蹈厉坐作击刺之状，舞师二人执旌以引之；文舞士三十二人，左籥右翟，四行，行八人，舞作进退舒徐揖让升降之状，舞师二人执翿以引之。四夷之舞：舞士十六人，四行，行四人，舞作拜跪朝谒喜跃俯伏之状，舞师二人执幢以引之。此祭祀朝贺之乐舞器服也。

当太祖时，前后稍有增损。乐章之鄙陋者，命儒臣易其词。二郊之作，太祖所亲制。后改合祀，其词复更。太社稷奉仁祖配，亦更制七奏。尝谕礼臣曰：“古乐之诗，章和而正。后世之诗，章淫以夸。故一切谀词艳曲皆弃不取。”尝命儒臣撰回銮乐歌，所奏《神降祥》、《神贶》、《酣酒》、《色荒》、《禽荒》诸曲，凡三十九章，命曰《御銮歌》，皆寓讽谏之意。然当时作者，惟务明达易晓，非能如汉、晋间诗歌，铿锵雅键，可录而诵也。殿中韶乐，其词出于教坊俳优，多乖雅道。十二月乐歌，按月律以奏，及进膳、迎膳等曲，皆用乐府、小令、杂剧为娱戏。流欲谊谀，淫哇不逞。太祖所欲屏者，顾反设之殿陛间不为怪也。

永乐十八年，北京郊庙成。其合祀合享礼乐，一如旧制。更定宴飨乐舞：初奏《上万寿之曲》，《平定天下之舞》；二奏《仰天恩之曲》，《抚四夷之舞》。三奏《感地德之曲》，《车书会同之舞》；四奏《民乐生之曲》，《表正万邦之舞》；五奏《感皇恩之曲》，《天命有德之舞》；六奏《庆丰年之曲》；七奏《集祯应之曲》；八奏《永皇图之曲》；九奏《乐太平之曲》。奏曲肤浅，舞曲益下俚。景泰元年，助教刘翔上书指其失。请敕儒臣推演道德教化之意，群臣相与之乐，作为诗章，协以律吕，如古《灵台》、《辟雍》、《清庙》、《湛露》之音，以振励风教，备一代盛典。时以袭用既久，卒莫能改。其后教坊司乐工所奏中和韶乐，且多不谐者。成化中，礼官尝请三倍其额，博教而约取之。

弘治之初，孝宗亲耕耤田，教坊司以杂剧承应，间出狎语。都御史马文升厉色斥去。给事中胡瑞尝言："御殿受朝，典礼至大，而殿中中和韶乐乃属之教坊司，岳镇海渎，三年一祭，乃委之神乐观乐舞生，亵神明，伤大体。望敕廷臣议，岳渎等祭，当以缙绅从事。中和韶乐，择民间子弟肄习，设官掌之。年久，则量授职事。"帝以奏乐遣祭，皆国朝旧典，不能从也。马文升为尚书，因灾异陈言，其一，访名儒以正雅乐，事下礼官。礼官言："高皇帝命儒臣考定八音，修造乐器，参定乐章。其登歌之词，多自裁定。但历今百三十余年，不复校正，音律舛讹，厘正宜急。且太常官恐未足当制器协律之任。乞诏下诸司，博求中外臣工及山林有精晓音律者，礼送京师。会礼官熟议至当，然后造器正音，庶几可以复祖制，致太和。"帝可其奏。末年诏南京及各王府，选精通乐艺者诣京师，复以礼官言而罢。

正德三年，武宗谕内钟鼓司康能等曰："庆成大宴，华夷臣工所观瞻，宜举大乐。迩者音乐废缺，无以重朝廷。"礼部乃请选三院乐工年壮者，严督肄之，仍移各省司取艺精者赴京供应。顾所隶益猥杂，筋斗百戏之类日盛于禁廷。既而河间等府奉诏送乐户，居之新宅。乐工既得幸，时时言居外者不宜独逸，乃复移各省司所送技精者于教坊。于是乘传续食者又数百人，俳优之势大张。臧贤以伶人进，与诸佞幸角宠窃权矣。

嘉靖元年，御史汪珊请屏绝玩好，令教坊司毋得以新声巧技进。世宗嘉纳之。是时，更定诸典礼，因亦有志于乐。建观德殿以祀献帝，召协律郎肄乐供祀事。后建世庙成，改殿曰崇先。乃亲制乐章，命大学士费宏等更定曲名，以别于太庙。其迎神曰《永和之曲》，初献曰《清和之曲》，亚献曰《康和之曲》，终献曰《冲和之曲》，彻馔曰《泰和之曲》，送神曰《宁和之曲》。宏等复议，献皇生长太平，不尚武功，其三献皆当用《文德舞》。从之。已而太常复请，乃命礼官会张璁议。璁言："乐舞以佾数为降杀，不闻以武文为偏全。使八佾之制，用其文而去其武，则两阶之容，得其左而阙其右。是皇上举天子礼乐，而自降杀之矣。"乃从璁议，仍用二舞。

九年二月，始祈谷于南郊。帝亲制乐章，命太常协于音谱。是年，始祀先蚕，下礼官议乐舞。礼官言："先蚕之祀，周、汉所同。其乐舞仪节，经史不载。唐开元先蚕仪注，大乐令设宫县于北郊坛壝内，诸女工咸列于后，则祀先蚕用女乐可知。《唐六典》，宫县之舞八佾，轩县之舞六佾，则祀先蚕用八佾又可知。然止言舞生冠服，而不及舞女冠服。陈旸《乐书享先蚕图》下，止有《宫架登歌图》，而不及舞。夫有乐有舞，虽祀礼之常，然周、汉制度既不可考，宋祀先蚕，代以有司，又不可据。惟开元略为近古，而陈氏《乐书》考据亦明。前享先农，既以佾数不足，降八为六，则今祀先蚕，止用乐歌，不用乐舞，亦合古制。且以见少杀先农之礼。"帝以舞非女子事，罢不用。使议乐女冠服以闻。礼官言："北郊阴方，其色尚黑。同色相感，事神之道。汉蚕东郊，魏蚕西郊，色皆尚青，非其色矣。乐女冠服宜黑。"乃用乐六奏，去舞。其乐女皆黑冠服，因定享先蚕乐章。

又以祀典方厘定南北郊，复朝日夕月之祭，命词臣取洪武时旧乐歌，一切更改。礼官因请广求博访，有如宋胡瑗李照者，具以名闻。授之太常，考定雅乐。给事中夏言乃以致仕甘肃行太仆寺丞张鹗应诏。命趣召之。既至，言曰：

大乐之正，乃先定元声。元声起自冥闷既觉之时，亥子相乘之际。积丝成毫，积毫成厘，积厘成分。一时三十分，一日十二时。故声生于日，律起于辰。气在声先，声从气后。若拘于器以求气，则气不能致器，而反受制于器，何以定黄钟、起历元？须依蔡元定，多截竹以拟黄钟之律，长短每差一分。冬至日按律而候，依法而取。如众管中先飞灰者，即得元气。验其时刻，如在子初二刻，即子初一刻移于初二刻矣。如在正二刻，即子正一刻移于正二刻矣。愿命知历官一人，同臣参候，庶几元声可得，而古乐可复。

又言：

古人制为十六编钟，非徒事观美，盖为旋宫而设。其下八钟，黄钟、大吕、太簇、夹钟、姑洗、仲吕、蕤宾、林钟是已；其上八钟，夷则、南吕、无射、应钟、黄钟、大吕、太簇、夹钟是已。近世止用黄钟一均，而不遍具十六钟，古人立乐之方已失。况太常止以五、凡、工、尺、上、一、四、六、勾、合字眼谱之，去古益远。且如黄钟为合似矣，其以大吕为下四，太簇为高四，夹钟为下一，姑洗为高一，夷则为下工，南吕为高工之类，皆以两律兼一字，何以旋宫取律，止黄钟一均而已。

且黄钟、大吕、太簇、夹钟为上四清声。盖黄钟为君，至尊无比。黄钟为宫，则十一律皆从而受制，臣民事物莫敢凌犯焉。至于夹钟为宫，则下生无射为徵，无射上生仲吕为商，仲吕下生黄钟为羽。然黄钟正律声长，非仲吕为商三分去一之次。所以用黄钟为羽，必用子声，即上黄六之清声，正为不敢用黄钟全声，而用其半耳。姑洗以下之均，大率若此。此四清声之所由立也。编钟十六，其理亦然。

宋胡瑗知此义，故四清声皆小其围径以就之。然黄钟、太簇二声虽合，大吕、夹钟二声又非，遂使十二律、五声皆不得正。至于李照、范镇止用十二律，不用四清声，其合于三分损益者则和矣。夷则以降，其臣民事物，安能尊卑有辨，而不相凌犯耶？

臣又考《周礼》，圜钟、函钟、黄钟，天地人三宫之说，有荐神之乐，有降神之乐。所为荐神之乐者，乃奏黄钟，歌大吕，子丑合也，舞《云门》以祀天神。乃奏太簇，歌应钟，寅亥合也，舞《咸池》以祀地祇。乃奏姑洗，歌南吕，辰酉合也，舞《大韶》以祭四望。乃奏蕤宾，歌林钟，午未合也，舞《大夏》以祭山川。乃奏夷则，歌小吕，巳申合也，舞《大武》以享先祖，舞《大濩》以享先妣。所谓降神之乐者，冬至祀天圜丘，则以圜钟为宫，黄钟为角，太簇为徵，姑洗为羽，是三者阳律相继。相继者，天之道也。夏至祭地方丘，则以函钟为宫，夹钟为角，姑洗为徵，南吕为羽，是三者阴吕相生。相生者，地之功也。祭宗庙，以黄钟为宫，大吕为角，太簇为徵，夹钟为羽，是三者律吕相合。相合者，人之情也。

且圜钟，夹钟也。生于房心之气，为天地之明堂，祀天从此起宫，在琴中角弦第十徽，卯位也。函钟，林钟也。生于坤位之气，在井东舆鬼之外，主地祇，祭地从此起宫，在琴中徵弦第五徽，未位也。黄钟，生于虚危之气，为宗庙，祭人鬼从此起宫，在琴中宫弦第三徽，子位也。至若六变而天神降，八变而地祇格，九变而人鬼享，非有难易之分。盖阳数起子而终于少阴之申，阴数起午而终于少阳之寅。圜钟在卯，自卯至申六数，故六变而天神降。函钟在未，自未至寅八数，故八变而地祇格。黄钟在子，自子至申九数，故九变而人鬼享。此皆以本元之声，召本位之神，故感通之理速也。或者谓自汉以来，天地鬼神闻新声习矣，何必改作。不知自人观天地，则由汉迄今千七百年；自天地观，亦顷刻间耳。自今正之。独可及也。

并进所著乐书二部。其一曰《大成乐舞图谱》，自琴瑟以下诸乐，逐字作谱。其一曰《古雅心谈》，列十二图以象十二律。图各有说。又以琴为正声，乐之宗系。凡郊庙大乐，分注琴弦定徽，各有归旨。且自谓心所独契,斫轮轮之妙有非口所能言者。

疏下部礼。礼官言:"音律久废,太常诸官循习工尺字谱,不复知有黄钟等调。臣等近奉诏演习新定郊祀乐章,间问古人遗制,茫无以对。今鹗谓四清声所以为旋宫,其注弦定徽,盖已深识近乐之弊。至欲取知历者,互相参考,尤为探本穷源之论。似非目前司乐者所及。"乃授鹗太常寺丞,令诣太和殿较定乐舞。

鹗遂上言:"《周礼》有郊祀之乐,有宗祀之乐。尊亲分殊,声律自别。臣伏听世庙乐章,律起林钟,均殊太庙。臣窃异之。盖世庙与太庙同礼,而林钟与黄钟异乐。函钟主祀地祇,位寓坤方,星分井鬼,乐奏八变,以报资生之功。故用林钟起调,林钟毕调也。黄钟主祀宗庙,位分子野,星隶虚危,乐奏九成,以报本源之德。故用黄钟起调,黄钟毕调也。理义各有归旨,声数默相感通。况天地者父母之象,大君者宗子之称。今以祀母之乐,奏以祀子,恐世庙在天之灵,必不能安且享矣。不知谱是乐者,何所见也。臣观旧谱乐章,字用黄钟,声同太庙。但审听七声,中少一律,今更补正。使依奏格,则祖孙一气相为流通,函黄二宫不失均调。尊亲之分两得,神人之心胥悦矣。"诏下礼官。李时等覆奏,以为:"鹗所言,与臣等所闻于律吕诸书者,深有所合。盖黄钟一调,以黄钟为宫,太簇为商,姑洗为角,蕤宾为变徵,林钟为徵,南吕为羽,应钟为变宫。旧乐章用合,用四,用一,用尺,用工。去蕤宾之均,而越次用再生黄钟之六,此旧乐章之失也。若林钟一调,则以林钟为宫,南吕为商,应钟为角,大吕之半声为变徵,太簇之半声为徵,姑洗之半声为羽,蕤宾之半声为变宫。迩者沈居敬更协乐章,用尺,用合,用四,用一,用工,用六。夫合,黄钟也。四,太簇之正声也。一,姑洗之正声也。六,黄钟之子声也。以林钟为宫,而所用为角、徵、羽者,皆非其一均之声,则谬甚矣。况林钟一调,不宜用于宗庙,而太庙与世庙,不宜异调,鹗见尤真。自今宜用旧协音律,惟加以蕤宾勾声,去再生黄钟之六,改用应钟之九,以成黄钟一均,庶于感格之义,深有所补。"

乃命鹗更定庙享乐音,而逮治沈居敬等。鹗寻谱定帝社稷乐歌以进。诏嘉其勤,晋为少卿,掌教雅乐。

夏言又引古者龙见而雩,命乐正习盛乐,舞皇舞。请依古礼,定大雩之制。当三献礼成之后,九奏乐止之时,檃括《云汉》诗辞,制为《云门》一曲,使文武舞士并舞而合歌之。帝可其议。

时七庙既建,乐制未备,礼官因请更定宗庙雅乐,言:"德、懿、熙、仁四祖久祧,旧章弗协。太祖创业,太宗定鼎,列圣守成。当有颂声,以对越在天,垂之万禩。若特享,若祫享,若大祫,诗歌颂美,宜命儒臣撰述,取自上裁。其乐器、乐舞,各依太庙成式,备为规制。"制可。已而尊献帝为睿宗,祔享太庙。于是九庙春特、三时祫、季冬在大祫乐章,皆更定焉。

十八年巡狩兴都,帝亲制乐章,享上帝于飞龙殿,奉皇考配。其后,七庙火,复同堂之制,四时岁祫,乐章器物仍如旧制。初增七庙乐官及乐舞生,自四郊九庙暨太岁神祇诸坛,乐舞人数至二千一百名。后稍裁革,存其半。

张鹗迁太常卿,复申前说,建白三事:一请设特钟、特磬以为乐节;一请复宫县以备古制;一请候元气以定钟律。事下礼官,言:"特钟、特磬宜造乐悬,在庙廷中,周旋未便,不得更制。惟黄钟为声气之元,候气之法,实求中气以定中声,最为作乐本原。其说,若重室堪户,截管实灰,覆缇,按历气至灰飞,证以累黍,具有成法可依。其法,筑室于圜丘外垣隙地,选知历候者往相其役,待稍有次第,然后委官考验。"从之。乃诏取山西长子县羊头山黍,大小中三等各五斗,以备候气定律。

明自太祖、世宗,乐章屡易,然钟律为制作之要,未能有所讲明。吕怀、刘濂、韩邦奇、黄佐、王邦直之徒,著书甚备,职不与典乐,托之空言而已。张鹗虽因知乐得官,候气终属渺茫,不能准以定律。弘治中,莆人李教授文利,著《律吕元声》,独宗《吕览》黄钟三寸九分之说。世宗初年,御史范永銮上其书,其说与古背,不可用。嘉靖十七年六月,辽州同知李文察进所著乐书四种,礼官谓于乐理乐书多前人所未发者。乃授文察为太常典簿,以奖劝之。而其所云"按人声以考定五音"者,不能行也。神宗时,郑世子载堉著《律吕精义》、《律学新说》、《乐舞全谱》共若干卷,具表进献。崇祯六年,礼部尚书黄汝良进《昭代乐律志》。宣付史馆,以备稽考,未及施行。

明史卷六二
志第三八

乐　二

乐章一

洪武元年圆丘乐章。

迎神,中和之曲:昊天苍兮穹窿,广覆焘兮庞洪。建圜丘兮国之阳,合众神兮来临之同。念蝼蚁兮微衷,莫自期兮感通。思神来兮金玉其容,驭龙鸾兮乘云驾风。顾南郊兮昭格,望至尊兮崇崇。

奠玉帛,肃和之曲:圣灵皇皇,敬瞻威光。玉帛以登,承筐是将。穆穆崇严,神妙难量。谨兹礼祭,功徵是皇。

进俎,凝和之曲:祀仪祗陈,物不于大。敢用纯犊,告于覆载。惟兹菲荐,恐未周完。神其容之,以享以观。

初献,寿和之曲:眇眇微躬,何敢请于九重,以烦帝聪。帝心矜怜,有感而通。既俯临于几筵,神缤纷而景从。臣虽愚蒙,鼓舞欢容,乃子孙之亲祖宗。酌清酒兮在钟,仰至德兮玄功。

亚献,豫和之曲:荷天之宠,眷驻紫坛。中情弥喜,臣庶均欢。趋跄奉承,我心则宽。再献御前,式燕且安。

终献,熙和之曲:小子于兹,惟父天之恩,惟恃天之慈,内外殷勤。何以将之?奠有芳齐,设有明粢。喜极而抃,奉神燕娱。礼虽止于三献,情悠长兮远而。

彻馔,雍和之曲:烹饪既陈,荐献斯就。神之在位,既歆既右。群臣骏奔,彻兹俎豆。物倘未充,尚幸神宥。

送神,安和之曲:神之去兮难延,想遐袂兮翩翩。万灵从兮后先,卫神驾兮回旋。稽首兮瞻天,云之衢兮眇然。

望燎,时和之曲:焚燎于坛,灿烂晶荧。币帛牲黍,冀彻帝京。奉神于阳,昭祀有成。肃然望之,玉宇光明。

洪武八年御制圜丘乐章。

迎神:仰惟兮昊穹,臣率百职兮迓迎。幸来临兮坛中,上下护卫兮景从。旌幢缭绕兮四维,重悦圣心兮民获年丰。

奠玉帛:民依时兮用工,感帝德兮大化成功。臣将兮以奠,望纳兮微衷。

进俎:庖人兮列鼎,肴羞兮以成。方俎兮再献,愿享兮以歆。

初献:圣灵兮皇皇,穆严兮金床。臣令乐舞兮景张,酒行初献兮捧觞。

亚献:载斝兮再将,百辟陪祀兮具张。感圣情兮无已,拜手稽首兮愿享。

终献:三献兮乐舞扬,肴羞具纳兮气蔼而芳。光朗朗兮上方,况日吉兮时良。

彻馔:粗陈菲荐兮神喜将,感圣心兮何以忘。民福留兮佳气昂,臣拜手兮谢恩光。

送神:旌幢烨烨兮云衢长,龙车凤辇兮驾飞扬。遥瞻冉冉兮去上方,可见烝民兮永康。

望燎:进罗列兮诣燎方,炬炬发兮煌煌。神变化兮物全于上,感至恩兮无量。

洪武二年方丘乐章。

迎神,中和之曲:坤德博厚,物资以生。承天时行,光大且宁。穆穆皇祇,功化顺成。来御方丘,严恭奉迎。

奠玉帛,肃和之曲:地有四维,大琮以方;土有正色,制币以黄。

敬存于中,是荐是将。奠之几筵,临鉴洋洋。

进俎,凝和之曲:奉将纯牡,其牡童犊。烹饪既严,登俎惟肃。升坛昭荐,神光下烛。眷佑邦家,报效惟笃。

初献,寿和之曲:午为盛阳,阴德初萌。天地相遇,品物光荣。吉日令辰,明祀攸行。进以醇醴,展其洁清。

亚献,豫和之曲:至广无边,道全持载。山岳所凭,海渎咸赖。民次水土,既安且泰。酌酒揭虔,功德惟大。

终献,熙和之曲:庸眇之资,有此疆宇。非臣攸能,仰承佑助。恩崇父母,臣欢鼓舞。八音宣扬,叠侑明醑。

彻馔,雍和之曲:牲牷在俎,笾豆有实。临之胖馨,匪惟饮食。登歌乃彻,荐献爰毕。执事奉承,一其严栗。

送神,安和之曲:神化无方,妙用难量。其功显融,其祀攸长。飙轮云旋,龙控鸾翔。拜送稽首,瞻礼余光。

望瘗,时和之曲:牲醴制币,馂馔惟馨。瘗之于坎,以达坤灵。奉神于阴,典礼是程。企而望之,厚壤宽平。

洪武八年御制方丘乐章。

迎神:仰皇祇兮驾来,川岳从迎兮威灵备开,香烟缭绕兮神临御街。渐升坛兮穆穆,霭瑞气兮应结楼台。以微衷兮率职,幸望圣悦兮心谐。但允臣兮固请,愿嘉烝民兮永怀。

奠玉帛:臣奉兮以筐,玉帛是进兮岁奠以常。百辟陪祀兮珮声琅琅。惟南薰兮解愠,映燎炎兮煌煌。

进俎:庖人兮净汤,大烹牲兮气霭而芳。以微衷兮献上,曰享兮曰康。

初献:初献行兮捧觞,圣灵穆穆兮洋洋。为烝民兮永康,鉴丰年兮耿光。

亚献:杂肴羞兮已张,法前王兮典章。臣固展兮情悃,用斟醴兮载觞。

终献:爵三献兮礼将终,臣心眷恋兮无穷。恐肴羞兮未具,将何报兮神功。

彻馔：俎豆彻兮神熙，鸾舆驾兮旋归。百神翼翼兮云衣，敬奉行兮弗敢违。

送神：祥风兴兮悠悠，云衢开兮民福留。岁乐烝民兮大有，想洋洋兮举觞载酒。

望瘗：肴羞玉帛兮瘗坎中，遥瞻隐隐兮龙旗从。祀事成兮尽微衷，感厚德兮民福雍雍。

洪武十二年合祀天地乐章。

迎神，中和之曲：荷蒙天地兮君主华夷，钦承踊跃兮备筵而祭。诚惶无已兮寸衷微，仰瞻俯首兮惟愿来期。想龙翔凤舞兮庆云飞，必昭昭穆穆兮降坛壝。

奠玉帛，肃和之曲：天垂风露兮雨泽沾，黄壤氤氲兮气化全。民勤献亩兮束帛鲜，臣当设宴兮奉来前。

进俎以后，咸同八年圜丘词。

嘉靖九年复定分祀圜丘乐章。

迎神，中和之曲：仰惟玄造兮于皇昊穹，时当肇阳兮大礼钦崇。臣惟蒲柳兮蝼蚁之衷，伏承眷命兮职统群工。深怀愚昧兮恐负洪德，爰遵彝典兮勉竭微衷。遥瞻天阙兮宝辇临坛，臣当稽首兮祗迓恩隆。百辟陪列兮舞拜于前，万神翊卫兮以西以东。臣俯伏迎兮敬瞻帝御，愿垂歆鉴兮拜德曷穷。

奠玉帛，肃和之曲：龙舆既降兮奉礼先，爰有束帛兮暨瑶瑄。臣谨上献兮进帝前，仰祈听纳兮荷苍乾。

进俎，凝和之曲：肴羞珍馔兮荐上玄，庖人列鼎兮致精虔。臣盍祗献兮馨醴牷，愿垂歆享兮民福渊。

初献，寿和之曲：礼严初献兮奉觞，臣将上进兮圣皇。圣皇垂享兮穆穆，臣拜手兮何以忘。

亚献，豫和之曲：礼觞再举兮荐玉浆，帝颜歆悦兮民福昂。民生有赖兮感上苍,臣惟鞠拜兮荷恩长。

终献,熙和之曲:三献兮礼告成,一念微衷兮露悃情。景张乐舞兮声锽铉,仰瞻圣容兮俯锡恩泓。

彻馔,雍和之曲:祀礼竣兮精意裡,三献备兮诚已申。敬彻弗迟兮肃恭寅,恐多弗备兮惟赖洪仁。

送神,清和之曲:禋事讫终兮百辟维张,帝垂歆鉴兮沐泽汪洋。龙车冉冉兮宝驾旋云,灵风鼓舞兮瑞露清瀼。洪恩浩荡兮无以为酬,粗陈菲荐兮已感歆尝。香气腾芳兮上彻帝座,仰瞻圣造兮赐福群方。臣同率土兮载欢载感,祗回宝辇兮凤啸龙翔。诚惶诚恐兮仰恋弥切,愿福生民兮永锡亨昌。

望燎,时和之曲:龙驾宝辇兮升帝乡,御羞菲帛兮奉燎方。环珮铿锵兮罗坛壝,炬焰特举兮气辉煌。生民蒙福兮圣泽沾,臣荷眷佑兮拜谢恩光。

嘉靖九年复定方丘乐章。

迎神,中和之曲:俯瞻兮凤辇来,灵风兮拂九垓。川岳从兮后先,百辟列兮襄陪。臣拜首兮迓迎,愿临享兮幸哉。

奠玉帛,广和之曲:祀礼有严兮奉虔,玉帛在筥兮来前。皇灵垂享兮以纳,烝民率土兮乐丰年。

进俎,咸和之曲:肴羞馨兮气芳,庖人奉役兮和汤。奉进兮皇祗歆慰,臣稽首兮敬将。

初献:寿和之曲:酒行初献兮乐舞张,齐醴明洁兮馨香。愿垂享兮以歆,生民安兮永康。

亚献,安和之曲:载献兮奉觞,神颜和懿兮以尝。功隆厚载兮配天,民感德兮无量。

终献,时和之曲:三进兮玉露清,百职奔绕兮佩环鸣。凫钟鹭鼓兮韵铮锺,愿留福兮群生。

彻馔,贞和之曲:礼告终兮彻敢违,深惟一念兮诚意微。神垂博容兮听纳,恐未备兮惟慈依。

送神,宁和之曲:礼成兮诚已伸,驾远兮法从陈。灵祇列兮以随,百辟拜兮恭寅。望坤宫兮奉辞,愿普福兮烝民。

望燎,曲同《宁和》。

洪武三年朝日乐章。二十一年罢。

迎神,熙和之曲:吉日良辰,祀典式陈。纯阳之精,惟是大明。濯濯厥灵,昭鉴我心。以候以迎,来格来歆。

奠币,保和之曲:灵旗苍止,有赫其威。一念潜通,幽明弗违。有币在筐,物薄而微。神兮安留,尚其享之。

初献,安和之曲:神兮我留,有荐必受。享祀之初,奠兹醴酒。晨光初升,祥徵应候。何以侑觞,乐陈雅奏。

亚献,中和之曲:我祀维何?奉兹牺牲,爰酌醴齐,贰觞载升。洋洋如在,式燕以宁。庶表微衷,交于神明。

终献,肃和之曲:执事有严,品物斯祭,黍稷非馨,式将其意。荐兹酒醴,成我常祀。神其顾歆,永言乐只。

彻馔,凝和之曲:春祈秋报,率为我民。我民之生,赖于尔神。维神佑之,康宁是臻。祭祀云毕,神其乐忻。

送神,寿和之曲:三献礼终,九成乐作。神人以和,既燕且乐。云车风驭,灵光昭灼。瞻望以思,邈彼寥廓。

望燎,豫和之曲:俎豆既彻,礼乐已终。神之云旋,倏将焉从。以望以燎,庶几感通。时和岁丰,维神之功。

嘉靖九年复定朝日乐章。

迎神,熙和之曲:仰瞻兮大明,位尊兮王宫。时当仲春兮气融,爰遵祀礼兮报功。微诚兮祈神昭鉴,愿来享兮迓神聪。

奠玉帛,凝和之曲:神灵坛兮肃其恭,有帛在筐兮赤琼。奉神兮祈享以纳,予躬奠兮忻以颙。

初献,寿和之曲:玉帛方奠兮神歆,酒行初献兮舞呈。齐芳馨兮牺色骍,神容悦兮鉴予情。

亚献,时和之曲:二齐升兮气芬芳,神颜怡和兮喜将。予令乐舞兮具张,愿垂普照兮民康。

终献,保和之曲:殷勤三献兮告成,群职在列兮周盈。神锡休兮福民生,万世永赖兮神功明。

彻馔,安和之曲:一诚尽兮予心怿,五福降兮民获禧。仰九光兮诚已申,终三献兮彻敢迟。

送神,昭和之曲:祀礼既周兮乐舞扬,神享以纳兮还青乡。予当拜首兮奉送,愿恩光兮普万方。永耀熹明兮攸赖,烝民咸仰兮恩光。

望燎之曲:睹六龙兮御驾,神变化兮凤翥鸾翔。束帛肴羞兮诣燎方,佑我皇明兮基绪隆长。

洪武三年夕月乐章。二十一年罢。

迎神,凝和之曲:吉日良辰,祀典式陈。太阴夜明,以及星辰。濯濯厥灵,昭鉴我心。以候以迎,来格来歆。

奠帛以下,咸同朝日。

嘉靖九年复定夕月乐章。

迎神,凝和之曲:阴曰配合兮承阳宗,式循古典兮斋以恭。睹太阴来格兮星辰罗从,予拜首兮迓神容。

初献,寿和之曲:神其来止,有严其诚。玉帛在筐,清酷方盈。奉而奠之,愿鉴微情。夫祀兮云何?祈佑兮群氓。

亚献,豫和之曲:二觞载斟,乐舞雍雍。神歆且乐,百职惟供。愿顺归兮五行,祈民福兮惟神必从。

终献,康和之曲:一诚以申,三举金觥。钟鼓镗镗,环佩玱玱。鉴予之情,愿永保我民生。

彻馔,安和之曲:礼乐肃具,精意用申。位坎居歆,纳兹藻蘋。彻之弗迟,仪典肃陈。神其鉴之,佑我生民。

送神,保和之曲:礼备告终兮神喜旋,穿碧澄辉兮素华鲜。星辰从兮返神乡,露气清兮霓裳蹁跹。

望瘗之曲：肴羞兮束帛，荐之于瘗兮罔敢愆。予拜首兮奉送，愿永贶兮民乐丰年。

嘉靖十年定祈谷乐章。

迎神，中和之曲：臣惟穹昊兮民物之初，为民请命兮祀礼昭诸。备筵率职兮祈洪庥，臣衷微眇兮悃悃诚摅。遥瞻驾降兮霁色辉，欢迎鼓舞兮迓龙舆。臣愧菲才兮后斯民，愿福斯民兮圣恩渠。

奠玉帛，肃和之曲：烝民勤职兮农事颛，蚕工亦慎兮固桑阡。玉帛祗奉兮暨豆笾，仰祈大化兮锡以丰年。

进俎，咸和之曲：鼎烹兮气馨，香羞兮旨醏。帝垂享兮以歆，烝民蒙福兮以宁。

初献，寿和之曲：礼严兮初献行，百职趋跄兮珮珩鸣。臣谨进兮玉觥，帝心歆鉴兮岁丰亨。

亚献，景和之曲：二觞举兮致虔，清醴载斟兮奉前。仰音容兮忻穆，臣诚圣恩兮实拳拳。

终献，永和之曲：三献兮一诚微，禋礼告成兮帝鉴是依。烝民沐德兮岁丰机，臣拜首兮竭诚祈。

彻馔，凝和之曲：三献周兮肃乃仪，俎豆敬彻兮弗敢迟。愿留福兮丕而，曰雨曰旸兮若时。

送神，清和之曲：祀礼告备兮帝鉴彰，臣情上达兮感昊苍。云程肃驾兮返帝乡，臣荷恩眷兮何以忘。祥风瑞霭兮弥坛壝，烝民率土兮悉获丰康。

望燎，太和之曲：遥睹兮天衢长，邈彼寥廓兮去上方。束帛荐火兮升闻，悃愊通兮沛泽长。乐终九奏兮神人以和，臣同率土兮咸荷恩光。

嘉靖十七年定大禴乐章。

迎神，中和之曲：于皇穆清兮弘覆惟仁，既成万宝兮惠此烝民。祗受厥明兮欲报无因，爰稽古昔兮式展明禋。肃肃广庭兮遥遥紫旻,笙镛始奏兮祥风导云。臣拜稽首兮中心孔勤,爰瞻宝辇兮森罗万神。庶几昭格兮眷命其申,徘徊顾歆兮鉴我恭寅。

奠玉帛,肃和之曲:捧珪币兮瑶堂,穆将愉兮圣皇。秉予心兮纯一,荷帝德兮溥将。

进俎,凝和之曲:岁功阜兮庶类成,黍稷馞兮濡鼎馨。敬荐之兮惭菲轻,大礼不烦兮惟一诚。

初献,寿和之曲:金风动兮玉宇澄,初献觞兮交圣灵。瞻玄造兮怀鸿祯,何以酬之心怦怦。

亚献,豫和之曲:帝眷我兮居歆,纷繁会兮五音。再捧觞兮莫殚臣心,惟帝欣怿兮生民是任。

终献,熙和之曲:绥万邦兮屡丰年,眇眇予躬兮实荷昊天。酒三献兮心益虔,帝命参舆兮勿遽旋。

彻馔,雍和之曲:祀礼既洽兮神人肃雍,享帝享亲兮勉竭臣衷。惟洪恩兮罔极,俨连蜷兮圣容。

送神,清和之曲:九韶既成兮金玉铿锵,百辟森立兮戚羽斯藏。皇天在上兮昭考在旁,严父配天兮祗修厥常。殷荐既终兮神去无方,玄云上升兮鸾鹄参翔。灵光回照兮郁乎芬芳,载慕载瞻兮愿锡亨昌。子孙庶民兮惟帝是将,于昭明德兮永怀不忘。

望燎,时和之曲:龙舆杳杳兮归上方,金风应律兮燎斯扬,达精诚兮合灵光。帝廷纳兮玉帛将,顾下土兮眷不忘,愿锡吾民兮长阜康。

嘉靖十八年兴都大飨乐章。

迎神,中和之曲:仰高高之在上兮皇穹,冒九围之遍覆兮罔止西东。王者出王游衍兮必奉天顾,愚臣之此行兮亶荷帡幪。

初献,寿和之曲:于昭帝麻兮臣感恩渊渊,巡省旧藩之地兮实止承天。下情思报兮此心拳拳,琼卮苍币兮捧扣坛前。

亚献,敷和之曲:乐奏兮三成,觞举兮再呈。帝鉴几微兮曰尔诚,小臣顿首兮敢不严于此精。

终献，承和之曲：臣来兹土，本之思亲。思亲伊何？昌厥嗣人。嗣人克昌，匪载帝之临汝夫何因。

彻馔，永和之曲：肃其具兮祀礼行，备彼仪兮乐舞张。退省进止兮臣疏且狂，沐含仁兮何以量。

送神，感和之曲：王之狩兮殿有禋望，于维柴祀兮首重上苍。臣情罔殚兮夙夜惶惶，祗伸愚悃兮允赖恩光。遥瞻兮六龙腾翔，帝垂祉兮万世永昌。

嘉靖十一年定雩祀乐章。十七年罢。

迎神，中和之曲：于穆上帝，爰处瑶宫。咨尔黎庶，覆悯曷穷。旗幢庋止，委蛇云龙。霖泽斯溥，万宝有终。

奠帛，肃和之曲：神之格思，奠兹文缛。盛乐斯举，香气氤氲。精禋孔煆，彻于紫冥。恳祈膏泽，渥我嘉生。

进俎，咸和之曲：百川委润，名山出云。愆旸孔炽，膏泽斯屯。祈年于天，载牲于俎。神之格思，报以甘雨。

初献，寿和之曲：有严崇祀，日吉辰良。酌彼罍洗，椒馨苾香。元功溥济，时雨时旸。惟神是听，绥以多穰。

亚献，景和之曲：皇皇禋祀。孔惠孔明。瞻仰来歆，拜首钦承。有醴维醹，有酒维清，云韶侑献，肃雍和鸣。圣灵有赫，鉴享精诚。

终献，永和之曲：灵承无斁，骏奔有容。嘉玉以陈，酌罍以供。礼三再称，诚一以从。备物致志，申荐弥恭。神昭景觌，佑我耕农。

彻馔，凝和之曲：有赫旱暵，民劳瘁斯。于牲于醴，载舞载诗。礼成三献，敬彻不迟。神之听之，雨我公私。

送神，清和之曲：爰迪寅清，昭事昊穹。仰祈甘雨，惠我三农。既歆既格，言归太空。式沾下土，万方其同。

望燎，太和之曲：赤龙旋驭，礼洽乐成。燔燎既举，昭格精禋。维帝降康，雨施云行。登我黍稌，溥受厥明。

祭毕，乐舞童群歌云门之曲：景龙精兮时见，测鹑纬兮宵悬。肆广乐兮铿锽，列皇舞兮蹁跹。祈方社兮不莫，荐圭璧兮孔虔。需密云兮六漠,霈甘澍兮九玄。慰我农兮既渥,锡明昭兮有年。

洪武元年太社稷异坛同壝乐章。

迎神,广和之曲:五土之灵,百谷之英。国依土而宁,民以食而生。基图肇建,祀礼修明。神其来临,肃恭而迎。

奠币,肃和之曲:有国有人,社稷为重。昭事云初,玉帛虔奉。维物匪奇,敬实将之。以斯为礼,冀达明祇。

进俎,凝和之曲:崇坛北向,明禋方阐。有洁牺牲,礼因物显。大房载设,中情以展。景运既承,神贶斯衍。

初献,寿和之曲:太社云,高为山林,深为川泽。崇丘广衍,亦有原隰。惟神所司,百灵效职。清醴初陈,颙然昭格。句龙配云,平治水土,万世神功。民安物遂,造化攸同。嘉惠无穷,报祀宜丰。配食尊严,国家所崇。太稷云,黍稷稻粱,来牟降祥,为民之天。丰年穰穰,其功甚大,其恩正长。乃登芳齐,以享以将。后稷配云,皇皇后稷,克配于天。诞降嘉种,树艺大田。生民粒食,功垂万年。建坛于京,歆兹吉蠲。

亚献,豫和之曲:太社云,广厚无偏,其体弘兮。德侔坤顺,万物生兮。锡民地利,神化行兮。恭祀告虔,国之祯兮。句龙配云,周览四方,伟烈昭彰。九州既平,五行有常。坛位以妥,牲醴之将。是崇是严,焕然典章。太稷云,亿兆林林,所资者谷。雨旸应时,家给人足。仓庾坻京,神介多福。祗荐其仪,昭事维肃。后稷配云,躬勤稼穑,有相之道。不稂不莠,实坚实好。农事开国,王基永保。有年自今,常奉蘋藻。

终献,豫和之曲,词同亚献。

彻豆,雍和之曲:礼展其勤,乐奏其节。庶品芬芬,神明是达。有严执事,俎豆乃彻。穆穆雍雍,均其欣悦。

送神,安和之曲:维坛洁清,维主坚贞。神之所归,依兹以宁。土宇靖安,年谷顺成。祀事昭明,永致升平。

望瘗,时和之曲:晨光将发,既侑既歆。瘗兹牲币,达于幽阴。神人和悦，实获我心。永久禋祀，其始于今。

　　洪武十一年合祭太社稷乐章。

　　迎神，广和之曲：予惟土谷兮造化工，为民立命兮当报崇。民歌且舞兮朝雍雍，备筵率职兮候迓迎。想圣来兮祥风生，钦当稽首兮告年丰。

　　初献，寿和之曲：氤氲气合兮物遂蒙，民之立命兮荷阴功。予将玉帛兮献微衷，初斟醴荐兮民福洪。

　　亚献，豫和之曲：予令乐舞兮再捧觞，愿神昭格兮军民康。思必穆穆兮灵洋洋，感恩厚兮拜祥光。

　　终献，熙和之曲：干羽飞旋兮酒三行，香烟缭绕兮云旌幢，予今稽首兮忻且惶，神颜悦兮霞彩彰。

　　彻馔，雍和之曲：粗陈微礼兮神喜将，琅然丝竹兮乐舞扬。愿祥普降兮遐迩方，烝民率土兮尽安康。

　　送神，安和之曲：氤氲氤氲兮祥光张，龙车凤辇兮驾飞扬。遥瞻稽首兮去何方，民福留兮时雨旸。

　　望瘗，时和之曲：捧肴羞兮诣瘗方，鸣銮率舞兮声铿锵。思神纳兮民福昂，予今稽首兮谢恩光。

　　嘉靖十年初立帝社稷乐章。

　　迎神，时和之曲：东风兮地脉以融，首务兮稼穑之工。秋祭云："金风兮万宝以充，忻成兮稼穑之工。"祀神于此兮苑中，愿来格兮慰予衷。

　　初献，寿和之曲：神兮临止，礼荐清醇，菲币在筐，初献式遵。神其鉴兹，享斯藻蘋。我祀伊何？祈报是因。神兮锡祉，则阜吾民。

　　亚献，雍和之曲：二觞载举，申此殷勤。神悦兮以纳，祥霭兮氤氲。

　　终献，宁和之曲：礼终兮酒三行，喜茂实兮黍稷粱。农事待兮丰康，予稽首兮以望。

彻馔,保和之曲:祀事告终,三献既周。彻之罔迟,惠注田畴。迓以休贶,庇兹有秋。

送神,广和之曲:耕耤伊首,_{秋祭云:"耕耤告就。"}力事豆笾。粢盛赖之,于此大田。予将以祀,神其少延。愿留嘉祉,副我洁虔。肃驾兮云旋,普予兮有年。

望瘗,曲同。

洪武二年分祀天神地祇乐章。

迎天神,奏中和之曲:吉日良辰,祀典式陈。太岁尊神,雷雨风云。濯濯厥灵,昭鉴我心。以候以迎,来格来歆。

奠帛以后,咸同朝日。

迎地祇,奏中和之曲:吉日良辰,祀典式陈。惟地之祇,百灵缤纷。岳镇海渎,山川城隍,内而中国,外及四方。濯濯厥灵,昭鉴我心。以候以迎,来格来歆。

奠帛以后,咸同朝日。

洪武六年合祀天神地祇乐章。

迎神,保和之曲:吉日良辰,祀典式陈。太岁尊神,雷雨风云,岳镇海渎,山川城隍。内而中国,外及四方。濯濯厥灵,昭鉴我心。以候以迎,来格来歆。

奠帛以后,咸同朝日。

嘉靖九年复分祀天神地祇乐章。

迎天神,保和之曲:吉日良辰,祀典式陈。景云甘雨,风雷之神。赫赫其灵,功著生民。参赞玄化,宣布苍仁,爰兹报祀,鉴斯藻蘋。

奠帛以后,俱如旧。

迎地祇,保和之曲:吉日良辰,祀典式陈。灵岳方镇,海渎之神,京畿四方,山泽群真。毓灵分隔,福我生民。荐斯享报,鉴我恭寅。

奠帛以后,亦如旧。

　　洪武四年祀周天星辰乐章。

　　迎神，凝和之曲：星辰垂象，布列玄穹，择兹吉日，祀礼是崇。濯濯厥灵，昭鉴我心。谨候以迎，庶几来歆。

　　奠帛，保和之曲，词同朝日。

　　初献，保和之曲：神兮既留，品物斯荐。奉祀之初，醴酒斯奠。仰惟灵耀，以享以歆。何以侑觞？乐奏八音。

　　亚献，中和之曲：神既初享，亚献再升，以酌醴齐，仰荐于神。洋洋在上，式燕以宁。庶表微衷，交于神明。

　　终献，肃和之曲：神既再享，终献斯备。不腆菲仪，式将其意。荐兹酒醴，成我常祀。神其顾歆，永言乐只。

　　彻豆，豫和之曲：祀事将毕，神既歆只。彻兹俎豆，以成其礼。惟神乐欣，无间始终。乐音再作，庶达微悰。

　　送神，雍和之曲，词同朝日。

　　望燎，雍和之曲：神既享祀，灵驭今旋。燎烟既升，神帛斯焚。巍巍霄汉，倏焉以适。拳拳余衷，瞻望弗及。

　　嘉靖八年祀太岁月将乐章。

　　迎神：吉日良辰，祀典式陈，辅国佑民，太岁尊神，四时月将，功曹司辰。濯濯厥灵，昭鉴我心，以候以迎，来格来歆。

　　奠帛以后，俱同神祇。

　　洪武元年宗庙乐章。

　　迎神，太和之曲：庆源发祥，世德惟崇。致我眇躬，开基建功。京都之中，亲庙在东。惟我子孙，永怀祖风。气体则同，呼吸相通。来格来崇，皇灵显融。

　　奉册宝，熙和之曲：维水有源，维木有根。先世积善，福垂后昆。册宝镂玉，德显名尊。祗奉礼文，仰答洪恩。

　　进俎，凝和之曲：明明祖考，妥神清庙。荐以牲牷，匪云尽孝。愿通神明，愿成治效。此帝王之道，亦祖考之教。

初献，寿和之曲：德祖庙，初献云，思皇高祖，穆然深玄。其远历年，其神在天。尊临太室，余庆绵绵，歆于几筵，有永其传。懿祖庙，初献云，思皇曾祖，清勤纯古。田里韬光，天笃其祜。佑我曾孙，弘开土宇。追远竭虔，勉遵前矩。熙祖庙，初献云，维我皇祖，淑后贻谋。盛德灵长，与泗同流。发于孙枝，明禋载修。嘉润如海，恩何以酬。仁祖庙，初献云，惟我皇考，既淳且仁。弗耀其身，克开嗣人。子有天下，尊归于亲。景运维新，则有其因。

亚献，豫和之曲：对越至亲，俨然如生。其气昭明，感格在庭。如见其形，如闻其声。爱而敬之，发乎中情。

终献，熙和之曲：承先人之德，化家为国。毋曰予小子，基命成绩。欲报其德，昊天罔极。殷勤三献，我心悦怿。

彻豆，雍和之曲：乐奏具肃，神其燕嬉。告成于祖，亦右皇妣。敬彻不迟，以终祀礼。祥光焕扬，锡以嘉祉。

送神，安和之曲：显兮幽兮，神运无迹。鸾驭逍遥，安其所适。其灵在天，其主在室，子子孙孙，孝思无致。

二十一年更定其初献合奏，余并同。

思皇先祖，耀灵于天。源衍庆流，由高逮玄。玄孙受命，追远其先。明禋世崇，亿万斯年。

永乐以后，改迎神章"致我眇躬"句为"助我祖宗"。又改终献章首四句为"惟前人之功，肇膺天历。延及于小子，爰受方国"。余并同。

嘉靖十五年孟春九庙特享乐章。

太祖庙。迎神，太和之曲：于皇于皇兮仰我圣祖，乃武乃文，攘夷正华，为天下大君。比隆于古，越彼放勋。肇造王业，佑启予子孙。功德超迈，大室攸尊。首称春祀，诚敬用申。维神格思，万世如存。

初献，寿和之曲：荐帛于筐，洁牲于俎，嘉我黍稷，酌我清酤。愚孙忝祀，奠献初举。翼翼精诚，对越我皇祖。居然顾歆，永锡纯祜。

亚献，豫和之曲：龠舞既存，八音洋洋，工歌喤喤。醇醴载羞，斋明其将之。永佑于子孙，岁事其承之。俾嗣续克承，百世其保之。

终献，宁和之曲：三爵既崇，礼秩有终。盈溢乎颥，显相肃雍。惟皇祖格哉，以绎以融。申锡无穷，暨于臣民，万福攸同。

彻馔，豫和之曲：礼毕乐成，神悦人宜。笾豆静嘉，敬彻不迟。穆穆有容，秩秩其仪。益祗以严，矧敢敦于斯。

还宫，安和之曲：于皇我祖，陟降在天。清庙翼翼，禋祀首虔。明神既留，寝祐静渊。介福绥禄，锡胤绵绵。以惠我家邦，于万斯年。

成祖庙。迎神，太和之曲：于惟文皇，重光是宣。克戡内难，转坤旋乾。外詟百蛮，威行八埏。贻典则于子孙，不忘不愆。圣德神功，格于皇天。作庙奕奕，百世不迁。祀事孔明。亿万斯年。

初献、亚献、终献、彻馔、还宫，俱与太祖庙同。

仁宗庙。迎神，太和之曲：明明我祖，盛德天成。至治讦谟，遹骏有声。专奠致享，惟古经是程。春祀有严，以迓圣灵。惟陟降在庭，以赉我思成。

初献，寿和之曲：币牲在陈，金石在悬。清酒方献，百执事有虔。明神洋洋，降歆自天。俾我孝孙，德音孔宣。

亚献，豫和之曲：中诚方殷，明神如存。醴齐孔醇，再举罍尊。福禄穰穰，攸介攸臻。追远报酬，罔极之恩。

终献，宁和之曲：乐比声歌，俏舞婆娑。称彼玉爵，酒旨且多。献享维终，神听以和。孝孙在位，受福不那。

彻馔，雍和之曲：牷牲在俎，稷黍在筐。孝享多仪，格我皇祖。称歌进彻，髦士膴膴。孝孙受福，以敷锡于下土。

还宫，安和之曲：牺豆孔明，物备礼成。于昭在天，以莫不听。神明即安，维华寝是凭。肇祀迄今，百世祗承。

宣庙、英庙、宪庙俱与仁庙同。

孝庙。迎神，太和之曲：列祖垂统，景运重熙。于惟孝皇，敬德允持。用光于大烈，化被烝黎。专庙以享，经礼攸宜。俎豆式陈，庶几来思。

初献,寿和之曲:粢盛孔蠲,腯肥牲牷。考鼓鼞鼞,万舞跰跰。清醴初酌,对越在天。明神居歆,式昭厥虔。

亚献,豫和之曲:祀事孔勤,精意未分。乐感凤仪,礼虔骏奔。醝齐挹清,载奠瑶尊。神其格思,福禄来臻。

终献,宁和之曲:乐舞既成,献享维终。明明对越,弥笃其恭。笃恭维何? 明德是崇。神之听之,万福来同。

彻馔,雍和之曲:牲牢醴陈,我享我将。黍稷蘋藻,洁白馨香。彻以告成,降禧穰穰。神锡无疆,祐我万方。

还宫,安和之曲:礼享既洽,神御聿兴。庙寝煌煌,以凭以宁。维神匪退,上下在庭。于寝孔安,永底我烝民之生。

武庙。迎神,太和之曲:列祖垂统,景运重熙。于惟武皇,昭德敕威。用剪除奸凶,大业弗隳。专庙以享,经礼攸宜。俎豆式陈,庶几来思。

初献、亚献、终献及彻馔、还宫俱与孝庙同。

睿庙。迎神,太和之曲:于穆神皇,秉德凝道。仁厚积累,配于穹昊。流庆显休,萃于眇躬。施于无穷,以似以续,以光绍我皇宗。惟兹气始,俎豆是供。循厥典礼,式敬式崇。神其至止,以鉴愚衷。

初献,寿和之曲:制帛牲牢,庶羞芬臕。玉戚朱干,协于韶箫。清醴在筵,中情缠绵。神之格思,仪形偊然。

亚献,豫和之曲:瑶爵再陈,侑以工歌。龠舞跄跄,八音谐和。孝思肫肫,感格圣灵。致悫则存,如闻其声。

终献,宁和之曲:仪式弗逾,奠爵维三。乐舞雍容,以雅以南。仰仁源德泽,岳崇海渊。愿启我子孙,缉熙光明,维两仪是参。

彻馔,雍和之曲:嘉馔甘只,亦既歆只。登歌迅彻,敬终惟始。维神孔昭,赍永成于孝矣。

还宫,安和之曲:幽显莫测,神之无方。祀事既成,神返诸帝乡。申发休祥,俾胤嗣蕃昌。宜君兮宜王,历世无疆。

九庙时祫乐章。

孟夏。迎神,太和之曲:序届夏首兮风气薰,礼严时袷兮戛击钟虡。迎群主来合享交欣,于皇列圣正南面,以申崇报皇勋。

初献,寿和之曲:瞻曙色方昕,仰列圣在上,奠金觥而捧币纹。小孙执盈兮敢不惧殷。

亚献,豫和之曲:思皇祖,仰圣神。来列主,会太宸。时袷修,循古伦。惟圣鉴歆,愚孙忱恂。

终献,宁和之曲:齐醴清兮麦熟新,笾豆洁兮孝念申。仰祖功兮宗德,愿降祐兮后人。

彻馔,雍和之曲:乐终兮礼成,告玉振兮讫金声。彻之弗违,以肃精诚。

还宫,安和之曲:三献就兮祖宗鉴享,一诚露兮念维长。思弗尽兮思弗忘,深荷德泽之启佑,小孙惟赖以余光。神返宫永安,保家国益昌。

孟秋。迎神:时兮孟秋火西流,感时祕祀兮气爽气回。喜金风兮飘来,仰祖宗兮永慕哉。秋袷是举兮希鉴歆,小孙恭迓兮捧素裁。

初献:皇祖降筵,列圣灵联。执事恐蹟,乐舞翩跹,小孙捧盈兮敢弗虔。

亚献:再酌兮玉浆,洁净兮馨香。祖宗垂享兮锡胤昌,万岁兮此礼行。

终献。进酒三觥,歌舞雍籥,钟鼓轰铮。皇祖列圣,永享愚诚。

彻馔:秋尝是举,稌黍丰农。三献既周,圣灵显容。小孙时思恩德兮惟恫。

还宫:仰皇祖兮圣神功,祀典陈兮报莫穷。尝袷告竣,鸾驭旋宫。皇灵在天主在室,万禩陟降何有终。

孟冬。迎神:时兮孟冬深以凄,感时祕祀兮气潜回,溯朔风兮北来,仰祖宗兮永慕哉,冬袷是举兮希鉴歆,小孙恭迓兮捧素裁。

初、亚、终献,俱同孟秋。

彻馔:冬烝是举,俎豆维丰。三献既周,圣灵显容。小孙时思恩德兮惟恫。

还宫。同孟秋,惟改"尝袷"为"烝袷"。

大袷乐章。

迎神:仰庆源兮大发祥,惟世德兮深长。时惟岁残,大袷洪张。祖宗圣神,明明皇皇。遥瞻兮顿首,世德兮何以忘。

初献:神之格兮慰我思,慰我思兮捧玉卮,捧来前兮栗栗,仰歆纳兮是幸已而。

亚献:再举瑶浆,乐舞群张。小孙在位,陪助贤良。百工罗从,大礼肃将。惟我祖宗,显锡恩光。

终献:思祖功兮深长,景宗德兮馨香。报岁事之既成兮典则先王,惟功德之莫报兮何以量。

彻馔:三酌既终,一诚感通。仰圣灵兮居歆,万禩是举兮庶乎酬报之衷。

还宫:显兮幽兮,神运无迹。神运无迹兮化无方,灵返天兮主返室。愿神功圣德兮启佑无终,玄孙拜送兮以谢以祈。

嘉靖十年大禘乐章。

迎神,元和之曲:于维皇祖,肇创丕基。钟祥有自,曰本先之。奄有万方,作之君师。追报宜隆,以申孝思。瞻望稽首,介我休禧。

初献,寿和之曲:木有本兮水有源,人本祖兮物本天。思报德兮礼莫先,仰希鉴兮敢弗虔。

亚献,仁和之曲:中觞载升,于此瑶觥。小孙奉前,愿歆其诚。乐舞在列,庶职在庭。祖鉴孔昭,锡祐攸亨。

终献,德和之曲:于维兮先祖,延庆兮深高。追报兮曷能,三进兮香醪。

彻馔,太和之曲:芬兮豆笾,洁兮黍粱。祖垂歆享,彻乎敢迟。礼云告备,以讫陈辞。永裕后人,亿世丕而。

送神,永和之曲:禘祀兮具张,佳气兮郁昂。皇灵锡纳兮喜将,一诚通兮万载昌。祈鉴佑兮天下康,仰源仁浩德兮何以量。小孙顿首兮以望,遥瞻冉冉兮圣灵皇皇。

洪武七年御制祀历代帝王乐章。

迎神,雍和之曲:仰瞻兮圣容,想銮舆兮景从。降云衢兮后先,来俯鉴兮微衷。荷圣临兮苍生有祟,眷诸帝兮是临,予顿首兮幸蒙。

奠帛,保和之曲:秉微诚兮劲圣躬,来列坐兮殿庭。予今愿兮效勤,奉礼帛兮列酒尊。鉴予情兮忻享,方旋贺兮云程。

初献,保和之曲:酒行兮爵盈,喜气兮雍雍。重荷蒙兮载瞻载崇,群臣忻兮跃从,愿睹穆穆兮圣容。

亚献,中和之曲:洒斝兮礼明,诸帝熙和兮悦情。百职奔走兮满庭,陈笾豆兮数重,亚献兮愿成。

终献,肃和之曲:献酒兮至终,早整云鸾兮将旋宫。予心眷恋兮神圣,欲攀留兮无从。蹑云衢兮缓行,得遥瞻兮达九重。

彻馔,凝和之曲:纳肴羞兮领陈,烝民乐兮幸生。将何以兮崇报,惟岁时兮载瞻载迎。

送神,寿和之曲:幡幢缭绕兮导来踪,銮舆冉冉兮归天宫。五云拥兮祥风从,民歌圣佑兮乐年丰。

望燎,豫和之曲:神机不测兮造化功,珍羞礼帛兮荐火中。望瘗庭兮稽首,愿神鉴兮寸衷。

洪武六年定祀先师孔子乐章。

迎神,咸和之曲:大哉宣圣,道德尊崇。维持王化,斯民是宗。典祀有常,精纯益隆。神其来格,于昭圣容。

奠帛,宁和之曲:自生民来,谁底其盛?惟王神明,度越前圣。粢帛具成,礼容斯称。黍稷非馨,惟神之听。"惟王"后改曰"惟师"。

初献,安和之曲:大哉圣王,实天生德。作乐以崇,时礼无斁。清酤惟馨,嘉牲孔硕。荐羞神明,庶几昭格。

亚、终献,景和之曲:百王宗师,生民物轨。瞻之洋洋,神其宁止。酌彼金罍,惟清且旨。登献惟三,於戏成礼。

彻馔，咸和之曲：牺象在前，豆笾在列，以享以荐，既芬既洁。礼成乐备，人和神悦。祭则受福，率遵无越。

送神，咸和之曲：有严学宫，四方来宗。恪恭祀事，威仪雍雍。歆格惟馨，神驭旋复。明禋斯毕，咸膺百福。

洪武二年享先农乐章。

迎神，永和之曲：东风启蛰，地脉奋然。苍龙挂角，烨烨天田。民命惟食，创物有先。圆钟既奏，有降斯筵。

奠帛，永和之曲：帝出乎震，天发农祥。神降于筵，蔼蔼洋洋。礼神有帛，其色惟苍。岂伊具物，诚敬之将。

进俎，雍和之曲：制帛既陈，礼严奉牲。载之于俎，祀事孔明。簠簋攸列，黍稷惟馨。民力普存，先穑之灵。

初献，寿和之曲：九谷未分，庶草攸同。表为嘉种，实在先农。黍稷斯丰，酒醴是供，献奠之初，以祈感通。配位云，厥初生民，粒食其天。开物惟智，邃古奚传。思文后稷，农官之先。侑神作主，初献惟蠲。

亚献，寿和之曲：倬彼甫田，其隰其原。末耜云载，骖驭之间。报本思享，亚献惟虔。神其歆之，自古有年。配位云，后稷配天，兴于有邰。诞降嘉种，有栽有培。俶载南亩，祗事三推。佑神再献，歆我尊罍。

终献，寿和之曲：帝籍之典，享祀是资，洁丰嘉栗，咸仰于斯。时维亲耕，享我农师。礼成于三，以讫陈词。配位云，嘉德之荐，民和岁丰。帝命率育，报本之功。陈常时夏，其德其功。齐明有格，惟献之终。

彻馔，永和之曲：于赫先农，歆此洁修。于笾于爵，于馔于羞。礼成告彻，神惠敢留。餕及终亩，丰年是求。

送神，永和之曲：神无不在，于昭于天。曰迎曰送，于享之筵。冕衣在列，金石在悬。往无不之，其佩翩翩。

望瘗，太和之曲：祝帛牲醴，先农既歆，不留不亵，瘗之厚深。有幽其瘗，有赫其临。曰礼之常，匪今斯今。

　　嘉靖九年定享先蚕乐章。

　　迎神，贞和之曲：于穆惟神，肇启蚕桑。衣我万民，保我家邦。兹举旷仪，春日载阳。恭迎霞驭，灵气洋洋。

　　奠帛，寿和之曲：神其临只，有苾有芬。乃献玉盉，乃奠文缥。仰祈昭鉴，淑气氤氲。顾兹蚕妇，祁祁如云。

　　初献，曲同奠帛。

　　亚献，顺和之曲：载举清觞，蚕祀孔明。以格以享，鼓瑟吹笙。阴教用彰，坤仪允贞。神之听之，鉴此禋诚。

　　终献，宁和之曲：神之格思，桑土是宜。三缫七就，惟此茧丝。献礼有终，神不我遗。锡我纯服，藻绘皇仪。

　　彻馔，安和之曲：俎豆具彻，式礼莫愆。既匡既敕，我祀孔虔。我思古人，葛覃惟贤。明灵歆只，永顾桑阡。

　　送神，恒和之曲：神之升矣，日霁霞蒸。相此女红，杼轴其兴。兹返玄宫，鸾凤翔腾。瞻望弗及，永锡嘉徵。

　　望燎，曲同送神。

明史卷六三
志第三九

乐　三

乐章二

洪武三年定朝贺乐章。

升殿，奏飞龙引之曲。百官行礼，奏风云会之曲。丞相致词，奏庆皇都之曲。复位，百官行礼，奏喜升平之曲。还宫，奏贺圣朝之曲。俱见后宴飨九奏中。

二十六年更定。

升殿，韶乐，奏圣安之曲：乾坤日月明，八方四海庆太平。龙楼凤阁中，扇开帘卷帝王兴。圣感天地灵，保万寿，洪福增。祥光王气生，升宝位，永康宁。

还宫，韶乐，奏定安之曲：九五飞圣龙，千邦万国敬依从。鸣鞭三下同。公卿环珮响丁东，掌扇护御容。中和乐，音吕浓，翡翠锦绣，拥还华盖赴龙宫。

公卿入门，奏治安之曲：忠良为股肱，昊天之德承主恩，森罗拱北辰。御炉烟绕奉天门，江山社稷兴。安天下，军与民，龙虎会风云。

洪武二十六年定中宫正旦、冬至、千秋节朝贺乐章。

中宫天香凤韶之曲：宝殿光辉晴天映，悬玉钩珍珠帘栊，瑶觞举时箫韶动。庆大筵，来仪凤，昭阳玉帛齐朝贡。赞孝慈贤助仁风，歌谣正在升平中,谨献上齐天颂。

宣德以后增定慈宫朝贺乐章。

天香凤韶之曲:龙楼凤阁彤云晓,开绣帘天香芬馥,瑶阶春暖千花簇。寿圣母,齐颂祝,御筵奏献长生曲。坤道宁品类咸育,和气四时调玉烛,享万万年太平福。

洪武三年定宴飨乐章。

一奏起临濠之曲,名飞龙引:千载中华生圣主,王气成龙虎。提剑起淮西,将勇师雄,百战收强虏。驱驰鞍马经寒暑,将士同甘苦。次第静风尘,除暴安民,功业如汤、武。

二奏开太平之曲,名风云会:玉垒瞰江城,风云绕帝营。驾楼船龙虎纵横,飞炮发机驱六甲,降虏将,胜胡兵。谈笑掣长鲸,三军勇气增。一戎衣,宇宙清宁。从此华夷归一统,开帝业,庆升平。

三奏安建业之曲,名庆皇都:虎踞龙蟠佳丽地,真主开基,千载风云会。十万雄兵屯铁骑,台臣守将皆奔溃。一洗烦苛施德惠,里巷讴歌,田野腾和气。王业弘开千万世,黎民咸仰雍熙治。

四奏削群雄之曲,名喜升平:持黄钺,削平荆楚清吴、越。清吴、越,暮秦朝晋,几多豪杰。幽、燕、齐、鲁风尘洁,伊、凉、蜀、陇人心悦。人心悦,车书一统,万方同辙。

五奏平幽都之曲,名贺圣朝:天运推迁虏运移,王师北讨定燕畿。百年礼乐重兴日,四海风云庆会时。除暴虐,抚疮痍,漠南争睹旧威仪。君王圣德容降虏,三恪衣冠拜玉墀。

六奏抚四夷之曲,名龙池宴:海波不动风尘静,中国有真人。文身交阯,毡裘金齿,重译来宾。奇珍异产,梯山航海,奉表称臣。白狼玄豹,九苞丹凤,五色麒麟。

七奏定封赏之曲,名九重欢:乾坤清廓,论勋定赏,策勋封爵。玉带金符,貂蝉簪珥,形图麟阁。奉天洪武功臣,佐兴运,文经武略。子子孙孙,尊荣富贵,久长安乐。

八奏大一统之曲，名凤凰吟：大明天子驾飞龙，开疆宇，定王封。江、汉远朝宗，庆四海，车书会同。东夷西旅，北戎南越，都入地图中。遐迩畅皇风，亿万载时和岁丰。

九奏守承平之曲，名万年春：风调雨顺遍乾坤，齐庆承平时节。玉烛调和甘露降，远近桑麻相接。偃武修文，报功崇德，率土皆臣妾。山河磐固，万方黎庶欢悦。长想创业艰难，君臣曾共扫四方豪杰。露宿宵征鞍马上，历尽风霜冰雪。朝野如今清宁无事，任用须贤哲。躬勤节俭，万年同守王业。以上九奏，前三奏和缓，中四奏壮烈，后二奏舒长。其曲皆按月律。

十二月按律乐歌。

正月太簇，本宫黄钟商，俗名大石，曲名万年春：奉天承运秉黄麾，志在安民除慝。曾睹中天腾王气，五色虹霓千尺。龙绕兜鍪，神迎艘舰，嘉应非人力。凤凰山上，庆云长绕峰石。天助神武成功，人心效顺，所至皆无敌。手握乾符开宝祚，略定山河南北。饮马江、淮，列营河、汉，四海风波息。师雄将猛，万方齐仰威德。

二月夹钟，本宫夹钟宫，俗名中吕，曲名玉街行：山林貔虎，中原狐兔，四海英雄无数。大明真主起临濠，震于赫戎衣一怒。星罗玉垒，云屯铁骑，一扫乾坤烟雾。黎民重睹太平年，庆万里山河磐固。

三月姑洗，本宫太簇商，俗名大石，曲名贺圣朝：云气朝生芒、砀间，虹光夜起凤凰山，江、淮一日真主出，华夏千年正统还。瞻日角，睹天颜，云龙风虎竞追攀。君臣勤苦成王业，王业汪洋被百蛮。

四月仲吕，本宫无射徵，俗名黄钟正徵，曲名喜升平：风云密，濠梁千载真龙出。真龙出，鲸鲵貔虎，扫除无迹。江河从此波涛息，乾坤同庆承平日。承平日，华夷万里，地图归一。

五月蕤宾，本宫姑洗商，俗名中管双调，曲名乐清朝：中原鹿走英雄起，回首四郊多垒。英主倡兵淮水，将士皆雄伟。百灵护助人心喜，一呼万人风靡。谈笑扫除蝼蚁，王业从兹始。

六月林钟,本宫夹钟角,俗名中吕角,曲名庆皇都:王气呈祥飞紫凤,虎啸龙兴,千里旌旗动。四海欢呼师旅众,天戈一指风云从。将士争先民乐用,驾御英雄,圣德皆天纵。率土华夷归职贡,词臣拜献河清颂。

七月夷则,本宫南吕商,俗名中管商角,曲名永太平:凤凰佳气好,王师起义,乾坤初晓。淮水西边,五色庆云缭绕。三尺龙泉似水,更百万貔貅熊豹。军令悄,鱼丽鹅鹳,风云蛇鸟。赳赳电掣鹰扬,在伐罪安民,去残除暴。天与人归,豪杰削平多少,万里烟尘净洗,正红日一轮高照。膺大宝,王业万年相保。

八月南吕,本宫南吕宫,俗名中管仙品,曲名凤凰吟:紫微翠盖拥蓬莱,圣天子,帝图开。历数应江、淮,看五色云生上台。栉风沐雨,攻坚击锐,将士总英才。跃马定尘埃,创万古山河壮哉。

九月无射,本宫无射宫,俗名黄钟,曲名飞龙引,词同前起临濠之曲。

十月应钟,本宫姑洗徵,俗名中吕正徵,曲名龙池宴:大明英主承天运,倡义拥天戈。星辰旋绕,风云围护,龙虎麾诃。旌旗所指,羌夷纳款,江海停波。从今平定万年疆宇,百二山河。

十一月黄钟,本宫夷则角,俗名仙吕角,曲名金门乐:庆皇明圣主开宝祚,起临濠。正汝、颍尘飞,江、淮浪卷,赤子呼号。天戈奋然倡义,拥神兵百万总英豪。貔虎朝屯壁垒,虹霓夜绕弓刀。凤凰山势耸层霄,佳气五云高。爱士伍同心,君臣协力,不惮勤劳。风云一时相会,看鱼龙飞舞出波涛。静扫八方氛祲,咸听九奏箫韶。

十二月大吕,本宫大吕宫,俗名高宫,曲名风云会:天眷顾淮西,真人起布衣,正乾刚九五龙飞。驾驭英雄收俊杰,承永命,布皇威。一剑立鸿基,三军拥义旗,望云霓四海人归。整顿乾坤除暴虐,歌圣德,庆雍熙。

武舞曲,名清海宇:拔剑起淮土,策马定寰区。王气开天统,宝历庆乾符。武略文谟,龙虎风云创业初。将军星绕弁,勇士月弯弧。选骑平南楚,结阵下东吴,跨蜀驱胡,万里山河壮帝居。

文舞曲,名泰阶平:乾坤清宁,治功告成,武定祸乱,文致太平。郊则致其礼,庙则尽其诚。卿云在天甘露零,风雨时若百谷登。礼乐雍和,政刑肃清。储嗣既立,封建乃行。谗佞屏四海,贤俊立朝廷。玉帛钟鼓陈两楹,君臣赓歌扬颂声。

四夷舞曲,其一,小将军:大明君,定宇寰,圣恩宽,掌江山,东房西戎,北狄南蛮。手高擎,宝贝盘。其二,殿前欢:五云宫阙连霄汉,金光明照眼。玉沟金水声潺潺,颒颒观,趋跄看,仪銮严肃百千般,威人心胆寒。其三,庆新年:虎豹关,文武班,五彩间庆云朝霞灿。黄金殿,喜气增,丹墀内,仰圣颜。翠绕红围锦绣班,高楼十二栏。笙箫趁紫坛,仙音韵,瑶簪按,拜舞齐,歌谣赞,吾皇万寿安。其四,过门子:定宇寰,定宇寰,掌江山,抚百蛮。讴歌拜舞仰祝赞,万万年,帝业安。

洪武十五年重定宴飨九奏乐章。

一奏炎精开运之曲:炎精开运,笃生圣皇。大明御极,远绍虞、唐。河清海宴,物阜民康。威加夷僚,德被戎羌。八珍有荐,九鼎馨香。鼓钟锽锽,宫徵洋洋。怡神养寿,理阴顺阳。保兹遐福,地久天长。

二奏皇风之曲:皇风被八表,熙熙声教宣。时和景象明,紫宸开绣筵。龙衮曜朝日,金炉袅祥烟。济济公与侯,被服丽且鲜。列坐侍丹扆,磬折在周旋。羔豚升华俎,玉馔充方圆。初筵奏南风,继歌赓载篇。瑶觞欣再举,拜俯礼无愆。同乐及斯辰,于皇千万年。

奏平定天下之舞,曲名清海宇。同前。

三奏眷皇明之曲:赫赫上帝,眷我皇明。大命既集,本固支荣。厥本伊何?育德春宫。厥支伊何?藩邦以宁。庆延百世,泽被群生。及时为乐,天禄是膺。千秋万岁,永观厥成。

奏抚安四夷之舞,曲名小将军、殿前欢、庆新年、过门子。俱同前。

四奏天道传之曲:马负图兮天道传,龟载书兮人文宣,羲画卦兮禹畴叙，皇极建兮合自然。绵绵历数归明主，祥麟在郊威凤舞。九夷入贡康衢谣，圣子神孙继祖武，垂拱无为迈前古。

奏车书会同之舞，曲名泰阶平。同前。

五奏振皇纲之曲：周南咏麟趾，卷阿歌凤凰。蔼蔼称多士，为桢振皇纲。赫赫我大明，德尊逾汉、唐。百揆修庶绩，公辅理阴阳。峨冠正襟佩，都俞在高堂，坐令八纮内，熙熙民乐康。气和风雨时，田畴见丰穰。献礼过三爵，欢娱良未央。

六奏金陵之曲：钟山蟠苍龙，石城踞金虎，千年王气都，于今归圣主。六代繁华经几秋，江流东去无时休。谁言天堑分南北，英雄岂但嗤曹、刘。我皇昔住濠梁屋，神游天锡真人服，提兵乘势渡江来，词臣早献《金陵曲》。歌金陵，进珍馔，谐八音，继三叹，请观汉祖用兵时，为尝冯异滹沱饭。

七奏长杨之曲：长杨曳绿，黄鸟和鸣。菡萏呈鲜，紫燕轻盈。千花浥露，日丽风清。及时为乐，芳尊在庭。管音嘈嘈，丝韵泠泠，玉振金声，各奏尔能。蟠蟠国老，载劝载惩，明德惟馨，垂之圣经。唐风示戒，永保嘉名，无已太康，哲人是听。

八奏芳醴之曲：夏王厌芳醴，商汤远色声，圣人示深戒，千春垂令名。惟皇登九五，玉食保尊荣，日昃不遑餐，布德延群生。天庖具丰膳，鼎胹事调烹。岂但资肥甘，亦足养遐龄。达人悟兹理，恒令五气平，随时知有节，昭哉天道行。

九奏驾六龙之曲：日丽中天漏下迟，公卿侍宴多令仪。箫韶九奏筋九献，炉烟细逐祥风吹。群臣舞蹈天颜喜，岁熟民康常若此。六龙回驾凤楼深，宝扇齐开扶玉几。景星呈瑞庆云多，两曜增晖四序和。圣人道大如天地，岁岁年年奈乐何。

进膳曲，水龙吟：宝殿祥云紫气濛，圣明君，龙德宫。氤氲雾霭，桧柏间青松。龙楼凤阁，雕梁画栋，此是蓬莱洞。

太平清乐曲，太清歌：万国来朝进贡，仰贺圣明主，一统华夷。普天下八方四海，南北东西。托圣德，胜尧王，保护家国太平，天下都归一，将兵器销为农器。旌旗不功酒旗招，仰荷天地。上清歌：一愿四时风调雨顺民心喜。摄外国,将宝贝;摄外国,将宝贝。见君王,来朝宝殿里,珊瑚、玛瑙、玻璃,进在丹墀。开天门:托长生,日月光天德,万万岁永固皇基。公卿文武来朝会,开玳筵,捧金杯。

迎膳,奏水龙吟曲,与进膳同。升座、还宫、百官行礼,奏万岁乐、朝天子二曲、与朝贺同。

大祀庆成大宴,用万国来朝队舞、缨鞭得胜队舞。

万寿圣节大宴,用九夷进宝队舞、寿星队舞。

冬至大宴,用赞圣喜队舞、百花圣朝队舞。

正旦大宴,用百戏莲花盆队舞、胜鼓采莲队舞。

永乐十八年定宴飨乐舞。

一奏上万寿之曲:龙飞定万方,受天命,振纪纲。彝伦攸叙四海康,普天率土尽来王。臣民舞蹈,嵩呼载扬,称觞奉吾皇,圣寿天长。

平定天下舞曲,其一,四边静:威伏千邦,四夷来宾纳表章。显祯祥,承乾象,皇基永昌,万载山河壮。其二,刮地风:圣主过尧、舜、禹、汤,立五常三纲。八蛮进贡朝今上,顿首诚惶。朝中宰相,燮理阴阳。五谷收成,万民欢畅。贺吾皇,齐赞扬,万国来降。

二奏仰天恩之曲:皇天眷圣明,五辰顺,四海宁,风调雨顺百谷登,臣民鼓舞乐太平。贤台在位,邦家永祯。吾皇仰洪恩,夙夜存诚。

黄童白叟鼓腹讴歌承应曲,曰豆叶黄:雨顺风调,五谷收成,仓廪丰盈,大利民生。托赖著皇恩四海清,鼓腹讴歌,白叟黄童,共乐咸宁。

四夷舞曲,其一,小将军:顺天心,圣德诚,化番邦,尽朝京。四夷归伏,舞于龙廷。贡皇明,宝贝擎。其二,殿前欢:四夷率土归王命,都来仰大明。万邦千国皆归正,现帝庭,朝仁圣,天阶班列众公卿,齐声歌太平,其三,庆丰年:和气增,鸾凤鸣,紫雾生,祥云朝霞映。热金炉,香味馨,列丹墀,御驾盈。弦管箫韶五音应,龙笛间凤笙。其四,渤海令:金杯中,酒满盛。御案前,列群英。君德成,皇图庆,嵩呼万岁声。其五,过门子:圣主兴,圣主兴,显咸灵,蛮夷静。至仁至德至圣明,万万年,帝业成。

三奏感地德之曲:皇心感地灵,顺天时,德厚生。含弘光大品物亨,钟奇毓秀产俊英。河清海宴,麟来凤鸣,阴阳永和平,相我文明。

车书会同舞曲,其一,新水令:锦衣花帽设丹墀,具公服百司同会。麟至舞,凤来仪,文武班齐,朝贺圣明帝。其二,水仙子:八方四面锦华夷,天下苍生仰圣德。风调雨顺升平世,遍乾坤,皆赞礼,托君恩民乐雍熙。万万年皇基坚固,万万载江山定体,万万岁洪福天齐。

四奏民乐生之曲:世间的万民,荷天地,感圣恩。乾坤定位四海春,君臣父子正大伦。皇风浩荡,人心载醇,熙熙乐天真,永戴明君。

表正万邦舞曲,其一,庆太平:奸邪浊乱朝纲,构祸难,煽动戈斯。赫怒吾皇,亲征灞上,指天戈,敌皆降。其二,武士欢:白沟战场,旌旗云合迷日光。令严气张,三军踊跃齐奋扬,扫除残甲如风荡,凯歌传四方。仁圣不杀降,望河南,失椊枪。其三,滚绣球:肆旅拒,恃力强,一心构狭,筑沧洲百尺城隍。骋蚩毒,恣虎狼,孰能御当。顺天心有德隆昌,倒戈敛甲齐归降,抚将生还达故乡,自此仁闻愈彰。其四,阵阵赢:不数孙、吴兵法良,神谋睿算合阴阳,八阵堂堂行天上,虎略龙韬孰敢当。俘囚十万皆疏放,感荷仁恩戴上苍。其五,得胜回:两傍四方,展鸟翼风云雁行。出奇兵,敌难量,士强马强。遍百里,眠旌卧枪,胜兵回,乐洋洋。其六,小梁州:敌兵战败神魂丧,拥貔貅,直渡长江。开市门,肆不移,宣圣恩,如天旷。纶音颁降,普天下,仰吾皇。

五奏感皇恩之曲:当今四海宁,颂声作,礼乐兴。君臣庆会跻太平,衣冠济济宴彤庭。文臣武将,共荷恩荣,忠心尽微诚,仰答皇明。

天命有德舞曲:其一,庆宣和:雨顺风调万物熙,一统华夷。四野嘉禾感和气,一干百穗,一干百穗。其二,窄砖儿:梯航万国来丹陛,太平年,永固洪基。正东西南北来朝会,洽寰宇,布春晖,四夷咸宾声教美。自古明王在慎德,不须威武服戎狄。祥瑞集,凤来仪。佳期万万岁,圣明君,主华夷。

　　六奏庆丰年之曲:万方仰圣君,大一统,抚万民。丰年时序雨露均,穰穰五谷货财殷。酣歌击壤,风清俗淳,四夷悉来宾,正统皇仁。

　　七奏集祯应之曲:皇天眷大明,五星聚,兆太平;驺虞出现甘露零,野蚕成茧嘉禾生,醴泉涌地河水清。乾坤万万年,四海永宁。

　　八奏永皇图之曲:天心眷圣皇,正天位,抚万邦。仁风宣布礼乐张,戎夷稽首朝明堂。皇图巩固,贤臣赞襄。太平日月光,地久天长。

　　九奏乐太平之曲:皇恩被八纮,三光明,四海清。人康物阜岁屡登,含哺鼓腹皆欢声。民歌帝力,唐尧至仁。乾坤永清,共乐太平。

　　导膳、迎膳、进膳及升座、还宫、百官行礼诸曲,俱与洪武间同。

　　大祀庆成,用缨鞭得胜蛮夷队舞;万寿圣节,九夷进宝队舞;冬至节,赞圣喜队舞;正旦节,百戏莲盆队舞。

　　嘉靖间续定庆成宴乐章。

　　升座,乐曲万岁乐:五百昌期嘉庆会,启圣皇,龙飞天位。九州四海重华日,大明朝,万万世。

　　百官行礼,乐曲朝天子:满前瑞烟,香绕蓬莱殿。风回韶律鼓钄钄,列陛上,旌旗绚,日至朱甐。阳生赤甸气和融,彻上元。历年万千,长庆天宫宴。

　　上护衣、上花,乐曲水龙吟:宝殿金炉瑞霭浮,陈玉案,列珍羞。天花炫彩,照耀翠云裳。鸾歌凤舞,虞庭乐奏,万岁君王寿。

　　一奏上万岁之曲:圣主垂衣裳,兴礼乐,迈虞、唐。箫韶九成仪凤凰,日月中天照八荒。民安物阜,时和岁康。上奉万年觞,胤祚无疆。

　　奏平定天下舞曲,其一,四边静:天启嘉祥,圣主中兴振纪纲。颂洋洋,功荡荡,国运隆昌,万岁皇图壮。其二,凤鸾吟:维皇上天佑圣明,景命宣,五云辉,三台润,七纬光悬。协气生,嘉祥见。正万民,用群贤。垂衮御经筵,宵衣勤政殿。礼圆丘大祀精虔,明水洁,苍璧圆。秉周文,承殷荐,眷皇家亿万斯年。

　　二奏仰天恩之曲:皇穹启圣神,钦乾运,祗郊禋。一阳初动霭先春，万福来同仰至仁。祥开日月，瑞见星辰。礼乐协神人，宇宙咸新。

迎膳曲，水龙吟：春满雕盘献玉桃，葭管动，日轮高，熹微霁色，遥映衮龙袍。千官舞蹈，钧韶迭奏，曲度升平调。

进膳曲，水龙吟：紫禁琼筵暖应冬，骖八螭，乘六龙，玉卮琼斝，黼座献重瞳。尧天广运，舜云飞动，喜听赓歌颂。

进汤曲，其一，太清歌：长至日，开黄道，喜乾坤佳气，阳长阴消。奏钧韶，音调凤轸，律协鸾箫。仰龙颜，天日表，如舜如尧。金炉烟暖御香飘，玉墀晴霁祥光绕，宫梅苑柳迎春好，燕乐蓬莱岛。其二，上清歌：云捧宸居，五星光映三台丽。仰日月，层霄霁；仰日月，层霄霁。中兴重见唐、虞际，太和元气自阳回，兆姓欢愉。其三，开天门：九重霄，日转皇州晓。宴天家，共歌鱼藻。龙鳞雉尾高，祝圣寿，庆清朝。

奏黄童白叟鼓腹讴歌承应曲，御銮歌：雅奏乐升平，瞻绛阙，集瑶京。黄童白叟喜气盈，讴歌鼓舞四海宁。金枝结秀，玉树含英。听康衢击壤声，帝力难名。

三奏感昊德之曲：帝德运光明，一阳动，万物生。升中大报苍璧陈，礼崇乐畅歆太清。星悬紫极，日丽璇庭，乾坤瑞气盈，海宇安宁。

奏抚安四夷舞曲，其一，贺圣朝：华夷一统，万国来同。献方物，修庭贡，远慕皇风，自南自北，自西自东。望天宫，佳气郁重重，四灵毕至，麟凤龟龙。其二，殿前欢：瑞云晴霭浮宫殿，一脉阳和转。礼成交泰开周宴，凤笙调，龙幄展，天心感格人欢忭，四海讴歌遍。其三，庆丰年：赖皇天，锡丰年，勤禹稼，力舜田，喜慰三农愿。嘉禾秀，瑞麦鲜，赋九州，贡八埏，神仓御廪咸充满，养民以养贤。其四，新水令：圣德精禋格昊穹，大一统。四夷来贡，玉帛捧。文轨同，世际昌隆，共听舆人颂。其五，太平令：诞明禋，天鉴元后，光四表，惠泽周流。来四裔，趋前拥后，献万宝，充庭满囿。稽首顿首，天高地厚，祝圣人，多男福寿。

四奏民乐生之曲：大报礼初成，象乾德，运皇诚。神州赤县永清宁，灵雨和风乐太平。阴阳交畅，品物咸亨，元化自流行，允殖群生。

迎膳曲，水龙吟：五色祥云捧玉皇，开阊阖，坐明光。钧天乐奏，冬日御筵张。文恬武熙，太平气象，人在唐、虞上。

进膳曲，水龙吟：玉律阳回景运新，燕镐京，蔼皇仁。光昭云汉，一气沸韶頀，锦瑟和声，瑶琴清韵，瞻仰天颜近。

进汤曲，太清歌：万方民，乐时雍，鼓舞荷天工，雷行风动。喜今逢，南蛮北貊，东夷西戎，来朝贡。大明宫，星罗斗拱。九重天上六飞龙，五色云间双彩凤，普天率土效华封，允协河清颂。

奏车书会同舞曲，其一，新水令：五云深护九重城，感洪恩。一人有庆，阳初长，礼方行。帝德文明，表率邦家正。其二，水仙子：万方安堵乐康宁，九域同仁荷圣明。千年抚运承天命，露垂甘，河献清，见双岐秀麦连茎，喜灵雪随冬应，睹祥云拂曙生，神与化并运同行。

五奏感皇恩之曲：双阙五星光，霓旌树，紫盖张。璇台玉历转新阳，钧天广乐谐宫商。恩深露湛，喜溢霞觞，日月焕龙章，地久天长。

奏表正万邦舞曲，其一，庆太平：维天眷我圣明，礼圆丘，至德精诚。乾元永清，洪厝景命，休徵应，泰阶平。其二，千秋岁：圣主乘龙御万邦，庆云翔化日重光。群臣拜舞称寿觞，载歌天保章。其三，滚绣球：五云车，度九重，利见飞龙。耀衮章，火藻华虫。击虎敌，考鼍钟，鼉鼓逢逢。八珍列，九鼎丰隆。尧眉扬彩舜重瞳，万国咸熙四海雍，齐歌颂圣德神功。其四，殿前欢：万年礼乐中兴日，大化睹重熙。河清海宴臻祥瑞，五行顺，七政齐，超三迈五贞元会，既醉颂凫鹥。其五，天下乐：万灵朝拱接清都，亨南郊，钦天法祖。愿圣人，承乾纳祜，中和位育，龟献范，马陈图。其六，醉太平：礼乐万年规，讴歌四海熙，衣冠蹈舞九龙墀，丽正仰南离。紫云高捧唐、虞帝，垂衣天下文明治。镐乌岐凤呈嘉瑞，真个是人在成周世。

六奏庆丰年之曲：圣人懋承乾，绥万邦，屡丰年。神仓御廪登天田，明粢郁邑祀孔虔。舆情咸豫，协气用宣，万古帝图传，璧合珠联。

七奏集祯应之曲：天保泰阶平，宝露降，浑河清，嘉禾秀麦集休祯，遐陬绝域喜气盈。一人有庆，百度惟贞，万国颂咸宁，丽正重明。

八奏永皇图之曲:镐燕集天京,颂鱼藻,歌鹿鸣。边陲安堵万国宁,重译来庭四海清。咸池日曙,昧谷云征,帝座仰前星,豫大丰亨。

九奏乐太平之曲:皇极永登祥,乾符启,泰运昌。玉管回春动一阳,金銮锡燕歌九章,虞庭兽舞,岐山凤翔,日丽衮龙裳,主圣臣良。

迎膳曲,水龙吟:香雾氤氲紫阁重,仰天德,瞻帝容。星辉海润,甘雨间和风。乐比鸢鱼,瑞呈麟凤,永献卷阿颂。

进膳曲,其一,水龙吟:万户千门启建章,台阶峻,帝座张。三垣九道,北斗玉衡光。元气调和,雅韵铿锵,昭代庆明良。其二,太清歌:万方国,尽来庭,稽首歌帝仁,仰荷生成。振乾纲,阴阳顺序,民物乐生。逢明圣,万年春,永膺休命。华夷蛮獠咸归正,苍生至老不知兵,鼓腹含哺囿太平,九有享清宁。

奏天命有德舞曲,其一,万岁乐:太平天子兴隆日,履初长,阳回元吉。醴泉芝草休徵集,曾闻道五星聚室。其二,贺圣朝:一人元良,百度维新。握赤符,凝玄应,享太清。大礼方行,祀事孔明感天心,亿载恒承庆。明王慎德,四裔咸宾。

奏缨鞭得胜蛮夷队舞承应曲,其一,醉太平:星华紫殿高,云气彤楼绕。九夷重译梯航到,皇图光八表。玉宇无尘明月皎,银河自转扶桑晓,平平荡荡归王道。百兽舞,凤鸣箫韶。其二,看花会:普天下,都赖吾皇至圣。看玉关频款,天山已定,四夷效顺归王命。天保歌,群黎百姓。其三,天下乐:九重乐奏万花开,望龙楼,云蒸雾霭。仰天工,雍熙帝载,臣民欢戴。溥仁恩,遍九垓。其四,清江引:黄钟既奏阳和长,德盛天心贶。人文日月明,国势山河壮,衢室民谣频击壤。

奏致语曲,其一,清江引:钧天毕奏日方中,既醉欢声动。云章傍衮龙,飙势翔威凤,万方安乐兴嘉颂。其二,千秋岁:上下交欢燕礼成,一阳奋,万汇咸亨。风云会合开明运,紫极转璇衡。

宴毕,百官行礼曲,朝天子:文班武班,欢动承明殿,礼成乐备颂声喧。真咫尺,仰天颜,日照龙筵。风回雉扇翠蕤旋,奉仙銮,云间斗间,五色金章灿。

还宫曲,万岁乐:天回北极云成瑞,望层霄,重华日丽。九垓八极乐雍熙,祝圣寿,万万岁。

永乐间小宴乐章。

一奏本太初之曲,朝天子:混兮沌兮,水土成元气,不分南北与东西,未辨天和地。万象包涵,其中秘密,难穷造化机,是阴阳本体。乃为之太极,两仪因而立。

二奏仰大明之曲,归朝欢:太极分,混然方始见仪形,清浮浊偃乾坤定。日月齐兴,照青霄,万象明。阳须动,阴须静,阴与阳,皆相应,流行二气,万物俱生。

三奏民初生之曲,其一,沽美酒:乾坤清,宇宙宁,六合净,四维正,万象原来一气生。定三才五行,民与物,共成群。其二,太平令:为一类不分人品,竞生食岂晓庖烹,避寒暑巢居穴遁,披树叶相寻趁,如何是爱亲。世情治生,虽混然各安其性。

四奏品物亨之曲,醉太平:黎民生世间,万物长尘寰,阴阳交运转循环,久远时庶繁。相传气候应无间,品物交错凭谁鉴。望圣人出世整江山,主万民得安。

五奏御六龙之曲,其一,清江引:人心久仰生圣君,天使人生圣。圣人受天机,体天居中正,御六龙,圣明登九重。其二,碧玉箫:君坐神京,海岳共从新。民仰君恩,圣治有人伦。人品分,万物增,圣承乾,百福臻。垂法明,尊天命,兴后朝,皆从正。

六奏泰阶平之曲,十二月:圣乃有言天,天是无言圣。圣人临正,万物亨通,恩威盛,社稷安,仁德感,江山定。选用英贤兴王政,分善恶赏罚均平。三公九卿,左右股肱,庶事康宁。

七奏君德成之曲,其一,十二月:皇基以兴,圣帝修身,奉天体道,圣德愈明。敬天地,勤劳万民;立法度,上正咸宁。其二,尧民歌:风俗礼乐厚彝伦,爱兴学校进儒经,贤臣良将保朝廷,四野人民颂欢声。用的是贤英,贤英定太平,寰海皆归正。

八奏圣道行之曲,其一,金殿万年欢:三纲既定,九畴复兴。圣道如天，嘉禾齐秀，寒暑和平。圣威无边皇基稳，胜磐石，庆云生，景星长现，三光辉耀，百谷收成，万姓安宁。其二，得胜令：圣德感皇乾，甘露降山川。万邦来朝贡，奇珍摆布全，玉阶下鸣鞭。仰圣主，升金殿，丹墀列英贤，赞吾皇，丰稔年。

九奏乐清宁之曲，其一，普天乐：万邦宁，皇图正。父君母后，天下咸钦。君治外，永圣明；后治内，长安静。后圣承乾皆从正，德相传，圣子神孙。天威浩荡，江山永固，洪福无穷。其二，沽美酒：和气生，满玉京，祥烟起，映皇宫。明圣开基整万民，风云会帝庭，奏箫韶，九韵成。其三，太平令：紫雾隐金鸾彩凤，祥光罩良将贤臣。玉案列珍羞美醞，宝鼎爇龙涎香喷。至尊永宁，储嗣守成，贺万万岁一人有庆。

右二奏至八奏，俱奏百戏承应。第九奏，《鱼跃于渊》承应。奉天门宴百官，止用《本太初》、《仰大明》、《民初生》三奏曲，其进酒、进膳乐同。惟百官叩头礼，用《朝天子》曲。宴毕，导驾还宫，用《御銮歌》。

嘉靖间仁寿宫落成宴飨乐章。

一奏《本太初之曲》，《朝天子》：帝诚帝明，宝位基昌命。仙苑开筵歌《鹿鸣》，亭殿天章映。"我有嘉宾，鼓瑟吹笙"，示周行，昭德音。日升月恒，万载皇图正。

二奏《仰大明之曲》，《殿前欢》：天保定圣人，多寿多男庆。修和礼乐协中兴，丽正重明，如山阜，如冈陵，如川方至莫不增。协气生，祯祥应，百神受命，万国来庭。

三奏《民初生之曲》，其一，《沽美酒》：黄河清，宝露凝，瑞麦呈，灵鹊鸣，诸福来同仰圣明。喜万宝告成，占景纬，泰阶平。其二，《太平令》：念农桑，衣食之本，仰君德，独厚民生。事耕凿，群黎百姓。歌《鹿鸣》，神人胥庆。明主宴嘉宾，承筐鼓瑟吹笙，继自今福增天定。

四奏《品物亨之曲》，《醉太平》：瑶宫怡圣颜，阆苑隔人寰。吹笙鼓瑟宾，旨酒天开宴。《鹿鸣》歌舞黄金殿，赖吾皇锡福万民安，醉歌

《天保》欢。

五奏《御六龙之曲》，其一，《清江引》：圣王有道乐升平，宴会延休庆。务本轸民生，弘化凝天命。欣落成，万载开鸿运。其二，《碧玉箫》：帝重农桑，法驾起明光。麟游凤翔，宴陈《天保》章。开玳筵，荐瑶觞，既醉颂洋洋。圣德巍，皇恩荡，世际唐虞上。

进膳曲，其一，《水龙吟》：宝瑟瑶笙鼓吹喧，圣天子，御华筵。南山万寿，瑞日正中天。百谷丰年，八方珍膳，人乐升平宴。其二，《太清歌》：祥麦嘉瓜臻瑞，仰荷尧舜主，爱育群黎，感天意五风十雨。秋报春祈遍尔德，劝农桑，日用衣食。嘉宾和乐开筵地，红云捧雕盘珍味。山呼万岁福无疆，日升川至。其三，《上清歌》：仰赖吾皇，参天两地凝和气。四三王，六五帝，四三王，六五帝，国家兴，贤才为上瑞。养万民，九域熙，百禄咸宜。其四，《开天门》：宝殿辉，龙虎风云会。瞻丹陛，觐紫微，周诗歌《既醉》、《螽斯》、《麟趾》开祥瑞，仰飞龙，在天位。

豳风亭宴讲官乐章。

一奏《本太初之曲》，《朝天子》：九重诏传，殿阁开秋宴。授衣时节肃霜天，禾稼登场遍。鼓瑟吹笙，升平重见，工歌《七月》篇。春酒当筵献，愿吾皇万年，岁岁临西苑。

二奏《仰大明之曲》，《殿前欢》：凤苑御筵开，黄花映玉阶。《鹿鸣》、《天保》歌三代，古调新裁，奉君王万寿杯。日月明，乾坤大，看年年秋报赛。太平有象，元首明哉。

三奏民初生之曲，其一，沽美酒：熙春阳，化日长。执懿筐，采柔桑。拾茧缫丝有万箱。染红黄孔阳，为公子制衣裳。其二，太平令：勤树艺，岁年丰穰，九十月禾黍登场。为春酒瓮浮新酿，村田乐齐歌齐唱。飨公堂，杀羊举觥，继进著觅觚，祝圣寿，万灵扶相。

四奏品物亨之曲，醉太平：纳嘉禾满场，酿御酒盈缸，公桑蚕绩制玄黄，服龙衣衮裳。螽斯蟋蟀谐清唱，水光山色明仙仗，豳风亭殿进霞觞，祝圣寿无疆。

五奏御六龙之曲，其一，清江引：九月风光何处有？凤苑在龙池右。农夫稼已登，公子衣方授，万岁君王频进酒。其二，碧玉箫：凡我生民，农桑最苦辛，终岁经营。气候变冬春，田畯欣，妇子勤。咏豳诗，仰化钧，场圃新，风雨顺。宴御墀，龙颜近。

进膳曲，其一，水龙吟：养老休农敞御筵，泻春酒，介耆年，刲羊剪韭，社鼓正阗阗。香粳米颗，升堂拜献，此乐真堪羡。其二，太清歌：九月天，开西苑，宸居无逸殿，讲幄张筵。集儒流，云蒸星炫，璧纬珠躔。睹御制，焕天章，昭回云汉。尧天舜日民安宴，御廪神仓百谷登，金辉玉灿休徵见，大有丰年。其三，上清歌：凤苑宸居，公桑帝糈今方举。躬耕蚕，劝士女，躬耕蚕，劝士女。献羊羔，升堂奏乐舞，葵菽枣壶上珍厨，万寿山呼。其四，开天门：豳风亭，共仰吾皇圣。百谷登，万国咸宁。民康物阜祯祥应，仰乾运，俯坤灵。

隆庆三年大阅礼成回銮乐章。
武成之曲：吾皇阅武成，简戎旅，壮帝京。龙旗照耀虎豹营，六师云拥甲胄明。威灵广播，蛮夷震惊，稽首颂升平，四海澄清。

嘉靖间皇后亲蚕宴内外命妇乐章。
升座，奏天香凤韶之曲：春云缭绕芳郊曙，喜乾坤万象咸舒，兰皋蕙圃迎仙驭。采桑条，攀茂树，蚕宫兰馆亲临御。璧月珠星照太虚，开筵还驻翠旌斿，万载垂贞誉。
进膳曲，沽美酒：蚕礼成，凤辇停，荐霞觞，列云屏。宫妃世妇仰坤宁。祥云映紫冥，同祝颂，耀前星。
回宫，御銮歌：惟天启圣皇，君耕糈，后躬桑，身先田织率万邦。天清地宁民阜康，百谷用成，四夷来王。治化登虞、唐，世发祯祥。

永乐间定东宫宴飨乐章。
一奏喜千春之曲，贺圣朝：开国承天，圣感极多，总一统，封疆阔。百姓快活，万物荣光，共沐恩波。仙音韵，合赞升平咏歌。齐朝拜，千千岁东宫，满国春和。

二奏永南山之曲，水仙子：洪基永固海波清，盛世明时礼乐兴，华夷一统江山静。民通和，乐太平。赞东宫仁孝贤明，秉钧衡端正，顺乾坤泰亨，坐中华万世昌宁。

三奏桂枝香之曲，蟾宫曲：晓光融，宴飨春宫，日朗风和，嘉气葱葱。镇领台枢，规宏纲宪，礼节至公。事圣上柔声婉容，问安宁勤孝虔恭。果断宽洪，刚健文明，圣德合同。

四奏初春晓之曲，小梁州：端拱严宸事紫微，秉运璇玑，四时百物总相宜。仰赖明君德，大业胜磐石。皇储仁孝明忠义，美遐方顺化朝仪。孝能欢慈爱心，敬笃上尊卑意，礼上和下睦民，鼓舞乐雍熙。

五奏乾坤泰之曲，满庭芳：春和玳筵，安邦兴国，钦圣尊贤，文英武烈于民便。礼乐成全，享大业中庸不偏，顺天常节俭为先，达文献严仪训典，孝敬亿千年。

六奏昌运颂之曲，喜秋风：文武安，军民乐。宴文华，会班僚，五云齐动钧天乐。贺春宫，赞皇朝。

右二奏至六奏，俱奏百戏承应。

七奏泰道开之曲，沽美酒：布春风，满画楼，对嘉景，凤凰洲。高捧金波碧玉瓯，设威仪左右，分品从，列公侯。其二，太平令：效圣上诚心勤厚，主宗器严备春秋，谐律吕仙音齐奏，钦王政皇天保佑。拜舞顿首，赞祝进酒，千千岁康宁福寿。

迎膳乐曲，水龙吟：方飨笙簧鼓乐喧，排宝器，开玳筵。鸾仪旌节，锦绣景相连。簪缨趋进，皆来朝见，春满文华殿。

升座、还宫、百官行礼，奏《千秋岁曲》：尧年舜日胜禹、周，庆云生缭绕凤楼。风调雨顺五谷收，万民畅歌讴。朔望朝参同。

明史卷六四
志第四〇

仪　卫

　　《周官》，王之仪卫分掌于天官、春官、夏官之属，而跸事则专属于秋官。汉朝会，则卫官陈车骑，张旗帜。唐沿隋制，置卫尉卿，掌仪仗帐幕之事。宋卫尉领左、右金吾卫仗司，左、右金吾仗司，六军仪司，主清道、徼巡、排列、奉引仪仗。元置拱卫司，领控鹤户，以供其事。历代制度虽有沿革异同，总以谨出入之防，严尊卑之分。慎重则尊严，尊严则整肃，是故文谓之仪，武谓之卫。天子出，车驾次第，谓之卤簿。而唐制，四品以上皆给卤簿，则君臣并得通称也。明初诏礼官，卤簿弥文，务从省节，以示尚质去奢之意。凡正、至、圣节、朝会及册拜、接见蕃臣，仪鸾司陈设仪仗。而中宫、东宫、亲王皆有仪仗之制。后或随时增饰，要以洪武创制为准则焉。兹撮《集礼》所载大凡，以备考核。其郡王及皇妃、东官妃以下仪仗，载在《会典》者，并著于篇云。

　　皇帝仪仗。吴元年十二月辛酉，中书左相国李善长率礼官以即位礼仪进。是日清晨，拱卫司陈设卤簿，列甲士于午门外之东西，列旗仗于奉天门外之东西。龙旗十二，分左右，用甲士十二人。北斗旗一、纛一居前，豹尾一居后，俱用甲士三人。虎豹各二，驯象六，分左右。布旗六十四：门旗、日旗、月旗、青龙、白虎、风、云、雷、雨、江、河、淮、济旗，天马、天禄、白泽、朱雀、玄武等旗，木、火、土、金、水五

星旗,五岳旗,熊旗,鸾旗及二十八宿旗,各六行;每旗用甲士五人,
一人执旗,四人执弓弩。设五辂于奉天门外:玉辂居中,左金辂,次
革辂,右象辂,次木辂,俱并列。丹墀左右布黄麾仗、黄盖、华盖、曲
盖、紫方伞、红方伞、雉扇、朱团扇、羽葆幢、豹尾、龙头竿、信幡、传
教幡、告止幡、绛引幡、戟氅、戈氅、仪锽氅等,各三行。丹陛左右陈
幢节、响节、金节、烛笼、青龙白虎幢、班剑、吾杖、立瓜、卧瓜、仪刀、
镫杖、戟、骨朵、朱雀玄武幢等,各三行。殿门左右设圆盖一、金交
椅、金脚踏、水盆、水罐、团黄扇、红扇。皆校尉擎执。

洪武元年十月定元旦朝贺仪。金吾卫于奉天门外分设旗帜。宿
卫于午门外分设兵仗。卫尉寺于奉天殿门及丹陛、丹墀设黄麾仗。
内使监擎执于殿上。凡遇冬至、圣节、册拜、亲王及蕃使来朝,仪俱
同。其宣诏赦、降香,则惟设奉天殿门及丹陛仪仗、殿上擎执云。

其陈布次第,午门外,刀、盾、殳、叉各置于东西,甲士用赤。奉
天门外中道,金吾、宿卫二卫设龙旗十二,分左右,用青甲士十二
人。北斗旗一、纛一居前,豹尾一居后,俱用黑甲士三人。虎豹各二,
驯象六,分左右。

左右布旗六十四。

左前第一行,门旗二,每旗用红甲士五人,内一人执旗,旗下四
人执弓箭。第二行,月旗一,用白甲士五人,内一人执旗,旗下四人
执弩;青龙旗一,用青甲士五人,内一人执旗,旗下四人执弩。第三
行,风、云、雷、雨旗各一,每旗用黑甲士五人,内一人执旗,旗下四
人执弓箭;天马、白泽、朱雀旗各一,每旗用红甲士五人,内一人执
旗,旗下四人执弓箭。第四行,木、火、土、金、水五星旗各一,随其方
色,每旗用甲士五人,内一人执旗,旗下四人执弩,其甲木青、火红、
土黄、金白、水黑;熊旗、鸾旗各一,每旗用红甲士五人,内一人执
旗,旗下四人执弩。第五行行,角、亢、氐、房、心、尾、箕旗各一,每旗
用青甲士五人,内一人执旗,旗下四人执弓箭。第六行斗、牛、女、
虚、危、室、壁旗各一,每旗用青甲士五人,内一人执旗,旗下四人执
弩。

　　右前第一行,门旗二,每旗用红甲士五人,内一人执旗,旗下四人执弓箭。第二行,日旗一,用红甲士五人,内一人执旗,旗下四人执弩;白虎旗一,用白甲士五人,内一人执旗,旗下四人执弩。第三行,江、河、淮、济旗各一,随其方色,每旗用甲士五人,内一人执旗,旗下四人执弓箭,其甲江红、河白、淮青、济黑;天禄、白泽、玄武旗各一,每旗用甲士五人,内一人执旗,旗下四人执弓箭,天禄、白泽红甲,玄武黑甲。第四行,东、南、中、西、北五岳旗各一,随其方色,每旗用甲士五人,内一人执旗,旗下四人执弩,其甲东岳青、南岳红、中岳黄、西岳白、北岳黑;熊旗、麟旗各一,每旗用红甲士五人,内一人执旗,旗下四人执弩。第五行,奎、娄、胃、昴、毕、觜、参旗各一,每旗用青甲士五人,内一人执旗,旗下四人执弓箭。第六行,井、鬼、柳、星、张、翼、轸旗各一,每旗用青甲士五人,内一人执旗,旗下四人执弩。

　　奉天门外,拱卫司设五辂。玉辂居中;左金辂,次革辂;右象辂,次木辂。俱并列。典牧所设乘马于文武楼之南,各三,东西相向。

　　丹墀左右布黄麾仗凡九十,分左右,各三行。

　　左前第一行,十五:黄盖一,红大伞二,华盖一,曲盖一,紫方伞一,红方伞一,雉扇四,朱团扇四。第二行,十五:羽葆幢二,豹尾二,龙头竿二,信幡二,传教幡二,告止幡二,绛引幡二,黄麾一。第三行,十五:戟氅五,戈氅五,仪锽氅五。

　　右前第一行,十五:黄盖一,红大伞二,华盖一,曲盖一,紫方伞一,红方伞一,雉扇四,朱团扇四。第二行,十五:羽葆幢二,豹尾二,龙头竿二,信幡二,传教幡二,告止幡二,绛引幡二,黄麾一。第三行,十五:戟氅五,戈氅五,仪锽氅五。皆校尉擎执。

　　丹陛左右,拱卫司陈幢节等仗九十,分左右,为四行。左前第一行,响节十二,金节三,烛笼三。第二行,青龙幢一,班剑三,吾杖三,立瓜三,卧瓜三,仪刀三,镫杖三,戟三,骨朵三,朱雀幢一。右前第一行,响节十二,金节三,烛笼三。第二行,白虎幢一,班剑三,吾杖三,立瓜三,卧瓜三,仪刀三,镫杖三,戟三,骨朵三,玄武幢一。皆校尉擎执。

奉天殿门左右，拱卫司陈设：左行，圆盖一，金脚踏一，金水盆一，团黄扇三，红扇三；右行，圆盖一，金交椅一，金水罐一，团黄扇三，红扇三。皆校尉擎执。殿上左右内使监陈设：左，拂子二，金唾壶一，金香合一；右，拂子二，金唾盂一，金香炉一。皆内使擎执。和声郎陈乐于丹墀文武官拜位之南，其器数详见《乐志》内。

三年命制郊丘祭祀拜褥，郊丘用席表蒲里为褥，宗庙、社稷、先农、山川用红文绮表红木棉布里为褥。十二年命礼部增设丹墀仪仗，黄伞、华盖、曲盖、紫方伞、红方伞各二，雉扇、红团扇各四，羽葆幢、龙头竿、绛引、传教、告止、信幡各六，戟氅、戈氅、仪镗氅各十。

永乐元年，礼部言卤簿中宜有九龙车一乘，请增置。帝曰："礼贵得中，过为奢，不及为俭，先朝审之精矣。当遵用旧章，岂可辄有增益，以启后世之奢哉？九龙车既先朝所无，其仍旧便。"宣德元年更造卤簿仪仗，有具服幄殿一座，金交椅一，金脚踏一，金盆一，金罐一，金马杌一，鞍笼一，金香炉一，金香合一，金唾盂一，金唾壶一，御杖二，摆锡明甲一百副，盔一百，弓一百，箭三千，刀一百。其执事校尉，每人鹅帽，只孙衣，铜带鞾履鞋一副。常朝，各色罗掌扇四十，各色罗绢伞十，万寿伞一，黄双龙扇二。筵宴，销金罗伞四，销金雨伞四，金龙响节二十四。

皇后仪仗，洪武元年定。丹陛仪仗三十六人：黄麾二，戟五色绣幡六，戈五色绣幡六，镗五色锦幡六，小雉扇四，红杂花团扇四，锦曲盖二，紫方伞二，红大伞四。丹墀仪仗五十八人：班剑四，金吾杖四，立瓜四，卧瓜四，仪刀四，镫杖四，骨朵四，斧四，响节十二，锦花盖二，金交椅一，金脚踏一，金水盆一，金水罐一，方扇八。宫中常用仪卫二十人；内使八人，色绣幡二，金斧二，金骨朵二，金交椅一，金脚踏一；宫女十二人，金水盆一，金水罐一，金香炉一，金香合一，金唾壶一，金唾盂一，拂子二，方扇四。永乐元年增制红杖一对。

太皇太后、皇太后仪仗与皇后同。

皇太子仪仗，洪武元年定。门外中道设龙旗六，其执龙旗者并戎服。黄旗一居中，左前青旗一，右前赤旗一，左后黑旗一，右后白旗一，每旗执弓弩军士六人，服各随旗色。殿下设三十六人：绛引幡二，戟氅六，戈氅六，仪镋氅六，羽葆幢六，青方伞二，青小方扇四，青杂花团扇四，皆校尉擎执。殿前设四十八人：班剑四，吾杖四，立瓜四，卧瓜四，仪刀四，镫杖四，骨朵四，斧四，响节十二，金节四，皆校尉擎执。殿门设十二人：金交椅一，金脚踏一，金水罐一，金水盆一，青罗团扇六，红圆盖二，皆校尉擎执。殿上设六人：金香炉一，香合一，唾盂一，唾壶一，拂子二，皆内使擎执。永乐二年，礼部言，东宫仪仗，有司失纪载，视亲王差少，宜增制金香炉、金香合各一，叉三，叉二，传教、告止、信幡各二，节二，幢二，夹稍二，稍、刀、盾各二十，戟八，红纸油灯笼六，红罗销金边圆伞、红罗绣圆伞各一，红罗曲盖绣伞、红罗素圆伞、红罗素方伞、青罗素方伞各二，红罗绣孔雀方扇、红罗绣四季花团扇各四，拂子二，唾盂、唾壶各一，鞍笼一，诞马八，红令旗二，清道旗四，幰弩一，白泽旗二，弓箭二十副。从之。

亲王仪仗，洪武六年定。宫门外设方色旗二，青色白泽旗二，执人服随旗色，并戎服。殿下，绛引幡二，戟氅二，戈氅二，仪镋氅二，皆校尉执。殿前，班剑二，吾杖二，立瓜二，卧瓜二，仪刀三，镫杖二，骨朵二，斧二，响节八，皆校尉执。殿门，交椅一，脚踏一，水罐一，水盆一，团扇四，盖二，皆校尉执。殿上，拂子二，香炉一，香合一，唾壶一，唾盂一。十六年诏，亲王信仗内交椅、盆、罐用银者，悉改用金。建文四年，礼部言，亲王仪仗合增红油绢销金雨伞一，红纱灯笼、红油纸灯笼各四，鱿灯二，大小铜角四。从之。永乐三年命工部，亲王仪仗内红销金伞，仍用宝珠龙文。凡世子仪仗同。

郡王仪仗。令旗二，清道旗二，幰弩一，刀盾十六，弓箭十八副，绛引、传教、告止、信幡各二，吾杖、仪刀、立瓜、卧瓜、骨朵、斧各二，戟十六，稍十六，麾一，幢一，节一，响节六，红销金圆伞一，红圆伞一，红曲柄伞二，红方伞二，青圆扇四，红圆扇四，诞马四，鞍笼一，马杌一，拂子二，交椅一，脚踏一，水盆一，水罐一，香炉一，红纱灯笼二，鱿灯二，帐房一座。

皇妃仪仗。红杖二，清道旗二，绛引幡二，戈氅、戟氅、仪锽氅、吾杖、仪刀、班剑、立瓜、卧瓜、镫杖、骨朵、金钺各二，响节四，青方伞四，红绣圆伞一，绣方扇四，红花圆扇四，青绣圆扇四，交椅一，脚踏一，拂子二，水盆一，水罐一，香炉一，香合一，唾盂一，唾壶一，红纱灯笼四。

东宫妃仪仗。红杖二，清道旗二，绛引幡二，仪锽氅、戈氅、戟氅、吾杖、仪刀、班剑、立瓜、卧瓜、镫杖、骨朵、金钺各二，响节四，青方伞二，红素圆伞二，红绣圆伞一，红绣方扇四，红绣花圆扇四，青绣圆扇四，交椅一，脚踏一，拂子二，水盆一，水罐一，香炉一，香合一，红纱灯笼四。永乐二年，礼部言，东宫妃仪仗如亲王妃，惟香炉、香合如中宫，但亦不用金，其水盆、水罐皆用银，从之。

亲王妃仪仗。红杖二，清道旗二，绛引幡二，戟氅、吾杖、仪刀、班剑、立瓜、卧瓜、骨朵、镫杖各二，响节四，青方伞二，红彩画云凤伞一，青孔雀圆扇四，红花扇四，交椅一，脚踏一，水盆一，水罐一，红纱灯笼四，拂子二。公主、世子妃仪仗俱同。

郡王妃仪仗。红杖二，清道旗二，绛引幡二，戟氅、吾杖、班剑、立瓜、骨朵各二，响节二，青方伞二，红圆伞一，青圆扇二，红圆扇二，交椅一，脚踏一，拂子二，红纱灯笼二，水盆一，水罐一。

郡主仪仗。红杖二，清道旗二，班剑、吾杖、立瓜、骨朵各二，响节二，青方伞一，红圆伞一，青圆扇二，红圆扇二，交椅一，脚踏一，水盆一，水罐一，红纱灯笼二，拂子二。

旧例，郡王仪仗有交椅、马杌，皆木质银裹；水盆、水罐及香炉、香合，皆银质抹金；量折银三百二十两。郡王妃仪仗，有交椅等大器，量折银一百六十两。余皆自备充用。嘉靖四十四年定，除亲王及亲王妃初封仪仗照例颁给外，其初封郡王及郡王妃折银等项，并停止。万历十年定，郡王初封系帝孙者，仪仗照例全给，系王孙者免。盖宗室分封渐多，势难遍给也。

明史卷六五
志第四一

舆服一

大辂　玉辂　大马辇　小马辇
步辇　大凉步辇　板轿　耕根车
后妃车舆　皇太子亲王以下车舆
公卿以下车舆　伞盖　鞍辔

有虞氏御天下,车服以庸。夏则黻冕致美。商则大辂示俭。成周有巾车、典辂、弁师、司服之职,天子以之表式万邦,而服车五乘,下逮臣民。汉承秦制,御金根为乘舆,服袀玄以承大祀。东都乃有九斿、云罕、旒冕、绚履之仪物,踵事增华,日新代异。江左偏安,玉辂栖宝凤,采旄衔金龙。其服冕也,或饰翡翠、珊瑚、杂珠。岂古所谓法驾、法服者哉?唐武德间著车舆、衣服之制,上得兼下,下不得拟上,宋初,衮冕不缀珠玉。政和中诏修车辂,并建旗常,议礼局所厘定,用为成宪。元制,郊祀则驾玉辂,服衮冕;巡幸,或乘象轿,四时质孙之服,各随其宜。

明太祖甫有天下,考定邦礼,车服尚质。酌古通今,合乎礼意。迄于世宗,藉田造耕根,燕居服燕弁,讲武用武弁,更为忠靖冠以风有位,为保和冠以亲宗藩,亦一王之制也。

若夫前代伞扇、鞍勒之仪,门戟、旌节之属,咸别等威,至宋加密。明初，俭德开基，宫殿落成，不用文石甃地。以此坊民，武臣犹有饰金龙于床幔，马厩用九五间数，而豪民亦或熔金为酒器，饰以玉珠。太祖皆重惩其弊。乃命儒臣稽古讲礼，定官民服舍器用制度。历代守之，递有禁例。

兹更以朝家册宝、中外符信及宫室器用之等差，附叙于后焉。

天子车辂。明初大朝会，则拱卫司设五辂于奉天门，玉居中，左金，次革，右象，次木。驾出，则乘玉辂，后有腰舆，以八人载之。其后太祖考《周礼》五辂，以询儒臣，曰："玉辂太侈，何若只用木辂？"博士詹同对曰："孔子云'乘殷之辂'，即木辂也。"太祖曰："以玉饰车，古惟祀天用之，常乘宜用殷辂。然祀天之际，玉辂未备，木辂亦未为不可。"参政张昶曰："木辂，戎辂也，不可以祀天。"太祖曰："孔子斟酌四代礼乐，以为万世法，木辂宁不可祀？祀在诚敬，岂泥仪文。"

洪武元年，有司奏乘舆服御，应以金饰，诏用铜。有司言费小不足惜。太祖曰："朕富有四海，岂吝乎此。第俭约非身先无以率下。且奢泰之习未有不由小而至大者也。"

六年命礼官考五辂制，为木辂二乘。一以丹漆，祭祀用之；一以皮鞔，行幸用之。是冬，大辂成。命更造大辂一，象辂十，中宫辂一，后宫车十，饰俱以凤。以将幸中立府，故造之，非常制也。

二十六年始定卤簿大驾之制。玉辂一，大辂一，九龙车一，步辇一。后罢九龙车。永乐三年更定卤簿大驾，有大辂、玉辂、大马辇、小马辇、步辇、大凉步辇、板轿各一，具服、幄殿各一。

大辂，高一丈三尺九寸五分，广八尺二寸五分。辂座高四尺一寸有奇，上平盘。前后车橃并雁翅及四垂如意滴珠板。辕长二丈二尺九寸有奇，红髹。镀金铜龙头、龙尾、龙鳞叶片装钉。平盘下方箱，四周红髹，匡俱十二榻。内饰绿地描金，绘兽六，麟、狻猊、犀、象、天马、天禄；禽六，鸾、凤、孔雀、朱雀、翟、鹤。盘左右下有护泥板及车轮二，贯轴一。每轮辐十有八，其辋皆红髹，抹金铜钑花叶片装钉。轮内车心，用抹金铜钑莲花瓣轮盘装钉，轴中缠黄绒驾辕诸索。

辂亭高六尺七寸九分，四柱长五尺八寸四分。槛座皆红髹。前二柱戗金，柱首宝相花，中云龙文，下龟文锦。前左右有门，高五尺一寸九分，广二尺四寸九分，四周装雕木沉香色描金香草板十二片。门旁楅各二及门枕，俱红髹，以抹金铜钑花叶片装钉，楅编以黄线绦。后红髹屏风，上雕描金云龙五，红髹板戗金云龙一。屏后地沉香色，上四楅雕描金云龙四，其次云板如之。下三楅雕描金云龙三，其次云板亦如之。俱抹金铜钑花叶片装钉。

亭内黄线绦编红髹匡软座，下莲花坠石，上施花毯，红锦褥席、红髹坐椅。靠背上雕描金云龙一，下雕云板一，红髹福寿板一并褥。椅中黄织金椅靠坐褥，四围椅裙，施黄绮帷幔。亭外青绮绿边红帘十扇。辂顶并圆盘高三尺有奇，镀金铜蹲龙顶，带仰覆莲座，垂攀顶黄线圆绦。盘上以红髹，其下外四面地沉香色，描金云；内四角地青，绘五彩云。以青饰辂盖，亭内贴金斗栱，承红髹匡宝盖，斗以八顶，冒以黄绮，谓之黄屋；中并四周绣五彩云龙九。天轮三层，皆红髹，上安雕木贴金边耀叶板八十一片，内绿地雕木贴金云龙三层，间绘五彩云衬板八十一片。盘下四周，黄铜钉装，施黄绮沥水三层，每层八十一摺，间绣五彩云龙文。四角垂青绮络带，各绣五彩云升龙。圆盘四角连辂坐板，用攀顶黄线圆绦，并贴金木鱼。辂亭前有左右转角阑干二扇，后一字带左右转角阑干一扇，皆红髹，内嵌雕木贴金龙，间以五彩云。三扇共十二柱，柱首雕木贴金蹲龙及线金五彩莲花抱柱。阑干内四周布花毯。

亭后树太常旗二，以黄线罗为之，皆十有二斿，每斿内外绣升龙一。左旗腰绣日月北斗，竿首用镀金铜龙首。右旗腰绣黻字，竿首用镀金铜戟。各缀抹金铜铃二，垂红缨十二，缨上施抹金铜宝盖，下垂青线牣锴。踏梯一，红髹，以抹金铜钑花叶片装钉。行马架二，红髹，上有黄绒𣠽绦，用抹金铜叶片装钉。有黄绢幰衣、即遮尘。油绢雨衣、青毡衣及红油合扇梯、红油托叉各一。辂以二象驾之。

玉辂，亦驾以二象，制如大辂，而无平盘下十二楅之饰。辂亭前二柱，饰以抟换贴金升龙。屏风后无上四楅云龙及云板之饰。天轮内用青地雕木饰玉色云龙文。而太常旗及踏梯、行马之类，悉与大辂同。

大马辇，古者辇以人挽之。《周礼·巾车》后五辂，其一“辇车，组挽”。然《县师》有“车辇之稽”。《黍苗》诗云“我任我辇”，则臣民所乘亦名辇。至秦始去其轮，而制乃尊。明诸辇有轮者驾以马，以别于步辇焉。

其制，高一丈二尺五寸九分，广八尺九寸五分，辕长二丈五寸有奇，辇座高三尺四寸有奇，余同大辂。辇亭，高六尺四寸有奇，红髹四柱，长五尺四寸有奇。槛座，高与辂同，四周红髹绦环板。前左右有门，高五尺有奇，广二尺四寸有奇。门旁楅各二，后楅三及明杌，皆红髹，抹金铜钑花叶片装钉。楅心编以黄线绦。亭内制与大辂同，第软座上不用花毯，而用红毯。亭外用红帘十二扇。辇顶并圆盘高二尺六寸有奇，上下俱红髹，以青饰辇盖。其铜龙、莲座、宝盖、黄屋及天轮、辇亭，制悉与大辂同。太常旗、踏梯、行马之属，亦同大辂。驾以八马，备鞍鞯、鞦辔、铃缨之饰。

小马辇，视大马辇高广皆减一尺，辕长一丈九尺有奇，余同大马辇。辇亭高五尺五寸有奇，红髹四柱，长五尺四寸有奇。槛座，红髹，四周绦环板，前左右有门，高五尺，广二尺二寸有奇。门旁楅各二及明杌，后屏风壁板，俱红髹，用抹金铜钑花叶片装钉。亭底红髹，上施红花毯、红锦褥席。外用红帘四扇，驾以四马。余同大马辇。

步辇者，古之步挽。明制，高一丈三尺二寸有奇，广八尺二寸有奇。辇座高三尺二寸有奇，四周雕木五彩云浑贴金龙板十二片，间以浑贴金仰覆莲座，下雕木线金五彩云板十二片。辕四，红髹。中二辕长三丈五尺九寸,左右二辕长二丈九尺五寸有奇,俱以镀金铜龙头、龙尾装钉。辇亭高六尺三寸有奇,四柱长六尺二寸有奇。槛座,红髹,四周雕木沉香色描金香草板十二片,抹金铜钑花叶片装钉。前左右有门,高五尺七寸有奇,广二尺四寸有奇。门旁红髹十字楎各二扇,雕饰沉香色描金云龙板八片,下云板如其数。后红髹屏风,上雕沉香色描金云龙五。屏后雕沉香色描金云龙板三片,又云板如其数,俱用抹金铜钑花叶片装钉。余同马辇,惟红帘用十扇。辇顶并圆盘高二尺六寸有奇,其莲座、辇盖、天轮、幨衣之属,俱同马辇。

　　大凉步辇,高一丈二尺五寸有奇,广一丈二尺五寸有奇。四面红髹匡,装雕木五彩云板二十片,间以贴金仰覆莲座,下红髹如意绦环板,如其数。红髹辕六;中二辕长四丈三尺五寸有奇,左右二辕长四丈有奇,外二辕长三丈六尺五寸有奇,前后俱饰以雕木贴金龙头、龙尾。

　　辇亭高六尺五寸有奇,广八尺五寸有奇,四柱红髹。前左右有门,高五尺八寸有奇,广二尺五寸有奇,四周描金香草板十二片。门旁楎各二,后楎三及明栿皆红髹,编以黄线绦。亭底上施垫毡,加红锦褥并席。红髹坐椅一,四周雕木沉香色,描金宝相花,靠背、褥、裙、帷幔与马辇同。内设红髹桌二;红髹阑干香桌一,阑干四,柱首俱雕木贴金蹲龙;镀金铜龙盖香炉一,并香匙、箸、瓶;红锦墩二。外红帘三扇。辇顶高二尺七寸有奇,又镀金铜宝珠顶,带仰覆莲座,高一尺三寸有奇,垂攀顶黄线圆绦四。顶用丹漆,上冒红毡,四垂以黄毡为如意云,黄毡缘条;四周施黄绮沥水三层,每层百三十二摺,间绣五彩云龙文。或用大红罗冒顶,以黄罗为如意云缘条,沥水亦用黄罗。顶下四周以红毡为帷,黄毡缘条,四角镀金铜云四。亭内宝盖绣五龙,顶以红髹木匡,冒以黄绮为黄屋,顶心四周绣云龙各一。辇亭四角至辇座,用攀顶黄线圆绦四,并贴金木鱼。辇亭前左右转角阑干二扇,后一字带转角阑干一扇,皆红髹,雕木浑贴金龙,间以五彩云板。阑干内四周布席。其阑干十二柱之饰及踏梯之属，俱与马辇同。

轿者，肩行之车。宋中兴以后，皇后尝乘龙肩舆。又以征伐，道路险阻，诏百官乘轿，名曰“竹轿子”，亦曰“竹舆”。元皇帝用象轿，驾以二象。至用红板轿，则自明始也。

其制，高六尺九寸有奇。顶红髹。近顶装圆匡蜊房窗，镀金铜火焰宝，带仰覆莲座，四角镀金铜云朵。轿杠二，前后以镀金铜龙头、龙尾装钉，有黄绒坠角索。四周红髹板，左右门二，用镀金铜钉铰。轿内红髹匡坐椅一，福寿板一并褥。椅内黄织金绮靠坐褥，四周椅裙，下铺席并踏褥。有黄绢轿衣、油绢雨衣各一，青毡衣，红毡缘条云子。

嘉靖十三年谒庙，帝及后妃俱乘肩舆出宫，至奉天门降舆升辂。隆庆四年设郊祀庆成宴，帝乘板舆由归极门出，入皇极门，至殿上降舆。

车驾之出，有具服幄殿。按《周官》大小次，木架苇障，上下四旁周以幄帟，以象宫室。明卤簿载具服幄殿，仪仗有黄帐房，仍元制也。帐并帷幕，以黄木棉布为之。上施兽吻，柱竿红髹，竿首彩装蹲狮，毡顶。

耕根车，世宗朝始造。汉有耕车，晋曰耕根车，俱天子亲耕所用。嘉靖十年，帝将耕藉田，诏造耕根车。礼官上言：“考《大明集礼》，耕藉用宋制，乘玉辂，以耕根车载耒耜同行。今考仪注，顺天府官奉耒耜及穜稑种置彩舆，先于祭前二日而出。今用耕根车以载耒耜，宜令造车，于祭祀日早进呈，置耒耜，先玉辂以行。第稽诸礼书，只有图式，而无高广尺寸。宜依今置车式差小，通用青质。”从之。

皇后辂，一。高一丈一尺三寸有奇，平盘。前后车櫺并雁翅，四垂如意滴珠板。辕长一丈九尺六寸,皆红絮。辕用抹金铜凤头、凤尾、凤翎叶片装钉。平盘左右垂护泥板及轮二,贯轴一。每轮辐十有八,皆红絮,辋以抹金钑花铜叶片装钉。轮内车毂,用抹金铜钑莲花瓣轮盘装钉,轴中缠黄绒驾辕诸索。

辂亭高五尺八寸有奇,红絮四柱。槛座上沉香色描金香草板十二片。前左右有门,高四尺五寸有奇,广二尺四寸有奇。门旁沉香色线金菱花楅各二,下缘环板,有明栿,抹金铜钑花叶片装钉。后红絮五山屏凤,钑金鸾凤云文,屏上红絮板,钑金云文,中装雕木浑贴金凤一。屏后红絮板,俱用抹金铜钑花叶片装钉。亭底红絮,上施红花毯、红锦褥席,红絮坐椅一。靠背雕木线金五彩装凤一,上下香草云板各一,红福寿椅一并褥。椅中黄织金绮擎坐褥,四周有椅裙,施黄绮帷幔。或黄线罗。外用红帘十二扇。前二柱,钑金,上宝相花,中鸾凤云文,下龟文锦。辂顶并圆盘高二尺有奇,抹金铜立凤顶,带仰覆莲座,垂攀顶黄线圆绦四。盘上红絮,下四周沉香色描金云文,内青地五彩云文,以青饰辂盖。内宝盖,红絮匡,斗以八顶,冒以黄绮;顶心及四周绣凤九,并五彩云文。天轮三层,红絮,上雕木贴金边耀叶板七十二片,内饰青地雕木五彩云鸾凤文三层,间绘五彩云衬板七十二片。下四周黄铜装钉,上施黄绮沥水三层,间绣鸾凤文。四垂青绮络带,绣鸾凤各一。圆盘四角连辂座板,用攀顶黄线圆绦四。

辂亭前后有左右转角阑干各二扇,内嵌绦环板,皆红絮;计十二柱,柱首雕木红莲花,线金青绿装莲花抱柱。其踏梯、行马之属,与大马辇同。

安车,本《周礼》后五辂之一。应劭《汉官卤簿图》有五色安车。晋皇后乘云母安车。唐皇后安车,制如金辂。明皇后安车独简素。

其制,高九尺七寸有奇,平盘,前后车楅并雁翅板。辕二,长一丈六尺七寸有奇,皆红絮,用抹金铜凤头、凤尾、凤翎叶片装钉。平盘左右垂护泥板及轮二,贯轴一。每轮辐十有八,皆红絮,轴中缠黄绒驾辕诸索。车亭高四尺四寸，红髹方柱四，上装五彩花板十二片。前左右有门，高三尺七寸有奇，广二尺二寸有奇。门旁红髹十字楣各二。后三山屏风，屏后壁板俱红髹，用抹金铜钑花叶片装钉。亭底红髹板，上施红花毯、红锦褥，四周施黄绮帷幔，外用红帘四扇。车盖用红髹抹金铜宝珠顶，带莲座，高六寸，四角抹金铜凤头，用攀绦四，并红髹木鱼。盖施黄绮沥水三层，销金鸾凤文，凤头下垂红纷锴。其踏梯、行马、幰衣与辂同。

行障、坐障，自唐、宋有之。皇后重翟车后，皆有行障六，坐障三，左右夹车宫人执之。而《唐书》、《宋史》不载其制。《金史》，行障长八尺，高六尺；坐障长七尺，高五尺。明皇后用行障、坐障，皆以红绫为之，绘升降鸾凤云文；行障绘瑞草于沥水，坐障绘云文于顶。

太皇太后、皇太后辂及安车、行障、坐障，制与皇后同。

皇妃车曰凤轿，与历代异名。其制，青顶，上抹金铜珠顶，四角抹金铜飞凤各一，垂银香圆宝盖并彩结。轿身，红髹木匡，三面篾织纹簟，绘以翟文，抹金铜钑花叶片装钉。红髹捆，饰以抹金铜凤头、凤尾。青销金罗缘边红帘并看带，内红交床并坐踏褥。红销金罗轿衣一顶，用销金宝珠文；沥水，香草文；看带并帏，皆凤文。红油绢雨轿衣一。

自皇后以下，皆用行障二，坐障一，第别以彩绘。皇妃行障、坐障，俱红绫为之，绘云凤，而行障沥水绘香草。

皇太子金辂，高一丈二尺二寸有奇，广八尺九寸。辕长一丈九尺五寸。辂座高三尺二寸有奇。平盘、滴珠板、轮辐、轮辋悉同玉辂。

辂亭高六尺四寸有奇，红髹四柱，长五尺四寸。槛座上四周线金五彩香草板。前左右有门，高五尺有奇，广二尺四寸有奇。门旁楣各二，编红线绦及明栿，皆红髹。后五山屏风，青地上雕木贴金龙五，间以五彩云文。屏后红髹板，皆抹金铜钑花叶片装钉。红髹匡软座，红绒坠座，大索四，下垂莲花坠石，上施红毯红锦褥席。红髹椅一,纳板一并褥。椅中红织金绮靠坐褥,四周有椅裙,施红罗帷幔,外用青绮缘边。红帘十二扇。椅雕贴金龙彩云,下线金彩云板一。

亭内编红线绦。辂顶并圆盘,高二尺五寸有奇,又镀金铜宝珠顶,带仰覆莲座,高九寸,垂攀顶红线圆绦四。盘上丹漆,下内外皆青地绘云文,以青饰辂盖。亭内周围青斗拱,承以丹漆匡,宝盖斗以八顶,冒以红绮,顶心绣云龙,余绣五彩云文。天轮三层皆红髤,上雕木贴金边耀叶板七十二片,内饰青地雕木贴金云龙文三层,间绘五彩云衬板七十二片,四周黄铜装钉。上施红绮沥水三层,每层七十二摺,间绣五彩云龙文。四角之饰与大辂同,第圆绦用红线。

辂亭前一字阑干一扇,后一字带转角阑干一扇,左右阑干二扇,内嵌五彩云板,皆丹漆。计十四柱,柱首制与大辂同。亭后建红旗二,以红罗为之,九斿。每斿内外绣升龙一。左旗腰绣日月北斗,竿用抹金铜龙首。右旗腰绣黻字,竿用抹金铜戟。缀抹金铜铃二,垂红缨。其踏梯、行马之属,与玉辂同。帐房用青木棉布,竿首青绿蹲猊,余同乘舆帐房。

东宫妃车,亦曰凤轿、小轿,制同皇妃。行障、坐障之制亦同。

亲王象辂,其高视金辂减六寸,其广减一尺。辕长视大辂减一尺。辂座高三尺有奇,余饰同金辂。辂亭高五尺二寸有奇,红髤四柱。槛座上四周红髤绦环板。前左右有门,高四尺五寸有奇,广二尺二寸有奇。门旁楅各二及明栿、后五山屏风,皆红髤,用抹金铜钑花叶片装钉。亭底红髤,施红花毯、红锦褥席。其椅靠、坐褥、帷幔、红帘之制,俱同金辂。辂顶并圆盘高二尺四寸有奇,用抹金铜宝珠顶,余同金辂。天轮三层皆红髤,上雕木贴金边耀叶板六十三片,内饰青地雕木五彩云文三层,间绘五彩云衬板六十三片,四周黄铜装钉。上施红绮沥水三层,每层入十一摺,绣瑞草文。前垂青绮络带二,俱绣升龙五彩云文。圆盘四角连辂座板,用攀顶红线圆绦四,并红髤木鱼。亭前后阑干同金辂,左右阑干各一扇,内嵌绦环板其五府,皆红綦。计十四柱,柱首雕木红莲花,线金青绿装莲花抱柱,前阑干内布花毯。红旗二,与金辂所树同,竿上只垂红缨五。其踏梯、行马之属,亦同金辂。帐房用绿色螭头,余与东宫同。

亲王妃车,亦曰凤轿、小轿,制俱同东宫妃。惟凤轿衣用木红平罗。小轿衣二:一用矾红素纻丝,一用木红平罗。行障、坐障,制同东宫妃。

公主车,宋用厌翟车,明初因之。其后定制,凤轿、行障、坐障,如亲王妃。

皇孙车,永乐中,定皇太孙婚礼仪仗如亲王,降皇太子一等,而用象辂。

郡王无辂,只有帐房,制同亲王。

郡王妃及郡主俱用翟轿,制与皇妃凤轿同,第易凤为翟。行障、坐障同亲王妃,而绘云翟文。

百官乘车之制。洪武元年令,凡车不得雕饰龙凤文。职官一品至三品,用间金饰银螭绣带,青缦。四品五品,素狮头绣带,青缦。六品至九品,用素云头青带,青缦。轿同车制,庶民车及轿,并用黑油,齐头平顶,皂缦,禁用云头。六年令,凡车轿禁丹漆,五品以上车止用青缦。妇女许坐轿,官民老疾者亦得乘之。

景泰四年令,在京三品以上得乘轿,弘治七年令,文武官例应乘轿者,以四人舁之。其五府管事,内外镇守、守备及公、侯、伯、都督等,不问老少,皆不得乘轿,违例乘轿及擅用八人者,奏闻。盖自太祖不欲勋臣废骑射,虽上公,出必乘马。永乐元年,驸马都尉胡观越制乘晋王济熺朱辕棕轿,为给事中周景所劾。有诏宥观而赐济熺书,切责之。惟文职大臣乘轿,庶官亦乘马。又文臣皆许乘车,大臣得乘安车。后久废不用,正德四年,礼部侍郎刘机言,《大明集礼》,公卿大臣得乘安车,因请定轿扇伞盖品级等差。帝以京城内,安车伞盖久不行,却其请,而命轿扇俱如例行。

嘉靖十五年,礼部尚书霍韬言:“礼仪定式,京官三品以上乘轿，迩者文官皆用肩舆，或乘女轿。乞申明礼制，俾臣下有所遵守。"乃定四品下不许乘轿，亦毋得用肩舆。隆庆二年，给事中徐尚劭应城伯孙文栋等乘轿出入，骄僭无状。帝命夺文栋等俸。乃谕两京武职非奉特恩不许乘轿，文官四品以下用帷轿者，禁如例。万历三年奏定勋戚及武臣不许用帷轿、肩舆并交床上马。至若破格殊典，则宣德中少保黄淮陪游西苑，尝乘肩舆入禁中。嘉靖间，严嵩奉诏苑直，年及八旬，出入得乘肩舆。武臣则郭勋、朱希忠特命乘肩舆扈南巡跸，后遂赐常乘焉。皆非制也。

伞盖之制。洪武元年，令庶民不得用罗绢凉伞，但许用油纸雨伞。三年令京城内一品二品用伞盖，其余用雨伞。十六年令尚书、侍郎、左右都御史、通政使、太常卿、应天府尹、国子祭酒、翰林学士许张伞盖。二十六年定一品、二品伞用银浮屠顶，三品、四品用红浮屠顶，俱用黑色茶褐罗表，红绢里，三簷，雨伞用红油绢。五品红浮屠顶，青罗表，红绢里，两簷；雨伞同。四品、六品至九品，用红浮屠顶，青绢表，红绢里，两簷；雨伞俱用油纸。三十五年，官员伞盖不许用金绣，朱丹装饰。公、侯、驸马、伯与一品、二品同。成化九年令两京官遇雨任用油伞，其凉伞不许张于京城。

鞍辔之制。洪武六年令庶民不得描金，惟铜铁装饰。二十六年定公、侯、一品、二品用银铰，铁事件，鞊用描银。三品至五品，用银铰，铁事件，鞊用油画。六品至九品，用摆锡，铁事件，鞊用油画。三十五年，官民人等马额下缨并鞍辔俱用黑色，不许红缨及描金、嵌金、天青、朱红装饰。军民用铁事件，黑绿油鞊。

明史卷六六
志第四二

輿服二

皇帝冕服　　后妃冠服
皇太子亲王以下冠服

皇帝冕服。洪武元年,学士陶安请制五冕。太祖曰:"此礼太繁。祭天地、宗庙,服衮冕。社稷等祀,服通天冠,绛纱袍。余不用。"三年更定正旦、冬至、圣节并服衮冕,祭社稷、先农、册拜,亦如之。

十六年定衮冕之制。冕,前圆后方,玄表纁里。前后各十二旒,旒五采玉十二珠,五采缫十有二就,就相去一寸。红丝组为缨,黈纩充耳,玉簪导。衮,玄衣黄裳,十二章,日、月、星辰、山、龙、华虫六章织于衣,宗彝、藻、火、粉米、黼、黻六章绣于裳。白罗大带,红里。蔽膝随裳色,绣龙、火、山文。玉革带,玉佩。大绶六采,赤、黄、黑、白、缥、绿,小绶三,色同大绶。间施三玉环。白罗中单,黻领,青缘襈。黄袜,黄舄金饰。

二十六年更定,衮冕十二章。冕版广一尺二寸,长二尺四寸。冠上有覆,玄表朱里,余如旧制。圭长一尺二寸。衮,玄衣纁裳,十二章如旧制。中单以素纱为之。红罗蔽膝,上广一尺,下广二尺,长三尺,织火、龙、山三章。革带佩玉,长三尺三寸。大带素表朱里,两边用缘,上以朱锦,下以绿锦。大绶,六采黄、白、赤、玄、缥、绿织成,纯玄质五百首。凡合单纺为一系,四系为一扶,五扶为一首。小绶三,色同大绶。间织三玉环。朱袜,赤舄。

永乐三年定,冕冠以皂纱为之,上覆曰綖,桐板为质,衣之以绮,玄表朱里,前圆后方,以玉衡维冠,玉簪贯纽,纽与冠武_{足前体下}。_{曰武,绶在冠之下,亦曰武。}并系缨处,皆饰以金。綖以左右垂黈纩充耳,_{用黄玉}。系以玄纮,承以白玉瑱朱纮。余如旧制。玉圭长一尺二寸,剡其上,刻山四,以象四镇之山,盖周镇圭之制,异于大圭不琢者也。以黄绮约其下,别以囊韬之,金龙文。衮服十有二章。玄衣八章,日、月、龙在肩,星辰、山在背,火、华虫、宗彝在袖,_{每袖各三}。皆织成本色领褾襈裾。_{褾者袖端。襈者衣缘。}纁裳四章,织藻、粉米、黼、黻各二,前三幅,后四幅,前后不相属,共腰,有辟积,本色綼裼。_{裳侧有纯谓之綼,裳下有纯谓之裼,纯者缘也。}中单以素纱为之。青领褾襈裾,领织黻文十三。蔽膝随裳色,四章,织藻、粉米、黼、黻各二。本色缘,有纰,施于缝中。玉钩二。玉佩二,各用玉珩一、瑀一、琚二、冲牙一、璜二;瑀下垂玉花一、玉滴二;琢饰云龙文描金。自珩而下系组五,贯以玉珠。行则冲牙、二滴与璜相触有声。金钩二。有二小绶,六采黄、白、赤、玄、缥、绿纁质。大绶,六采黄、白、赤、玄、缥、绿纁质,三小绶色同大绶。间施三玉环,龙文,皆织成。袜舄皆赤色,舄用黑绚纯,以黄饰舄首。

嘉靖八年谕阁臣张璁:"衮冕有革带,今何不用?"璁对曰:"按陈祥道《礼书》,古革带、大带,皆谓之鞶。革带以系佩韨,然后加以大带,而笏搢于二带之间,夫革带前系韨,后系绶,左右系佩,自古冕弁恒用之。今惟不用革带,以至前后佩服皆无所系,遂附属裳要之间,失古制矣。"帝曰:"冕服祀天地,享祖宗,若阙革带,非齐明盛服之意。及观《会典》载蔽膝用罗,上织火、山、龙三章,并大带缘用锦,皆与今所服不合。卿可并革带系蔽膝、佩、绶之式,详考绘图以进。"

又云:"衣裳分上下服,而今衣恒掩裳。裳制如帷,而今两幅。朕意衣但当与裳要下齐,而露裳之六章,何如?"已又谕璁以变更祖制为疑。璁对曰:"臣考礼制,衣不掩裳,与圣意允合。夫衣六章,裳六章，义各有取，衣自不容掩裳。《大明集礼》及《会典》与古制不异。今衣八章，裳四章，故衣常掩裳，然后典籍无所准。内阁所藏图注，盖因官司织造，循习讹谬。今订正之，乃复祖制，非有变更。"

帝意乃决。因复谕璁曰："衣有六章，古以绘，今当以织。朕命织染局考国初冕服，日月各径五寸，当从之。裳六章，古用绣，亦当从之。古色用玄黄，取象天地。今裳用缥，于义无取，当从古。革带即束带，后当用玉，以佩绶系之于下。蔽膝随裳色，其绣上龙下火，可不用山。卿与内阁诸臣同考之。"于是杨一清等详议："衮冕之服，自黄、虞以来，玄衣黄裳，为十二章。日、月、星辰、山、龙、华虫，其序自上而下，为衣之六章，宗彝、藻、火、粉米、黼、黻，其序自下而上，为裳之六章。自周以后浸变其制，或八章，或九章，已戾于古矣。我太祖皇帝复定为十二章之制，司造之官仍习舛讹，非制作之初意。伏乞圣断不疑。"帝乃令择吉更正其制。冠以圆匡乌纱冒之，旒缀七采玉珠十二，青纩充耳，缀玉珠二，余如旧制。玄衣黄裳，衣裳各六章。洪武间旧制，日月径五寸，裳前后连属如帷，六章用绣。蔽膝随裳色，罗为之，上绣龙一，下绣火三，系于革带。大带素表朱里，上缘以朱，下以绿。革带前用玉，其后无玉，以佩绶系而掩之。中单及圭，俱如永乐间制。朱袜，赤舄，黄绦缘玄缨结。

皇帝通天冠服。洪武元年定，郊庙、省牲，皇太子诸王冠婚、醮戒，则服通天冠、绛纱袍。冠加金博山，附蝉十二，首施珠翠，黑介帻，组缨，玉簪导。绛纱袍，深衣制。白纱内单，皂领襈裾裙。绛纱蔽膝，白假带，方心曲领。白袜，赤舄。其革带、佩绶，与衮服同。

皇帝皮弁服。朔望视朝、降诏、降香、进表、四夷朝贡、外官朝觐、策士传胪皆服之。嘉靖以后，祭太岁山川诸神，亦服之。

其制自洪武二十六年定。皮弁用乌纱冒之，前后各十二缝，每缝缀五采玉十二以为饰，玉簪导，红组缨。其服绛纱衣，蔽膝随衣色。白玉佩革带。玉钩䚢绯白大带。白袜。黑舄。

永乐三年定,皮弁如旧制,惟缝及冠武并贯簪系缨处,皆饰以金玉。圭长如冕服之圭,有脊并双植文。绛纱袍,本色领襈襈裾。红裳,但不织章数。中单,红领襈襈裾。余俱如冕服内制。

皇帝武弁服。明初,亲征遣将服之。嘉靖八年谕阁臣张璁云:"《会典》纪亲征、类祃之祭,皆具武弁服。不可不备。"璁对:"《周礼》有韦弁,谓以韎韦为弁,又以为衣裳。国朝视古损益,有皮弁之制。今武弁当如皮弁,但皮弁以黑纱冒之,武弁当以绛纱冒之。"随具图以进。帝报曰:"览图有韠形,但无系处。冠制古象上尖,今皮弁则圆。朕惟上锐取其轻利,当如古制。又衣裳韠舄皆赤色,何谓?且佩绶俱无,于祭用之,可乎?"璁对:"自古服冕弁俱用革带,以前系韨,后系绶。韦弁之韠,正系于革带耳。武事尚威烈,故色纯用赤。"帝复报璁:"冠服、衣裳、韠舄俱如古制,增革带,佩绶及圭。"

乃定制,弁上锐,色用赤,上十二缝,中缀五采玉,落落如星状。韎衣、韎裳、韎韐,俱赤色。佩、绶、革带,如常制。佩绶及韎韐,俱上系于革带。舄如裳色。玉圭视镇圭差小,剡上方下,有篆文曰"讨罪安民"。

皇帝常服。洪武三年定,乌纱折角向上巾,盘领窄袖袍,束带间用金、琥珀、透犀。永乐三年更定,冠以乌纱冒之,折角向上,其后名翼善冠。袍黄,盘领,窄袖,前后及两肩各织金盘龙一。带用玉,履以皮为之。先是,洪武二十四年,帝微行至神乐观,见有结网巾者。翼日,命取网巾,颁示十三布政使司,人无贵贱,皆裹网巾,于是天子亦服网巾。又《会典》载皇太孙冠礼有云,"常冠跪加网巾",而皇帝、皇太子冠服,俱阙而不载。

嘉靖七年更定燕弁服。初,帝以燕居冠服,尚沿习俗,谕张璁考古帝王燕居法服之制。璁乃采《礼书》"玄端深衣"之文,图注以进。帝为参定其制,谕璁详议。璁言:"古者冕服之外,玄端深衣,其用最广。玄端自天子达于士,国家之命服也。深衣自天子达于庶人,圣贤之法服也。今以玄端加文饰，不易旧制，深衣易黄色，不离中衣，诚得帝王损益时中之道。"帝因谕礼部曰："古玄端上下通用，今非古人比，虽燕居，宜辨等威。"因酌古制，更名曰"燕弁"，寓深宫独处，以燕安为戒之意。

其制，冠匡如皮弁之制，冒以乌纱，分十有二瓣，各以金线压之，前饰五采玉云各一，后列四山，朱绦为组缨，双玉簪。服如古玄端之制，色玄，边缘以青，两肩绣日月，前盘圆龙一，后盘方龙二，边加龙文八十一，领与两袪共龙文五九。衽同前后齐，共龙文四九。衬用深衣之制，色黄。袂圆袪方，下齐负绳及踝十二幅。素带，朱里青表，绿缘边，腰围饰以玉龙九。玄履，朱缘红缨黄结。白袜。

皇后冠服。洪武三年定，受册、谒庙、朝会，服礼服。其冠，圆匡冒以翡翠，上饰九龙四凤，大花十二树，小花数如之。两博鬓，十二钿。袆衣，深青绘翟，赤质，五色十二等。素纱中单，黼领，朱罗縠褾襈裾。蔽膝随衣色，以緅为领缘，用翟为章三等。大带随衣色，朱里纰其外，上以朱锦，下以绿锦，纽约用青组。玉革带。青袜、青舄，以金饰。

永乐三年定制，其冠饰翠龙九，金凤四，中一龙衔大珠一，上有翠盖，下垂珠结，余皆口衔珠滴，珠翠云四十片，大珠花、小珠花数如旧。三博鬓，饰以金龙、翠云，皆垂珠滴。翠口圈一副，上饰珠宝钿花十二，翠钿如其数。托里金口圈一副。珠翠面花五事。珠排环一对。皂罗额子一，描金龙文，用珠二十一。

翟衣，浓青，织翟文十有二等，间以小轮花。红领褾襈裾，织金云龙文。中单，玉色纱为之，红领褾襈裾，织黼文十三。蔽膝随衣色，织翟为章三等，间以小轮花四，以緅为领缘，织金云龙文。玉谷圭，长七寸，剡其上，琢谷文，黄绮约其下，韬以黄囊，金龙文。

玉革带，青绮鞓，描金云龙文，玉事件十，金事件四。大带，表里俱青红相半，末纯红，下垂织金云龙文，上朱缘，下绿缘，青绮副带一。绶五采，黄、赤、白、缥、绿、纁质，间施二玉环，皆织成。小绶三，色同大绶。玉佩二，各用玉珩一、瑀一、琚二、冲牙一、璜二，瑀下垂玉花一、玉滴二；瑑饰云龙文描金；自珩而下，系组五，贯以玉珠，行则冲牙二滴与二璜相触有声；上有金钩，有小绶五采以副之，纁质，织成。青袜舄，饰以描金云龙，皂纯，每舄首加珠五颗。

皇后常服。洪武三年定，双凤翊龙冠，首饰、钏镯用金玉、珠宝、翡翠。诸色团衫，金绣龙凤文，带用金玉。四年更定，龙凤珠翠冠，真红大袖衣霞帔，红罗长裙，红褙子。冠制如特髻，上加龙凤饰，衣用织金龙凤文，加绣饰。

永乐三年更定，冠用皂縠，附以翠博山，上饰金龙一，翊以珠。翠凤二，皆口衔珠滴。前后珠牡丹二，花八蕊，翠叶三十六。珠翠穰花鬓二，珠翠云二十一，翠口圈一。金宝钿花九，饰以珠。金凤二，口衔珠结。三博鬓，饰以鸾凤。金宝钿二十四，边垂珠滴。金簪二。珊瑚凤冠觜一副。

大衫霞帔，衫黄，霞帔深青，织金云霞龙文，或绣或铺翠圈金，饰以珠玉坠子，瑑龙文。四襈袄子，即褙子。深青，金绣团龙文。鞠衣红色，前后织金云龙文，或绣或铺翠圈金，饰以珠。大带红线罗为之，有缘，余青或绿，各随鞠衣色。缘襈袄子，黄色，红领襟襈裾，皆织金采色云龙文。缘襈裙，红色，绿缘襈，织金采色云龙文。

玉带，如翟衣内制，第减金事件一。玉花采结绶，以红绿线罗为结，玉绶花一，瑑云龙文。绶带玉坠珠六，金垂头花瓣四，小金叶六。红线罗系带一。白玉云样玎珰二，如佩制，有金钩，金如意云盖一，下悬红组五贯，金方心云板一，俱钑云龙文，衬以红绮，下垂金长头花四，中小金钟一，末缀白玉云朵五。青袜舄，与翟衣内制同。

皇妃、皇嫔及内命妇冠服。洪武三年定，皇妃受册、助祭、朝会礼服。冠饰九翚、四凤花钗九树，小花数如之。两博鬓九钿。翟衣，青质绣翟，编次于衣及裳，重为九等。青纱中单，黼领，朱縠襈襈裾。蔽膝随裳色，加文绣重雉，为章二等，以缎为领缘。大带随衣色。玉革带。青袜舄、佩绶。常服，鸾凤冠，首饰、钏镯用金玉、珠宝、翠。诸色团衫，金绣鸾凤，不用黄。带用金、玉、犀。又定，山松特髻，假鬓花钿，或花钗凤冠。真红大袖衣，霞帔，红罗裙。褙子，衣用织金及绣凤文。

永乐三年更定，礼服，九翟冠二，以皂縠为之，附以翠博山，饰大珠翟二，小珠翟三，翠翟四，皆口衔珠滴。冠中宝珠一座，翠顶云一座，其珠牡丹、翠穰花鬓之属，俱如双凤翊龙冠制，第减翠云十。又翠牡丹花、穰花各二，面花四，梅花环四，珠环各二。其大衫、霞帔、燕居佩服之饰，俱同中宫，第织金绣璏，俱云霞凤文，不用云龙文。

九嫔冠服。嘉靖十年始定，冠用九翟，次皇妃之凤。大衫、鞠衣，如皇妃制。圭用次玉谷文。

内命妇冠服。洪武五年定，三品以上花钗、翟衣，四品、五品山松特髻，大衫为礼服。贵人视三品，以皇妃燕居冠及大衫、霞帔为礼服，以珠翠庆云冠，鞠衣、褙子、缘襈袄裙为常服。

宫人冠服，制与宋同。紫色，团领，窄袖，遍刺折枝小葵花，以金圈之，珠络缝金带红裙。弓样鞋，上刺小金花。乌纱帽，饰以花，帽额缀团珠。结珠鬓梳。垂珠耳饰。

皇太子冠服。陪祀天地、社稷、宗庙及大朝会、受册、纳妃则服衮冕。洪武二十六年定，衮冕九章，冕九旒，旒九玉，金簪导，红组缨，两玉瑱。圭长九寸五分。玄衣纁裳，衣五章，织山、龙、华虫、宗彝、火；裳四章，织藻、粉米、黼、黻。白纱中单，黻领。蔽膝随裳色，织火、山二章。革带，金钩鰈，玉佩。绶五采赤、白、玄、缥、绿织成，纯赤质，三百三十首。小绶三，色同。间织三玉环。大带，白表朱里，上缘以红，下缘以绿。白袜，赤舄。

永乐三年定，冕冠，玄表朱里，前圆后方，前后各九旒。每旒五采缫九就，贯五采玉九，赤、白、青、黄、黑相次。玉衡金簪，玄紞垂青圹充耳，用青玉。承以白玉瑱，朱纮缨。玉圭长九寸五分，以锦约其下，并韬。衮服九章，玄衣五章，龙在肩，山在背，火、华虫、宗彝在袖，每袖各三。皆织成。本色领褾襈裾。纁裳四章，织藻、粉米、黼、黻各二，前三幅，后四幅，不相属，共腰，有襞积，本色裈袼。中单以素纱为之，青领褾襈裾，领织黻文十一。蔽膝随裳色，四章，织藻、粉米、黼、黻。本色缘，有纰，施于缝中。上玉钩二，玉佩二，各用玉珩一、瑀一、琚一、冲牙一、璜二；瑀下垂玉花一、玉滴二。瑑云龙文，描金。自珩而下，系组五，贯以玉珠。上有金钩。小绶四采赤、白、缥、绿以副之。纁质。大带，素表朱里，在腰及垂，皆有裈，上裈以朱，下裈以绿。纽约用青组。大绶四采，赤、白、缥、绿。纁质。小绶三采。间施二玉环，龙文，皆织成。袜舄皆赤色，舄用黑约纯，黑饰舄首。

朔望朝、降诏、降香、进表、外国朝贡、朝觐，则服皮弁。永乐三年定，皮弁，冒以乌纱，前后各九缝，每缝缀五采玉九，缝及冠武并贯簪系缨处，皆饰以金。金簪朱缨。玉圭，如冕服内制。绛纱袍，本色领褾襈裾。红裳，如冕服内裳制，但不织章数。中单以素纱为之，如深衣制。红领褾襈裾，领织黻文十一。蔽膝随裳色，本色缘，有纰，施于缝中；其上玉钩二，玉佩如冕服内制，但无云龙文；有小绶四采以副之。大带、大绶、袜舄赤色，皆如冕服内制。

其常服，洪武元年定，乌纱折上巾。永乐三年定，冠乌纱折角向上巾，亦名翼善冠，亲王、郡王及世子俱同。袍赤，盘领窄袖，前后及两肩各金织盘龙一。玉带、靴，以皮为之。

皇太子妃冠服。洪武三年定，礼服与皇妃同。永乐三年更定，九翚四凤冠，漆竹丝为匡，冒以翡翠，上饰翠翚九、金凤四，皆口衔珠滴。珠翠云四十片，大珠花九树，小珠花数如之。双博鬓；饰以鸾凤，皆垂珠滴。翠口圈一副，上饰珠宝钿花九，翠钿如其数。托里金口圈一副。珠翠面花五事。珠排环一对。珠皂罗额子一，描金凤文，用珠二十一。翟衣，青质，织翟文九等，间以小轮花。红领褾襈裾，织金云龙文。中单，玉色纱为之。红领褾襈裾，领织黻文十一。蔽膝随衣色,织翟为章二等,间以小轮花三,以缎为领缘,织金云凤文。其玉圭、带绶、玉佩、袜舄之制,俱同皇妃。

洪武三年又定常服。犀冠,刻以花凤。首饰、钏镯、衫带俱同皇妃。四年定,冠亦与皇妃同。永乐三年定燕居冠,以皂縠为之,附以翠博山,上饰宝珠一座,翊以二珠翠凤,皆口衔珠滴。前后珠牡丹二,花八蕊,翠叶三十六。珠翠穰花鬓二。珠翠云十六年。翠口圈一副。多宝钿花九上饰珠九。金凤一对,口衔珠结。双博鬓,饰以鸾凤。金宝钿十八,边垂珠滴。金簪一对。珊瑚凤冠觜一副。其大衫、霞帔、燕居佩服之饰,俱同皇妃。

亲王冠服。助祭、谒庙、朝贺、受册、纳妃服衮冕,朔望朝、降诏、降香、进表、四夷朝贡、朝觐服皮弁。洪武二十六年定,冕服俱如东宫,第冕旒用五采,玉圭长九寸二分五厘,青衣纁裳。永乐三年又定冕服、皮弁制,俱与东宫同,其常服亦与东宫同。

嘉靖七年谕礼部:"朕仿古玄端,自为燕弁冠服,更制忠静冠服,锡于有位,而宗室诸王制犹未备。今酌燕弁及忠静冠之制,复为式具图,命曰保和冠服。自郡王长子以上,其式已明。镇国将军以下至奉国中尉及长史、审理、纪善、教授、伴读,俱用忠静冠服,依其品服之。仪宾及余官不许概服。夫忠静冠服之异式,尊贤之等也。保和冠服之异式,亲亲之杀也。等杀既明,庶几乎礼之所保,保斯和,和斯安,此锡名之义也。其以图说颁示诸王府,如敕遵行。"

保和冠制,以燕弁为准,用九㧀,去簪与五玉,后山一扇,分画为四。服,青质青缘,前后方龙补,身用素地,边用云。衬用深衣,玉色。带青表绿里绿缘。履用皂绿结,白袜。

亲王妃冠服。受册、助祭、朝会服礼服。洪武三年定九翚四凤冠。永乐三年又定九翟冠,制同皇妃。其大衫、霞帔、燕居佩服之饰,同东宫妃,第金事件减一,玉绶花,璪宝相花文。

公主冠服,与亲王妃同,惟不用圭。

亲王世子冠服。圣节、千秋节并正旦、冬至、进贺表笺及父王生日诸节庆贺，皆服衮冕。洪武二十六年定，衮冕七章，冕三采玉珠，七旒。圭长九寸。青衣三章，织华虫、火、宗彝。纁裳四章，织藻、粉米、黼、黻。素纱中单，青领褾，赤帗。革带，佩白玉，玄组绶。绶紫质，用三采紫、黄、赤织成，间织三白玉环。白袜，赤舃。

永乐三年更定，冕冠前后各八旒，每旒五采缫八就，贯三采玉珠八，赤、白、青色相次。玉圭长九寸。青衣三章，火在肩，华虫、宗彝在两袖，皆织成。本色领褾襈裾。其纁裳、玉佩、带、绶之制，俱与亲王同，第领织黻文减二。皮弁用乌纱冒之，前后各八缝，每缝缀三采玉八，余制如亲王。其圭佩、带绶、袜舃如冕服内制。常服亦与亲王同。

嘉靖七年定保和冠服，以燕弁为准，用八襊，去簪玉，后山以一扇分画为四，服与亲王同。

世子妃冠服。永乐三年定，与亲王妃同，惟冠用七翟。

郡王冠服。永乐三年定，冕冠前后各七旒，每旒五采缫七就，贯三采玉珠七。圭长九寸。青衣三章，粉米在肩，藻、宗彝在两袖，皆织成。纁裳二章，织黼、黻各二。中单，领织黻文七，余与亲王世子同。皮弁，前后各七缝，每缝缀三采玉七，余与亲王世子同。其圭佩、带绶、袜舄如冕服内制。常服亦与亲王世子同。嘉靖七年定保和冠服，冠用七襊，服与亲王世子同。

郡王妃冠服。永乐三年定，冠用七翟，与亲王世子妃同。其大衫、霞帔、燕居佩服之饰，俱同亲王妃，第绣云霞翟文，不用盘凤文。

郡王长子朝服。七梁冠，大红素罗衣，白素纱中单，大红素罗裳及蔽膝，大红素罗白素纱二色夹带，玉朝带，丹礬红花锦，锦鸡绶，玉佩，象笏，白绢袜，皂皮云头履鞋。公服，皂绉纱幞头，大红素纻丝衣，玉革带。常服，乌纱帽，大红纻丝织金猩子开裰，圆领，玉束带，皂皮铜线鞓。其保和冠,如忠静之制,用五襨;服与郡王同,补子用织金方龙。

郡主冠服。永乐三年定,与郡王妃同。惟不用圭,减四珠环一对。

郡王长子夫人冠服,珠翠五翟冠,大红纻丝大衫,深青纻丝金绣翟褙子,青罗金绣翟霞帔,金坠头。

镇国将军冠服,与郡王长子同。镇国将军夫人冠服,与郡王长子夫人同。辅国将军冠服,与镇国将军同;惟冠六梁,带用犀。辅国将军夫人冠服,与镇国将军夫人同;惟冠用四翟,抹金银坠头。奉国将军冠用,与辅国将军同;惟冠五梁,带用金钑花,常用大红织金虎豹。奉国将军淑人冠服,与辅国将军夫人同;惟褙子、霞帔,金绣孔雀文。镇国中尉冠服,与奉国将军同;惟冠四梁,带用素金,佩用药玉。镇国中尉恭人冠服,与奉国将军淑人同。辅国中尉冠服,与镇国中尉同,惟冠三梁,带用银钑花,绶用盘雕,公服用深青素罗,常服红织金熊罴。辅国中尉宜人冠服,与镇国中尉恭人同;惟冠用三翟,褙子、霞帔,金绣鸳鸯文,银坠头。奉国中尉冠服,与辅国中尉同;惟冠二梁,带用素银,绶用练鹊,幞头黑漆,常服红织金彪。奉国中尉安人冠服,与辅国中尉宜人同;惟大衫用丹矾红,褙子、霞帔金绣练鹊文。

县主冠服。珠翠五翟冠,大红纻丝大衫,深青纻丝金绣孔雀褙子,青罗金绣孔雀霞帔,抹金银坠头。郡君冠服,与县主同;惟冠用四翟,褙子、霞帔金绣鸳鸯文。县君冠服与郡君同;惟冠用三翟。乡君冠服与县君同;惟大衫用丹礜红,褙子、霞帔金绣练鹊文。

明史卷六七
志第四三

舆服三

文武官冠服　命妇冠服
内外官亲属冠服　内使冠服
侍仪以下冠服　士庶冠服
乐工冠服　军隶冠服　外蕃冠服
僧道服色

群臣冠服。洪武元年命制公服、朝服,以赐百官。时礼部言:"各官先授散官,与见任职事高下不同。如御史董希哲前授朝列大夫沣州知州,而任七品职事;省司郎中宋冕前授亚中大夫黄州知府,而任五品职事。散官与见任之职不同,故服色不能无异,乞定其制。"乃诏省部臣定议。礼部复言:"唐制,服色皆以散官为准。元制,散官职事各从其高者,服色因之。国初服色依散官,与唐制同。"乃定服色准散官,不计见职,于是所赐袍带亦并如之。三年,礼部言:"历代异尚。夏黑,商白,周赤,秦黑,汉赤,唐服饰黄,旗帜赤。今国家承元之后,取法周、汉、唐、宋,服色所尚,于赤为宜。"从之。

文武官朝服。洪武二十六年定,凡大祀、庆成、正旦、冬至、圣节及颁诏、开读、进表、传制,俱用梁冠,赤罗衣,白纱中单,青饰领缘,赤罗裳,青缘,赤罗蔽膝,大带赤、白二色绢,革带,佩绶,白袜黑履。

一品至九品,以冠上梁数为差。公冠八梁,加笼巾貂蝉,立笔五折,四柱,香草五段,前后玉蝉。侯七梁,笼巾貂蝉,立笔四折,四柱,香草四段,前后金蝉。伯七梁,笼巾貂蝉,立笔二折,四柱,香草二段,前后玳瑁蝉。俱插雉尾,驸马与侯同,不用雉尾。一品,冠七梁,不用笼巾貂蝉,革带与佩俱玉,绶用黄、绿、赤、紫织成云凤四色花锦,下结青丝网,玉绶环二。二品,六梁,革带,绶环犀,余同一品。三品,五梁,革带金,佩玉,绶用黄、绿、赤、紫织成云鹤花锦,下结青丝网,金绶环二。四品,四梁,革带金,佩药玉,余同三品。五品,三梁,革带银,钑花,佩药玉,绶用黄、绿、赤、紫织成盘雕花锦,下结青丝网,银镀金绶环二。一品至五品,笏俱象牙。六品、七品,二梁,革带银,佩药玉,绶用黄、绿、赤织成练鹊三色花锦,下结青丝网,银绶环二。独御史服獬荐。八品、九品,一梁,革带乌角,佩药玉,绶用黄、绿织成鸂鶒二色花锦,下结青丝网,铜绶环二。六品至九品,笏俱槐木。其武官应直守卫者,别有服色。杂职未入流品者,大朝贺、进表行礼止用公服。三十年令视九品官,用朝服。

嘉靖八年更定朝服之制。梁冠如旧式,上衣赤罗青缘,长过腰指七寸,毋掩下裳。中单白纱青缘。下裳七幅,前三后四,每幅三襞积,赤罗青绿,蔽膝缀革带。绶,各从品级花样。革带之后佩绶,系而掩之,其环亦各从品级,用玉犀金银铜,不以织于绶。大带表里俱素,惟两耳及下垂缘绿,又以青组约之。革带俱如旧式。珮玉一如《诗传》之制,去双滴及二珩。其三品以上玉,四品以下药玉,及袜履俱如旧式。万历五年令百官正旦朝贺,毋僭蹑朱履。故事,十一月百官戴暖耳。是年朝觐外官及举人、监生,不许戴暖耳入朝。

凡亲祀效庙、社稷,文武官分献陪祀,则服祭服。洪武二十六年定,一品至九品,青罗衣,白纱中单,俱皂领缘。赤罗裳,皂缘。赤罗蔽膝。方心曲领。其冠带、佩绶等差,并同朝服。又定品官家用祭服。三品以上,去方心曲领。四品以下,并去珮绶。嘉靖八年更定百官祭服。上衣青罗，皂缘，与朝服同。下裳赤罗，皂缘，与朝服同。蔽膝、绶环、大带、革带、佩玉、袜履俱与朝服同。其视牲、朝日夕月、耕藉、祭历代帝王，独锦衣卫堂上官，大红蟒衣，飞鱼，乌纱帽，鸾带，佩绣春刀。祭太庙、社稷，则大红便服。

文武官公服。洪武二十六年定。每日早晚朝奏事及侍班、谢恩、见辞则服之。在外文武官，每日公座服之。

其制，盘领右衽袍，用纻丝或纱罗绢，袖宽三尺。一品至四品，绯袍；五品至七品，青袍；八品九品，绿袍；未入流杂职官，袍、笏、带与八品以下同。公服花样：一品，大独科花，径五寸；二品，小独科花；径三寸；三品，散答花，无枝叶，径二寸；四品、五品，小杂花纹，径一寸五分；六品、七品，小杂花，径一寸；八品以下无纹。幞头：漆、纱二等，展角长一尺二寸；杂职官幞头，垂带，后复令展角，不用垂带，与入流官同。笏依朝服为之。腰带：一品玉，或花或素；二品犀；三品、四品，金荔枝；五品以下乌角。鞓用青革，仍垂挞尾于下。鞾用皂。

其后，常朝止便服，惟朔望具公服朝参。凡武官应直守卫者，别有服色，不拘此制。公、侯、驸马、伯服色花样、腰带，与一品同。文武官花样，如无从织造，则用素。百官入朝，雨雪许服雨衣。奉天、华盖、武英诸殿奏事，必蹑履鞋，违者御史纠之。

万历五年，令常朝俱衣本等锦绣服色，其朝觐官见辞、谢恩，不论已未入流，公服行礼。

文武官常服。洪武三年定，凡常服视事，以乌纱帽、团领衫、束带为公服。其带，一品玉，二品花犀，三品金钑花，四品素金，五品银钑花，六品、七品素银，八品、九品乌角。凡致仕及侍亲辞闲官，纱帽、束带。为事黜降者，服与庶人同。至二十四年，又定公、侯、伯、驸马束带与一品同，杂职官与八品、九品同。

朝官常服礼鞋，洪武六年定。先是，百官入朝，遇雨皆蹑钉鞾，声彻殿陛,侍仪司请禁之。太祖曰:"古者入朝有履,自唐始用靴。其令朝官为软底皮鞋,冒于靴外,出朝则释之。"

礼部言近奢侈越制。诏申禁之,仍参酌汉、唐之制,颁行遵守。凡职官,一品、二品用杂色文绮、绫罗、彩绣,帽顶、帽珠用玉;三品至五品用杂色文绮、绫罗,帽顶用金,帽珠除玉外,随所用;六品至九品用杂色文绮、绫罗,帽顶用银,帽珠玛瑙、水晶、香木。一品至六品穿四爪龙,以金绣为之者听。礼部又议:"品官见尊长,用朝君公服,于理未安。宜别制梁冠、绛衣、绛裳、束带、大带、大白袜、乌鸟、佩绶,其衣裳去缘襈。三品以上佩绶,三品以下不用。"从之。

二十二年令文武官遇雨戴雨帽,公差出外戴帽子,入城不许。二十三年定制,文官衣自领至裔,去地一寸,袖长过手,复回至肘。公、侯、驸马与文官同。武官去地五寸,袖长过手七寸。二十四年定,公、侯、驸马、伯服,绣麒麟、白泽。文官一品仙鹤,二品锦鸡,三品孔雀,四品云雁,五品白鹇,六品鹭鸶,七品鸂鶒,八品黄鹂,九品鹌鹑,杂职练鹊;风宪官獬豸。武官一品、二品狮子,三品、四品虎豹,五品熊罴,六品、七品彪,八品犀牛,九品海马,又令品官常服用杂色纻丝、绫罗、彩绣。官吏衣服、帐幔,不许用玄、黄、紫三色,并织绣龙凤文,违者罪及染造之人。朝见人员,四时并用色衣,不许纯素。三十年令致仕官服色与见任同,若朝贺、谢恩、见辞,一体具服。

景泰四年令锦衣卫指挥侍卫者,得衣麒麟。天顺二年定官民衣服不得用蟒龙、飞鱼、斗牛、大鹏、像生狮子、四宝相花、大西番莲、大云花样,并玄、黄、紫及玄色、黑、绿、柳黄、姜黄、明黄诸色。弘治十三年奏定,公、侯、伯、文武大臣及镇守、守备,违例奏请蟒衣、飞鱼衣服者,科道纠劾,治以重罪。正德十一年设东、西两官厅,将士悉衣黄罩甲。中外化之。金绯盛服者,亦必加此于上。都督江彬等承日红笠之上,缀以靛染天鹅翎,以为贵饰,贵者飘三英,次者二英。兵部尚书王琼得赐一英,冠以下教场,自谓殊遇。其后巡狩所经,督饷侍郎、巡抚都御史无不衣罩甲见上者。十三年,车驾还京,传旨,俾迎候者用曳撒大帽、鸾带。寻赐群臣大红纻丝罗纱各一。其服色,一品斗牛,二品飞鱼,三品蟒,四、五品麒麟,六、七品虎、彪;翰林科道不限品级皆与焉;惟部曹五品下不与。时文臣服色亦以走兽,而麒麟之服逮于四品,尤异事也。

十八年,世宗登极诏云:"近来冒滥玉带,蟒龙、飞鱼、斗牛服色,皆庶官杂流并各处将领夤缘奏乞,今俱不许。武职卑官僭用公、侯服色者,亦禁绝之。"嘉靖六年复禁中外官,不许滥服五彩装花织造违禁颜色。

七年既定燕居法之制,阁臣张璁因言:"品官燕居之服未有明制,诡异之徒,竞为奇服以乱典章。乞更法占玄端,别为简易之制,昭布天下,使贵贱有等。"帝因复制《忠静冠服图》颁礼部,敕谕之曰:"祖宗稽古定制,品官朝祭之服,各有等差。第常人之情,多谨于明显,怠于幽独。古圣王慎之,制玄端以为燕居之服。比来衣服诡异,上下无辨,民志何由定。朕因酌古玄端之制,更名'忠静',庶几乎进思尽忠,退思补过焉。朕已著为图说,如式制造。在京许七品以上官及八品以上翰林院、国子监、行人司,在外许方面官及各府堂官、州县正堂、儒学教官服之。武官止都督以上。其余不许滥服。"礼部以图说颁布天下,如敕奉行。

按忠静冠仿古玄冠,冠匡如制,以乌纱冒之,两山俱列于后。冠顶仍方中微起,三梁各压以金线,边以金缘之。四品以下,去金,缘以浅色丝线。忠静服仿古玄端服,色用深青,以纻丝纱罗为之。三品以上云,四品以下素,缘以蓝青,前后饰本等花样补子。深衣用玉色。素带,如古大夫之带制,青表绿缘边并里。素履,青绿绦结。白袜。

十六年,群臣朝于驻跸所,兵部尚书张瓒服蟒。帝怒,谕阁臣夏言曰:"尚书二品,何自服蟒?"言对曰:"瓒所服,乃钦赐飞鱼服,鲜明类蟒耳。"帝曰:"飞鱼何组两角?其严禁之。"于是礼部奏定,文武官不许擅用蟒衣、飞鱼、斗牛、违禁华异服色。其大红纻丝纱罗服,惟四品以上官及在京五品堂上官、经筵讲官许服。五品官及经筵不为讲官者,俱服青绿抽锦绣。遇吉礼,止衣红布绒褐。品官花样,并依品级。锦衣卫指挥，侍卫者仍得衣麒麟，其带俸非侍卫，及千百户虽侍卫，不许僭用。

历朝赐服，文臣有未至一品而赐玉带者，自洪武中学士罗复仁始。衍圣公秩正二品，服织金麒麟袍、玉带，则景泰中入朝拜赐。自是以为常。内阁赐蟒衣，自弘治中刘健、李东阳始。麒麟本公、侯服，而内阁服之，则嘉靖中严嵩、徐阶皆受赐也。仙鹤，文臣一品服也，嘉靖中成国公朱希忠、都督陆炳服之，皆以玄坛供事。而学士严讷、李春芳、董份以五品撰青词，亦赐仙鹤。寻谕供事坛中乃用，于是尚书皆不敢衣鹤。后敕南京织闪黄补麒麟、仙鹤，赐严嵩，闪黄乃上用服色也；又赐徐阶教子升天蟒。万历中，赐张居正坐蟒；武清侯李伟以太后父，亦受赐。

仪宾朝服、公服、常服，俱视品级，与文武官同，惟笏皆象牙；常服花样视武官。弘治十三年定，郡主仪宾钑花金带，胸背狮子。县主仪宾钑花金带，郡君仪宾光素金带，胸背俱虎豹。县君仪宾钑花银带，乡君仪宾光素银带，胸背俱彪。有僭用者，革去冠带，藏平头巾，于儒学读书、习礼三年。

状元及诸进士冠服。状元冠二梁，绯罗圆领，白绢中单，锦绶，蔽膝，纱帽，槐木笏，光银带，药玉佩，朝靴，毡袜，皆御前颁赐，上表谢恩日服之。进士巾如乌纱帽，顶微平，展角阔寸余，长五寸许，系以垂带，皂纱为之。深蓝罗袍，缘以青罗，袖广而不杀。槐不笏，革带、青鞓，饰以黑角，垂挞尾于后。廷试后颁于国子监，传胪日服之。上表谢恩后，谒先师行释菜礼毕，始易常服，其巾袍仍送国子监藏之。

命妇冠服。洪武元年定，命妇一品，冠花钗九树。两博鬓，九钿。服用翟衣，绣翟九重。素纱中单，黼领，朱縠褾襈裾。蔽膝随裳色，以緅为领缘，加文绣重翟，为章二等。玉带。青袜舄，佩绶。二品，冠花钗八树。两博鬓，八钿。服用翟衣八等，犀带，余如一品。三品，冠花钗七树。两博鬓，七钿。翟衣七等，金革带，余如二品。四品，冠花钗六树。两博鬓，六钿。翟衣六等，金革带，余如三品，五品，冠花钗五树。两博鬓，五钿。翟衣五等，乌角带，余如四品。六品，冠花钗四树。两博鬓，四钿。翟衣四等，乌角带，余如五品。七品，冠花钗三树。两博鬓，三钿。翟衣三等，乌角带，余如六品。自一品至五品，衣色随夫用紫。六品、七品，衣色随夫用绯。其大带如衣色。

四年，以古天子诸侯服衮冕，后与夫人亦服袆翟。今群臣既以梁冠、绛衣为朝服，不敢用冕，则外命妇亦不当服翟衣以朝。命礼部议之。奏定，命妇以山松特髻、假鬓花钿、真红大袖衣、珠翠蹙金霞帔，为朝服。以朱翠角冠、金珠花钗、阔袖杂色绿缘，为燕居之服。一品，衣金绣文霞帔，金珠翠妆饰，玉坠。二品，衣金绣云肩大杂花霞帔，金珠翠妆饰，金坠子。三品，衣金绣大杂花霞帔，珠翠妆师，金坠子。四品，衣绣小杂花霞帔，翠妆饰，金坠子。五品，衣销金大杂花霞帔，生色画绢起花妆饰，金坠子。六品、七品，衣销金小杂花霞帔，生色画绢起花妆饰，镀金银坠子。八品、九品，衣大红素罗霞帔，生色画绢妆饰，银坠子。首饰，一品、二品，金玉珠翠。三品、四品，金珠翠。五品，金翠。六品以下，金镀银间用珠。

五年更定品官命妇冠服。

一品，礼服用山松特髻，翠松五株，金翟八，口衔珠结。正面珠翠翟一，珠翠花四朵，珠翠云喜花三朵；后鬓珠梭球一，珠翠飞翟一，珠翠梳四，金云头连三钗一，珠帘梳一，金簪二；珠梭环一双。大袖衫，用真红色。霞帔、褙子，俱用深青色。纻丝绫罗纱随用。霞帔上施戚金绣云霞翟文，钑花金坠子。褙子上施金绣云霞翟文。常服用珠翠庆云冠，珠翠翟三，金翟一，口衔珠结；鬓边珠翠花二，小珠翠梳一双，金云头连三钗一，金压鬓双头钗二，金脑梳一，金簪二，金脚珠翠佛面环一双，镯钏皆用金。长袄长裙，各色纻丝绫罗纱随用。长袄缘褉，或紫或绿，上施蹙金绣云霞翟文。看带，用红绿紫，上施蹙金绣云霞翟文。长裙,横竖金绣缠枝花文。

二品,特髻上金翟七,口衔珠结,余同一品。常服亦与一品同。

三品,特髻上金孔雀六,口衔珠结。正面珠翠孔雀一,后鬓翠孔雀二。霞帔上施蹙金霞孔雀文,钑花金坠子。褙子上施金绣云霞孔雀文,余同二品。常服冠上珠翠孔雀三,金孔雀二,口衔珠结。长袄缘襈。看带,或紫或绿,并绣云霞孔雀文。长裙,横竖襕并绣缠枝花文,余同二品。

四品,特髻上金孔雀五,口衔珠结,余同三品。常服亦与三品同。

五品,特髻上银镀金鸳鸯四,品衔珠结。正面珠翠鸳鸯一,小珠铺翠云喜花三朵,后鬓翠鸳鸯二,银镀金云头连三钗一,小珠帘梳一,镀金银簪二;小珠梳环一双。霞帔上施绣云霞鸳鸯文,镀金银钑花坠子。褙子上施云霞鸳鸯文,余同四品。常服冠上小珠翠鸳鸯三,镀金银鸳鸯二,挑珠牌。鬓边小珠翠花二朵,云头连三钗一,梳一,压鬓双头钗二,镀金簪二;银脚珠翠佛面环一双。镯钏皆用银镀金。长袄缘襈,绣云霞鸳鸯文。长裙,横竖襕绣缠枝花文,余同四品。

六品,特髻上翠松三株,银镀金练鹊四,口衔珠结。正面银镀金练鹊一,小珠翠花四朵;后鬓翠梭球一,翠练鹊二,翠梳四,银云头连三钗一,珠缘翠帘梳一,银簪二。大袖衫,绫罗䌷绢随所用。霞帔施绣云霞练鹊文,钑花银坠子。褙子上施云霞练鹊文,余同五品。常服冠上镀金银练鹊三,又镀金银练鹊二,挑小珠牌,镯钏皆用银。长袄缘襈。看带,或紫或绿,绣云霞练鹊文。长裙,横竖襕绣缠枝花文,余同五品。

七品,礼服、常服,俱同六品。其八品、九品礼服,惟用大袖衫、霞帔、褙子。大衫同七品。霞帔上绣缠枝花,钑花银坠子。褙子上绣摘枝团花。通用小珠庆云冠。常用亦用小珠庆云冠,银间镀金银练鹊三,又银间镀金银练鹊二,挑小珠牌;银间镀金云头连三钗一,银间镀金压鬓双头钗二,银间镀金脑梳一,银间镀金簪二。长袄缘襈、看带并绣缠枝花,余同七品。

又定命妇团衫之制，以红罗为之，绣重雉为等第。一品九等，二品八等，三品七等，四品六等，五品五等，六品四等，七品三等，其余不用绣雉。

二十四年定制，命妇朝见君后，在家见舅姑并夫及祭祀则服礼服。公侯伯夫人与一品同。大袖衫，真红色。一品至五品，纻丝绫罗；六品至九品，绫罗绸绢。霞帔、褙子皆深青段。公侯及一品、二品，金绣云霞翟文；三品、四品，金绣云霞孔雀文；五品，绣云霞鸳鸯文；六品、七品，绣云霞练鹊文。大袖衫，领阔三寸，两领直下一尺，间缀纽子三，末缀纽子二，纽在掩纽之下，拜则放之。霞帔二条，各绣禽七，随品级用，前四后三。坠子中钑花禽一，四面云霞文，禽如霞帔，随品级用。笏以象牙为之。

二十六年定，一品，冠用金事件，珠翟五，珠牡丹开头二，珠半开三，翠云二十四片，翠牡丹叶一十八片，翠口圈一副，上带金宝钿花八，金翟二，口衔珠结二。二品至四品，冠用金事件，珠翟四，珠牡丹开头二，珠半开四，翠云二十四片，翠牡丹叶一十八片，翠口圈一副，上带金银宝钿花八，抹金银翟二，口衔珠结二。五品，霞帔、褙子俱云霞鸳鸯文，镀金钑花银坠子。六品，霞帔、褙子俱云霞练鹊文，钑花银坠子。七品至九品，冠用抹金银事件，珠翟二，珠月桂开头二，珠半开六，翠云二十四片，翠月桂叶一十八片，翠口圈一副，上带抹金银宝钿花八，抹金银翟二，口衔珠结子二。七品，霞帔、坠子、褙子与六品同。八品、九品，霞帔用绣缠枝花，坠子与七品同，褙子绣摘枝团花。

内外官亲属冠服。洪武元年，礼部尚书崔亮奉诏议定。内外官父、兄、伯、叔、子、孙、弟、侄用乌纱帽，软脚垂带，圆领衣，乌角带。品官祖母及母、与子孙同居亲弟侄妇女礼服，合以本官所居官职品级，通用漆纱珠翠庆云冠，本品衫，霞帔、褙子，缘襈袄裙，惟山松特髻子，止许受封诰敕者用之。品官次妻，许用本品珠翠庆云冠，褙子为礼服。销金阔领、长袄长裙为常服。二十五年，令文武官父兄、伯叔、弟侄、子婿，皆许穿鞾。

内使冠服。明初置内使监，冠乌纱描金曲脚帽，衣胸背花盘领窄袖衫，乌角带，鞾用红扇面黑下桩。各宫火者，服与庶人同。洪武三年谕宰臣，内使监未有职名者，当别制冠，以别监官。礼部奏定，内使监凡遇朝会，依品具朝服、公服行礼。其常服，葵花胸背团领衫，不拘颜色；乌纱帽，犀角带。无品从者，常服团领衫，无胸背花，不拘颜色，乌角带；乌纱帽，垂软带。年十五以下者，惟戴乌纱小顶帽。

按《大政记》，永乐以后，宦官在帝左右，必蟒服，制如曳撒，绣蟒于左右，系以鸾带，此燕闲之服也。次则飞鱼，惟入侍用之。贵而用事者，赐蟒，文武一品官所不易得也。单蟒面皆斜向，坐蟒则面正向，尤贵。又有膝襕者，亦如曳撒，上有蟒补，当膝处横织细云蟒，盖南郊及山陵扈从，便于乘马也。或召对燕见，君臣皆不用袍，而用此，第蟒有五爪、四爪之分，襕有红、黄之别耳。

弘治元年，都御史边镛言：“国朝品官无蟒衣之制。夫蟒无角、无足，今内官多乞蟒衣，珠类龙形，非制也。”乃下诏禁之。十七年谕阁臣刘健曰：“内臣僭妄尤多。”因言服色所宜禁，曰：“蟒、龙、飞鱼、斗牛，本在所禁，不合私织。间有赐者，或久而敝，不宜辄自织用。玄、黄、紫、皂乃属正禁，即柳黄、明黄、姜黄诸色，亦应禁之。”孝宗加意钳束，故申饬者再，然内官骄恣已久，积习相沿，不能止也。

初，太祖制内臣服，其纱帽与群臣异，且无朝冠、幞头，亦无祭服。万历初，穆宗主入太庙，大珰冠进贤，服祭服以从，盖内府祀中雷、灶井之神，例遣中官，因自创为祭服，非由廷议也。

侍仪舍人冠服。洪武二年，礼官议定。侍仪舍人导礼，依元制，展脚幞头，窄袖紫衫，涂金束带，皂纹鞾。常服，乌纱唐帽，诸色盘领衫，乌角束带，衫不用黄。四年，中书省议定，侍仪舍人并御史台知班，引礼执事，冠进贤冠，无梁，服绛色衣，其蔽膝、履、袜、带、笏，与九品同，惟不用中单。

校尉冠服。洪武三年定制，执仗之士，首服皆缕金额交脚幞头，其服有诸色辟邪、宝相花裙袄，铜葵花束带，皂纹鞾。六年，令校尉衣只孙，束带，幞头，鞾鞋。只孙，一作质孙，本元制，盖一色衣也。十四年改用金鹅帽，黑漆戗金荔枝铜钉样，每五钉攒就，四面稍起边襕，鞾青紧束之。二十二年令将军、力士、校尉、旗军，常戴头巾或楂脑。二十五年令校尉、力士，上直穿鞾，出外不许。

刻期冠服。宋置快行亲从官，明初谓之刻期。冠方顶巾，衣胸背鹰鹞，花腰，线袄子，诸色阔匾丝绦，大象牙雕花环，行滕八带鞋。洪武六年，惟用雕刻象牙绦环，余同庶民。

儒士、生员、监生巾服。洪武三年令士人戴四方平定巾。二十三年定儒士、生员衣，自领至裳，去地一寸，袖长过手，复回不及肘三寸。二十四年，以士子巾服，无异吏胥，宜甄别之，命工部制式以进。太祖亲视，凡三易乃定。

生员襕衫，用玉色布绢为之，宽袖皂缘，皂绦软巾垂带。贡举入监者，不变所服。洪武末，许戴遮阳帽，后遂私戴之。

洪熙中，帝问衣蓝者何人，左右以监生对。帝曰："著青衣较好。"乃易青圆领。嘉靖二十二年，礼部言士子冠服诡异，有凌云等巾，甚乖礼制，诏所司禁之。万历二年禁举人、监生、生儒僭用忠静冠巾，锦绮镶履及张伞盖，戴暖耳，违者五城御史送问。

庶人冠服。明初，庶人婚，许假九品服。洪武三年，庶人初戴四带巾，改四方平定巾，杂色盘领衣，不许用黄。又令男女衣服，不得僭用金绣、锦绮、纻丝、绫罗，止许绸、绢、素纱，其鞾不得裁制花样、金线装饰。首饰、钗、镯不许用金玉、珠翠，止用银。六年令庶人巾环不得用金玉、玛瑙、珊瑚、琥珀。未入流品者同。庶人帽，不得用顶，帽珠止许水晶、香木。十四年令农衣绸、纱、绢、布，商贾止衣绢、布。农家有一人为商贾者，亦不得衣绸、纱。二十二年令农夫戴斗笠、蒲笠，出入市井不禁，不亲农业者不许。二十三年令耆民衣制，袖长过手,复回不及肘三寸,庶人衣长,去地五寸,袖长过手六寸,袖桩广一尺,袖口五寸。

二十五年,以民间违禁,鞾巧裁花样,嵌以金线蓝条,诏礼部严禁庶人不许穿鞾,止许穿皮札翰,惟北地苦寒,许用牛皮直缝鞾。正德元年禁商贩、仆役、倡优、下贱不许服用貂裘。十六年禁军民衣紫花罩甲,或禁门或四外游走者,缉事人擒之。

士庶妻冠服。洪武三年定制,士庶妻,首饰用银镀金,耳环用金珠,钏镯用银,服浅色团衫,用纻丝、绫罗、绸绢。五年令民间妇人礼服惟紫绁,不用金绣,袍衫止紫、绿、桃红及诸浅淡颜色,不许用大红、鸦青、黄色,带用蓝绢布。女子在室者,作三小髻,金钗,珠头𢂷,窄袖褙子。凡婢使,高顶髻,绢布狭领长袄,长裙。小婢使,双髻,长袖短衣,长裙。成化十年禁官民妇女不得僭用浑金衣服,宝石首饰。正德元年令军民妇女不许用销金衣服、帐幔,宝石首饰、镯钏。

协律郎、乐舞生冠服。明初,郊社宗庙用雅乐,协律郎幞头,紫罗袍,荔枝带,乐生绯袍,展脚幞头,舞士幞头,红罗袍,荔枝带,皂鞾,文舞生红袍,武舞生绯袍,俱展脚幞头,革带,皂鞾。

朝会大乐九奏歌工:中华一统巾,红罗生色大袖衫,画黄莺、鹦鹉花样,红生绢衬衫,锦领,杏红绢裙,白绢大口裤,青丝绦,白绢袜,茶褐鞋。其和声郎押乐者:皂罗阔带巾,青罗大袖衫,红生绢衬衫,锦领,涂金束带,皂鞾。

其三舞:

一、武舞,曰《平定天下之舞》。舞士,皆黄金束发冠,紫丝缨,青罗生色画舞鹤花样窄袖衫,白生绢衬衫,锦领、红罗销金大袖罩袍,红罗销金裙,皂生色画花缘襈,白罗销金汗裤,蓝青罗销金缘,红绢拥项,红结子,红绢束腰,涂金束带,青丝大绦锦臂鞲,绿云头皂鞾。舞师,黄金束发冠,紫丝缨,青罗大袖衫,白绢衬衫,锦领,涂金束带,绿云头皂鞾。

一、文舞，曰《车书会同之舞》。舞士，皆黑光描金方山冠，青丝缨，红罗大袖衫，红生绢衬衫，锦领，红罗拥项，红结子，涂金束带，白绢大口裤，白绢袜，茶褐鞋。舞师冠服与舞士同，惟大袖衫用青罗，不用红罗拥项、红结子。

一、文舞，曰《抚安四夷之舞》。舞士，东夷四人，椎髻于后，系红销金头绳，红罗销金抹额，中缀涂金博山，两傍缀涂金巾环，明金耳环，青罗生色画花大袖衫，红生色领袖，红罗销金裙，青销金裙缘，红生绢衬衫，锦领，涂金束带，乌皮鞾。西戎四人，间道锦缠头，明金耳环，红绒丝细摺袄子，大红罗生色云肩，绿生色缘，蓝青罗销金汗裤，红销金缘系腰合钵，十字泥金数珠，五色销金罗香囊，红绢拥项，红结子，赤皮鞾。南蛮四人，绾朝天髻，系红罗生色银锭，红销金抹额，明金耳环，红织金短袄子，绿织金细摺短裙，绒锦裤，间道绒丝手巾，泥金顶牌，金珠璎珞缀小金铃，锦行缠，泥金狮蛮带，绿销金拥项，红结子，赤皮鞾。北翟四人，戴单于冠，貂鼠皮簪，双垂髻，红销金头绳，红罗销金抹额，诸色细摺袄子，蓝青生色云肩，红结子，红销金汗裤，系腰合钵，皂皮鞾。其舞师皆戴白卷檐毡帽，涂金帽顶，一撒红缨，紫罗帽襻，红绿金绣袄子，白销金汗裤，蓝青销金缘，涂金束带，绿拥项，红结子，赤皮鞾。

凡大乐工及文武二舞乐工，皆曲脚幞头，红罗生色画花大袖衫，涂金束带，红绢拥项，红结子，皂皮鞾。四夷乐工，皆莲花帽，诸色细摺袄子，白销金汗裤，红销金缘，红绿绢束腰，红罗拥项，红结子，花鞾。

永乐间，定殿内侑食乐。奏《平定天下之舞》，引舞、乐工，皆青罗包巾，青、红、绿、玉色罗销金胸背袄子，浑金铜带，红罗褡褕，云头皂鞾，青绿罗销金包臀。舞人服色如之。奏《抚安四夷之舞》：高丽舞四人，皆笠子，青罗销金胸背袄子，铜带，皂鞾；琉球舞四人，皆棉布花手巾，青罗大袖袄子，铜带，白碾光绢间道踢裤，皂皮鞾；北番舞四人，皆狐帽，青红绒丝销金袄子，铜带；伍鲁速回回舞四人，皆青罗帽，比里罕棉布花手巾，铜带，皂鞾。奏《车书会同之舞》，舞人皆皂罗头巾,青、绿、玉色皂沿边襕,茶褐线绦皂皮四缝靴。奏《表正万邦之舞》,引舞二人,青罗包巾,红罗销金项帕,红生绢锦领中单,红生绢销金通袖袄子,青线绦铜带,织锦臂韝,云头皂靴各色销金包臀,红绢裙褙。舞人、乐工服色,与引舞同。奏《天命有德之舞》,引舞二人,青蒙纱如意冠,红生绢锦领中单,红生绢大袖袍,各色绢采画直缠,黑角偏带,蓝绢彩云头皂靴,白布袜。舞人、乐工服色,与引舞同。

洪武五年定斋郎,乐生,文、武舞生冠服。斋郎,黑介帻,漆布为之,无花样,服红绢窄袖衫,红生绢为里;皂皮四缝靴;黑角带。文舞生及乐生,黑介帻,漆布为之,上加描金蝉;服红绢大绸袍,胸背画缠枝方葵花,红生绢为里,加锦臂韝二,皂皮四缝靴;黑角带。武舞生,武弁,以漆布为之,上加描金蝉;服饰、靴、带,并同文舞生。嘉靖九年,定文、武舞生服制:圜丘服青纻丝,方泽服黑绿纱,朝日坛服赤罗,夕月坛服玉色罗。

宫中女乐冠服。洪武三年定制。凡中宫供奉女乐、奉銮等官妻,本色鬏髻,青罗圆领。提调女乐,黑漆唐巾,大红罗销金花圆领,镀金花带,皂靴。歌章女乐,黑漆唐巾,大红罗销金裙袄,胸带,大红罗抹额,青绿罗彩画云肩,描金牡丹花皂靴。奏乐女乐,服色与歌章同。嘉靖九年祀先蚕,定乐女生冠服。黑纻纱描金蝉冠,黑丝缨,黑素罗销金葵花胸背大袖女袍,黑生绢衬衫,锦领,涂金束带,白袜,黑鞋。

教坊司冠服。洪武三年定。教坊司乐艺,青卍字顶巾,系红绿裙褙。乐妓,明角冠,皂褙子,不许与民妻同。御前供奉俳长,鼓吹冠,红罗胸背小袖袍,红绢裙褙,皂靴。色长,彭吹冠,红青罗纻丝彩画百花袍,红绢裙褙。歌工,弁冠,红罗织金胸背大袖袍,红生绢锦领中单,黑角带,红熟绢锦脚裤,皂皮觃鞋,白棉布夹袜。乐工服色,与歌工同。凡教坊司官常服冠带,与百官同;至御前供奉,执粉漆笏,服黑漆幞头,黑绿罗大袖襕袍,黑角偏带,皂靴。教坊司伶人,常服绿色巾，以别士庶之服。乐人皆戴鼓吹冠，不用锦绦，惟红褡褙，服色不拘红绿。教坊司妇人，不许戴冠，穿褙子。乐人衣服，止用明绿、桃红、玉色、水红、茶褐色。俳、色长，乐工，俱皂头巾，杂色绦。

王府乐工冠服。洪武十五年定。凡朝贺用大乐宴礼，七奏乐乐工，俱红绢彩画胸背方花小袖单袍，有花彭吹冠，锦臂韝，皂鞾，抹额以红罗彩画，束腰以红绢。其余，乐工用绿绢彩画胸背方花小袖单袍，无花彭吹冠，抹额以红绢彩画，束腰以红绢。

军士服。洪武元年令制衣，表里异色，谓之鸳鸯战袄，以新军号。二十一年定旗手卫军士、力士，俱红袢袄，其余卫所，袢袄如之。凡袢袄，长齐膝，窄袖，内实以棉花。二十六年令骑士服对襟衣，便于乘马也。不应服而服者，罪之。

皂隶公人冠服。洪武三年定，皂隶，圆顶巾，皂衣。四年定，皂隶公使人，皂盘领衫，平顶巾，白褡褙，带锡牌。十四年令各衙门只禁，原服皂衣，改用淡青。二十五年，皂隶伴当，不许着鞾，止用皮札䩞。

外国君臣冠服。洪武二年，高丽入朝，请祭服制度，命制给之。二十七年定蕃国朝贡仪，国王来朝，如尝赐朝服者，服之以朝。三十一年赐琉球国王并其臣下冠服。永乐中，赐琉球中山王皮弁，玉圭，麟袍，犀带，视二品秩。宣德三年，朝鲜国王李祹言："洪武中，蒙赐国王冕服九章，陪臣冠服比朝廷递降二等，故陪臣一等，比朝臣第三等，得五梁冠服。永乐初，先臣芳远遣世子禔入朝，蒙赐五梁冠服。臣窃惟世子冠服，何止同陪臣一等，乞为定制。"乃命制六梁冠赐之。嘉靖六年令外国朝贡人，不许擅用违制衣服。如违，卖者、买者同罪。

僧道服。洪武十四年定，禅僧，茶褐常服，青绦玉色袈裟。讲僧，玉色常服，绿缘浅红袈裟。教僧，皂常服，黑缘浅红袈裟。僧官如之。惟僧录司官，袈裟，绿文及环皆饰以金。道士，常服青法服，朝衣皆赤，道官亦如之。惟道录司官，法服、朝服，绿文饰金。凡在京道官，红道衣，金襕，木简。在外道官，红道衣，木简，不用金襕。道士，青道服，木简。

明史卷六八
志第四四

舆服四

皇帝宝玺　皇后册宝
皇妃以下册印　皇太子册宝
皇太子妃册宝　亲王以下册宝册印
铁券　印信　符节　宫室制度
臣庶室屋制度　器用

明初宝玺十七。其大者曰"皇帝奉天之宝"，曰"皇帝之宝"，曰"皇帝行宝"，曰"皇帝信宝"，曰"天子之宝"，曰"天子行宝"，曰"天子信宝"，曰"制诰之宝"，曰"敕命之宝"，曰"广运之宝"，曰"皇帝尊亲之宝"，曰"皇帝亲亲之宝"，曰"敬天勤民之宝"；又有"御前之宝"、"表章经史之宝"及"钦文之玺"。丹符出验四方。洪武元年欲制宝玺，有贾胡浮海献美玉，曰："此出于阗，祖父相传，当为帝王宝玺。乃命制为宝，不知十七宝中，此玉制何宝也。成祖又制"皇帝亲亲之宝"、"皇帝奉天之宝"、"诰命之宝"、"敕命之宝"。

弘治十三年，鄠县民毛志学于泥河滨得玉玺，其文曰"受命于天，既寿永昌"。色白微青，螭纽。陕西巡抚熊翀以为秦玺复出，遣人献之。礼部尚书傅瀚言："自有秦玺以来，历代得丧真伪之迹具载史籍。今所进，篆文与《辍耕录》等书摹载鱼鸟篆文不同，其螭纽又与史传所纪文盘五龙、螭缺一角、旁刻魏录者不类。盖秦玺亡已久，今所进与宋、元所得，疑皆后世摹秦玺而刻之者。窃惟玺之用，以识文书，防诈伪，非以为宝玩也。自秦始皇得蓝田玉以为玺，汉以后传用之。自是巧争力取，谓得此乃足以受命，而不知受命以德，不以玺也。故求之不得，则伪造以欺人，得之，则君臣色喜，以夸示于天下。是皆贻笑千载。我高皇帝自制一代之玺，文各有义，随事而施，真足以为一代受命之符，而垂法万世，何藉此玺哉。"帝从其言，却而不用。

嘉靖十八年新制七宝：曰"奉天承运大明天子宝"、"大明受命之宝"、"巡狩天下之宝"、"垂训之宝"、"命德之宝"、"讨罪安民之宝"、"敕正万民之宝"。与国初宝玺，共为御宝二十四，尚宝司官掌之。

皇后之册。用金册二片，依周尺长一尺二寸，广五寸，厚二分五厘。字依数分行，镌以真书。上下有孔，联以红绦，开阖如书帙，藉以红锦褥。册韬用木，饰以浑金沥粉蟠龙，红纻丝衬里，内以红罗销金小袱裹册，外以红罗销金夹袱包之，五色小绦紫于外。宝用金，龟纽，篆文曰"皇后之宝"，依周尺方五寸九分，厚一寸七分。宝池用金，阔取容。宝箧二副，一置宝，一置宝池。每副三重：外箧用木，饰以浑金沥粉蟠龙，红纻丝衬里，中箧用金钑蟠龙；内小箧饰如外箧，内置宝座，四角雕蟠龙，饰以浑金。座上用锦褥，以销金红罗小夹袱裹宝，其箧外各用红罗销金大夹袱覆之。临册之日，册宝俱置于红綵舆案，案顶有红罗沥水，用担床举之。

皇贵妃而下，有册无宝而有印。妃册，用镀金银册二片，广长与后册同。册韬饰以浑金沥粉蟠凤。其印用金，龟纽，尺寸与诸王宝同，文曰"皇妃之印"。箧饰以蟠凤。宣德元年，帝以贵妃孙氏有容德，特请于皇太后，制金宝赐之，未几即诞皇嗣。自是贵妃授宝，遂为故事。嘉靖十年，立九嫔，册用银，杀皇妃五分之一，以金饰之。

皇太子册宝。册用金,二片,其制及盝匣之饰与皇后册同。宝用金,龟纽,篆书"皇太子宝"。其制及池匣之饰与后宝同。

皇太子妃册宝。其册用金,两叶,重百两,每叶高一尺二寸,广五寸。藉册以锦,联册以红丝绦,垫册以锦褥,里册以红罗销金袱。其盝饰以浑金沥粉云凤,内有花银钉铰,嵌金丝铁管篇;外以红罗销金袱覆之。其金宝之制未详。洪武二十八年更定,止授金册,不用宝。

亲王册宝。册制与皇太子同。其宝用金,龟纽,依周尺方五寸二分,厚一寸五分,文曰"某王之宝"。池匣之饰,与皇太子宝同。宝盝之饰,则雕蟠螭。

亲王妃册印。其金册,高视太子妃册减一寸,余制悉同,册文视亲王。其金印之制未详。洪武二十八年更定,止授金册。

公主册印。银册二片,镌字镀金,藉以红锦褥。册盝饰以浑金沥粉蟠螭。其印同宋制,用金,龟纽,文曰"某国公主之印。"方五寸二分,厚一寸五分。印池用金,广取容。印外匣用木,饰以浑金沥粉盘凤,中匣用金钑蟠凤,内小匣,饰如外匣。

亲王世子金册金宝。承袭止授金册,传用金宝。

世子妃亦用金册。洪武二十三年铸世子妃印,制视王妃,金印,龟纽,篆文曰"某世子妃印"。

郡王,镀金银册、镀金银印,册文视世子。其妃止有镀金银册。

功臣铁券。洪武二年,太祖欲封功臣,议为铁券,而未有定制。或言台州民钱允一有家藏吴越王镠唐赐铁券,遂遣使取之,因其式而损益焉。其制如瓦,第为七等。公二等:一高尺,广一尺六寸五分;一高九寸五分,广一尺六寸。侯三等:一高九寸,广一尺五寸五分;一高八寸五分,广一尺五寸;一高八寸,广一尺四寸五分。伯二等:

一高七寸五分，广一尺三寸五分；一高六寸五分，广一尺二寸五分。外刻履历、恩数之详，以记其功；中镌免罪、减禄之数，以防其过。字嵌以金。凡九十七副，各分左右，左颁功臣，右藏内府，有故则合之，以取信焉。

三年大封功臣，公六人，侯二十八人，并赐铁券。公，李善长、徐达、李文忠、冯胜、邓愈、常茂。侯，汤和、唐胜宗、陆仲亨、周德兴、华云龙、顾时、耿炳文、陈德、郭子兴、王志、郑遇春、费聚、吴良、吴桢、赵庸、廖永忠、俞通源、华高、杨璟、康铎、朱亮祖、傅友德、胡美、韩政、黄彬、曹良臣、梅思祖、陆聚。二十五年改制铁券，赐公傅友德，侯王弼、耿炳文、郭英及故公徐达、李文忠，侯吴杰、沐英，凡八家。永乐初，靖难功臣亦有赐者。

百官印信。洪武初，铸印局铸中外诸司印信。正一品，银印，三台，方三寸四分，厚一寸。六部、都察院并在外各都司，俱正二品，银印二台，方三寸二分，厚八分。其余正二品、从二品官，银印二台，方三寸一分，厚七分。惟衍圣公以正二品，三台银印，则景泰三年赐也。顺天、应天二府俱正三品，银印，方二寸九分，厚六分五厘。其余正三品、从三品官，俱铜印，方二寸七分，厚六分。惟太仆、光禄寺并在外盐运司，俱从三品，铜印，方减一分，厚减五厘。正四品、从四品，俱铜印，方二寸五分，厚五分。正五品、从五品，俱铜印，方二寸四分，厚四分五厘。惟在外各州从五品，铜印，方减一分，厚减五厘。正六品、从六品，俱铜印，方二寸二分，厚三分五厘。正七品、从七品，铜印，方二寸一分，厚三分。正、从八品，俱铜印，方二寸，厚二分五厘。正从九品，俱铜印，方一寸九分，厚二分二厘。未入流者，铜条记，阔一寸三分，长二寸五分，厚二分一厘。以上俱直纽，九叠篆文。初，杂职亦方印，至洪武十三年始改条记。

凡百官之印，惟文渊阁银印，直纽，方一寸七分，厚六分，玉箸篆文，诚重之也。武臣受重寄者，征西、镇朔、平蛮诸将军，银印，虎纽，方三寸三分，厚九分，柳叶篆文。洪武中，尝用上公佩将军印，后以公、侯、伯及都督充总兵官，名曰"挂印将军"。有事征伐，则命总兵佩印以往，旋师则上所佩印于朝。此外，惟漕运总兵，印同将军。其在外镇守总兵，参将挂印，则洪熙元年始也。有文臣挂将军印者，王骥以兵部尚书征湖、贵苗，挂平蛮将军印；王越以左都御史守大同，挂征西将军印。其他文武大臣，有领敕而权重者，或给以铜关防，直纽，广一寸九分五厘，长二寸九分，厚三分，九叠篆文，虽宰相行边，与部曹无异。惟正德时，张永征安化王，用金铸，嘉靖中，顾鼎臣居守，用牙镂关防，皆特赐也。

初，太祖重御史之职，分河南等十三道，每道铸二印，文曰"绳愆纠缪"，守院御史掌其一，其一藏内府，有事则受以出，复命则纳之。洪武二十三年，都御史袁泰言各道印篆相类。乃命改制某道监察御史，其奉差者，则曰"巡按某处监察御史"，铜印直纽，有眼，方一寸五分，厚三分，八叠篆文。

成祖初幸北京，有一官署二三印者，夏原吉至兼掌九卿印，诸曹并于朝房取裁，其任重矣。

明初，赐高丽金印，龟纽，方三寸，文曰"高丽国王之印"。赐安南镀金银印，驼纽，方三寸，文曰"安南国王之印"。赐占城镀金银印，驼纽，方三寸，文曰"占城国王之印。"赐吐蕃金印，驼纽，方五寸，文曰"白兰王印"。

符节，凡宣召亲王，必遣官赍金符以往。亲王之藩及镇守、巡抚诸官奏请符验，俱从兵部奏，行尚宝司领之。洪武二十六年定制：凡公差，以军情重务及奉旨差遣给驿者，兵部既给勘合，即赴内府，关领符验，给驿而去，事竣则缴。嘉靖三十七年定制：南京、凤阳守备内外官，并各处镇守总兵、巡抚，及各守一方不受镇守节制内外守备，并领符验奏事。凡监枪、整饬兵备，并一城一堡守备官，不许关领符验。其制，上织船马之状，起马者用马字号，起船者水字号，起双马者达字号，起单马者通字号，起站船者信字号。

洪武四年始制用宝金牌。凡军机文书，自都督府、中书省长官而外，不许擅奏。有诏调军，中书省同都督府覆奏，乃各出所藏金牌，入请用宝。又造军中调发符牌，用铁，长五寸，阔半之，上钑二飞龙，下钑二麒麟，首为圜窍，贯以红丝绦。尝遣官赍金牌、信符诣西番，以茶易马。其牌四十一，上号藏内府，下号降各番，篆文曰"皇帝圣旨"，左曰"合当差发"，右曰"不信者斩"。二十二年又颁西番金牌、信符。其后番官款塞，皆赍原降牌符而至。

永乐二年制信符、金字红牌给云南诸蛮。凡历代改元，则所颁外国信符、金牌，必更铸新年号给之。此符信之达于四裔者也。

其武臣悬带金牌，则洪武四年所造。阔二寸，长一尺，上钑双龙，下钑二伏虎，牌首尾为圆窍，贯以红丝绦。指挥佩金牌，双云龙，双虎符。千户佩镀金银牌，独云龙，独虎符。百户素云银牌符。太祖亲为文钑之曰："上天祐民，朕乃率抚。威加华夏，实凭虎臣。赐尔金符，永传后嗣。"天子祀郊庙，若视学、藉田，勋卫扈从及公侯、驸马、五府都督日直、锦衣卫当直，及都督率诸卫千百户夜巡内皇城，金吾诸卫各轮官随朝巡绰，俱给金牌，有龙者、虎者、麒麟者、狮者、云者，以官为差。

其扈驾金字银牌，则洪武六年所造。寻改为守卫金牌，以铜为之，涂以金，高一尺，阔三寸，分字号凡五。仁字号，上钑独龙蟠云花，公、侯、伯、都督佩之。义字号，钑伏虎盘云花，指挥佩之。礼字号，钑獬豸蟠云花，千户、卫镇抚佩之。智字号，钑狮子蟠云花，百户、所镇抚佩之。信字号，钑蟠云花，将军佩之。牌下铸"守卫"二篆字，背铸"凡守卫官军悬带此牌"等二十四字，牌首窍贯青丝。镇抚及将军随驾直宿卫者佩之，下直则纳之。凡夜巡官，于尚宝司领令牌，禁城各门、金吾等卫指挥、千户，分领申字号牌，午门自一至四，长安左右门、东华门自五至八，西华门自九至十二，玄武门自十三至十六。五城兵马指挥亦日领令牌，东西南北中城，分领木、金、火、水、土五字号。

留守五卫、巡城官并金吾等卫守备官，俱领铜符。留守卫指挥所领承字及东西北字号牌，俱左半字阳文，左比。金吾等卫，端门、承天门、东西北安门指挥千户所领承字及东西北字号,俱右半字阴文,右比。铜符字号比对相同,方许巡行。内官、内使之出,亦须守门官比对铜符而后行。皇城九门守卫军与围子手,各领勇字号铜牌。锦衣标尉上直及光禄寺吏典厨役,遇大祀,俱佩双鱼铜牌。

永乐六年驾幸北京,扈从官俱带牙牌,五府、六部、都察院、大理寺、锦衣卫各铸印信,通政司、鸿胪寺各铸关防,谓之行在衙门印信关防。其后,命内府印绶监收贮。嘉靖十八年南巡,礼部领出,以给扈从者焉。

凡郊庙诸祭陪祀供事官及执事者,入坛俱领牙牌,洪武八年始也。圆花牌,陪祀官领之。长花牌,供事官领之。长素牌,执事人领之。又谓之祀牌。

凡驾诣陵寝,扈从官俱于尚宝司领小牙牌。嘉靖九年,皇后行亲蚕礼,文官四品以上、武官三品以上命妇及使人,俱于尚宝司领牙牌,有云花圜牌、鸟形长牌之异。

凡文武朝参官、锦衣卫当驾官,亦领牙牌,以防奸伪,洪武十一年始也。其制,以象牙为之,刻官职于上。不佩则门者却之,私相借者论如律,牙牌字号,公、侯、伯以勋字,驸马都尉以亲字,文官以文字,武官以武字,教坊官以乐字,入内官以官字。正德十六年,礼科邢寰言:"牙牌惟常朝职官得悬。比来权奸侵柄,传旨升官者辄佩牙牌,宜清核以重名器"。乃命文职不朝参者,毋得滥给牙牌;武官进御侍班、佩刀、执金炉者,给与。嘉靖二十八年,内府供事匠作、武职官,皆带朝参牙牌,尝奉旨革夺,旋复给之。给事中陈邦修以为言,礼部覆奏:"《会曲》所载,文武官出入禁门带牙牌,有执事、供事、朝参之别。执事、供事者,皆届期而领,如期而缴。惟朝参牙牌,得朝夕悬之,非徒为关防之具,亦以示等威之辨也。虚衔带俸、供事、执事者,不宜概领。第出入禁闼,若一切革夺,何由讥察?尚宝司所贮旧牌数百,上有'入内府'字号,请以给之。至于卫所武官,掌印、金书侍卫之外,非属朝参供役者,尽革夺之。其纳粟、填注冒赐牙牌及罢退闲住官旧所关领不缴者,俱逮问"。报可。

洪武十五年制使节,黄色三檐宝盖,长二尺,黄纱袋笼之。又制丹漆架一,以节置其上。使者受命,则载以行;使归,则持之以复命。二十三年诏考定使节之制,礼部奏:"汉光武时,以竹为节,柄长八尺,其毛三重。而黄公绍《韵会》主:汉节柄长三尺,毛三重,以旄牛为之。"诏从三尺之制。

宫室之制。吴元年作新内。正殿曰奉天殿,后曰华盖殿,又后曰谨身殿,皆翼以廊庑。奉天殿之前曰奉天门,殿左曰文楼,右曰武楼。谨身殿之后为宫,前曰乾清,后曰坤宁。六宫以次列。宫殿之外,周以皇城,城之门,南曰午门,东曰东华,西曰西华,北曰玄武。时有言瑞州文石可甃地者。太祖曰:"敦崇俭朴,犹恐习于奢华,尔乃导予奢丽乎?"言者惭而退。

洪武八年改建大内宫殿,十年告成。阙门曰午门,翼以两观。中三门,东西为左、右掖门。午门内曰奉天门,门内奉天殿,尝御以受朝贺者也。门左右为东、西角门,奉天殿左、右门,左曰中左,右曰中右,两庑之间,左曰文楼,右曰武楼。奉天殿之后曰华盖殿,华盖殿之后曰谨身殿,殿后则乾清宫之正门也。奉天门外两庑间有门,左曰左顺,右曰右顺。左顺门外有殿曰文华,为东宫视事之所。右顺门外有殿曰武英,为皇帝斋戒时所居。制度如旧,规模益宏。二十五年改建大内金水桥,又建端门、承天门楼各五间,及长安东、西二门。

永乐十五年作西宫于北京。中为奉天殿,侧为左右二殿,南为奉天门,左右为东、西角门。其南为午门,又南为承天门。殿北有后殿、凉殿、暖殿及仁寿、景福、仁和、万春、永寿、长春等宫,凡为屋千六百三十余楹。

十八年建北京,凡宫殿、门阙规制,悉如南京,壮丽过之。中朝曰奉天殿,通为屋八千三百五十楹。殿左曰中左门,右曰中右门。丹墀东曰文楼,西曰武楼,南曰奉天门,常朝所御也。左曰东角门,右曰西角门,东庑曰左顺门,西庑曰右顺门,正南曰午门。中三门,翼以两观，观各有楼，左曰左掖门，右曰右掖门。午门左稍南，曰阙左门，曰神厨门，内为太庙。右稍南，曰阙右门，曰社左门，内为太社稷。又正南曰端门，东曰庙街门，即太庙右门也。西曰社街门，即太社稷坛南左门也。又正南曰承天门，又折而东曰长安左门，折而西曰长安右门。东后曰东安门，西后曰西安门，北后曰北安门。正南曰大明门，中为驰道，东西长廊各千步。奉天殿之后曰华盖殿，又后曰谨身殿。谨身殿左曰后左门，右曰后右门。正北曰乾清门，内为乾清宫，是曰正寝。后曰交泰殿。又后曰坤宁宫，为中宫所居。东曰仁寿宫，西曰清宁宫，以奉太后。左顺门之东曰文华殿。右顺门之西曰武英殿。文华殿东南曰东华门，武英殿西南曰西华门。坤宁宫后曰坤宁门，门之后曰玄武门。其他宫殿，名号繁多，不能尽列，所谓千门万户也。皇城内宫城外，凡十有二门：曰东上门、东上北门、东上南门、东中门、西上门、西上北门、西上南门、西中门、北上门、北上东门、北上西门、北中门。复于皇城东南建皇太孙宫，东安门外东南建十五街。

宣宗留意文雅，建广寒、清暑二殿，及东、西琼岛，游观所至，悉置经籍。正统六年重建三殿。嘉靖中，于清宁宫后地建慈庆宫，于仁寿宫故基建慈宁宫。

三十六年，三殿门楼灾，帝以殿名奉天，非题匾所宜用，敕礼部议之。部臣会议言："皇祖肇造之初，名曰奉天者，昭揭以示虔尔。既以名，则是昊天监临，俨然在上，临御之际，坐以视朝，似未安也。今仍修复之始，宜更定，以答天麻。"明年重建奉天门，更名曰大朝门。四十一年更名奉天殿曰皇极，华盖殿曰中极，谨身殿曰建极，文楼曰文昭阁，武楼曰武成阁，左顺门曰会极，右顺门曰归极，大朝门曰皇极，东角门曰弘政，西角门曰宣治。又改乾清宫右小阁名曰道心，旁左门曰仁荡，右门曰义平。

世宗初，垦西苑隙地为田，建殿曰无逸，亭曰豳风，又建亭曰省耕，曰省敛，每岁耕获，帝辄临观。十三年，西苑河东亭榭成，亲定名曰天鹅房，北曰飞霭亭，迎翠殿前曰浮香亭，宝月亭前曰秋辉亭，昭

和殿前曰澄渊亭，后曰趯台坡，临漪亭前曰水云榭，西苑门外二亭
曰左临海亭、右临海亭，北闸口曰涌玉亭，河之东曰聚景亭，改吕梁
洪之亭曰吕梁，前曰权金亭，翠玉馆前曰撷秀亭。

　　亲王府制。洪武四年定，城高二丈九尺，正殿基高六尺九寸，正
门、前后殿、四门城楼，饰以青绿点金，廊房饰以青黛。四城正门，以
丹漆，金涂铜钉。宫殿窠栱攒顶，中画蟠螭，饰以金，边画八吉祥
花。前后殿座，用红漆金蟠螭，帐用红销金蟠螭。座后壁则画蟠螭、彩
云，后改为龙。立山川、社稷，宗庙于王城内。七年定亲王所居殿，
前曰承运，中曰圜殿，后曰存心；四城门，南曰端礼，北曰广智，东曰
体仁，西曰遵义。太祖曰：“使诸王睹名思义，以藩屏帝室。”九年定
亲王宫殿、门庑及城门楼，皆覆以青色琉璃瓦。又命中书省臣，惟亲
王宫得饰朱红、大青绿，其他居室止饰丹碧。十二年，诸王府告成。
其制，中曰承运殿十一间，后为圜殿，次曰存心殿各九间。承运殿两
庑为左右二殿，自存心、承运，周回两庑，至承运门，为屋百三十八
间。殿后为前、中、后三宫，各九间。宫门两厢等室九十九间。王城
之外，周垣、四门、堂库等室在其间，凡为宫殿室屋八百间有奇。弘
治八年更定王府之制，颇有所增损。

　　郡王府制。天顺四年定。门楼、厅厢、厨库、米仓等，共数十间
而已。

　　公主府第。洪武五年，礼部言：“唐、宋公主视正一品，府第并用
正一品制度。今拟公主第，厅堂九间，十一架，施花样兽脊，梁、栋、
斗栱、檐桷彩色绘饰，惟不用金。正门五间，七架。大门，绿油，铜环。
石础、墙砖，镌凿玲珑花样。”从之。

　　百官第宅。明初，禁官民房屋，不许雕刻古帝后、圣贤人物及日
月、龙凤、狻猊、麒麟、犀象之形。凡官员任满致仕，与见任同。其父
祖有官，身殁，子孙许居父祖房舍。洪武二十六年定制，官员营造房
屋，不许歇山转角，重檐重栱，及绘藻井，惟楼居重檐不禁。公侯，前

厅七间、两厦，九架。中堂七间，九架。后堂七间，七架。门三间，五架，用金漆及兽面锡环。家庙三间，五架。覆以黑板瓦，脊用花样瓦兽，梁、栋、斗、栱、檐桷彩绘饰。门窗、枋柱金漆饰。廊、庑、庖、库从屋，不得过五间，七架。一品、二品，厅堂五间，九架，屋脊用瓦兽，梁、栋、斗栱、檐桷青碧绘饰。门三间，五架，绿油，兽面锡环。三品至五品，厅堂五间，七架，屋脊用瓦兽，梁、栋、檐桷青碧绘饰。门三间，三架，黑油，锡环。六品至九品，厅堂三间，七架，梁、栋饰以土黄。门一间，三架，黑门，铁环。品官房舍，门窗、户牖不得用丹漆。功臣宅舍之后，留空地十丈，左右皆五丈。不许挪移军民居止，更不许于宅前后左右多占地，构亭馆，开池塘，以资游眺。三十五年申明禁制，一品、三品厅堂各七间，六品至九品厅堂梁栋只用粉青饰之。

庶民庐舍，洪武二十六年定制，不过三间，五架，不许用斗栱，饰彩色。三十五年复申禁饬，不许造九五间数，房屋虽至一二十所，随其物力，但不许过三间。正统十二年令稍变通之，庶民房屋架多而间少者，不在禁限。

器用之禁。洪武二十六年定，公侯、一品、二品，酒注、酒盏金，余用银。三品至五品，酒注银，酒盏金，六品至九品，酒注、酒盏银，余皆瓷、漆。木器不许用硃红及抹金、描金、雕琢龙凤文。庶民，酒注锡，酒盏银，余用瓷、漆。百官，床面、屏风、槅子，杂色漆饰，不许雕刻龙文，并金饰朱漆。军官、军士，弓矢黑漆，弓袋、箭囊，不许用朱漆描金装饰。建文四年申饬官民，不许僭用金酒爵，其椅棹木器亦不许朱红金饰。正德十六年定，一品、二品，器皿不用玉，止许用金。商贾、技艺家器皿不许用银。余与庶民同。

明史卷六九
志第四五

选举一

选举之法，大略有四：曰学校，曰科目，曰荐举，曰铨选。学校以教育之，科目以登进之，荐举以旁招之，铨选以布列之，天下人才尽于是矣。明制，科目为盛，卿相皆由此出，学校则储才以应科目者也。其径由学校通籍者，亦科目之亚也，外此则杂流矣。然进士、举贡、杂流三途并用，虽有畸重，无偏废也。荐举盛于国初，后因专用科目而罢。铨选则入官之始，舍此蔑由焉。是四者厘然具载其本末，而二百七十年间取士得失之故可睹已。

科举必由学校，而学校起家可不由科举。学校有二：曰国学，曰府、州、县学。府、州、县学诸生入国学者，乃可得官，不入者不能得也。入国学者，通谓之监生。举人曰举监，生员曰贡监，品官子弟曰荫监，捐赀曰例监。同一贡监也，有岁贡，有选贡，有恩贡，有纳贡。同一荫监也，有官生，有恩生。

国子学之设自明初乙巳始。洪武元年令品官子弟及民俊秀通文义者，并充学生。选国琦、王璞等十余人，侍太子读书禁中。入对谨身殿，姿状明秀，应对详雅。太祖喜，因厚赐之。天下既定，诏择府、州、县学诸生入国子学。又择年少举人赵惟一等及贡生董昶等入学读书，赐以衣帐，命于诸司先习吏事，谓之历事监生。取其中尤英敏者李扩等入文华、武英堂说书，谓之小秀才。其才学优赡、聪明俊伟之士，使之博极群书，讲明道德经济之学，以期大用，谓之老秀才。

初，改应天府学为国子学，后改建于鸡鸣山下。既而改学为监，设祭酒、司业及监丞、博士、助教、学正、学录、典籍、掌馔、典簿等官。分六堂以馆诸生，曰率性、修道、诚心、正义、崇志、广业。学旁以宿诸生，谓之号房。厚给廪饩，岁时赐布帛文绮、袭衣巾靴。正旦元宵诸令节，俱赏节钱。孝慈皇后积粮监中，置红仓二十余舍，养诸生之妻子。历事生未娶者，赐钱婚聘，及女衣二袭，月米二石。诸生在京师岁久，父母存，或父母亡而大父母、伯叔父母存，皆遣归省，人赐衣一袭，钞五锭，为道里费。其优恤之如此。

而其教之之法，每旦，祭酒、司业坐堂上，属官自监丞以下，首领则典簿，以次序立。诸生揖毕，质问经史，拱立听命。惟朔望给假，余日升堂会馔，乃会讲、复讲、背书、轮课以为常。所习自《四子》本经外，兼及刘向《说苑》及律令、书、数、《御制大诰》。每月试经、书义各一道，诏、诰、表、策论、判、内科二道。每日习书二百余字，以二王、智永、欧、虞、颜、柳诸帖为法。每班选一人充斋长，督诸生工课。衣冠、步履、饮食，必严饬中节。夜必宿监，有故而出必告本班教官，令斋长帅之以白祭酒。监丞置集愆簿，有不遵者书之，再三犯者决责，四犯者至发遣安置。其学规条目，屡次更定，宽严得其中。堂宇宿舍，饮馔澡浴，俱有禁例。省亲、毕姻回籍，限期以道里远近为差。违限者谪选远方典史，有罚充吏者。

司教之官，必选耆宿。宋讷、吴颙等由儒士擢祭酒，讷尤推名师。历科进士多出太学，而戊辰任亨泰廷对第一，太祖召讷褒赏，撰题名记，立石监门。辛未，许观亦如之。进士题名碑由此相继不绝。每岁天下按察司选生员年二十以上、厚重端秀者，送监考留。会试下第举人，入监卒业。又因谏官关贤奏，设为定例。府、州、县学岁贡生员各一人，翰林考试经、书义各一道，判语一条，中式者一等入国子监，二等送中都，不中者遣还，提调教官罚停廪禄。于是直省诸士子云集辇下。云南、四川皆有士官生，日本、琉球、暹罗诸国亦皆有官生入监读书，辄加厚赐，并给其从人。永、宣间，先后络绎。至成化、正德时，琉球生犹有至者。

中都之置国学也，自洪武八年。至二十六年乃革，以其师生并入京师。永乐元年始设北京国子监。十八年迁都，乃以京师国子监为南京国子监，而太学生有南北监之分矣。

太祖虑武臣子弟但习武事，鲜知问学，命大都督府选入国学，其在凤阳者即肄业于中都。命韩国公李善长等考定教官、生员高下，分列班次，曹国公李文忠领监事以绳核之。嗣后勋臣子弟多入监读书。嘉靖元年令公、侯、伯未经任事、年三十以下者，送监读书，寻令已任者亦送监，而年少勋戚争以入学为荣矣。

六堂诸生有积分之法，司业二员分为左右，各提调三堂。凡通《四书》未通经者，居正义、崇志、广业。一年半以上，文理条畅者，升修道、诚心。又一年半，经史兼通、文理俱优者，乃升率性。升至率性，乃积分。其法，孟月试本经义一道，仲月试论一道，诏、诰、表、内科一道，季月试经史策一道，判语二条。每试，文理俱优者与一分，理优文劣者与半分，纰缪者无分。岁内积八分者为及格，与出身。不及者仍坐堂肄业。如有才学超异者，奏请上裁。

洪武二十六年尽擢监生刘政、龙镡等六十四人为行省布政、按察两使，及参政、参议、副使、佥事等官。其一旦而重用之，至于如此。其为四方大吏者，盖无算也。李扩等自文华、武英擢御史，扩寻改给事中兼齐相府录事，盖台谏之选亦出于太学。其常调者乃府、州、县六品以下官。

初，以北方丧乱之余，人鲜知学，遣国子生林伯云等三百六十六人分教各郡。后乃推及他省，择其壮岁能文者为教谕等官。太祖虽间行科举，而监生与荐举人才参用者居多，故其时布列中外者，太学生最盛。一再传之后，进士日益重，荐举遂废，而举贡日益轻。虽积分历事不改初法，南北祭酒陈敬宗、李时勉等加意振饬，已渐不如其始。众情所趋向，专在甲科。宦途升沉，定于谒选之日。监生不获上第，即奋自镞砺，不能有成，积重之势然也。

迨开纳粟之例，则流品渐淆，且庶民亦得援生员之例以入监，谓之民生，亦谓之俊秀，而监生益轻。于是同处太学，而举、贡得为府佐贰及州县正官，官、恩生得选部、院、府、卫、司、寺小京职，尚为正途。而援例监生，仅得选州县佐贰及府首领官；其授京职者，乃光禄寺、上林苑之属；其愿就远方者，则以云、贵、广西及各边省军卫有司首领，及卫学、王府教授之缺用，而终身为异途矣。

举人入监，始于永乐中。会试下第，辄令翰林院录其优者，俾入学以俟后科，给以教谕之俸。是时，会试有副榜，大抵署教官，故令入监者亦食其禄也。宣德八年尝命礼部尚书胡淡与大学士杨士奇、杨荣选副榜举人龙文等二十四人，送监进学。翰林院三月一考其文，与庶吉士同，颇示优异。后不复另试，则取副榜年二十五以上者授教职，年未及者，或依亲，或入监读书。既而不拘年齿，依亲、入监者皆听。依亲者，回籍读书，依亲肄业也。又有丁忧、成婚、省亲、送幼子，皆仿依亲例，限年复班。

正统中，天下教官多缺，而举人厌其卑冷，多不愿就。十三年，御史万节请敕礼部多取副榜，以就教职，部臣以举人愿依亲入监者十之七，愿就教职者仅十之三，但宜各随所欲，却其请不行。至成化十三年，御史胡璘言：“天下教官率多岁贡，言行文章不足为人师范，请多取举人选用，而罢贡生勿选。”部议岁贡如其旧，而举人教官仍许会试。自后就教者亦渐多矣。嘉靖中，南北国学皆空虚，议尽发下第举人入监，且立限期以趣之。然举人不愿入监者，卒不可力强。于是生员岁贡之外，不得不频举选贡以充国学矣。

贡生入监，初由生员选择，既命各学岁贡一人，故谓之岁贡。其例亦屡更。洪武二十一年定府、州、县学以一、二、三年为差。二十五年定府学岁二人，州学二岁三人，县学岁一人。永乐八年定州县户不及五百里者，州岁一人，县间岁一人。十九年令岁贡照洪武二十一年例。宣德七年复照洪武二十五年例。正统六年更定府学岁一人，州学三岁二人。县学间岁一人。弘治、嘉靖间，仍定府学岁二人,州学二岁三人,县学岁一人,遂为永制。后孔、颜、孟三氏,及京学、卫学、都司、士官,川、云、贵诸远省,其按年充贡之法,亦间有增减云。岁贡之始,必考学行端庄、文理优长者以充之。其后但取食廪年深者。

弘治中,南京祭酒章懋言:"洪、永间,国子生以数千计,今在监科贡共止六百余人,岁贡挨次而升,衰迟不振者十常八九。举人坐监,又每后时。差拨不敷,教养罕效。近年有增贡之举,而所拔亦挨次之人,资格所拘,英才多滞。乞于常贡外令提学行选贡之法,不分廪膳、增广生员,通行考选,务求学行兼优、年富力强、累试优等者,乃以充贡。通计天下之广,约取五六百人。以后三、五年一行,则人才可渐及往年矣。"乃下部议行之。此选贡所由始也。

选贡多英才,入监课试辄居上等,拨历诸司亦有干局。岁贡颓老,其势日绌,则惟愿就教而不愿入监。嘉靖二十七年,祭酒程文德请将廷试岁贡惟留即选者于部,而其余尽使入监。报可。岁贡诸生合疏言,家贫亲老,不愿入监。礼部复请从其所愿,而尽使举人入监。又从之。举人入监不能如期,南京祭酒潘晟至请设重罚以趣其必赴。于是举人、选贡、岁贡三者迭为盛衰,而国学之盈虚亦靡有定也。万历中,工科郭如心言:"选贡非祖制,其始欲补岁贡之乏,其后遂妨岁贡之途,请停其选。"神宗以为然。至崇祯时,又尝行之。

恩贡者,国家有庆典或登极诏书,以当贡者充之。而其次即为岁贡。纳贡视例监稍优,其实相仿也。

荫子入监,明初因前代任子之制,文官一品至七品,皆得荫一子以世其禄。后乃渐为限制,在京三品以上方得请荫,谓之官生。出自特恩者,不限官品,谓之恩生。或即与职事,或送监读书。官生必三品京官,成化三年从助教李伸言也。时给事中李森不可。帝谕,责其刻薄;第令非历任年久政绩显著者,毋得滥叙而已。既得荫叙,由提学官考送部试,如贡生例,送入监中。时内阁吕原子㦤由荫监补中书舍人,七年辛卯乞应顺天乡试。部请从之。给事中芮畿不可。帝允㦤所请,不为例。然其后,以荫授舍人者,俱得应举矣。嘉、隆以后,宰相之子有初授即为尚宝司丞,径转本司少卿,由光禄、太常以跻九列者。又有以军功荫锦衣者,往往不由太学。其他并入监。

恩生之始,建文元年录吴云子黼为国子生,以云死节云南也。正德十六年定例,凡文武官死于忠谏者,一子入监。其后守土官死节亦皆得荫子矣。又弘治十八年定例,东宫侍从官,讲读年久辅导有功者,殁后,子孙乞恩,礼部奏请上裁。正德元年复定,其祖父年劳已及三年者,一子即授试中书舍人习字;未及三年者,一子送监读书。八年复定,东宫侍班官三年者,一子入监。又万历十二年定例,三品日讲官,虽未考满,一子入监。

例监始于景泰元年,以边事孔棘,令天下纳粟纳马者入监读书,限千人止。行四年而罢。成化二年,南京大饥,守臣建议,欲令官员军民子孙纳粟送监。礼部尚书姚夔言:"太学乃育才之地,近者直省起送四十岁生员,及纳草纳马者动以万计,不胜其滥。且使天下以货为贤,士风日陋。"帝以为然,为却守臣之议。然其后或遇岁荒,或因边警,或大兴工作,率援往例行之,讫不能止。此举、贡、荫、例诸色监生,前后始末之大凡也。

监生历事,始于洪武五年。建文时,定考核法上、中、下三等。上等选用,中、下等仍历一年再考。上等者依上等用,中等者不拘品级,随才任用,下等者回监读书。永乐五年选监生三十八人隶翰林院,习四夷译书。九年辛卯,钟英等五人成进士,俱改庶吉士。壬辰、乙未以后,译书中会试者甚多,皆改庶吉士以为常。历事生成名,其蒙恩遇如此。仁宗初政,中军都督府奏监生七人吏事勤慎,请注选授官。帝不许,仍令入学,由科举以进。他历事者,多不愿还监。于是通政司引奏,六科办事监生二十人满日,例应还监,仍愿就科办事。帝复召二十人者,谕令进学。盖是时,六科给事中多缺,诸生觊得之。帝察知其意,故不授官也。宣宗以教官多缺,选用监生三百八十人,而程富等以都御史顾佐之荐,使于各道历政三月,选择任之,所谓试御史也。

监生拨历,初以入监年月为先后,丁忧、省祭,有在家延留七八年者,比至入监,即得取拨。陈敬宗、李时勉先后题请,一以坐监年月为浅深。其后又以存省、京储、依亲、就学、在家年月,亦作坐堂之数。其患病及他事故,始以虚旷论。诸生互争年月资次,各援科条。成化五年,祭酒陈鉴以两词具闻,乞敕礼部酌中定制,为礼科所驳。鉴复奏,互争之。乃下部覆议,请一一精核,仍计地理远近、水程日月以为准。然文移往来,纷错繁揉,上下伸缩,弊端甚多,卒不能画一也。

初令监生由广业升率性,始得积分出身。天顺以前,在监十余年,然后拨历诸司,历事三月,仍留一年,送吏部铨选。其兵部清黄及随御史出巡者,则以三年为率。其后,以监生积滞者多,频减拨历岁月以疏通之。每岁拣选,优者辄与拨历,有未及一年者。

弘治八年,监生在监者少,而吏部听选至万余人,有十余年不得官者。祭酒林瀚以坐班人少,不敷拨历,请开科贡。礼部尚书倪岳覆奏,科举已有定额,不可再增,惟请增岁贡人数,而定诸司历事,必须日月满后,方与更替,使诸生坐监稍久,选人亦无壅滞。及至嘉靖十年,监生在监者不及四百人,诸司历事岁额以千计。礼部尚书李时引岳前议言:“岳权宜二法,一增岁额以足坐班生徒,一议差历以久坐班岁月。于是府、州、县学以一岁二贡、二岁三贡、一岁一贡为差,行之四岁而止。其诸司历事,三月考勤之后,仍历一年,其余写本一年,清黄、写诰、清军、清匠三年,以至出巡等项,俱如旧例日月。今国学缺人,视弘治间更甚,请将前件事例,参酌举行。”并从之,独不增贡额。未几,复以祭酒许诰、提学御史胡时善之请,诏增贡额,如岳、时前议。隆、万以后,学校积弛,一切循故事而已。崇祯二年从司业倪嘉善言,复行积分法。八年,从祭酒倪元璐言,以贡选为正流,援纳为闰流。贡选不限拨期,以积分岁满为率,援纳则依原定拨历为率。而历事不分正杂,惟以考定等第为历期多寡。诸司教之政事,勿与猥杂差遣。满日,校其勤惰,开报吏部。不率者,回监教习。时监规颓废已久,不能振作也。

凡监生历事,吏部四十一名,户部五十三名,礼部十三名,大理寺二十八名,通政司五名,行人司四名,五军都督府五十名,谓之正历。三月上选,满日增减不定。又有诸司写本,户部十名,礼部十八名,兵部二十名,刑部十四名,工部八名,都察院十四名,大理寺、通政司俱四名,随御史出巡四十二名,谓之杂历。一年满日上选。又有诸色办事,清黄一百名,写诰四十名,续黄五十名,清军四十名,天财库十名,初以三年,谓之长差,后改一年上选;承运库十五名,司礼监十六名,尚宝司六名,六科四十名;初作短差,后亦定一年上选。又有随御史刷卷一百七十八名,工部清匠六十名,俱事完日上选。又有礼部写民情条例七十二名,光禄寺刷卷四名,修斋八名,参表二十名,报讣二十名,赍俸十二名,锦衣卫四名,兵部查马册三十名,工部大木厂二十名,后府磨算十名,御马监四名,天财库四名,正阳门四名,崇文、宣武、朝阳、东直俱三名,阜城、西直、安定、德胜俱二名,以半年满日回监。

郡县之学,与太学相维,创立自唐始。宋置诸路州学官,元颇因之,其法皆未具。迄明,天下府、州、县、卫所,皆建儒学,教官四千二百余员,弟子无算,教养之法备矣。

洪武二年,太祖初建国学,谕中书省臣曰:"学校之教,至元其弊极矣。上下之间,波颓风靡,学校虽设,名存实亡。兵变以来,人习战争,惟知干戈,莫识俎豆。朕惟治国以教化为先,教以化学校为本。京师虽有太学,而天下学校未兴。宜令郡县皆立学校,延师儒,授生徒,讲论圣道,使人日渐月化,以复先王之旧。"于是大建学校,府设教授,州设学正,县设教谕,各一。俱设训导,府四,州三,县二。生员之数,府学四十人,州、县以次减十。师生月廪食米,人六斗,有司给以鱼肉。学官月俸有差。生员专治一经,以礼、乐、射、御、书、数设科分教。务求实才,顽不率者黜之。十五年颁学规于国子监,又颁禁例十二条于天下,镌立卧碑,置明伦堂之左。其不遵者,以违制论。盖无地而不设之学,无人而不纳之教。痒声序音,重规叠矩,无间于下邑荒徼,山陬海涯。此明代学校之盛,唐、宋以来所不及也。

　　生员虽定数于国初,未几即命增广,不拘额数。宣德中,定增广之额:在京府学六十人,在外府学四十人,州、县以次减十。成化中,定卫学之例:四卫以上军生八十人,三卫以上军生六十人,二卫、一卫军生四十人,有司儒学军生二十人;士官子弟,许入附近儒学,无定额。增广既多,于是初设食廪者谓之廪膳生员,增广者谓之增广生员。及其既久,人才愈多,又于额外增取,附于诸生之末,谓之附学生员。凡初入学者,止谓之附学,而廪膳、增广,以岁科两试等第高者补充之。非廪生久次者,不得充岁贡也。士子未入学者,通谓之童生。当大比之年,间收一二异敏,三场并通者,俾与诸生一体入场,谓之充场儒士。中式即为举人,不中式仍候提学官岁试;合格,乃准入学。提学官在任三岁,两试诸生。先以六等试诸生优劣,谓之岁考。一等前列者,视廪膳生有缺,依次充补,其次补增广生。一二等皆给赏,三等如常,四等挞责,五等则廪、增递降一等,附生降为青衣,六等黜革。继取一二等为科举生员,俾应乡试,谓之科考。其充补廪、增给赏,悉如岁试。其等第仍分为六,而大抵多置三等。三等不得应乡试,挞黜者仅百一,亦可绝无也。生儒应试,每举人一名,以科举三十名为率。举人屡广额,科举之数亦日增。及求举者益众,又往往于定额之外加取,以收士心。凡督学者类然。嘉靖十年尝下沙汰生员之令,御史杨宜争之而止。万历时,张居正当国,遂核减天下生员。督学官奉行太过,童生入学,有一州县仅录一人者,其科举减杀可推而知也。

　　生员入学,初由巡按御史,布、按两司及府州县官。正统元年始特置提督学官,专使提督学政,南、北直隶俱御史,各省参用副使、佥事。景泰元年罢提学官。天顺六年复设,各赐敕谕十八条,俾奉行之。直省既设提学,有所辖太广,及地最僻远,岁巡所不能及者,乃酌其宜。口外及各都司、卫所、土官以属分巡道员,直隶庐、凤、淮、扬、滁、徐、和以属江北巡按,湖广衡、永、郴以属湖南道,辰、靖以属辰沅道,广东琼州以属海南道,甘肃卫所以属巡按御史,亦皆专敕行事。万历四十一年,南直隶分上下江,湖广分南北,始各增提学一员。提学之职，专督学校，不理刑名。所受词讼，重者送按察司，轻者发有司，直隶则转送巡按御史。督、抚、巡按及布、按二司，亦不许侵提学职事也。

明初，优礼师儒，教官擢给事、御史，诸生岁贡者易得美官。然钳束亦甚谨。太祖时，教官考满，兼核其岁贡生员之数。后以岁贡为学校常例。二十六年定学官考课法，专以科举为殿最。九年任满，核其中式举人，府九人、州六人、县三人者为最。其教官又考通经，即与升迁。举人少者为平等，即考通经亦不迁。举人至少及全无者为殿，又考不通经，则黜降。其待教官之严如此。生员入学十年，学无所成者，及有大过者，俱送部充吏，追夺廪粮。至正统十四年申明其制而稍更之。受赃、奸盗、冒籍、宿娼、居丧娶妻妾所犯事理重者，直隶发充国子监膳夫，各省发充附近儒学膳夫、斋夫，满日为民，俱追廪米。犯轻充吏者，不追廪米。其待诸生之严又如此。然其后教官之黜降，生员之充发，皆废格不行，即卧碑亦具文矣。诸生，上者中式，次者廪生，年久充贡，或选拔为贡生。其累试不第、年逾五十、愿告退闲者，给与冠带，仍复其身。其后有纳粟马捐监之例，则诸生又有援例而出学者矣。提学官岁试校文之外，令教官举诸生行优劣者一二人，赏黜之以为劝惩。此其大较也。

诸生应试之文，通谓之举业。《四书》义一道，二百字以上。经义一道，三百字以上。取书旨明晰而已，不尚华采也。其后标新领异，益漓厥初。万历十五年，礼部言："唐文初尚靡丽而士趋浮薄，宋文初尚钩棘而人习险谲。国初举业有用六经语者，其后引《左传》、《国语》矣，又引《史记》、《汉书》矣。《史记》穷而用六子，六子穷而用百家，甚至佛经、《道藏》摘而用之，流弊安穷。弘治、正德、嘉靖初年，中式文字纯正典雅。宜选其尤者，刊布学宫，俾知趋向。"因取中式文字一百十余篇，奏请刊布，以为准则。时方崇尚新奇，厌薄先民矩矱，以士子所好为趋，不遵上指也。启、祯之间，文体益变，以出入经史百氏为高，而恣轶者亦多矣。虽数申诡异险僻之禁，势重难返，卒不能从。论者以明举业文字比唐人之诗，国初比初唐，成、弘、正、嘉比盛唐，隆、万比中唐，启、祯比晚唐云。

自儒学外，又有宗学、社学、武学。宗学之设，世子、长子、众子、将军、中尉年未弱冠者俱与焉。其师，于王府长史、纪善、伴读、教授等官择学行优长者除授。万历中，定宗室子十岁以上，俱入宗学。若宗子众多，分置数师，或于宗室中推举一人为宗正，领其事。令学生诵习《皇明祖训》、《孝顺事实》、《为善阴骘》诸书，而《四书》、《五经》、《通鉴》、性理亦相兼诵读。寻复增宗副二人。子弟入学者，每岁就提学官考试，衣冠一如生员。已复令一体乡试，许得中式。其后宗学浸多，颇有致身两榜、起家翰林者。

社学，自洪武八年，延师以教民间子弟，兼读《御制大诰》及本朝律令。正统时，许补儒学生员。弘治十七年令各府、州、县建立社学，选择明师，民间幼童十五以下者送入读书，讲习冠、婚、丧、祭之礼。然其法久废，浸不举行。

武学之设，自洪武时置大宁等卫儒学，教武官子弟。正统中，成国公朱勇奏选骁勇都指挥等官五十一员，熟娴骑射幼官一百员，始命两京建武学以训诲之。寻命都司、卫所应袭子弟年十岁以上者，提学官选送武学读书，无武学者送卫学或附近儒学。成化中，敕所司岁终考试入学武生。十年以上学无可取者，追廪还官，送营操练。弘治中，从兵部尚书马文升言，刊《武经七书》分散两京武学及应袭舍人。嘉靖中，移京城东武学于皇城西隅废寺，俾大小武官子弟及勋爵新袭者，肄业其中，用文武重臣教习。万历中，兵部言，武库司专设主事一员管理武学，近者裁去，请复专设。教官升堂，都指挥执弟子礼，请遵《会典》例，立为程式。诏皆如议。崇祯十年令天下府、州、县学皆设武学生员，提学官一体考取。已又申《会典》事例，簿记功能，有不次擢用、黜退、送操、奖罚、激厉之法。时事方棘，无所益也。

明史卷七〇
志第四六

选举二

　　科目者,沿唐、宋之旧,而稍变其试士之法,专取四子书及《易》、《书》、《诗》、《春秋》、《礼记》五经命题试士。盖太祖与刘基所定。其文略仿宋经义,然代古人语气为之,体用排偶,谓之八股,通谓之制义。三年大比,以诸生试之直省,曰乡试。中式者为举人。次年,以举人试之京师,曰会试。中式者,天子亲策于廷,曰廷试,亦曰殿试。分一、二、三甲以为名第之次。一甲止三人,曰状元、榜眼、探花,赐进士及第。二甲若干人,赐进士出身。三甲若干人,赐同进士出身。状元、榜眼、探花之名,制所定也。而士大夫又通以乡试第一为解元,会试第一为会元,二、三甲第一为传胪云。子、午、卯、酉年乡试,辰、戌、丑、未年会试。乡试以八月,会试以二月,皆初九日为第一场,又三日为第二场,又三日为第三场。

　　初设科举时,初场试经义二道,《四书》义一道;二场,论一道;三场,策一道。中式后十日,复以骑、射、书、算、律五事试之。后颁科举定式,初场试《四书》义三道,经义四道。《四书》主朱子《集注》,《易》主程《传》、朱子《本义》,《书》主蔡氏《传》及古注疏,《诗》主朱子《集传》,《春秋》主左氏、公羊、谷梁三传及胡安国、张洽《传》,《礼记》主古注疏。永乐间,颁《四书五经大全》,废注疏不用。其后,《春秋》亦不用张洽《传》,《礼记》止用陈浩《集说》。二场试论一道,判五道,诏、诰、表、内科一道。三场试经史时务策五道。

廷试，以三月朔。乡试，直隶于京府，各省于布政司。会试，于礼部。主考，乡、会试俱二人。同考，乡试四人，会试八人。提调一人，在内京官，在外布政司官。会试，礼部官监试二人，在内御史，在外按察司官。会试，御史供给收掌试卷；弥封、誊录、对读、受卷及巡绰监门，搜检怀挟，俱有定员，各执其事。举子，则国子生及府、州、县学生员之学成者，儒士之未仕者，官之未入流者，皆由有司申举性资敦厚、文行可称者应之。其学校训导专教生徒，及罢闲官吏，倡优之家，与居父母丧者，俱不许入试。

试卷之首，书三代姓名及其籍贯年甲，所习本经，所司印记。试日入场，讲问、代冒者有禁。晚未纳卷，给烛三枝。文字中回避御名、庙号，及不许自序门第。弥封编号作三合字。考试者用墨，谓之墨卷。誊录用朱，谓之朱卷。试士之所，谓之贡院。诸生席舍，谓之号房。人一军守之，为之号军。

试官入院，辄封钥内外门户。在外提调、监试等谓之外帘官，在内主考、同考谓之内帘官。廷试用翰林及朝臣文学之优者，为读卷官。共阅对策，拟定名次，候临轩。或如所拟，或有所更定，传制唱第。

状元授修撰，榜眼、探花授编修，二、三甲考选庶吉士者，皆为翰林官。其他或授给事、御史、主事、中书、行人、评事、太常、国子博士，或授府推官、知州、知县等官。举人、贡生不第，入监而选者，或授小京职，或授府佐及州县正官，或授教职。

此明一代取士之大略也。终明之世，右文左武。然亦尝设武科以收之，可得而附列也。

初，太祖起事，首罗贤才。吴元年设文武二科取士之令，使有司劝谕民间秀士及智勇之人，以时勉学，俟开举之岁，充贡京师。洪武三年诏曰："汉、唐及宋，取士各有定制，然但贵文学而不求德艺之全。前元待士甚优，而权豪势要，每纳奔竞之人，夤缘阿附，辄窃仕禄。其怀材抱道者，耻与并进，甘隐山林而不出。风俗之弊，一至于此。自今年八月始，特设科举，务取经明行修、博通古今、名实相称者。朕将亲策于廷，第其高下而任之以官。使中外文臣皆由科举而进，非科举者毋得与官。”于是京师行省各举乡试，直隶贡额百人，河南、山东、山西、陕西、北平、福建、江西、浙江、湖广皆四十人，广西、广东皆二十五人，才多或不及者，不拘额数。高丽、安南、占城，诏许其国士子于本国乡试，贡赴京师。明年会试，取中一百二十名。帝亲制策问，试于奉天殿，擢吴伯宗第一。午门外张挂黄榜，奉天殿宣谕，赐宴中书省。授伯宗为礼部员外郎，余以次授官有差。

时以天下初定，令各行省连试三年，且以官多缺员，举人俱免会试，赴京听选。又擢其年少俊异者张唯、王辉等为翰林院编修，萧韶为秘书监直长，令入禁中文华堂肄业，太子赞善大夫宋濂等为之师。帝听政之暇，辄幸堂中，评其文字优劣，日给光禄酒馔。每食，皇太子、亲王迭为之主，赐白金、弓矢、鞍马及冬夏衣，宠遇之甚厚。既而谓所取多后生少年，能以所学措诸行事者寡，乃但令有司察举贤才，而罢科举不用。至十五年，复设。十七年始定科举之式，命礼部颁行各省，后遂以为永制，而荐举渐轻，久且废不用矣。

十八年廷试，擢一甲进士丁显等为翰林院修撰，二甲马京等为编修，吴文为检讨。进士之入翰林，自此始也。使进士观政于诸司，其在翰林、承敕监等衙门者，曰庶吉士。进士之为庶吉士，亦自此始也。其在六部、都察院、通政司、大理寺等衙门者仍称进士，观政进士之名亦自此始也。其后试额有增减，条例有变更，考官有内外轻重，闱事有是非得失。其细者勿论，其有关于国是者不可无述也。

乡试之额，洪武十七年诏不拘额数，从实充贡。洪熙元年始有定额。其后渐增。至正统间，南北直隶定以百名，江西六十五名，他省又自五而杀，至云南二十名为最少。嘉靖间，增至四十，而贵州亦二十名。庆、历、启、祯间，两直隶益增至一百三十余名，他省渐增无出百名者。交址初开以十名为额，迨弃其地乃止。会试之额，国初无定，少至三十二人，其多者，若洪武乙丑、永乐丙戌，至四百七十二人。其后或百名，或二百名，或二百五十名，或三百五十名，增损不一,皆临期奏请定夺。至成化乙未而后,率取三百名,有因题请及恩诏而广五十名或百名者,非恒制也。

初制,礼闱取士,不分南北。自洪武丁丑,考官刘三吾、白信蹈所取宋琮等五十二人,皆南士。三月,廷试,擢陈䢿为第一。帝怒所取之偏,命侍读张信等十二人覆阅,䢿亦与焉。帝犹怒不已,悉诛信蹈及信、䢿等,戍三吾于边,亲自阅卷,取任伯安等六十一人。六月复廷试,以韩克忠为第一。皆北士也。然讫永乐间,未尝分地而取。洪熙元年,仁宗命杨士奇等定取士之额,南人十六,北人十四。宣德、正统间,分为南、北、中卷,以百人为率,则南取五十五名,北取三十五名,中取十名。景泰初,诏书遵永乐间例。二年辛未,礼部方奉行,而给事中李侃争之,言:“部臣欲专以文词,多取南人。”刑部侍郎罗绮亦助侃言。事下礼部,覆奏:“臣等奉诏书,非私请也。”景帝命遵诏书,不从侃议。未几,给事中徐廷章复请依正统间例。五年甲戌,会试,礼部奏请裁定,于是复从廷章言,分南、北、中卷;南卷,应天及苏、松诸府,浙江、江西、福建、湖广、广东;北卷,顺天、山东、山西、河南、陕西;中卷,四川、广西、云南、贵州及凤阳、庐州二府、滁、徐、和三州也。成化二十二年,万安当国,周洪谟为礼部尚书,皆四川人,乃因布政使潘稹之请,南北各减二名,以益于中。弘治二年复从旧制。嗣后相沿不改。惟正德三年,给事中赵铎承刘瑾指,请广河南、陕西、山东、西乡试之额。乃增陕西为百,河南为九十五,山东、西俱九十。而以会试分南、北、中卷为不均,乃增四川额十名,并入南卷,其余并入北卷,南北均取一百五十名。盖瑾陕西人,而阁臣焦芳河南人,票旨相附和,各徇其私。瑾、芳败,旋复其旧。

初制,两京乡试,主考皆用翰林。而各省考官,先期于儒官、儒士内聘明经公正者为之,故有不在朝列累秉文衡者。景泰三年令布、按二司同巡按御史,推举见任教官,年五十以下、三十以上、文学廉谨者,聘充考官。于是教官主试,遂为定例。其后有司徇私,聘取或非其人,监临官又往往侵夺其职掌。成化十五年,御史许进请各省俱视两京例,特命翰林主考。帝谕礼部严饬私弊,而不从其请。

屡戒外帘官毋夺主考权，考官不当，则举主连坐。又令提学考定教官等第，以备聘取。然相沿既久，积习难移。弘治十四年，掌国子监谢铎言："考官皆御史方面所辟召，职分既卑，听其指使，以外帘官预定去取，名为防闲，实则关节，而科举之法坏矣。乞敕两京大臣，各举部属等官素有文望者，每省差二员主考，庶几前弊可革。"时未能从。嘉靖七年用兵部侍郎张璁言，各省主试皆遣京官或进士，每省二人驰往。初，两京房考亦皆取教职，至是命各加科部官一员，阅两科、两京房考，复罢科部勿遣，而各省主考亦不遣京官。至万历十一年，诏定科场事宜。部议复举张璁之说，言："彼时因主考与监临官礼节小嫌，故行止二科而罢，今宜仍遣廷臣。"由是浙江、江西、福建、湖广皆用编修、检讨，他省用科部官，而同考亦多用甲科，教职仅取一二而已。盖自嘉靖二十五年从给事中万虞恺言，各省乡试精聘教官，不足则聘外省推官、知县以益之。四十三年又从南京御史奏，两京同考用京官进士，《易》、《诗》、《书》各二人，《春秋》、《礼记》各一人，其余乃参用教官。万历四年复议两京同考、教官衰老者遣回，北京取足于观政进士、候补甲科，南京于附近知县、推官取用。至是教官益绌。

　　初制，会试同考八人，三人用翰林，五人用教职。景泰五年从礼部尚书胡濙请，俱用翰林、部曹。其后房考渐增。至正德六年，命用十七人，翰林十一人，科部各三人。分《诗经》房五，《易经》、《书经》各四，《春秋》、《礼记》各二。嘉靖十一年，礼部尚书夏言论科场三事，其一言会试同考，例用讲读十一人，今讲读止十一人，当尽入场，方足供事。乞于部科再简三四人，以补翰林不足之数。世宗命如所请。然偶一行之，辄如其旧。万历十一年，以《易》卷多，减《书》之一以增于《易》。十四年，《书》卷复多，乃增翰林一人，以补《书》之缺。至四十四年，用给事中余懋孳奏，《诗》、《易》各增一房，共为二十房，翰林十二人，科部各四人，至明末不变。

　　洪武初，赐诸进士宴于中书省。宣德五年赐宴于中军都督府。八年赐宴于礼部，自是遂著为令。

　　庶吉士之选,自洪武乙丑,择进士为之,不专属于翰林也。永乐二年既授一甲三人曾棨、周述、周孟简等官,复命于第二甲择文学优等杨相等五十人,及善书者汤流等十人,俱为翰林院庶吉士。庶吉士遂专属翰林矣。复命学士解缙等选才资英敏者,就学文渊阁。缙等选修撰棨,编修述、孟简,庶吉士相等共二十八人,以应二十八宿之数。庶吉士周忱自陈少年愿学。帝喜而俞之,增忱为二十九人。司礼监月给笔墨纸,光禄给朝暮馔,礼部月给膏烛钞,人三锭,工部择近第宅居之。帝时至馆召试。五日一休沐,必使内臣随行,且给校尉驺从。是年所选王英、王直、段民、周忱、陈敬宗、李时勉等,名传后世者,不下十余人。其后每科所选,多寡无定额。永乐十三年乙未选六十二人,而宣德二年丁未止邢恭一人,以其在翰林院习四夷译书久,他人俱不得与也。

　　弘治四年,给事中涂旦以累科不选庶吉士,请循祖制行之。大学士徐溥言:“自永乐二年以来,或间科一选,或连科屡选,或数科不选,或合三科同选,初无定限。或内阁自选,或礼部选送,或会礼部同选,或限年岁,或拘地方,或采誉望,或就廷试卷中查取,或别出题考试,亦无定制。自古帝王储才馆阁以教养之。本朝所以储养之者,自及第进士之外,止有庶吉士一途,而或选或否。且有才者未必皆选,所选者未必皆才,若更拘地方、年岁,则是已成之才又多弃而不用也。请自今以后,立为定制,一次开科,一次选用。令新进士录平日所作论、策、诗、赋、序、记等文字,限十五篇以上,呈之礼部,送翰林考订。少年有新作五篇,亦许投试翰林院。择其词藻文理可取者,按号行取。礼部以糊名试卷,偕阁臣出题考试于东阁,试卷与所投之文相称,即收预选。每科所选不过二十人,每选所留不过三五辈,将来成就必有足赖者。”孝宗从其请,命内阁同吏、礼二部考选以为常。

　　自嘉靖癸未至万历庚辰,中间有九科不选。神宗常命间科一选。礼部侍郎吴道南持不可。崇祯甲戌、丁丑,复不选,余悉遵例。

其与选者,谓之馆选。以翰、詹官高资深者一人课之,谓之教习。三年学成,优者留翰林为编修、检讨,次者出为给事、御史,谓之散馆。与常调官待选者,体格殊异。

成祖初年,内阁七人,非翰林者居其半。翰林纂修,亦诸色参用。自天顺二年,李贤奏定纂修专选进士。由是,非进士不入翰林,非翰林不入内阁,南、北礼部尚书、侍郎及吏部右侍郎,非翰林不任。而庶吉士始进之时,已群目为储相。通计明一代宰辅一百七十余人,由翰林者十九。盖科举视前代为盛,翰林之盛则前代所绝无也。

辅臣子弟,国初少登第者。景泰七年,陈循、王文以其子北闱下第,力攻主考刘俨,台省哗然论其失。帝勉徇二人意,命其子一体会试,而心薄之。

正德三年,焦芳子黄中会试中式,芳引嫌不读卷。而黄中居二甲之首,芳意犹不慊,至降调诸翰林以泄其忿。六年,杨廷和子慎廷试第一,廷和时亦引嫌不读卷。慎以高才及第,人无訾之者。

嘉靖二十三年廷试,翟銮子汝俭、汝孝俱在试中。世宗疑二人滥首甲,抑第一为第三,以第三置三甲。及拆卷,而所拟第三者,果汝孝也,帝大疑之。给事中王交、王尧日因劾会试考官少詹事江汝璧及诸房考朋私通贿,且追论顺天乡试考官秦鸣夏、浦应麒阿附銮罪,乃下汝璧等镇抚司狱。狱具,诏杖汝璧、鸣夏、应麒,并革职闲住,而勒銮父子为民。

神宗初,张居正当国。二年甲戌,其子礼闱下第,居正不悦,遂不选庶吉士。至五年,其子嗣修遂以一甲第二人及第。至八年,其子懋修以一甲第一人及第。而次辅吕调阳、张四维、申时行之子,亦皆先后成进士。御史魏允贞疏陈时弊,言辅臣子不宜中式。帝为谪允贞。

十六年,右庶子黄洪宪主顺天试,王锡爵子衡为榜首。礼部郎中高桂论劾举人李鸿等,并及衡,言:"自故相子一时并进,而大臣之子遂无见信于天下者。今辅臣锡爵子衡，素号多才，青云不难自致，而人犹疑信相半，宜一体覆试，以明大臣之心迹。”锡爵怒甚，具奏申辨，语过激。刑部主事饶伸复抗疏论之。帝为谪桂于外，下伸狱，削其官。覆试所劾举人，仍以衡第一，且无一人黜者。

二十年会试，李鸿中式。鸿，大学士申时行婿也。榜将发，房考给事中某持之，以为宰相之婿不当中。主考官张位使十八房考公阅，皆言文字可取，而给事犹持不可。位怒曰：“考试不凭文字，将何取衷？我请职其咎。”鸿乃获收。

王衡既被论，当锡爵在位，不复试礼闱。二十九年乃以一甲第二人及第。自后辅臣当国，其子亦无登第者矣。

科场弊窦既多，议论频数。自太祖重罪刘三吾等，永、宣间大抵帖服。陈循、王文之龁刘俨也，高谷持之，俨亦无恙。

弘治十二年会试，大学士李东阳、少詹事程敏政为考官。给事中华㫤劾敏政鬻题与举人唐寅、徐泰，乃命东阳独阅文字。给事中林廷玉复攻敏政可疑者六事。敏政谪官，寅、泰皆斥谴。寅，江左才士，戊午南闱第一，论者多惜之。

嘉靖十六年，礼部尚书严嵩连摘应天、广东试录语，激世宗怒。应天主考及广东巡按御史俱逮问。二十二年，帝手批山东试录讥讪，逮御史叶经杖死阙下，布政以下皆远谪，亦嵩所中伤也。四十年，应天主考中允无锡吴情取同邑十三人，被劾，与副考胡杰俱谪外。南畿翰林遂不得典应天试矣。

万历四年，顺天主考高汝愚中张居正子嗣修、懋修，及居正党吏部侍郎王篆子之衡、之鼎。居正既死，御史丁此吕追论其弊，且言：“汝愚以‘舜亦以命禹’为试题，殆以禅受阿居正。”当国者恶此吕，谪于外，而议者多不直汝愚。

三十八年会试，庶子汤宾尹为同考官，与各房互换闱卷，共十八人。明年，御史孙居相劾宾尹私韩敬，其互换皆以敬故。时吏部方考察，尚书孙丕扬因置宾尹、敬于察典。敬颇有文名，众亦惜敬，而以其宣党,谓其宜斥也。

四十四年会试,吴江沈同和第一,同里赵鸣阳第六。同和素不能文,文多出鸣阳手,事发觉,两人并谪戍。

天启四年,山东、江西、湖广、福建考官,皆以策问讥刺,降谕切责。初命贬调,既而褫革,江西主考丁乾学至下狱拟罪,盖触魏忠贤怒也。先是二年辛酉,中允钱谦益典试浙江,所取举人钱千秋卷七篇大结,迹涉关节。榜后,为人所讦,谦益自检举,千秋谪戍。未几,赦还。崇祯二年会推阁臣,谦益以礼部侍郎与焉,而尚书温体仁不与。体仁摘千秋事,出疏攻谦益。谦益由此罢,遂终明世不复起。

其他指摘科场事者,前后非一,往往北闱为甚,他省次之。其贿买钻营、怀挟倩代、割卷传递、顶名冒籍,弊端百出,不可穷究,而关节为甚。事属暧昧,或快恩仇报复,盖亦有之。其他小小得失,无足道也。

历科事迹稍异者。

永乐初,兵革仓猝,元年癸未,始令各省乡试。二年甲申会试,以事变不循午未之旧。七年己丑会试,中陈燧等九十五人。成祖方北征,皇太子令送国子监进学,俟车驾还京廷试。九年辛卯始擢萧时中第一。

宣德五年庚戌,帝临轩发策毕,退御武英殿,谓翰林儒臣曰:"取士不尚虚文,有若刘蕡、苏辙辈直言抗论,朕当显庸之。"乃赋《策士歌》以示读卷官,顾所擢第一人林震,亦无所表见也。八年癸丑廷试第一人曹鼐,由江西泰和典史会试中式。

正统七年壬戌,刑部吏南昱、公陵驿丞郑温亦皆中式。十年乙丑,会试、廷试第一皆商辂。辂,淳安人,宣宗末年乙卯,浙榜第一人。三试皆第一,士子艳称为三元,明代惟辂一人而已。廷试读卷尽用甲科,而是年兵部尚书徐晞、十三年户部侍郎奈亨乃吏员,天顺元年丁丑读卷左都御史杨善乃译字生,时犹未甚拘流品也。迨后无杂流会试及为读卷官者矣。七年癸未试日,场屋火,死者九十余人,俱赠进士出身,改期八月会试。明年甲申三月,始廷试。时英宗已崩,宪宗以大丧未逾岁,御西角门策之。

正德三年戊辰,太监刘瑾录五十人姓名以示主司,因广五十名之额。十五年庚辰,武宗南巡,未及廷试。次年,世宗即位,五月御西角门策之,擢杨维聪第一。而张璁即是榜进士也,六七年间,当国用事,权侔人主矣。

嘉靖八年己丑,帝亲阅廷试卷,手批一甲罗洪先、杨名、欧阳德,二甲唐顺之、陈束、任瀚六人对策,各加评奖。大学士杨一清等遂选顺之、束、瀚及胡经等共二十人为庶吉士,疏其名上,请命官教习。忽降谕云:"吉士之选,祖宗旧制诚善。迩来大臣徇私选取,市恩立党,于国无益,自今不必选留。唐顺之等一切除授,吏、礼二部及翰林院会议以闻。"尚书方献夫等遂阿旨谓顺之等不必留,并限翰林之额,侍读、侍讲、修撰各三员,编修、检讨各六员。著为令。盖顺之等出张璁、霍韬门,而心以大礼之议为非,不肯趋附,璁心恶之。璁又方欲中一清,故以立党之说进,而故事由此废。

迨十一年壬辰,已罢馆选,至九月复举行之。十四年乙未,帝亲制策问,手自批阅,擢韩应龙第一。降谕论一甲三人及二甲第一名次前后之由。礼部因以圣谕列登科录之首,而十二人对策,俱以次刊刻。二十年辛丑,考选庶吉士题,文曰《原政》,诗曰《读大明律》,皆钦降也。四十四年乙丑廷试,帝始不御殿。神宗时,御殿益稀矣。

天启二年壬戌会试,命大学士何宗彦、朱国祚为主考。故事,阁臣典试,翰、詹一人副之。时已推礼部尚书顾秉谦,特旨命国祚。国祚疏辞,帝曰:"今岁,朕首科,特用二辅臣以光重典,卿不必辞。"嗣后二辅臣典试以为常。是年开宗科,朱慎鋆成进士,从宗彦、国祚请,即授中书舍人。

崇祯四年,朱统𨰥成进士,初选庶吉士。吏部以统𨰥宗室,不宜官禁近,请改中书舍人。统𨰥疏争,命仍授庶吉士。七年甲戌,知贡举礼部侍郎林钎言,举人颜茂猷文兼《五经》,作二十三义。帝念其该洽,许送内帘。茂猷中副榜,特赐进士,以其名另为一行,刻于试录第一名之前。《五经》中式者，自此接迹矣。

武科，自吴元年定。洪武二十年俞礼部请，立武学，用武举。武臣子弟于各直省应试。天顺八年令天下文武官举通晓兵法、谋勇出众者，各省抚、按、三司，直隶巡按御史考试。中式者，兵部同总兵官于帅府试策略，教场试弓马。答策二道，骑中四矢、步中二矢以上者为中式。骑、步所中半焉者次之。成化十四年从太监汪直请，设武科乡、会试，悉视文科例。弘治六年定武举六岁一行，先策略，后弓马。策不中者不许骑射。十七年改定三年一试，出榜赐宴。正德十四年定，初场试马上箭，以三十五步为则；二场试步下箭，以八十步为则；三场试策一道。子、午、卯、酉年乡试。嘉靖初，定制，各省应武举者，巡按御史于十月考试，两京武学于兵部选取，俱送兵部。次年四月会试，翰林二员为考试官，给事中、部曹四员为同考。乡、会场期俱于月之初九、十二、十五。起送考验，监试张榜，大率仿文闱而减杀之。其后倏罢倏复。又仿文闱南北卷例，分边方、腹里。每十名，边六腹四以为常。万历三十八年定会试之额，取中进士以百名为率。其后有奉诏增三十名者，非常制也。

穆、神二宗时，议者尝言武科当以技勇为重。万历之末，科臣又请特设将材武科，初场试马步箭及枪、刀、剑、戟、拳搏、击刺等法，二场试营阵、地雷、火药、战车等项，三场各就其兵法、天文、地理所熟知者言之。报可而未行也。崇祯四年，武会试榜发，论者大哗。帝命中允方逢年、倪元璐再试，取翁英等百二十人。逢年、元璐以时方需才，奏请殿试传胪，悉如文例。乃赐王来聘等及第、出身有差。武举殿试自此始也。十四年谕各部臣特开奇谋异勇科。诏下，无应者。

明史卷七一
志第四七

选举三

　　太祖下金陵，辟儒士范祖干、叶仪。克婺州，召儒士许元、胡翰等，日讲经史治道。克处州，征耆儒宋濂、刘基、章溢、叶琛至建康，创礼贤馆处之。以濂为江南等处儒学提举，溢、琛为营田佥事，基留帷幄预谋议。甲辰三月敕中书省曰："今土宇日广，文武并用。卓荦奇伟之才，世岂无之。或隐于山林，或藏于士伍，非在上者开导引拔之，无以自见。自今有能上书陈言、敷宣治道、武略出众者，参军及都督府具以名闻。或不能文章而识见可取，许诣阙面陈其事。郡县官年五十以上者，虽练达政事，而精力既衰，宜令有司选民间俊秀年二十五以上、资性明敏、有学识才干者辟赴中书，与年老者参用之。十年以后，老者休致，而少者已熟于事。如此则人才不乏，而官使得人。其下有司，宣布此意。"于是州县岁举贤才及武勇谋略、通晓天文之士，间及兼通书律者。既而严选举之禁，有滥举者逮治之。

　　吴元年遣起居注吴林、魏观等以币帛求遗贤于四方。洪武元年征天下贤才至京，授以守令。其年冬，又遣文原吉、詹同、魏观、吴辅、赵涛等分行天下，访求贤才，各赐白金而遣之。三年谕廷臣曰："六部总领天下之务，非学问博洽、才德兼美之士，不足以居之。虑有隐居山林，或屈在下僚者，其令有司悉心推访。"六年复下诏曰："贤才，国之宝也。古圣王劳于求贤。若高宗之于傅说，文王之于吕尚。彼二君者岂其智不足哉，顾皇皇于版筑鼓刀之徒者，盖贤才不备,不足以为治。鸿鹄之能远举者,为其有羽翼也。蛟龙之能腾跃者,为其有鳞鬣也。人君之能致治者,为其有贤人而为之辅也。山林之士德行文艺可称者,有司采举,备礼遣送至京,朕将任用之,以图至治。"是年,遂罢科举,别令有司察举贤才,以德行为本,而文艺次之。其目,曰聪明正直,曰贤良方正,曰孝弟力田,曰儒士,曰孝廉,曰秀才,曰人才,曰耆民。皆礼送京师,不次擢用。而各省贡生亦由太学以进。于是罢科举者十年,至十七年始复行科举,而荐举之法并行不废。

时中外大小臣工皆得推举,下至仓、库、司、局诸杂流,亦令举文学才干之士。其被荐而至者,又令转荐。以故山林岩穴、草茅穷居,无不获自达于上,由布衣而登大僚者不可胜数。耆儒鲍恂、余诠、全思诚、张长年辈年九十余,征至京,即命为文华殿大学士。儒士王本、杜敩、赵民望、吴源特置为四辅官兼太子宾客。贤良郭有道,秀才范敏、曾泰,税户人才郑沂,儒士赵翥起家为尚书。儒士张子源、张宗德为侍郎。耆儒刘堉、关贤为副都御史。明经张文通、阮仲志为金都御史。人才赫从道为大理少卿。孝廉李德为府尹。儒士吴颙为祭酒。贤良栾世英、徐景升、李延中,儒士张璲、王廉为布政使。孝弟李好诚、聂士举,贤良蒋安素、薛正言、张端,文学宋亮为参政。儒士郑孔麟、王德常、黄桐生,贤良余应举、马卫、许安、范孟宗、何德忠、孙仲贤、王福、王清,聪明张大亨、金思存为参议,凡其显擢者如此。其以渐而跻贵仕者,又无算也。尝谕礼部:"经明行修练达时务之士,征至京师。年六十以上七十以下者,置翰林以备顾问。四十以上六十以下者,于六部及布、按两司用之。"盖是时,仕进无他途,故往往多骤贵者。而吏部奏荐举当除官者,多至三千七百余人,其少者亦至一千九百余人。又俾富户耆民皆得进见,奏对称旨,辄予美官。而会稽僧郭传,由宋濂荐擢为翰林应奉,此皆可得而考者也。

洎科举复设,两途并用,亦未尝畸重轻。建文、永乐间,荐举起家犹有内授翰林、外授藩司者。而杨士奇以处士,陈济以布衣,遂命为《太祖实录》总裁官,其不拘资格又如此。自后科举日重,荐举日益轻,能文之士率由场屋进以为荣;有司虽数奉求贤之诏,而人才既衰,第应故事而已。

宣宗尝出御制《猗兰操》及《招隐诗》赐诸大臣,以示风励。实应者寡,人情亦共厌薄。正统元年,行在吏部言:“宣德间,尝诏天下布、按二司及府、州、县官举贤良方正各一人,迄今尚举未已,宜止之。”帝以朝廷求贤不可止。自今来者,六部、都察院、翰林院堂上官考试,中者录用,不中者黜之。荐举者益稀矣。

天顺元年诏:“处士中,有学贯天人、才堪经济、高蹈不求闻达者,所司具实奏闻。”御史陈迹奏崇仁儒士吴与弼学行,命江西巡抚韩雍礼聘赴京。至则召见,命为左谕德。与弼辞疾不受。帝又命李贤引见文华殿,从容顾问曰:“重卿学行,特授宫僚,烦辅太子。”与弼固辞。赐宴文华殿,命贤侍宴,降敕褒赉,遣行人送归,盖殊典也。至成化十九年,广东举人陈献章被荐,授翰林院检讨,而听其归,典礼大减矣。其后弘治中,浙江儒士潘辰,嘉靖中,南直隶生员文征明、永嘉儒士叶幼学,皆以荐授翰林院待诏。万历中,湖广举人瞿九思亦授待诏,江西举人刘元卿授国子监博士,江西处士章潢仅遥授顺天府训导。而直隶处士陈继儒、四川举人杨思心等虽皆被荐,下之礼部而已。

崇祯九年,吏部复议举孝廉,言:“祖宗朝皆偶一行之,未有定制。今宜通行直省,加意物色,果有孝廉、怀才抱德、经明行修之士,由司道以达巡按,覆核疏闻,验试录用。”于时荐举纷纷遍天下,然皆授以残破郡县,卒无大效。至十七年,令豫、楚被陷州县员缺悉听抚、按官辟选更置,不拘科目、杂流、生员人等。此则皇遽求贤,非承平时举士之典。

至若正德四年,浙江大吏荐余姚周礼、徐子元、许龙,上虞徐文彪。刘瑾以四人皆谢迁同乡,而草诏出于刘健,矫旨下礼等镇抚司,谪戍边卫,勒布政史林符、邵宝、李赞及参政、参议、府县官十九人罚米二百石,并削健、迁官,且著令,余姚人不得选京官。此则因荐举而得祸者，又其变也。

任官之事，文归吏部，武归兵部，而吏部职掌尤重。吏部凡四司，而文选掌铨选，考功掌考察，其职尤要。选人自进士、举人、贡生外，有官生、恩生、功生、监生、儒士，又有吏员、承差、知印、书算、篆书、译字、通事诸杂流。进士为一途，举贡等为一途，吏员等为一途，所谓三途并用也。京官六部主事、中书、行人、评事、博士，外官知州、推官、知县，由进士选。外官推官、知县及学官，由举人、贡生选。京官五府、六部首领官，通政司、太常、光禄寺、詹事府属官，由官荫生选。州、县佐贰，都、布、按三司首领官，由监生选。外府、外卫、盐运司首领官，中外杂职、入流、未入流官，由吏员、承差等选。此其大凡也。其参差互异者，可推而知也。初授者曰听选，升任者曰升迁。

选人之法，每年吏部六考、六选。凡引选六，类选六，远方选二。听选及考定升降者，双月大选，其序定于单月。改授、改降、丁忧、候补者，单月急选。其拣选，三岁举行。举人乞恩，岁贡就教，无定期。凡升迁，必满考。若员缺应补不待满者，曰推升。内阁大学士、吏部尚书，由廷推或奉特旨。侍郎以下及祭酒，吏部会同三品以上廷推。太常卿以下，部推。通、参以下，吏部于弘政门会选。詹事由内阁，各衙门由各掌印。在外官，惟督、抚廷推，九卿共之，吏部主之。布、按员缺，三品以上官会举。监、司，则序迁。其防边兵备等，率由选择保举，付以敕书，边府及佐贰亦付敕。蓟、辽之昌平、蓟州等，山西之大同、河曲、代州等，陕西之固原、静宁等六十有一处，俱为边缺，尤慎选除。有功者越次擢，误封疆者罪无赦。内地监司率序迁，其后亦多超迁不拘次，有一岁中四五迁、由佥事至参政者。监、司多额外添设，守巡之外往往别立数衔。不能画一也。在外府、州、县正佐，在内大小九卿之属员，皆常选官，选授迁除，一切由吏部。其初用拈阄法，至万历间变为掣签。二十九年，文选员外郎倪斯蕙条上铨政十八事，其一曰议掣签。尚书李戴拟行报可，孙丕扬踊跃而行之。后虽有讥其失者，终明世不复更也。

洪武间,定南北更调之制,南人官北,北人官南。其后官制渐定,自学官外,不得官本省,亦不限南北也。

初,太祖尝御奉天门选官,且谕毋拘资格。选人有即授侍郎者,而监、司最多,进士、监生及荐举者,参错互用。给事、御史,亦初授升迁各半。永、宣以后,渐循资格,而台省尚多初授。至弘、正后,资格始拘,举、贡虽与进士并称正途,而轩轾低昂,不啻霄壤。隆庆中,大学士高拱言:“国初,举人跻八座为名臣者甚众。后乃进士偏重,而举人甚轻,至于今极矣。请自授官以后,惟考政绩,不问其出身。”然势已积重,不能复返。崇祯间,言者数申“三途并用”之说。间推一二举人如陈新甲、孙元化者,置之要地,卒以倾覆。用武举陈启新为给事,亦声名溃裂。于是朝端又以为不若循资格。而甲榜之误国者亦正不少也。

给事中、御史谓之科道。科五十员,道百二十员。明初至天顺、成化间,进士、举贡、监生皆得选补。其迁擢者,推官、知县而外,或由学官。其后监生及新科进士皆不得与。或庶吉士改授,或取内外科目出身三年考满者考选,内则两京五部主事、中、行、评、博、国子监博士、助教等,外则推官、知县。自推、知入者,谓之行取。其有特荐,则俸虽未满,亦得与焉。考选视科道缺若干,多寡无定额。其授职,吏部、都察院协同注拟,给事皆实补,御史必试职一年始实授,惟庶吉士否。嘉靖、万历间,常令部曹不许改科道,后亦间行之。举贡、推、知,例得与进士同考选,大抵仅四之一。嘉靖间,尝令监生与选,已罢不行。万历中,百度废弛。二十五年,台省新旧人数不足当额设之半。三十六年,科止数人,道止二人。南科以一人摄九篆者二岁,南道亦止一人。内台既空,外差亦缺,淮、扬、苏、松、江西、陕西、广东西、宣大、甘肃、辽东巡按及陕西之茶马,河东之盐课,缺差至数年。给事中陈治则请急考选,不报。三十九年,考选疏上,复留中不下。推、知拟擢台省,候命阙下,去留不得自如。四十六年,掌河南道御史王象恒复言:“十三道御史在班行者止八人,六科给事中止五人,而册封典试诸差,及内外巡方报满告病求代者踵至,当亟议变通之法。"大学士方从哲亦言:"考选诸臣,守候六载,艰苦备尝。吏部议咨礼部、都察院按次题差,盖权宜之术。不若特允部推,令诸臣受命供职,足存政体。"卒皆不报。至光宗初,前后考选之疏俱下,而台省一旦森列矣。

考选之例,优者授给事中,次者御史,又次者以部曹用。虽临时考试,而先期有访单,出于九卿、台省诸臣之手,往往据以为高下。崇祯三年,吏部考选毕,奏应擢给事、御史若干人,而以中书二人,访单可否互异,具疏题请。帝责其推诿,令更确议,而不责访单之非体也。京官非进士不得考选,推、知则举贡皆行取。然天下守令,进士十三,举贡十七,推、知行取,则进士十九,举贡才十一。举贡所得,又大率有台无省,多南少北。御史王道纯以为言。帝谓用人当论才,本不合拘资格,下所司酌行之。初制,急缺风宪,不时行取。神宗时,定为三年,至是每年一举。帝从吏部尚书闵洪学请,仍以三年为期。此选择言路之大凡也。

保举者,所以佐铨法之不及,而分吏部之权。自洪武十七年命天下朝觐官举廉能属吏始。永乐元年命京官文职七品以上,外官至县令,各举所知一人,量才擢用。后以贪污闻者,举主连坐,盖亦尝间行其法。然洪、永时,选官并由部请。

至仁宗初,一新庶政,洪熙元年特申保举之令。京官五品以上及给事、御史,外官布、按两司正佐及府、州、县正官,各举所知。惟见任府、州、县正佐官及曾犯赃罪者,不许荐举,其他官及屈在下僚,或军民中有廉洁公正才堪抚字者,悉以名闻。是时,京官势未重,台省考满,由吏部奏升方面郡守。既而定制,凡布、按二司知府有缺,令三品以上京官保举。宣德三年,况钟、赵豫等以荐擢守苏、松诸府,赐敕行事。十年用郭济、姚文等为知府,亦如之。其所奏保者,郎中、员外、御史及司务、行人、寺副皆与,不依常调也。后多有政绩,部曹及御史,由堂上官荐引,类能其官。而长吏部者,蹇义、郭琎亦屡奉敕谕。帝又虑诸臣畏连坐而不举,则语大学士杨溥以全才之难,谓:"一言之荐,岂能保其终身,欲得贤才,尤当厚教养之法。"故其时吏治蒸蒸,称极盛焉。沿及英宗,一遵厥旧。然行之既久,不能无弊,所举或乡里亲旧、僚属门下,素相私比者。方面大吏方正、谢庄等由保举而得罪。而无官保举者,在内御史,在外知府,往往九年不迁。

正统七年罢荐举县令之制。十一年,御史黄裳言:"给事、御史,国初奏迁方面郡守。近年方面郡守率由廷臣保升,给事、御史以纠参为职,岂以无忤于一人。乞敕吏部仍按例奏请除授。"帝是其言,命部议行。明年,给事中余忭复指正、庄等事败,谓宜坐举主。且言方面郡守有缺,吏部当奏请上裁。尚书王直、英国公张辅等言,方面郡守,保举升用,称职者多,未可擅更易。英宗仍从辅、直言,而采忭疏,许言官指劾。十三年,御史涂谦复陈,举荐得方面郡守辄改前操之弊。请仍遵洪武旧制,于内外九年考满官内拣择升授,或亲择朝臣才望者任之。诏可。大臣举官之例遂罢。

景泰中,复行保举。给事中林聪陈推举骤迁之弊。言:"今缺参政等官三十余员,请暂令三品以上官保举。自后惟布、按两司三品以上官连名并举,其余悉付吏部。"诏并从之。成化五年,科道官复请保举方面,吏部因并及郡守。帝从言官请,而命知府员缺,仍听吏部推举。逾年,以会举多未当,并方面官第令吏部推两员以闻,罢保举之令。既而都御史李宾请令在京五品以上管事官及给事、御史,各举所知以任州县。从之。

弘治十二年复诏部院大臣各举方面郡守。吏部因请依往年御史马文升迁按察使、屠滽迁金都御史之例,超擢一二,以示激劝,而未经大臣荐举者亦兼采之。并从其议。当是时,孝宗锐意求治,命吏、兵二部,每季开两京府部堂上及文武方面官履历,具揭帖奏览。第兼保举法行之,不专恃以为治也。正德以后,揭帖之制渐废。嘉靖八年,给事中夏言复请循弘治故事,且及举劾贤否略节,每季孟月,部臣送科以达御前,命著为令。而保举方面郡守之法,终明世不复行矣。

至若坐事斥免、因急才而荐擢者，谓之起废。家居被召、因需缺而预补者，谓之添注。此又铨法之所未详，而中叶以后间尝一行者也。

考满、考察，二者相辅而行。考满，论一身所历之俸，其目有三：曰称职，曰平常，曰不称职，为上、中、下三等，考察，通天下内外官计之，其目有八：曰贪，曰酷，曰浮躁，曰不及，曰老，曰病，曰罢，曰不谨。

考满之法，三年给由，曰初考，六年曰再考，九年曰通考。依《职掌》事例考核升降。诸部寺所属，初止署职，必考满始实授。外官率递考以待核。杂考或一二年，或三年、九年。郡县之繁简或不相当，则互换其官，谓之调繁、调简。

洪武十一年命吏部课朝觐官殿最。称职而无过者为上，赐坐而宴。有过而称职者为中，宴而不坐。有过而不称职者为下，不预宴，序立于门，宴者出，然后退。此朝觐考核之始也。

十四年，其法称定。在京六部五品以下，听本衙门正官察其行能，验其勤惰。其四品以上，及一切近侍官与御史为耳目风纪之司，及太医院、钦天监、王府官不在常选者，任满黜陟，取自上裁。直隶有司首领官及属官，从本司正官考核，任满从监察御史覆考。各布政使司首领官，俱从按察司考核。其茶马、盐马、盐运、盐课提举司、军职首领官，俱从布政司考核，仍送按察司覆考。其布政司四品以上，按察司、盐运司五品以上，任满黜陟，取自上裁。内外入流并杂职官，九年任满，给由赴吏部考核，依例黜陟。果有殊勋异能、超迈等伦者，取自上裁。

又以事之繁简，与历官之殿最，相参互核，为等第之升降。

其繁简之例，在外府以田粮十五万石以上，州以七万石以上，县以三万石以上，或亲临王府都、布政、按察三司，并有军马守御，路当驿道，边方冲要供给处，俱为事繁。府粮不及十五万石，州不及七万石，县不及三万石，及僻静处，俱为事简。在京诸司，俱从繁例。

十六年，京官考核之制称有裁酌，俱由其长开具送部核考。十八年，吏部言天下布、按、府、州、县朝觐官，凡四千一百一十七人，称职者十之一，平常者十之七，不称职者十之一，而贪污阘茸者亦共得十之一。帝令称职者升，平常者复职，不称职者降，贪污者付法司罪之，阘茸者免为民。永、宣间，中外官旧未有例者，称增入之。又从部议，初考称职、次考未经考核、今考称职者，若初考平常、次考未经考核、今考称职者，俱依称职例升用。自时厥后，大率遵旧制行之。中间利弊不可枚举，而其法无大变更也。

考察之法，京官六年，以巳、亥之岁，四品以上自陈以取上裁，五品以下分别致仕、降调、闲住、为民者有差，具册奏请，谓之京察。自弘治时，定外官三年一朝觐，以辰、戌、丑、未岁，察典随之，谓之外察。州县以月计上之府，府上下其考，以岁计上之布政司。至三岁，抚、按通核其属事状，造册具报，丽以八法。而处分察例有四，与京官同。明初行之，相沿不废，谓之大计。计处者，不复叙用，定为永制。

洪武四年命工部尚书朱守仁廉察山东莱州诸郡官吏。六年令御史台御史及各道按察司察举有司官有无过犯，奏报黜陟，此考察之始也。洪熙时，命御史考察在外官，以奉命者不能无私，谕吏部尚书蹇义严加戒饬，务矢至公。景泰二年，吏部、都察院考察当黜退者七百三十余人。帝虑其未当，仍集诸大臣更考，存留者三之一。成化五年，南京吏部右侍郎章纶、都察院右佥都御史高明考察庶官。帝以各衙门掌印官不同佥名，疑有未当，令侍郎叶盛、都给事中毛弘从公体勘，亦有所更定。

弘治六年考察当罢者共一千四百员，又杂职一千一百三十五员。帝谕：“方面知府必指实迹，毋虚文泛言，以致枉人。府州以下任未三年者，亦通核具奏。”尚书王恕等具陈以请，而以府、州、县官贪鄙殃民者，虽年浅不可不黜。帝终谓人才难得，降谕谆谆，多所原宥。当黜而留者九十余员。给事、御史又交章请黜遗漏及宜退而留者，复命吏部指实迹，恕疏各官考语及本部访察者以闻。帝终以考语为未实，谕令复核。恕以言不用，且疑有中伤者，遂力求去。至十四年，南京吏部尚书林瀚言，在外司府以下官，俱三年一次考察，两京及在外武职官，亦五年一考选，惟两京五品以下官，十年始一考察，法大阔略。旨下，吏部覆请如瀚言，而京官六年一察之例定矣。

京察之岁，大臣自陈。去留既定，而居官有遗行者，给事、御史纠劾，谓之拾遗。拾遗所攻击，无获免者。弘、正、嘉、隆间，士大夫廉耻自重，以挂察典为终身之玷。至万历时，阁臣有所徇庇，间留一二以挠察典，而群臣水火之争，莫甚于辛亥、丁巳，事具各传中。党局既成，互相报复，至国亡及已。

兵部凡四司，而武选掌除授，职方掌军政，其职尤要。凡武职，内则五府、留守司，外则各都司、各卫所及三宣、六慰。流官八等：都督及同知、佥事，都指挥使、同知、佥事，正副留守。世官九等：指挥使及同知、佥事，卫、所镇抚，正、副千户，百户，试百户。直省都指挥使二十一，留守司二，卫九十一，守御、屯田、群牧千户所二百十有一。此外则苗蛮土司，皆听部选。自永乐初，增立三大营，各设管操官，各哨有分管、坐营官。坐司官。景泰中，设团营十，已复增二，各有坐营官，俱特命亲信大臣提督之，非兵部所铨择也。

凡大选，曰色目，曰状貌，曰才行，曰封赠，曰袭荫。其途有四，曰世职，曰武举，曰行伍，曰纳级。初，武职率以勋旧。太祖虑其不率，以《武士训戒录》、《大诰武臣录》颁之。后乃参用将材，三岁武举，六岁会举，每岁荐举，皆隶部除授。久之，法纪隳坏，选用纷杂。正德间，冒功升授者三千有奇。嘉靖中，詹事霍韬言：

成化中，增太祖时军职四倍，今又增几倍矣。锦衣初额官二百五员，今至千七百员，殆增八倍。洪武初，军功袭职子弟年二十者比试，初试不中，袭职署事，食半俸。二年再试，中者食全俸，仍不中者充军。其法至严，故职不冗而俸易给。自永乐后，新官免试，旧官即比试，贿赂无不中，此军职所以日滥也。永乐平交址，赏而不升。迩者不但获馘者升，而奏带及缉妖言捕盗者亦无不升,此军职所以益冗也。

宜命大臣循清黄例,内外武职一切差次功劳,考其祖宗相承,叔侄兄弟继及。或洪、永年间功,或宣德以后功,或内监弟侄恩荫,或勋戚驸马子孙,或武举取中,各分数等,默寓汰省之法。或许世袭,或许终身,或许继,或不许继,各具册籍,昭示明白,以为激劝。

于是命给事中夏言等查核冒滥。言等指陈其弊,言:"镇守官奏带旧止五名,今至三四百名,盖一人而奏带数处者有之,一时而数处获功者有之。他复巧立名色,纪验不加审核,铨选又无驳勘,其改正重升、并功加授之类,弊端百出,宜尽革以昭神断。"部核如议。恩幸冗滥者,裁汰以数千计,宿蠹为清。万历十五年复诏严加察核。且尝命提、镇、科道会同兵部,品年资,课技艺,序荐剡,分为三等,名曰公选。然徒饰虚名,终鲜实效也。

武官爵止六品,其职死者袭,老疾者替,世久而绝,以旁支继。年六十者,子替。明初定例,嫡子袭替,长幼次及之。绝者,嫡子庶子孙,次之;又绝者,以弟继。永乐后,取官舍旗军余丁曾历战功者,令原带俸及管事袭替,悉因之。其降级子孙仍替见降职事。弘治时,令旁支减级承袭。正德中,令旁支入总旗。嘉靖间,旁支无功者,不得保送。凡升职官舍,如父职。其阵亡保袭者,流官一等。凡袭替官舍,以骑射试之。大抵世职难核,故例特详,而长弊丛奸,亦复不少。

官之大者,必会推。五军都督府掌印缺,于见任公、侯、伯取一人。佥事缺,于带俸公、侯、伯及在京都指挥,在外正副总兵官,推二人。锦衣卫堂上官及前卫掌印缺,视五府例推二人。都指挥、留守以下,上一人。正德十六年令五府及锦衣卫必由都指挥屡著勋猷者升授。诸卫官不世,独锦衣以世。

武之军政,犹文之考察也。成化二年令五年一行,以见任掌印、带俸、差操及初袭官一体考核。十三年令两京通考以为常。五府大臣及锦衣卫堂上官自陈候旨,直省总兵官如之。在内五府所属并直省卫所官,悉由巡视官及部官注送;在外都司、卫所官,由抚、按造册缴部。副参以下,千户以上,由都、布、按三司察注送抚,咨部考举题奏。锦衣卫管戎务者倍加严考,南、北镇抚次之。各卫所及地方守御并各都司隶巡抚者,例同。惟管漕运者不与考。

明史卷七二
志第四八

职官一

宗人府　三公三孤　太子三师三少 内阁　吏部　户部 附总督仓场　礼部 兵部 附协理京营戎政　刑部　工部 附提督易州山厂

　　明官制,沿汉、唐之旧而损益之。自洪武十三年罢丞相不设,析中书省之政归六部,以尚书任天下事,侍郎贰之。而殿阁大学士只备顾问,帝方自操威柄,学士鲜所参决。其纠劾则责之都察院,章奏则达之通政司,平反则参之大理寺,是亦汉九卿之遗意也。分大都督府为五,而征调隶于兵部。外设都、布、按三司,分隶兵刑钱谷,其考核则听于府部。是时吏、户、兵三部之权为重。

　　迨仁、宣朝,大学士以太子经师恩,累加至三孤,望益尊。而宣宗内柄无大小,悉下大学士杨士奇等参可否。虽吏部蹇义、户部夏原吉时召见,得预各部事,然希阔不敌士奇等亲。自是,内阁权日重,即有一二吏、兵之长与执持是非,辄以败。

　　至世宗中叶,夏言、严嵩迭用事,遂赫然为真宰相,历制六卿矣。然内阁之拟票,不得不决于内监之批红,而相权转归之寺人。于是朝廷之纪纲,贤士大夫之进退,悉颠倒于其手。伴食者承意指之不暇,间有贤辅,卒蒿目而不能救。

初,领五都督府者,皆元勋宿将,军制肃然。永乐间,设内监监其事,犹不敢纵。沿习数代,勋戚纨裤司军纪,日以惰毁。既而内监添置益多,边塞皆有巡视,四方大征伐皆有监军,而疆事遂致大坏,明祚不可支矣。迹其兴亡治乱之由,岂不在用人之得失哉!

至于设官分职,体统相维,品式具备,详列后简。览者可考而知也。

宗人府。宗人令一人,左、右宗正各一人,左、右宗人各一人,并正一品,掌皇九族之属籍,以时修其玉牒,书宗室子女适庶、名封、嗣袭、生卒、婚嫁、谥葬之事。凡宗室陈请,为闻于上,达材能,录罪过。初,洪武三年置大宗正院。二十二年改为宗人府,并以亲王领之。秦王樉为令,晋王㭎、燕王棣为左、右宗正,周王橚、楚王桢为左、右宗人。其后,以勋戚大臣摄府事,不备官,而所领亦尽移之礼部。其属,经历司,经历一人,正五品,典出纳文移。

太师、太傅、太保为三公,正一品,少师、少傅、少保为三孤,从一品,掌佐天子理阴阳,经邦弘化,其职至重。无定员,无专授。洪武三年授李善长太师,徐达太傅。先是,常遇春已赠太保。三孤无兼领者。建文、永乐间罢公、孤官,仁宗复设。永乐二十二年八月复置三公、三少。宣德三年敕太师、英国公张辅,少师、吏部尚书蹇义,少傅、兵部尚书、华盖殿大学士杨士奇,少保兼太子少傅、户部尚书夏原吉,各辍所领,侍左右,咨访政事。公孤之官,几于专授。逮义、原吉卒,士奇还领阁务。自此以后,公、孤但虚衔,为勋戚文武大臣加官、赠官。而文臣无生加三公者,惟赠乃得之。嘉靖二年加杨廷和太傅,辞不受。其后文臣得加三公,惟张居正,万历九年加太傅,十年加太师。

太子太师、太子太傅、太子太保,并从一品,掌以道德辅导太子,而谨获翼之。太子少师、太子少傅、太子少保,并正二品,掌奉太子以观三公之道德而教谕焉。太子宾客，正三品，掌侍太子赞相礼仪，规诲过失。皆东宫大臣，无定员，无专授。洪武元年，太祖有事亲征，虑太子监国，别设宫僚或生嫌隙，乃以朝臣兼宫职：李善长兼太子少师，徐达兼太子少傅，常遇春兼太子少保，治书侍御史文原吉、范显祖兼太子宾客。三年，礼部尚书陶凯请选人专任东宫官，罢兼领，庶于辅导有所责成。帝谕以江充之事可为明鉴，立法兼领，非无谓也。由是，东宫师傅，止为兼官、加官及赠官。惟永乐间，成祖幸北京，以姚广孝专为太子少师，留辅太子。自是以后，终明世皆为虚衔，于太子辅导之职无与也。

中极殿大学士，旧名华盖殿，建极殿大学士，旧名谨身殿，文华殿大学士，武英殿大学士，文渊阁大学士，东阁大学士，并正五品，掌献替可否，奉陈规诲，点检题奏，票拟批答，以平允庶政。凡上之达下，曰诏，曰诰，曰制，曰册文，曰谕，曰书，曰符，曰令，曰檄，皆起草进画，以下之诸司。下之达上，曰题，曰奏，曰表，曰讲章，曰书状，曰文册，曰揭帖，曰制对，曰露布，曰译，皆审署申覆而修画焉，平允乃行之。凡车驾郊祀、巡幸则扈从。御经筵，则知经筵或同知经筵事。东宫出阁讲读，则领其事，叙其官，而授之职业。冠婚，则充宾赞及纳征等使。修实录、史志诸书，则充总裁官。春秋上丁释奠先师，则摄行祭事。会试充考试官，殿试充读卷官。进士题名，则大学士一人撰文，立石于太学。大典礼、大政事，九卿、科道官会议已定，则按典制，相机宜，裁量其可否，斟酌入告。颁诏则捧授礼部。会敕则稽其由状以请。宗室请名、请封，诸臣请谥，并拟上。以其授餐大内，常侍天子殿阁之下，避宰相之名，又名内阁。

先是，太祖承前制，设中书省，置左、右丞相，正一品。甲辰正月，初置左、右相国，以李善长为右相国，徐达为左相国。吴元年命百官礼仪俱尚左，改右相国为左相国，左相国为右相国。洪武元年改为左、右丞相。平章政事，从一品，左、右丞，正二品，参知政事，从二品，以统领众职。置属官,左、右司,郎中,_{正五品},员外郎,_{正六品},都事、检校,_{正七品},照磨、管勾,_{从七品}。参议府参议,_{正三品},参军、断事官,_{从三品},断事、经历,_{正七品},知事,_{正八品}。都镇抚司,都镇抚,_{正五品}。考功所,考功郎,_{正七品}。_{甲辰十月以都镇抚司隶大都督府。吴元年革参议府。洪武元年革考功所。二年革照磨、检校所、断事官。七年设直省舍人十人,寻改中书舍人。}

洪武九年汰平章政事、参知政事。十三年正月诛丞相胡惟庸,遂罢中书省。其官属尽革,惟存中书舍人。九月置四辅官,以儒士王本等为之。_{置四辅官,告太庙,以王本、杜祐、龚㛳为春官,杜斅、赵民望、吴源为夏官,兼太子宾客。秋、冬官缺,以本等摄之。一月内分司上中下三旬。位列公、侯、都督之次。寻亦罢。}十五年仿宋制,置华盖殿、武英殿、文渊阁、东阁诸大学士,_{礼部尚书邵质为华盖,检讨吴伯宗为武英,翰林学士宋讷为文渊,典籍吴沉为东阁。}又置文华殿大学士,_{征耆儒鲍恂、余诠、张长年等为之,以辅导太子。秩皆正五品。}二十八年敕谕群臣:“国家罢丞相,设府、部、院、寺以分理庶务,立法至为详善。以后嗣君,其毋得议置丞相。臣下有奏请设立者,论以极刑。”当是时,以翰林、春坊详看诸司奏启,兼司平驳。大学士特侍左右,备顾问而已。建文中,改大学士为学士。_{悉罢诸大学士,各设学士一人。又改谨身殿为正心殿,设正心殿学士。}

成祖即位,特简解缙、胡广、杨荣等直文渊阁。参预机务。阁臣之预务自此始。然其时,入内阁者皆编、检、讲读之官,不置官属,不得专制诸司。诸司奏事,亦不得相关白。

仁宗以杨士奇、杨荣东宫旧臣,升士奇为礼部侍郎兼华盖殿大学士,荣为太常卿兼谨身殿大学士,_{谨身殿大学士,仁宗始置,}阁职渐崇。其后士奇、荣等皆迁尚书职,虽居内阁,官必以尚书为尊。景泰中,王文始以左都御史进吏部尚书,入内阁。自后,诰敕房、制敕房俱设中书舍人,六部承奉意旨,靡所不领,而阁权益重。世宗时,三殿成,改华盖为中极,谨身为建极,阁衔因之。嘉靖以后,朝位班次,俱列六部之上。

吏部。尚书一人，正二品，左、右侍郎各一人，正三品。其属，司务厅，司务二人，从九品。文选、验封、稽勋、考功四清吏司，各郎中一人，正五品。员外郎一人，从五品，主事一人，正六品。洪武三十一年增设文选司主事一人。正统十一年增设考功司主事一人。

尚书掌天下官吏选授、封勋、考课之政令，以甄别人才，赞天子治。盖古冢宰之职，视五部为特重。侍郎为之贰。

司务掌催督、稽缓、勾销、簿书。明初，设主事、司务各四人，为首领官，有主事印。洪武二十九年改主事为司官，裁司务二人。各部并同。

文选掌官吏班秩迁升、改调之事，以赞尚书。凡文官之品九，品有正从，为级一十八。不及九品曰未入流。凡选，每岁有大选，有急选，有远方选，有岁贡就教选，间有拣选，有举人乞恩选。选人咸登资簿，厘其流品，平其铨注而序迁之。凡升必考满，若员缺当补，不待考满，曰推升。类推上一人，单推上二人。三品以上，九卿及佥都御史、祭酒，廷推上二人或三人。内阁，吏、兵二部尚书，廷推上二人。凡王官不外调，王姻不内除，大臣之族不得任科道，僚属同族则以下避上。外官才地不相宜，则酌其繁简互换之。有传升、乞升者，并得执奏。以署职、试职、实授奠年资，以开设、裁并、兼摄适繁简，以荐举、起废、征召振幽滞，以带俸、添注寄恩冗，以降调、除名驭罪过，以官程督吏治，以宁假悉人情。

验封掌封爵、袭荫、褒赠、吏算之事，以赞尚书。凡爵非社稷军功不得封，封号非特旨不得与。或世，或不世，皆给诰券。衍圣公及戚里恩泽封，不给券。凡券，左右各一，左藏内府，右给功臣之家。袭封则征其诰券，稽其功过，核其宗支，以第其世流降除之等。土官则勘其应袭与否，移文选司注拟。宣慰、宣抚、安抚、长官诸司领土兵者，则隶兵部。

凡荫叙，明初，自一品至七品，皆得荫一子以世其禄。洪武十六年定职官子孙荫叙。正一品子，正五品用。从一品子，从五品用。正二品子，正六品用。从二品子，从六品用。正三品子，正七品用。从三品子，从七品用。正四品子，正八品用。从四品子，从八品用。正五品子，正九品用。从五品子，从九品用。正六品子,于未入流上等职内叙用。从六品子,于未入流中等职内叙用。正从七品子,于未入流下等职内叙用。后乃渐为限制,京官三品以上,考满著绩,始荫一子曰官生,其出自特恩者曰恩生。

凡封赠,公、侯、伯之追封,皆递进一等。三品以上政绩显异及死谏、死节、阵亡者,皆得赠官。其见任则初授散阶,京官满一考,及外官满一考而以最闻者,皆给本身诰敕。七品以上皆得推恩其先。五品以上授诰命,六品以下授敕命。一品,三代四轴。二品、三品,二代三轴。四品、五品、六品、七品,一代二轴。八品以下流内官,本身一轴。一品轴以玉,二品轴以犀,三品、四品轴以鋄金,五品以下轴以角。曾祖、祖、父皆如其子孙官。公、侯、伯视一品。外内命妇视夫若子之品。生曰封,死曰赠。若先有罪谴则停给。

文之散阶四十有二,以历考为差。正一品,初授特进荣禄大夫,升授特进光禄大夫。从一品,初授荣禄大夫,升授光禄大夫。正二品,初授资善大夫,升授资政大夫,加授资德大夫。从二品,初授中奉大夫,升授通奉大夫,加授正奉大夫。正三品,初授嘉议大夫,升授通议大夫,加授正议大夫。从三品,初授亚中大夫,升授中大夫,加授大中大夫。正四品,初授中顺大夫,升授中宪大夫,加授中议大夫。从四品,初授朝列大夫,升授朝议大夫,加授朝请大夫。正五品,初授奉议大夫,升授奉政大夫。从五品,初授奉训大夫,升授奉直大夫。正六品,初授承直郎,升授承德郎。从六品,初授承务郎,升授儒林郎,吏材干出身授宣德郎。正七品,初授承事郎,升授文林郎,吏材干授宣议郎。从七品,初授从仕郎,升授征仕郎。正八品,初授迪功郎,升授修职郎。从八品,初授边功佐郎,升授修职佐郎。正九品,初授将仕郎,升授登仕郎。从九品,初授将仕佐郎,升授登仕佐郎。外命妇之号九。公曰某国夫人。侯曰某侯夫人。伯曰某伯夫人。一品曰夫人,后称一品夫人。二品曰夫人。三品曰淑人。四品曰恭人。五品曰宜人。六品曰安人。七品曰孺人。因其子孙封者,加太字,夫在则否。凡封赠之次,七品至六品一次,五品一次,初制有四品一次,后省。三品、二品、一品各一次。三母不并封,两封从优品。父职高于子,则进一阶。父应停给,及子为人后者,皆得移封。嫡在不封生母,生母未封不先封其妻。妻之封,止于一嫡一继。其封赠后而以墨败者,则追夺。

稽勋掌勋级、名籍、丧养之事，以赞尚书。凡文勋十。正一品，左、右柱国。从一品，柱国。正二品，正治上卿。从二品，正治卿。正三品，资治尹。从三品，资治少尹。正四品，赞治尹。从四品，赞治少尹。正五品，修正庶尹。从五品，协正庶尹。自五品以下，历再考，乃授勋。凡百官迁除、降调皆开写年甲、乡贯、出身。每岁十二月贴黄，春秋清黄，皆赴内府。有故，揭而去之。凡父母年七十，无兄弟，得归养。凡三年丧，解职守制，纠摘其夺丧、匿丧、短丧者。惟钦天监官，奔丧三月复任。

考功掌官吏考课、黜陟之事，以赞尚书。凡内外官给由，三年初考，六年再考，并引请九年通考，奏请综其称职、平常、不称职而陟黜之。陟无过二等，降无过三等，其甚者黜之，罪之。京官六年一察，察以巳、亥年。五品下考察其不职者，降罚有差；四品上自陈，去留取旨。外官三年一朝，朝以辰、戌、丑、未年。前期移抚、按官，各综其属三年内功过状注考，汇送覆核以定黜陟。仓场库官一年考，巡检三年考，教官九年考。府州县官之考，以地之繁简为差。吏之考，三、六年满，移验封司拨用。九年满，又试授官。惟王官及钦天、御用等监官不考。凡内外官弹章，稽其功过，拟去留以请上裁。荐举、保留，则核其政绩旌异焉。

明初，设四部于中书省，分掌钱谷、礼仪、刑名、营造之务。洪武元年始置吏、户、礼、兵、刑、工六部，设尚书、侍郎、郎中、员外郎、主事，尚书正三品，侍郎正四品，郎中正五品，员外郎正六品，主事正七品，仍隶中书省。六年，部设尚书二人，侍郎二人。吏部设总部、司勋、考功三属部，部设郎中、员外郎各一人，主事各二人。十三年罢中书省，仿《周官》六卿之制，升六部秩，各设尚书、侍郎一人。惟户部侍郎二人。每部分四属部，吏部属部加司封。每属部设郎中、员外郎、主事各一人，寻增侍郎一人。二十二年改总部为选部。二十九年定为文选、验封、稽勋、考功四司并五部属，皆称清吏司。建文中，改六部尚书为正一品，设左、右侍中正二品，位侍郎上，除去诸司清吏字。成祖初，悉复旧制。

永乐元年，以北平为北京，置北京行部尚书二人，侍郎四人，其属置六曹清吏司。吏、户、礼、兵、工五曹,郎中、员外郎、主事各一人。刑曹,郎中一人,员外郎一人,主事四人,照磨、检校各一人,司狱一人。寻户曹亦增设主事三人。后又分置六部,各称行在某部。十八年定都北京,罢行部及六曹,以六部官属移之北,不称行在。其留南京者,加"南京"字。洪熙元年复置各部官属于南京,去"南京"字,而以在北京者加"行在"字,仍置行部。宣德三年复罢行部。正统六年,于北京去"行在"字,于南京仍加"南京"字,遂为定制。景泰中,吏部尝设二尚书。天顺初,复罢其一。

按吏部尚书,表率百僚,进退庶官,铨衡重地,其礼数殊异,无与并者。永乐初,选翰林官入直内阁。其后大学士杨士奇等加至三孤,兼尚书衔,然品叙列尚书蹇义、夏原吉下。景泰中,左都御史王文升吏部尚书,兼学士,入内阁,其班位犹以原衔为序次。自弘治六年二月,内宴,大学士丘浚遂以太子太保、礼部尚书,居太子太保、吏部尚书王恕之上。其后由侍郎、詹事入阁者,班皆列六部上矣。

户部。尚书一人,正二品,左、右侍郎各一人,正三品。其属,司务厅,司务二人,从九品。浙江、江西、湖广、陕西、广东、山东、福建、河南、山西、四川、广西、贵州、云南十三清吏司,各郎中一人,正五品。宣德以后增设山西司郎中三人,陕西、贵州、云南三司郎中各二人,山东司郎中一人。员外郎一人,从五品。宣德七年增设四川、云南二司员外郎各一人,后仍革。主事二人,正六品。宣德以后增设云南司主事七人,浙江、江西、湖广、陕西、福建、河南、山西七司主事各二人,山东、四川、贵州三司主事各一人。照磨所,照磨一人,正八品,检校一人,正九品。所辖,宝钞提举司,提举一人,正八品,副提举一人,正九品,典史一人,后副提举、典史俱革。钞纸局,大使、副使各一人,后革副使。印钞局,大使、副使各一人,后俱革。宝钞广惠库,大使一人,正九品,副使二人,从九品,嘉靖中革。广积库,大使一人,正九品,副使一人,从九品,典史一人,嘉靖中,副使、典史俱革。赃罚库,大使一人,正九品,副使二人,从九品,嘉靖中革。甲字、乙字、丙字、丁字、戊字库,大使五人,正九品,副使六人,从九品。丁字库二人,嘉靖中革一人,并革乙字、戊字二库副使。广盈库,大使一人，从九品，副使二人，嘉靖中革。外承运库，大使二人，正九品，副使二人，从九品。后大使、副使俱革。承运库，大使一人，正九品，副使一人，从九品。嘉靖中革。行用库，大使、副使各一人，从俱革。太仓银库，大使、副使各一人，嘉靖中，革副使。御马仓，大使一人，从九品，副使一人。军储仓，大使一人，从九品，副使一人，后大使、副使俱革。长安、东安、西安、北安门仓，各副使一人，东安门仓旧二人，万历八年革一人。张家湾盐仓检校批验所，大使、副使各一人，隆庆六年并革。

尚书掌天下户口、田赋之政令。侍郎贰之。稽版籍、岁会、赋役实征之数，以下所司。十年攒黄册，差其户上下畸零之等，以周知其登耗。凡田土之侵占、投献、诡寄、影射有禁，人户之隐漏、逃亡、朋充、花分有禁，继嗣、婚姻不如令有禁。皆综核而纠正之。天子耕藉，则尚书进耒耜。以垦荒业贫民，以占籍附流民，以限田裁异端之民，以图帐抑兼并之民，以树艺课农官，以刍地给马牧，以召佃尽地利，以销豁清赔累，以拨给广恩泽，以给除差优复，以钞锭节赏赉，以读法训吏民，以权量和市籴，以时估平物价，以积贮之政恤民困，以山泽、陂池、关市、坑冶之政佐邦国，赡军输，以支兑、改兑之规利漕运，以蠲减、振贷、均籴、捕蝗之令悯灾荒，以输转、屯种、籴买、召纳之法实边储，以禄廪之制驭贵贱。洪武二十五年重定内外文武官岁给禄俸之制。正一品，一千四十四石。从一品，八百八十八石。正二品，七百三十二石。从二品，五百七十六石。正三品，四百二十石。从三品，三百一十二石。正四品，二百八十八石。从四品，二百五十二石。正五品，一百九十二石。从五品，一百六十八石。正六品，一百二十石。从六品，九十六石。正七品，九十石。从七品，八十四石。正八品，七十八石。从八品，七十二石。正九品，六十六石。从九品，六十石。未入流，三十六石。俱米钞本折兼支。

十三司各掌其分省之事，兼领所分两京、直隶贡赋，及诸司、卫所禄俸，边镇粮饷，并各仓场盐课、钞关。

浙江司带管在京羽林右、留守左、龙虎、应天、龙骧、义勇右、康陵七卫，神机营。

江西司带管在京旗手、金吾前、金吾后、金吾左、济阳五卫。

湖广司带管国子监、教坊司，在京羽林前、通州和阳、豹韬、永陵、昭陵六卫,及兴都留守司。

福建司带管顺天府,在京燕山左、武骧左、武骧右、骁骑右、虎贲右、留守后、武成中、茂陵八卫,五军、巡捕、勇士、四卫各营,及北直隶永平、保定、河间、真定、顺德、广平、大名七府,延庆、保安二州,大宁都司,万全都司,并北直隶所辖各卫所,山口、永盈、通济各仓。

山东司带管在京锦衣、大宁中、大宁前三卫及辽东都司,两淮、两浙、长芦、河东、山东、福建各盐运司,四川、广东、海北、云南黑盐井、白盐井、安宁、五井各盐课提举司,陕西灵州盐课司,江西南赣盐税。

山西司带管在京燕山前、镇南、兴武、永清左、永清右五卫,及宣府、大同、山西各镇。

河南司带管在京府军前、燕山右、大兴左、裕陵四卫,牧马千户所及直隶潼关卫、蒲州千户所。

陕西司带管宗人府、五军都督府、六部、都察院、通政司、大理寺、詹事府、翰林院、太仆寺、鸿胪寺、尚宝司、六科、中书舍人、行人司、钦天监、太医院、五城兵马司、京卫武学、文思院、皮作局,在京留守右、长陵、献陵、景陵四卫,神枢、随侍二营,及延绥、宁夏、甘肃、固原各镇。

四川司带管在京府军后、金吾右、腾骧左、腾骧右、武德、神策、忠义后、武功中、武功左、武功右、彭城十一卫及应天府、南京四十九卫,南直隶安庆、苏州、松江、常州、镇江、徽州、宁国、池州、太平、庐州、凤阳、淮安、扬州十三府,徐、滁、和、广德四州,中都留守司并南直隶所辖各卫所。

广东司带管在京羽林左、留守中、鹰扬、神武左、义勇前、义勇后六卫,蕃牧、莫靖二千户所。

广西司带管太常寺、光禄寺、神乐观、牺牲所、司牲司、太仓银库、内府十库,在京沈阳左、沈阳右、留守前、宽河、蔚州左五卫,及二十三马房仓,各象房、牛房仓,京府各草场。

云南司带管在京府军、府军左、府军右、虎贲左、忠义右、忠义前、泰陵七卫,及大军仓、皇城四门仓,并在外临清、德州、徐州、淮安、天津各仓。

贵州司带管上林苑监,宝钞提举司,都税司,正阳门、张家湾各宣课司,德胜门、安定门各税课司,崇文门分司,在京济州、会州、富峪三卫,及蓟州、永平、密云、昌平、易州各镇,临清、许墅、九江、淮安、北新、扬州、河西务各钞关。

条为四科:曰民科,主所属省府州县地理、人物、图志、古今沿革、山川险易、土地肥瘠宽狭、户口物产多寡登耗之数;曰度支,主会计夏税、秋粮、存留、起运及赏赍、禄秩之经费；曰金科，主市舶、鱼盐、茶钞税课，及赃罚之收折；曰仓科，主漕运、军储出纳料粮。

凡差三等，由吏部选授曰注差，疏名上请曰题差，札委曰部差。或三年，或一年，或三月而代。

初，洪武元年置户部。六年设尚书二人，侍郎二人。分为五科：一科，二科，三科，四科，总科。每科设郎中、员外郎各一人，主事四人。惟总科郎中、员外郎各二人，主事五人。八年，中书省奏户、刑、工三部事繁，户部五科，每科设尚书、侍郎各一人，郎中、员外郎各二人，主事五人，内会总科主事六人，外牵照科主事二人，司计四人，照磨二人，管勾一人。又置在京行用库，隶户部。设大使一人，副使二人，典史一人，都监二人。十三年升部秩，定设尚书一人，侍郎二人。分四属部：总部，度支部，金部，仓部。每部郎中、员外郎各一人。总部主事四人，度支部、金部主事各三人，仓部主事二人。寻罢在京行用库。二十二年改总部为民部。二十三年又分四部为河南、北平、山东、山西、陕西、浙江、江西、湖广、广东、广西、四川、福建十二部。四川部兼领云南。部设郎中、员外郎各一人，主事二人，各领一布政司户口、钱粮等事，量其繁简，带管京畿。每一部内仍分四科管理。又置照磨、检校各一人，稽文书出入之数，而程督之。

十九年复置宝钞提举司。洪武七年初置宝钞提举司，提举一人，正七品；副提举一人，从七品；吏目一人，省注。所属钞纸、印钞二局，各大使一人，正八品；副使一人，正九品；典史一人，省注。宝钞、行用二库，各大使二人，正八品；副使二人，正九品；典史一人，省注。寻升提举为正四品。十三年罢，至是年复置，秩正八品。

二十六年令浙江、江西、苏松人毋得任户部。二十九年改十二部为十二清吏司。建文中，仍为四司。余见吏部。成祖复旧制。

永乐元年改北平司为北京司。十八年革北京司，设云南、贵州、交址三清吏司。宣德十年革交址司，定为十三司。其后归并职掌。凡宗室、勋戚、文武官吏之廪禄，陕西司兼领之。北直隶府州卫所，福建司兼领之。南直隶府州卫所，四川司兼领之。天下盐课，山东司兼领之。关税,贵州司兼领之。漕运及临、德诸仓,云南司兼领之。御马、象房诸仓,广西司兼领之。

　　明初,尝置司农司,寻罢。吴元年置司农司。卿,正三品;少卿,正四品;丞,正五品;庸田署令,正五品;典簿、司计,正七品。洪武元年罢。三年复置司农司,开治所于河南,设卿一人,少卿二人,丞四人,主簿、录事各二人。四年又罢。后置判录司,亦罢。洪武十三年置判录司,掌在京官吏俸给、文移、勘合。设判录一人,正七品;副判二人,从七品。寻改判录为司正,副判为左、右司副。十八年罢。皆不隶户部。

　　总督仓场一人,掌督在京及通州等处仓场粮储。洪武初,置军储仓二十所,各设官司其事。永乐中,迁都北京,置京仓及通州诸仓,以户部司员经理之。宣德五年始命李昶为户部尚书,专督其事,遂为定制。以后,或尚书,或侍郎,俱不治部事。嘉靖十五年又命兼督西苑农事。隆庆初,罢兼理。万历二年另拨户部主事一人陪库,每日偕管库主事收放银两,季终更替。九年裁革,命本部侍郎分理之。十二年复设。二十五年以右侍郎张养蒙督辽饷。四十七年增设督饷侍郎。崇祯间,有督辽饷、寇饷、宣大饷,增设三四人。天启五年又增设督理钱法侍郎。

　　礼部。尚书一人,正三品,左、右侍郎各一人,正三品。其属,司务厅,司务二人,从九品。仪制、祠祭、主客、精膳四清吏司,各郎中一人,正五品,员外郎一人,从五品,主事一人,正六品。正统六年增设仪制、祠祭二司主事各一人。又增设仪制司主事一人,教习驸马。弘治五年增设主客司主事一人,提督会同馆。所辖,铸印局,大使一人,副使二人。万历九年革一人。

　　尚书掌天下礼仪、祭祀、宴飨、贡举之政令。侍郎佐之。

　　仪制分掌诸礼文、宗封、贡举、学校之事。天子即位,天子冠、大婚、册立皇太子、妃嫔、太子妃,上慈宫徽号,朝贺、朝见、大飨、宴飨、大射、宴射,则举诸仪注条上之。若经筵、日讲、耕藉、视学、策士、传胪、巡狩、亲征、进历、进春、献俘、奏捷,若皇太子出阁、监国,亲王读书、之藩,皇子女诞生、命名,以及百官、命妇朝贺皇太子、后妃之礼,与诸王国之礼,皆颁仪式于诸司。

凡传制、诰,开读诏、敕、表、笺及上下百官往来移文,皆授以程式焉。凡岁请封宗室王、郡王、将军、中尉、妃、主、君,各以其亲疏为等。百官于宗王,具官称名而不臣。王臣称臣于其王。凡宗室、驸马都尉、内命妇、蕃王之诰命,则会吏部以请。凡诸司之印信,领其制度。

内阁,银印,直纽,方一寸七分,厚六分,玉箸篆文。

征西、镇朔、平羌、平蛮等将军,银印,虎纽,方三寸三分,厚九分,柳叶篆文。

宗人府、五军都督府,俱正一品,银印,三台,方三寸四分,厚一寸。六部都察院、各都司,俱正二品,银印,二台,方三寸二分,厚八分。衍圣公、张真人、中都留守司,俱正二品,各布政司,从二品,银印,二台,方三寸一分,厚七分。后赐衍圣公三台银印。顺天、应天二府,俱正三品,银印,方二寸九分,厚六分五厘。通政司、大理寺、太常寺、詹事府、京卫、各按察司、各卫,俱正三品,苑马寺、宣慰司,俱从三品,铜印,方二寸七分,厚六分。太仆寺、光禄寺、各盐运司,俱从三品,铜印,方二寸六分,厚五分五厘。鸿胪寺、各府,俱正四品,国子监、宣抚司,俱从四品,铜印,方二寸五分,厚五分。翰林院、左右春坊、尚宝司、钦天监、太医院、上林苑监、六部各司、宗人府经历司、王府长史司、各卫千户所,俱正五品,司经局、五府经历司、招讨司、安抚司,俱从五品,铜印,方二寸四分,厚四分五厘。各州,从五品,铜印,方二寸三分,厚四分。都察院经历司、大理寺左右寺、五城兵马司,大兴、宛平、上元、江宁四县,僧录司、道录司、中都留守司经历司、断事司,各都司经历司、断事司,各卫百户所、长官司,王府审理所,俱正六品,光禄司各署,各布政司经历司、理问所,俱从六品,铜印,方二寸二分,厚三分五厘。六科行人司、通政司经历司、工部营缮所、太常寺典簿厅、上林苑监各署、各按察司经历司、各县,俱正七品,中书舍人,顺天应天二府经历司、京卫经历司、光禄寺典簿厅、太仆寺主簿厅、詹事府主簿厅、各卫经历司、各盐运司经历司、苑马寺主簿厅、宣慰司经历司,俱从七品,铜印,方二寸一分,厚三分。户部、刑部、都察院各照磨所,兵部典牧所,国子监绳愆厅、博士厅、典簿厅,鸿胪寺主簿厅,钦天监主簿厅,各布政司照磨所,各府经历司,王府纪善、典宝、典膳、奉祀、良医、工正各所,宣抚司经历司,俱正从八品,铜印，方二寸，厚二分五厘。刑部、都察院各司狱司，顺天、应天二府照磨所、司狱司，鸿胪寺各署，国子监典籍厅，上林苑监典簿厅，内府宝钞等各库，御马仓、草仓，会同馆，织染所，文思院，皮作局，颜料局，鞍辔局，宝源局，军器局，都税司，教坊司，留守司司狱司，各都司司狱司，各按察司照磨所、司狱司，各府照磨所、司狱司，王府长史司典簿厅、教授、典仪所，各府卫儒学、税课司，阴阳学、医学、僧纲司、道纪司、各巡检司，俱正从九品，铜印，方一寸九分，厚二分二厘。各州县儒学、仓库、驿递、闸坝批验所、抽分竹木局、河泊所、织染局、税课局、阴阳学、医学、僧正司、道正司、僧会司、道会司，俱未入流，铜条记，阔一寸三分，长二寸五分，厚二分一厘。已上俱直纽，九叠篆文。

监察御史，铜印，直纽，有眼，方一寸五分，厚三分，八叠篆文。

总制、总督、巡抚并镇守、公差等官，铜关防，直纽，阔一寸九分五厘，长二寸九分，厚三分，九叠篆文。

外国王印三等：曰金，曰镀金，曰银。

刊敝则换给之。凡祥瑞，辨其名物，无请封禅以荡上心。以学校之政育士类，以贡举之法罗贤才，以乡饮酒礼教齿让，以养老尊高年，以制度定等威，以恤贫广仁政，以旌表示劝励，以建言会议悉利病，以禁自宫遏奸民。

祠祭分掌诸祀典及天文、国恤、庙讳之事。凡祭有三，曰天神、地祇、人鬼。辨其大祀、中祀、小祀而敬供之。饬其坛壝、祠庙、陵寝而数省阅之。蠲其牢醴、玉帛、粢盛、水陆瘗燎之品，第其配侑、从食、功德之上下而秩举之。天下神祇在祀典者，则稽诸令甲，播之有司，以时谨其祀事。督日官颁历象于天下。日月交食，移内外诸司救护。有灾异即奏闻，甚者乞祭告修省。

凡丧葬、祭祀，贵贱有等，皆定其程则而颁行之。凡谥，帝十七年，后十三字，妃、太子、太子妃并二字，亲王一字，郡王二字，以字为差。勋戚、文武大臣请葬祭赠谥，必移所司，核行能，傅公论，定议以闻。其侍从勤劳、忠谏死者，官品未应谥，皆得特赐。凡帝后愍忌，祀于陵，辍朝不废务。凡天文、地理、医药、卜筮、师巫、音乐、僧道人，并籍领之，有兴造妖妄者罪无赦。

主客分掌诸蕃朝贡接待给赐之事。诸蕃朝贡，辨其贡道、贡使、贡物远近多寡丰约之数，以定王若使迎送、宴劳、庐帐、食料之等，赏赉之差。凡贡必省阅之，然后登内府，有附载物货，则给直。若蕃国请嗣封，则遣颁册于其国。使还，上其风土、方物之宜，赠遗礼文之节。诸蕃有保塞功，则授敕印封之。各国使人往来，有诰敕则验诰敕，有勘籍则验勘籍，毋令阑入。土官朝贡，亦验勘籍。其返，则以镂金敕谕行之，必与铜符相比。凡审言语，译文字，送迎馆伴，考稽四夷馆译字生、通事之能否，而禁饬其交通漏泄。凡朝廷赐赉之典，各省土物之贡，咸掌之。

精膳分掌宴飨、牲豆、酒膳之事。凡御赐百官礼食，曰宴，曰酒饭，为上中下三等，视其品秩。蕃使、土官有宴，有下程，宴有一次，有二次，下程有常例，有钦赐，皆辨其等。亲王之藩，王、公、将军来朝，及其使人，亦如之。凡膳羞、酒醴、品料，光禄是供，会其数，而程其出纳焉。凡厨役，佥诸民，以给使于太常、光禄；年深者，得选充王府典膳。凡岁藏冰、出冰，移所司谨洁之。

初，洪武元年置礼部。六年设尚书二人，侍郎二人。分四属部：总部，祠部，膳部，主客部。每部设郎中、员外郎各一人，主事各三人。十三年升部秩，设尚书、侍郎各一人，每属部设郎中、员外郎、主事各一人。寻复增置侍郎一人。二十二年改总部为仪部。二十九年改仪部、祠部、膳部为仪制、祠祭、精膳，惟主客仍旧，俱称为清吏司。

按周宗伯之职虽掌邦礼，而司徒既掌邦教，所谓礼者，仅鬼神祠祀而已。至合典乐典教，内而宗藩，外而诸蕃，上自天官，下逮医师、膳夫、伶人之属，靡不兼综，则自明始也。成、弘以后，率以翰林儒臣为之。其由此登公孤任辅导者，盖冠于诸部焉。

兵部。尚书一人，正二品，左、右侍郎各一人，正三品。其属，司务厅，司务二人，从九品。武选、职方、车驾、武库四清吏司，各郎中一人，正五品。正统十年增设武选、职方二司郎中各一人。成化三年增设车驾司郎中一人。万历九年并革。员外郎一人，从五品。正统十年增设武选司员外郎一人。弘治九年增设武库司员外郎一人。后俱革。嘉靖十二年增设职方司员外郎一人。**主事二人**，正六品。洪武、宣德间，增设武选司主事三人，职方司主事四人。正统十四年增设车驾、武库二司主事各一人。后革。万历十一年又增设车驾司主事一人。所辖，会同馆大使一人，正九品，副使二人，从九品。大通关大使、副使各一人，俱未入流。

尚书掌天下武卫官军选授、简练之政令。侍郎佐之。

武选掌卫所土官选授、升调、袭替、功赏之事。

凡武官六品，其勋十有二。正一品，左、右柱国。从一品，柱国。正二品，上护军。从二品，护军。正三品，上轻车都尉。从三品，轻车都尉。正四品，上骑都尉。从四品，骑都尉。正五品，号骑尉。从五品，飞骑尉。正六品，云骑尉。从六品，武骑尉。散阶三十。正一品，初授特进荣禄大夫，升授特进光禄大夫。从一品，初授荣禄大夫，升授光禄大夫。正二品，初授骠骑将军，升授金吾将军，加授龙虎将军。从二品，初授镇国将军，升授定国将军，加授奉国将军。正三品，初授昭勇将军，升授昭毅将军，加授昭武将军。从三品，初授怀远将军，升授定远将军，加授安远将军。正四品，初授明威将军，升授宣威将军，加授广威将军。从四品，初授宣武将军，升授显武将军，加授信武将军。正五品，初授武德将军，升授武节将军。从五品，初授武略将军，升授武毅将军。正六品，初授昭信校尉，升授承信校尉。从六品，初授忠显校尉，升授忠武校尉。

岁凡六选。有世官，有流官。世官九等，指挥使，指挥同知，指挥佥事，卫镇抚，正千户，副千户，百户，试百户，所镇抚，皆有袭职，有替职。其幼也，有优给。其不得世也，有减革，有通革。流官八等，左右都督，都督同知，都督佥事，都指挥使，都指挥同知，都指挥佥事，正留守，副留守，以世官升授，或由武举用之，皆不得世。即有世者，出特恩。非真授者曰署职，署职，递加本职一级作半级，不支俸，非军功，毋得实授。曰试职，试职作一级，支半俸，不给诰。曰纳职，纳职带俸，不莅事。战功二等：奇功为上，头功次之。首功四等：迤北为大，辽东次之；西番、苗蛮又次之，内地反寇又次之。

凡比试，有旧官，洪官三十一年以前为旧，有新官，成祖以后为新。军政，五年一考选，先期抚、按官上功过状，覆核而去留之。五府、锦衣卫堂上各总兵官，皆自陈，取上裁。推举上二人，都指挥以下上一人。

　　凡土司之官九级，自从三品至从七品，皆无岁禄。其子弟、族属、妻女、若婿及甥之袭替，胥从其俗。附塞之官，自都督至镇抚，凡十四等，皆以诰敕，辨其伪冒。赠官死于王事，加二等；死于战阵，加三等。

　　凡除授出自中旨者，必复奏然后行之。以贴黄征图状，以初绩征诰敕，以效功课将领，以比试练卒徒，以优养恩故绝，以褒恤励死战，以寄禄驭恩幸，以杀降、失陷、避敌、激叛之法肃军机，以典刑、败伦、行劫、退阵之科断世禄。

　　职方掌舆图、军制、城隍、镇戍、简练、征讨之事。凡天下地里险易远近，边腹疆界，俱有图本，三岁一报，与官军车骑之数偕上。凡军制内外相维，武官不得辄下符征发。自都督府，都指挥司，留守司，内外卫守御、屯田、群牧千户所，仪卫司，土司，诸番都司卫所，各统其官军及其部落，以听征调、守卫、朝贡、保塞之令。以时修浚其城池而阅视之。凡镇戍将校五等：曰镇守，曰协守，曰分守，曰守备，曰备倭。皆因事增置，视地险要，设兵屯戍之。凡京营操练，统以文武大臣，皆科道官巡视之。若将军营练，将军四卫营练，及勇士、幼官、舍人等营练，则讨其军实，稽其什伍，察其存逸闲否，以教其坐作、进退、疾徐、疏数之节，金鼓、麾旗之号。征讨请命将出师，悬赏罚，调兵食，纪功过，以黜陟之。以堡塞障边徼，以烽火传声息，以关津诘奸细，以缉捕弭盗贼，以快壮简乡民，以勾解、收充、抽选、并豁、疏放、存恤之法整军伍。

　　车驾掌卤簿、仪仗、禁卫、驿传、厩牧之事。凡卤簿大驾，大典礼，大朝会设之。丹陛驾，常朝设之；武陈驾，世宗南巡时设之。皆辨其物数，以授所司。慈宫、中宫之卤簿，东宫、宗藩之仪仗，亦如之。凡侍卫，御殿全直，常朝番直，守卫、亲军卫，画前、后、左、右四门为四行，而日夜巡警之。守卫皇城，前午门为一行，后玄武门为一行，左东华门为一行，右西华门为一行。凡邮传，在京师曰会同馆，在外曰驿，曰递运所，皆以符验关券行之。凡马政，其专理者，太仆、苑马二寺，稽其簿籍，以时程其登耗，惟内厩不会。

武库掌戎器、符勘、尺籍、武学、薪隶之事。凡内外官军有征行，移工部给器仗，籍纪其数，制敕下各边征发。及使人出关，必验勘合。军伍缺，下诸省府州县勾之。以跟捕、纪录、开户、给除、停勾之法，核其召募、垛集、罪谪、改调营丁尺籍之数。凡武职幼官，及子弟未嗣官者，于武学习业，以主事一人监督之。考稽学官之贤否、肄习之勤怠以闻。诸司官署供应有柴薪，直衙有皂隶，视官品为差。

初，洪武元年置兵部。六年增尚书一人，侍郎一人。置总部、驾部并职方三部，设郎中、员外郎、主事，如吏部之数。十三年升部秩，设尚书、侍郎各一人，又增置库部为四属部，部设郎中、员外郎、主事各一人。十四年增试侍郎一人。二十二年改总部为司马部。二十九年定改四部为武选、职方、车驾、武库四清吏司。惟职方仍旧名。景泰中，增设尚书一人，协理部事，天顺初罢。隆庆四年添注侍郎二人，寻罢。万历末年复置。

协理京营戎政一人，或尚书，或侍郎，或右都御史，掌京营操练之事。

永乐初，设三大营，总于武将。景泰元年始设提督团营，命兵部尚书于谦兼领之，后罢。成化三年复设，率以本部尚书或都御史兼之。嘉靖二十年始命尚书刘天和辍部务，另给关防，专理戎政。二十九年以"总督京营戎政"之印畀仇鸾，而改设本部侍郎协理戎政，不给关防。万历九年裁革，十一年复设。天启初，增设协理一人，寻革。崇祯二年复增一人，以庶吉士刘之纶为兵部侍郎充之。

刑部。尚书一人，正二品，左、右侍郎各一人，正三品。其属，司务厅，司务二人，从九品。浙江、江西、湖广、陕西、广东、山东、福建、河南、山西、四川、广西、贵州、云南十三清吏司，各郎中一人，正五品，员外郎一人，从五品，主事二人，正六品。正统六年，十三司俱增设主事一人。成化元年增设四川、广西二司主事各一人，后革。万历中，又革湖广、陕西、山东、福建四司主事各一人。照磨所，照磨正八品，检校正九品，各一人。

司狱司,司狱六人,从九品。

　　尚书掌天下刑名及徒隶、勾覆、关禁之政令。侍郎佐之。

　　十三司各掌其分省及兼领所分京府、直隶之刑名。

　　浙江司带管崇府、中军都督府、刑科、内官、御用、司设等监,在京金吾前、腾骧左、沈阳右、留守中、神策、和阳、武功右、广洋八卫,蕃牧千户所,及两浙盐运司,直隶和州,汊鹿左、汊鹿中二卫。

　　江西司带管淮、益、弋阳、建安、乐安五府,前军都督府,御马监,火药、酒醋、面筋等局,在京府军前、燕山左、留守前、龙骧、宽河、忠义前、忠义后、永清右、龙江左、龙江右十卫,及直隶庐州府,庐州、六安、九江、武清、宣府前、龙门各卫。

　　湖广司带管楚、岷、吉、荣、辽五府,右军都督府,司礼、尚宝、尚膳、神宫等监,天财库,在京留守右、虎贲右、忠义右、武功左、茂陵、永陵、江淮、济川、水军右九卫,及兴都留守司,直隶宁国、池州二府,宣州、神武中、定州、茂山、保安左、保安右各卫,渤海千户所。

　　福建司带管户部、太仆寺、户科、宝钞提举司、印绶、都知等监,甲字等十库,在京金吾后、应天、会州、武成中、武功中、孝陵、献陵、景陵、裕陵、泰陵十卫,牧马千户所,及福建盐运司,直隶常州府、广德州,中都留守左、留守中、定边、开平中屯各卫,美峪千户所。

　　山东司带管鲁、德、衡、泾四府,左军都督府,宗人府,兵部,尚宝司,兵科,典牧所,会同馆,供用库,戈戟司,司苑局,在京羽林右、沈阳左、长陵三卫,莫靖千户所,及山东盐运司,中都留守司,辽东都司,辽东行太仆寺,直隶凤阳府、滁州、凤阳、皇陵、长淮、泗州、寿州、滁州、沂州、德州、德州左、保定后各卫,安东中护卫,潮河、龙门、宁靖各千户所。

　　山西司带管晋、代、沈、怀仁、庆成五府,翰林院,钦天监,上林苑监,南、北二城兵马司,混堂司,甜食房,在京旗手、金吾右、骁骑右、龙虎、大宁中、义勇前、义勇后、英武八卫,及直隶镇江府、徐州,镇江、徐州、沈阳中屯各卫,沈阳中护卫,倒马关、平定各千户所。

　　河南司带管周、唐、赵、郑、徽、伊、汝七府,礼部,太常寺,光禄寺,鸿胪寺,詹事府,国子监,礼科,中书舍人,神乐观,牺牲所,兵仗局,灵台、钟鼓等司,东城兵马司,教坊司,在京羽林左、府军右、武德、留守后、神武左、彭城六卫,及两淮盐运司,直隶淮安、扬州二府,淮安、大河、邳州、扬州、高邮、仪真、宿州、武平、归德、宁山、神武右各卫,海州、盐城、通州、汝宁各千户所。

陕西司带管秦、韩、庆、肃四府,后军都督府,大理寺,行人司,尚衣监,针工局,西城兵马司,在京府军后,腾骧右、豹韬、鹰扬、兴武、义勇右、康陵、昭陵、龙虎左、横海、江阴十一卫,及河东盐运司,陕西行太仆寺,甘肃行太仆寺,直隶太平府,建阳、保定左、保定右、保定中、保定前各卫,平凉中护卫。

四川司带管蜀府,工部,工科,巾帽、织染二局,僧道录司,在京府军、金吾左、济川、武骧右、大宁前、蔚州左、永清、广武八卫,及直隶松江、大名二府,金山、怀安、怀来各卫,神木千户所。

广东司带管应天府,在京锦衣,府军左、虎贲左、济阳、留守左、水军左、飞熊七卫,及直隶延庆州,怀来千户所。

广西司带管靖江府,通政司,五军断事司,中城兵马司,宝钞、银作二局,在京羽林前、燕山右、燕山前、大兴左、通州、武骧左、镇南、富峪八卫,及直隶安庆、徽州二府,安庆、新安、通州左、通州右、延庆、延庆左、延庆右各卫。

云南司带管顺天府,太医院,仪卫、惜薪等司,承运库,及直隶永平、广平二府,镇海、真定、永平、山海、卢龙、东胜左、东胜右、抚宁、密云中、密云后、大同中屯、潼关、营州五屯、万全左、万全右各卫,宽河、武定、浦州各千户所。

贵州司带管吏部,吏科,司菜局,及长芦盐运司,大宁都司,万全都司,直隶苏州、保定、河间、真定、顺德五府,苏州、太仓、蓟州、遵化、镇朔、兴州五屯、忠义中、涿鹿、河间、天津、天津左、天津右、德州、宣府左、宣府右、开平、保安、蔚州、永宁各卫,梁城、兴和、广昌各千户所。

照磨、检校,照刷文卷,计录赃赎。司狱,率狱吏,典囚徒。凡军民、官吏及宗室、勋戚丽于法者,诘其辞,察其情伪,傅律例而比议其罪之轻重以请。诏狱必据爰书,不得逢迎上意。凡有殊旨、别敕、诏例、榜例,非经请议著为令甲者,不得引比。凡死刑,即决及秋后决,并三覆奏。两京、十三布政司,死罪囚岁漱平之。五岁请敕遣官,审录冤滞。霜降录重囚,会五府、九卿、科道官共录之。矜疑者戍边,有词者调所司再问,比律者监候。夏月热审,免笞刑,减徒、流,出轻系。遇岁旱,特旨录囚亦如之。凡大祭止刑。凡赎罪,视罪轻重,斩、绞、杂犯、徒末减者,听收赎。词诉必自下而上,有事重而迫者,许击登闻鼓。四方有大狱,则受命往鞫之。四方决囚,遣司官二人往莅。凡断狱,岁疏其名数以闻,曰岁报;月上其拘释存亡之数,曰月报。

狱成，移大理寺覆审，必期平允。凡提牢，月更主事一人，修葺囹圄，严固扃钥，省其酷滥，给其衣粮。囚病，许家人入视，脱械锁医药之。簿录俘囚，配没官私奴婢，咸籍知之。官吏有过，并纪录之。岁终请湔涤之。以名例报科条，以八字括辞议，以、准、皆、各、其、及、即、若，以五服参情法，以墨涅识盗贼。籍产不入茔墓，籍财不入度支，宗人不即市，宫人不即狱，悼耄疲癃不即讯。详《刑法志》。

　　洪武元年置刑部。六年增尚书、侍郎各一人。设总部、比部、都官部、司门部，部设郎中、员外郎各二人，惟都官各一人。总部、比部主事各六人，都官、司门主事各四人。八年，以部事浩繁，增设四科，科设尚书、侍郎、郎中各一人，员外郎二人，主事五人。十三年升部秩，设尚书一人，侍郎一人，仍分四属部，部设郎中、员外郎各一人，总部、比部主事各四人；都官、司门主事各二人，寻增侍郎一人。始分左、右侍郎。二十二年改总部为宪部。二十三年分四部为河南、北平、山东、山西、陕西、浙江、江西、湖广、广东、广西、四川、福建十二部，浙江部兼领云南，部各设官，如户部之制。二十九年改为十二清吏司。永乐元年以北平为北京。十九年革北京司，增置云南、贵州、交址三司。宣德十年革交址司，遂定为十三清吏司。

　　工部。尚书一人，正二品，左、右侍郎各一人，正三品。其属，司务厅，司务二人，从九品。营缮、虞衡、都水、屯田四清吏司，各郎中一人，正五品，后增设都水司郎四人。员外郎一人，从五品，后增设营膳司员外郎二人，虞衡司员外郎一人。主事二人，正六品，后增设都水司主事五人，营膳司主事三人，虞衡司主事二人，屯田司主事一人。所辖，营缮所，所正一人，正七品，所副二人，正八品，所丞二人，正九品。文思院，大使一人，正九品，副使二人，从九品。皮作局，大使一人，正九品，副使二人，从九品，后革。鞍辔局，大使一人，正九品，副使一人，从九品。隆庆元年，大使、副使俱革。宝源局，大使一人，正九品，副使一人，从九品，嘉靖间革。颜料局，大使一人，正九品，后革。军器局，大使一人，正九品，副使二人，后革一人。节慎库，大使一人，从九品。嘉靖八年设。织染所、杂造局，大使一人，正九品，副使一人，从九品。广积、通积、卢沟桥、通州、白河各抽分竹木局，大使各一人，副使各一人。大通关提举司，提举一人，正八品，万历二年革。副提举二人，正九品，典史一人。后副提举、典史俱革。柴炭司，大使一人，从九品，副使一人。

尚书掌天下百官、山泽之政令。侍郎佐之。

营缮典经营兴作之事。凡宫殿、陵寝、城郭、坛场、祠庙、仓库、廨宇、营房、王府邸第之役，鸠工会材，以时程督之。凡卤簿、仪仗、乐器，移内府及所司，各以其职治之，而以时省其坚洁，而董其窳滥。凡置狱具，必如律。凡工匠二等：曰轮班，三岁一役，役不过三月，皆复其家；曰住坐，月役一旬，有稍食。工役二等，以处罪人输作者，曰正工，曰杂工。杂工三日当正工一日，皆视役大小而拨节之。凡物料储偫，曰神木厂，曰大木厂，以蓄材木，曰黑窑厂，曰琉璃厂，以陶瓦器，曰台基厂，以贮薪苇，皆籍其数以供修作之用。

虞衡典山泽采捕、陶冶之事。凡鸟兽之肉、皮革、骨角、羽毛，可以供祭祀、宾客、膳羞之需，礼器、军实之用，岁下诸司采捕。水课禽十八，兽十二，陆课兽十八，禽十二，皆以其时。冬春之交，罾罟不施川泽；春夏之交，毒药不施原野。苗盛禁蹂躏，谷登禁焚燎。若害兽，听为陷阱获之，赏有差。凡诸陵山麓，不得入斧斤、开窑冶、置墓坟。凡帝王、圣贤、忠义、名山、岳镇、陵墓、祠庙有功德于民者禁樵牧。凡山场、园林之利，听民取而薄征之。凡军装、兵械，下所司造，同兵部省之，必程其坚致。凡陶甄之事，有岁供，有暂供，有停减，籍其数，会其入，毋轻毁以费民。凡诸冶，饬其材，审其模范，付有司。钱必准铢两，进于内府而颁之。牌符、火器，铸于内府，禁其以法式泄于外。凡颜料，非其土产不以征。

都水典川泽、陂池、桥道、舟车、织造、券契、量衡之事。水利曰转漕，曰灌田。岁储其金石、竹木、卷埽，以时修其闸坝、洪浅、堰圩、堤防，谨蓄泄以备旱潦，无使坏田庐、坟隧、禾稼。舟楫、砲碾者不得与灌田争利，灌田者不得与转漕争利。凡诸水要会，遣京朝官专理，以督有司。役民必以农隙，不能至农隙，则僝功成之。凡道路、津梁，时其葺治。有巡幸及大丧、大礼,则修除而较比之。凡舟车之制,曰黄船,以供御用,曰遮洋船,以转漕于海,曰浅船,以转漕于河,曰马船、曰风快船,以供送官物,曰备倭船、曰战船,以御寇贼,曰大车,曰独辕车,曰战车,皆会其财用,酌其多寡、久近,劳逸而均剂之。凡织造冕服、诰敕、制帛、祭服、净衣诸币布,移内府、南京、浙江诸处,周知其数而慎节之。凡公、侯、伯铁券,差其高广。制式详《礼志》。凡祭器、册宝、乘舆、符牌、杂器皆会则于内府。凡度量、权衡,谨其校勘而颁之,悬式于市,而罪其不中度者。

屯田典屯种、抽分、薪炭、夫役、坟茔之事。凡军马守镇之处,其有转运不给,则设屯以益军储。其规办营造、木植、城砖、军营、官屋及战衣、器械、耕牛、农具之属。凡抽分征诸商,视其财物各有差。凡薪炭,南取洲汀,北取山麓,或征诸民,有本、折色,酌其多寡而撙节之。夫役伐薪、转薪,皆雇役。凡坟茔及堂碑、碣兽之制,第宗室、勋戚、文武官之等而定其差。坟茔制度,详《礼志》。

洪武初,置工部及官属,以将作司隶焉。吴元年置将作司,卿,正三品,少卿,正四品,丞,正五品。左、右提举司提举,正六品,同提举,从六品,司程、典簿、副提举,正七品。军资库大使,从八品,副使,正九品。洪武元年以将作司隶工部。六年,增尚书、侍郎各一人,设总部、虞部、水部并屯田为四属部。总部设郎中、员外郎各二人,余各一人。总部主事八人,余各四人。又置营造提举司。洪武六年改将作司为正六品,所属提举司,改正七品。寻更置营造提举司及营造提举分司,每司设正提举一人,副提举二人,隶将作司。八年增立四科,科设尚书、侍郎、郎中各一人,员外郎二人,主事五人,照磨二人。十年罢将作司。十三年定官制,设尚书一人,侍郎一人,四属部以屯田部为屯部,各郎中、员外郎一人,主事二人。十五年增侍郎一人。二十二年改总部为营部。二十五年置营缮所。改将作司为营缮所,秩正七品,设所正、所副、所丞各二人,以诸匠之精艺者为之。二十九年又改四属部为营缮、虞衡、都水、屯田四清吏司。嘉靖后添设尚书一人,专督大工。

提督易州山厂一人,掌督御用柴炭之事。明初,于沿江芦洲并龙江、瓦屑二场,取用柴炭。永乐间,迁都于北,则于白羊口、黄花镇、红螺山等处采办。宣德四年始设易州山厂,专官总理。景泰间,移于平山,又移于满城,相继以本部尚书或侍郎督厂事。天顺元年仍移于易州。嘉靖八年罢革,改设主事管理。

明史卷七三
志第四九

职官二

都察院　附总督巡抚　　**通政司**　　**大理寺**
詹事府　附左右春坊司经局　　**翰林院**
国子监　**衍圣公**　附五经博士

　　都察院。左、右都御史，正二品，左、右副都御史，正三品，左、右佥都御史，正四品。其属，经历司，经历一人，正六品，都事一人，正七品。司务厅，司务二人，从九品。初设四人，后革二人。照磨所，照磨，正八品，检校，正九品，司狱司，司狱，从九品。初设六人，后革五人。各一人。十三道监察御史一百十人，正七品，浙江、江西、河南、山东各十人，福建、广东、广西、四川、贵州各七人，陕西、湖广、山西各八人，云南十一人。其在外加都御史或副、佥都御史衔者，有总督，有提督，有巡抚，有总督兼巡抚，提督兼巡抚，及经略、总理、赞理、巡视、抚治等员。巡抚之名，起于懿文太子巡抚陕西。永乐十九年遣尚书蹇义等二十六人巡行天下，安抚军民。以后不拘尚书、侍郎、都御史、少卿等官，事毕复命，即或停遣。初名巡抚，或名镇守，后以镇守侍郎与巡按御史不相统属，文移窒碍，定为都御史巡抚兼军务者加提督，有总兵地方加赞理或参赞，所辖多、事重者加总督。他如整饬、抚治、巡治、总理等项，皆因事特设。其以尚书、侍郎任总督军务者，皆兼都御史，以便行事。

　　都御史职专纠劾百司，辩明冤枉，提督各道，为天子耳目风纪之司。凡大臣奸邪、小人构党、作威福乱政者,劾。凡百官猥茸贪冒坏官纪者,劾。凡学术不正、上书陈言变乱成宪、希进用者,劾。遇朝觐、考察,同吏部司贤否陟黜。大狱重囚会鞫于外朝,偕刑部、大理谳平之。其奉敕内地,拊循外地,各专其敕行事。

十三道监察御史,主察纠内外百司之官邪,或露章面劾,或封章奏劾。在内两京刷卷,巡视京营,监临乡、会试及武举,巡视光禄,巡视仓场,巡视内库、皇城、五城,轮值登闻鼓。后改科员。在外巡按,北直隶二人,南直隶三人,宣大一人,辽东一人,甘肃一人,十三省各一人。清军,提督学校,两京各一人,万历末,南京增设一人。巡盐,两淮一人,两浙一人,长芦一人,河东一人。茶马,陕西。巡漕,巡关,宣德四年设立钞关御史,至正统十年始遣主事。赍运,印马,屯田。师行则监军纪功,各以其事专监察。而巡按则代天子巡狩,所按藩服大臣、府州县官诸考察,举劾尤专,大事奏裁,小事立断。按临所至,必先审录罪囚,吊刷案卷,有故出入者理辩之。诸祭祀坛场,省其墙宇祭器。存恤孤老,巡视仓库,查算钱粮,勉励学校,表扬善类,翦除豪蠹,以正风俗,振纲纪。凡朝会纠仪,祭祀监礼。凡政事得失,军民利病,皆得直言无避。有大政,集阙廷预议焉。盖六部至重,然有专司,而都察院总宪纲,惟所见闻得纠察。诸御史纠劾,务明著实迹,开写年月,毋虚文泛诋,讦拾细琐。出按复命,都御史覆劾其称职不称职以闻。凡御史犯罪,加三等,有赃从重论。

十三道各协管两京、直隶衙门;而都察院衙门分属河南道,独专诸内外考察。

浙江道协管中军都督府,在京府军左、金吾左、金吾右、金吾前、留守中、神策、应天、和阳、广洋、武功中,武功后,茂陵十二卫,牧马千户所,及直隶庐州府,庐州、六安二卫。

江西道协管前军都督府,在京府军前、燕山左、龙江左、龙江右、龙骧、豹韬、天策、宽河八卫,及直隶淮安府,淮安、大河、邳州、九江、武清、龙门各卫。

福建道协管户部,宝钞提举司,钞纸、印钞二局,承运、广惠、广积、广盈、赃罚、甲乙丙丁戊字、天财、军储、供用、行用各库,在京金吾后、武成中、飞熊、武功左、武功右、武功前、献陵、景陵、裕陵、泰陵十卫,及直隶常州、池州二府,定边、开平中屯二卫，美峪千户所。

四川道协管工部，营缮所，文思院，御用、司设、神宫、尚衣、都知等监，惜薪司，兵仗、银作、巾帽、针工、器皿、盔甲、军器、宝源、皮作、鞍辔、织染、柴炭、抽分竹木各局，僧、道录司，在京府军、济州、大宁前、蔚州左、永清左五卫，蕃牧千户所，及直隶松江府，广德州，金山、怀安、怀来各卫，神木千户所，播州宣慰司，石砫、酉阳等宣抚司，天全六番招讨司。

陕西道协管后军都督府，大理寺，行人司，在京府军后、鹰扬、兴武、义勇右、横海、江阴、康陵、昭陵八卫，敢勇、报效二营，韩、秦、庆、安化四府，及直隶和州，保安左、右、前四卫。

云南道协管顺天府，广备库，在京羽林前、通州二卫，及直隶永平、广平二府，通州左、通州右、涿鹿、涿鹿左、涿鹿中、密云中、密云后、永平、山海、卢龙、抚宁、东胜左、东胜右、大同中屯、营州五屯、延庆、延庆左、延庆右、万全左、万全右各卫，居庸关、黄花镇、宽河、武定各千户所。

河南道协管礼部，都察院，翰林院，国子监，太常寺，光禄寺，鸿胪寺，尚宝司，中书舍人，钦天监，太医院，司礼、尚膳、尚宝、直殿等监，酒醋面局，钟鼓司，教坊司，在京羽林左、留守前、留守后、神武左、神武前、彭城六卫，伊、唐、周、郑四府，及两淮盐运司，直隶扬州、大名二府，扬州、高邮、仪真、归德、宁山、潼关、神武右各卫，泰州、通州、汝宁各千户所。

广西道协管通政司，六科，在京燕山右、燕山前、大兴左、腾骧左、腾骧右、武骧左、镇南、沈阳左、会州、富峪、忠义前、忠义后十二卫，及直隶安庆、徽州、保定、真定四府，安庆、新安、镇武、真定各卫，紫荆关、倒马关、广昌各千户所。

广东道协管刑部，应天府，在京虎贲左、济阳、武骧右、沈阳右、武功左、武功右、孝陵、长陵八卫，及直隶延庆州，开平中屯卫。

山西道协管左军都督府，在京锦衣、府军右、留守左、骁骑左、骁骑右、龙虎、龙虎左、大宁中、义勇前、义勇后、英武、水军左十二卫，晋府长史司，及直隶镇江、太平二府，镇江、建阳、沈阳中屯各卫，平定、蒲州二千户所。

山东道协管宗人府，兵部，会同馆，御马监，典牧所，大通关，在京羽林右、永清右、济川三卫，及中都留守司，辽东都司，直隶凤阳府，徐、滁二州，中都留守左、留守中、凤阳、凤阳中、凤阳右、皇陵、长淮、怀远、徐州、滁州、泗州、寿州、宿州、武平、沂州、德州、德州左、保定后、沈阳中各卫，洪塘千户所。

湖广道协管右军都督府，五城兵马司，在京留守右、武德、忠义右、虎贲右、广武、水军右、江淮、永陵八卫，辽、梁、岷、吉、华阳五府，荆、襄、楚三府长史司，及兴都留守司，直隶宁国府，宁国、宣州、神武中、定州、茂山各卫。

贵州道协管吏部，太仆寺，上林苑监，内官、印绶二监，在京旗手卫，及长芦盐运司，大宁都司，万全都司，直隶苏州、河间、顺德三府，保安州、苏州、太仓、镇海、蓟州、遵化、镇朔、兴州五屯，忠义中、河间、天津、天津左、天津右、宣府前、宣府左、宣府右、开平、保安右、蔚州、永宁各卫，嘉兴、吴淞口、梁城、沧州、兴和、长安、龙门各千户所。

初，吴元年置御史台，设左、右御史大夫，从一品，御史中丞，正二品，侍御史，从二品，治书侍御史，正三品，殿中侍御史，正五品，察院监察御史，正七品，经历，从五品，都事，正七品，照磨、管勾，正八品。以邓愈、汤和为御史大夫，刘基、章溢为御史中丞，谕之曰："国家立三大府，中书总政事，都督掌军旅，御史掌纠察。朝廷纪纲尽系于此，而台察之任尤清要。卿等当正己以率下，忠勤以事上，毋委靡因循以纵奸，毋假公济私以害物。"洪武九年汰侍御史及治书、殿中侍御史。十年七月诏遣监察御史巡按州县。十三年专设左、右中丞，正二品，左、右侍御史，正四品。寻罢御史台。十五年更置都察院，设监察都御史八人，秩正七品。分监察御史为浙江、河南、山东、北平、山西、陕西、湖广、福建、江西、广东、广西、四川十二道，各道置御史或五人或三、四人，秩正九品。每道铸印二，一畀御史久次者掌之，一藏内府，有事受印以出，既事纳之，文曰"绳愆纠缪"。以秀才李原名、詹徽等为都御史，吴荃等为试监察御史。试御史，一年后实授。又有理刑进士、理刑知县、理都察院刑狱，半年实授。正德中革。十六年升都察院为正三品，设左、右都御史各一人，正三品，左、右副都御史各一人，正四品，左、右佥都御史各二人，正五品，经历一人，正七品，知事一人，正八品。十七年升都御史正二品，副都御史正三品，佥都御史正四品，十二道监察御史正七品。二十三年，左副都御史袁泰言，"各道印篆相同，虑有诈伪"，乃更铸监察御史曰"某道监察御史印"，其巡按印曰"巡按某处监察御史印"。建文元年改都御史一人，革佥都御史。二年改为御史府，设御史大夫，改十二道为左、右两院，止设御史二十八人。成祖复旧制。

永乐元年改北平道为北京道。十九年罢北京道,增设贵州、云南、交址三道。洪熙元年称行在都察院,同六部,又定巡按以八月出巡。宣德十年罢交址道,始定为十三道。正统中,去"行在"字。嘉靖中,以清屯,增副都御史三人,寻罢。隆庆中,以提督京营,增右都御史三人,寻亦罢。

总督漕运兼提督军务巡抚凤阳等处兼管河道一员。太祖时,尝置京畿都漕运司,设漕运使。洪武元年置漕运使,正四品,知事,正八品,提控案牍,从九品,属官监运,正九品,都纲,省注。十四年罢。永乐间,设漕运总兵官,以平江伯陈瑄治漕。宣德中,又遣侍郎、都御史、少卿等官督运。至景泰二年,因漕运不继,始命副都御史王竑总督,因兼巡抚淮、扬、庐、凤四府,徐、和、滁三州,治淮安。成化八年分设巡抚、总漕各一员。九年复旧。正德十三年又分设。十六年又复旧。嘉靖三十六年,以倭警,添设提督军务巡抚凤阳都御史。四十年归并,改总督漕运兼提督军务。万历七年加兼管河道。

总督蓟辽、保定等处军务兼理粮饷一员。嘉靖二十九年置。先是,蓟、辽有警,间遣重臣巡视,或称提督。至是以边患益甚,始置总督,开府密云,辖顺天、保定、辽东三巡抚,兼理粮饷。万历九年加兼巡抚顺天等处。十一年复旧。天启元年置辽东经略。经略之名,起于万历二十年宋应昌暨后杨镐。至天启元年,又以内阁孙承宗督师经略山海关,稍枢辅。崇祯四年并入总督。十一年又增设总督于保定。

总督宣大、山西等处军务兼理粮饷一员。正统元年始遣佥都御史巡抚宣大。景泰二年,宣府、大同各设巡抚,遣尚书石璞总理军务。成化、弘治间,有警则遣。正德八年设总制。嘉靖初,兼辖偏、保。二十九年去偏、保,定设总督宣大、山西等处衔。三十八年令防秋日驻宣府。四十三年移驻怀来。隆庆四年移驻阳和。

总督陕西三边军务一员。弘治十年,火筛入寇,议遣重臣总督陕西、甘肃、延绥、宁夏军务,乃起左都御史王越任之。十五年以后,或设或罢。至嘉靖四年,始定设,初称提督军务。七年改为总制。十九年避制字,改为总督,开府固原,防秋驻花马池。

总督两广军务兼理粮饷带管盐法兼巡抚广东地方一员。永乐二年遣给事中雷填巡抚广西。十九年遣郭瑄、艾广巡抚广东。景泰三年，苗寇起，以两广宜协济应援，乃设总督。成化元年兼巡抚事，驻梧州。正德十四年改总督为总制，寻改提督。嘉靖四十五年另设广东巡抚，改提督为总督，止兼巡抚广西，驻肇庆。隆庆三年又设广西巡抚，除兼职。四年革广东巡抚，改为提督两广军务兼理粮饷，巡抚广东。万历三年仍改总督，加带管盐法。

总督四川、陕西、河南、湖广等处军务一员。正德五年设，寻罢。嘉靖二十七年，以苗患，又设总督四川、湖广、贵州、云南等处军务。四十二年罢。天启元年，以土官奢崇明反，又设四川、湖广、云南、贵州、广西五省总督。四年兼巡抚贵州。

总督浙江、福建、江南兼制江西军务一员。嘉靖三十三年，以倭犯杭州置。四十一年革。

总督陕西、山西、河南、湖广、四川五省军务一员。崇祯七年置，或兼七省。十二年后，俱以内阁督师。

总督凤阳地方兼制河南、湖广军务一员。崇祯十四年设。

总督保定地方军务一员。崇祯十一年设。

总督河南、湖广军务兼巡抚河南一员。崇祯十六年设。

总督九江地方兼制江西、湖广军务一员。崇祯十六年设。

总理南直隶、河南、山东、湖广、四川军务一员。崇祯八年设，以卢象升为之，与总督或分或并。

总理河漕兼提督军务一员。永乐九年遣尚书治河，自后间遣侍郎、都御史。成化后，始称总督河道。正德四年定设都御史。嘉靖二十年以都御史加工部职衔，提督河南、山东、直隶河道。隆庆四年加提督军务。万历五年改总理河漕兼提督军务。八年革。

总理粮储提督军务兼巡抚应天等府一员。宣德五年初命侍郎总督粮储兼巡抚。景泰四年定遣都御史。嘉靖三十三年以海警，加提督军务，驻苏州。万历中，移驻句容，已复驻苏州。

巡抚浙江等处地方兼提督军务一员。永乐初，遣尚书治两浙农事。以后或巡视或督饬,有事则遣。嘉靖二十六年以海警,始命都御史巡抚浙江,兼管福建福、兴、建宁、漳、泉海道地方,提督军务。二十七年改巡抚为巡视。二十八年罢。三十一年复设。

巡抚福建地方兼提督军务一员。嘉靖二十六年既设浙江巡抚兼辖福、兴、漳、泉等处,三十五年以闽、浙道远,又设提督军务兼巡福、兴、漳、泉、福宁海道都御史。后改巡抚福建,统辖全省。

巡抚顺天等府地方兼整饬蓟州等处边备一员。成化二年始专设都御史赞理军务,巡抚顺天、永平二府,寻兼抚河间、真定、保定,凡五府。七年兼理八府。八年以畿辅地广,从居庸关中分,设二巡抚,其东为巡抚顺天、永平二府,驻遵化。崇祯二年又于永平分设巡抚兼提督山海军务,其旧者止辖顺天。

巡抚保定等府提督紫荆等关兼管河道一员。成化八年分居庸关以西,另设巡抚保定、真定、河间、顺德、大名、广平六府,提督紫荆、倒马、龙泉等关,驻真定。万历七年,兼管河道。

巡抚河南等处地方兼管河道提督军务一员。宣德五年遣兵部侍郎于谦巡抚山西、河南。正统十四年以左副都御史王来巡抚湖广、河南。景泰元年始专设河南巡抚。万历七年兼管河道。八年加提督军务。

巡抚山西地方兼提督雁门等关军务一员。宣德五年以侍郎巡抚河南、山西。正统十三年始命都御史专抚山西,镇守雁门。天顺、成化间暂革,寻复置。

巡抚山东等处地方督理营田兼管河道提督军务一员。正统五年始设巡抚。十三年定遣都御史。嘉靖四十二年加督理营田。万历七年兼管河道。八年加提督军务。

巡抚辽东地方赞理军务一员。正统元年设,旧驻辽阳,后地日蹙,移驻广宁,驻山海关,后又驻宁远。

巡抚宣府地方赞理军务一员。正统元年命都御史出巡塞北,因奏设巡抚兼理大同。景泰二年另设大同巡抚,后复并为一。成化十年复分设。十四年加赞理军务。

巡抚大同地方赞理军务一员。初与宣府共一巡抚，后或分或并。成化十年复专设，加赞理军务。

巡抚延绥等处赞理军务一员。宣德十年遣都御史出镇。景泰元年专设巡抚加参赞军务。成化九年徙镇榆林。隆庆六年改赞理军务。

巡抚宁夏地方赞理军务一员。正统元年以右佥都御史郭智镇抚宁夏，参赞军务。天顺元年罢。二年复设，去参赞。隆庆六年加赞理军务。

巡抚甘肃等处赞理军务一员。宣德十年命侍郎镇守。正统元年，甘、凉用兵，命侍郎参赞军务。景泰元年定设巡抚都御史。隆庆六年改赞理军务。

巡抚陕西地方赞理军务一员。宣德初，遣尚书、侍郎出镇。正统间，命右都御史陈镒、王文等出入更代。景泰初，耿九畴以刑部侍郎出镇，文移不得径下按察司，特改都御史巡抚。成化二年加提督军务，后改赞理，驻西安，防秋驻固原。

巡抚四川等处地方兼提督军务一员。宣德五年命都御史镇抚，后停遣。正统十四年始设巡抚。万历十一年加提督军务。

巡抚湖广等处地方兼赞理军务一员。正统三年命都御史贾谅镇守，以后或侍郎或大理卿出抚。景泰元年定设巡抚都御史兼赞理军务。万历八年改为提督军务。十二年仍为赞理。

巡抚江西地方兼理军务一员。永乐后，间设巡抚镇守。成化以后，定为巡抚，或有时罢遣。嘉靖六年始定设。四十年加兼理军务。

巡抚南赣汀韶等处地方提督军务一员。弘治十年始设巡抚。正德十一年改提督军务。嘉靖四十五年定巡抚衔，所辖南安、赣州、南雄、韶州、汀州并郴州地方，驻赣州。

巡抚广东地方兼赞理军务一员。永乐中，设巡抚，后以总督兼巡抚事，遂罢不设。嘉靖四十五年复另设巡抚，加赞理军务。隆庆四年又罢。

巡抚广西地方一员。广西旧有巡抚，沿革不常。隆庆三年复专设。

巡抚云南兼建昌、毕节等处地方赞理军务兼督川、贵粮饷一员。正统九年命侍郎参赞军务。十年设镇抚。天顺元年罢。成化十二年复设。嘉靖三十年加兼理军务。四十三年改赞理。隆庆二年兼抚建昌、毕节等处。

巡抚贵州兼督理湖北、川东等处地方提督军务一员。正统十四年以苗乱置总督，镇守贵州、湖北、川东等处。景泰元年另设贵州巡抚。成化八年罢。十一年复设。正德二年又罢。五年又复设。嘉靖四十二年裁革总督，令巡抚兼理湖北、川东等处提督军务。

巡抚天津地方赞理军务一员。万历二十五年以倭陷朝鲜，暂设，寻为定制。

巡抚登莱地方赞理军务一员。天启元年设。崇祯二年罢。三年复设。

巡抚安庐地方赞理军务一员。崇祯十年设，以史可法为之。十六年又增设安、太、池、庐四府巡抚。

巡抚偏沅地方赞理军务一员。万历二十七年以征播暂设，寻罢。天启二年后，或置或罢。崇祯二年定设。

巡抚密云地方赞理军务一员。崇祯十一年设。

巡抚淮扬地方赞理军务一员。崇祯十一年设。

巡抚承天赞理军务一员。崇祯十六年设。

抚治郧阳等处地方兼提督军务一员。成化十二年以郧、襄流民屡叛，遣都御史安抚，因奏设官抚治之。万历二年以抚治事权不专，添提督军务兼抚治职衔。九年裁革，十一年复设。

赞理松潘地方军务一员。正统四年以王翱为之。

通政使司。通政使一人，正三品，左、右通政各一人，膳黄右通政一人，正四品，左、右参议各一人，正五品。其属，经历司，经历一人，正七品，知事一人，正八品。

通政使掌受内外章疏敷奏封驳之事。凡四方陈情建言，申诉冤滞，或告不法等事，于底簿内謄写诉告缘由，赍状奏闻。凡天下臣民实封入递，即于公厅启视，节写副本，然后奏闻。即五军、六部、都察院等衙门，有事关机密重大者，其入奏仍用本司印信。凡诸司公文、勘合辨验允当，编号注写，公文用"日照之记"、勘合用"验正之记"关防之。凡在外之题本、奏本，在京之奏本，并受之，于早朝汇而进之。有径自封进者则参驳。午朝则引奏臣民之言事者，有机密则不时入奏。有违误则籍而汇请。凡抄发、照驳诸司公移及勘合、讼牒、勾提件数、给繇人员，月终类奏，岁终通奏。凡议大政、大狱及会推文武大臣，必参预。

初，洪武三年置察言司，设司令二人，掌受四方章奏，寻罢。十年置通政使司，以曾秉正为通政使，刘仁为左通政，谕之曰："政犹水也，欲其常通，故以'通政'名官。卿其审命令以正百司，达幽隐以通庶务。当执奏者勿忌避，当驳正者勿阿随，当敷陈者毋隐蔽，当引见者毋留难。"十二年拨承敕监给事中、殿廷仪礼司、九关通事使隶焉。建文中，改司为寺，通政使为通政卿，通政参议为少卿，寺丞增置左、右补阙，左、右拾遗各一人。成祖复旧制。成化二年置提督誊黄右通政，不理司事，录武官黄卫所袭替之故，以征选事。万历九年革。

大理寺。卿一人，（正三品），左、右少卿各一人，（正四品），左、右寺丞各一人，（正五品）。其属，司务厅，司务二人，（从九品）。左、右二寺，各寺正一人，（正六品），寺副二人，（从六品，后革右寺副一人）。评事四人，（正七品）。（初设右评事八人，后革四人。）

卿掌审谳平反刑狱之政令。少卿、寺丞赞之。左、右寺分理京畿、十三布政司刑名之事。凡刑部、都察院、五军断事官所推问狱讼，皆移案牍，引囚徒，诣寺详谳。左、右寺寺正，各随其所辖而复审之。既按律例，必复问其款状，情允罪服，始呈堂准拟具奏。不则驳令改拟，曰照驳。三拟不当，则纠问官，曰参驳。有牾律失入者，调他司再讯，曰番异。犹不惬，则请下九卿会讯，曰圆审。已评允而招由未明，移再讯，曰追驳。屡驳不合，则请旨发落，曰制决。凡狱既具，未轻本寺评允，诸司毋得发遣。误则纠之。

初，吴元年置大理司卿，秩正三品。洪武元年革。三年置磨勘司，凡诸司刑名、钱粮，有冤滥隐匿者，稽其功过以闻。寻亦革。洪武三年置磨勘司，设司令、司丞。七年增设司令一人，司丞五人，首领官五人，分为四科。十年革，十四年复置磨勘司，设司令一人，左、右司丞各一人，左、右司副各一人。二十年复罢。十四年复置大理寺，改卿秩正五品，左、右少卿从五品，左、右寺丞正六品。其属，左、右寺正各一人，寺副各二人，左评事四人，右评事八人。又置审刑司，共平庶狱。凡大理寺所理之刑，审刑司复详议之。审刑司设左、右审刑各一人，正六品；左、右详议各三人，正七品。十七年改设刑部、都察院、大理寺、审刑司、五军断事官署于太平门外，名其所曰贯城。十九年罢审刑司。二十二年复，卿秩正三品。少卿二人，正四品。丞三人，正五品。其左、右寺官如故。二十九年又罢，尽移案牍于后湖。建文初复置，改左、右寺为司，寺正为都评事，寺副为副都评事，司务为都典簿。司务，洪武二十六年置。

成祖初，仍置大理寺，其左、右寺设官，复如洪武时。又因左、右二寺评事多寡不等，所治事亦繁简不均，以二寺评事均分，左、右各六人，如刑部、都察院十二司道，各带管直隶地方审录。初，太祖设左评事四员，分管在京诸司及直隶卫所、府州县刑名。右评事八员，分管在外十三布政司、都司、卫所、府州县刑名。永乐二年仍复旧。后定都北京，又改分寺属。两京、五府、六部、京卫等衙门刑名，属左寺。顺天、应天二府，南、北直隶卫所、府州县并在外浙江等布政司、都司、卫所刑名，属右寺。弘治元年裁减右评事四人。时天下罪囚，类不解审，右寺事顾简于左寺。

万历九年，更定左、右寺分理天下刑狱。浙江、福建、山东、广东、四川、贵州六司道，左寺理之。江西、陕西、河南、山西、湖广、广西、云南七司道，右寺理之。以能按律出人罪者为称职。大理寺之设，为慎刑也。三法司会审，初审，刑部、都察院为主，覆审，本寺为主。明初，犹置刑具、牢狱。弘治以后，止阅案卷，囚徒俱不到寺。司务典出纳文移。

詹事府。詹事一人，正三品，少詹事二人，正四品，府丞二人，正六品。主簿厅，主簿一人，从七品，录事二人，正九品，通事舍人二人。左春坊大学士，正五品，左庶子，正五品，左谕德，从五品，各一人，左中允，正六品，左赞善，从六品，左司直郎，从六品，后不常设，各二人，左清纪郎一人，从八品，不常设，左司谏二人，从九品，不常设。右春坊，亦如之。司经局，洗马一人，从五品，校书，正九品，正字，从九品，各二人。

詹事掌统府、坊、局之政事，以辅导太子。少詹事佐之。凡入侍太子，与坊、局翰林官番直进讲《尚书》、《春秋》、《资治通鉴》、《大学衍义》、《贞观政要》诸书。前期纂辑成章进御，然后赴文华殿讲读。讲读毕，率其僚属，以朝廷所处分军国重事及抚谕诸蕃恩义，陈说于太子。凡朝贺，必先奏朝廷，乃具启本以进。凡府僚暨坊、局官与翰林院职互相兼，试士、修书皆与焉。通事舍人典东宫朝谒、辞见之礼，承令劳问之事，凡廷臣朝贺、进笺、进春、进历于太子，则引入而举案。

春坊大学士掌太子上奏请、下启笺及讲读之事，皆审慎而监省之。庶子、谕德、中允、赞善各奉其职以从。凡东宫监国、抚军、出狩，及朝会出入，复启、画诺，必审署以移詹事。诸祥眚必启告。内外庶政可为规鉴者，随事而赞谕。伶人、仆御有改变新声、导逢非礼者，则陈古义，申典制，纠正而请斥远之。司直、清纪郎掌弹劾宫僚，纠举职事。文华殿讲读毕，诸臣班退，有独留奏事及私谒者，则共纠之。司谏掌箴诲鉴戒，以拾遗补过。凡有启事于东宫，与司直、清纪执笔纪令旨，规正其伪缪者。

洗马掌经史子集、制典、图书刊辑之事。立正本、副本、贮本以备进览。凡天下图册上东宫者，皆受而藏之。校书、正字掌缮写装潢，诠其讹谬而调其音切，以佐洗马。

先是，洪武初，置大本堂，充古今图籍其中，召四方名儒训导太子、亲王。诸儒专经面授，分番夜直。已而，太子居文华堂，诸儒迭班侍从，又选才俊之士入充伴读，时时赐宴、赋诗，商榷今古，评论文学。是时，东宫官属，自太子少师、少傅、少保、宾客外，则有左、右詹事，同知詹事院事，副詹事，詹事丞，左、右率府使，同知左、右率府事，左、右率府副使，谕德，赞善大夫，皆以勋旧大臣兼领其职。又有文学、中舍、正字、侍正、洗马、庶子及赞读等官。十五年更定左、右春坊官，各置庶子、谕德、中允、赞善、司直郎，又各设大学士。寻定司经局官，设洗马、校书、正字。二十二年以官联无统，始置詹事院。二十五年改院为府，定詹事秩正三品，春坊大学士正五品，司经局洗马从五品。虽各有印，而事总于詹事府。二十九年增设左、右春坊清纪郎、司谏、通事舍人。建文中，增少卿、寺丞各一人，宾客二人。又置资德院资德一人，资善二人。其属，赞读、赞书、著作郎各二人，掌典籍各一人。成祖复旧制。英宗初，命大学士提调讲读官。

按詹事府多由他官兼掌。天顺以前，或尚书、侍郎、都御史，成化以后，率以礼部尚书、侍郎由翰林出身者兼掌之。其协理者无常员。春坊大学士，景泰间，倪谦、刘定之而后，仅杨廷和一任之，后不复设。其司直、司谏、清纪郎亦不常置。惟嘉靖十八年以陆深为詹事，崔铣为少詹事，王教、罗洪先、华察等为谕德、赞善、洗马，皇甫涍、唐顺之等为司直、司谏，皆天下名儒。自明初宋濂诸人后，宫僚莫盛于此。嗣是，出阁讲读，每点别员，本府坊局仅为翰林官迁转之阶。

翰林院。学士一人，正五品，侍读学士、侍讲学士各二人，并从五品，侍读、侍讲各二人，并正六品，《五经》博士九人，正八品，并世袭，别见。典籍二人，从八品，侍书二人，正九品，后不常设。待诏六人，从九品，不常设。孔目一人，未入流。史官修撰，从六品，编修，正七品，检讨，从七品，庶吉士，无定员。

学士掌制诰、史册、文翰之事，以考议制度，详正文书，备天子顾问。凡经筵日讲，纂修实录、玉牒、史志诸书，编纂六曹章奏，皆奉敕而统承之。诰敕，以学士一人兼领。正统中，王直、王英以礼部侍郎兼学士，专领诰敕，后罢。弘治七年复设。正德中，白钺、费宏等由礼部尚书入东阁，专典诰敕。嘉靖六年复罢，以讲、读、编、检等官管之。大政事、大典礼，集诸臣会议,则与诸司参决其可否。车驾幸大学听讲,凡郊祀庆成诸宴,则学士侍坐于四品京卿上。

侍读、侍讲掌讲读经史。《五经》博士,初置五人,各掌专经讲义,继以优给圣贤先儒后裔世袭,不治院事。

史官掌修国史。凡天文、地理、宗潢、礼乐、兵刑诸大政,及诏敕、书檄,批答王言,皆籍而记之,以备实录。国家有纂修著作之书,则分掌考辑撰述之事。经筵充展卷官,乡试充考试官,会试充同考官,殿试充收卷官。凡记注起居,编纂六曹章奏,膳黄册封等咸充之。庶吉士读书翰林院,以学士一人教习之。侍书掌以六书供侍。待诏掌应对。孔目掌文移。

吴元年,初置翰林院,秩正三品,设学士,正三品,侍讲学士,正四品,直学士,正五品,修撰、典簿,正七品,编修,正八品。洪武二年置学士承旨,正三品,改学士从三品。侍讲学士,正四品,侍读学士,从四品,修撰,正六品。增设待制,从五品,应奉,正七品,典籍,从八品,等官。十三年增设检阅,从九品。十四年定学士为正五品,革承旨、直学士、待制、应奉、检阅、典簿,设孔目、《五经》博士、侍书、待诏、检讨。令编修、检讨、典籍同左春坊左司直郎、正字、赞读考驳诸司奏启,平允则署其衔曰"翰林院兼平驳诸司文章事某官某",列名书之。十八年更定品员,如前所列,独未有庶吉士,以侍读先侍讲。建文时,仍设承旨,改侍读、侍讲两学士为文学博士,设文翰、文史二馆,文翰以居侍读、侍讲、侍书、《五经》博士、典籍、待诏,文史以居修撰、编修、检讨。改孔目为典簿,改中书舍人为侍书,以隶翰林。又设文渊阁待诏及拾遗、补阙等官。成祖初复旧。其年九月,特简讲、读、编、检等官参预机务,简用无定员,谓之内阁。然解缙、胡广等既直文渊阁,犹相继署院事。至洪熙以后,杨士奇等加至师保,礼绝百僚,始不复署。正统七年,翰林院落成,学士钱习礼不设杨士奇、杨溥公座,曰"此非三公府也",二杨以闻,乃命工部具椅案,礼部定位次,以内阁固翰林职也。嘉、隆以前,文移关白,犹称翰林院,以后则竟称内阁矣。其在六部,自成化时,周洪谟以后,礼部尚书、侍郎必由翰林,吏部两侍郎必有一由于翰林。其由翰林者，尚书则兼学士，六部皆然，侍郎则兼侍读、侍讲学士。其在詹事府暨坊、局官，视其品级，必带本院衔。詹事、少詹事带学士衔，春坊大学士不常设，庶子、谕德、中允、赞善、洗马等则带讲、读学士以下至编、检衔。

史官，自洪武十四年置修撰三人，编修、检讨各四人。其后由一甲进士除授及庶吉士留馆授职，往往溢额，无定员。嘉靖八年复定讲、读、修撰各三人，编修、检讨各六人，皆从吏部推补，如诸司例。然未几，即以侍从人少，诏采方正有学术者以充其选，因改御史胡经、员外郎陈束、主事唐顺之等七人俱为编修。以后仍循旧例，由庶吉除授，卒无定额。崇祯七年又考选推官、知县为编修、检讨，盖亦创举，非常制也。

庶吉士自洪武初有六科庶吉士。十八年以进士在翰林院、承敕监等近侍者，俱称庶吉士。永乐二年始定为翰林院庶吉士。选进士文学优等及善书者为之。三年试之。其留者，二甲授编修，三甲授检讨；不得留者，则为给事中、御史，或出为州县官。宣德五年始命学士教习。万历以后，掌教习者，专以吏、礼二部侍郎二人。

明初，尝置弘文馆学士，洪武三年置，以胡铉为学士，又命刘基、危素、王本中、睢稼皆兼弘文馆学士，未几罢。宣德间，复建弘文阁于思善门右，以翰林学士杨溥掌阁印，寻并入文渊阁。秘书监，洪武三年置，秩正六品，除监丞一人，直长二人，寻定设令一人，丞、直长各二人，掌内府书籍。十三年并入翰林院典籍。起居注，甲辰年置。吴元年定秩正五品。洪武四年改正七品。六年升从六品。九年定起居注二人，后革。十四年复置，秩从七品，寻罢。至万历间，命翰林院官兼摄之。已复罢。寻皆罢。

国子监。祭酒一人，从四品，司业一人，正六品。其属，绳愆厅，监丞一人，正八品。博士厅，《五经》博士五人，从八品。率性、修道、诚心、正义、崇志、广业六堂，助教十五人，从八品，学正十人，正九品，学录七人，从九品。典簿厅，典簿一人，从八品。典籍厅，典籍一人，从九品。掌馔厅，掌馔二人，未入流。

祭酒、司业，掌国学诸生训导之政令。凡举人、贡生、官生、恩生、功生、例生、土官、外国生、功勋臣及勋戚大臣子弟之入监者，奉监规而训课之，造以明体达用之学，以孝弟、礼义、忠信、廉耻为之本，以六经、诸史为之业，务各期以敦伦善行，敬业乐群，以修举古乐正、成均之师道。有不率者，扑以夏楚，不悛，徙谪之。其率教者，有升堂积分超格叙用之法。课业仿书，季呈翰林院考校，文册岁终奏上。每岁仲春秋上丁，遣大臣祀先师，则总其礼仪。车驾幸学，则执经坐讲。新进士释褐，则坐而受拜。监丞掌绳愆厅之事，以参领监务，坚明其约束，诸师生有过及廪膳不洁，并纠惩之，而书之于集愆册。博士掌分经讲授，而时其考课。凡经，以《易》、《诗》、《书》、《春秋》、《礼记》，人专一经，《大学》、《中庸》、《论语》、《孟子》兼习之。助教、学正、学录掌六堂之训诲，士子肄业本堂，则为讲说经义文字，导约之以规矩。典簿典文移、金钱出纳支受。典籍典书籍。掌馔掌饮馔。

明初，即置国子学。乙巳九月置国子学，以故集庆路学为之。洪武十四年改建国子学于鸡鸣山下。设博士、助教、学正、学录、典乐、典书、典膳等官。吴元年定国子学官制，增设祭酒、司业、典簿。祭酒，正四品，司业，正五品，博士，正七品，典簿，正八品，助教，从八品，学正，正九品，学录，从九品，典膳，省注。洪武八年又置中都国子学，秩正四品，命国子学分官领之。十三年改典膳为掌馔。十五年改为国子监，秩从四品，设祭酒一人，司业一人，监丞、典簿各一人，博士三人，助教十六人，学正、学录各三人，掌馔一人。各官品秩，如前所列。中都国子监制亦如之。十六年以宋讷为祭酒，敕谕之曰："太学天下贤关，礼义所由出，人材所由兴。卿夙学耆德，故特命为祭酒。尚体朕立教之意，俾诸生有成，士习丕变，国家其有赖焉。"又命曹国公李文忠领监事，车驾时幸。以故监官不得中厅而坐，中门而行。二十四年更定国子监品秩、员数。俱如前所列。中都国子监设祭酒、司业、监丞、典簿、博士、学正、学录、掌馔各一人，助教二人，品秩与在京同。二十六年罢中都国子监。建文中，升监丞为堂上官，革学正、学录。成祖复旧制。永乐元年置国子监于北京，设祭酒、司业、监丞、典簿、博士、学正、学录、掌馔各一人，助教二人。后增设不常，助教至十五人，学正至十一人，学录至七人。后革助教二人，学正四人，学录二人。万历九年又革助教四人，学录一人。宣德九年省司业。弘治十五年复设。明初，祭酒、司业，择有学行者任之，后皆由翰林院官迁转。

衍圣公，孔氏世袭，正二品。袍带、诰命、朝班一品。洪武元年授孔子五十六代孙希学袭封。其属，掌书、典籍、司乐、知印、奏差、书写各一人，皆以流官充之。曲阜知县，孔氏世袭。洪武元年授孔子裔孙希大为曲阜世袭知县。翰林院世袭《五经》博士，正八品，孔氏二人，正德元年授孔子五十九世孙彦绳主衢州庙祀。宋孔端友从高宗南渡，家于衢州，此孔氏南宗也。正德二年授孔闻礼奉子思庙祀。颜氏一人，景泰三年授颜子五十九世孙希惠。曾氏一人，嘉靖十八年授曾子六十代孙质粹。仲氏一人，万历十五年授子路裔孙仲吕。孟氏一人，景泰三年授孟子裔孙希文。周氏一人，景泰七年授先儒周敦颐裔孙冕。程氏二人，景泰六年授先儒程颐裔孙克仁。崇祯三年授先儒程颢裔孙接道。邵氏一人，崇祯三年授先儒邵雍裔孙继祖。张氏一人，天启二年以先儒张载裔孙文运为博士。朱氏二人，景泰六年授先儒朱熹裔孙梃。嘉靖二年又授墅为博士，主婺源庙祀。刘氏一人，景泰七年授诚意伯刘基七世孙禄，后革。教授司，教授，从九品，学录、学司，并未入流，孔、颜、曾、孟四氏，各一人。又尼山、洙泗二书院，各学录一人。

先是，元代封孔子后裔为衍圣公，赐三品印。洪武元年，太祖既以孔希学袭封衍圣公，因谓礼臣曰："孔子万世帝王之师，待其后嗣，秩止三品，弗称褒崇，其授希学秩二品，赐以银印。"又命复孔、颜、孟三家子孙徭役。十八年敕工部询问，凡有圣贤子孙以罪输作者，释之。永乐二十二年赐衍圣公宅于京师，加一品金织衣。正统元年诏免凡圣贤子孙差役，选周、程、张、朱诸儒子孙聪明俊秀可教养者，不拘名数，送所在儒学读书，仍给廪馔。成化元年给孔、颜、孟三氏学印，令三年贡有学行者一人，入国子监。六年命衍圣公始袭者在监读书一年。

明史卷七四
志第五〇

职官三

太常寺 <small>附提督四夷馆</small>　光禄寺

太仆寺　鸿胪寺　尚宝司　六科

中书舍人　行人司　钦天监

太医院　上林苑监　五城兵马司

顺天府 <small>附宛平大兴二县</small>　武学

僧道录司　教坊司　宦官　女官

太常寺。卿一人，正三品，少卿二人，正四品，寺丞二人，正六品。其属，典簿厅，典簿二人，正七品，博士二人，正七品，协律郎二人，正八品，嘉靖中增至五人。赞礼郎九人，正九品，嘉靖中增至三十三人，后革二人。司乐二十人，从九品，嘉靖中增至三十九人，后革五人。天坛、地坛、朝日坛、夕月坛、先农坛、帝王庙、祈谷殿、长陵、献陵、景陵、裕陵、茂陵、泰陵、显陵、康陵、永陵、昭陵各祠祭署，俱奉祀一人，从七品，祀丞二人，从八品。牺牲所，吏目一人，从九品。

太常掌祭祀礼乐之事，总其官属，籍其政令，以听于礼部。凡天神、地祇、人鬼，岁祭有常。先冬十二月朔，奏进明年祭日，天子御奉天殿受之，乃颁于诸司。天子亲祭，则赞相礼仪。大臣摄事，亦如之。

凡国有册立、册封、冠婚、营缮、征讨、大丧诸典礼，岁时旱涝大灾变，则请告宗庙社稷。荐新则移光禄寺供其品物。祭祀先期请省牲，进祝版、铜人，上殿奏请斋戒，亲署御名。省牲偕光禄卿。惟大祀车驾亲省，大臣日一省之。凡祭，涤器、爨理、香烛、玉帛，整拂神幄，必恭洁。掌燎、看燎、读祝、奏礼、对引、司香、进俎、举麾、陈设、收支、导引、设位、典仪、通赞、奉帛、执爵、司樽、司罍洗，卿贰属各领其事，罔有不共。凡玉四等：曰苍璧，以祀天，曰黄琮，以祀地，曰赤璋、白琥，以朝日、夕月，曰两圭有邸，以祭太社、太稷。帛五等：曰郊祀制帛，祀天地，曰奉先制帛，荐祖考，曰礼神制帛，祭社稷、群神、帝王、先师，曰展亲制帛，祭享亲王，曰报功制帛，祭享功臣。牲四等：曰犊，曰牛，曰太牢，曰少牢。色尚骍或黝。大祀入涤三月，中祀一月，小祀一旬。乐四等：曰九奏，用祀天地，曰八奏，神祇、太岁，曰七奏，大明、太社、太稷、帝王，曰六奏，夜明、帝社、帝稷、宗庙、先师。舞二：曰文舞，曰武舞。乐器不徙。陵园之祭无乐。岁终合祭五祀之神，则少卿摄事。

初，吴元年置太常司，设卿，正三品，少卿，正四品，丞，正五品，典簿、协律郎、博士，正七品，赞礼郎，从八品。洪武初，置各祠祭署，设署令、署丞。十三年更定协律郎等官品秩。协律郎正八品，赞礼郎正九品，司乐从九品。二十四年改各署令为奉祀，署丞为祀丞。三十年改司为寺，官制仍旧。二十五年已定司丞正六品。建文中，增设赞礼郎二人，太祝一人，以及各祠祭署俱有更革。天坛祠祭署为南郊祠祭署，泗州祠祭署为泗滨祠祭署，宿州祠祭署为新丰祠祭署，孝陵置钟山祠祭署，各司圃所增神乐观知观一人。成祖初，惟易天坛为天地坛，余悉复洪武间制。建文时，南郊祠祭署为郊坛祠祭署，已又改为天地坛祠祭署。洪熙元年置牺牲所，吏目典掌文移。先是，洪武三年置神牲所，设廪牲令、大使、副使等官。四年革。世宗厘祀典，分天地坛为天坛、地坛，山川坛、藉田祠祭署为神祇坛，大祀殿为祈谷殿，增置朝日、夕月二坛，各设祠祭署。又增设协律郎、赞礼郎、司乐等员。隆庆三年革协律郎等官四十八员。万历六年复设，如嘉靖间制。万历四年改神祇坛为先农坛。

提督四夷馆。少卿一人，正四品，掌译书之事。自永乐五年，外国朝贡，特设蒙古、女直、西番、西天、回回、百夷、高昌、缅甸八馆，置译字生、通事，通事初隶通政使司，通译语言文字。正德中，增设八百馆。八百国兰者哥进贡。万历中，又增设暹罗馆。

初设四夷馆隶翰林院，选国子监生习译。宣德元年兼选官民子弟，委官教肄，学士稽考程课。弘治七年始增设太常寺卿、少卿各一员为提督，遂改隶太常。嘉靖中，裁卿，止少卿一人。按太常寺卿在南京者，多由科目。北寺自永乐间用乐舞生，累资升至寺卿，甚或加礼部侍郎、尚书掌寺，后多沿袭。至隆庆初，乃重推科甲出身者补任。译字生，明初甚重。与考者，与乡、会试额科甲一体出身。后止为杂流。其在馆者，升转皆在鸿胪寺。

光禄寺。卿一人，从三品，少卿二人，正五品，寺丞二人，从六品。其属，典簿厅，典簿二人，从七品，录事一人，从八品。大官、珍羞、良醖、掌醢四署，各署正一人，从六品，署丞四人，从七品，监事四人，从八品。司牲司，大使一人，从九品，副使一人，后革。司牧局，大使一人，从九品，嘉靖七年革。银库，大使一人。

卿掌祭享、宴劳、酒醴、膳羞之事，率少卿、寺丞官属，辨其名数，会其出入，量其丰约，以听于礼部。凡祭祀，同太常省牲；天子亲祭，进饮福受胙；荐新，循月令献其品物；丧葬供奠馈。所用牲、果、菜物，取之上林苑；不给，市诸民，视时估十加一，其市直季支天财库。四方贡献果鲜厨料，省纳惟谨。器皿移工部及募工兼作之，岁省其成败。凡筵宴酒食及外使、降人，俱差其等而供给焉。传奉宣索，籍记而覆奏之。监以科道官一员，察其出入，纠禁其奸弊。岁四月至九月，凡御用物及祭祀之品皆用冰。大官供祭品宫膳、节令筵席、蕃使宴犒之事。珍羞供宫膳肴核之事。良醖供酒醴之事。掌醢供伤、油、醯、酱、梅、盐之事。司牲养牲，视其肥瘠而蠲涤之。司牧亦如之。

初，吴元年置宣徽院，设院使，正三品，同知，正四品，院判，正五品，典簿，正七品。以尚食、尚醴二局隶之。局设大使，从六品，副使，从七品。洪武元年改为光禄寺，设光禄卿，正四品，少卿，正五品，寺丞，正六品，主簿，正八品。所属尚食等局，又移太常司供需库隶之。局库官品仍旧。二年设直长四人，遇百官赐食御前者，则令供事。四年置法酒库。设内酒坊大使，从八品，副使，从九品。八年改寺为司，升卿秩，卿从三品，少卿从四品，以寺丞为司丞，从六品，主簿为典簿，从七品，增设录事，从八品。又置所属大官、珍羞、良醖、掌醢四署，每署令一人，从六品，丞一人，从七品，监事一人，从八品。孳牧所，大使一人，从九品，副使一人，未入流。十年定光禄司散官品秩。时所用光禄官，或内官，或流官，或庖人，出身不同，同授散官。至是定，内官除授者，照内官散官给授。流官除授者，照文官散官给授。庖人除授者，卿从三品，授尚膳大夫；少卿正五品，授奉膳大夫；司丞从六品，授司膳郎；各署丞从七品，授掌膳郎；监事从八品，授执膳郎。寻罢各局库，置司牲司，又改孳牧所为司牧司。后为司牧局。三十年复改为光禄寺，官制仍旧。少卿已定正五品。

建文中，升少卿、寺丞品秩。少卿升四品，寺丞升五品。增设司圃所，改司牲司为孳牲所，升其品级。

成祖复旧制。正统六年裁四署冗员。先是，光禄卿奈亨以供应事繁，奏增各署官，至是复奏裁之。裁署正四人，署丞五人，监事七人。嘉靖七年革司牧局。万历二年添设银库大使一人。

太仆寺。卿一人，从三品，少卿二人，正四品，正德十一年增设一人。寺丞四人，正六品。其属，主簿厅，主簿一人，从七品。常盈库，大使一人。所辖，各牧监，监正一人，正九品，监副一人，从九品，录事一人，后监正、监副、录事俱革。各群，群长一人，后革。

卿掌牧马之政令，以听于兵部。少卿一人佐寺事，一人督营马，一人督畿马。寺丞分理京卫、畿内及山东、河南六郡孳牧、寄牧马匹。济南、兖州、东昌、开封、彰德、卫辉。凡军民孳牧，视其丁产，授之种马。牡十之二，牝十之八，为一群。南方以四牝、一牡为群。岁征其驹，曰备用马，齐其力以给将士。将士足，则寄牧于畿内府州县，肥瘠登耗，籍其毛齿而时阅之。三岁偕御史一人印烙。选其健良而汰其羸劣。其草场已垦成田者，岁敛其租金，灾祲则出之以佐市马。其赔偿折纳,则征马金输兵部。主簿典勾省文移。大使典贮库马金。

初,洪武四年置群牧监于答答失里营所,随水草利便立官署,专司牧养。六年更置群牧监于滁州,旋改为太仆寺,秩从三品,设卿、少卿、寺丞,又设首领官知事、主簿各一人。七年增设牧监、群官二十七处,隶太仆寺。寻定群牧监品秩。令,正五品,丞,正六品,镇抚,从六品,群头十人,吏目一人,省注。十年增置滁阳等各牧监及所属各群。改牧监令、丞为监正、监副。监正,从八品,监副,正九品,御良,从九品。后又定监正为正九品。二十二年定滁阳等十二牧监,每监设监正一人,监副二人,录事一人。来安等一百二十七群,每群设群长一人。初设群副二人,至是革。二十三年增置江东、当涂二牧监及所属各群。又罢乌衣等五十四群,改置永安等七群,定为牧监十四,滁阳、大兴、香泉、仪真、定远、天长、长淮、江都、句容、溧阳、江东、溧水、当涂、舒城。群九十有七。大胜关、柏子、骟兴、保宁、草堂五群,隶滁阳监。永安、如皋、沿海、保全、朝阳、永昌、安定七群,隶大兴监。大钱、铜城、永丰、龙胜、龙山、永宁、新安、庆安、襄安九群,隶香泉监。华阳、寿宁、广陵、善应四群,隶仪真监。龙江、龙安、万胜、龙泉四群,隶定远监。天长、怀德、招信、得胜、武安五群,隶天长监。长安、白石、荆山、南山、团山、草平六群,隶长淮监。万宁、广生、万骥、顺德、大兴、骥宁、崇德七群,隶江都监。句容、易风、仍信、福胙、通德、承仙、上容、政仁、练塘、寿安十群,隶句容监。举福、从山、明义、永安、福贤、崇来、永城、永泰、奉安九群,隶溧阳监。开宁、泉水、惟政、清化、神泉、新亭、长泰、光泽八群,隶江东监。仪风、仙坛、立信、归政、丰庆、安兴、游山、永宁八群,隶溧水监。石城、永保、化冶、姑熟、繁昌、多福、丹阳、德政八群,隶当涂监。枣林、海亭、伏龙、龙河、会龙、九龙、万老七群,隶舒城监。二十八年悉罢群牧监,以其马隶有司牧养。三十年置行太仆寺于北平,秩如太仆寺。建文中,升寺丞品秩,旧六品,升五品。又改其领官职名,增设录事,及典厩、典牧二署,骟骥等十八群,滁阳等八牧监,龙山等九十二群。成祖复旧制。永乐元年改北平行太仆寺为北京行太仆寺。十八年定都北京,遂以行太仆寺为太仆寺。洪熙元年复称北京行太仆寺。正统六年定为太仆寺。其旧在滁州者,改为南京太仆寺。寺丞,初置四人。正统中,又增八人,共十二人,以一人领京卫,一人领顺德、广平二府,一人领开封、卫辉、彰德三府，九人分领顺天、保定、真定、河间、永平、大名、济南、兖州、东昌九府孳牧，寄牧各马匹。弘治六年革四人。正德九年复增一人，专领寄牧之事。嘉靖八年又革三人，共六人分领，三年更代，而以寄牧者令府州县兼理。隆庆三年又革三人，止设三人，以一人提督库藏兼协理京边，二人分理东西二路各马政。

　　鸿胪寺。卿一人，正四品，左、右少卿各一人，从五品，左、右寺丞各一人，从六品。其属，主簿厅，主簿一人，从八品。司仪、司宾二署，各署丞一人，正九品，鸣赞四人，从九品，后增设五人。序班五十人，从九品。嘉靖三十六年革八人。万历十一年复设六人。

　　鸿胪掌朝会、宾客、吉凶仪礼之事。凡国家大典礼、郊庙、祭祀、朝会、宴飨、经筵、册封、进历、进春、传制、奏捷，各供其事。外吏朝觐，诸蕃入贡，与夫百官使臣之复命、谢恩，若见若辞者，并鸿胪引奏。岁正旦、上元、重午、重九、长至赐假、赐宴，四月赐字扇、寿缕，十一月赐戴暖耳，陪祀毕，颁胙赐，皆赞百官行礼。司仪典陈设、引奏，外吏来朝，必先演仪于寺。司宾典外国朝贡之使，辨其等而教其拜跪仪节。鸣赞典赞仪礼。凡内赞、通赞、对赞、接赞、传赞咸职之。序班典侍班、齐班、纠仪及传赞。

　　初，吴元年置侍仪司，秩从五品。洪武四年定侍仪使，从七品，引进使，正八品，奉班都知，正九品，通赞、通事舍人，从九品，俱为七品以下官。九年改为殿庭仪礼司，设使一人，正七品，副三人，正八品，承奉一人，从八品，鸣赞二人，正九品，序班十六人，从九品，九关通事使一人，正八品，副六人，从八品。十三年改使为司正，分左、右司副各一人，增序班至四十四人，革承奉，增设司仪四人。二十二年增设左、右司丞四人，正九品。三十年始改为鸿胪寺，升秩正四品，设官六十二员。卿以下员数、品级如前所列。又设外夷通事隶焉。建文中，升少卿以下品秩。少卿升正五品，寺丞升正六品。又改其首领官职名，与鸣赞、序班皆升品级。罢司仪、司宾二署，而以行人隶鸿胪寺。成祖初，悉复旧制。

尚宝司。卿一人，正五品，少卿一人，从五品，司丞三人，正六品。吴元年但设一人，后增二人。掌宝玺、符牌、印章，而辨其所用。

宝二十有四，旧宝十有七，嘉靖十八年增制者七。曰"皇帝奉天之宝"，为唐、宋传玺，祀天地用之。若诏与赦，则用"皇帝之宝"，册封、赐劳，则用"皇帝行宝"；诏亲王、大臣及调兵，则用"皇帝信宝"；上尊号，则用"皇帝尊亲之宝"；谕亲王，则用"皇帝亲亲之宝"。其"天子之宝"，以祀山川、鬼神；"天子行宝"，以封外国及赐劳；"天子信宝"，以招外服及征发。诏用"制诰之宝"；敕用"敕命之宝"，奖励臣工，用"广运之宝"；敕谕朝觐官，用"敬天勤民之宝"。若"御前之宝"，"表章经史之宝"，"钦文之宝"，则图书文史等用之。世宗增制，为"奉天承运大明天子宝"，为"大明受命之宝"，为"巡狩天下之宝"，为"垂训之宝"，为"命德之宝"，为"讨罪安民之宝"，为"敕正万民之宝"。太子之宝一，曰"皇太子之宝"。

凡宝之用，必奏请而待发。每大朝会，本司官二员，以宝导驾，俟升座，各置宝于案，立待殿中。礼毕，捧宝分行，至中极殿，置案而出。驾出幸，则奉以从焉。岁终，移钦天监，择日和香物入水，洗宝于皇极门。籍奏一岁用宝之数。凡请宝、用宝、捧宝、随宝、洗宝、缴宝，皆与内官尚宝监俱。

凡金牌之号五，以给勋戚侍卫之扈从及班直者、巡朝者、夜宿卫者：曰仁，其形龙，公、侯、伯、驸马都尉佩之；曰义，其形虎，勋卫指挥佩之；曰礼，其形麟，千户佩之；曰智，其形狮，百户佩之；曰信，其形祥云，将军佩之。半字铜符之号四，以给巡城寺卫官：曰承，曰东，曰西，曰北。巡者左半，守者右半，合契而点察焉。令牌之号六：曰申，以给金吾诸卫之警夜者；曰木，曰金，曰土，曰火，曰水，以给五城之警夜者。铜牌之号一，以稽守卒，曰勇。牙牌之号五，以察朝参：公、侯、伯曰勋，驸马都尉曰亲，文官曰文，武官曰武，教坊司曰乐。嘉靖中，总编曰官字某号，朝参佩以出入，不则门者止之。私相借者，论如律。有故，纳之内府。祭牌之号三：陪祀官曰陪，供事官曰供，执事人曰执。双鱼铜牌之号二：曰严，以肃直卫锦衣校尉之止直者,曰善,以饰光禄胥役之供事者。符验之号五:曰马,曰水,曰达,曰通,曰信。符验之制,上织船马之状,起马用"马"字,双马用"达"字,单马用"通"字。起船者用"水"字,并船用"信"字。亲王之藩及文武出镇抚、行人通使命者,则给之。御史出巡察则给印,事竣,咸验而纳之。稽出入之令,而办其数,其职至迩,其事至重也。

太祖初,设符玺郎,秩正七品。吴元年改尚宝司卿,秩正五品,以侍从儒臣、勋卫领之,如耿瑄以散骑舍人、黄观以侍中、杨荣以庶子为卿。非有才能不得调。勋卫大臣子弟奉旨乃得补丞。其后多以恩荫寄禄。无常员。

吏、户、礼、兵、刑、工六科。各都给事中一人,正七品,左、右给事中各一人,从七品。给事中,吏科四人,户科八人,礼科六人,兵科十人,刑科八人,工科四人,并从七品。后增、减员数不常。万历九年裁兵科五人,户、刑二科各四人,礼科二人。十一年复设户、兵刑三科各二人,礼科一人。

六科,常侍从、规谏、补阙、拾遗、稽察六部百司之事。凡制敕宣行,大事覆奏,小事署而颁之;有失,封还执奏。凡内外所上章疏下,分类抄出,参署付部,驳正其违误。吏科,凡吏部引选,则掌科即都给事中,以掌本科印,故名,六科同,同至御前请旨。外官领文凭,皆先赴科画字。内外官考察自陈后,则与各科具奏。拾遗纠其不职者。户科,监光禄寺岁入金谷,甲字等十库钱钞杂物,与各科兼莅之,皆三月而代。内外有陈乞田土、隐占侵夺者,纠之。礼科,监订礼部仪制,凡大臣曾经纠劾削夺、有玷士论者纪录之,以核赠谥之典。兵科,凡武臣贴黄诰敕,本科一人监视。其引选画凭之制,如吏科。刑科,每岁二月下旬,上前一年南北罪囚之数,岁终类上一岁蔽狱之数,阅十日一上实在罪囚之数,皆凭法司移报而奏御焉。工科,阅试军器局,同御史巡视节慎库,与各科稽查宝源局。而主德阙违,朝政失得,百官贤佞,各科或单疏专达,或公疏联署奏闻。虽分隶六科,其事属重大者,各科皆得通奏。但事属某科,则列某科为首。

　　凡日朝，六科轮一人立殿左右，珥笔记旨。凡题奏，日附科籍，五日一送内阁，备编纂。其诸司奉旨处分事目，五日一注销，核稽缓。内官传旨必覆奏，复得旨而后行。乡试充考试官，会试充同考官，殿试充受卷官。册封宗室、诸蕃或告谕外国，充正、副使。朝参门籍，六科流掌之。登闻鼓楼，日一人，皆锦衣卫官监莅。洪武元年以监察御史一人监登闻鼓，后令六科与锦衣卫轮直。受牒，则具题本封上。遇决囚，有投牒讼冤者，则判停刑请旨。凡大事廷议，大臣廷推，大狱廷鞫，六掌科皆预焉。

　　明初，统设给事中，正五品，后数更其秩，与起居注同。洪武六年设给事中十二人，秩正七品，始分为六科，每科二人，铸给事中印一，推年长者一人掌之。九年定给事中十人。十年隶承敕监。十二年改隶通政司。十三年置谏院，左、右司谏各一人，正七品，左、右正言各二人，从七品。十五年又置谏议大夫。以兵部尚书唐铎为之。寻皆罢。二十二年改给事中为源士，增至八十一人。初，魏敏、卓敬等凡八十一人为给事中。上以其适符古元士之数，改为元士。至是，又以六科为事之本源，改为源士。未几，复为给事中。二十四年更定科员，每科都给事中一人，正八品。左、右给事中二人，从八品。给事中共四十人，正九品。各科分设员数，如前所列。建文中，改都给事中，正七品，给事中，从七品，不置左、右给事中。增设拾遗、补阙。成祖初，革拾遗、补阙，仍置左、右给事中，亦从七品。寻改六科，置于午门外直房莅事。六科衙门旧在砖门内尚宝司西。永乐中灾，移午门外东西，每夜一科直宿。宣德八年增户科给事中，专理黄册。

　　中书科。中书舍人二十人，从七品。直文华殿东房中书舍人，直武英殿西房中书舍人，内阁诰敕房中书舍人，制敕房中书舍人，并从七品，无定员。中书科舍人掌书写诰敕、制诏、银册、铁券等事。凡草请诸翰林，宝请诸内府，左券及勘籍，归诸古今通集库。诰敕，公侯伯及一品至五品诰命、六品至九品敕命，勘合籍，初用二十八宿，后用《急就章》

为号。诰敕之号，曰仁、义、礼、智，公、侯、伯、蕃王、一品、二品用之；曰十二支，曰文、行、忠、信，文官三品以下用之；曰《千字文》，武官、续诰用之。皆以千号为满，满则复始。王府及驸马都尉不编号，土官以文武类编。凡大朝会，则侍班。东宫令节朝贺，则导驾侍班于文华殿。册封宗室，则充副使。其乡试、会试、殿试，间有差遣，充授并如科员。大祀南郊，则随驾而供事。员无正贰，印用年深者掌之。文华殿舍人，职掌奉旨书写书籍。武英殿舍人，职掌奉旨篆写册宝、图书、册页。内阁诰敕房舍人，掌书办文官诰敕，番译敕书，并外国文书、揭贴，兵部纪功、勘合底簿。制敕房舍人，掌书办制敕、诏书、诰命、册表、宝文、玉牒、讲章、碑额、题奏、揭帖一应机密文书，各王府敕符底簿。

洪武七年初设直省舍人十人，秩从八品，隶中书省。九年为中书舍人，改正七品，寻又改从七品。十年，与给事中皆隶承敕监。建文中，革中书舍人，改为侍书，升正七品，入文翰馆，隶翰林院。成祖复旧制。寻设中书科署于午门外，定设中书舍人二十人。其恩荫带俸者，不在额内。宣德间，内阁置诰敕、制敕两房，皆设中书舍人。嘉靖二十年选各部主事，大理寺评事，带原衔直诰敕、制敕两房。四十四年，两房员缺，令吏部考选举人为中书舍人。隆庆元年令两房办事官不得升列九卿。

按洪武间，置承敕监、洪武九年置，设令一人，正六品，丞二人，从六品。寻改令正七品，丞正八品。十年改令、丞为承敕郎，设二人，从七品。给事中、中书舍人咸隶焉。后罢。司文监、洪武九年置，设令一人，正六品，丞二人，从六品。寻改令正七品，丞正八品。十年罢。考功监，洪武八年置，设令、丞。九年定设令一人，正六品，丞二人，从六品。寻改令正七品，丞正八品，十八年罢。参掌给授诰敕之事。永乐初，命内阁学士典机务，诏册、制诰皆属之。而誊副、缮正皆中书舍人入办，事竣辄出。宣德初，始选能书者处于阁之西小房，谓之西制敕房。而诸学士掌诰敕者居阁东，具稿付中书缮进，谓之东诰敕房。此系办事。若知制诰衔，惟大学士与诸学士可带。正统后，学士不能视诰敕，内阁悉委于中书、序班、译字等官,于是内阁又有东诰敕房。因刘铉不与辅臣会食始。嘉靖末,复以翰林史官掌外制,而武官诰敕仍自其属为之。若诰赦、敕革之类,必由阁臣,翰林诸臣不得预。其直文华、武英两殿供御笔札者,初为内官职,继以中书分直,后亦专举能书者。大约舍人有两途,由进士部选者,得迁科道部属,其直两殿、两房舍人,不必由部选,自甲科、监生、生儒、布衣能书者,俱可为之。不由科甲者,初授序班,及试中书舍人,不得迁科道部属,后虽加衔九列,仍带衔办事。楷书出身者,或加太常卿衔,沈度、沈粲、潘辰等有加至翰林学士、礼部尚书者。洪武初,又有承天门待诏一人,阁门使四人,观察使十人,后俱革。

行人司。司正一人,正七品,左、右司副各一人,从七品,行人三十七人,正八品。职专捧节、奉使之事。凡颁行诏赦,册封宗室,抚谕诸蕃,征聘贤才,与夫赏赐、慰问、赈济、军旅、祭祀,咸叙差焉。每岁朝审,则行人持节传旨法司,遣戍囚徒,送五府填精微册,批缴内府。

初,洪武十三年置行人司,设行人,秩正九品。左、右行人,从九品。寻改行人为司正,左、右行人为左、右司副,更设行人三百四十五人。二十七年升品秩,以所任行人多孝廉人材,奉使率不称旨。定设行人司官四十员,咸以进士为之。非奉旨,不得擅遣,行人之职始重。建文中,罢行人司,而以行人隶鸿胪寺。成祖复旧制。

钦天监。监正一人,正五品,监副二人,正六品。其属,主簿厅,主簿一人,正八品,春、夏、中、秋、冬官正各一人,正六品,五官灵台郎八人,从七品,后革四人,五官保章正二人,正八品,后革一人,五官挈壶正二人,从八品,后革一人,五官监候三人,正九品,后革一人,五官司历二人,正九品,五官司晨八人,从九品,后革六人,漏刻博士六人,从九品,后革五人。

监正、副掌察天文、定历数、占候、推步之事。凡日月、星辰、风云、气色,率其属而测候焉。有变异,密疏以闻。凡习业分四科:曰天文，曰漏刻，曰回回，曰历。自五官正下至天文生、阴阳人，各分科肄业。每岁冬至日，呈奏明岁《大统历》，成化十五年改颁明岁历于十月朔日，移送礼部颁行。其《御览月令历》、《七政躔度历》、《六壬遁甲历》、《四季天象录》，并先期进呈。凡历注，御历注三十事，如祭祀、颁诏、行幸等类，民历三十二事，壬遁历七十二事。凡祭日，前一年会选以进，移知太常。凡营建、征讨、冠婚、山陵之事，则选地而择日。立春，则预候气于东郊。大朝贺。于文楼设定时鼓、漏刻报时，司晨、鸡唱，各供其事。日月交食，先期算其分秒时刻、起复方位以闻，下礼部，移内外诸司救之，仍按占书条奏。若食不及一分，与《回回历》虽食一分以上，则奏而不救。监官毋得改他官，子孙毋得徙他业。乏人，则移礼部访取而试用焉。五官正推历法，定四时。司历、监候佐之。灵台郎辨日月星辰之躔次、分野，以占候天文之变。观象台四面，面四天文生，轮司测候。保章正专志天文之变，定其吉凶之占。挈壶正知刻漏。孔壶为漏，浮箭为刻，以考中星昏旦之次。漏刻博士定时以漏，换时以牌，报更以鼓，警晨昏以钟鼓。司晨佐之。

　　明初，即置太史监，设太史令，通判太史监事，佥判太史监事，校事郎，五官正，灵台郎，保章正、副，挈壶正，掌历，管勾等官。以刘基为太史令。吴元年改监为院，秩正三品。院使，正三品，同知，正四品，院判，正五品，五官正，正六品，典簿、雨旸司、时叙郎、纪候郎，正七品，灵台郎、保章正，正八品，副，从八品，掌历、管沟，从九品。洪武元年征元太史张佑、张沂等十四人，改太史院为司天监，设监令一人，正三品，少监二人，正四品，监丞一人，正七品，主簿一人，正七品，主事一人，正八品，五官正五人，正五品，五官副五人，正六品，灵台郎二人，正七品，保章正二人，从七品，监候三人，正八品，司辰八人，正九品，漏刻博士六人，从九品。又置回回司天监，设监令一人，正四品，少监二人，正五品，监丞二人，正六品。征元回回司天监郑阿里等议历。三年改司天监为钦天监。四年诏监官职专司天，非特旨不得升调。又定监官散官。监令，正仪大夫；少监，分朔大夫；五官司，司玄大夫；监丞，灵台郎；五官保章正，平秩郎；五官灵台郎，司正郎；五官挈壶正，挈壶郎。十四年改钦天监为正五品，设令一人，丞一人，属官五官正以下，员数如前所列，俱从品级授以文职散官。二十二年改令为监正，丞为监副。三十一年罢回回钦天监，以其历法隶本监。明初，又置稽疑司，以掌卜筮，未几罢。洪武十七年置稽疑司，设司令一人，正六品，左、右丞各一人，从六品，属官司笺，正九品，无定员。寻罢。

　　太医院。院使一人，正五品，院判二人，正六品。其属，御医四人，正八品，后增至十八人，隆庆五年定设十人。吏目一人，从九品，隆庆五年定设十人。生药库、惠民药局，各大使一人，副使一人。

　　太医院掌医疗之法。凡医术十三科，医官、医生、医士，专科肄业：曰大方脉，曰小方脉，曰妇人，曰疮疡，曰针灸，曰眼，曰口齿，曰接骨，曰伤寒，曰咽喉，曰金镞，曰按摩，曰祝由。凡医家子弟，择师而教。三年、五年一试、再试、三试，乃黜陟之。凡药，辨其土宜，择其良楛，慎其条制而用之。四方解纳药品，院官收贮生药库，时其燥湿，礼部委官一员稽察。诊视御脉，使、判、御医参看校同，会内臣就内局选药，连名封记药剂，具本开写药性、证治之法以奏。烹调御药，院官与内臣监视。每二剂合为一，候熟，分二器，一御医、内臣先尝，一进御。仍置历簿，用内印钤记，细载年月缘由，以凭考察。王府请医，本院奉旨遣官或医士往。文武大臣及外国君长有疾，亦奉旨往视。其治疗可否，皆具本覆奏。外府州县置惠民药局。边关卫所及人聚处，各设医生、医士或医官，俱由本院试遣。岁终，会察其功过而殿最之，以凭黜陟。

　　太祖初，置医学提举司，设提举，从五品，同提举，从六品，副提举，从七品，医学教授，正九品，学正、官医、提领，从九品。寻改为太医监，设少监，正四品，监丞，正六品。吴元年改监为院，设院使，秩正三品，同知，正四品，院判，正五品，典簿，正七品。洪武三年置惠民药局，府设提领，州县设官医。凡军民之贫病者，给之医药。六年置御药局于内府，始设御医。御医局，秩正六品，设尚药、奉御二人，直长二人，药童十人，俱以内官、内使充。设御医四人，以太医院医士充之。凡收受四方贡献名药及储蓄药品，奉御一人掌之。凡供御药饵，医官就内局修制，太医院官诊视。十四年改太医院为正五品，设令一人，丞一人，吏目一人。属官御医四人，俱如文职授散官。二十二年复改令为院使，丞为院判。嘉靖十五年改御药房为圣济殿，又设御药库，诏御医轮直供事。

上林苑监。左、右监正各一人，正五品，左、右监副各一人，正六品，监正、监副后不常设，以监丞署职。左、右监丞各一人，正七品。其属，典簿厅，典簿一人，正九品。良牧、蕃育、林衡、嘉蔬四署，各典署一人，正七品，署丞一人，正八品，录事一人，正九品。

监正掌苑囿、园池、牧畜、树种之事。凡禽兽、草木、蔬果，率其属督其养户、栽户，以时经理其养地、栽地，而畜植之，以供祭祀、宾客、宫府之膳羞。凡苑地，东至白河，西至西山，南至武清，北至居庸关，西南至浑河，并禁围猎。良牧牧牛羊豕，蕃育育鹅鸭鸡，皆籍其牝牡之数，而课孳卵焉。林衡典果实、花木，嘉蔬典莳艺瓜菜，皆计其町畦、树植之数，而以时苞进焉。

洪武二十五年议开上林院，度地城南。自牛首山接方山，西并河涯。比图上，太祖谓有妨民业，遂止。永乐五年始置上林苑监，设良牧、蕃育、嘉蔬、林衡、川衡、冰鉴及典察左右前后十属署。洪熙中，并为蕃育、嘉蔬二署。以良牧、川衡并蕃育，冰鉴、林衡并嘉蔬，典察四署分并入。宣德十年始定四署。正德间，增设监督内臣共九十九员。嘉靖元年裁汰八十员，革蕃育、嘉蔬二署典署，林衡、嘉蔬二署录事。

中、东、西、南、北五城兵马指挥司。各指挥一人，正六品，副指挥四人，正七品，吏目一人。

指挥巡捕盗贼，疏理街道沟渠及囚犯、火禁之事。凡京城内外各画境而分领之。境内有游民、奸民则逮治。若车驾亲郊，则率夫里供事。凡亲、郡王妃父无官者，亲王授兵马指挥，郡王授副指挥、不管事。

明初，置兵马指挥司，设都指挥、副都指挥、知事。后改设指挥使、副指挥使，各城门设兵马。洪武元年命在京兵马指挥司并管市司,每三日一次校勘街市斛斗、秤尺,稽考牙侩姓名,时其物价。五年又设兵马指挥司分司于中都。十年定京城及中都兵马指挥司秩俱正六品。先是秩正四品。改为指挥、副指挥,职专京城巡捕等事,革知事。二十三年定设五城兵马指挥司,惟中城止称中兵马指挥司,俱增设吏目。建文中,改为兵马司,改指挥、副指挥为兵马、副兵马。永乐元年复旧。二年设北京兵马指挥司。嘉靖四十一年诏巡视五城御史,每年终,将各城兵马指挥会本举劾。隆庆间,御史赵可怀言:"五城兵马司官,宜取科贡正途,职检验死伤,理刑名盗贼,如两京知县。不职者,巡城御史纠劾之。"

顺天府。府尹一人,正三品,府丞一人,正四品,治中一人,正五品,通判六人,正六品嘉靖后革三人,推官一人,从六品,儒学教授一人,从九品,训导一人。其属,经历司,经历一人,从七品,知事一人,从八品。照磨所,照磨一人,从九品,检校一人。所辖宛平、大兴二县,各知县一人,正六品,县丞二人,正七品,主簿无定员,正八品,典史一人。司狱司,司狱一人,从九品。都税司,大使一人,从九品,副使一人。宣课司,凡四,正阳门外、正阳门、张家湾、卢沟桥,税课司,凡二,安定门外、安定门,各大使一人,从九品。税课分司,凡二,崇文门、德胜门,各副使一人。递军所,批验所各大使一人。

府尹掌京府之政令。宣化和人,劝农问俗,均贡赋,节征徭,谨祭祀,阅实户口,纠合豪强,隐恤穷困,疏理狱讼,务知百姓之疾苦。岁立春,迎春、进春,祭先农之神。月朔望,早朝,奏老人坊厢听宣谕。孟春、孟冬,率其僚属行乡饮酒礼。凡勋戚家人文引,每三月一奏。市易平其物价。遇内官监征派物料,虽有印信、揭帖,必补牍面奏。若天子耕藉,行三推礼,则奉青箱播种于后。礼毕,率庶人终亩。府丞贰京府,兼领学校。治中参理府事,以佐尹丞。通判分理粮储、马政、军匠、薪炭、河渠、堤涂之事。推官理刑名,察属吏。二县职掌如外县,以近莅辇下,故品秩特优。

顺天府即旧北平府。洪武二年置北平行省。九年改为北平布政司,皆以北平为会府。永乐初,改为顺天府。十年升为府尹,秩正三品,设官如应天府。顺天府通判,旧六人,内一人管粮,一人管马,一人清军,一人管匠,一人管河,一人管柴炭。嘉靖八年革管河、管柴炭二人。万历九年革清军、管匠二人。十一年复设一人,兼管军匠。

武学。京卫武学,教授一人,从九品,训导一人。卫武学,教授一人,训导二人或一人。掌教京卫各卫幼官及应袭舍人与武生,以待科举、武举、会举,而听于兵部。其无武学者,凡诸武生则隶儒学。

建文四年始置京卫武学,设教授一人。启忠等十斋,各训导二人。永乐中罢,正统六年复设。后渐置各卫武学,设官如儒学之制。

僧录司。左、右善世二人,正六品,左、右阐教二人,从六品,左、右讲经二人,正八品,左、右觉义二人,从八品。

道录司。左、右正一二人,正六品,左、右演法二人,从六品,左、右至灵二人,正八品,左、右玄义二人,从八品。神乐观提点一人,正六品,知观一人,从八品,嘉靖中革。龙虎山正一真人一人,正二品。洪武元年,张正常入朝,去其天师之号,封为真人,世袭。隆庆间革真人,止称提点。万历初复之。法官、赞教、掌书各二人。阁皂山、三茅山各灵官一人,正八品。太和山提点一人。

僧、道录司掌天下僧道。在外府州县有僧纲、道纪等司,分掌其事,俱选精通经典、戒行端洁者为之。神乐观掌乐舞,以备大祀天地、神祇及宗庙、社稷之祭,隶太常寺,与道录司无统属。

洪武元年立善世、玄教二院。四年革。五年给僧道度牒。十一年建神乐观于郊祀坛西,设提点、知观。初,提点从六品,知观从九品。洪武十五年升提点正六品,知观从八品。凡遇朝会,提点列于僧录司左善世之下,道录司左正一之上。十五年始置僧录司、道录司。各设官如前所列。僧凡三等:曰禅,曰讲,曰教。道凡二等:曰全真,曰正一。设官不给俸,隶礼部。二十四年清理释、道二教,限僧三年一度给牒。凡各府州县寺观,但存宽大者一所,并居之。凡僧道,府不得过四十人,州三十人，县二十人。民年非四十以上，女年非五十以上者，不得出家。二十八年令天下僧道赴京考试给牒，不通经典者黜之。其后，释氏有法王、佛子、大国师等封号，道士有大真人、高士等封号，赐银印蟒玉，加太常卿、礼部尚书及宫保衔，至有封伯爵者，皆一时宠幸，非制也。

教坊司。奉銮一人，正九品，左、右韶舞各一人，左、右司乐各一人，并从九品。掌乐舞承应。以乐户充之，隶礼部。嘉靖中，又设显陵供祀教坊司，设左、右司乐各一人。

宦官。十二监。每监各太监一员，正四品，左、右少监各一员，从四品，左、右监丞各一员，正五品，典簿一员，正六品，长随、奉御无定员，从六品。此洪武旧制也。后渐更革，详见各条下。司礼监，提督太监一员，掌印太监一员，秉笔太监、随堂太监、书籍名画等库掌司、内书堂掌司、六科廊掌司、典簿无定员。提督掌督理皇城内一应仪礼刑名，及钤束长随、当差、听事各役，关防门禁，催督光禄供应等事。掌印掌理内外章奏及御前勘合。秉笔、随堂掌章奏文书，照阁票批朱。掌司各掌所司。典簿典记奏章及诸出纳号簿。内官监，掌印太监一员，总理、管理、佥书、典簿、掌司、写字、监工无定员，掌木、石、瓦、土、塔材、东行、西行、油漆、婚礼、火药十作，及米盐库、营造库、皇坛库，凡国家营造宫室、陵墓，并铜锡粧奁、器用暨冰窖诸事。御用监，掌印太监一员，里外监把总二员，典簿、掌司、写字、监工无定员。凡御前所用围屏、床榻诸木器，及紫檀、象牙、乌木、螺甸诸玩器，皆造办之。又有仁智殿监工一员，掌武英殿中书承旨所写书籍画册等，奏进御前。司设监，员同内官监，掌卤簿、仪仗、帷幔诸事。御马监，掌印、监督、提督太监各一员。腾骧四卫营各设监官、掌司、典簿、写字、牵马等员。象房有掌司等员。神宫监，掌印太监一员，佥书、掌司、管理无定员，掌太庙各庙洒扫、香灯等事。尚膳监，掌印太监一员，提督光禄太监一员，总理一员，管理、佥书、掌司、写字、监工及各牛羊等房厂监工无定员，掌御膳及宫内食用并筵宴诸事。尚宝监，掌印一员，佥书、掌司无定员，掌宝玺、敕符、将军印信。凡用宝，外尚宝司以揭帖赴监请旨，至女官尚宝司领取，监视外司用讫，存号簿，缴进。印绶监，员同尚宝，掌古今通集库,并铁券、诰敕、贴黄、印信、勘合、符验、信符诸事。**直殿监**,员同上,掌各殿及廊庑扫除事。**尚衣监**,掌印太监一员,管理、佥书、掌司、监工无定员,掌御用冠冕、袍服及屦舄、靴袜之事。**都知监**,掌印太监一员,佥书、掌司、长随、奉御无定员,旧掌各监行移、关知、勘合之事,后惟随驾前导警跸。

　　四司。旧制每司各司正一人,正五品;左、右司副各一人,从五品。后渐更易,详下。**惜薪司**,掌印太监一员,总理、佥书、掌道、掌司、写字、监工及外厂、北厂、南厂、新南厂、新西厂各设佥书、监工俱无定员,掌所用薪炭之事。**钟鼓司**,掌印太监一员,佥书、司房、学艺官无定员,掌管出朝钟鼓,及内乐、传奇、过锦、打稻诸杂戏。**宝钞司**,掌印太监一员,佥书、管理、监工无定员,掌造粗细草纸。**混堂司**,掌印太监一员,佥书、监工无定员,掌沐浴之事。

　　八局。旧制每局大使一人,正五品;左、右副使各一人,从五品。**兵仗局**,掌印太监一员,提督军器库太监一员,管理、佥书、掌司、写字、监工无定员,掌制造军器。火药司属之。**银作局**,掌印太监一员,管理、佥书、写字、监工无定员,掌打造金银器饰。**浣衣局**,掌印太监一员,佥书、监工无定员。凡宫人年老及罢退废者,发此局居住。惟此局不在皇城内。**巾帽局**,掌印太监一员,管理、佥书、掌司、监工无定员,掌官内使帽靴,驸马冠靴及蕃王之国诸旗尉帽靴。**针工局**,员同巾帽局,掌造官中衣服。**内织染局**,员同上,掌染造御用及官内应用缎匹。城西蓝靛厂为此局外署。**酒醋面局**,员同上,掌官内食用酒醋、糖酱、面豆诸物。与御酒房不相统辖。**司苑局**,员同上,掌蔬菜、瓜果。

　　十二监、四司、八局,所谓二十四衙门也。

　　其外有**内府供用库**,掌印太监一员,总理、管理、掌司、写字、监工无定员。掌官内及山陵等处内官食米及御用黄蜡、白蜡、沉香等香。凡油蜡等库俱属之。旧制各库官同八局。**司钥库**,员同上,掌收贮制钱以给赏赐。**内承运库**,掌印太监一员,近侍、佥书太监十员,掌司、写字、监工无定员。掌大内库藏,凡金银及诸宝货总隶之。**十库**,甲字,掌贮银朱、黄丹、乌梅、藤黄、水银诸物。乙字,掌贮奏本等纸及各省所解胖袄。丙字,掌贮丝绵、布匹。丁字,掌贮生漆、桐油等物。戊字,掌所解弓箭、盔甲等物。承运,掌贮黄白生绢。广盈,掌贮纱罗诸帛匹。广惠,掌造贮巾帕、梳篦、刷抿、钱贯、钞锭之类。赃罚,掌没入官物。已上各掌库一员,贴库、佥书无定员。**御酒房**,提督太监一员，金书无定员。掌造御用酒。**御药房**，提督太监正、副二员，分两班。近侍、医官无定员。职掌御用药饵，与太医院官相表里。**御茶房**，提督太监正、副二员，分两班。近侍无定员。职司供奉茶酒、瓜果及进御膳。**牲口房**，提督太监一员，金书无定员。收养异兽珍禽。**刻漏房**，掌房一员，金书无定员。掌管每日时刻，每一时即令直殿监官入宫换牌，夜报刻水。**更鼓房**，有罪内官职司之。**甜食房**，掌房一员，协同无定员。掌造办虎眼、窝丝等糖及诸甜食，隶御用监。**弹子房**，掌房一员，金书数员。专备泥弹。**灵台**，掌印太监一员，金书近侍、看时近侍无定员。掌观星气云物，测候灾祥。**绦作**，掌作一员，协同无定员。掌造各色兜罗绒及诸绦绶，隶御用监。**盔甲厂**，即旧鞍辔局，掌造军器。**安民厂**，旧名王恭厂，各掌厂太监一员，贴厂、金书无定员。掌造铳炮、火药之类。**午门**，东华门，西华门，奉天门，玄武门，左、右顺门，左、右红门，皇宫门，坤宁门，宫左、右门。东宫春和门，后门，左、右门，皇城、京城内外诸门，各门正一员，管事无定员。司晨昏启闭，关防出入。旧设门正、门副各一员。**提督东厂**，掌印太监一员，掌班、领班、司房无定员。贴刑二员，掌刺缉刑狱之事。旧选各监中一人提督，后专用司礼、秉笔第二人或第三人为之。其贴刑官，则用锦衣卫千百户为之。凡内官司礼监掌印，权如外廷元辅；掌东厂，权如总宪。秉笔、随堂视众辅。各设私臣掌家、掌班、司房等员。**提督西厂**，不常设，惟汪直、谷大用置之。刘瑾又设西内厂。寻俱罢革。**提督京营**，提督太监，坐营太监，监枪、掌司、金书俱无定员。始于景泰元年。**文书房**，掌房十员。掌收通政司每日封进本章，并会极门京官及各藩所上封本，其在外之阁票，在内之搭票，一应圣谕旨意御批，俱由文书房落底簿发。凡升司礼者，必由文书房出，如外廷之詹、翰也。**礼仪房**，提督太监一员，司礼、掌印或秉笔摄之，掌司、写字、管事、长随无定员。掌一应选婚、选驸马、诞皇太子女、选择乳妇诸吉礼。**中书房**，掌房一员，散官无定员。掌管文华殿中书所写书籍、对联、扇柄等件，承旨发写，完日奏进。**御前近侍**，曰乾清宫管事，督理御用诸事，曰打卯牌子，掌随朝捧剑，俱位居司礼、东厂提督守备之次。曰御前牌子，曰暖殿，曰管柜子，曰赞礼，曰答应长随，曰当差听事，曰擎马，尚冠、尚衣、尚履，皆近侍也。**南京守备**，正、副守备太监各一员。关防一颗，护卫留都，为司礼监外差。**天寿山守备**，太监一员。辖各陵守陵太监，职司护卫。**湖广承天府守备**，太监一员。辖承德、荆、襄地方，护卫兴宁。**织造**，提督太监南京一员，苏州一员，杭州一员。掌织造御用龙衣。**镇守**，镇守太监始于洪熙，遍设于正统，凡各省各镇无不有镇守太监，至嘉靖八年后始革。**市舶**，广东、福建、浙江三市舶司各设太监提督，后罢浙江、福建二司，惟存广东司。**监督仓场**，各仓、各场俱设监督太监。**诸陵神宫监**，各陵俱设神宫监太监守陵。其外之监军、采办、粮税、矿、关等使，不常设者，不可胜纪也。

初，吴元年置内史监，设监令，正四品，丞，正五品，奉御，从五品，内史，正七品，典簿，正八品。皇门官设皇门使，正五品，副，从五品。后改置内使监、御用监，各设令一人，正三品，丞二人，从三品，奉御，正六品，典簿，正七品。皇门官门正，正四品，副，从四品，春宫门官正，正五品，副，从五品，御马司司正，正五品，副，从五品，尚宝兼守殿、尚冠、尚衣、尚佩、尚履、尚药、纪事等奉御，俱正六品。洪武二年定置内使监奉御六十人，尚宝一人，尚冠七人，尚衣十人，尚佩九人，尚药七人，纪事二人，执膳四人，司脯二人，司香四人，太庙司香四人，涓洁二人。置尚酒、尚醋、尚面、尚染四局，局设正一人，副二人。置御马、御用二司，司设正一人，副二人。内府库设大使一人，副使二人。内仓监设令一人，丞二人。及置东宫典玺、典翰、典膳、典服、典药、典乘兵六局，局设局郎一人，丞一人。又置门官，午门等十三门，各设门正一人，副一人。东宫门官，春和门等四门，各设门正一人，副一人。三年置王府承奉司。设承奉一人，承奉副二人，典宝、典服、典膳三所，各设正一人，副一人，门官设门正一人，副一人。改内使监、御用监秩皆从三品，令从三品，丞正四品，皇门官秩从四品，门正从四品，副正五品，春宫门官正、副同。四年复悉差其品秩，授以散官。乃改内使监为正五品，皇门官为正六品。洪武四年，定内官散官。正四品，中正大夫。从四品，中侍大夫。正五品，中卫大夫。从五品，侍直大夫。正六品，内侍郎。从六品，内直郎。正七品，正奉郎。从七品，正卫郎。正八品，司奉郎。从八品，司直郎。寻定内使监令。正五品，授中卫大夫。丞，从五品，授侍直大夫。皇门正、局正、司正、东宫门正、局正，俱正六品，授内侍郎。尚宝、奉御、皇门副、局副、司副、东宫门副、局丞，王府承奉、门正、所正，俱从六品，授内直郎。尚冠等奉御、内府库大夫、内仓监令、王府承奉副、门副、所副，俱正七品，授正奉郎。库副使、仓丞，俱从七品，授正卫郎。六年改御用监为供奉司，秩从七品，设官五人。内仓监为内府仓，以监令为大使，监丞为副使。内府库为承运库。仍设大使、副使。寻置纪事司，以宦者张翊为司正，秩正七品。又考前代纠劾内官之法，置内正司，设司正一人，正七品，司副一人，从七品，专纠内官失仪及不法者。旋改为典礼司，又改为典礼纪察司，升其品秩。司正升正六品，司副升从六品。十年置神宫内使监，设监令，正五品，丞，从五品，司香奉御，正七品，典簿，从九品。天地坛、神坛各祠祭署，设署令，正七品，丞，从七品，司香奉御，正八品。甲、乙、丙、丁、戊五库，各设大使，正七品，副使，从七品。及皇城门官端门等十六门，各设门正，正七品，副，从七品。十二年更置尚衣、尚冠、尚履三监，针工、皮作、巾帽三局。改尚佩局为尚佩监。十六年置内府宝钞广源、广惠二库，职掌出纳楮币，入则广源库掌之。出则广惠库掌之。宝钞广源库，设大使一人，正九品，用流官；副使一人，从九品，用内官。宝钞广惠库，设大使二人，正九品；副使二人，从九品。俱流官、内官兼用。

　十七年更定内官诸监、库、局品职。内官监，设令一人，正六品，丞二人，从六品，典簿一人，正九品。神宫监，设令一人，正七品，丞一人，从七品。奉御一人，正八品。尚宝监，设令一人，正七品，丞一人，从七品。尚衣监，设令一人，正七品，丞一人，从七品，奉御四人，正八品。尚膳监，设令一人，正七品，丞一人，从七品。司设监，设令一人，正七品，丞一人，从七品，奉御四人，正八品。司礼监，设令一人，正七品，丞一人，从七品。御马监，设令一人，正七品，丞一人，从七品。直殿监，设令一人，正七品，丞四人，从七品，小内使十五人。宫门承制，设奉御五人，正八品。宫门守门官，设门正一人，正八品，副四人，从八品。内承运库，设大使一人，正九品，副使二人，从九品。司钥库，设大使一人，正九品，副使四人，从九品。巾帽局，设大使一人，正九品，副使一人，从九品。针工局，设大使一人，正九品，副使一人，从九品。织染局，设大使一人，正九品，副使一人，从九品。颜料局，设大使一人，正九品。司苑局，设大使一人，正九品。司牧局，设大使一人，正九品。皆于内官内选用。

　二十八年重定内官监、司、库、局与诸门官，并东宫六局、王府承奉等官职秩。凡内官监十一：曰神宫监，曰尚宝监，曰孝陵神宫监，曰尚膳监，曰尚衣监，曰司设监，曰内官监，曰司礼监，曰御马监，曰印绶监，曰直殿监，皆设太监一人，正四品，左、右少监各一人，从四品，左、右监丞各一人，正五品，典簿一人，正六品，又设长随、奉御，正六品。各门官七：午门、东华门、西华门、玄武门、奉天门、左顺门、右顺门，皆设门正一人，正四品，门副一人，从四品。司二：曰钟鼓司，曰惜薪司，皆设司正一人，正五品，左、右司副各一人，从五品。局库九：曰兵仗局，曰内织染局，曰针工局，曰巾帽局，曰司苑局，曰酒醋面局，曰内承运库，曰司钥库，曰内府供用库。每局库皆设大使一人，正五品，左、右副使各一人，从五品。东宫典玺、典药、典膳、典服、典兵、典乘六局，各设局郎一人，正五品，局丞二人，从五品，惟典玺局增设纪事、奉御，正六品。亲王府承奉司设承奉正，正六品，承奉副，从六品。所三：曰典宝所，设典宝正一人，正六品，副一人，从六品。曰典膳所，设典膳正一人，正六品，副一人，从六品。曰典服所，设典服正一人，正六品，副一人，从六品。门官，设门正一人，正六品，门副一人，从六品。又设内使十人，司冠一人，司衣三人，司佩一人，司履一人，司药二人，司矢二人。各公主位下设中使司，司正、司副各一人。三十年置都知监，设太监一人，正四品，左、右少监各一人，从四品，左、右监丞各一人，正五品，典簿一人，正六品。又置银作局，设大使一人，正五品，副使一人，从五品。

太祖尝谓侍臣曰："朕观《周礼》，阉寺不及百人。后世至逾数千，因用阶乱。此曹止可供洒扫，给使令，非别有委任，毋令过多。"又言："此曹善者千百中不一二，恶者常千百。若用为耳目，即耳目蔽；用为心腹，即心腹病。驭之之道，在使之畏法，不可使有功。畏法则检束，有功则骄恣。"有内侍事帝最久，微言及政事，立斥之，终其身不召。因定制，内侍毋许识字。洪武十七年铸铁牌，文曰，"内官不得干预政事，犯者斩"，置宫门中。又敕诸司毋得与内官监文移往来。然二十五年命聂庆童往河州敕谕茶马，中官奉使行事已自此始。成祖亦尝云："朕一遵太祖训，无御宝文书，即一军一民，中官不得擅调发。”有私役应天工匠者，立命锦衣逮治。顾中官四出，实始永乐时。元年，李兴等赍敕劳暹罗国王，此奉使外国之始也。三年命郑和等率兵二万，行赏西洋古里、满剌诸国，此将兵之始也。八年敕王安等监都督谭青等军，马靖巡视甘肃，此监军、巡视之始也。及洪熙元年，以郑和领下番官军守备南京，遂相沿不改。敕王安镇守甘肃，而各省镇皆设镇守矣。宣德四年特设内书堂，命大学士陈山专授小内使书，而太祖不许识字读书之制，由此而废。赐王瑾、金英印记，则与诸密勿大臣同。赐金英、范弘等免死诏，则又无异勋臣之铁券也。英之王振，宪之汪直，武之刘瑾，熹之魏忠贤，太阿倒握，威福下移。神宗矿税之使，无一方不罹厥害。其他怙势薰灼，不可胜纪。而荫弟、荫侄、封伯、封公，则挠官制之大者。庄烈帝初翦大憝，中外颂圣。既而镇守、出征、督饷、坐营等事，无一不命中官为之，而明亦遂亡矣。

　　女官。六局。尚宫局，尚宫二人，正五品。六尚并同。尚宫掌导引中宫。凡六局出纳文籍，皆印署之。若征办于外，则为之请旨，牒付内官监。监受牒，行移于外。领司四：司记，司纪二人，正六品；典记二人，正七品；掌记二人，正八品。掌官内诸司簿书，出入录目，番署加印，然后授行。女史六人，掌执文书，凡二十四司，二十四典，二十四掌，品秩并同。司言，司言二人，典言二人，掌言二人，女史四人，掌宣传启奏。凡令节外命妇朝贺中宫，司言传旨。司簿，司簿二人，典簿二人，掌簿二人，女史六人，掌宫人名籍及廪赐之事。司闱。司闱六人，典闱六人，掌闱六人，女史四人，掌宫闱管键之事。尚仪局，尚仪二人，掌礼仪起居事。领司四：司籍，司籍二人，典籍二人，掌籍二人，女史十人，掌经籍、图书、笔札、几案之事。司乐，司乐四人，典乐四人，掌乐四人，女史二人，掌音乐之事。司宾，司宾二人，典宾二人，掌宾二人，女史二人，掌朝见、宴会、赐赉之事。司赞，司赞二人，典赞二人，掌赞二人，女史二人，掌朝见、宴会、赞相之事。彤史。彤史二人，正六品，掌宴见进御之事，凡后妃、群妾御于君所，彤史谨书其月日。尚服局，尚服二人，掌供服用采章之数。领司四：司宝，司宝二人，典宝二人，掌宝二人，女史四人，掌宝玺、符契。司衣，司衣二人，典衣二人，掌衣二人，女史四人，掌衣服、首饰之事。**司饰**，司饰二人，典饰二人，掌饰二人，女史二人，掌巾栉、膏沐之事。**司仗**，司仗二人，典仗二人，掌仗二人，女史二人，凡朝贺，帅女官擎执仪仗。**尚食局**，尚食二人，掌膳羞品齐之数。凡以饮食进御，尚食先尝之。领司四：**司膳**司膳四人，典膳四人，掌膳四人，女史四人，掌割烹煎和之事。**司酝**，司酝二人，典酝二人，掌酝二人，女史二人，掌酒醴醍饮之事。**司药**，司药二人，典药二人，掌药二人，女史四人，掌医方药物。**司饎**司饎二人，典饎二人，掌饎二人，掌廪饩薪炭之事。**尚寝局**，尚寝二人，掌天子之宴寝。领司四：**司设**，司设二人，典设二人，掌设二人，女史四人，掌床帷、茵席、汛扫、张设之事。**司舆**，司舆二人，典舆二人，掌舆二人，女史二人，掌舆辇、伞扇之事。**司苑**，司苑二人，典苑二人，掌苑二人，女史四人，掌园囿种植花果。**司灯**。司灯二人，典灯二人，掌灯二人，女史二人，掌灯烛事。**尚功局**，尚功二人，掌督女红之程课。领司四：**司制**，司制二人，典制二人，掌制二人，女史四人，掌衣服裁制缝纫之事。**司珍**，司珍二人，典珍二人，掌珍二人，女史六人，掌金玉宝货。**司彩**，司彩二人，典彩二人，掌彩二人，女史六人，掌绘绵丝絮事。**司计**，司计二人，典计二人，掌计二人，女史四人，掌度支衣服、饮食、柴炭之事。**宫正司**。宫正一人，正五品；司正一人，正六品；典正二人，正七品。掌纠察宫闱、戒令、谪罚之事。大事则奏闻。女史四人，记功过。

吴元年置内职六尚局。洪武五年定为六局一司。司曰尚宫，曰尚仪，曰尚服，曰尚食，曰尚寝，曰尚功。司曰宫正。尚宫二人，尚仪、尚服、尚食、尚寝、尚功各一人，宫正二人，俱正六品。六局分领二十四司，每司或二人或四人。司记、司言、司簿、司乐、司宝、司衣、司饰、司酝、司药、司供、司舆、司苑、司珍、司彩、司计各二人。司闱、司籍、司宾、司赞、司仗、司馔、司设、司灯、司制各四人。女史十八人。尚功局六人，余五局及宫正司各二人。十七年更定品秩。尚宫、尚仪、尚服、尚食、尚寝、尚功，宫正各一人，俱改正五品；二十四司正六品。增设二十四掌，正七品。宫正司增设司正，正六品。二十二年授宫官敕。服劳多者，或五载六载，得归父母，听婚嫁。年高者许归，愿留者听。现授职者，家给与禄。二十七年又重定品职。增设二十四典，正七品。改二十四掌为正八品。尚仪局增设彤史，正六品。宫正司增设典正，正七品。自六尚以下，员数俱如前所列。凡宫官一百八十七人,女史九十六人。六局各铸印给之。永乐后,职尽移于宦官。其宫官所存者,惟尚宝四司而已。

明史卷七五
志第五一

职官四

南京宗人府　吏部　户部 _{附总督粮储}
礼部　兵部　刑部　工部
都察院 _{附提督操江}　通政司　大理寺
詹事府　翰林院　国子监　太常寺
光禄寺　太仆寺　鸿胪寺　尚宝司
六科　行人司　钦天监　太医院
五城兵马司　应天府 _{附上元江宁二县}
已上南京官　王府长史司　布政司
按察司　各道　行太仆寺　苑马寺
都转运盐使司　盐课提举司
市舶提举司　茶马司　府　州　县
儒学　巡检司　驿　税课司　仓库
织染局　河泊所 _{附闸坝官}　批验所
递运所　铁冶所　医学　阴阳学
僧纲司　道纪司

南京宗人府。经历司,经历一人。南京官品秩,俱同北京。

吏部。尚书一人,右侍郎一人。六部侍郎,至弘治后始专设右。万历三年俱革。十一年复设。天启中,每部增侍郎一人。崇祯间革。其属,司务厅,司务一人。文选、考功、验封、稽勋四清吏司,各郎中一人,主事一人。验封、稽勋二司主事,后并革。凡南京官,六年考察,考功掌之,不由北吏部。

户部。尚书一人,右侍郎一人,司务一人,照磨一人。十三司,郎中十三人,员外郎九人,浙江、江西、湖广、广东、广西、福建、山西、陕西、云南九司各一人,嘉靖三十七年革山西、陕西二司员外郎各一人,隆庆中又革广西、云南二司员外郎各一人。主事十七人,山西、广东、广西、云南四司各二人,隆庆三年革广东司主事一人。所辖,宝钞提举司,提举一人。广积库、承运库、赃罚库、甲乙丙丁戊五字库、宝钞广惠库、军储仓,各大使一人。长安门仓、东安门仓、西安门仓、北安门仓各副使一人。龙江盐仓检校批验所,大使一人。隆庆三年革宝钞司提举、军储仓大使。

总督粮储一人。嘉靖以前,特设都御史。二十六年革,以户部右侍郎加都御史衔领之。

礼部。尚书一人,右侍郎一人,司务一人。仪制、祠祭、主客、精膳四司,各郎中一人。仪制、祠祭二司,各主事一人。所辖,铸印局,副使一人。教坊司,右韶舞一人,左、右司乐各一人。

兵部。尚书参赞机务一人,右侍郎一人,司务一人。武选、职方、车驾、武库四司,郎中四人,员外郎二人,武选、武库无员外郎,主事五人,车驾主事二人。所辖,典牧所,提领一人,正八品。会同馆、大胜关,各大使一人。按参赞机务,自宣德八年黄福始。成化二十三年始奉敕谕,专以本部尚书参赞机务,同内外守备官操练军马,抚恤人民,禁戢盗贼，振举庶务，故其职视五部为特重云。

刑部。尚书一人，右侍郎一人，司务、照磨各一人。十三司郎中十三人，员外郎五人，惟浙江、江西、河南、陕西、广东五司设。主事十四人，广东司二人。分掌南京诸司，及公、侯、伯、五府、京卫所刑名之事。司狱二人。

工部。尚书一人，右侍郎一人，司务一人。营缮、虞衡、都水、屯田四司，郎中四人，员外郎二人，营缮司一人，都水司一人，嘉靖三十七年革都水员外郎。主事八人，营缮司三人，屯田司一人，余各二人。所辖，营缮所，所正、所副、所丞各一人。龙江、清江二提举司，各提举一人，副提举后革。文思院、宝源局、军器局、织染所、龙江抽分竹木局、瓦屑坝抽分竹木局，各大使一人，嘉靖三十七年革文思院大使。

都察院。右都御史一人，右副都御史一人，右佥都御史一人，司务、经历、都事、照磨各一人，司狱二人。嘉靖三十七年革司狱一人。隆庆四年革都事。浙江、江西、河南、山东、山西、陕西、四川、云南、贵州九道，各御史二人。福建、湖广、广东、广西四道，各御史三人。嘉靖后不全设，恒以一人兼数道。凡刷卷、巡仓、巡江、巡城、屯田、印马、巡视粮储、监收粮斛、点闸军士、管理京营、比验军器，皆叙而差之。清军，则借兵部、兵科。核后湖黄册，则借户部、户科。

提督操江一人，以副佥都御史为之，领上下江防之事。

通政使司。通政使一人，右通政一人，右参议一人，掌收呈状，付刑部审理。经历一人。

大理寺。卿一人，右寺丞一人，司务一人，左、右寺正各一人，左、右评事各三人。隆庆三年革左、右评事各一人。

詹事府。主簿一人。

翰林院。学士一人，不常置，以翰林坊局官署职。孔目一人。

国子监。祭酒一人，司业一人，监丞一人，典簿一人，博士三人，助教六人，学正五人，学录二人，典籍一人，掌馔一人。嘉靖三十七年革助教二人及掌馔。隆庆四年革博士一人，学正一人。

太常寺。卿一人，少卿一人，典簿一人，博士一人，协律郎二人，赞礼郎七人，嘉靖中，革赞礼郎一人。司乐二人。各祠祭署合奉祀八人，祀丞七人。天、地坛奉祀一、祀丞一。山川坛、藉田奉祀一。祖陵奉祀、祀丞各一。皇陵奉祀、祀丞各二。孝陵、扬王坟、徐王坟各奉祀一，祀丞一。嘉靖后，革天地坛、祖陵、扬王坟三祠祭署祀丞。

光禄寺。卿一人，少卿一人，隆庆四年革少卿。典簿一人。大官、珍羞、良酝、掌醢四署，各署正一人，署丞一人。嘉靖中，革良酝、掌醢二署署丞。万历中，革珍羞署丞。

太仆寺。卿一人，少卿二人，寺丞二人，隆庆中，革少卿一人，寺丞一人。主簿一人。

鸿胪寺。卿一人，主簿一人。司仪、司宾二署，各署丞一人，鸣赞四人，序班九人。

尚宝司。卿一人。

吏、户、礼、兵、刑、工六科。给事中六人。又户科给事中一人，管理后湖黄册。

行人司。左司副一人。

钦天监。监正一人，监副一人，主簿一人。五官正一人，五官灵台郎二人，五官监候一人，五官司历一人。

太医院。院判一人，吏目一人。惠民药局、生药库，各大使一人。

五城兵马司。指挥各一人，副指挥各三人，吏目各一人。万历中，革副指挥每城二人。

应天府。府尹一人，府丞一人，治中一人，通判二人，推官一人，经历、知事、照磨、检校各一人。儒学教授一人，训导六人。所辖，上元、江宁二县，各知县一人，县丞一人，主簿一人，典史一人，司狱一人。织染局，大使一人，左、右副使各一人。都税司、宣课司，凡四，龙江、江东、聚宝门、太平门，税课局，凡二，龙江、龙潭，各大使一人，副使或一人或二人。龙江递运所，大使、副使各一人。批验所，大使一人。河泊所，官一人。龙江关、石灰山关，各大使一人，副使四人。洪武三年，改应天府知府为府尹，秩正三品，赐银印。十三年始立儒学。

南京官，自永乐四年成祖往北京，置行部尚书，备行在九卿印以从。是时，皇太子监国，大小庶务悉以委之。惟封爵、大辟、除拜三品以上文武职，则六科都给事中以闻，政本故在南也。十八年，官属悉移而北，南京六部所存惟礼、刑、工三部，各一侍郎，在南之官加“南京”字于职衔上。仁宗时补设官属，除“南京”字。正统六年定制复如永乐时。

王府长史司。左、右长史各一人，正五品。其属，典簿一人，正九品。所辖，审理所，审理正一人，正六品，副一人，正七品。典膳所，典膳正一人，正八品，副一人，从八品。奉祠所，奉祠正一人，正八品，副一人，从八品，典乐一人，正九品。典宝所，典宝正一人，正八品，副一人，从八品。纪善所,纪善二人,正八品。良医所,良医正一人,正八品,副使一人,从八品。典仪所,典仪正一人,正九品,副一人,从九品。工正所,工正一人,正八品,副一人,从八品。以上各所副官,嘉靖四十四年并革。伴读四人,从九品,后止设一人,教授无定员,从九品。引礼舍人三人,后革二人。仓大使、副使各一人,库大使、副使各一人。仓、库副使后俱革。郡王府,教授一人,从九品,典膳一人,正八品。镇国将军,教授一人,从九品。

长史掌王府之政令,辅相规讽以匡王失,率府僚各供乃事,而总其庶务焉。凡请名、请封、请婚、请恩泽、及陈谢、进献表启、书疏,长史为王奏上。若王有过,则诘长史。曾经过犯之人,毋得选用是职。审理掌推按刑狱,禁诘横暴,无干国纪。典膳掌祭祀、宾客,王若妃之膳羞。奉祠掌祭祀乐舞。典宝掌王宝符牌。纪善掌讽导礼法,开谕古谊,及国家恩义大节,以诏王善。良医掌医。典仪掌陈仪式。工正掌缮造修葺宫邸、廨舍。伴读掌侍从起居,陈设经史。教授掌以德义迪王,校勘经籍。凡宗室年十岁以上,入宗学,教授与纪善为之师。引礼掌接对宾客,赞相威仪。

洪武三年置王相府,左、右相各一人,正二品,左、右傅各一人,从二品。参军府,参军一人,正五品,录事二人,正七品,纪善一人,正七品。各以其品秩列朝官之次。又置典签司、谘议官。寻以王府武相皆勋臣,令居文相上,王相府官属仍与朝官更互除授。是年置王府教授。四年更定官制。左、右相,正二品,文武傅,从二品,参军,从五品,录事,正七品,审理正,正六品,副,正七品,纪善,正七品,各署典祠正、典宝正、典仪正、典膳正、典服正、工正、医正,并正七品,副,并从七品,牧正,正八品,副,从八品,引礼舍人,省注。九年改参军为长史,罢王傅府及典签司、谘议官,增设伴读四人,选老成明经慎行之士任之,侍读四人,收掌文籍,少则缺之。寻改王相府所属奉祠、典宝、典膳、良医、工正各所正并纪善俱正八品,副,从八品。十三年并罢王相府,升长史为正五品,置左、右长史各一人,典簿一人。定王府牺牲所、仓库等官俱为杂职。二十八年置靖江王府谘议所,谘议、纪室、教授各一人。建文中，增置亲王宾辅二人，伴读、伴讲、伴书各一人，长史三人。郡王宾友二人，教授一人，记室二人，直史一人，左、右直史各一人，吏目一人，典印、典祠、典礼、典馔、典药五署官各一人，典仪二人，引礼舍人二人，仪仗司，吏目一人。其宾辅、三伴、宾友、教授进见时，侍坐，称名而不臣，礼如宾师。成祖初，复旧制，改靖江王府谘议所为长史司。万历间，周府设宗正一人。后各府亦渐置。郡王府增设教授一人。

又洪武七年，公主府设家令一人，正七品，司丞一人，正八品，录事一人，正九品。二十三年改家令司为中使司，以内使为之。

承宣布政使司。左、右布政使各一人，从二品，左、右参政，从三品，左、右参议，无定员，从四品。参政、参议因事添设，各省不等，详诸道。经历司，经历一人，从六品，都事一人，从七品。照磨所，照磨一人，从八品，检校一人，正九品。理问所，理问一人，从六品，副理问一人，从七品，提控案牍一人。司狱司，司狱一人，从九品。库大使一人，从九品，副使一人。仓大使一人，从九品，副使一人。杂造局、军器局、宝泉局、织染局，各大使一人，从九品，副使一人。所辖衙门各省不同，详见杂职。

布政使掌一省之政，朝廷有德泽、禁令，承流宣播，以下于有司。凡僚属满秩，廉其称职、不称职，上下其考，报抚、按以达于吏部、都察院。三年，率其府州县正官，朝觐京师，以听察典。十年，会户版以登民数、田数。宾兴贡，合省之士而提调之。宗室、官吏、师生、军伍，以时班其禄俸、廪粮。祀典神祇，谨其时祀。民鳏寡孤独者养之，孝弟贞烈者表扬之，水旱疾疫灾祲，则请于上蠲振之。凡贡赋役，视府州县土地人民丰瘠多寡，而均其数。凡有大兴革及诸政务，会都、按议，经画定而请于抚、按若总督。其国庆国哀，遣僚贰朝贺吊祭于京师。天子即位，则左布政使亲至。参政、参议分守各道，及派管粮储、屯田、清军、驿传、水利、抚民等事，并分司协管京畿。两京不设布、按，无参政、参议、副使、佥事，故于旁近布、按分司带管，详见各道。经历、都事，典受发文移，其详巡按、巡盐御史文书，用经历印。

照磨、检校典勘理卷宗。理问典刑名。

　　初，太祖下集庆，自领江南行中书省。戊戌，置中书分省于婺州。后每略定地方，即置行省，其官自平章政事以下，大略与中书省同。设行省平章政事，从一品，左、右丞，正二品，参知政事，从二品。左、右司，郎中，从五品，员外郎，从六品，都事、检校，从七品，照磨、管勾，从八品。理问所，正理问，正四品，副理问，正五品，知事，从八品。寻改知事为提控案牍，省注。

　　洪武九年改浙江、江西、福建、北平、广西、四川、山东、广东、河南、陕西、湖广、山西诸行省俱为承宣布政使司，罢行省平章政事，左、右丞等官，改参知政事为布政使，秩正二品，左、右参政，从二品，改左、右司为经历司。十三年改布政使，正三品，参政，从三品。十四年增置左、右参议，正四品，寻增设左、右布政使各一人。十五年置云南布政司。二十二年定秩从二品。建文中，升正二品，裁一人。成祖复旧制。永乐元年以北平布政司为北京。五年置交阯布政司。十一年置贵州布政司。止设使一人，余官如各布政司。宣德三年罢交阯布政司，除两京外，定为十三布政司。初置藩司，与六部均重。布政使入为尚书、侍郎，副都御史每出为布政使。宣德、正统间犹然，自后无之。

　　提刑按察使司。按察使一人，正三品，副使，正四品，佥事无定员，正五品。详见诸道。经历司，经历一人，正七品，知事一人，正八品。照磨所，照磨一人，正九品，检校一人，从九品。司狱司，司狱一人，从九品。

　　按察使掌一省刑名按劾之事。纠官邪，戢奸暴，平狱讼，雪冤抑，以振扬风纪，而澄清其吏治。大者暨都、布二司会议，告抚、按，以听于部、院。凡朝觐庆吊之礼，具如布政司。副使、佥事，分道巡察，其兵备、提学、抚民、巡海、清军、驿传、水利、屯田、招练、监军，各专事置，并分员巡备京畿。

　　明初，置提刑按察司。吴元年置各道按察司，设按察使，正三品，副使，正四品，佥事，正五品。十三年改使秩正四品，寻罢。十四年复置，并置各道按察分司。十五年又置天下府州县按察分司。以儒士王存中等五百三十一人为试佥事，人按二县。凡官吏贤否、军民利病，皆得廉问纠举。十六年尽罢试佥事，改按察使为从三品，副使二人，从四品，佥事，从五品，多寡从其分道之数。二十二年复定按察使为正三品。二十九年改置按察分司为四十一道。直隶六：曰淮西道，曰淮东道，曰苏松道，曰建安徽宁道，曰常镇道，曰京畿道。浙江二：曰浙东道，曰浙西道。四川三：曰川东道，曰川西道，曰黔南道。山东三：曰济南道、曰海右道，曰辽海东宁道。河南二：曰河南道，曰河北道。北平二：曰燕南道，曰燕北道。陕西五：曰关内道，曰关南道，曰河西道，曰陇右道，曰西宁道。山西三：曰冀宁道，曰冀北道，曰河东道。江西三：曰岭北道，曰两江道，曰湖东道。广东三：曰岭南道，曰海南道，曰海北道。广西三：曰桂林苍梧道，曰左江道，曰右江道。福建二：曰建宁道，曰福宁道。湖广四：曰武昌道，曰荆南道，曰湖南道，曰湖北道。三十年始置云南按察司。先是，命布政兼理。建文时，改为十三道肃政按察司。成祖初，复旧。永乐五年置交阯按察司，又增设各按察司佥事。因督军卫屯粮，增浙江、江西、广东、广西、湖广、河南、云南、四川各一人，陕西、福建、山东、山西各二人。此增设监司之始。十二年置贵州按察司。宣德五年革交阯按察司。除两京不设，共十三按察司。正统三年增设理仓副使、佥事，又设佥事与布政司参议各一员于甘肃，监收仓粮。八年增设佥事，专理屯田。景泰二年增巡河佥事。自后，各省因事添设，或置或罢，不可胜纪。今总布、按二司所分诸道详左。

　　布政司参政、参议分司诸道。**督粮道**，十三布政司各一员，俱驻省城。**督册道**，江西、陕西等间设。分守道：**浙江杭嘉湖道**，宁绍台道，金衢严道，温处道，俱驻省。**江西南瑞道**，驻省，湖东道，驻广信，湖西道，驻临江，饶南九江道，驻九江，赣南道，驻南安。**山东济南道，东兖道，海右道**，俱驻省。**山西冀宁道**，驻省，河东道，驻蒲州，冀北道，驻大同，冀南道，驻汾州。**陕西关内道**，驻省，关西道，驻凤翔，西宁道，驻凉州，关南道，驻兴安。**河西道**，驻庆阳，陇右道，驻巩昌。**河南大梁道**，驻省，河南道,_{驻河南},汝南道,_{驻南阳},河北道,_{驻怀庆}。湖广武昌道,下荆南道,_{驻郧阳},上荆南道,_{兼兵备},_{驻沣州},荆西道,_{兼兵备},_{驻安陆},上湖南道,下湖南道,上江防道,_{或驻荆州、岳州},下江防道。福建兴泉道,_{驻泉州},福宁道,_{驻兴化},漳南道,_{驻漳州},建南道,_{驻延平},汀漳道,_{驻上杭县}。广东岭东道,_{驻潮州},岭西道,_{驻高州},罗定道,_{兼兵备},_{驻罗定州},岭北道,岭南道,_{驻南雄}。四川川西道,川北道,_{驻保宁},上下川东道,_{驻涪州},上川南道,雅州,_{嘉定二署},下川南道,_{叙州、泸州二署}。广西桂平道,_{驻省},苍梧道,_{驻梧州},左江道,_{驻浔州},右江道,_{驻柳州}。贵州安平道,贵宁道,_{驻省},新镇道,_{驻平越},思仁道,_{驻思南}。云南临安道,腾冲道,澜沧道。以上或参政,或参议。

按察司副使、佥事分司诸道。提督学道,清军道,驿传道,十三布政司俱各一员,惟湖广提学二员,浙江、山西、陕西、福建、广西、贵州清军兼驿传,江西右布政使清军。

分巡道。浙江杭严道,宁绍道,嘉湖道,金衢道。江西饶南九江道,_{驻饶州},湖西道,_{驻吉安},南昌道,湖东道,岭北道。山东兖州道,_{驻沂州},济宁道,青州海防道,济南道,_{移德州},海右道,_{驻省},海道,_{驻莱州},登莱道,辽海道。山西冀宁道,冀南道,_{驻潞安},雁门道。陕西关内道,_{驻邠州},关西道,_{驻平凉},陇右道,_{驻秦州},河西道,_{驻郿州},西宁道。河南大梁道,汝南道,_{驻信阳州},河南道,_{驻汝州},河北道,_{驻磁州}。湖广武昌道,荆西道,_{驻沔阳},上荆南道,下荆南道,湖北道,上湖南道,下湖南道,沅靖道。福建巡海道,_{兼理粮储},福宁道,兴泉道,_{驻泉州},建南道,_{驻建宁},武平道,漳南道,_{驻上杭县},建宁道,海道,_{驻漳州},汀漳道。广东岭东道,_{驻惠州},岭西道,_{驻肇庆},岭南道,_{驻省},海北道,_{驻雷州},海南道,_{驻琼州}。四川上东道,_{驻重庆},下东道,_{驻达州},川西道,川北道,_{驻保宁},下川南道,上川南道。广西府江兵巡道,_{驻平乐},桂林兵巡道,_{驻省},苍梧兵巡道,_{驻梧州},_{移郁林州},左江兵巡道,_{驻南宁},右江兵巡道,_{驻宾州}。上五道俱兼兵备。贵州贵宁道,思石道,_{驻铜仁},都清道,_{兼兵备},_{驻都匀}。云南安普道,临沅道,洱海道,金沧道。

整饬兵备道。浙江宁绍道，嘉兴道，温处道，台海道。江西南瑞道，广建道，驻建昌。山东临清道，武德道，驻武定州，曹濮道，驻曹州，沂州道，辽东道。山西雁北道，驻代州，大同道，二员，一驻大同，一驻朔州，阳和道，潞安道，岢岚道。陕西肃州道，固原道，临洮道，驻兰州，洮岷道，驻岷州，靖远道，榆林中路道，榆林东路道，驻神木县，宁夏河西道驻宁夏，宁夏河东兵粮道，驻花马池，庄浪道，汉羌道，潼关道。湖广辰沅道。河南睢东道。福建兵备道，巡海道。广东南韶道，南雄道。四川松潘道，威茂道，建昌道，重夔道，安绵道，叙泸道。广西，分巡兼兵备。五道俱见分巡。贵州威清道，驻安顺，毕节道。云南曲靖道。

其外又有协堂道，副使，河南、浙江间设，水利道，浙江，屯田道，江西、河南、四川省屯田兼驿传，管河道，河南，盐法道，抚治道，陕西抚治商洛道，湖广又有抚民、抚苗道，监军道，因事不常设，招练道，山东间设。其北直隶之道寄衔于山东者，则为密云道，大名道，天津道，霸州道；寄衔于山西者，则为易州道，口北道，昌平道，井陉道，蓟州、永平等道。南直隶之道寄衔于山东者，太仓道，颍州道，徐州道；寄衔浙江、江西、湖广者，苏松道，漕储道，常镇道，庐凤道，徽宁池太道，淮扬道。

按明初制，恐守令贪鄙不法，故于直隶府州县设巡按御史，各布政司所属设试佥事。已罢试佥事，改按察分司四十一道，此分巡之始也。分守起于永乐间，每令方面官巡视民瘼。后遂定右参政、右参议分守各属府州县。兵道之设，仿自洪熙间，以武臣疏于文墨，遣参政副使沈固、刘绍等往各总兵处整理文书，商榷机密，未尝身领军务也。至弘治中，本兵马文升虑武职不修，议增副佥一员，敕之。自是兵备之员盈天下。两京不设布、按二司，故督学以御史。后置守、巡诸员无所属，则寄衔于邻近省布、按司官。

行太仆寺。卿一人，从三品，少卿一人，正四品，寺丞无定员，正六品。其属，主簿一人，从七品。掌各边卫所营堡之马政，以听于兵部。

凡骑操马匹印烙、俵散、课掌、孳牧，以时督察之。岁春秋，阅视其增耗、齿色，三岁一稽比，布、按二司不得与。有瘠损，则听兵部参罚。苑马寺亦如之。

洪武三十年置太仆寺于山西、北平、陕西、甘肃、辽东。山西、北平、陕西，每寺设少卿一人，丞三人；甘肃、辽东，每寺设少卿、丞各一人，择致仕指挥、千百户为之。永乐四年许令寺官按治所辖卫所镇抚首领官吏。十八年以北京行太仆寺为太仆寺。宣德七年发杂犯死罪应充军者，于陕西行太仆寺养马。弘治十年简推素有才望者补本寺官，视太仆寺官升擢。嘉靖三年，从御史陈讲请，增设陕西、甘肃二寺各少卿一员，分管延绥、宁夏。二十九年令寺官遇圣节，轮年赍进表文。

苑马寺。卿一人，从三品，少卿一人，正四品，寺丞无定员，正六品。其属，主簿一人，从七品。各牧监，监正一人，正九品，监副一人，从九品，录事一人。各苑，圉长一人，从九品。掌六监二十四苑之马政，而听于兵部。凡苑，视广狭为三等：上苑牧马万匹，中苑七千，下苑四千。凡牧地，曰草场，曰荒地，曰熟地，严禁令而封表之。凡牧人，曰恩军，曰队军，曰改编之军，曰充发之军，曰召募之军，曰抽选之军，皆籍而食之。凡马驹，岁籍其监苑之数，上于兵部，以听考课。监正、副掌监苑之牧事，圉长帅群长而阜蕃马匹。

永乐四年置苑马寺凡四：北直隶、辽东、平凉、甘肃。五年增设北直隶苑马寺六监二十四苑。顺义、长春、咸和、驯良四苑，隶清河监。水州、隆萃、大牧、遂宁，隶金台监。汧池、鹿鸣、龙河、长兴，隶涿鹿监。辽阳、龙山、万安、蕃昌，隶卢龙监。清流、广蕃、龙泉、松林，隶香山监。河阳、崇义、兴宁、永成，隶通州监。六年增甘肃、平凉二寺监。每寺各六监二十四苑。十八年革北京苑马寺。并入太仆。正统四年革甘肃苑马寺，改牧恩军于黑水口，隶长乐监。弘治二年革平凉寺丞一员。十七年，都御史杨一清奏请行太仆、苑马二寺员缺，简选才望参政、副使补升卿，参议、佥事补升少卿，以振马政。十八年又请添设寺员。嘉靖三十二年以辽东寺卿张思兼辖金、复、盖州三卫军民。四十二年又命带理兵备事。

都转运盐使司。都转运使一人，从三品，同知一人，从四品，副使一人，从五品，判官无定员，从六品。其属，经历司，经历一人，从七品，知事一人，从八品，库大使、副使各一人。所辖，各场盐课司大使、副使，各盐仓大使、副使，各批验所大使、副使，并一人，俱未入流。

都转运使掌盐盐之事。同知、副判分司之。都转运盐使司凡六：曰两淮，曰两浙，曰长芦，曰河东，曰山东，曰福建。分司十四：泰州、淮安、通州隶两淮，嘉兴、松江、宁绍、温台隶两浙，沧州、青州隶长芦，胶莱、宾乐隶山东，解盐东场、西场、中场隶河东。分副使若副判莅之，督各场仓盐课司，以总于都转运使，共奉巡盐御史或盐法道臣之政令。福建、山东无巡盐御史，余详《食货志盐法》中。

盐课提举司。提举一人，从五品，同提举一人，从六品，副提举无定员，从七品。其属，吏目一人，从九品，库大使、副使一人。所辖，各盐仓大使、副使，各场、各井盐课司大使、副使，并一人。提举司凡七：曰四川，曰广东海北，廉州，曰黑盐井，楚雄，曰白盐井，姚安，曰安宁，曰五井，大理，曰察罕脑儿。又有辽东煎盐提举司。提举，正七品，同提举，正八品，副提举，正九品。其职掌皆如都转运司。

明初，置都转运司于两淮。吴元年置两浙都转运司于杭州，定都转运使秩正三品，设同知，正四品，副使，正五品，运判，正六品，经历，正七品，知事，正八品，照磨、纲官，正九品。盐场设司令，从七品，司丞，从八品，百夫长，省注。洪武二年置长芦、河东二都转运司，及广东海北盐课提举司，寻又置山东、福建二都转运司。三年又于陕西察罕脑儿之地，置盐课提举司，后渐增置各处。建文中，改广东提举为都转运司。永乐初复故。十四年初，命御史巡盐。景泰三年罢长芦、两淮巡盐御史，命抚、按官兼理。已复遣御史，其无御史者，分按察司理之。又洪武中，于四川置茶盐都转运司，洪武五年置，设官如都转运盐使司。十年罢。纳溪、白渡二盐马司，洪武五年置，以常选官为司令，内使为司丞。十三年罢，寻复置。十五年改设大使、副使各一人。后并革。又有顺龙盐马司，亦革。

市舶提举司。提举一人，从五品，副提举二人，从六品。其属，吏目一人，从九品。掌海外诸蕃朝贡市易之事，辨其使人表文、勘合之真伪，禁通番，征私货，平交易，闲其出入而慎馆谷之。

吴元年置市舶提举司。洪武三年罢太仓、黄渡市舶。七年罢福建之泉州、浙江之明州、广东之广州三市舶司。永乐元年复置，设官如洪武初制，寻命内臣提督之。嘉靖元年，给事中夏言奏倭祸起于市舶，遂革福建、浙江二市舶司，惟存广东市舶司。

茶马司。大使一人，正九品，副使一人，从九品。掌市马之事。洪武中，置洮州、秦州、河州三茶马司，设司令、司丞。十五年改设大使、副使各一人，寻罢洮州茶马司，以河州茶马司兼领之。三十年改秦州茶马司为西宁茶马司。又洪武中，置四川永宁茶马司，后革，复置雅州碉门茶马司。又于广西置庆远裕民司，洪武七年置，设大使一人，从八品，副使一人，正九品。市八番溪洞之马，后亦革。

府。知府一人，正四品，同知，正五品，通判无定员，正六品，推官一人，正七品。其属，经历司经历一人，正八品，知事一人，正九品。照磨所，照磨一人，从九品，检校一人。司狱司，司狱一人。所辖别见。

知府掌一府之政，宣风化，平狱讼，均赋役，以教养百姓。每三岁，察属吏之贤否，上下其考，以达于省，上吏部。凡朝贺、吊祭，视布政使司，直隶府得专达。凡诏赦、例令、勘札至，谨受之，下所属奉行。所属之政，皆受约束于府，剂量轻重而令之，大者白于抚、按，布、按，议允乃行。凡宾兴科贡，提调学校，修明祀典之事，咸掌之。若籍帐、军匠、驿递、马牧、盗贼、仓库、河渠、沟防、道路之事，虽有专官，皆总领而稽核之。同知、通判分掌清军、巡捕、管粮、治农、水利、屯田、牧马等事。无常职，各府所掌不同，如延安、延绥同知又兼牧民，余不尽载。无定员。边府同知有增至六、七员者。推官理刑名，赞计典。各府推官，洪武三年始设。经历、照磨、检校受发上下文移，磨勘六房宗卷。

明初，改诸路为府。洪武六年分天下府三等：粮二十万石以上为上府，知府，秩从三品；二十万石以下为中府，知府，正四品；十万石以下为下府，知府，从四品。已，并为正四品。七年减北方府州县官三百八人。十三年选国子学生二十四人为府州县官。六月罢各府照磨。二十七年复置。自宣德三年弃交阯布政司，计天下府凡一百五十有九。

州。知州一人，从五品，同知，从六品，判官无定员，从七品。里不及三十而无属县，裁同知、判官。有属县，裁同知。其属，吏目一人，从九品。所辖别见。

知州掌一州之政。凡州二：有属州，有直隶州。属州视县，直隶州视府，而品秩则同。同知、判官，俱视其州事之繁简，以供厥职。计天下州凡二百三十有四。

县。知县一人，正七品，县丞一人，正八品，主簿一人，正九品。其属，典史一人。所辖别见。

知县掌一县之政。凡赋役，岁会实征，十年造黄册，以丁产为差。赋有金谷、布帛及诸货物之赋，役有力役、雇役、借债不时之役，皆视天时休咎，地利丰耗，人力贫富，调剂而均节之。岁歉则请于府若省蠲减之。凡养老、祀神、贡士、读法、表善良、恤穷乏、稽保甲、严缉捕、听狱讼，皆躬亲厥职而勤慎焉。若山海泽薮之产，足以资国用者，则按籍而致贡。县丞、主簿分掌粮马、巡捕之事。典史典文移出纳。如无县丞，或无主簿，则分领丞簿职。县丞、主簿，添革不一。若编户不及二十里者并裁。

吴元年定县三等：粮十万石以下为上县，知县从六品；六万石以下为中县，知县正七品；三万石以下为下县，知县从七品。已，并为正七品。凡新授郡县官，给道里费。洪武元年征天下贤才为府州县职，敕命厚赐，以励其廉耻，又敕谕之至于再。三十七年定府州县条例八事，颁示天下，永为遵守。是时，天下府州县官廉能正直者，必遣行人赍敕往劳，增秩赐金。仁、宣之际犹然，英、宪而下日罕。自后益重内轻外，此风绝矣。计天下县凡一千一百七十有一。

儒学。府，教授一人，从九品，训导四人。州，学正一人，训导三人。县，教谕一人，训导二人。教授、学正、教谕，掌教诲所属生员，训导佐之。凡生员廪膳、增广，府学四十人，州学三十人，县学二十人，附学生无定数。儒学官月课士子之艺业而奖励之。凡学政遵卧碑，咸听于提学宪臣提调，府听于府，州听于州，县听于县。其殿最视乡举之有无多寡。

明初，置儒学提举司。洪武二年诏天下府州县皆立学。十三年改各州学正为未入流。先是从九品。二十四年定儒学训导位杂职上。三十一年诏天下学官改授旁郡州县。正统元年始设提督学校官。又有都司儒学，洪武十七年置，辽东始。行都司儒学，洪武二十三年置，北平始。卫儒学，洪武十七年置，岷州卫，二十三年置，大宁等卫始。以教武臣子弟。俱设教授一人，训导二人。河东又设都转运司儒学，制如府。其后宣慰、安抚等土官，俱设儒学。

巡检司。巡检、副巡检，俱从九品，主缉捕盗贼，盘诘奸伪。凡在外各府州县关津要害处俱设，俾率徭役弓兵警备不虞。初，洪武二年，以广西地接瑶、僮，始于关隘冲要之处设巡检司，以警奸盗，后遂增置各处。十三年二月特赐敕谕之，寻改为杂职。

驿。驿丞典邮传迎送之事。凡舟车、夫马、廪糗、庖馔、裯帐，视使客之品秩,仆夫之多寡,而谨供应之。支直于府若州县,而籍其出入。巡检、驿丞,各府州县有无多寡不同。

税课司。府曰司,县曰局。大使一人,从九品,典税事。凡商贾、侩屠、杂市,皆有常征,以时榷而输其直于府若县。凡民间贸田宅,必操契券请印,乃得收户,则征其直百之三。明初,改在京官店为宣课司,府州县官店为通课司,后改通课司为税课司、局。

仓。大使一人,府从九品,州县未入流,副使一人,库大使一人。州县设。

织染杂造局。大使一人,从九品,州织染局未入流。副使一人。

河泊所官,掌收鱼税;闸官、坝官,掌启闭蓄泄。洪武十五年定天下河泊所凡二百五十二。岁课粮五千石以上至万石者,设官三人;千石以上设二人;三百石以上设一人。

批验所。大使一人,副使一人,掌验茶盐引。

递运所。大使一人,副使一人,掌运递粮物。洪武九年始置。先是,在外多以卫所戍守军士传送军囚,太祖以其有妨练习守御,乃命兵部增置各处递运所,以便递送。设大使、副使各一人,验夫多寡,设百夫长以领之。后汰副使,革百夫长。

铁冶所。大使一人,副使一人。洪武七年初置。凡十三所,每所置大使、副使各一人。初,大使,正八品,副使,正九品,后俱为未入流。

医学。府,正科一人,从九品。州,典科一人。县,训科一人。洪武十七年置,设官不给禄。

阴阳学。府，正术一人，从九品。州，典术一人。县，训术一人。亦洪武十七年置，设官不给禄。

府僧纲司，都纲一人，从九品，副都纲一人。州僧正司，僧正一人。县僧会司，僧会一人。府道纪司，都纪一人，从九品，副都纪一人。州道正司，道正一人。县道会司，道会一人。俱洪武十五年置，设官不给禄。

明史卷七六
志第五二

职官五

公侯伯　附马都尉　附仪宾

五军都督府　京营　京卫

锦衣卫　附旗手等卫　南京守备

南京五军都督府　南京卫

王府护卫　附仪卫司　总兵官　留守司

都司　附行都司　各卫　各所　宣慰司

宣抚司　安抚司　招讨司

长官司　附蛮夷长官司　军民府

附土州土县

　　公、侯、伯,凡三等,以封功臣及外戚,皆有流,有世。功臣则给铁券,封号四等:佐太祖定天下者,曰开国辅运推诚;从成祖起兵,曰奉天靖难推诚;余曰奉天翊运推诚,曰奉天翊卫推诚。武臣曰宣力武臣,文臣曰守正文臣。岁禄,以功为差。已封而又有功,仍爵或进爵,增禄。其才而贤者,充京营总督,五军都督府掌金书,南京守备,或出充镇守总兵官,否则食禄奉朝请而已。年幼而嗣爵者,咸入国子监读书。嘉靖八年,定外戚封爵毋许世袭,其有世袭一二代者,出特恩。

驸马都尉，位在伯上。凡尚大长公主、长公主、公主，并曰驸马都尉。其尚郡主、县主、郡君、县君、乡君者，并曰仪宾。岁禄各有差，皆不得与政事。明初，驸马都尉有典兵出镇及掌府部事者。建文时，梅殷为镇守淮安总兵官，李坚为左副将军。成祖时，李让掌北京行部事。仁宗时沐昕，宣宗时宋琥，并守备南京。英宗时，赵辉掌南京左府事。其余惟奉祀孝陵，摄行庙祭，署宗人府事。往往受命，一充其任。若恩亲侯李贞，永春侯王宁，京山侯崔元，以恩泽封侯，非制也。

中军、左军、右军、前军、后军五都督府，每府左、右都督，正一品，都督同知，从一品，都督佥事，正二品。恩功寄禄，无定员。其属，经历司，经历，从五品，都事，从七品，各一人。

都督府掌军旅之事，各领其都司、卫所，详见《兵志》卫所中，以达于兵部。凡武职，世官流官、土官袭替、优养、优给，所属上之府，移兵部请选。既选，移府，以下之都司、卫所。首领官听吏部选授，给由亦如之。凡武官诰敕、俸粮、水陆步骑操练、官舍旗役并试、军情声息、军伍勾补、边腹地图、文册、屯种、器械、舟车、薪苇之事，并移所司而综理之。凡各省、各镇镇守总兵官、副总兵，并以三等真、署都督及公、侯、伯充之。有大征讨，则挂诸号将军或大将军、前将军、副将军印总兵出，既事，纳之。其各府之掌印及佥书，率皆公、侯、伯。间有属老将之实为都督者，不能十一也。

初，太祖下集庆，即置行枢密院，自领之。又置诸翼统军元帅府。寻罢枢密院，改置大都督府。以朱文正为大都督，节制中外诸军事，设司马、参军、经历、都事等官。又增设左、右都督，同知，副使，佥事，照磨各一人，并设断事官。定制，大都督从一品，左、右都督正二品，同知都督从二品，副都督正三品，佥都督从三品，经历从五品,都事从七品;统军元帅府元帅正三品,同知元帅从三品,副使正四品,经历正七品,知事从八品,照磨正九品。又以都镇抚司隶大都督府,先是属中书省,秩从四品。寻罢统军元帅府。吴元年更定官制,罢大都督不设,以左、右都督为长官,正一品,同知都督,从一品,副都督,正二品,佥都督,从二品,俱升品秩。其属,设参议,正四品,经历、断事官,从五品,都事,正七品,照磨,从七品。洪武九年罢副都督,改参议为掌判官。十二年升都督佥事为正二品,掌判官为正三品。十三年始改都督府为五军都督府,分领在京各卫所,惟锦衣等亲军、上直卫不隶五府,及在外各都司、卫所,以中军都督府断事官为五军断事官。十五年置五军十卫参军府,设左、右参军。十七年,五军各设左、右断事二人,提控案牍一人,并从九品。二十三年升五军断事官为正五品,总治五军刑狱。分为五司,司设稽仁、稽义、稽礼、稽智、稽信五人,俱正七品,各理其军之刑狱。二十九年置五军照磨所,专掌文牍。建文中,革断事及五司官。

永乐元年设北京留守行后军都督府,置左、右都督,都督同知,都督佥事,无定员,经历、都事各一人。后又分五府,称行在五军都督府。十八年除“行在”字,在应天者加“南京”字。洪熙元年复称行在,仍设行后府。宣德三年又革。正统六年复除“行在”字。

京营,永乐二十二年置三大营,曰五军营,曰神机营,曰三千营。五军、神机各设中军、左右哨、左右掖;五军、三千各设五司。每营俱选勋臣二人提督之。其诸营管哨、掖官,曰坐营,曰坐司。各哨、掖官,亦率以勋臣为之。又设把总、把司、把牌等官。又有围子手、幼官、舍人、殚忠、效义诸营,俱附五军营中。景泰元年选三营精锐立十团营,茬以总兵,统以总督,监以内臣。其旧设者,号为老营。三老营凡六提督,内选其二领团营。成化三年分团营为十二,每营又各分五军、三千统骑兵,神机统火器。其各营统领,俱择都督、都指挥或列爵充之,以总督统辖之。

正德中,又选团营精锐,置东西两官厅,另设总兵、参将统领。

嘉靖二十九年革团营官厅，仍并三大营，改三千曰神枢，设副、参、游、佐、坐营、号头、中军、千把总等官。五军营：战兵一营，左副将一；战兵二营，练勇参将一；车兵三营，参将一；车兵四营，游击将军一；城守五营，佐击将军一；战兵六营，右副将一；战兵七营，练勇参将一；车兵八营，参将一；车兵九营，游击将军一；城守十营，佐击将军一；备兵坐营官一，大号头官一。已上部推。监枪号头官一，中军官十一，随征千总四，随营千总二十，选锋把总八，把总一百三十八。已上俱营推。神枢营：战兵一营，左副将一；战兵二营，练勇参将一；车兵三营，参将一；车兵四营，游击将军一；城守五营，佐击将军一；战兵六营，右副将一；战兵二营，练勇参将一；车兵三营，参将一；车兵四营，游击将军一；城守五营，佐击将军一，战兵六营，右副将一；车兵七营，练勇参将一，执事八营，参将一，城守九营，佐击将军一；城守十营，佐击将军一；备兵坐营官一，大号头官一。已上部推。监枪号头官一，中军官十一，千总二十，选锋把总六，把总一百五十七。已上俱营推。神机营：战兵一营，左副将一；战兵二营，练勇参将一；车兵三营，游击将军一；车兵四营，佐击将军一；城守五营，佐击将军一；战兵六营，右副将一；车兵七营，练勇参将一；城守八营，佐击将军一，城守九营，佐击将军一；城守十营，佐击将军一；备兵坐营官一，大号头官一。已上部推。监枪号头官一，中军官十一，千总二十，选锋把总六，把总一百二十八。已上俱营推。通计三大营，共五百八十六员。统以提督总兵官一员。已，改提督曰总督，铸"总督京营戎政"印，俾仇鸾佩之。更设侍郎一人，协理京营戎政。定巡视科道官岁一代更，悉革内侍官。增设巡视主事，寻亦革。隆庆初，仍以总督为提督，改协理为阅视，寻并改阅视为提督。四年二月更京营制，三营各设提督，又各设右都御史一员提督之。九月罢六提督，仍复总督戎政一人。天启初，增设协理一人，已，仍革一人。崇祯初，复增一人。

京卫指挥使司，指挥使一人，正三品，指挥同知二人，从三品，指挥金事四人，正四品。镇抚司，镇抚二人，从五品。其属，经历司，经历，从七品，知事，正八品，吏目，从九品，仓大使、副使各一人。所辖千户所，多寡各不等。

　　京卫有上直卫,有南、北京卫,品秩并同。各有掌印,有金书。其以恩荫寄禄,无定员。凡上直卫亲军指挥司,二十有六。曰锦衣卫,曰旗手卫,曰金吾前卫,曰金吾后卫,曰羽林左卫,曰羽林右卫,曰府军卫,曰府军左卫,曰府军右卫,曰府军前卫,曰府军后卫,曰虎贲左卫,是为上十二卫,洪武中置。曰金吾左卫,曰金吾右卫,曰羽林前后,曰燕山左卫,曰燕山右卫,曰燕山前卫,曰大兴左卫,曰济阳卫,曰济州卫,曰通州卫,是为上十卫,永乐中置。曰腾骧左卫,曰腾骧右卫,曰武骧左卫,曰武骧右卫,宣德八年置。番上宿卫名亲军,以护宫禁,不隶五都督府。

　　其京卫隶都督府者,三十有三。曰留守左卫,曰镇南卫,曰骁骑右卫,曰龙虎卫,曰沈阳左卫,曰沈阳右卫,隶左军都督府。曰留守右卫,曰虎贲右卫,曰武德卫,隶右军都督府。曰留守中卫,曰神策卫,曰应天卫,曰和阳卫及牧马千户所、蕃牧千户所,俱隶中军都督府。曰留守前卫,曰龙骧卫,曰豹韬卫,隶前军都督府。曰留守后卫,曰鹰扬卫,曰兴武卫,曰大宁中卫,曰大宁前卫,曰会州卫,曰富峪卫,曰宽河卫,曰神武左卫,曰忠义右卫,曰忠义前卫,曰忠义后卫,曰义勇右卫,曰义勇前卫,义勇后卫,曰武成中卫,曰蔚州左卫,隶后军都督府。

　　又京卫非亲军而不隶都督府者,十有五。曰武功中卫,曰武功左卫,曰武功右卫,已上三卫以匠故,隶工部。曰永清左卫,曰永清右卫,曰彭城卫,曰长陵卫,曰献陵卫,曰景陵卫,曰裕陵卫,曰茂陵卫,曰泰陵卫,曰康陵卫,曰永陵卫,曰昭陵卫。

　　明初,置帐前总制亲军都指挥使司,以冯国用为都指挥使。后改置金吾侍卫亲军都护府,设都护,从二品,经历,正六品,知事,从七品,照磨,从八品。又置各卫亲军指挥使司,设指挥使,正三品,同知指挥使,从三品,副使,正四品,经历,正七品,知事,从八品,照磨,正九品,千户所正千户,正五品,副千户,从五品,镇抚、百户,正六品。因置武德、龙骧、豹韬、飞熊、威武、广武、兴武、英武、鹰扬、骁骑、神武、雄武、凤翔、天策、振武、宣武、羽林十七卫亲军指挥使司,此设亲军卫之始。寻罢金吾侍卫亲军都护府。洪武、永乐间，增设亲军诸卫，名为上二十二卫，分掌宿卫。而锦衣卫主巡察、缉捕、理诏狱，以都督、都指挥领之，盖特异于诸卫焉。

留守五卫，旧为都镇抚司，总领禁卫，先属中书省，改隶大都督府，设都镇抚，从四品，副镇抚，从五品，知事，从八品。寻改宿卫镇抚司，设宿卫镇抚、宿卫知事。洪武三年改为留守卫指挥使司，专领军马守御各城门，及巡警皇城与城垣造作之事。后升为留守都卫，统辖天策、豹韬、飞熊、鹰扬、江阴、广洋、横海、龙江、水军左、右十卫。八年，复为留守卫，与天策等八卫俱为亲军指挥使司，惟水军左、右二卫为指挥使司，并隶大都督府。十一年改为留守中卫，增置留守左、右、前、后四卫，仍为亲军。十三年始分隶五都督府。

锦衣卫，掌侍卫、缉捕、刑狱之事，恒以勋戚都督领之，恩荫寄禄无常员。凡朝会、巡幸，则具卤簿仪仗，率大汉将军共一千五百七员等侍从扈行。宿卫则分番入直。朝日、夕月、耕藉，视牲，则服飞鱼服，佩绣春刀，侍左右。盗贼奸宄，街涂沟洫，密缉而时省之。凡承制鞫狱录囚勘事，偕三法司。五军官舍比试并枪，同兵部莅视。统所凡十有七。中、左、右、前、后五所，领军士。五所分銮舆、擎盖、扇手、旌节、幡幢、班剑、斧钺、戈戟、弓矢、驯马十司，各领将军校尉，以备法驾。上中、上左、上右、上前、上后、中后六亲军所，分领将军、力士、军匠。驯象所，领象奴养象，以供朝会陈列、驾辇、驮宝之事。

明初，置拱卫司，秩正七品，管领校尉，属都督府。后改拱卫指挥使司，秩正三品。寻又改为都尉司。洪武三年改为亲军都尉府，管左、右、中、前、后五卫军士，而设仪鸾司隶焉。四年定仪鸾司为正五品，设大使一人，副使二人。十五年罢仪鸾司，改置锦衣卫，秩从三品，其属有御椅等七员，皆正六品。设经历司，掌文移出入；镇抚司，掌本卫刑名，兼理军匠。十七年改锦衣卫指挥使为正三品。二十年以治锦衣卫者多非法凌虐，乃焚刑具，出系囚，送刑部审录，诏内外狱咸归三法司，罢锦衣狱。成祖时复置。寻增北镇抚司，专治

诏狱。成化间,刻印畀之,狱成得专达,不关白锦衣,锦衣官亦不得
干预。而以旧所设为南镇抚司,专理军匠。

旗手卫,本旗手千户所,洪武十八年改置。掌大驾金鼓、旗纛,
帅力士随驾宿卫。校尉、力士,佥民间壮丁为之。校尉专职擎执卤簿仪杖,
及驾前宣召官员,差遣干办,隶锦衣卫。力士专领金鼓、旗帜,随驾出入,及守
卫四门,隶旗手卫。凡岁祭旗头六纛之神,八月于坛,十二月于承天门
外,皆卫官莅事,统所五。

府军前卫,掌统领幼军,轮番带刀侍卫。明初,有带刀舍人。洪
武时,府军等卫皆有习技幼军。永乐十三年为皇太孙特选幼军,置
府军前卫,设官属,指挥使五人,指挥同知十人,指挥佥事二十人,卫镇抚
十人,经历五人,统所二十有五。

金吾、羽林等十九卫,掌守卫巡警,统所凡一百有二。

腾骧等四卫,掌帅力士直驾、随驾,统所三十有二。

南京守备一人,协同守备一人。南京以守备及参赞机务为要
职。守备,以公、侯、伯充之,兼领中军都督府事。协同守备,以侯、
伯、都督充之,领五府事。参赞机务,以南京兵部尚书领之。其治所
在中府,掌南都一切留守、防护之事。

永乐十九年迁都北京,命中府掌府事官守备南京,节制南京诸
卫所。洪熙元年始以内臣同守备。景泰三年增设协同守备一人。

南京五军都督府,左、右都督,都督同知,都督佥事,不全设。其
掌印、佥书,皆以勋爵及三等都督为之。分掌南京卫所,以达于南京
兵部。凡管领大教场及江上操备等事,各府奉敕分掌之。城门之管
钥,中府专掌之。初设城门郎,洪武十八年革,以门禁锁钥铜牌,命中军都
督府掌之。其属,经历、都事各一人。

南京卫指挥使司,设官详京卫,凡四十有九。分隶五都督府者三
十有二。曰留守左卫,曰镇南卫,曰水军左卫,曰骁骑右卫,曰龙虎

卫,曰龙虎左卫,曰英武卫,曰龙江右卫,曰沈阳左卫,曰沈阳右卫,隶左府。曰留守右卫,曰虎贲右卫,曰水军右卫,曰武德卫,曰广武卫,隶右府。曰留守中卫,曰神策卫,曰广洋卫,曰广天卫,曰和阳卫及牧马千户所,隶中府。曰留守前卫,曰龙江左卫,曰龙骧卫,曰飞熊卫,曰天策卫,曰豹韬卫,曰豹韬左卫,隶前府。曰留守后卫,曰横海卫,曰鹰扬卫,曰兴武卫,曰江阴卫,隶后府。

又亲军卫指挥使司十有七:曰金吾前卫,曰金吾后卫,曰金吾左卫,曰金吾右卫,曰羽林左卫,曰羽林右卫,曰羽林前卫,曰府军卫,曰府军左卫,曰府军右卫,曰府军后卫,曰虎贲左卫,曰锦衣卫,曰旗手卫,曰江淮卫,曰济州卫,曰孝陵。与左府所属十卫,右府所属五卫,前府所属七卫,后府所属五卫,并听中府节制。各卫领所一百一十有八。

王府护卫指挥使司,设官如京卫。

王府仪卫司。仪卫正一人,_{正五品},仪卫副二人,_{从五品},典仗六人,_{正六品}。仪卫,掌侍卫仪仗。护卫,掌防御非常,护卫王邸。有征调,则听命于朝。

明初,诸王府置护军府。洪武三年置仪卫司,司设正、副各一人,秩比正、副千户;司仗六人,秩比百户。四年,改司仗为典仗。五年置亲王护卫指挥使司,每王府设三护卫,卫设左、右、前、后、中五所,所千户二人,百户十人。又设围子手二所,每所千户一人。九年罢护军府。建文中,改仪卫司为仪仗司,增置吏目一人。成祖初复旧制。

总兵官、副总兵、参将、游击将军、守备、把总,无品级,无定员。总镇一方者为镇守,独镇一路者为分守,各守一城一堡者为守备,与主将同守一城者为协守。又有提督、提调、巡视、备御、领班、备倭等名。

凡总兵、副总兵,率以公、侯、伯、都督充之。其总兵挂印称将军者,云南曰征南将军,大同曰征西前将军,湖广曰平蛮将军,两广曰征蛮将军,辽东曰征虏前将军,宣府曰镇朔将军,甘肃曰平羌将军,宁夏曰征西将军,交阯曰副将军,延绥曰镇西将军。诸印,洪熙元年制颁,其在蓟镇、贵州、湖广、四川及偾运淮安者,不得称将军挂印。宣德间,又设山西、陕西二总兵。嘉靖间,分设广东、广西、贵州、湖广二总兵为四,改设福建、保宁副总兵为总兵,又添设浙江总兵。万历间,又增设于临洮、山海。天启间,增设登、莱。至崇祯时,益纷不可纪,而位权亦非复当日。盖明初,虽参将、游击、把总,亦多有充以勋戚都督等官,至后则杳然矣。

　　镇守蓟州总兵官一人,旧设。隆庆二年改为总理练兵事务兼镇守,驻三屯营。协守副总兵三人。东路副总兵,隆庆三年添设,驻建昌营,管理燕河营、台头营、石门寨、山海关四路。中路副总兵,万历四年改设,驻三屯营,带管马兰峪、松棚峪、喜峰口、太平寨四路。西路副总兵,隆庆三年添设,驻石匣营,管理墙子岭、曹家寨、古北口、石塘岭四路。分守参将十一人,曰通州参将,曰山海关参将,曰石门寨参将,曰燕河营参将,曰台头营参将,曰太平寨参将,曰马兰峪参将,曰墙子岭参将,曰古北口参将,曰石塘岭参将,曰喜峰口参将。游击将军六人,统领南兵游击将军三人,领班游击将军七人,坐营官八人,守备八人,把总一人,提调官二十六人。

　　镇守昌平总兵官一人,旧设副总兵,又有提督武臣。嘉靖三十八年裁副总兵,以提督改为镇守总兵,驻昌平城,听总督节制。分守参将三人,曰居庸关参将,曰黄花镇参将,曰横岭口参将,游击将军二人,坐营官三人,守备十人,提调官一人。

　　镇守辽东总兵官一人,旧设,驻广宁。隆庆元年令冬月移驻河东辽阳适中之地,调度防御,应援海州、沈阳。协守副总兵一人,辽阳副总兵旧为分守,嘉靖四十五年改为协守,驻辽阳城,节制开原、海州、险山、沈阳等处。分守参将五人,曰开原参将,曰锦义右参将,曰海盖右参将,曰宁远参将,曰宽奠堡参将,游击将军八人,守备五人,坐营中军官一人,备御十九人。

镇守保定总兵官一人。弘治十八年初设保定副总兵，后改为参将。正德九年复为分守副总兵。嘉靖二十年改为镇守。三十年改设镇守总兵官。万历元年令春秋两防移驻浮图峪，遇有警，移驻紫荆关，以备入援。分守参将四人，曰紫荆关参将，曰龙固二关参将，曰马水口参将，曰倒马关参将，游击将军六人，坐营中军官一人，守备七人，把总七人，忠顺官二人。

镇守宣府总兵官一人，旧设，驻宣府镇城。协守副总兵一人，副总兵旧亦驻镇城，嘉靖二十八年移驻永宁城。分守参将七人，曰北路独石马营参将，曰东路怀来永宁参将，曰上西路万全右卫参将，曰南路顺圣蔚广参将，曰中路葛峪堡参将，曰下西路柴沟堡参将，曰南山参将，游击将军三人，坐营中军官二人，守备三十一人，领班备御二人，万历八年革。

镇守大同总兵官一人，旧设，驻大同镇城。协守副总兵一人，旧为左副总兵，万历五年去左字，驻左卫城。分守参将九人，曰东路参将，曰北东路参将，曰中路参将，曰西路参将，曰北西路参将，曰井坪城参将，曰新坪保参将，曰总督标下左掖参将，曰威远城参将，万历八年革。游击将军二人，入卫游击四人，坐营中军官二人，守备三十九人。

镇守山西总兵官一人，旧为副总兵，嘉靖二十年改设，驻宁武关。防秋移驻阳方口，防冬移驻偏关。协守副总兵一人，嘉靖四十四年添设，初驻偏关，后移驻老营堡。分守参将六人，曰东路代州左参将，曰西路偏头关右参将，曰太原左参将，曰中路利民堡右参将，曰河曲县参将，曰北楼口参将，游击将军一人，坐营中军官一人，守备十三人，操守二人。

镇守延绥总兵官二人，旧设，驻镇城。协守副总兵一人，定边右副总兵，嘉靖四十一年添设，分守安定、镇靖等处，提调大墙及墙口等处。分守参将六人，曰孤山参将，曰东路右参将，曰西路左参将，曰中路参将，曰清平参将，曰榆林保宁参将，游击将军二人，入卫游击四人，守备十一人，坐营中军官一人。

镇守宁夏总兵官一人，旧设，驻镇城。协守副总兵一人，亦旧设，同驻镇城。分守参将四人，曰东路右参将，曰西路左参将，曰灵州左参将，曰北路平虏城参将，游击将军三人，入卫游击一人，万历八年革，守备三人,备御领班二人,万历九年革,坐营中军官二人,管理镇城都司一人,领班都司二人,万历九年革,管理水利屯田都司一人。

镇守甘肃总兵官一人,旧设,驻镇城。协守副总兵一人,甘肃左副总兵,旧设,嘉靖四十年移驻高台防御,隆庆四年回驻镇城。分守副总兵一人,凉州右副总兵,旧设,分守参将四人,曰庄浪左参将,曰肃州右参将,曰西宁参将,曰镇番参将,游击将军四人,坐营中军官一人,守备十一人,领班备御都司四人。

镇守陕西总兵官一人,旧驻会城,后移驻固原。分守副总兵一人,洮岷副总兵,万历六年改设,驻洮州。分守参将五人,曰河州参将,曰兰州参将,曰靖虏参将,曰陕西参将,曰阶文西固参将,游击将军四人,坐营中军官二人,守备八人。

镇守四川总兵官一人,隆庆五年添设,驻建武所。分守副总兵一人,松潘副总兵,旧设,协守参将二人,曰松潘东路左参将,曰松潘南路右参将,游击将军二人,守备六人。

镇守云南总兵官一人,旧设,驻云南府。分守参将三人,曰临元参将,曰永昌参将,曰顺蒙参将,守备二人,巡抚中军坐营官一人。

镇守贵州总兵官一人,旧设,嘉靖三十二年加提督麻阳等处地方职衔,驻铜仁府。分守参将二人,曰提督清浪右参将,曰提督川贵迤西左参将,守备七人,巡抚中军官一人。

镇守广西总兵官一人,旧为副总兵,嘉靖四十五年改设,驻桂林府。分守参将五人,曰浔梧左参将,曰柳庆右参将,曰永宁参将,曰思恩参将,曰昭平参将,守备三人,坐营官一人。

镇守湖广总兵官一人,旧设,嘉靖十年罢。十二年复设。万历八年又罢。十二年仍复设,驻省城。分守参将三人,曰黎平参将,曰镇筸参将,曰郧阳参将,守备十一人,把总一人。

镇守广东总兵官一人,旧为征蛮将军、两广总兵官。嘉靖四十五年分设,驻潮州府。协守副总兵一人,潮漳副总兵,万历三年添设,驻南澳。分守参将七人,曰潮州参将,曰琼崖参将,曰雷廉参将,曰东山参将,曰西山参将,曰督理广州海防参将,曰惠州参将,练兵游击将军一人,守备五人,坐营中军官二人,把总四人。

提督狼山副总兵一人,嘉靖三十七年添设,驻通州。镇守江南副总兵一人,旧系总兵官,驻福山港,后移驻镇江、仪真二处。嘉靖八年裁革。十九年复设。二十九年仍革。三十二年,改设副总兵,驻金山卫。四十三年移驻吴淞。分守参将二人,曰徐州参将,曰金山参将,游击将军一人,守备六人,凤阳军门中军官一人,把总十三人。

镇守浙江总兵官一人,嘉靖三十四年设,总理浙直海防。三十五年改镇守浙直。四十二年改镇守浙江,旧驻定海县,后移驻省城。分守参将四人,曰杭嘉湖参将,曰宁绍参将,曰温处参将,曰台金严参将,游击将军二人,总捕都司一人,把总七人。

分守江西参将一人,曰南赣参将,嘉靖四十三年改设,驻会昌县。守备四人,把总六人。

镇守福建总兵官一人,旧为副总兵,嘉靖四十二年改设,驻福宁州。分守参将一人,曰南路参将,守备三人,把总七人,坐营官一人。

镇守山东总兵官一人,天启中增设。总督备倭都司一人,领蓟镇班都司四人。又河南守备三人,领蓟镇班都司四人。

总督漕运总兵官一人。永乐二年设总兵、副总兵,统领官军海运。后海运罢,专督漕运。天顺元年又令兼理河道。协同督运参将一人,天顺元年设,把总十二人,南京二,江南直隶二,江北直隶二,中都一,浙江二,山东一,湖广一,江西一。

留守司。正留守一人,正二品,副留守一人,正三品;指挥同知二人,从三品。其属,经历司,经历,正六品,都事,正七品;断事司,断事,正六品,副断事,正七品,吏目各一人。掌中都、兴都守御防护之事。

洪武二年诏以临濠为中都,置留守卫指挥使司,隶凤阳行都督府。十四年始置中都留守司,统凤阳等八卫,凤阳卫,凤阳中卫,凤阳右卫,皇陵卫,留守左卫,留守中卫,长淮卫,怀远卫,防护皇陵,设留守一人,左、右副守各一人。属官经历以下,如前所列。嘉靖十八年改荆州左卫为显陵卫,置兴都留守司,统显陵、承天二卫,防护显陵,设官如中都焉。

都指挥使司。都指挥使一人,正二品,都指挥同知二人,从二品,都指挥佥事四人,正三品。其属,经历司,经历,正六品,都事,正七品。断事司,断事,正六品,副断事,正七品,吏目各一人。司狱司,司狱,从九品。仓库、草场,大使、副使各一人。行都指挥使司,设官与都指挥使司同。

都司掌一方之军政,各率其卫所以隶于五府,而听于兵部。凡都司并流官,或得世官,岁抚、按察其贤否,五岁考选军政而废置之。都指挥使及同知佥事,常以一人统司事,曰掌印,一人练兵,一人屯田,曰佥书。巡捕、军器、漕运、京操、备御诸杂务,并选充之,否则曰带俸。凡备倭守备行都指挥事者,不得建牙、升公座。凡朝廷吉凶表笺,序衔布、按二司上。经历、都事,典文移。断事,理刑狱。

明初,置各行省行都督府,设官如都督府。又置各都卫指挥使司。洪武四年置各都卫断事司,以理军官、军人词讼。又以都卫节制方面,职系甚重,从朝廷选择升调,不许世袭。七年置西安行都卫指挥使司于河州。八年十月诏各都卫并改为都指挥使司,凡改设都司十有三,燕山都卫为北平都司,西安都卫为陕西都司,太原都卫为山西都司,杭州都卫为浙江都司,江西都卫为江西都司,青州都卫为山东都司,成都都卫为四川都司,福州都卫为福建都司,武昌都卫为湖广都司,广东都卫为广东都司,广西都卫为广西都司,定辽都卫为辽东都司,河南都卫为河南都司,行都司三,西安行都卫为陕西行都司,大同都卫为山西行都司,建宁都卫为福建行都司。十五年增置贵州、云南二都司。后以北平都司为北平行都司。永乐元年改为大宁都司。宣德中,增置万全都司。计天下都司凡十有六。十三省都司外,有辽东、大宁、万全三都司。又于建昌置四川行都司,于郧阳置湖广行都司。计天下行都司凡五。

明初,又于各行省置都镇抚司,设都镇抚,从四品,副镇抚,从五品,知事,从八品。吴元年改都镇抚正五品,副镇抚正六品,知事为提控案牍,省注。洪武六年罢。

卫指挥使司,设官如京卫。品秩并同。外卫各统于都司、行都司或留守司。率世官,或有流官。凡袭替、升授、优给、优养及属所军政,掌印、金书报都指挥使司,达所隶都督府,移兵部。每岁,抚、按察其贤否,五岁一考选军政,废置之。凡管理卫事,惟属掌印、金书。不论指挥使、同知、佥事,考选其才者充之。分理屯田、验军、营操、巡捕、漕运、备御、出哨、入卫、戍守、军器诸杂务,曰见任管事;不任事入队,曰带俸差操。征行,则率其属,听所命主帅调度。

所,千户所,正千户一人,正五品,副千户二人,从五品,镇抚二人,从六品。其属,吏目一人。所辖百户所凡十,共百户十人,正六品。升授、改调、增置无定员。总旗二十人,小旗百人。其守御千户所,军民千户所设官并同。凡千户,一人掌印,一人金书,曰管军。千户、百户,有试,有实授。其掌印,恒以一人兼数印。凡军政,卫下于所,千户督百户,百户下总旗、小旗,率其卒伍以听令。镇抚无狱事,则管军,百户缺,则代之。其守御千户所,不隶卫,而自达于都司。凡卫所皆隶都司,而都司又分隶五军都督府。浙江都司、山东都司、辽东都司,隶左军都督府。陕西都司、陕西行都司、四川都司、四川行都司、广西都司、云南都司、贵州都司,隶右军都督府。中都留守司、河南都司,隶中军都督府。兴都留守司、湖广都司、湖广行都司、福建都司、福建行都司、江西都司、广东都司,隶前军都督府。大宁都司、万全都司、山西都司、山西行都司,隶后军都督府。

明初,置千户所,设正千户,正五品,副千户,从五品,镇抚、百户,正六品。又立各万户府,设正万户,正四品,副万户,从四品,知事,从八品,照磨,正九品。寻以名不称实,遂罢万户府,而设指挥使及千户等官。核诸将所部有兵五千者为指挥使,千人者为千户,百人者为百户,五十人为总旗,十人为小旗。

洪武二年置刻期百户所,选能疾行者二百人,以百户领之。七年申定卫所之制。先是，内外卫所，凡一卫统十千户，一千户统十百户，百户领总旗二，总旗领小旗五，小旗领军十。至是更定其制，每卫设前、后、中、左、右五千户所，大率以五千六百人为一卫，一千一百二十人为一千户所，一百一十二人为一百户所，每百户所设总旗二人，小旗十人。二十年始命各卫立掌印、佥书，专职理事，以指挥使掌印，同知、佥事各领一所。士卒有武艺不娴，器械不利者，皆责所领之官。二十三年又设军民指挥使司、军民千户所，计天下内外卫凡五百四十有七，所凡二千五百九十有三。自卫指挥以下，其官多世袭，其军士亦父子相继，为一代定制。

土官，宣慰使司，宣慰使一人，从三品，同知一人，正四品，副使一人，从四品，佥事一人，正五品。经历司，经历一人，从七品，都事一人，正八品。

宣抚司，宣抚使一人，从四品，同知一人，正五品，副使一人，从五品，佥事一人，正六品。经历司，经历一人，从八品，知事一人，正九品，照磨一人，从九品。

安抚司，安抚使一人，从五品，同知一人，正六品，副使一人，从六品，佥事一人，正七品。其属，吏目一人，从九品。

招讨司，招讨使一人，从五品，副招讨一人，正六品。其属，吏目一人，从九品。

长官司，长官一人，正六品，副长官一人，从七品。其属，吏目一人，未入流。

蛮夷长官司，长官、副长官各一人，品同上。又有蛮夷官、苗民官及千夫长、副千夫长等官。

军民府、土州、土县，设官如府州县。

洪武七年，西南诸蛮夷朝贡，多因元官授之，稍与约束，定征徭差发之法。渐为宣慰司者十一，为招讨司者一，为宣抚司者十，为安抚司者十九，为长官司者百七十有三。其府州县正贰属官，或土或流，大率宣慰等司经历皆流官，府州县佐贰多流官，皆因其俗，使之附辑诸蛮，谨守疆土，修职贡，供征调，无相携贰。有相仇者，疏上听命于天子。又有番夷都指挥使司三，卫指挥使司三百八十五，宣慰司三，招讨司六，万户府四，千户所四十一，站七，地面七，寨一，详见《兵志》卫所中，并以附寨番夷官其地。

明史卷七七
志第五三

食货一

户口　田制 屯田　庄田

《记》曰："取财于地,而取法于天。富国之本,在于农桑。"明初,沿元之旧,钱法不通而用钞,又禁民间以银交易,宜若不便于民。而洪、永、熙、宣之际,百姓充实,府藏衍溢。盖是时,劝农务垦辟,土无莱芜,人敦本业,又开屯田、中盐以给边军,饷不仰藉于县官,故上下交足,军民胥裕。其后,屯田坏于豪强之兼并,计臣变盐法,于是边兵悉仰食太仓,转输往往不给。世宗以后,耗财之道广,府库匮竭。神宗乃加赋重征,矿税四出,移正供以实左藏。中涓群小,横敛侵渔。民多逐末,田卒污莱。吏不能拊循,而覆侵刻之。海内困敝,而储积益以空乏。昧者多言复通钞法可以富国,不知国初之充裕在勤农桑,而不在行钞法也。夫强本节用,为理财之要。明一代理财之道,始所以得,终所以失,条其本末,著于篇。

太祖籍天下户口,置户帖、户籍,具书名、岁、居地。籍上户部,帖给之民。有司岁计其登耗以闻。及郊祀,中书省以户籍陈坛下,荐之天,祭毕而藏之。洪武十四年,诏天下编赋役黄册,以一百十户为一里,推丁粮多者十户为长,余百户为十甲,甲凡十人。岁役里长一人,甲首一人,董一里一甲之事。先后以丁粮多寡为序,凡十年一周,曰排年。在城曰坊,近城曰厢,乡都曰里。里编为册,册首总为一图。鳏寡孤独不任役者,附十甲后为畸零。僧道给度牒,有田者编册如民科,无田者亦为畸零。每十年有司更定其册,以丁粮增减而升降之。册凡四:一上户部,其三则布政司、府、县各存一焉。上户部者,册面黄纸,故谓之黄册。年终进呈,送后湖东西二库庋藏之。岁命户科给事中一人、御史二人、户部主事四人厘校讹舛。其后黄册只具文,有司征税、编徭,则自为一册,曰白册云。

凡户三等:曰民,曰军,曰匠。民有儒,有医,有阴阳。军有校尉,有力士,弓、铺兵。匠有厨役、裁缝、马船之类。濒海有盐灶。寺有僧,观有道士。毕以其业著籍。人户以籍为断,禁数姓合户附籍。漏口、脱户,许自实。里设老人,选年高为众所服者,导民善,平乡里争讼。其人户避徭役者曰逃户,年饥或避兵他徙者曰流民,有故而出侨于外者曰附籍,朝廷所移民曰移徙。

凡逃户,明初督令还本籍复业,赐复一年。老弱不能归及不愿归者,令在所著籍,授田输赋。正统时,造逃户周知册,核其丁粮。

凡流民,英宗令勘籍,编甲互保,属在所甲长管辖之。设抚民佐贰官。归本者,劳徕安辑,给牛、种、口粮。又从河南、山西巡抚于谦言,免流民复业者税。成化初,荆、襄寇乱,流民百万。项忠、杨璿为湖广巡抚,下令逐之,弗率者戍边,死者无算。祭酒周洪谟著《流民说》,引东晋时侨置郡县之法,使近者附籍,远者设州、县以抚之。都御史李宾上其说,宪宗命原杰出抚,招流民十二万户,给闲田,置郧阳府,立上津等县统治之,河南巡抚张瑄亦请辑西北流民。帝从其请。

凡附籍者,正统时,老疾致仕事故官家属,离本籍千里者许收附,不及千里者发还。景泰中,令民籍者收附,军、匠、灶役冒民籍者发还。

其移徙者,明初,尝徙苏、松、嘉、湖、杭民之无田者四千余户,往耕临濠,给牛、种、车、粮,以资遣之,三年不征其税。徐达平沙漠,徙北平山后民三万五千八百余户,散处诸府卫,籍为军者给衣粮,民给田。又以沙漠遗民三万二千八百余户屯田北平,置屯二百五十四,开地千三百四十三顷。复徙江南民十四万于凤阳。户部郎中刘九皋言:"古狭乡之民,听迁之宽乡,欲地无遗利,人无失业也。"太祖采其议,迁山西泽、潞民于河北。后屡徙浙西及山西民于滁、和、北平、山东、河南。又徙登、莱、青民于东昌、兖州。又徙直隶、浙江民二万户于京师,充仓脚夫。太祖时,徙民最多,其间有以罪徙者。建文帝命武康伯徐理往北平度地处之。成祖核太原、平阳、泽、潞、辽、沁、汾、丁多田少及无田之家,分其丁口以实北平。自是以后,移徙者鲜矣。

初,太祖设养济院收无告者,月给粮。设漏泽园葬贫民。天下府州县立义冢。又行养老之政,民年八十以上赐爵。复下诏优恤遭难兵民。然惩元末豪强侮贫弱,立法多右贫抑富。尝命户部籍浙江等九布政司、应天十八府州富民万四千三百余户,以次召见,徙其家以实京师,谓之富户。成祖时,复选应天、浙江富民三千户,充北京宛、大二县厢长,附籍京师,仍应本籍徭役。供给日久,贫乏逃窜,辄选其本籍殷实户佥补。宣德间定制,逃者发边充军,官司邻里隐匿者俱坐罪。弘治五年,始免解在逃富户,每户征银三两,与厢民助役。嘉靖中减为二两,以充边饷。太祖立法之意,本仿汉徙富民实关中之制,其后事久弊生,遂为厉阶。

户口之数,增减不一,其可考者,洪武二十六年,天下户一千六百五万二千八百六十,口六千五十四万五千八百一十二。弘治四年,户九百十一万三千四百四十六,口五千三百二十八万一千一百五十八。万历六年,户一千六十二万一千四百三十六,口六千六十九万二千八百五十六。太祖当兵燹之后,户口顾极盛。其后承平日久,反不及焉。靖难兵起,淮以北鞠为茂草,其时民数反增于前。后乃递减,至天顺间为最衰。成、弘继盛,正德以后又减。户口所以减者,周忱谓:"投倚于豪门,或冒匠窜两京,或冒引贾四方,举家舟居,莫可踪迹也。"而要之,户口增减,由于政令张弛,故宣宗尝与群臣论历代户口,以为"其盛也,本于休养生息,其衰也,由土木兵戎",殆笃论云。

明土田之制，凡二等：曰官田，曰民田。初，官田皆宋、元时入官田地，厥后有还官田，没官田，断入官田，学田，皇庄，牧马草场，城堧苜蓿地，牲地，园陵坟地，公占隙地，诸王、公主、勋戚大臣、内监、寺观赐乞庄田，百官职田，边臣养廉田，军、民、商屯田，通谓之官田。其余为民田。

元季丧乱，版籍多亡，田赋无准。明太祖即帝位，遣周铸等百六十四人，核浙西田亩，定其赋税。复命户部核实天下土田。而两浙富民畏避徭役，大率以田产寄他户，谓之铁脚诡寄。洪武二十年，命国子生武淳等分行州县，随粮定区。区设粮长四人，量度田亩方圆，次以字号，悉书主名及田之丈尺，编类为册，状如鱼鳞，号曰鱼鳞图册。先是，诏天下编黄册，以户为主，详具旧管、新收、开除、实在之数为四柱式。而鱼鳞圆册以土田为主，诸原坂、坟衍、下隰、沃瘠、沙卤之别毕具。鱼鳞册为经，土田之讼质焉。黄册为纬，赋役之法定焉。凡质卖田土，备书税粮科则，官为籍记之，毋令产去税存以为民害。又以中原田多芜，命省臣议，计民授田。设司农司，开治河南，掌其事。临濠之田，验其丁力，计亩给之，毋许兼并。北方近城地多不治，召民耕，人给十五亩，荒地二亩，免租三年。每岁中书省奏天下垦田数，少者亩以千计，多者至二十余万。官给牛及农具者，乃收其税，额外垦荒者永不起科。二十六年，核天下土田，总八百五十万七千六百二十三顷，益骎骎无弃土矣。

凡田以近郭为上地，迤远为中地、下地。五尺为步，步二百四十为亩，亩百为顷。太祖仍元里社制，河北诸州县土著者以社分里甲，迁民分屯之地以屯分里甲。社民先占亩广，屯民新占亩狭，故屯地谓之小亩，社地谓之广亩。至宣德间，垦荒田永不起科及洼下斥卤无粮者，皆核入赋额，数溢于旧。有司乃以大亩当小亩以符旧额，有数亩当一亩者。步尺参差不一，人得以意赢缩，土地不均，未有如北方者。贵州田无顷亩尺籍，悉征之土官。而诸处土田，日久颇淆乱，与黄册不符。弘治十五年，天下土田止四百二十二万八千五十八顷，官田视民田得七之一。嘉靖八年，霍韬奉命修《会典》，言："自洪武迄弘治百四十年，天下额田已减强半，而湖广、河南、广东失额尤多。非拨给于王府，则欺隐于猾民。广东无藩府，非欺隐即委弃于寇贼矣。司国计者，可不究心。"是时，桂萼、郭弘化、唐龙、简霄先后疏请核实田亩，而顾鼎臣请履亩丈量，丈量之议由此起。江西安福、河南裕州首行之，而法未详具，人多疑惮。其后福建诸州县，为经、纬二册，其法颇详，然率以地为主，田多者犹得上下其手。神宗初，建昌知府许孚远为归户册，则以田从人，法简而密矣。万历六年，帝用大学士张居正议，天下田亩通行丈量，限三载竣事。用开方法，以径围乘除，畸零截补。于是豪猾不得欺隐，里甲免赔累，而小民无虚粮。总计田数七百一万三千九百七十六顷，视弘治时赢三百万顷。然居正尚综核，颇以溢额为功，有司争改小弓以求田多，或掊克见田以充虚额。北直隶、湖广、大同、宣府遂先后按溢额田增赋云。

屯田之制：曰军屯，曰民屯。太祖初，立民兵万户府，寓兵于农，其法最善。又令诸将屯兵龙江诸处，惟康茂才绩最，乃下令褒之，因以申饬将士。洪武三年，中书省请税太原、朔州屯卒，命勿征。明年，中书省言："河南、山东、北平、陕西、山西及直隶淮安诸府屯田，凡官给牛种者十税五，自备者十税三。"诏且勿征，三年后亩收租一斗。六年，太仆丞梁埜仙帖木尔言："宁夏境内及四川西南至船城，东北至塔滩，相去八百里，土膏沃，宜招集流亡屯田。"从之。是时，遣邓愈、汤和诸将屯陕西、彰德、汝宁、北平、永平，徙山西真定民屯凤阳。又因海运饷辽有溺死者，遂益讲屯政，天下卫所州县军民皆事垦辟矣。

其制，移民就宽乡，或召募或罪徙者为民屯，皆领之有司。而军屯则领之卫所。边地，三分守城，七分屯种。内地，二分守城，八分屯种。每军受田五十亩，为一分，给耕牛、农具，教树植，复租赋，遣官劝输，诛侵暴之吏。初亩税一斗。三十五年定科则：军田一分，正粮十二石，贮屯仓，听本军自支，余粮，为本卫所官军俸粮。永乐初，定屯田官军赏罚例：岁食米十二石外余六石为率，多者赏钞，缺者罚俸。又以田肥瘠不同，法宜有别，命军官各种样田，以其岁收之数相考较。太原左卫千户陈淮所种样田，每军余粮二十三石，帝命重赏之。宁夏总兵何福积谷尤多，赐敕褒美。户部尚书郁新言：“湖广诸卫收粮不一种，请以米为准。凡粟谷糜黍大麦荞穄二石，稻谷蜀秫二石五斗，稴稗三石，皆准米二石。小麦麻豆与米等。”从之，著为令。

又更定屯守之数。临边险要，守多于屯。地僻处及输粮艰者，屯多于守。屯兵百名委百户，三百名委千户，五百名以上指挥提督之。屯设红牌，列则例于上。年六十与残疾及幼者，耕以自食，不限于例。屯军以公事妨农务者，免征子粒，且禁卫所差拨。于时，东自辽左，北抵宣、大，西至甘肃，南尽滇、蜀，极于交阯，中原则大河南北，在在兴屯矣。宣宗之世，屡核各屯，以征戍罢耕及官豪势要占匿者，减余粮之半。迤北来归就屯之人，给车牛农器。分辽东各卫屯军为三等，丁牛兼者为上，丁牛有一为中，俱无者为下。英宗免军田正粮归仓，止征余粮六石。后又免沿边开田官军子粒，减各边屯田子粒有差。景帝时，边方多事，令兵分为两番，六日操守，六日耕种。成化初，宣府巡抚叶盛买官牛千八百，并置农具，遣军屯粮，收粮易银，以补官马耗损。边人称便。

自正统后，屯政稍弛，而屯粮犹存三之二。其后，屯田多为内监、军官占夺，法尽坏。宪宗之世颇议厘复，而视旧所入，不能什一矣。弘治间，屯粮愈轻，有亩止三升者。沿及正德，辽东屯田较永乐间田赢万八千余顷，而粮乃缩四万六千余石。初，永乐时，屯田米常溢三之一，常操军十九万，以屯军四万供之。而受供者又得自耕。边外军无月粮，以是边饷恒足。及是，屯军多逃死，常操军止八万，皆仰给于仓。而边外数扰，弃不耕。刘瑾擅政，遣官分出丈田责逋。希瑾意者，伪增田数，搜括惨毒，户部侍郎韩福尤急刻。辽卒不堪，胁众为乱，抚之乃定。

　　明初，幕盐商于各边开中，谓之商屯。迨弘治中，叶淇变法，而开中始坏。诸淮商悉撤业归，西北商亦多徙家于淮，边地为墟，米石直银五两，而边储枵然矣。世宗时，杨一清复请召商开中，又请仿古募民实塞下之意，招徕陇右、关西民以屯边。其后周泽、王崇古、林富、陈世辅、王畿、王朝用、唐顺之、吴桂芳等争言屯政。而庞尚鹏总理江北盐屯，寻移九边，与总督王崇古先后区画屯政甚详。然是时，因循日久，卒鲜实效。给事中管怀理言："屯田不兴，其弊有四。疆场戒严，一也。牛种不给，二也。丁庄亡徙，三也。田在敌外，四也。如是而管屯者犹欲按籍增赋，非扣月粮，即按丁赔补耳。"

　　屯粮之轻，至弘、正而极，嘉靖中渐增，隆庆间复亩收一斗。然屯丁逃亡者益多。管粮郎中不问屯田有无，月粮止半给。沿边屯地，或变为斥卤、沙碛，粮额不得减。屯田御史又于额外增本折，屯军益不堪命。万历时，计屯田之数六十四万四千余顷，视洪武时亏二十四万九千余顷，田日减而粮日增，其弊如此。时则山东巡抚郑汝璧请开登州海北长山诸岛田。福建巡抚许孚远垦闽海檀山田成，复请开南日山、澎湖，又言浙江滨海诸山，若陈钱、金塘、补陀、玉环、南麂，皆可经理。天津巡抚汪应蛟则请于天津兴屯。或留中不下，或不久辄废。熹宗之世，巡按张慎言复议天津屯田。而御史左光斗命管河通判卢观象大兴水田之利，太常少卿董应举踵而行之。光斗更于河间、天津设屯学，试骑射，为武生给田百亩。李继贞巡抚天津，亦力于屯务，然仍岁旱蝗，弗克底成效也。

　　明时，草场颇多，占夺民业。而为民厉者，莫如皇庄及诸王、勋戚、中官庄田为甚。太祖赐勋臣公侯丞相以下庄田，多者百顷，亲王庄田千顷。又赐公侯暨武臣公田，又赐百官公田，以其租入充禄。指挥没于阵者皆赐公田。勋臣庄佃，多倚威捍禁，帝召诸臣戒谕之。其后，公侯复岁禄，归赐田于官。

　　仁、宣之世，乞请渐广，大臣亦得请没官庄舍。然宁王权请灌城为庶子耕牧地，帝赐书，援祖制拒之。至英宗时，诸王、外戚、中官所

在占官私田，或反诬民占，请案治。比案问得实，帝命还之民者非
一。乃下诏禁夺民田及奏请畿内地。然权贵宗室庄田坟茔，或赐或
请，不可胜计。复辟后，御马太监刘顺进蓟州草场，进献由此始。宦
官之田，则自尹奉、喜宁始。

初，洪熙时，有仁寿宫庄，其后又有清宁、未央宫庄。天顺三年，
以诸王未出阁，供用浩繁，立东宫、德王、秀王庄田。二王之藩，地仍
归官。宪宗即位，以没入曹吉祥地为宫中庄田，皇庄之名由此始。其
后庄田遍郡县。给事中齐庄言：“天子以四海为家，何必置立庄田，
与贫民较利。”弗听。弘治二年，户部尚书李敏等以灾异上言：“畿内
皇庄有五，共地万二千八百余顷，勋戚、中官庄田三百三十有二，共
地三万三千余顷。管庄官校招集群小，称庄头、伴当，占地土，敛财
物，污妇女，稍与分辨，辄被诬奏。官校执缚，举家惊惶。民心伤痛
入骨灾异所由生。乞革去管庄之人，付小民耕种，亩征银三分，充各
宫用度。”帝命戒饬庄户。又因御史言，罢仁寿宫庄，还之草场，且命
凡侵牧地者，悉还其旧。

又定制，献地王府者戍边。奉御赵瑄献雄县地为皇庄，户部尚
书周经劾其违制，下瑄诏狱。敕诸王辅导官，导王奏请者罪之。然
当日奏献不绝，乞请亦愈繁。徽、兴、岐、衡四王，田多至七千余顷。
会昌、建昌、庆云三侯争田，帝辄赐之。武宗即位，逾月，即建皇庄
七，其后增至三百余处。诸王、外戚求请及夺民田者无算。

世宗初，命给事中夏言等清核皇庄田。言极言皇庄为厉于民。
自是，正德以来投献侵牟之地，颇有给还民者，而宦戚辈复中挠之。
户部尚书孙交造皇庄新册，额减于旧。帝命核先年顷亩数以闻，改
称官地，不复名皇庄。诏所司征银解部，然多为宦寺中饱，积逋至数
十万以为常。是时，禁勋戚奏讨、奸民投献者，又革王府所请山场湖
陂。德王请齐、汉二庶人所遗东昌、兖州闲田，又请白云等湖，山东
巡抚邵锡按新令却之，语甚切。德王争之数四，帝乃从部议，但存藩
封初请庄田。其后有奏请者不听。

又定，凡公主、国公庄田，世远者荐什三。嘉靖三十九年，遗御

史沈阳清夺隐冒庄田万六千余顷。穆宗从御史王廷瞻言，复定世次
递减之限，勋臣五世限田二百顷，戚畹七百顷至七十顷有差。初，世
宗时，承天六庄二湖地八千三百余顷，领以中官，又听校舍兼并，增
八百八十顷，分为十二庄。至是始领之有司，兼并者还民。又著令，
宗室买田不输役者没官，皇亲田俱令有司征之，如勋臣例。虽请乞
不乏，而赐额有定，征收有制，民害少衰止。

　　神宗赍予过侈，求无不获。潞王、寿阳公主恩最渥。而福王分
封，括河南、山东、湖广田为王庄，至四万顷。群臣力争，乃减其半。
王府官及诸阉丈地征税，旁午于道，厮养厮役廪食以万计，渔敛惨
毒不忍闻。驾帖捕民，格杀庄佃，所在骚然。给事中官应震、姚宗文
等屡疏谏，皆不报。时复更定勋戚庄田世次递减法，视旧制稍宽。其
后应议减者，辄奉诏姑留，不能革也。熹宗时，桂、惠、瑞三王及遂
平、宁国二公主庄田，动以万计，而魏忠贤一门，横赐尤甚。盖中叶
以后，庄田侵夺民业，与国相终云。

明史卷七八
志第五四

食货二

赋　役

　　赋役之法，唐租庸调犹为近古。自杨炎作两税法，简而易行，历代相沿，至明不改。太祖为吴王，赋税十取一，役法计田出夫。县上、中、下三等，以赋十万、六万、三万石下为差。府三等，以赋二十万上下、十万石下为差。即位之初，定赋役法，一以黄册为准。册有丁有田，丁有役，田有租。租曰夏税，曰秋粮，凡二等。夏税无过八月，秋粮无过明年二月。丁曰成丁，曰未成丁，成丁而役，六十而免。又有职役优免者。役曰里甲，曰均徭，曰杂泛，凡三等。以户计曰甲役，以丁计曰徭役，上命非时曰杂役，皆有力役，有雇役。府州县验册丁口多寡，事产厚薄，以均适其力。

　　两税，洪武时，夏税曰米麦，曰钱钞，曰绢。秋粮曰米，曰钱钞，曰绢。弘治时，会计之数，夏税曰大小米麦，曰麦收，曰丝绵并荒丝，曰税丝，曰丝绵折绢，曰税丝折绢，曰本色丝，曰农桑丝折绢，曰农桑零丝，曰人丁丝折绢，曰改科绢，曰棉花折布，曰苎布，曰土苎，曰红花，曰麻布，曰钞，曰租钞，曰税钞，曰原额小绢，曰币帛绢，曰本色绢，曰绢，曰折色丝。秋粮曰米，曰租钞，曰赁钞，曰山租钞，曰租丝，曰租绢，曰租粗麻布，曰课程棉布，曰租苎布，曰牛租米谷，曰地亩棉花绒，曰枣子易米，曰枣株课米，曰课程苎麻折米，曰棉布，曰鱼课米，曰改科丝折米。万历时，小有所增损，大略以米麦为主，而丝绢与钞次之。夏税之米惟江西、湖广、广东、广西，麦菽惟贵州，农桑丝遍天下，惟不及川、广、云、贵，余各视其地产。

太祖初立国即下令，凡民田五亩至十亩者，栽桑、麻、木棉各半亩，十亩以上倍之。麻亩征八两，木棉亩四两。栽桑以四年起科。不种桑出绢一匹，不种麻及木棉出麻布、棉布各一匹，此农桑丝绢所由起也。

洪武九年，天下税粮，令民以银、钞、钱、绢代输。银一两、钱千文、钞十贯，皆折输米一石，小麦则减直十之二。棉苎一匹，折米六斗，麦七斗。麻布一匹，折米四斗，麦五斗。丝绢等各以轻重为损益，愿入粟者听。十七年，云南以金、银、贝、布、漆、丹砂、水银代秋租。于是谓米麦为本色，而诸折纳税粮者谓之折色。越二年，又令户部侍郎杨靖会计天下仓储，存粮二年外，并收折色，惟北方诸布政司需粮饷边，仍使输粟。三十年，谕户部曰：“行人高稹言，陕西困遭赋。其议自二十八年以前，天下逋租，咸许任土所产，折收米、绢、棉花及金、银等物，著为令。”于是户部定：钞一锭，折米一石；金一两，十石；银一两，二石；绢一匹，石有二斗；棉布一匹，一石；苎布一匹，七斗；棉花一斤，二斗。帝曰：“折收逋赋，盖欲苏民困也。今赋重若此，将愈困民，岂恤之之意哉。金、银每两折米加一倍，钞止二贯五百文折一石，余从所议。”

永乐中，既得交阯，以绢，漆，苏木，翠羽，纸扇，沉、速、安息诸香代租赋。广东琼州黎人、肇庆瑶人内附，输赋比内地。天下本色税粮三千余万石，丝钞等二千余万。计是时，宇内富庶，赋入盈羡，米粟自输京师数百万石外，府县仓廪蓄积甚丰，至红腐不可食。岁歉，有司往往先发粟振贷，然后以闻。虽岁贡银三十万两有奇，而民间交易用银仍有厉禁。

至正统元年，副都御史周铨言：“行在各官俸支米南京，道远费多，辄以米易货，贵买贱售，十不及一。朝廷虚糜廪禄，各官不得实惠。请于南畿、浙江、江西、湖广不通舟楫地，折收布绢、白金，解京充俸。"江西巡抚赵新亦以为言,户部尚书黄福复条以请。帝以问行在户部尚书胡濙,濙对以太祖尝折纳税粮于陕西、浙江,民以为便,遂仿其制。米麦一石,折银二钱五分。南畿、浙江、江西、湖广、福建、广东、广西米麦共四百余万石,折银百万余两,入内承运库,谓之金花银。其后概行于天下。自起运兑军外,粮四石收银一两解京,以为永例。诸方赋入折银,而仓廪之积渐少矣。

初,太祖定天下官、民田赋,凡官田亩税五升三合,民田减二升,重租田八升五合五勺,没官田一斗二升。惟苏、松、嘉、湖,怒其为张士诚守,乃籍诸豪族及富民田以为官田,按私租薄为税额。而司农卿杨宪,又以浙西地膏腴,增其赋,亩加二倍。故浙西官、民田视他方倍蓰,亩税有二、三石者。大抵苏最重,嘉、湖次之,杭又次之。洪武十三年,命户部裁其额,亩科七斗五升至四斗四升者,减十之二,四斗三升至三斗六升者,俱止征三斗五升,其以下者,仍旧。时苏州一府,秋粮二百七十四万六千余石,自民粮十五万石外,皆官田粮。官粮岁额与浙江通省埒,其重犹如此。建文二年,诏曰:"江、浙赋独重,而苏、松准私租起科,特以惩一时顽民,岂可为定则以重困一方。宜悉与减免,亩不得过一斗。"成祖尽革建文政,浙西之赋复重。宣宗即位,广西布政使周干巡视苏、常、嘉、湖诸府还,言:"诸府民多逃亡,询之耆老,皆云重赋所致。如吴江、昆山民田租,旧亩五升,小民佃种富民田,亩输私租一石。后因事故入官,辄如私租例尽取之。十分取八,民犹不堪,况尽取乎。尽取则民必冻馁,欲不逃亡不可得也。仁和、海宁、昆山海水陷官、民田千九百余顷,逮今十有余年,犹征其租。田没于海,租从何出?请将没官田及公、侯还官田租,俱视彼处官田起科,亩税六斗。海水沦陷田,悉除其税,则田无荒芜之患,而细民获安生矣。"帝命部议行之。宣德五年二月诏:"旧额官田租,亩一斗至四斗者,各减十之二,四斗一升至一石以上者,减十之三。著为令。"于是,江南巡抚周忱与苏州知府况钟曲计减苏粮七十余万,他府以为差,而东南民力少纾矣。忱又令松江官田依民田起科,户部劾以变乱成法。宣宗虽不罪,亦不能从。而朝廷数下诏书，蠲除租赋，持筹者辄私戒有司，勿以诏书为辞。帝与尚书胡濙言“计臣壅遏膏泽”，然不深罪也。正统元年，令苏、松、浙江等处官田准民田起科，粮四斗一升至二石以上者，减作三斗，二斗一升以上至四斗者，减作二斗，一斗一升至二斗者，减作一斗。盖宣德末，苏州逋粮至七百九十万石，民困极矣。至是，乃获少苏。英宗复辟之初，令镇守浙江尚书孙原贞等定杭、嘉、湖则例，以起科重者征米宜少，起科轻者征米宜多。乃定官田亩科一石以下、民田七斗以下者，每石岁征平米一石三斗；民田四斗以下者，每石岁征平米一石五斗；官田二斗以下、民田二斗七升以下者，每石岁征平米一石七斗；官田八升以下、民田七升以下以下者，每石岁征平米二石二斗。凡重者轻之，轻者重之，欲使科则适均，而亩科一石之税未尝减云。

嘉靖二年，御史黎贯言：“国初夏、秋二税，麦四百七十余万石，今少九万；米二千四百七十余万石，今少二百五十余万。而宗室之蕃，官吏之冗，内官之众，军士之增，悉取给其中。赋入则日损，支费则日加。请核祖宗赋额及经费多寡之数，一一区画，则知赋入有限，而浮费不容不节矣。”于是户部议：“令天下官吏考满迁秩，必严核任内租税，征解足数，方许给由交代。仍乞朝廷躬行节俭，以先天下。”帝纳之。既而谕德顾鼎臣条上钱粮积弊四事。

一曰察理田粮旧额。请责州县官，于农隙时，令里甲等仿洪武、正统间鱼鳞、风旗之式，编造图册，细列元额田粮、字圩、则号、条段、坍荒、成熟步口数目，官为覆勘，分别界址，履亩检踏丈量，具开垦改正豁除之数。刊刻成书，收贮官库，给散里中，永为稽考。仍斟酌先年巡抚周忱、王恕简便可行事例，立为定规，取每岁实征、起运、存留、加耗、本色、折色并处补、暂征、带征、停征等件数目，会计已定，张榜晓谕。庶吏胥不得售其奸欺，而小民免赔累科扰之患。

一曰催征岁办钱粮。成、弘以前，里甲催征，粮户上纳，粮长收解，州县监收。粮长不敢多收斛面，粮户不敢掺杂水谷糠秕，兑粮官军不敢阻难多索，公私两便。近者，有司不复比较经催里甲负粮人户,但立限敲扑粮长,令下乡追征。豪强者则大斛倍收,多方索取,所至鸡犬为空;孱弱者为势豪所凌,耽延欺赖,不免变产补纳。至或旧役侵欠,责偿新金,一人逋负,株连亲属,无辜之民死于箠楚囹圄者几数百人。且往时,每区粮长不过正、副二名,近多至十人以上。其实收掌管粮之数少,而科敛打点使用年例之数多。州县一年之间,辄破中人百家之产,害莫大焉。宜户部议定事例,转行所司,审编粮长,务遵旧规。如州县官多金粮长,纵容下乡,及不委里甲催办,辄酷刑限比粮长者,罪之。致人命多死者,以故勘论。

其二则议遣官综理及复预备仓粮也。疏下,户部言:"所陈俱切时弊,令所司举行。"迁延数载如故。

粮长者,太祖时,令田多者为之,督其乡赋税。岁七月,州县委官偕诣京,领勘合以行。粮万石,长、副各一人,输以时至,得召见,语合辄蒙擢用。末年更定,每区正、副二名轮充。宣德间,复永充。科敛横溢,民受其害,或私卖官粮以牟利。其罢者,亏损公赋,事觉,至陨身丧家。景泰中,革粮长,未几又复。自官军兑运,粮长不复输京师,在州里间颇滋害,故鼎臣及之。

未几,御史郭弘化等亦请通行丈量,以杜包赔兼并之弊。帝恐纷扰,不从。给事中徐俊民言:"今之田赋,有受地于官,岁供租税者,谓之官田;有江水泛溢,沟塍淹没者,谓之坍江;有流移亡绝,田弃粮存者,谓之事故。官田,贫民佃种,亩入租三斗或五六斗或石以上者有之,坍江、事故虚粮,里甲赔纳,或数十石或百余石者有之。夫民田之价十倍官田,贫民既不能置。而官田粮重,每病取盈,益以坍江、事故虚粮,又令摊纳,追呼敲扑,岁无宁日。而奸富猾胥方且诡寄、那移,并轻分重。此小民疾苦,闾阎凋瘵,所以日益而日增也。请定均粮、限田之制。坍江、事故,悉与蠲免。而合官、民田为一,定上、中、下三则起科以均粮。富人不得过千亩,听以百亩自给,其羡者则加输边税。如此,则多寡有节,轻重适宜,贫富相安,公私俱足矣。"部议:"疆土民俗各异,令所司熟计其便。"不行。

越数年,乃从应天巡抚侯位奏,免苏州坍海田粮九万余石。然那移、飞洒之弊,相沿不改。至十八年,鼎臣为大学士,复言:"苏、松、常、镇、嘉、湖、杭七府,供输甲天下,而里胥豪右蠹弊特甚。宜将欺隐及坍荒田土,一一检核改正。"于是,应天巡抚欧阳铎检荒田二千余顷,计租十一万石有奇,以所欺隐田粮六万余石补之,余请豁免。户部终持不下。时嘉兴知府赵瀛建议:"田不分官、民,税不分等则,一切以三斗起征。"铎乃与苏州知府王仪尽括官、民田衰益之。履亩清丈,定为等则。所造经赋册,以八事定税粮:曰元额稽始,曰事故除虚,曰分项别异,曰归总正实,曰坐派起运,曰运余拨存,曰存余考积,曰征一定额。又以八事考里甲:曰丁田,曰庆贺,曰祭祀,曰乡饮,曰科贺,曰恤政,曰公费,曰备用。以三事定均徭:曰银差,曰力差,曰马差。著为例。

征一者,总征银米之凡,而计亩均输之。其科则最重与最轻者,稍以耗损益推移。重者不能尽损,惟递减耗米,派轻赍折除之,阴予以轻;轻者不能加益,为征本色,递增耗米加乘之,阴予以重。推收之法,以田为母,户为子。时豪右多梗其议,鼎臣独以为善,曰:"是法行,吾家益千石输,然贫民减千石矣,不可易也。"顾其时,上不能损赋额,长民者私以己意变通。由是官田不至偏重,而民田之赋反加矣。

时又有纲银、一串铃诸法。纲银者,举民间应役岁费,丁四粮六总征之,易知而不繁,犹网之有纲也。一串铃,则夥收分解法也。自是民间输纳止收本色及折色银矣。

是时,天下财赋岁入太仓库者二百万两有奇。旧制以七分经费,而存积三分备兵歉,以为常。世宗中年,边供费繁,加以土木、祷祀月无虚日,帑藏匮竭。司农百计生财,甚至变卖寺田,收赎军罪,犹不能给。二十九年,俺答犯京师,增兵设戍,饷额过倍。三十年,京边岁用至五百九十五万,户部尚书孙应奎蒿目无策,乃议于南畿、浙江等州县增赋百二十万,加派于是始。

嗣后,京边岁用,多者过五百万,少者亦三百余万,岁入不能充岁出之半。由是度支为一切之法,其箕敛财贿、题增派、括赃赎、算税契、折民壮、提编、均徭、推广事例兴焉。其初亦赖以济匮，久之，诸所灌输益少。又四方多事，有司往往为其地奏留或请免：浙、直以备倭，川、贵以采木，山、陕、宣、大以兵荒。不惟停格军兴所征发，即岁额二百万，且亏其三之一。而内廷之赏给，斋醮之经营，宫中夜半出片纸，吏虽急，无敢延顷刻者。三十七年，大同右卫告警，赋入太仓者仅七万，帑储大较不及十万。户部尚书方钝等忧惧不知所出，乃乘间具陈帑藏空虚状，因条上便宜七事以请。既，又令群臣各条理财之策，议行者凡二十九事，益琐屑，非国体。而累年以前积逋无不追征，南方本色逋赋亦皆追征折色矣。

是时，东南被倭，南畿、浙、闽多额外提编，江南至四十万。提编者，加派之名也。其法，以银力差排编十甲，如一甲不足，则提下甲补之，故谓之提编。及倭患平，应天巡抚周如斗乞减加派，给事中何煃亦具陈南畿困敝，言："军门养兵，工部料价，操江募兵，兵备道壮丁，府州县乡兵，率为民累，甚者指一科十，请禁革之。"命如煃议，而提编之额不能减。

隆、万之世，增额既如故，又多无艺之征，逋粮愈多，规避亦益巧。已解而愆限或至十余年，未征而报收，一县有至十万者。逋欠之多，县各数十万。赖行一条鞭法，无他科扰，民力不大绌。

一条鞭法者，总括一州县之赋役，量地计丁，丁粮毕输于官。一岁之役，官为佥募。力差，则计其工食之费，量为增减；银差，则计其交纳之费，加以赠耗。凡额办、派办、京库岁需与存留、供亿诸费，以及土贡方物，悉并为一条，皆计亩征银，折办于官，故谓之一条鞭。立法颇为简便。嘉靖间，数行数止，至万历九年乃尽行之。

其后接踵三大征，颇有加派，事毕旋已。至四十六年，骤增辽饷三百万。时内帑充积，帝靳不肯发。户部尚书李汝华乃援征倭、播例，亩加三厘五毫，天下之赋增二百万有奇。明年，复加三厘五毫。明年，以兵、工二部请，复加二厘。通前后九厘，增赋五百二十万，遂为岁额。所不加者，畿内八府及贵州而已。

天启元年，给事中甄淑言："辽饷加派，易致不均。盖天下户口有户口之银,人丁有人丁之银,田土有田土之银,有司征收,总曰银额。按银加派,则其数不漏。东西南北之民,甘苦不同,布帛粟米力役之法,征纳不同,惟守令自知其甘苦,而通融其征纳。今因人土之宜,则无偏枯之累。其法,以银额为主,而通人情,酌土俗,颁示直省。每岁存留、起解各项银两之数,以所加饷额,按银数分派,总提折扣,衰多益寡,期不失饷额而止。如此,则愚民易知,可杜奸胥意为增减之弊。且小民所最苦者,无田之粮,无米之丁,田鬻富室,产去粮存,而犹输丁赋。宜取额丁、额米,两衡而定其数,米若干即带丁若干。买田者,收米便收丁,则县册不失丁额,贫民不致赔累,而有司亦免逋赋之患。”下部覆议,从之。

崇祯三年,军兴,兵部尚书梁廷栋请增田赋。户部尚书毕自严不能止,乃于九厘外亩复征三厘。惟顺天、永平以新被兵无所加,余六府亩征六厘,得他省之半,共增赋百六十五万四千有奇。后五年,总督卢象升请加宦户田赋十之一,民粮十两以上同之。既而概征每两一钱,名曰助饷。越二年,复行均输法,因粮输饷,亩计米六合,石折银八钱,又亩加征一分四厘九丝。越二年,杨嗣昌督师,亩加练饷银一分。兵部郎张若麒请收兵残遗产为官庄,分上、中、下,亩纳租八斗至二三斗有差。御史卫周胤言:“嗣昌流毒天下,剿练之饷多至七百万,民怨何极。”御史郝晋亦言:“万历末年,合九边饷止二百八十万,今加派辽饷至九百万。剿饷三百三十万,业已停罢,旋加练饷七百三十余万。自古有一年而括二千万以输京师,又括京师二千万以输边者乎?”疏语虽切直,而时事危急,不能从也。

役法定于洪武元年。田一顷出丁夫一人,不及顷者以他田足之,名曰均工夫。寻编应天十八府州,江西九江、饶州、南康三府均工夫图册。每岁农隙赴京供役,三十日遣归。田多丁少者,以佃人充夫,而田主出米一石资其用。非佃人而计亩出夫者,亩资米二升五合。迨造黄册成,以一百十户为一里,里分十甲,曰里甲。以上、中、下户为三等,五岁均役,十岁一更造。一岁中诸色杂目应役者,编第均之，银、力从所便，日均徭。他杂役，曰杂泛。凡祗应、禁子、弓兵，悉佥市民，毋役粮户。额外科一钱，役一夫者，罪流徙。

后法稍弛，编徭役里甲者，以户为断，放大户而勾单小。于是议者言，均徭之法，按册籍丁粮，以资产为宗，核人户上下，以蓄藏得实也。稽册籍，则富商大贾免役，而土著困；核人户，则官吏里胥轻重其手，而小民益穷蹙。二者交病。然专论丁粮，庶几古人租庸调之意。乃令以旧编力差、银差之数当丁粮之数，难易轻重酌其中。役以应差，里甲除当复者，论丁粮多少编次先后，曰鼠尾册，按而征之。市民商贾家殷足而无田产者，听自占，以佐银差。正统初，佥事夏时创行于江西，他省仿行之，役以稍平。

其后，诸上供者，官为支解，而官府公私所须，复给所输银于坊里长，责其营办。给不能一二，供者或什伯，甚至无所给，惟计值年里甲祗应夫马饮食，而里甲病矣。凡均徭，解户上供为京徭，主纳为中官留难，不易中纳，往复改贸，率至倾产。其他役苛索之弊，不可毛举。

明初，令天下贡土所有，有常额，珍奇玩好不与。即须用，编之里甲，出银以市。顾其目冗碎，奸黠者缘为利孔。又大工营缮，祠官祝厘，资用繁溢。迨至中叶，倭寇交讧，仍岁河决，国用耗殚。于是里甲、均徭浮于岁额矣。

凡役民，自里中正办外，如粮长、解户、马船头、馆夫、祗候、弓兵、皂隶、门禁、厨斗为常役。后又有斫薪、抬柴、修河、修仓、运料、接递、站铺、闸浅夫之类，因事编佥，岁有增益。嘉、隆后，行一条鞭法，通计一省丁粮，均派一省徭役。于是均徭、里甲与两税为一，小民得无扰，而事亦易集。然粮长、里长，名罢实存，诸役卒至，复佥农氓。条鞭法行十余年，规制顿紊，不能尽遵也。天启时，御史李应升疏陈十害，其三条切言马夫、河役、粮甲、修办、白役扰民之弊。崇祯三年，河南巡抚范景文言："民所患苦，莫如差役。钱粮有收户、解户，驿递有马户，供应有行户，皆佥有力之家充之，名曰大户。究之，所佥非富民，中人之产辄为之倾。自变为条鞭法，以境内之役均于境内之粮,宜少苏矣,乃民间仍岁奔走,罄资津贴,是条鞭行而大户未尝革也。"时给事中刘懋复奏裁驿夫,征调往来,仍责编户。驿夫无所得食,至相率从流贼为乱云。

凡军、匠、灶户,役皆永充。军户死若逃者,于原籍勾补。匠户二等:曰住坐,曰输班。住坐之匠,月上工十日。不赴班者,输罚班银,月六钱,故谓之输班。监局中官,多占匠役,又括充幼匠,动以千计,死若逃者,勾补如军。灶户有上、中、下三等。每一正丁贴以余丁,上、中户丁力多,或贴二三丁,下户概予优免。他如陵户、园户、海户、庙户、幡夫、库役,琐末不可胜计。

明初,工役之繁,自营建两京宗庙、宫殿、阙门、王邸。采木、陶甓,工匠造作,以万万计。所在筑城、浚陂,百役具举。迄于洪、宣,郊坛、仓庾犹未迄工。正统、天顺之际,三殿、两宫、南内、离宫,次第兴建。弘治时,大学士刘吉言:"近年工役,俱摘发京营军士,内外军官禁不得估工用大小多寡。本用五千人,奏请至一二万,无所稽核。"礼部尚书倪岳言:"诸役费动以数十万计,水旱相仍,乞少停止。"南京礼部尚书童轩复陈工役之苦。吏部尚书林瀚亦言:"两畿频年凶灾,困于百役,穷愁怨叹;山、陕供亿军兴;云南、广东西征发剿叛;山东、河南、湖广、四川、江西兴造王邸,财力不赡;浙江、福建办物料,视旧日增多。库藏空匮,不可不虑。"帝皆纳其言,然不能尽从也。武宗时,乾清宫役尤大。以太素殿初制朴俭,改作雕峻,用银至二千万余两,役工匠三千余人,岁支工食米万三千余石。又修凝翠、昭和、崇智、光霁诸殿,御马监、钟鼓司、南城豹房新房、火药库皆鼎新之。权幸阉宦庄园、祠墓、香火寺观,工部复窃官银以媚焉。给事中张原言:"工匠养父母妻子,尺籍之兵御外侮,京营之军卫王室,今奈何令民无所赖,兵不丽伍,利归私门,怨丛公室乎?"疏入,谪贵州新添驿丞。世宗营建最繁,十五年以前,名为汰省,而经费已六七百万。其后增十数倍。斋宫、秘殿并时而兴。工场二三十处,役匠数万人,军称之,岁费二三百万。其时,宗庙、万寿宫灾,帝不之省,营缮益急。经费不敷,乃令臣民献助,献助不已,复行开纳。劳民耗财，视武宗过之。万历以后，营建织造，溢经制数倍，加以征调、开采，民不得少休。迨阉人乱政，建地营坟，僭越亡等，功德私祠遍天下。盖二百余年，民力殚残久矣。其以职役优免者，少者一二丁，多者至十六丁。万历时，免田有至二三千者。

至若赋税蠲免，有恩蠲，有灾蠲。太祖之训，凡四方水旱辄免税，丰岁无灾伤，亦择地瘠民贫者优免之。凡岁灾，尽蠲二税，且贷以米，甚者赐米布若钞。又设预备仓，令老人运钞易米以储粟。荆、蕲水灾，命户部主事赵乾往振，迁延半载，怒而诛之。青州旱蝗，有司不以闻，逮治其官吏。旱伤州县，有司不奏，许耆民申诉，处以极刑。孝感饥，其令请以预备仓振贷，帝命行人驰驿往。且谕户部：“自今凡岁饥，先发仓庾以贷，然后闻，著为令。”在位三十余年，赐予布钞数百万，米百余万，所蠲租税无数。成祖闻河南饥，有司匿不以闻，逮治之。因命都御史陈瑛榜谕天下，有司水旱灾伤不以闻者，罪不宥。又敕朝廷岁遣巡视官，目击民艰不言者，悉逮下狱。仁宗监国时，有以发振请者，遣人驰谕之，言：“军民困乏，待哺嗷嗷，尚从容启请待报，不能效汉汲黯耶？”宣宗时，户部请核饥民。帝曰：“民饥无食，济之当如拯溺救焚，奚待勘。”盖二祖、仁、宣时，仁政亟行。预备仓之外，又时时截起运，赐内帑。被灾处无储粟者，发旁县米振之。蝗蝻始生，必遣人捕瘗。鬻子女者，官为收赎。且令富人蠲佃户租。大户贷贫民粟，免其杂役为息，丰年偿之。皇庄、湖泊皆弛禁，听民采取。饥民还籍，给以口粮。京、通仓米，平价出粜，兼预给俸粮，以杀米价。建官舍以处流民，给粮以收弃婴。养济院穷民各注籍，无籍者收养蜡烛、幡竿二寺。其恤民如此。世宗、神宗于民事略矣，而灾荒疏至，必赐蠲振，不敢违祖制也。

振米之法，明初，大口六斗，小口三斗，五岁以下不与。永乐以后减其数。

纳米振济赎罪者，景帝时，杂犯死罪六十石，流徒减三之一，余递减有差。捐纳事例，自宪宗始。生员纳米百石以上，入国子监，军民纳二百五十石，为正九品散官，加五十石增二级，至正七品止。武宗时,富民纳粟振济,千石以上者,表其门,九百石至二三百石者,授散官,得至从六品。世宗令义民出谷二十石者,给冠带,多者授官正七品,至五百石者,有司为立坊。

振粥之法,自世宗始。

报灾之法,洪武时不拘时限。弘治中,始限夏灾不得过五月终,秋灾不得过九月终。万历时,又分近地五月、七月,边境七月、九月。

洪武时,勘灾既实,尽与蠲免。弘治中,始定全灾免七分,自九分灾以下递减。又止免存留,不及起运,后遂为永制云。

明史卷七九

志第五五

食货三

漕运　仓库

历代以来，漕粟所都，给官府廪食，各视道里远近以为准。太祖都金陵，四方贡赋，由江以达京师，道近而易。自成祖迁燕，道里辽远，法凡三变。初支运，次兑运，支运相参，至支运悉变为长运而制定。

洪武元年北伐，命浙江、江西及苏州等九府，运粮三百万石于汴梁。已而大将军徐达令忻、崞、代、坚、台五州运粮大同。中书省符下山东行省，募水工发莱州洋海仓饷永平卫。其后海运饷北平、辽东为定制。其西北边则浚开封漕河饷陕西，自陕西转饷宁夏、河州。其西南令川、贵纳米中盐，以省远运。于时各路皆就近输，得利便矣。

永乐元年，纳户部尚书郁新言，始用淮船受三百石以上者，道淮及沙河抵陈州颍岐口跌坡，别以巨舟入黄河抵八柳树，车运赴卫河输北平，与海运相参。时驾数临幸，百费仰给，不止饷边也。淮、海运道凡二，而临清仓储河南、山东粟，亦以输北平，合而计之为三运。惟海运用官军，其余则皆民运云。

自浚会通河，帝命都督贾义、尚书宋礼以舟师运。礼以海船大者千石，工窳辄败，乃造浅船五百艘，运淮、扬、徐、兖粮百万，以当海运之数。平江伯陈瑄继之，颇增至三千余艘。时淮、徐、临清、德州各有仓。江西、湖广、浙江民运粮至淮安仓，分遣官军就近轮运。自淮至徐以浙、直军，自徐至德以京卫军，自德至通以山东、河南军。以次递运，岁凡四次，可三百万余石，名曰支运。支运之法，支者，不必出当年之民纳；纳者，不必供当年之军支。通数年以为赢益，期不失常额而止。由是海陆二运皆罢，惟存遮洋船，每岁于河南、山东、小滩等水次，兑粮三十万石，十二输天津，十八由直沽入海输蓟州而已。不数年，官军多所调遣，遂复民运，道远数愆期。

宣德四年，瑄及尚书黄福建议复支运法，乃令江西、湖广、浙江民运百五十万石于淮安仓，苏、松、宁、池、庐、安、广德民运粮二百七十四万石于徐州仓，应天、常、镇、淮、扬、凤、太、滁、和、徐民运粮二百二十万石于临清仓，令官军接运入京、通二仓。民粮既就近入仓，力大减省，乃量地远近，粮多寡，抽民船十一或十三、五之一以给官军。惟山东、河南、北直隶则径赴京仓，不用支运。寻令南阳、怀庆、汝宁粮运临清仓，开封、彰德、卫辉粮运德州仓，其后山东、河南皆运德州仓。

六年，瑄言："江南民运粮诸仓，往返几一年，误农业。令民运至淮安、瓜洲，兑与卫所。官军运载至北，给与路费耗米，则军民两便。"是为兑运。命群臣会议。史部蹇义等上官军兑运民粮加耗则例，以地远近为差。每石，湖广八斗，江西、浙江七斗，南直隶六斗，北直隶五斗。民有运至淮安兑与军运者，止加四斗，如有兑运不尽，仍令民自运赴诸仓，不愿兑者，亦听其自运。军既加耗，又给轻赍银为洪闸盘拨之费，且得附载他物，皆乐从事，而民亦多以远运为艰。于是兑运者多，而支运者少矣。军与民兑米，往往恃强勒索。帝知其弊，敕户部委正官监临，不许私兑。已而颇减加耗米，远者不过六斗，近者至二斗五升。以三分为率，二分与米，一分以他物准。正粮斛面锐，耗粮俱平概。运粮四百万石，京仓贮十四，通仓贮十六。临、徐、淮三仓各遣御史监收。

正统初，运粮之数四百五十万石，而兑运者二百八十万余石，淮、徐、临、德四仓支运者十之三四耳。土木之变，复尽留山东、直隶军操备。苏、松诸府运粮仍属民。景泰六年，瓦剌入贡，乃复军运。天顺末，兑运法行久，仓人觊耗余，入庾率兑斛面，且求多索，军困甚。宪宗即位，漕运参将袁佑上言便宜。帝曰："律令明言，收粮令纳户平准，石加耗不过五升。今运军愿明加，则仓吏侵害过多可知。今后令军自概，每石加耗五升，毋溢，勒索者治罪。"后从督仓中官言，加耗至八升。久之，复溢收如故，屡禁不能止也。

初，运粮京师，未有定额。成化八年始定四百万石，自后以为常。北粮七十五万五千六百石，南粮三百二十四万四千四百石，其内兑运者三百三十万石，由支运改兑者七十万石。兑运之中，湖广、山东、河南折色十七万七千七百石。通计兑运、改兑加以耗米入京、通两仓者，凡五百十八万九千七百石。而南直隶正粮独百八十万，苏州一府七十万，加耗在外。浙赋视苏减数万。江西、湖广又杀焉。天津、蓟州、密云、昌平，共给米六十四万余石，悉支兑运米。而临、德二仓，贮预备米十九万余石，取山东、河南改兑米充之。遇灾伤，则拨二仓米以补运，务足四百万之额，不令缺也。

至成化七年，乃有改兑之议。时应天巡抚滕昭令运军赴江南水次交兑，加耗外，复石增米一斗为渡江费。后数年，帝乃命淮、徐、临、德四仓支运七十万石之米，悉改水次交兑。由是悉变为改兑，而官军长运遂为定制。然是时，司仓者多苛取，甚至有额外罚，运军辗转称贷不支。弘治元年，都御史马文升疏论运军之苦，言："各直省运船，皆工部给价，令有司监造。近者，漕运总兵以价不时给，请领价自造。而部臣虑军士不加爱护，议令本部出料四分，军卫任三分，旧船抵三分。军卫无从措办，皆军士卖资产、鬻男女以供之，此造船之苦也。正军逃亡数多，而额数不减，俱以余丁充之，一户有三、四人应役者。春兑秋归，艰辛万状。船至张家湾，又雇车盘拨，多稍贷以济用，此往来之苦也。其所称贷，运官因以侵渔，责偿倍息。而军士或自载土产以易薪米，又格于禁例，多被掠夺。今宜加造船费每艘银二十两，而禁约运官及有司科害搜检之弊，庶军困少苏。"诏从其议。五年，户部尚书叶淇言："苏、松诸府，连岁荒歉，民买漕米，每石银二两。而北直隶、山东、河南岁供宣、大二边粮料，每石亦银一两。去岁，苏州兑运已折五十万石，每石银一两。今请推行于诸府，而稍差其直。灾重者，石七钱，稍轻者，石仍一两。俱解部转发各边，抵北直隶三处岁供之数，而收三处本色以输京仓，则费省而事易集。"从之。自后岁灾，辄权宜折银，以水次仓支运之粮充其数，而折价以六七钱为率，无复至一两者。

先是，成化间行长运之法。江南州县运粮至南京，令官军就水次兑支，计省加耗输挽之费，得余米十万石有奇，贮预备仓以资缓急之用。至是，巡抚都御史以兑支有弊，请令如旧上仓而后放支。户部言："兑支法善，不可易。"诏从部议，以所余就贮各卫仓，作正支销。又从户部言，山东改兑粮九万石，仍听民自运临、德二仓，令官军支运。正德二年，漕运官请疏通水次仓储，言："往时民运至淮、徐、临、德四仓，以待卫军支运，后改附近州县水次交兑。已而并支运七十万石亦令改兑。但七十万石之外，犹有兑交不尽者，民仍运赴四仓，久无支销，以致陈腐。请将浙江、江西、湖广正兑粮米三十五万石，折银解京，而令三省卫军赴临、德等仓，支运如所折之数。则诸仓米不腐，三省漕卒便于支运。岁漕额外，又得三十五万折银，一举而数善具矣。"帝命部臣议，如其请。六年，户部侍郎邵宝以漕运迟滞，请复支运法。户部议，支运法废久，不可卒复，事遂寝。

临、德二仓之贮米也，凡十九万，计十年得百九十万。自世宗初，灾伤拨补日多，而山东、河南以岁歉，数请轻减，且二仓囤积多朽腐。于是改折之议屡兴，而仓储渐耗矣。嘉靖元年，漕运总兵杨宏，请以轻赍银听运官道支，为顾僦舟车之费，不必装鞘印封，计算羡余，以苦漕卒。给事、御史交驳之。户部言："科道官之论，主于防奸，是也。但轻赍本资转般费，今虑官军侵耗，尽取其赢余以归太仓，则以脚价为正粮，非立法初意也。"乃议运船至通州，巡仓御史核验，酌量支用实数，著为定规。有羡余，不输太仓，即用以修船，官旗渔蠹者重罪。轻赍银者，宪宗以诸仓改兑，给路费，始各有耗米；

兑运米，俱一平一锐，故有锐米；自随船给运四斗外，余折银，谓之轻赍。凡四十四万五千余两。后颇入太仓矣。

隆庆中，运道艰阻，议者欲开胶莱河，复海运。由淮安清江浦口，历新坝、马家壕至海仓口，径抵直沽，止循海套，不泛大洋。疏上，遣官勘报，以水多沙碛而止。

神宗时，漕运总督舒应龙言："国家两都并建，淮、徐、临、德，实南北咽喉。自兑运久行，临、德尚有岁积，而淮、徐二仓无粒米。请自今山东、河南全熟时，尽征本色上仓。计临、德已足五十余万，则令纳于二仓，亦积五十万石而止。"从之。当是时，折银渐多。万历三十年，漕运抵京，仅百三十八万余石。而抚臣议截留漕米以济河工，仓场侍郎赵世卿争之，言："太仓入不当出，计二年后，六军万姓将待新漕举炊，倘输纳愆期，不复有京师矣。"盖灾伤折银，本折漕粮以抵京军月俸。其时混支以给边饷，遂致银米两空，故世卿争之。自后仓储渐匮，漕政亦益弛。迫于启、祯，天下萧然烦费，岁供愈不足支矣。

运船之数，永乐至景泰，大小无定，为数至多。天顺以后，定船万一千七百七十，官军十二万人。许令附载土宜，免征税钞。孝宗时限十石，神宗时至六十石。

宪宗立运船至京期限，北直隶、河南、山东五月初一日，南直隶七月初一日，其过江支兑者，展一月，浙江、江西、湖广九月初一日。通计三年考成，违限者，运官降罚。武宗列水程图格，按日次填行止站地，违限之米，顿德州诸仓，曰寄囤。世宗定过淮程限，江北十二月，江南正月，湖广、浙江、江西三月，神宗时改为二月。又改至京限五月者，缩一月，七八九月者，递缩两月。后又通缩一月。神宗初，定十月开仓，十一月兑竣，大县限船到十日，小县五日。十二月开帮，二月过淮，三月过洪入闸。皆先期以样米呈户部，运粮到日，比验相同乃收。

凡灾伤奏请改折者，毋过七月。题议后期及临时改题者，立案免覆。漂流者，抵换食米。大江漂流为大患，河道为小患；二百石外为大患，二百石内为小患。小患把总勘报，大患具奏，其后不计多寡，概行奏勘矣。

初，船用楠杉，下者乃用松。三年小修，六年大修，十年更造。每船受正耗米四百七十二石。其后船数缺少，一船受米七八百石。附载夹带日多，所在稽留违限。一遇河决，即有漂流，官军因之为奸。水次折干，沿途侵盗，妄称水火，至有凿船自沉者。

明初，命武臣督海运，尝建漕运使，寻罢。成祖以后用御史，又用侍郎、都御史催督，郎中、员外分理，主事督兑，其制不一。景泰二年始设漕运总督于淮安，与总兵、参将同理漕事。漕司领十二总，十二万军，与京操十二营军相准。初，宣宗令运粮总兵官、巡抚、侍郎岁八月赴京，会议明年漕运事宜，及设漕运总督，则并令总督赴京。至万历十八年后始免。凡岁正月，总漕巡扬州，经理瓜、淮过闸。总兵驻徐、邳，督过洪入闸，同理漕参政管押赴京。攒运则有御史、郎中，押运则有参政，监兑、理刑、管洪、管厂、管闸、管泉、监仓则有主事，清江、卫河有提举。兑毕过淮过洪，巡抚、漕司、河道各以职掌奏报。有司米不备，军卫船不备，过淮误期者，责在巡抚。米具船备，不即验放，非河梗而压帮停泊，过洪误期因而漂冻者，责在漕司。船粮依限，河渠淤浅，疏浚无法，闸坐启闭失时，不得过洪抵湾者，责在河道。

明初，于漕政每加优恤，仁、宣禁役漕舟，宥迟运者。英宗时始扣口粮均摊，而运军不守法度为民害。自后漕政日弛，军以耗米易私物，道售稽程。比至，反买仓米补纳，多不足数。而粮长率掺沙水于米中，河南、山东尤甚，往往蒸湿浥烂不可食。权要贷运军银以图厚利，至请拨关税给船料以取偿。漕运把总率由贿得。仓场额外科取，岁至十四万。世宗初政，诸弊多厘革，然漂流、违限二弊，日以滋甚。中叶以后，益不可究诘矣。

漕粮之外，苏、松、常、嘉、湖五府，输运内府白熟粳糯米十七万四十余石，内折色八千余石，各府部糙粳米四万四千余石，内折色八千八百余石，令民运，谓之白粮船。自长运法行，粮皆军运，而白粮民运如故。穆宗时，陆树德言："军运以充军储，民运以充官禄。人知军运之苦，不知民运尤苦也。船户之求索，运军之欺陵，洪闸之守候，入京入仓，厥弊百出。嘉靖初，民运尚有保全之家，十年后无不破矣。以白粮令军带运甚便。"疏入，下部议。不从。

凡诸仓应输者有定数，其或改拨他镇者，水次应兑漕粮，即令坐派镇军领兑者给价，州县官督车户运至远仓，或给军价就令关支者，通谓之兑运。九边之地，输粮大率以车，宣德时，饷开平亦然，而兰、甘、松潘，往往使民背负。永乐中，又尝令广东海运二十万石给交阯云。

明初，京卫有军储仓。洪武三年增置至二十所，且建临濠、临清二仓以供转运。各行省有仓，官吏俸取给焉。边境有仓，收屯田所入以给军。州县则设预备仓，东南西北四所，以振凶荒。自钞法行，颇有省革。二十四年储粮十六万石于临清，以给训练骑兵。二十八年置皇城四门仓，储粮给守御军。增京师诸卫仓凡四十一。又设北平、密云诸县仓，储粮以资北征。永乐中，置天津及通州左卫仓，且设北京三十七卫仓。益令天下府县多设仓储，预备仓之在四乡者移置城内。迨会通河成，始设仓于徐州、淮安、德州，而临清因洪武之旧，并天津仓凡五，谓之水次仓，以资转运。既，又移德州仓于临清之永清坝，设武清卫仓于河西务，设通州卫仓于张家湾。宣德中，增造临清仓，容三百万石。增置北京及通州仓。京仓以御史、户部官、锦衣千百户季更巡察。外仓则布政、按察、都司关防之。各仓门，以致仕武官二，率老幼军丁十人守之，半年一更。英宗初，命廷臣集议，天下司府州县，有仓者以卫所仓属之，无仓者以卫所改隶。惟辽东、甘肃、宁夏、万全及沿海卫所，无府州县者仍其旧。正统中，增置京卫仓凡七。自兑运法行，诸仓支运者少，而京、通仓不能容，乃毁临清、德州、河西务仓三分之一，改为京、通仓。景泰初，移武清卫诸仓于通州。成化初，废临、德预备仓在城外者，而以城内空廒储预备米。名临清者曰常盈，德州者曰常丰。凡京仓五十有六，通仓十有六。直省府州县、藩府、边隘、堡站、卫所屯戍皆有仓,少者一二,多者二三十云。

　　预备仓之设也,太祖选耆民运钞籴米,以备振济,即令掌之。天下州县多所储蓄,后渐废弛。于谦抚河南、山西,修其政。周忱抚南畿,别立济农仓。他人不能也。正统时,重侵盗之罪,至籍妻充军。且定纳谷千五百石者,敕奖为义民,免本户杂役。凡振饥米一石,俟有年,纳稻谷二石五斗还官。弘治三年限州县十里以下积万五千石,二十里积二万石;卫千户所万五千石,百户所三百石。考满之日,稽其多寡以为殿最。不及三分者夺俸,六分以上降调。十八年令赎罪赃罚,皆籴谷入仓。正德中,令囚纳纸者,以其八折米入仓。军官有犯者,纳谷准立功。初,预备仓皆设仓官,至是革,令州县官及管粮仓官领其事。嘉靖初,谕德顾鼎臣言:“成、弘时,每年以存留余米入预备仓,缓急有备。今秋粮仅足兑运,预备无粒米。一遇灾伤,辄奏留他粮及劝富民借谷,以应故事。乞急复预备仓粮以裕民。”帝乃令有司设法多籴米谷。仍仿古常平法,春振贫民,秋成还官,不取其息。府积万石,州四五千石,县二三千石为率。既,又定十里以下万五千石,累而上之,八百里以下至十九万石。其后积粟尽平粜,以济贫民,储积渐减。隆庆时,剧郡无过六千石,小邑止千石。久之数益减,科罚亦益轻。万历中,上州郡至三千石止,而小邑或仅百石。有司沿为具文,屡下诏申饬,率以虚数欺罔而已。

　　弘治中,江西巡抚林俊尝请建常平及社仓。嘉靖八年乃令各抚、按设社仓。令民二三十家为一社,择家殷实而有行义者一人为社首,处事公平者一人为社正,能书算者一人为社副。每朔望会集,别户上中下,出米四斗至一斗有差,斗加耗五合,上户主其事。年饥,上户不足者量贷,稔岁还仓。中下户酌量振给,不还仓。有司造册送抚、按,岁一察核。仓虚,罚社首出一岁之米。其法颇善,然其后无力行者。

　　两京库藏,先后建设,其制大略相同。内府凡十库。内承运库,贮缎匹、金银、宝玉、齿角、羽毛,而金花银最大,岁进百万两有奇。

广积库,贮硫黄、硝石。甲字库,贮布匹、颜料。乙字库,贮胖袄、战鞋、军士裘帽。丙字库,贮棉花、丝纩。丁字库,贮铜铁、兽皮、苏木。戊字库,贮甲仗。赃罚库,贮没官物。广惠库,贮钱钞。广盈库,贮纻丝、纱罗、绫锦、绸绢。六库皆属户部。惟乙字库属兵部,戊字、广积、广盈库属工部。又有天财库,亦名司钥库,贮各衙门管钥,亦贮钱钞。供用库,贮粳稻、熟米及上供物。以上通谓之内库。其在宫内者,又有内东裕库、宝藏库,谓之里库。凡里库不关于有司。其会归门、宝善门迤东及南城磁器诸库,则谓之外库。若内府诸监司局,神乐堂,牺牲所,太常、光禄寺,国子监,皆各以所掌,收贮应用诸物。太仆则马价银归之。明初,尝置行用库于京城及诸府州县,以收易昏烂之钞。仁宗时罢。

英宗时,始设太仓库。初,岁赋不征金银,惟坑冶税有金银,入内承运库。其岁赋偶折金银者,俱送南京供武臣禄。而各边有缓急,亦取足其中。正统元年改折漕粮,岁以百万为额,尽解内承运库,不复送南京。自给武臣禄十余万两外,皆为御用。所谓金花银也。七年乃设户部太仓库,各直省派剩麦米,十库中绵丝、绢布及马草、盐课、关税,凡折银者,皆入太仓库。籍没家财,变卖田产,追收店钱,援例上纳者,亦皆入焉。专以贮银,故又谓之银库。弘治时,内府供应繁多,每收太仓银入内库。又置南京银库。正德时,内承运库中官,数言内府财用不充,请支太仓银。户部执奏不能沮。嘉靖初,内府供应视弘治时,其后乃倍之。初,太仓中库积银八百余万两,续收者贮之两庑,以便支发。而中库不动,遂以中库为老库,两庑为外库。及是时,老库所存者仅百二十万两。二十二年特令金花、子粒银应解内库者,并送太仓备边用,然其后复入内库。三十七年令岁进内库银百万两外,加预备钦取银,后又取没官银四十万两入内库。隆庆中,数取太仓银入内库,承运库中官至以空札下户部取之。廷臣疏谏,皆不听。又数取光禄太仆银,工部尚书朱衡极谏,不听。初,世宗时,太仓所入二百万两有奇。至神宗万历六年,太仓岁入凡四百五十余万两,而内库岁供金花银外,又增买办银二十万两以为常，后又加内操马刍料银七万余两。久之，太仓、光禄、太仆银，括取几尽。边赏首功，向发内库者，亦取之太仆矣。

凡甲字诸库，主事偕科道巡视。太仓库，员外郎、主事领之，而以给事中巡视。嘉靖中，始两月一报出纳之数。时修工部旧库，名曰节慎库，以贮矿银。尚书文明以给工价，帝诘责之，令以他银补偿，自是专以给内用焉。

其在外诸布政司、都司、直省府州县卫所，皆有库，以贮金银、钱钞、丝帛、赃罚诸物。巡按御史三岁一盘查。各运司皆有库贮银，岁终，巡盐御史委官察之。凡府州县税课司局、河泊所，岁课、商税、鱼课、引由、契本诸课程，太祖令所司解州县府司，以至于部，部札之库，其元封识，不擅发也。至永乐时，始委验勘，中，方起解，至部复验，同，乃进纳。嘉靖时，建验试厅，验中，给进状寄库。月逢九，会巡视库藏科道官，进库验收，不堪者驳易。正统十年设通济库于通州。世宗时罢。隆庆初，密云、蓟州、昌平诸镇皆设库，收贮主客年例、军门公费及抚赏、修边银云。

凡为仓库害者，莫如中官。内府诸库监收者，横索无厌。正德时，台州卫指挥陈良纳军器，稽留八载，至乞食于市。内府收粮，增耗尝以数倍为率，其患如此。诸仓初不设中官，宣德末，京、通二仓始置总督中官一人，后淮、徐、临、德诸仓亦置监督，漕挽军民被其害。世宗用孙交、张孚敬议，撤革诸中官，惟督诸仓者如故。久之，从给事中管怀理言，乃罢之。

初，天下府库各有存积，边饷不借支于内，京师不收括于外。成化时，巡盐御史杨澄始请发各盐运提举司赃罚银入京库。弘治时，给事中曾昂请诸布政司公帑积贮征徭羡银，尽输太仓。尚书周经力争之，以为用不足者，以织造、赏赍、斋醮、土木之故，必欲尽括天下财，非藏富于民意也。至刘瑾用事，遂令各省库藏尽输京师。世宗时，闽、广进羡余，户部请责他省巡按，岁一奏献如例。又以太仓库匮，运南户部库银八十万两实之。而户部条上理财事宜，临、德二仓积银二十万两，录以归太仓。隆庆初，遣四御史分行天下，搜括库银。神宗时，御史萧重望请核府县岁额银进部，未报上。千户何其贤乞敕内官与己督之，帝竟从其请，由是外储日就耗。至天启中，用操江巡抚范济世策，下敕督岁进，收括靡有遗矣。南京内库颇藏金银珍宝，魏忠贤矫旨取进，盗窃一空。内外匮竭，遂至于亡。

明史卷八〇
志第五六

食货四

盐法　茶法

　　煮海之利，历代皆官领之。太祖初起，即立盐法，置局设官，令商人贩鬻，二十取一，以资军饷。既而倍征之，用胡深言，复初制。丙午岁，始置两淮盐官。吴元年置两浙。洪武初，诸产盐地次第设官。都转运盐使司六：曰两淮，曰两浙，曰长芦，曰山东，曰福建，曰河东。盐课提举司七：曰广东，曰海北，曰四川，曰云南。云南提举司凡四，曰黑盐井，白盐井，安宁盐井，五井。又陕西灵州盐课司一。

　　两淮所辖分司三，曰泰州，曰淮安，曰通州；批验所二，曰仪真，曰淮安；盐场三十，各盐课司一。洪武时，岁办大引盐三十五万二千余引。弘治时，改办小引盐，倍之。万历时同。盐行直隶之应天、宁国、太平、扬州、凤阳、庐州、安庆、池州、淮安九府，滁、和二州，江西、湖广二布政司，河南之河南、汝宁、南阳三府及陈州。正统中，贵州亦食淮盐。成化十八年，湖广衡州、永州改行海北盐。正德二年，江西赣州、南安、吉安改行广东盐。所输边，甘肃、延绥、宁夏、宣府、大同、辽东、固原、山西神池诸堡。上供光禄寺、神宫监、内官监。岁入太仓余盐银六十万两。

　　两浙所辖分司四，曰嘉兴，曰松江，曰宁绍、曰温台；批验所四，曰杭州，曰绍兴，曰嘉兴，曰温州；盐场三十五，各盐课司一。洪武时,岁办大引盐二十二万四百余引。弘治时,改办小引盐,倍之。万历时同。盐行浙江,直隶之松江、苏州、常州、镇江、徽州五府及广德州,江西之广信府。所输边,甘肃、延绥、宁夏、固原、山西神池诸堡。岁入太仓余盐银十四万两。

明初,置北平河间盐运司,后改称河间长芦。所辖分司二,曰沧州,曰青州;批验所二,曰长芦,曰小直沽;盐场二十四,各盐课司一。洪武时,岁办大引盐六万三千一百余引。弘治时,改办小引盐十八万八百余引。万历时同。盐行北直隶,河南之彰德、卫辉二府。所输边,宣府、大同、蓟州。上供郊庙百神祭祀、内府羞膳及给百官有司。岁入太仓余盐银十二万两。

山东所辖分司二,曰胶莱,曰滨乐;批验所一,曰泺口;盐场十九,各盐课司一。洪武时,岁办大引盐十四万三千三百余引。弘治时,改办小引盐,倍之。万历时,九万六千一百余引。盐行山东,直隶徐、邳、宿三州,河南开封府,后开封改食河东盐。所输边,辽东及山西神池诸堡。岁入太仓余盐银五万两。

福建所辖盐场七,各盐课司一。洪武时,岁办大引盐十万四千五百余引。弘治时,增七百余引。万历时,减千引。其引曰依山,曰附海。依山纳折色,附海行本色,神宗时亦改折色。盐行境内。岁入太仓银二万二千余两。

河东所辖解盐,初设东场分司于安邑,成祖时,增设西场于解州,寻复并于东。正统六年,复置西场分司。弘治二年,增置中场分司。洪武时,岁办小引盐三十万四千引。弘治时,增八万引。万历中,又增二十万引。盐行陕西之西安、汉中、延安、凤翔四府,河南之归德、怀庆、河南、汝宁、南阳五府及汝州,山西之平阳、潞安二府,泽、沁、辽三州。地有两见者,盐得兼行。隆庆中,延安改食灵州池盐。崇祯中,凤翔、汉中二府亦改食灵州盐。岁入太仓银四千余两,给宣府镇及大同代府禄粮,抵补山西民粮银,共十九万两有奇。

陕西灵州有大小盐池,又有漳县盐井、西和盐井。洪武时,岁办盐,西和十三万一千五百斤有奇,漳县五十一万五千六百斤有奇,灵州二百八十六万七千四百斤有奇。弘治时同。万历时，三处共办千二百五十三万七千六百余斤。盐行陕西之巩昌、临洮二府及河州。岁解宁夏、延绥、固原饷银三万六千余两。

广东所辖盐场十四，海北所辖盐场十五，各盐课司一。洪武时，岁办大引盐，广东四万六千八百余引，海北二万七千余引。弘治时，广东如旧，海北万九千四百余引。万历时，广东小引生盐三万二百余引，小引熟盐三万四千六百余引；海北小引正耗盐一万二千四百余引。盐有生有熟，熟贵生贱。广东盐行广州、肇庆、惠州、韶州、南雄、潮州六府。海北盐行广东之雷州、高州、廉州、琼州四府，湖广之桂阳、郴二州，广西之桂林、柳州、梧州、浔州、庆远、南宁、平乐、太平、思明、镇安十府，田、龙、泗城、奉议、利五州。岁入太仓盐课银万一千余两。

四川盐井辖盐课司十七。洪武时，岁办盐一千一百一十二万七千余斤。弘治时，办二千一十七万六千余斤。万历中，九百八十六万一千余斤。盐行四川之成都、叙州、顺庆、保宁、夔州五府，潼川、嘉定、广安、雅、广元五州县。岁解陕西镇盐课银七万一千余两。

云南黑盐井辖盐课司三，白盐井、安宁盐井各辖盐课司一，五井辖盐课司七。洪武时，岁办大引盐万七千八百余引。弘治时，各井多寡不一。万历时与洪武同。盐行境内。岁入太仓盐课银三万五千余两。

成祖时，尝设交阯提举司，其后交阯失，乃罢。辽东盐场不设官，军余煎办，召商易粟以给军。凡大引四百斤，小引二百斤。

盐所产不同。解州之盐，风水所结。宁夏之盐，刮地得之。淮、浙之盐，熬波。川、滇之盐，汲井。闽、粤之盐，积卤。淮南之盐，煎。淮北之盐，晒。山东之盐，有煎有晒。此其大较也。

有明盐法，莫善于开中。洪武三年，山西行省言："大同粮储，自陵县运至太和岭，路远费烦。请令商人于大同仓入米一石，太原仓入米一石三斗，给淮盐一小引。商入鬻毕，即以原给引目赴所在官司缴之。如此则转运费省而边储充。"帝从之。召商输粮而与之盐，谓之开中。其后各行省边境,多召商中盐以为军储。盐法边计,相辅而行。

四年定中盐例,输米临濠、开封、陈桥、襄阳、安陆、荆州、归州、大同、太原、孟津、北平、河南府、陈州、北通州诸仓,计道里近远,自五石至一石有差。先后增减,则例不一,率视时缓急,米直高下,中纳者利否。道远地险,则减而轻之。编置勘合及底簿,发各布政司及都司、卫所。商纳粮毕,书所纳粮及应支盐数,赍赴各转运提举司照数支盐。转运诸司亦有底簿比照,勘合相符,则如数给与。鬻盐有定所,刊诸铜版,犯私盐者罪至死,伪造引者如之,盐与引离,即以私盐论。

成祖即位,以北京诸卫粮乏,悉停天下中盐,专于京卫开中。惟云南金齿卫、楚雄府、四川盐井卫、陕西甘州卫,开中如故。不数年,京卫粮米充羡,而大军征安南多费,甘肃军粮不敷,百姓疲转运。迨安南新附,饷益难继,于是诸所复召商中盐,他边地复以次及矣。

仁宗立,以钞法不通,议所以敛之之道。户部尚书夏原吉请令有钞之家中盐,遂定各盐司中盐则例,沧州引三百贯,河东、山东半之,福建、广东百贯。宣德元年停中钞例。三年,原吉以北京官吏、军、匠粮饷不支,条上预备策,言:“中盐旧则太重,商贾少至,请更定之。”乃定每引自二斗五升至一斗五升有差,召商纳米北京。户部尚书郭敦言:“中盐则例已减,而商来者少,请以十分为率,六分支与纳米京仓者,四分支与辽东、永平、山海、甘肃、大同、宣府、万全已纳米者。他处中纳悉停之。”又言:“洪武中,中盐客商年久物故,代支者多虚冒,请按引给钞十锭。”帝皆从之,而命倍给其钞。甘肃、宁夏、大同、宣府、独石、永平道险远,趋中者少,许寓居官员及军余有粮之家纳米豆中盐。

正统三年,宁夏总兵官史昭以边军缺马,而延庆、平凉官吏军民多养马,乃奏请纳马中盐。上马一匹与盐百引,次马八十引。既而定边诸卫递增二十引。其后河州中纳者,上马二十五引,中减五引;松潘中纳者,上马三十五引,中减五引。久之,复如初制。中马之始，验马乃掣盐，既而纳银于官以市马，银入布政司，宗禄、屯粮、修边、振济展转支销，银尽而马不至，而边储亦自此告匮矣。于是召商中淮、浙、长芦盐以纳之，令甘肃中盐者，淮盐十七，浙盐十三。淮盐惟纳米麦，浙监兼收豌豆、青稞。因淮盐直贵，商多趋之，故令淮、浙兼中也。

明初仍宋、元旧制，所以优恤灶户者甚厚，给草场以供樵采，堪耕者许开垦，仍免其杂役，又给工本米，引一石。置仓于场，岁拨附近州县仓储及兑军余米以待给，兼支钱钞，以米价为准。寻定钞数，淮、浙引二贯五百文，河间、广东、海北、山东、福建、四川引二贯。灶户杂犯死罪以上止予杖，计日煎盐以赎。后设总催，多朘削灶户。至正统时，灶户贫困，逋逃者多，松江所负课六十余万。民诉于朝，命直隶巡抚周忱兼理盐课。忱条上铸铁釜、恤卤丁、选总催、严私贩四事，且请于每年正课外，带征逋课。帝从其请。命分逋课为六，以六载毕征。

当是时，商人有自永乐中候支盐，祖孙相代不得者。乃议仿洪武中例，而加钞锭以偿之，愿守支者听。又以商人守支年久，虽减轻开中，少有上纳者，议他盐司如旧制，而淮、浙、长芦以十分为率，八分给守支商，曰常股，二分收贮于官，曰存积，遇边警，始召商中纳。常股、存积之名由此始。凡中常股者价轻，中存积者价重，然人甚苦守支，争趋存积，而常股壅矣。景帝时，边围多故，存积增至六分。中纳边粮，兼纳谷草、秋青草，秋青草三当谷草二。

广东之盐，例不出境，商人率市守关吏，越市广西。巡抚叶盛以为任之则废法，禁之则病商，请令入米饷边，乃许出境，公私交利焉。成化初，岁荐灾，京储不足，召商于淮、徐、德州水次仓中盐。

旧例中盐，户部出榜召商，无径奏者。富人吕铭等托势要奏中两淮存积盐。中旨允之。户部尚书马昂不能执正。盐法之坏自此始。势豪多掺中，商人既失利，江南、北军民因造遮洋大船，列械贩盐。乃为重法，私贩、窝隐俱论死，家属徙边卫，夹带越境者充军。然不能遏止也。十九年颇减存积之数，常股七分，而存积三分。然商人乐有见盐，报中存积者争至，遂仍增至六分。淮、浙盐犹不能给，乃配支长芦、山东以给之。一人兼支数处，道远不及亲赴，边商辄贸引于近地富人。自是有边商、内商之分。内商之盐不能速获，边商之引又不贱售，报中寝息，存积之滞遂与常股等。宪宗末年，阉宦窃势，奏讨淮、浙盐无算，两淮积久至五百余万引，商引壅滞。

至孝宗时，而买补余盐之议兴矣。余盐者，灶户正课外所余之盐也。洪武初制，商支盐有定场，毋许越场买补，勤灶有余盐送场司，二百斤为一引，给米一石。其盐召商开中，不拘资次给与。成化后，令商收买，而劝借米麦以振贫灶。至是清理两淮盐法，侍郎李嗣请令商人买余盐补官引，而免其劝借，且停各边开中，俟逋课完日，官为卖盐，三分价直，二充边储，而留其一以补商人未交盐价。由是以余盐补充正课，而盐法一小变。

明初，各边开中商人，招民垦种，筑台堡自相保聚，边方菽粟无甚贵之时。成化间，始有折纳银者，然未尝著为令也。弘治五年，商人困守支，户部尚书叶淇请召商纳银运司，类解太仓，分给各边。每引输银三四钱有差，视国初中米直加倍，而商无守支之苦，一时太仓银累至百余万。然赴边开中之法废，商屯撤业，菽粟翔贵，边储日虚矣。

武宗之初，以盐法日坏，令大臣王琼、张宪等分道清理。而庆云侯周寿、寿宁侯张鹤龄各令家人奏买长芦、两淮盐引。户部尚书韩文执不可。中旨许之。织造太监崔杲又奏乞长芦盐一万二千引。户部以半予之。帝欲全予。大学士刘健等力争，李东阳语尤切。帝不悦。健等复疏争，乃从部议。权要开中既多，又许买余盐，一引有用至十余年者。正德二年始申截旧引角之令，立限追缴，而每引增纳纸价及振济米麦。引价重而课壅如故矣。

先是成化初，都御史韩雍于肇庆、梧州、清远、南雄立抽盐厂，官盐一引，抽银五分，许带余盐四引，引抽银一钱。都御史秦纮许增带余盐六引，抽银六钱。及是增至九钱，而不复抽官引。引目积滞，私盐通行，乃用户部郎中丁致祥请，复纮旧法。而他处商人夹带余盐,掣割纳价,惟多至三百斤者始罪之。

淮、浙、长芦引盐,常股四分,以给各边主兵及工役振济之需;存积六分,非国家大事,边境有警,未尝妄开。开必边臣奏讨,经部覆允,未有商人擅请及专请淮盐者。弘治间,存积盐甚多。正德时,权幸遂奏开残盐,改存积、常股皆为正课,且皆折银。边臣缓急无备,而势要占中卖窝,价增数倍。商人引纳银八钱,无所获利,多不愿中,课日耗绌。奸黠者夹带影射,弊端百出。盐臣承中珰风旨,复列零盐、所盐诸目以假之。世宗登极诏,首命裁革。未几,商人逯俊等夤缘近幸,以增价为名,奏买残余等盐。户部尚书秦金执不允。帝特令中两淮额盐三十万引于宣府。金言:“奸人占中淮盐,卖窝罔利,使山东、长芦等盐别无搭配,积之无用。亏国用,误边储,莫此为甚。”御史高世魁亦争之。诏减淮引十万,分两浙、长芦盐给之。金复言:“宣、大俱重镇,不宜令奸商自择便利,但中宣府。”帝可之。已而俊等请以十六人中宣府,十一人中大同,竟从其请。

嘉靖五年从给事中管律奏,乃复常股存积四六分之制。然是时,余盐盛行,正盐守支日久,愿中者少;余盐第领勘合,即时支卖,愿中者多。自弘治时以余盐补正课,初以偿通课,后令商人纳价输部济边。至嘉靖时,延绥用兵,辽左缺饷,尽发两淮余盐七万九千余引于二边开中。自是余盐行。其始尚无定额,未几,两淮增引一百四十余万,每引增余盐二百六十五斤。引价,淮南纳银一两九钱,淮北一两五钱,又设处置、科罚名色,以苛敛商财。于是正盐未派,先估余盐,商灶俱困。奸黠者藉口官买余盐,夹贩私煎。法禁无所施,盐法大坏。

十三年,给事中管怀理言:“盐法之坏,其弊有六。开中不时,米价腾贵,召籴之难也。势豪大家,专擅利权,报中之难也。官司科罚,吏胥侵索,输纳之难也。下场挨掣,动以数年,守支之难也。定价太昂,息不偿本,取赢之难也。私盐四出,官盐不行,市易之难也。有此六难,正课壅矣,而司计者因设余盐以佐之。余盐利厚,商固乐从,然不以开边而以解部,虽岁入距万,无益军需。尝考祖宗时,商人中盐纳价甚轻，而灶户煎盐工本甚厚，今盐价十倍于前，而工本不能十一，何以禁私盐使不行也？故欲通盐法，必先处余盐，欲处余盐，必多减正价。大抵正盐贱，则私贩自息。今宜定价，每引正盐银五钱，余盐二钱五分，不必解赴太仓，俱令开中关支，余盐以尽收为度。正盐价轻，既利于商；余盐收尽，又利于灶。未有商灶俱利，而国课不充者也。"事下所司，户部覆，以为余盐银仍解部如故，而边饷益虚矣。至二十年，帝以变乱盐法由余盐，敕罢之。淮、浙、长芦悉复旧法，夹带者割没入官，应变卖者以时估为准。御史吴琼又请各边中盐者皆输本色。然令甫下，吏部尚书许赞即请复开余盐以足边用。户部覆从之，余盐复行矣。

先是，十六年令两浙僻邑，官商不行之处，山商每百斤纳银八分，给票行盐。其后多侵夺正引，官商课缺，引壅二百万，候掣必五六载。于是有预征、执抵、季掣之法。预征者，先期输课，不得私为去留。执抵者，执现在运盐水程，复持一引以抵一引。季掣，则以纳课先后为序，春不得迟于夏，夏不得超于春也。然票商纳税即掣卖，预征诸法徒厉引商而已。

灵州盐池，自史昭中马之议行，边饷亏缺，甘肃米直石银五两，户部因奏停中马，召商纳米中盐。

二十七年令开中者止纳本色粮草。三十一年令河东以六十二万引为额，合正余盐为一，而革余盐名。时都御史王绅、御史黄国用议：两淮灶户余盐，每引官给银二钱，以充工本，增收三十五万引，名为工本盐。令商人中额盐二引，带中工本盐一引，抵主兵年例十七万六千两有奇。从其请。

初，淮盐岁课七十万五千两，开边报中为正盐，后益余盐纳银解部。至是通前额凡一百五万引，额增三之一。行之数年，积滞无所售，盐法壅不行。言事者屡陈工本为盐赘疣。户部以国用方绌，年例无所出，因之不变。江西故行淮盐三十九万引，后南安、赣州、吉安改行广盐，惟南昌诸府行淮盐二十七万引。既而私贩盛行，袁州、临江、瑞州则私食广盐，抚州、建昌私食福盐。于是淮盐仅行十六万引。数年之间，国计大绌。巡抚马森疏其害，请于峡江县建桥设关，扼闽、广要津，尽复淮盐额，稍增至四十七万引。未久桥毁，增额二十万引复除矣。

三十九年，帝欲整盐法，乃命副都御史鄢懋卿总理淮、浙、山东、长芦盐法。懋卿，严嵩党也，苞苴无虚日。两淮额盐银六十一万有奇，自设工本盐，增九十万，懋卿复增之，遂满百万。半年一解。又搜括四司残盐，共得银几二百万。一时诩为奇功。乃立克限法，每卒一人，季限获私盐有定数，不及数，辄削其雇役钱。逻卒经岁有不得支一钱者，乃共为私贩，以牟大利，甚至劫估舶，诬以盐盗而执之，流毒遍海滨矣。嵩失势，巡盐御史徐爌言：“两淮盐法，曰常股，曰存积，曰水乡，共七十万引有奇。引二百斤，纳银八分。永乐以后，引纳粟二斗五升，下场关支，四散发卖，商人之利亦什五焉。近年，正盐之外，加以余盐；余盐之外，又加工本；工本不足，乃有添单；添单不足，又加添引。懋卿趋利目前，不顾其后，是误国乱政之尤者。方今灾荒叠告，盐场淹没，若欲取盈百万，必至逃亡。弦急欲绝，不棘于此。”于是悉罢懋卿所增者。

四十四年，巡盐御史朱炳如奏罢两淮工本盐。自叶淇变法，边储多缺。嘉靖八年以后，稍复开中，边商中引，内商守支。末年，工本盐行，内商有数年不得掣者，于是不乐买引，而边商困，因营求告掣河盐。河盐者，不上廪囷，在河径自超掣，易支而获利捷。河盐行，则守支存积者愈久，而内商亦困，引价弥贱。于是奸人专以收买边引为事，名曰囤户，告掣河盐，坐规厚利。时复议于正盐外附带余盐，以抵工本之数，囤户因得贱买余盐而贵售之，边商与内商愈困矣。隆庆二年，屯盐都御史庞尚鹏疏言：“边商报中，内商守支，事本相须。但内商安坐，边商远输，劳逸不均，故掣河盐者以惠边商也。然河盐既行，淮盐必滞，内商无所得利，则边商之引不售。今宜停掣河盐，但别边商引价，自见引及起纸关引到司勘合，别为三等，定银若干。边商仓钞已到，内商不得留难。盖河盐停则淮盐速行，引价定则开中自多，边商内商各得其愿矣。”帝从之。四年，御史李学诗议罢官买余盐。报可。

是时广西古田平,巡抚都御史殷正茂请官出资本买广东盐,至桂林发卖,七万余包可获利二万二千有奇。从之。

自嘉靖初,复常股四分,存积六分之制。后因各边多故,常股、存积并开,淮额岁课七十万五千余引,又增各边新引岁二十万。万历时,以大工搜远年违没废引六十余万,胃出课额之外,无正盐,止令商买补余盐。余盐久尽,惟计引重科,加煎飞派而已。时两淮引价余银百二十余万增至百四十五万,新引日益,正引日壅。千户尹英请配卖没官盐,可得银六万两。大学士张位等争之。二十六年,以鸿胪寺主簿田应璧奏,命中官鲁保鬻两淮没官余盐。给事中包见捷极陈利害。不听。保既视事,遂议开存积盐。户部尚书杨俊民言:"明旨核没官盐,而存积非没官也。额外加增,必亏正课。保奏不可从。"御史马从骋亦争之。俱不听。保乃开存积八万引,引重五百七十斤,越次超掣,压正盐不行。商民大扰,而奸人蜂起。董琏、吴应麒等争言盐利。山西、福建诸税盐皆领盐课矣。百户高时夏奏浙、闽余盐岁可变价三十万两,巡抚金学曾勘奏皆罔。疏入不省。于是福建银万三千两有奇,浙江解三万七千两有奇,借名苛敛,商困引壅。户部尚书赵世卿指其害由保,因言:"额外多取一分,则正课少一分,而国计愈绌,请悉罢无名浮课。"不报。三十四年夏至明年春,正额逋百余万,保亦惶惧,请罢存积引盐。保寻死。有旨罢之,而引斤不能减矣。

李太后薨,帝用遗诰蠲各运司浮课,商困稍苏,而旧引壅滞。户部上盐法十议,正行见引,附销积引,以疏通之。巡盐御史龙遇奇立盐政纲法,以旧引附见引行,淮南编为十纲,淮北编为十四纲,计十余年,则旧引尽行。从之。天启时,言利者恣搜括,务增引超掣。魏忠贤党郭兴治、崔呈秀等,巧立名目以取之,所入无算。论者比之绝流而渔。崇祯中,给事中黄承昊条上盐政,颇欲有所厘革。是时兵饷方大绌,不能行也。

初,诸王府则就近地支盐,官民户口食盐皆计口纳钞,自行关支。而官吏食盐多冒增口数，有一官支二千余斤，一吏支五百余斤者。乃限吏典不得过十口，文武官不过三十口；大口钞十二贯支盐十二斤，小口半之。景泰三年始以盐折给官吏俸粮，以百四十斤当米一石。京官岁遣吏下场，恣为奸利。锦衣吏益暴，率联巨舰私贩，有司不能诘。巡盐御史乃定百司食盐数，捃束以给吏，禁毋下场。纳钞、儳挽，费无所出，吏多亡。嘉靖中，吏部郎中陆光祖言于尚书严讷，疏请革之。自后百司停支食盐，惟户部及十三道御史岁支如故。军民计口纳钞者，浙江月纳米三升，买盐一斤，而商贾持盐赴官，官为敛散，追征之急过于租赋。正统时，从给事中鲍辉言，令民自买食盐于商，罢纳米令，且鬻十斤以下者勿以私盐论，而盐钞不除。后条鞭法行，遂编入正赋。

　　巡盐之官，洪、永时，尝一再命御史视盐课。正统元年始命侍郎何文渊、王佐，副都御史朱与言提督两淮、长芦、两浙盐课，命中官御史同往。未几，以盐法已清，下敕召还。后遂令御史视鹾，依巡按例，岁更代以为常。十一年以山东诸盐场隶长芦巡盐御史。十四年命副都御史耿九畴清理两淮盐法。成化中，特遣中官王允中、佥都御史高明整治两淮盐法。明请增设副使一人，判官二人。孝宗初，盐法坏，户部尚书李敏请简风宪大臣清理，乃命户部侍郎李嗣于两淮，刑部侍郎彭韶于两浙，俱兼都御史，赐敕遣之。弘治十四年，佥都御史王璟督理两淮盐法。正德二年，两淮则佥都御史王琼，闽、浙则佥都御史张宪。后惟两淮赋重，时遣大臣。十年，则刑部侍郎蓝章。嘉靖七年，则副都御史黄臣。三十二年，则副都御史王绅。至三十九年，行命副都御史鄢懋卿总理四运司，事权尤重。自隆庆二年，副都御史庞尚鹏总理两淮、长芦、山东三运司后，遂无特遣大臣之事。

　　番人嗜乳酪，不得茶，则困以病。故唐、宋以来，行以茶易马法，用制羌、戎，而明制尤密。有官茶，有商茶，皆贮边易马。官茶间征课钞，商茶输课略如盐制。

　　初，太祖令商人于产茶地买茶，纳钱请引。引茶百斤，输钱二百，不及引曰畸零，别置由帖给之。无由、引及茶引相离者，人得告捕。置茶局批验所，称较茶引不相当，即为私茶。凡犯私茶者，与私盐同罪。私茶出境，与关隘不讥者，并论死。后又定茶引一道，输钱千，照茶百斤；茶由一道，输钱六百，照茶六十斤。既，又令纳钞，每引由一道，纳钞一贯。

　　洪武初，定令：凡卖茶之地，令宣课司三十取一。四年，户部言："陕西汉中、金州、石泉、汉阴、平利、西乡诸县，茶园四十五顷，茶八十六万余株。四川巴茶三百十五顷，茶二百三十八万余株。宜定令每十株官取其一。无主茶园，令军士薅采，十取其一，以易番马。"从之。于是诸产茶地设茶课司，定税额，陕西二万六千斤有奇，四川一百万斤。设茶马司于秦、洮、河、雅诸州，自碉门、黎、雅抵朵甘、乌思藏，行茶之地五千余里。山后归德诸州，西方诸部落，无不以马售者。

　　碉门、永宁、筠、连所产茶，名曰剪刀粗叶，惟西番用之，而商贩未尝出境。四川茶盐都转运使言："宜别立茶局，征其税，易红缨、毡衫、米、布、椒、蜡以资国用。而居民所收之茶，依江南给引贩卖法，公私两便。"于是永宁、成都、筠、连皆设茶局矣。

　　川人故以茶易毛布、毛缨诸物以偿茶课。自定课额，立仓收贮，专用以市马，民不敢私采，课额每亏，民多赔纳。四川布政司以为言，乃听民采摘，与番易贷。又诏天全六番司民，免其徭役，专令蒸乌茶易马。

　　初制，长河西等番商以马入雅州易茶，由四川岩州卫入黎州始达。茶马司定价，马一匹，茶千八百斤，于碉门茶课司给之。番商往复迂远，而给茶太多。岩州卫以为言，请置茶马司于岩州，而改贮碉门茶于其地，且验马高下以为茶数。诏茶马司仍旧，而定上马一匹，给茶百二十斤，中七十斤，驹五十斤。

　　三十年改设秦州茶马司于西宁，敕右军都督曰："近者私茶出境，互市者少，马日贵而茶日贱，启番人玩侮之心。檄秦、蜀二府，发都司官军于松潘、碉门、黎、雅、河州、临洮及入西番关口外,巡禁私茶之出境者。"又遣驸马都尉谢达谕蜀王椿曰:"国家榷茶,本资易马。边吏失讥,私贩出境,惟易红缨杂物。使番人坐收其利,而马入中国者少,岂所以制戎狄哉! 尔其谕布政司、都司,严为防禁,毋致失利。"

当是时,帝绸缪边防,用茶易马,固番人心,且以强中国。尝谓户部尚书郁新:"用陕西汉中茶三百万斤,可得马三万匹,四川松、茂茶如之。贩鬻之禁,不可不严。"以故遣金都御史邓文铿等察川、陕私茶;驸马都尉欧阳伦以私茶坐死。又制金牌信符,命曹国公李景隆赍入番,与诸番要约,篆文上曰"皇帝圣旨",左曰"合当差发",右曰"不信者斩"。凡四十一面:洮州火把藏思囊日等族,牌四面,纳马三千五十匹;河州必里卫西番二十九族,牌二十一面,纳马七千七百五匹;西宁曲先、阿端、罕东、安定四卫,巴哇、申中、申藏等族,牌十六面,纳马三千五十匹。下号金牌降诸番,上号藏内府以为契,三岁一遣官合符。其通道有二,一出河州,一出碉门,运茶五十余万斤,获马万三千八百匹。太祖之驭番如此。

永乐中,帝怀柔远人,递增茶斤。由是市马者多,而茶不足。茶禁亦稍弛,多私出境。碉门茶马司至用茶八万余斤,仅易马七十匹,又多瘦损。乃申严茶禁,设洮州茶马司,又设甘肃茶马司于陕西行都司地。十三年特遣三御史巡督陕西茶马。

太祖之禁私茶也,自三月至九月,月遣行人四员,巡视河州、临洮、碉门、黎、雅。半年以内,遣二十四员,往来旁午。宣德十年,乃定三月一遣。自永乐时停止金牌信符,至是复给。未几,番人为北狄所侵掠,徙居内地,金牌散失。而茶司亦以茶少,止以汉中茶易马,且不给金牌,听其以马入贡而已。

先是,洪武末,置成都、重庆、保宁、播州茶仓四所,令商人纳米中茶。宣德中,定官茶百斤,加耗什一。中茶者,自遣人赴甘州、西宁,而支盐于淮、浙以偿费。商人恃文凭恣私贩,官课数年不完。正统初,都御史罗亨信言其弊,乃罢运茶支盐例,令官运如故,以京官总理之。

景泰中，罢遣行人。成化三年命御史巡茶陕西。番人不乐御史，马至日少。乃取回御史，仍遣行人，且令按察司巡察。已而巡察不专，兵部言其害，乃复遣御史，岁一更，著为令。又以岁饥待振，复令商纳粟中茶，且令茶百斤折银五钱。商课折色自此始。

弘治三年，御史李鸾言："茶马司所积渐少，各边马耗，而陕西诸郡岁稔，无事易粟。请于西宁、河西、洮州三茶马司召商中茶，每引不过百斤，每商不过三十引，官收其十之四，余者始令货卖，可得茶四十万斤，易马四千匹，数足而止。"从之。十二年，御史王宪又言："自中茶禁开，遂令私茶莫遏，而易马不利。请停粮茶之例。异时，或兵荒，乃更图之。"部覆从其请。四川茶课司旧征数十万斤易马。永乐以后，番马悉由陕西道，川茶多浥烂。乃令以三分为率，一分收本色，二分折银，粮茶停二年。延绥饥，复召商纳粮草，中四百万斤。寻以御史王绍言，复禁止，并罢正额外召商开中之例。

十六年取回御史，以督理马政都御史杨一清兼理之。一清复议开中，言："召商买茶，官贸其三之一，每岁茶五六十万斤，可得马万匹。"帝从所请。正德元年，一清又建议，商人不愿领价者，以半与商，令自卖。遂著为例永行焉。一清又言金牌信符之制当复，且请复设巡茶御史兼理马政。乃复遣御史，而金牌以久废，卒不能复。后武宗宠番僧，许西域人例外带私茶。自是茶法遂坏。

番人之市马也，不能辨权衡，止订篦中马。篦大，则官亏其直；小，则商病其繁。十年，巡茶御史王汝舟约为中制，每千斤为三百三十篦。

嘉靖三年，御史陈讲以商茶低伪，悉征黑茶，地产有限，乃第茶为上中二品，印烙篦上，书商名而考之。旋定四川茶引五万道，二万六千道为腹引，二万四千道为边引。芽茶引三钱，叶茶引二钱。中茶至八十万斤而止，不得太滥。

十五年，御史刘良卿言："律例：'私茶出境与关隘失察者，并凌迟处死。'盖西陲藩篱，莫切于诸番。番人恃茶以生，故严法以禁之，易马以酬之,以制番人之死命,壮中国之藩篱,断匈奴之右臂,非可以常法论也。洪武初例,民间蓄茶不得过一月之用。弘治中,召商中茶,或以备振,或以储边,然未尝禁内地之民使不得食茶也。今减通番之罪,止于充军,禁内地之茶,使不得食,又使商私课茶,悉聚于三茶马司。夫茶司与番为邻,私贩易通,而禁复严于内郡,是驱民为私贩而授之资也。以故大奸阑出而漏网,小民负升斗而罹法。今计三茶马司所贮,洮河足三年,西宁足二年,而商、私、课茶又日益增,积久腐烂而无所用。茶法之弊如此。番地多马而无所市,吾茶有禁而不得通,其势必相求,而制之之机在我。今茶司居民,窃易番马以待商贩,岁无虚日,及官易时,而马反耗矣。请敕三茶马司,止留二年之用,每年易马当发若干。正茶之外,分毫毋得夹带。令茶价踊贵,番人受制,良马将不可胜用。且多开商茶,通行内地,官榷其半以备军饷,而河、兰、阶、岷诸近番地,禁卖如故,更重通番之刑如律例。洮、岷、河责边备道,临洮、兰州责陇右分巡,西宁责兵备,各选官防守。失察者以罢软论。"奏上,报可。于是茶法稍饬矣。

御史刘崙、总督尚书王以旗等,请复给诸番金牌信符。兵部议,番族变诈不常,北狄抄掠无已,金牌亟给亟失,殊损国体。番人纳马,意在得茶,严私贩之禁,则番人自顺,虽不给金牌,马可集也。若私贩盛行,吾无以系其心制其命,虽给金牌,马亦不至。乃定议发勘合予之。

其后陕西岁饥,茶户无所资,颇逋课额。三十六年,户部以全陕灾震,边饷告急,国用大绌,上言:"先时,正额茶易马之外,多开中以佐公家,有至五百万斤者。近者御史刘良卿亦开百万,后止开正额八十万斤,并课茶、私茶通计仅九十余万。宜下巡茶御史议,召商多中。"御史杨美益言:"岁祲民贫,即正额尚多亏损,安有赢羡。今第宜守每年九十万斤招番易马之规。凡通内地以息私贩,增开中以备振荒,悉从停罢,毋使与马分利。"户部以帑藏方匮,请始弘治六年例,易马外仍开百万斤,召纳边镇以备军饷。诏从之。末年,御史潘一桂言:"增中商茶,颇壅滞,宜裁减十四五。"又言:"松潘与洮河近，私茶往往阑出，宜停松潘引目，申严入番之禁。"皆报可。

四川茶引之分边腹也，边茶少而易行，腹茶多而常滞。隆庆三年裁引万二千，以三万引属黎、雅，四千引属松潘诸边，四千引留内地，税银共万四千余两，解部济边以为常。

五年令甘州仿洮河、西宁事例，岁以六月开中，两月内中马八百匹。立赏罚例，商引一二年销完者赏有差，逾三年者罪之，没其附带茶。

万历五年，俺答款塞，请开茶市。御史李时成言："番以茶为命。北狄若得，藉以制番，番必从狄，贻患匪细。部议给百余篦，而勿许其市易。自刘良卿弛内地之禁，杨美益以为非，其后复禁止。十三年，以西安、凤翔、汉中不与番邻，开其禁，招商给引，抽十三入官，余听自卖。御史钟化民以私茶之阑出多也，请分任责成。陕之汉中，关南道督之，府佐一人专驻鱼渡坝；川之保宁，川北道督之，府佐一人专驻鸡猴坝。率州、县官兵防守。"从之。

中茶易马，惟汉中、保宁，而湖南产茶，其直贱，商人率越境私贩，中汉中、保宁者，仅一二十引。茶户欲办本课，辄私贩出边，番族利私茶之贱，因不肯纳马。二十三年，御史李楠请禁湖茶，言："湖茶行，茶法、马政两弊。宜令巡茶御史召商给引，愿报汉、兴、保、夔者，准中。越境下湖南者，禁止。且湖南多假茶，食之刺口破腹，番人亦受其害。"既而御史徐侨言："汉、川茶少而直高，湖南茶多而直下。湖茶之行，无妨汉中。汉茶味甘而薄，湖茶叶苦，于酥酪为宜，亦利番也。但宜立法严核，以遏假茶。"户部折衷其议，以汉茶为主，湖茶佐之。各商中引，先给汉、川毕，乃给湖南。如汉引不足，则补以湖引。报可。

二十九年，陕西巡按御史毕三才言："课茶征输，岁有定额。先因茶多余积，园户解纳艰难，以此改折。今商人绝迹，五司茶空。请令汉中五州县仍输本色，每岁招商中五百引，可得马万一千九百余匹。"部议，西宁、河、洮、岷、甘、庄浪六茶司共易马九千六百匹，著为令。天启时，增中马二千四百匹。

明初严禁私贩,久而奸弊日生。洎乎末造,商人正引之外,多给赏由票,使得私行。番人上驷尽入奸商,茶司所市者乃其中下也。番得茶,叛服自由;而将吏又以私马窜番马,冒支上茶。茶法、马政、边防于是俱坏矣。

其他产茶之地,南直隶常、庐、池、徽,浙江湖、严、衢、绍,江西南昌、饶州、南康、九江、吉安,湖广武昌、荆州、长沙、宝庆,四川成都、重庆、嘉定、夔、泸。商人中引则于应天、宜兴、杭州三批验所,征茶课则于应天之江东瓜埠。自苏、常、镇、徽、广德及浙江、河南、广西、贵州皆征钞,云南则征银。

其上供茶,天下贡额四千有奇。福建建宁所贡最为上品,有探春、先春、次春、紫笋及荐新等号。旧皆采而碾之,压以银板,为大小龙团。太祖以其劳民,罢造,惟令采茶芽以进,复上供户五百家。凡贡茶,第按额以供,不具载。

明史卷八一
志第五七

食货五

钱钞　坑冶 附铁冶铜场　商税　市舶　马市

钱币之兴，自九府圜法，历代遵用。钞始于唐之飞钱，宋之交会，金之交钞。元世始终用钞，钱几废矣。

太祖初置宝源局于应天，铸"大中通宝"钱，与历代钱兼行。以四百文为一贯，四十文为一两，四文为一钱。及平陈友谅，命江西行省置货泉局，颁大中通宝钱，大小五等钱式。即位，颁"洪武通宝"钱，其制凡五等：曰"当十"、"当五"、"当三"、"当二"、"当一"。"当十"钱重一两，余递降至重一钱止。各行省皆设宝泉局，与宝源局并铸，而严私铸之禁。洪武四年改铸大中、洪武通宝大钱为小钱。初，宝源局钱铸"京"字于背，后多不铸，民间无"京"字者不行，故改铸小钱以便之。寻令私铸钱作废铜送官，偿以钱。是时有司责民出铜，民毁器皿输官，颇以为苦。而商贾沿元之旧习用钞，多不便用钱。

七年，帝乃设宝钞提举司。明年始诏中书省造大明宝钞，命民间通行。以桑穰为料，其制方，高一尺，广六寸，质青色，外为横文花栏。横题其额曰"大明通行宝钞"。其内上两旁，复为篆文八字，曰"大明宝钞，天下通行"。中图钱贯，十串为一贯。其下云："中书省奏准印造大明宝钞与铜钱通行使用，伪造者斩，告捕者赏银二十五两,仍给犯人财产。"若五百文则画钱文为五串,余如其制而递减之。其等凡六:曰一贯,曰五百文、四百文、三百文、二百文、一百文。每钞一贯,准钱千文,银一两;四贯准黄金一两。禁民间不得以金银物货交易,违者罪之;以金银易钞者听。遂罢宝源、宝泉局。越二年,复设宝泉局,铸小钱与钞兼行,百文以下止用钱。商税兼收钱钞,钱三钞七。十三年,以钞用久昏烂,立倒钞法,令所在置行用库,许军民商贾以昏钞纳库易新钞,量收工墨直。会中书省废,乃以造钞属户部,铸钱属工部,而改宝钞文"中书省"为"户部",与旧钞兼行。十六年,置户部宝钞广源库、广惠库;入则广源掌之,出则广惠掌之。在外卫所军士,月盐皆给钞,各盐场给工本钞。十八年,天下有司官禄米皆给钞,二贯五百文准米一石。

二十二年诏更定钱式:生铜一斤,铸小钱百六十,折二钱半之,"当三"至"当十",准是为差。更造小钞,自十文至五十文。二十四年谕榷税官吏,凡钞有字贯可辨者,不问烂损,即收受解京,抑勒与伪充者罪之。二十五年设宝钞行用库于东市,凡三库,各给钞三万锭为钞本,倒收旧钞送内府。令大明宝钞与历代钱兼行,钞一贯准钱千文,提举司于三月内印造,十月内止,所造钞送内府充赏赉。明年罢行用库,又罢宝泉局。时两浙、江西、闽、广民重钱轻钞,有以钱百六十文折钞一贯者,由是物价翔贵,而钞法益坏不行。三十年乃更申交易用金银之禁。

成祖初,犯者以奸恶论,惟置造首饰器皿,不在禁例。永乐二年诏犯者免死,徙家戍兴州。陕西都司佥事张豫,坐抵易官钞论戍。江夏民父死,以银营葬具,当戍边。帝以其迫于治葬,非玩法,特矜宥之。都御史陈瑛言:"比岁钞法不通,皆缘朝廷出钞太多,收敛无法,以致物重钞轻。莫若暂行户口食盐法。天下人民不下千万户,官军不下二百万家,诚令计口纳钞食盐,可收五千余万锭。"帝令户部会群臣议。大口月食盐一斤,纳钞一贯,小口半之。从其议。设北京宝钞提举司,税粮课程赃罚俱折收钞,其直视洪武初减十之九。后又令盐官纳旧钞支盐,发南京抽分场积薪、龙江提举司竹木鬻之军民，收其钞。应天岁办芦柴，征钞十之八。帝初即位，户部尚书夏原吉请更钞板篆文为“永乐”。帝命仍事旧。自后终明世皆用洪武年号云。

仁宗监国，令犯笞杖者输钞。及即位，以钞不行询原吉。原吉言：“钞多则轻，少则重。民间钞不行，缘散多敛少，宜为法敛之。请市肆门摊诸税，度量轻重，加其课程。钞入官，官取昏软者悉毁之。自今官钞宜少出，民间得钞难，则自然重矣。”乃下令曰：“所增门摊课程，钞法通，即复旧，金银布帛交易者，亦暂禁止。”然是时，民卒轻钞。至宣德初，米一石用钞五十贯，乃弛布帛米麦交易之禁。凡以金银交易及匿货增直者罚钞，府县卫所仓粮积至十年以上者，盐粮悉收钞，秋粮亦折钞三分，门摊课钞增五倍，塌房、店舍月纳钞五百贯，果园、骡车并令纳钞。户部言民间交易，惟用金银，钞滞不行。乃益严其禁，交易用银一钱者，罚钞千贯，赃吏受银一两者，追钞万贯，更追免罪钞如之。

英宗即位，收赋有米麦折银之令，遂减诸纳钞者，而以米银钱当钞，弛用银之禁。朝野率皆用银，其小者乃用钱，惟折官俸用钞，钞壅不行。十三年复申禁令，阻钞者追一万贯，全家戍边。天顺中，始弛其禁。宪宗令内外课程钱钞兼收，官俸军饷亦兼支钱钞。是时钞一贯不能直钱一文，而计钞征之民，则每贯征银二分五厘，民以大困。

弘治元年，京城税课司，顺天、山东、河南户口食盐，俱收钞，各钞关俱钱钞兼收。其后乃皆改折用银。而洪武、永乐、宣德钱积不用，诏发之，令与历代钱兼用。户部请鼓铸，乃复开局铸钱。凡纳赎收税，历代钱、制钱各收其半；无制钱即收旧钱，二以当一。制钱者，国朝钱也。旧制，工部所铸钱入太仓、司钥二库；诸关税钱亦入司钥库。共贮钱数千百万，中官掌之，京卫军秋粮取给焉，每七百当银一两。武宗之初，部臣请察核侵蚀；又以钱当俸粮者，仅及银数三之一，请于承运库给银。时中官方用事，皆不听。已而司钥库太监庞瓘言：“自弘治间榷关折银入承运库，钱钞缺乏，支放不给，请遵成化旧制,钱钞兼收。"从之。正德三年,以太仓积钱给官俸,十分为率,钱一银九。又从太监张永言,发天财库及户部布政司库钱,关给征收,每七十文征银一钱,且申私铸之禁。嘉靖四年,令宣课分司收税,钞一贯折银三厘,钱七文折银一分。是时钞久不行,钱亦大壅,益专用银矣。

明初铸洪武钱。成祖九年铸永乐钱。宣德九年铸宣德钱。弘治十六年以后,铸弘治钱。至世宗嘉靖六年,大铸嘉靖钱。每文重一钱三分,且补铸累朝未铸者。三十二年铸洪武至正德九号钱,每号百万锭,嘉靖钱千万锭,一锭五千文。而税课抽分诸厂,专收嘉靖钱。民患钱少,乃发内库新旧钱八千一百万文折给俸粮。又令通行历代钱,有销新旧钱及以铜造像制器者,罪比盗铸。先是,民间行滥恶钱,率以三四十钱当银一分。后益杂铅锡,薄劣无形制,至以六七十文当银一分。鄟楮夹其中,不可辨。用给事中李用敬言,以制钱与前代杂钱相兼行,上品者俱七文当银一分,余视钱高下为三等,下者二十一文当银一分;私造滥恶钱悉禁不行,犯者置之法。小钱行久,骤革之,民颇不便。又出内库钱给文武官俸,不论新旧美恶,悉以七文折算。诸以俸钱市易者,亦悉以七文抑勒予民,民亦骚然。

属连岁大侵,四方流民就食京师,死者相枕藉。论者谓钱法不通使然。于是御史何廷钰条奏,请许民用小钱,以六十文当银一分。户部执不从。廷钰讦奏尚书方钝及郎中刘尔牧。帝怒,斥尔牧,采廷钰议,命从民便。且定嘉靖钱七文,洪武诸钱十文,前代钱三十文,当银一分。然诸滥恶小钱,以初禁之严,虽奉旨间行,竟不复用,而民间竞私铸嘉靖通宝钱,与官钱并行焉。

给事中殷正茂言:"两京铜价大高,铸钱得不偿费。宜采云南铜,运至岳州鼓铸,费工本银三十九万,可得钱六万五千万文,直银九十三万余两,足以少佐国家之急。"户部覆言:"云南地僻事简,即山鼓铸为便。"乃敕巡抚以盐课银二万两为工本。未几,巡抚王昺言费多入少,乞罢铸。帝以小费不当惜,仍命行之。越数年,巡按王净复言宜罢铸。部议:"钱法壅滞者,由宣课司收税以七文当一分。奸民乘机阻挠，钱多则恶滥相欺，钱少则增直罔利，故禁愈繁而钱愈滞。自今准折听民便，不必定文数，而课税及官俸且俱用银。"乃罢云南铸钱，而从户部议。

时所铸钱有金背，有火漆，有镟边。议者以铸钱艰难，工匠劳费，革镟车用镟锡。于是铸工竞杂铅锡，便锉治，而轮郭粗粝，色泽黯黪。奸伪仿效，盗铸日滋，金背钱反阻不行。死罪日报，终不能止。帝患之，问大学士徐阶。阶陈五害，请停宝源局铸钱，应支给钱者悉予银。帝乃鞠治工匠侵料减工罪，而停鼓铸。自后税课征银而不征钱。且民间止用制钱，不用古钱，而私铸者多。

隆庆初，钱法不行，兵部侍郎谭纶言："欲富民，必重布帛菽粟而贱银；欲贱银，必制钱法以济银之不足。今钱惟布于天下，而不以输于上，故其权在市井。请令民得以钱输官，则钱法自通。"于是课税银三两以下复收钱，民间交易一钱以下止许用钱。时钱八文折银一分，禁民毋得任意低昂。直隶巡按杨家相请铸大明通宝钱，不识年号。部议格不行。高拱再相，言："钱法朝议夕更，迄无成说。小民恐今日得钱，而明日不用，是以愈更愈乱，愈禁愈疑。请一从民便，勿多为制以乱人耳目。"帝深然之。钱法复稍稍通矣。宝钞不用垂百余年，课程亦鲜有收钞者，惟俸钱独支钞如故。四年始以新铸隆庆钱给京官俸云。

万历四年，命户工二部准嘉靖钱式铸"万历通宝"金背及火漆钱，一支重一钱二分五厘，又铸镟边钱，一文重一钱三分，颁行天下，俸粮皆银钱兼给。云南巡按郭庭梧言："国初京师有宝源局，各省有宝泉局，自嘉靖间省局停废，民用告匮。滇中产铜，不行鼓铸，而反以重价购海𫑡，非利也。"遂开局铸钱。寻命十三布政司皆开局。采工部言，以五铢钱为准，用四火黄铜铸金背，二火黄铜铸火漆，粗恶者罪之。盖以费多利少则私铸自息。久之，户部言："钱之轻重不常，轻则敛，重则散，故无壅阏匮乏之患。初铸时，金背十文直银一分，今万历金背五文，嘉靖金背四文，各直银一分，火漆镟边亦如之。仅逾十年，而轻重不啻相半，钱重而物价腾踊，宜发库贮以平其直。”从之。时王府皆铸造私钱，吏不敢诇。古钱阻滞不行，国用不足，乃命南北宝源局拓地增炉鼓铸。而北钱视南钱昂直三之一，南铸大抵轻薄。然各循其旧，并行不废。

天启元年铸泰昌钱。兵部尚书王象乾，请铸当十、当百、当千三等大钱，用龙文，略仿白金三品之制，于是两京皆铸大钱。后有言大钱之弊者，诏两京停铸大钱，收大钱发局改铸。当是时，开局遍天下，重课钱息。

崇祯元年，南京铸本七万九千余两，获息银三万九千有奇；户部铸钱获息银二万六千有奇。其所铸钱，皆以五十五文当银一钱，计息取盈，工匠之赔补，行使之折阅，不堪命矣。宝泉局铜本四十万两，旧例钱成还本太仓，次年再借，至是令永作铸本。三年，御史饶京言：“铸钱开局，本通行天下，今乃苦于无息，旋开旋罢，自南北两局外，仅存湖广、陕西、四川、云南及宣、密二镇。而所铸之息，不尽归朝廷，复苦无铸本，盖以买铜而非采铜也。乞遵洪武初及永乐九年、嘉靖六年例，遣官各省铸钱，采铜于产铜之地，置官吏驻兵，仿银矿法，十取其三。铜山之利，朝廷擅之，小民所采，仍予直以市。”帝从之。是时铸厂并开，用铜益多，铜至益少。南京户部尚书郑三俊请专官买铜。户部议原籍产铜之人驻镇远、荆、常铜铅会集处，所谓采铜于产铜之地也。帝俱从之。既，又采绛、孟、垣曲、闻喜诸州县铜铅。荆州抽分主事朱大受言：“荆州上接黔、蜀，下联江、广，商贩铜铅毕集，一年可以四铸。四铸之息，两倍于南，三倍于北。”因陈便宜四事，即命大受专督之。遂定钱式，每文重一钱，每千直银一两。南都钱轻薄，屡旨严饬，乃定每文重八分。初，嘉靖钱最工，隆、万钱加重半铢，自启、祯新铸出，旧钱悉弃置。然日以恶薄，大半杂铅砂，百不盈寸，捽掷辄破碎。末年敕铸当五钱，不及铸而明亡。

初制，历代钱与制钱通行。自神宗初，从佥都御史庞尚鹏议，古钱止许行民间，输税赎罪俱用制钱。启、祯时广铸钱，始括古钱以充废铜，民间市易亦揜不用矣。庄烈帝初即位，御平台召对，给事中黄承昊疏有销古钱之语。大学士刘鸿训言：“北言皆用古钱，若骤废之，于民不便。"帝以为然。既而以御史王燮言，收销旧钱，但行新钱，于是古钱销毁顿尽。盖自隋世尽销古钱，至是凡再见云。

钞法自弘、正间废，天启时，给事中惠世扬复请造行。崇祯末，有蒋臣者申其说，擢为户部司务。倪元璐方掌部事，力主之，然终不可行而止。

坑冶之课，金银、铜铁、铅汞、朱砂、青绿，而金银矿最为民害。徐达下山东，近臣请开银场。太祖谓银场之弊，利于官者少，损于民者多，不可开。其后有请开陕州银矿者，帝曰："土地所产，有时而穷。岁课成额，征银无已。言利之臣，皆戕民之贼也。"临淄丞乞发山海之藏以通宝路，帝黜之。成祖斥河池民言采矿者。仁、宣仍世禁止，填番禺坑洞，罢嵩县白泥沟发矿。然福建尤溪县银屏山银场局炉冶四十二座，始于洪武十九年。浙江温、处、丽水、平阳等七县，亦有场局。岁课皆二千余两。

永乐间，开陕西商县凤皇山银坑八所。遣官湖广、贵州采办金银课，复遣中官、御史往核之。又开福建浦城县马鞍等坑三所，设贵州太平溪、交阯宣光镇金场局，葛溪银场局，云南大理银冶。其不产金银者，亦屡有革罢。而福建岁额增至三万余两，浙江增至八万余。宣宗初，颇减福建课，其后增至四万余，而浙江亦增至九万余。英宗下诏封坑穴，撤闸办官，民大苏息，而岁额未除。岁办，皆洪武旧额也。闸办者，永、宣所新增也。既而禁革永煎。奸民私开坑穴相杀伤，严禁不能止。下诏宥之，不悛。言者复请开银场，则利归于上，而盗无所容。乃命侍郎王质往经理，定岁课，福建银二万余，浙江倍之。又分遣御史曹祥、冯杰提督，供亿过公税，民困而盗愈众。邓茂七、叶宗留之徒流毒浙、闽，久之始定。景帝尝封闭，旋以盗矿者多，兵部尚书孙原贞请开浙江银场，因并开福建，命中官戴细保提督之。天顺四年命中官罗永之浙江，罗圭之云南，冯让之福建，何能之四川。课额浙、闽大略如旧，云南十万两有奇，四川万三千有奇，总十八万三千有奇。成化中，开湖广金场，武陵等十二县凡二十一场，岁役民夫五十五万,死者无算,得金仅三十五两,于是复闭。而浙江银矿以缺额量减,云南屡开屡停。

弘治元年始减云南二万两,温、处万两余,罢浦城废坑银冶。至十三年,云南巡抚李士实言:"云南九银场,四场矿脉久绝,乞免其课。"报可。四川、山东矿穴亦先后封闭。武宗初,从中官秦文等奏,复开浙、闽银矿。既而浙江守臣言矿脉已绝,乃令岁进银二万两,刘瑾诛乃止。世宗初,闭大理矿场。其后蓟、豫、齐、晋、川、滇所在进矿砂金银,复议开采,以助大工。既获玉旺峪矿银,帝谕阁臣广开采。户部尚书方钝等请令四川、山东、河南抚按严督所属,一一搜访,以称天地降祥之意。于是公私交骛矿利,而浙江、江西盗矿者且劫徽、宁,天下渐多事矣。

隆庆初,罢蓟镇开采。南中诸矿山,亦勒石禁止。万历十二年,奸民屡以矿利中上心。诸臣力陈其弊。帝虽从之,意怏怏。二十四年,张位秉政,前卫千户仲春请开矿,位不能止。开采之端启,废弁白望献矿峒者日至,于是无地不开。中使四出:昌平则王忠,真、保、蓟、永、房山、蔚州则王虎,昌黎则田进,河南之开封、彰德、卫辉、怀庆、叶县、信阳则鲁坤,山东之济南、青州、济宁、沂州、滕、费、蓬莱、福山、栖霞、招远、文登则陈增,山西之太原、平阳、潞安则张忠,南直之宁国、池州则郝隆、刘朝用,湖广之德安则陈奉,浙江之杭、严、金、衢、孝丰、诸暨则曹金,后代以刘忠,陕西之西安则赵鉴、赵钦,四川则丘乘云,辽东则高淮,广东则李敬,广西则沈永寿,江西则潘相,福建则高寀,云南则杨荣。皆给以关防,并借原奏官往。矿脉微细无所得,勒民偿之。而奸人假开采之名,乘传横索民财,陵轹州县。有司恤民者,罪以阻挠,逮问罢黜。时中官多暴横,而陈奉尤甚。富家巨族则诬以盗矿,良田美宅则指以为下有矿脉,率役围捕,辱及妇女,甚至断人手足投之江,其酷虐如此。帝纵不问。自二十五年至三十三年,诸珰所进矿税银几及三百万两,群小藉势诛索,不啻倍蓰,民不聊生。山西巡抚魏允贞上言:"方今水旱告灾,天鸣地震,星流气射,四方日报。中外军兴,百姓困敝。而嗜利小人,借开采以肆饕餮。倘衅由中作，则矿夫冗役为祸尤烈。至是而后，求投珠抵璧之说用之晚矣。"河南巡按姚思仁亦言："开采之弊，大可虑者有八。矿盗哨聚，易于召乱，一也。矿头累极，势成土崩，二也。矿夫残害，逼迫流亡，三也。雇民粮缺，饥饿噪呼，四也。矿洞遍开，无益浪费，五也。矿砂银少，强科民买，六也。民皆开矿，农桑失业，七也。奏官强横，淫刑激变，八也。今矿头以赔累死，平民以逼买死，矿夫以倾压死，以争斗死。及今不止，虽倾府库之藏，竭天下之力，亦无济于存亡矣。"疏入，皆不省。识者以为明亡盖兆于此。

铁冶所，洪武六年置。江西进贤、新喻、分宜，湖广兴国、黄梅，山东莱芜，广东阳山，陕西巩昌，山西吉州二，太原、泽、潞各一，凡十三所，岁输铁七百四十六万余斤。河南、四川亦有铁冶。十二年益以茶陵。十五年，广平吏王允道言："磁州产铁，元时置官，岁收百余万斤，请如旧。"帝以民生甫定，复设必重扰，杖而流之海外。十八年罢各布政司铁冶。既而工部言："山西交城产云子铁，旧贡十万斤，缮治兵器，他处无有。"乃复设。已而武昌、吉州以次复焉。末年，以工部言，复尽开，令民得自采炼，每三十分取其二。永乐时，设四川龙州、辽东都司三万卫铁冶。景帝时，办事吏请复陕西、宁远铁矿，工部劾其违法，下狱。给事中张文质以为不宜塞言路，乃释之。弘治十七年，广东归善县请开铁冶，有司课外索赂，唐大鬓等因作乱，都御史刘大夏讨平之。正德十四年，广州置铁厂，以盐课提举司领之，禁私贩如盐法。嘉靖三十四年开建宁、延平诸府铁冶。隆、万以后，率因旧制，未尝特开云。

铜场，明初，惟江西德兴、铅山。其后四川梁山，山西五台，陕西宁羌、略阳及云南皆采水银、青绿。太祖时，廉州巡检言："阶州界西戎，有水银坑冶及青绿、紫泥，愿得兵取其地。"帝不许。惟贵州大万山长官司有水银、朱砂场局，而四川东川府会川卫山产青银铜绿，以与外番接境，虞军民潜取生事，特禁饬之。成化十七年封闭云南路南州铜坑。弘治十八年裁革板场坑水银场局。正德九年，军士周达请开云南诸银矿,因及铜、锡、青绿。诏可,遂次第开采。嘉靖、隆、万间,因鼓铸,屡开云南诸处铜场,久之所获渐少。崇祯时,遂括古钱以供炉冶焉。

关市之征,宋、元颇繁琐。明初务简约,其后增置渐多,行赍居鬻,所过所止各有税。其名物件析榜于官署,按而征之,惟农具、书籍及他不鬻于市者勿算,应征而藏匿者没其半。买卖田宅头匹必投税,契本别纳纸价。凡纳税地,置店历,书所止商氏名物数。官司有都税,有宣课,有司,有局,有分局,有抽分场局,有河泊所。所收税课,有本色,有折色。税课司局,京城诸门及各府州县市集多有之,凡四百余所。其后以次裁并十之七。抽分在南京者,曰龙江、大胜港;在北京者,曰通州、白河、卢沟、通积、广积;在外者,曰真定、杭州、荆州、太平、兰州、广宁。又令军卫自设场分,收贮柴薪。河泊所惟大河以南有之,河北止盐山县。

凡税课,征商估物货;抽分,科竹木柴薪;河泊,取鱼课。又有门摊课钞,领于有司。太祖初,征酒醋之税,收官店钱。即吴王位,减收官店钱,改在京官店为宣课司,府县官店为通课司。

凡商税,三十而取一,过者以违令论。洪武初,命在京兵马指挥领市司,每三日一校勘街市度量权衡,稽牙侩物价;在外,城门兵马,亦令兼领市司。彰德税课司,税及蔬果、饮食、畜牧诸物。帝闻而黜之。山西平远主簿成乐秩满来朝,上其考曰“能恢办商税”。帝曰:“税有定额,若以恢办为能,是剥削下民,失吏职也。州考非是。”命吏部移文以讯。十年,户部奏:“天下税课司局,征商不如额者百七十八处。”遂遣中官、国子生及部委官各一人核实,立为定额。十三年,吏部言:“税课司局岁收额米不及五百石者,凡三百六十四处,宜罢之。”报可。胡惟庸伏诛,帝谕户部曰:“曩者奸臣聚敛,税及纤悉,朕甚耻焉。自今军民嫁娶丧祭之物,舟车丝布之类,皆勿税。”罢天下抽分竹木场。明年令以野兽皮输鱼课,制裘以给边卒。

初,京师军民居室皆官所给,比舍无隙地。商货至,或止于舟,或贮城外，驵侩上下其价，商人病之。帝乃命于三山诸门外，濒水为屋，名塌房，以贮商货。

永乐初定制，嫁娶丧祭时节礼物、自织布帛、农器、食品及买既税之物、车船运己货物、鱼蔬杂果非市贩者，俱免税。准南京例，置京城官店塌房。七年，遣御史、监生于收课处榷办课程。二十一年，山东巡按陈济言："淮安、济宁、东昌、临清、德州、直沽，商贩所聚。今都北平，百货倍往时。其商税宜遣人监榷一年，以为定额。"帝从之。

洪熙元年增市肆门摊课钞。宣德四年，以钞法不通，由商居货不税，由是于京省商贾凑集地、市镇店肆门摊税课，增旧凡五倍。两京蔬果园不论官私，种而鬻者，塌房、库房、店舍居商货者，骡驴车受雇装载者，悉令纳钞。委御史、户部、锦衣卫、兵马司官各一，于城门察收。舟船受雇装载者，计所载料多寡、路近远纳钞。钞关之设自此始。其倚势隐匿不报者，物尽没官，仍罪之。于是有漷县、济宁、徐州、淮安、扬州、上新河、浒墅、九江、金沙洲、临清、北新诸钞关，量舟大小修广而差其额，谓之船料，不税其货。惟临清、北新则兼收货税，各差御史及户部主事监收。自南京至通州，经淮安、济宁、徐州、临清，每船百料，纳钞百贯。侍郎曹弘言："塌房月钞五百贯，良苦，有鬻子女输课者。"帝令核除之。及钞法通，减北京蔬地课钞之半，船料百贯者减至六十贯。

英宗初，诏凡课程门摊，俱遵洪武旧额，不得藉口钞法妄增。未几，以兵部侍郎于谦奏，革直省税课司局，领其税于有司；罢济宁、徐州及南京上新河船料钞，移漷县钞关于河西务，船料当输六十贯者减为二十贯。商民称便。九年，王佐掌户部，置彰义门官房，收商税课钞，复设直省税课司官，征榷渐繁矣。景泰元年，于谦柄国，船料减至十五贯，减张家湾及辽阳课税之半。大理卿薛瑄言："抽分薪炭等匿不报者，准舶商匿番货罪，尽没之，过重。请得比匿税律。"帝从之。成化七年增置芜湖、荆州、杭州三处工部官。初抽分竹木，止取钞，其后易以银，至是渐益至数万两。寻遣御史榷税。孝宗初，御史陈瑶言："崇文门监税官以掊克为能，非国体。"乃命客货外，车辆毋得搜阻。又从给事中王敞言，取回芜湖、荆州、杭州抽分御史，以府州佐贰官监收其税。十三年复遣御史。正德十一年始收泰山碧霞元君祠香钱，从镇守太监言也。十二年，御史胡文静请革新设诸抽分厂。未一年，太监郑玺请复设于顺德、广平。工部尚书李鐩依阿持两端，横征之端复起。寻命中官李文、马俊之湖广、浙江抽分厂，与主事中分榷税。世宗初，抽分中官及江西、福建、广东税课司局多所裁革，又革真定诸府抽印木植中官。

京城九门之税，弘治初岁入钞六十六万余贯，钱二百八十八万余文，至末年，数大减。自正德七年以后，钞增四倍，钱增三十万。嘉靖三年，诏如弘治初年例，仍减钱三十万。直省关税，成化以来，折收银，其后复收钱钞。八年复收银，遂为定制。始时钞关估船料定税，既而以估料难核，乃度梁头广狭为准，自五尺至三丈六尺有差。帝令以成尺为限，勿科畸零。太监李能请于山海关榷商税，行之数年，主事邹阅言："广宁八里铺前屯卫既有榷场，不宜再榷。"罢之。其后复山海关税，罢八里铺店钱。四十二年令各关岁额定数之外，余饶悉入公帑。隆庆二年始给钞关主事关防敕书，寻令钞关去府近者，知府收解；去府远者，令佐贰官收贮府库，季解部。主事掌核商所报物数以定税数，收解无有所与。

神宗初，令商货进京者，河西务给红单，赴崇文门并纳正、条、船三税；其不进京者，河西务止收正税，免条、船二税。万历十一年革天下私设无名税课。然自隆庆以来，凡桥梁、道路、关津私擅抽税，罔利病民，虽累诏察革，不能去也。迨两宫三殿灾，营建费不赀，始开矿增赋。而天津店租，广州珠榷，两淮余盐，京口供用，浙江市舶，成都盐茶，重庆名木，湖口、长江船税，荆州店税，宝坻鱼苇及门摊商税、油布杂税，中官遍天下，非领税即领矿，驱胁官吏，务朘削焉。

榷税之使，自二十六年千户赵承勋奏请始。其后高寀于京口，暨禄于仪真，刘成于浙，李凤于广州，陈奉于荆州，马堂于临清，陈增于东昌，孙隆于苏、杭，鲁坤于河南，孙朝于山西，丘乘云于四川，梁永于陕西，李道于湖口，王忠于密云，张晔于卢沟桥，沈永寿于广西，或征市舶，或征店税，或专领税务，或兼领开采。奸民纳贿于中官，辄给指挥千户札，用为爪牙。水陆行数十里，即树旗建厂。视商贾懦者肆为攘夺，没其全赀。负戴行李，亦被搜索。又立土商名目，穷乡僻坞，米盐鸡豕，皆令输税。所至数激民变，帝率庇不问。诸所进税，或称遗税，或称节省银，或称罚赎，或称额外赢余。又假买办、孝顺之名，金珠宝玩、貂皮、名马，杂然进奉，帝以为能。甚至税监刘成因灾荒请暂宽商税，中旨仍征课四万，其嗜利如此。三十三年始诏罢采矿，以税务归有司，而税使不撤。李道诡称有司固却，乞如旧便。帝遽从之。又听福府承奉谢文铨言，设官店于崇文门外，以供福邸。户部尚书赵世卿屡疏。不听。世卿又言："崇文门、河西务、临清、九江、浒墅、扬州、北新、淮安各钞关，岁征本折约三十二万五千余两，万历二十五年增银八万二千两，此定额也。乃二十七年以后，历岁减缩，至二十九年总解二十六万六千余两。究厥所由，则以税使苛敛，商至者少，连年税使所供，即此各关不足之数也。"疏入不省。宝坻银鱼厂，永乐时设，穆宗时，止令估直备庙祀上供。及是始以中官坐采，又征其税，后并税武清等县非产鱼之处。增苇网诸税，且及青县、天津。九门税尤苛，举子皆不免，甚至击杀觇史。事闻，诏法司治之，监竖为小戢。至四十二年，李太后遗命减天下税额三之一，免近京畸零小税。光宗立，始尽蠲天下额外税，撤回税监，其派入地亩、行户、人丁、间架者，概免之。

天启五年，户部尚书李起元请复榷水陆冲要，依万历二十七八年例，量征什一。允行之。崇祯初，关税每两增一钱，通八关增五万两。三年复增二钱，惟临清仅半，而崇文门、河西务俱如旧。户部尚书毕自严，议增南京宣课司税额一万为三万。南京户部尚书郑三俊，以宣课所收落地税无几，请税芜湖以当增数。自严遂议税芜湖三万两，而宣课仍增一万。三俊悔，疏争不能已。九年复议增税课款项。十三年增关税二十万两，而商民益困矣。

凡诸课程，始收钞，间折收米，已而收钱钞半，后乃折收银，而折色、本色递年轮收，本色归内库，折色归太仓。

明初，东有马市，西有茶市，皆以驭边省戍守费。海外诸国入贡，许附载方物与中国贸易。因设市舶司，置提举官以领之，所以通夷情，抑奸商，俾法禁有所施，因以消其衅隙也。洪武初，设于太仓黄渡，寻罢。复设于宁波、泉州、广州。宁波通日本，泉州通琉球，广州通占城、暹罗、西洋诸国。琉球、占城诸国皆恭顺，任其时至入贡。惟日本叛服不常，故独限其期为十年，人数为二百，舟为二艘，以金叶勘合表文为验，以防诈伪侵轶。后市舶司暂罢，辄复严禁濒海居民及守备将卒私通海外诸国。

永乐初，西洋刺泥国回回哈只马哈没奇等来朝，附载胡椒与民互市。有司请征其税。帝曰：“商税者，国家抑逐末之民，岂以为利。今夷人慕义远来，乃侵其利，所得几何，而亏辱大体多矣。”不听。三年，以诸番贡使益多，乃置驿于福建、浙江、广东三舶司以馆之。福建曰来远，浙江曰安远，广东曰怀远。寻设交阯云南市舶提举司，接西南诸国朝贡者。初，入贡海舟至，有司封识，俟奏报，然后起运。宣宗命至即驰奏，不待报，随送至京。

武宗时，提举市舶太监毕真言：“旧制，泛海诸船，皆市舶司专理，近领于镇巡及三司官，乞如旧便。”礼部议：市舶职司进贡方物，其泛海客商及风泊番船，非敕旨所载，例不当预。中旨令如熊宣旧例行。宣先任市舶太监也，尝以不预满剌加诸国番舶抽分，奏请兼理，为礼部所劾而罢。刘瑾私真，谬以为例云。

嘉靖二年，日本使宗设、宋素卿分道入贡，互争真伪。市舶中官赖恩纳素卿贿，右素卿，宗设遂大掠宁波。给事中夏言言倭患起于市舶。遂罢之。市舶既罢，日本海贾往来自如，海上奸豪与之交通，法禁无所施，转为寇贼。二十六年，倭寇百艘久泊宁、台，数千人登岸焚劫。浙江巡抚朱纨访知舶主皆贵官大姓，市番货皆以虚直，转鬻牟利，而直不时给，以是构乱。乃严海禁，毁余皇，奏请镌谕戒大姓,不报。二十八年,纨又言:"长澳诸大侠林恭等勾引夷舟作乱,而巨奸关通射利,因为向导,蹂我海滨,宜正典刑。"部覆不允。而通番大猾,纨辄以便宜诛之。御史陈九德劾纨措置乖方,专杀启衅。帝逮纨听勘。纨既黜,奸徒益无所惮,外交内讧,酿成祸患。汪直、徐海、陈东、麻叶等起,而海上无宁日矣。三十五年,倭寇大掠福建、浙、直,都御史胡宗宪遣其客蒋洲、陈可愿使倭宣谕。还报,倭志欲通贡市。兵部议不可,乃止。

三十九年,凤阳巡抚唐顺之议复三市舶司。帝议从之。四十四年,浙江以巡抚刘畿言,仍罢。福建开而复禁。万历中,复通福建互市,惟禁市硝黄。已而两市舶司悉复,以中官领职如故。

永乐间,设马市三:一在开原南关,以待海西;一在开原城东五里,一在广宁,皆以待朵颜三卫。定直四等:上直绢八疋,布十二,次半之,下二等各以一递减。既而城东、广宁市皆废,惟开原南关马市独存。

大同马市始正统三年,巡抚卢睿请令军民平价市驼马,达官指挥李原等通译语,禁市兵器、铜铁。帝从之。十四年,都御史沈固请支山西行都司库银市马。时也先贡马互市,中官王振裁其马价,也先大举入寇,遂致土木之变。

成化十四年,陈钺抚辽东,复开三卫马市。通事刘海、姚安肆侵牟,朵颜诸部怀怨,扰广宁,不复来市。兵部尚书王越请令参将、布政司官各一员监之,毋有所侵克。遂治海、安二人罪。寻令海西及朵颜三卫入市,开原月一市,广宁月二市,以互市之税充抚赏。正德时,令验放入市者,依期出境,不得挟弓矢,非互市日,毋辄近塞垣。

嘉靖三十年,以总兵仇鸾言,诏于宣府、大同开马市,命侍郎史道总理之。兵部员外郎杨继盛谏。不从。俺答旋入寇抄,大同市则寇宣府,宣府市则寇大同。币未出境,警报随至。帝始悔之,召道还。然诸部嗜马市利,未敢公言大举,而边臣亦多畏慑,以互市啖之。明年罢大同马市,宣府未绝,抄掠不已,乃并绝之。隆庆四年,俺答孙把汉那吉来降,于是封贡互市之议起。而宣、大互市复开,边境称静。然抚赏甚厚,朝廷为省客兵饷、减哨银以充之。频年加赏,而要求滋甚,司事者复从中干没,边费反过当矣。

辽东义州木市,万历二十三年开,事具《李化龙传》。二十六年从巡抚张思忠奏,罢之,遂并罢马市。其后总兵李成梁力请复,而蓟辽总督万世德亦疏于朝。二十九年复开马、木二市,后以为常。

明史卷八二
志第五八

食货六

上供采造　采造　柴炭　采木
珠池　织造　烧造　俸饷　会计

　　采造之事，累朝侈俭不同。大约靡于英宗，继以宪、武，至世宗、神宗而极。其事目繁琐，征索纷纭。最钜且难者，曰采木。岁造最大者，曰织造、曰烧造。酒醴膳羞则掌之光禄寺，采办成就则工部四司、内监司局或专差职之，柴炭则掌之惜薪司。而最为民害者，率由中官。

　　明初，上供简省。郡县贡香米、人参、葡萄酒，太祖以为劳民，却之。仁宗初，光禄卿井泉奏，岁例遣正官往南京采玉面狸。帝叱之曰：“小人不达政体。朕方下诏，尽罢不急之务以息民，岂以口腹细故，失大信耶！”宣宗时，罢永乐中河州官买乳牛造上供酥油者，以其牛给屯军。命御史二人察视光禄寺，凡内外官多支及需索者，执奏。英宗初政，三杨当轴，减南畿孳牧黄牛四万，糖蜜、果品、腒脯、酥油、茶芽、粳糯、粟米、药材皆减省有差，撤诸处捕鱼官。即位数月，多所撙节。凡上用膳食器皿三十万七千有奇，南工部造，金龙凤白瓷诸器，饶州造，朱红膳盒诸器，营膳所造，以进宫中食物，尚膳监率干没之。帝令备帖具书，如数还给。景帝时，从于谦言，罢真定、河间采野味，直沽海口造干鱼内使。

天顺八年,光禄果品物料凡百二十六万八千余斤,增旧额四之一。成化初,诏光禄寺牲口不得过十万。明年,寺臣李春请增。礼部尚书姚夔言:"正统间,鸡鹅羊豕岁费三四万。天顺以来增四倍,暴殄过多。请从前诏。"后二年,给事中陈钺言:"光禄市物,概以势取。负贩遇之,如被劫掠。夫光禄所供,昔皆足用,今不然者,宣索过额,侵渔妄费也。"大学士彭时亦言:"光禄寺委用小人买办,假公营私,民利尽为所夺。请照宣德、正统间例,斟酌供用,禁止买办。"于是减鱼果岁额十之一。弘治元年命光禄减增加供应。初,光禄俱预支官钱市物,行头吏役因而侵蚀。乃令各行先报纳而后偿价,遂有游手号为报头,假以供应为名,抑价倍取,以充私橐。御史李鸾以为言,帝命禁止。十五年,光禄卿王珩,列上内外官役酒饭及所畜禽兽料食之数,凡百二十事。乃降旨,有仍旧者,有减半者,有停止者。于是放去乾明门虎、南海子猫、西华门鹰犬、御马监山猴、西安门大鸽等,减省有差,存者减其食料。自成化时,添坐家长随八十余员,传添汤饭中官百五十余员。天下常贡不足于用,乃责买于京师铺户。价直不时给,市井负累。兵部尚书刘大夏因天变言之,乃裁减中官,岁省银八十余万。

武宗之世,各宫日进、月进,数倍天顺时。厨役之额,当仁宗时仅六千三百余名,及宪宗增四之一。世宗初,减至四千一百名,岁额银撙节至十三万两。中年复增至四十万。额派不足,借支太仓。太仓又不足,乃令原供司府依数增派。于是帝疑其干没,下礼部问状,责光禄寺具数以奏。帝复降旨诘责,乃命御史稽核月进揭帖,两月间省银二万余两。自是岁以为常。

先是,上供之物,任土作贡,曰岁办。不给,则官出钱以市,曰采办。其后本折兼收,采办愈繁。于是召商置买,物价多亏,商贾匿迹。二十七年,户部言:"京师召商纳货取直,富商规避,应役者皆贫弱下户,请核实编审。"给事中罗崇奎言:"诸商所以重困者,物价贱则减,而贵则不敢增。且收纳不时,一遭风雨,遂不可用,多致赔累。既收之后,所司更代不常,不即给直,或竟沈阁。幸给直矣,官司折阅于上,番役觭觑于下,名虽平估,所得不能半。诸弊若除,商自乐赴,奚用编审。"帝虽纳其言,而仍编审如户部议。

穆宗朝,光禄少卿李健奏十事。帝乃可之,颇有所减省,停止承天香米、外域珍禽奇兽,罢宝坻鱼鲜。凡荐新之物,领于光禄寺,勿遣中官。又从太监李芳请,停征加增细粳米、白青盐,命一依成、弘间例。御史王宗载请停加派。部议悉准原额,果品百七万八千余斤,牲口银五万八千余两,免加派银二万余。未行,而神宗立,诏免之。世宗末年,岁用止十七万两,穆宗裁二万,止十五万余,经费省约矣。万历初年,益减至十三四万,中年渐增,几三十万,而铺户之累滋甚。时中官进纳索赂,名铺垫钱,费不訾,所支不足相抵,民不堪命,相率避匿。乃佥京师富户为商。令下,被佥者如赴死,重贿营免。官司密钩,若缉奸盗。宛平知县刘曰淑言:"京民一遇佥商,取之不遗毫发,赀本悉罄。请厚估先发,以苏民困。"御史王孟震斥其越职,曰淑自劾解官去。至熹宗时,商累益重,有输物于官终不得一钱者。

洪武时,宫禁中市物,视时估率加十钱,其损上益下如此。永乐初,斥言采五色石者,且以温州输矾困民,罢染色布。然内使之出,始于是时。工役繁兴,征取稍急,非土所有,民破产购之。军器之需尤无算。仁宗时,山场、园林、湖池、坑冶、果树、蜂蜜官设守禁者,悉予民。宣宗罢闸办金银,其他纸靛、纻丝、纱罗、氆毹、香货、银朱、金箔、红花、茜草、麂皮、香蜡、药物、果品、海味、朱红戗金龙凤器物,多所罢减。副都御史弋谦言:"有司给买办物料价,十不偿一,无异空取。"帝嘉纳之,谕工部察惩。又因泰安州税课局大使郝智言,悉召还所遣官,敕自今更不许辄遣,自军器、军需外,凡买办者尽停止。然宽免之诏屡下,内使屡敕撤还,而奉行不实,宦者辄名采办,虐取于民。诛袁琦、阮巨队等十余人,患乃稍息。英宗立,罢诸处采买及造下西洋船木,诸冗费多敕省。正统八年,以买办扰民,始令于存留钱粮内折纳,就近解两京。

先是仁宗时,令中官镇守边塞,英宗复设各省镇守,又有守备、分守,中官布列天下。及宪宗时益甚,购书采药之使,搜取珍玩,靡有孑遗。抑卖盐引,私采禽鸟,糜官帑,纳私赂,动以巨万计。太岳、太和山降真诸香,通三岁用七千斤,至是倍之。内府物料,有至五六倍者。孝宗立,颇有减省。甘肃巡抚罗明言:"镇守、分守内外官竞尚贡献,各遣使属边卫搜方物,名曰采办,实扣军士月粮马价,或巧取番人犬马奇珍。且设膳乳诸房,金厨役造酥油诸物。此及起运,沿途骚扰,乞悉罢之。"报可。然其后靡费渐多。至武宗任刘瑾,渔利无厌。镇守中官率贡银万计,皇店诸名不一,岁办多非土产。诸布政使来朝,各陈进贡之害,皆不省。

世宗初,内府供应减正德什九。中年以后,营建斋醮,采木采香,采珠玉宝石,吏民奔命不暇,用黄白蜡至三十余万斤。又有召买,有折色,视正数三倍。沈香、降香、海漆诸香至十余万斤。又分道购龙涎香,十余年未获,使者因请海舶入澳,久乃得之。方泽、朝日坛,爵用红黄玉,求不得,购之陕西边境,遣使觅于阿丹,去土鲁番西南二千里。太仓之银,颇取入承运库,办金宝珍珠。于是猫儿睛、祖母碌、石绿、撒孛尼石、红刺石、北河洗石、金刚钻、朱蓝石、紫英石、甘黄玉,无所不购。穆宗承之,购珠宝益急。给事中李己、陈吾德疏谏。己下狱,吾德削籍。自是供亿浸多矣。

神宗初,内承运库太监崔敏请买金珠。张居正封还敏疏,事遂寝。久之,帝日黩货,开采之议大兴,费有钜万计,珠宝价增旧二十倍。户部尚书陈蕖言库藏已竭,宜加撙节。中旨切责。而顺天府尹以大珠鸦青购买不如旨,镌级。至于末年,内使杂出,采造益繁。内府告匮,至移济边银以供之。熹宗一听中官,采造尤夥。庄烈帝立,始务厘剔节省,而库藏已耗竭矣。

永乐中,后军都督府供柴炭,役宣府十七卫所军士采之边关。宣宗初,以边木以扼敌骑,且边军不宜他役,诏免其采伐,令岁纳银二万余两,后府召商买纳。五年置易州山厂,命工部侍郎督之,佥北直、山东、山西民夫转运,而后府输银召商如故。

初，岁用薪止二千万余斤。弘治中，增至四千万余斤。转运既艰，北直、山东、山西乃悉输银以召商。正德中，用薪益多，增直三万余两。凡收受柴炭，加耗十之三，中官辄私加数倍。逋负日积，至以三年正供补一年之耗。尚书李鐩议，令正耗相准，而主收者复私加，乃以四万斤为万斤，又有输纳浮费，民弗能堪。世宗登极，乃酌减之。隆庆六年，后府采纳艰苦，改属兵部车驾司。万历中，岁计柴价银三十万两，中官得自征比诸商，酷刑悉索，而人以惜薪司为陷阱云。

采木之役，自成祖缮治北京宫殿始。永乐四年遣尚书宋礼如四川，侍郎古朴如江西，师逵、金纯如湖广，副都御史刘观如浙江，佥都御史史仲成如山西。礼言有数大木，一夕自浮大谷达于江。天子以为神，名其山曰神木山，遣官祠祭。十年复命礼采木四川。仁宗立，已其役。宣德元年修南京天地山川坛殿宇，复命侍郎黄宗载、吴廷用采木湖广。未几，因旱灾已之。寻复采大木湖广，而谕工部酌省，未几复罢。其他处亦时采时罢。弘治时，发内帑修清宁宫，停四川采木。

正德时，采木湖广、川、贵，命侍郎刘丙督运。太监刘养劾其不中梁栋，责丙陈状，工部尚书李鐩夺俸。嘉靖元年革神木千户所及卫卒。二十年，宗庙灾，遣工部侍郎潘鉴、副都御史戴金于湖广、四川采办大木。二十六年复遣工部侍郎刘伯跃采于川、湖、贵州，湖广一省费至三百三十九万余两。又遣官核诸处遗留大木。郡县有司，以迟误大工逮治褫黜非一，并河州县尤苦之。万历中，三殿工兴，采楠杉诸木于湖广、四川、贵州，费银九百三十余万两，征诸民间，较嘉靖年费更倍。而采鹰平条桥诸木于南直、浙江者，商人逋直至二十五万。科臣劾督运官迟延侵冒。不报。虚糜干没，公私交困焉。

广东珠池，率数十年一采。宣宗时，有请令中官采东莞珠池者，系之狱。英宗始使中官监守，天顺间尝一采之。至弘治十二年，岁久珠老，得最多，费银万余，获珠二万八千两，遂罢监守中官。正德九年又采，嘉靖五年又采，珠小而嫩，亦甚少。八年复诏采，两广巡抚林富言："五年采珠之役，死者五十余人，而得珠仅八十两，天下谓以人易珠。恐今日虽以人易珠，亦不可得。"给事中王希文言："雷、廉珠池，祖宗设官监守，不过防民争夺。正德间，逆竖用事，传奉采取，流毒海滨。陛下御极，革珠池少监，未久旋复。驱无辜之民，蹈不测之险，以求不可必得之物，而责以难足之数，非圣政所宜有。"皆不听。隆庆六年诏云南进宝石二万块，广东采珠八千两。神宗立，停罢。既而以太后进奉，诸王、皇子、公主册立、分封、婚礼，令岁办金珠宝石。复遣中官李敬、李凤广东采珠五千一百余两。给事中包见捷力谏。不纳。至三十二年始停采。四十一年，以指挥倪英言，复开。

明制，两京织染，内外皆置局。内局以应上供，外局以备公用。南京有神帛堂、供应机房，苏、杭等府亦各有织染局，岁造有定数。

洪武时，置四川、山西诸行省，浙江绍兴织染局。又置蓝靛所于仪真、六合，种青蓝以供染事。未几悉罢。又罢天下有司岁织缎匹。有赏赉，给以绢帛，于后湖置局织造。永乐中，复设歙县织染局。令陕西织染驼毧。正统时，置泉州织染局。天顺四年遣中官往苏、松、杭、嘉、湖五府，于常额外，增造彩缎七千匹。工部侍郎翁世资请减之，下锦衣狱，谪衡州知府。增造坐派于此始。孝宗初立，停免苏、杭、嘉、湖、应天织造。其后复设，乃给中官盐引，鬻于淮以供费。

正德元年，尚衣监言："内库所贮诸色纻丝、纱罗、织金、闪色，蟒龙、斗牛、飞鱼、麒麟、狮子通袖、膝襕，并胸背斗牛、飞仙、天鹿，俱天顺间所织，钦赏已尽。乞令应天、苏、杭诸府依式织造。"帝可之。乃造万七千余匹。盖成、弘时，颁赐甚谨。自刘瑾用事，幸珰陈乞渐广，有未束发而僭冒章服者，滥赏日增。中官乞盐引、关钞无已，监督织造，威劫官吏。至世宗时，其祸未讫。即位未几，即令中官监织于南京、苏、杭、陕西。穆宗登极，诏撤中官，已而复遣。

　　万历七年，苏、松水灾，给事中顾九思等请取回织造内臣，帝不听。大学士张居正力陈年饥民疲，不堪催督，乃许之。未几复遣中官。居正卒，添织渐多。苏、杭、松、嘉、湖五府岁造之外，又令浙江、福建，常、镇、徽、宁、扬、广德诸府州分造，增万余匹。陕西织造羊绒七万四千有奇，南直、浙江纻丝、纱罗、绫绸、绢帛，山西潞绸，皆视旧制加丈尺。二三年间，费至百万，取给户、工二部，搜括库藏，扣留军国之需。部臣科臣屡争，皆不听。末年，复令税监兼司，奸弊日滋矣。

　　明初设南北织染局，南京供应机房，各省直岁造供用，苏、杭织造，间行间止。自万历中，频数派造，岁至十五万匹，相沿日久，遂以为常。陕西织造绒袍，弘、正间偶行，嘉、隆时复遣，亦遂沿为常例。

　　烧造之事，在外临清砖厂，京师琉璃、黑窑厂，皆造砖瓦，以供营缮。宣宗始遣中官张善之饶州，造奉先殿几筵龙凤文白瓷祭器，磁州造赵府祭器。逾年，善以罪诛，罢其役。正统元年，浮梁民进瓷器五万余，偿以钞。禁私造黄、紫、红、绿、青、蓝、白地青花诸瓷器，违者罪死。宫殿告成，命造九龙九凤膳案诸器，既又造青龙白地花缸。王振以为有罳，遣锦衣指挥杖提督官，敕中官往督更造。成化间，遣中官之浮梁景德镇，烧造御用瓷器，最多且久，费不赀。孝宗初，撤回中官，寻复遣。弘治十五年复撤。正德末复遣。

　　自弘治以来，烧造未完者三十余万器。嘉靖初，遣中官督之。给事中陈皋谟言其大为民害，请罢之。帝不听。十六年新作七陵祭器。三十七年遣官之江西，造内殿醮坛瓷器三万，后添设饶州通判，专管御器厂烧造。是时营建最繁，近京及苏州皆有砖厂。隆庆时，诏江西烧造瓷器十余万。万历十九年命造十五万九千，既而复增八万，至三十八年未毕工。自后役亦渐寝。

　　国家经费，莫大于禄饷。洪武九年定诸王公主岁供之数。亲王，米五万石，钞二万五千贯，锦四十匹，纻丝三百匹，纱、罗各百匹，绢五百匹,冬夏布各千匹,绵二千两,盐二百引,茶千斤,皆岁支。马料草,月支五十匹。其缎匹,岁给匠料,付王府自造。靖江王,米万石,钞万贯,余物半亲王,马料草二十匹。公主未受封者,纻丝、纱、罗各十匹,绢、冬夏布各三十匹,绵二百两;已受封,赐庄田一所,岁收粮千五百石,钞二千贯。亲王子未受封,视公主;女未受封者半之。子已受封郡王,米六千石,钞二千八百贯,锦十匹,纻丝五十匹,纱、罗减纻丝之半,绢、冬夏布各百匹,绵五百两,盐五十引,茶三百斤,马料草十匹。女已受封及已嫁,米千石,钞千四百贯,其缎匹于所在亲王国造给。皇太子之次嫡子并庶子,既封郡王,必俟出阁然后岁赐,与亲王子已封郡王者同。女俟及嫁,与亲王女已嫁者同。凡亲王世子,与已封郡王同。郡王嫡长子袭封郡王者,半始封郡王。女已封县主及已嫁者,米五百石,钞五百贯,余物半亲王女已受封者。郡王诸子年十五,各赐田六十顷,除租税为永业,其所生子世守之,后乃令止给禄米。

二十八年诏以官吏军士俸给弥广,量减诸王岁给,以资军国之用。乃更定亲王万石,郡王二千石,镇国将军千石,辅国将军、奉国将军、镇国中尉以二百石递减,辅国中尉、奉国中尉以百石递减,公主及驸马二千石,郡王及仪宾八百石,县主、郡君及仪宾以二百石递减,县君、乡君及仪宾以百石递减。自后为永制。仁宗即位,增减诸王岁禄,非常典也。时郑、越、襄、荆、淮、滕、梁七王未之藩,令暂给米岁三千石,遂为例。正统十二年定王府禄米,将军自赐名受封日为始,县主、仪宾自出阁成婚日为始,于附近州县秋粮内拨给。景泰七年定郡王将军以下禄米,出阁在前,受封在后,以受封日为始;受封在前,出阁在后,以出阁日为始。

宗室有罪革爵者曰庶人。英宗初,颇给以粮。嘉靖中,月支米六石。万历中减至二石或一石。

初,太祖大封宗藩,令世世皆食岁禄,不授职任事,亲亲之谊甚厚。然天潢日繁,而民赋有限。其始禄米尽支本色,既而本钞兼支。有中半者,有本多于折者,其则不同。厥后势不能给,而冒滥转益多。奸弊百出，不可究诘。自弘治间，礼部尚书倪岳即条请节减，以宽民力。嘉靖四十一年，御史林润言："天下之事，极弊而大可虑者，莫甚于宗藩禄廪。天下岁供京师粮四百万石，而诸府禄米凡八百五十三万石。以山西言，存留百五十二万石，而宗禄三百十二万；以河南言，存留八十四万三千石，而宗禄百九十二万。是二省之粮，借令全输，不足供禄米之半，况吏禄、军饷皆出其中乎？故自郡王以上，犹得厚享，将军以上，多不能自存，饥寒困辱，势所必至，常号呼道路，聚诟有司。守土之臣，每惧生变。夫赋不可增，而宗室日益藩衍，可不为寒心。宜令大臣科道集议于朝，且谕诸王以势穷弊极，不得不通变之意。令户部会计赋额，以十年为率，通计兵荒蠲免、存留及王府增封之数。共陈善后良策，断自宸衷，以垂万世不易之规。"下部覆议，从之。至四十四年乃定宗藩条例。郡王、将军七分折钞，中尉六分折钞，郡县主、郡县乡君及仪宾八分折钞，他冒滥者多所裁减。于是诸王亦奏辞岁禄，少者五百石，多者至二千石，岁出为稍纾，而将军以下益不能自存矣。

明初，勋戚皆赐官田以代常禄。其后令还田给禄米。公五千石至二千五百石，侯千五百石至千石，伯千石至七百石。百官之俸，自洪武初定丞相、御史大夫以下岁禄数，刻石官署，取给于江南官田。十三年重定内外文武官岁给禄米、俸钞之制，而杂流吏典附焉。正从一二三四品官，自千石至三百石，每阶递减百石，皆给俸钞三百贯。正五品二百二十石，从减五十石，钞皆百五十贯。正六品百二十石，从减十石，钞皆九十贯。正从七品视从六品递减十石，钞皆六十贯。正八品七十五石，从减五石，钞皆四十五贯。正从九品视从八品递减五石，钞皆三十贯。勒之石。吏员月俸，一二品官司提控、都吏二石五斗，掾史、令史二石二斗，知印、承差、吏、典一石二斗；三四品官司令史、书吏、司吏二石，承差、吏、典半之；五品官司司吏一石二斗，吏、典八斗；六品以下司吏一石；光禄寺等吏、典六斗。教官之禄，州学正月米二石五斗，县教谕、府州县训导月米二石。首领官之禄，凡内外官司提控、案牍、州吏目、县典史皆月米三石。杂职之禄,凡仓、库、关、场、司、局、铁冶、递运、批验所大使月三石,副使月二石五斗,河泊所官月米二石,闸坝官月米一石五斗。天下学校师生廪膳米人日一升,鱼肉盐醯之属官给之。宦官俸,月米一石。

二十五年更定百官禄。正一品月俸米八十七石,从一品至正三品,递减十三石至三十五石,从三品二十六石,正四品二十四石,从四品二十一石,正五品十六石,从五品十四石,正六品十石,从六品八石,正七品至从九品递减五斗,至五石而止。自后为永制。

洪武时,官俸全给米,间以钱钞兼给,钱一千,钞一贯,抵米一石。成祖即位,令公、侯、伯皆全支米;文武官俸则米钞兼支,官高者支米十之四、五,官卑者支米十之六、八,惟九品、杂职、吏、典、知印、总小旗、军,并全支米。其折钞者,每米一石给钞十贯。永乐二年乃命公、侯、伯视文武官吏,米钞兼支。仁宗立,官俸折钞,每石至二十五贯。宣德八年,礼部尚书胡濙掌户部,议每石减十贯,而以十分为准,七分折绢,绢一匹抵钞二百贯。少师蹇义等以为仁宗在春宫久,深悯官员折俸之薄,故即位特增数倍,此仁政也,讵可违?濙不听,竟于帝而行之,而卑官日用不赡矣。正统中,五品以上米二钞八,六品以下米三钞七。时钞价日贱,每石十五贯者已渐增至二十五贯,而户部尚书王佐复奏减为十五贯。成化二年从户部尚书马昂请,又省五贯。旧制,两京文武官折色俸,上半年给钞,下半年给苏木、胡椒。七年从户部尚书杨鼎请,以甲字库所积之布估给,布一匹当钞二百贯。是时钞法不行,一贯仅直钱二三文,米一石折钞十贯,仅直二三十钱,而布直仅二三百钱,布一匹折米二十石,则米一石仅直十四五钱。自古官俸之薄,未有若此者。

十六年又令以三梭布折米,每匹抵三十石。其后粗阔棉布亦抵三十石,梭布极细者犹直银二两,粗布仅直三四钱而已。久之,定布一匹折银三钱。于是官员俸给凡二:曰本色,曰折色。其本色有三:曰月米,曰折绢米,曰折银米。月米,不问官大小,皆一石。折绢,绢一匹当银六钱。折银,六钱五分当米一石。其折色有二:曰本色钞,曰绢布折钞。本色钞十贯折米一石,后增至二十贯。绢布折钞,绢每匹折米二十石，布一匹折米十石。公侯之禄，或本折中半，或折多于本有差。文武官俸，正一品者，本色仅十之三，递增至从九品，本色乃十之七。武职府卫官，惟本色米折银例，每石二钱五分，与文臣异，余并同。其三大营副将、参、游、佐员，每月米五石，巡捕营提督、参将亦如之。巡捕中军、把总官，月支口粮九斗，旗牌官半之。

天下卫所军士月粮，洪武中，令京外卫马军月支米二石，步军总旗一石五斗，小旗一石二斗，军一石。城守者如数给，屯田者半之。民匠充军者八斗，牧马千户所一石，民丁编军操练者一石，江阴横海水军稍班、碇手一石五斗。阵亡病故军给丧费一石，在营病故者半之。籍没免死充军者谓之恩军，家四口以上一石，三口以下六斗，无家口者四斗。又给军士月盐，有家口者二斤，无者一斤，在外卫所军士以钞准。永乐中，始令粮多之地，旗军月粮，八分支米，二分支钞。后山西、陕西皆然，而福建、两广、四川则米七钞三，江西则米钞中半，惟京军及中都留守司，河南、浙江、湖广军，仍全支米。已而定制，卫军有家属者，月米六斗，无者四斗五升，余皆折钞。凡各卫调至京操备军兼工作者，米五斗。其后增损不一，而本折则例，各镇多寡不同，不能具举。

凡各镇兵饷，有屯粮，有民运，有盐引，有京运，有主兵年例，有客兵年例。屯粮者，明初，各镇皆有屯田，一军之田，足赡一军之用，卫所官吏俸粮皆取给焉。民运者，屯粮不足，加以民粮。麦、米、豆、草、布、钞、花绒运给戍卒，故谓之民运，后多议折银。盐引者，召商入粟开中，商屯出粮，与军屯相表里。其后纳银运司，名存而实亡。京运，始自正统中。后屯粮、盐粮多废，而京运日益矣。主兵有常数，客兵无常数。初，各镇主兵足守其地，后渐不足，增以募兵，募兵不足，增以客兵。兵愈多，坐食愈众，而年例亦日增云。

明田税及经费出入之数，见于掌故者，皆略可考见。

洪武二十六年，富民田总八百五十万七千余顷。夏税，米麦四百七十一万七千余石，钱钞三万九千余锭，绢二十八万八千余匹；

秋粮，米二千四百七十二万九千余石，钱钞五千余锭。弘治时，官民田总六百二十二万八千余顷。夏税，米麦四百六十二万五千余石，钞五万六千三百余锭，绢二十万二千余匹；秋粮，米二千二百十六万六千余石，钞二万一千九百余锭。万历时，官民田总七百一万三千余顷。夏税，米麦总四百六十万五千余石，起运百九十万三千余石，余悉存留，钞五万七千九百余锭，绢二十万六千余匹；秋粮，米总二千二百三万三千余石，起运千三百三十六万二千余石，余悉存留，钞二万三千六百余锭。屯田六十三万五千余顷，花园仓基千九百余所，征粮四百五十八万四千余石。粮草折银八万五千余两，布五万匹，钞五万余贯，各运司提举大小引盐二百二十二万八千余引。

　　岁入之数，内承运库，慈宁、慈庆、乾清三宫子粒银四万九千余两，金花银一百一万二千余两，金二千两。广惠库、河西务等七钞关，钞二千九百二十八万余贯，钱五千九百七十七万余文。京卫屯钞五万六千余贯。天财库、京城九门钞六十六万五千余贯，钱二百四十三万余文。京卫屯钞五万六千余贯。天财库、京城九门钞六十六万五千余贯，钱二百四十三万余文。京、通二仓，并蓟、密诸镇漕粮四百万石。京卫屯豆二万三千余石。太仓银库，南北直隶、浙江、江西、山东、河南派剩麦米折银二十五万七千余两。丝绵、税丝、农桑绢折银九万余两，绵布、苎布折银三万八千余两。百官禄米折银二万六千余两。马草折银三十五万三千余两。京五草场折银六万三千余两。各马房仓豆草折银二十余万两。户口盐钞折银四万六千余两。蓟、密、永、昌、易、辽东六镇，民运改解银八十五万三千余两。各盐运提举余盐、盐课、盐税银一百万三千余两。黄白蜡折银六万八千余两。霸、大等马房子粒银二万三千余两。备边并新增地亩银四万五千余两。京卫屯牧地增银万八千余两。崇文门商税、牙税一万九千余两，钱一万八千余贯。张家湾商税二千余两，钱二千八百余贯。诸钞关折银二十二万三千余两。泰山香税二万余两。赃罚银十七万余两。商税、鱼课、富户、历日、民壮、弓兵并屯折、改折月粮银十四万四千余两。北直隶、山东、河南解各边镇麦、米、豆、草、盐钞折银八十四万二千余两。诸杂物条目繁琐者不具载。所载岁入,但计起运京边者,而存留不与焉。

岁出之数,公、侯、驸马、伯禄米折银一万六千余两。官吏、监生俸米四万余石。官吏折俸绢布银四万四千余两,钱三千三百余贯。仓库、草场、官攒、甲斗,光禄、太常诸司及内府监局匠役本色米八万六千余石,折色银一万三千余两。锦衣等七十八卫所官吏、旗校、军士、匠役本色米二百一万八千余石,折色银二十万六千余两。官员折俸绢布银二十六万八千余两。军士冬衣折布银八万二千余两。五军、神枢、神机三大营将卒本色米十二万余石,冬衣折布银二千余两,官军防秋三月口粮四万三千余石,营操马匹本色料二万四千余石,草八十万余束。巡捕营军粮七千余石。京营、巡捕营,锦衣、腾骧诸卫马料草折银五万余两。中都留守司,山东、河南二都司班军行粮及工役盐粮折银五万余两。京五草场商价一万六千余两。御马三仓象马等房,商价十四万八千余两。

诸边及近京镇兵饷。

宣府:主兵,屯粮十三万二千余石,折色银二万二千余两,民运折色银七十八万七千余两,两淮、长芦、河东盐引银十三万五千余两,京运所例银十二万五千两;客兵,淮、芦盐引银二万六千余两,京运年例银十七万一千两。

大同:主兵,屯粮本色七万余石,折色银一万六千余两,牛具银八千余两,盐钞银一千余两,民运本色米七千余石,折色银四十五万六千余两,屯田及民运本色草二百六十八万余束,折草银二万八千余两,淮、芦盐四万三千余引,京运年例银二十六万九千余两;客兵,京运银十八万一千两,淮、芦盐七万引。

山西:主兵,屯粮二万八千余石,折色银一千余两,草九万五千余束,民运本色米豆二万一千余石,折色银三十二万二千余两,淮、浙、山东盐引银五万七千余两,河东盐课银六万四千余两,京运银十三万三千余两;客兵,京运银七万三千两。

延绥：主兵，屯粮五万六千余石，地亩银一千余两，民运粮料九万七千余石，折色银十九万七千余两，屯田及民运草六万九千余束，淮、浙盐引银六万七千余两，京运年例银三十五万七千余两；客兵，淮、浙盐引银二万九千余两，京运年例银二万余两。

宁夏：主兵，屯粮料十四万八千余石，折色银一千余两，地亩银一千余两，民运本色粮千余石，折色银十万八千余两，屯田及民运草一百八十三万余束，淮、浙盐引银八万一千余两，京运年例银二万五千两；客兵，京运年例银万两。

甘肃：屯粮料二十三万二千余石，草四百三十余万束，折草银二千余两，民运布折银二十九万四千余两，京运银五万一千余两，淮、浙盐引银十万二千余两。

固原：屯粮料三十一万九千余石，折色粮料草银四万一千余两，地亩牛具银七千一百余两，民运本色粮料四万五千余石，折色粮料草布花银二十七万九千余两，屯田及民运草二十万八千余束，淮、浙盐引银二万五千余两，京运银六万三千余两，犒赏银一百九十余两。

辽东：主兵，屯粮二十七万九千余石，荒田粮四百余两，民运银十五万九千余两，两淮、山东盐引银三万九千余两，京运年例银三十万一千余两；客兵，京运年例银十万二千余两。

蓟州：主兵，民运银九千余两，漕粮五万石，京运年例银二十万六千余两；客兵，屯粮料五万三千余石，地亩马草折色银万六千余两，民运银万八千余两，山东民兵工食银五万六千两，遵化营民壮工食银四千余两，盐引银万三千余两，京运年例银二十万八千余两，抚赏银一万五千两，犒军银一万三千余两。

永平：主兵，屯粮料三万三千余石，民运粮料二万七千余石，折色银二万八千余两，民壮工食银万二千余两，京运年例银十二万二千余两；客兵，屯草折银三千余两，民运草三十一万一千余束，京运银十一万九千余两。

密云：主兵，屯粮六千余石，地亩银二百九十两，民运银万两奇,漕粮十万四千余石,京运银十六万两有奇;客兵,民运银万六千余两,民壮工食银九百余两,漕粮五万石,京运银二十三万三千余两。

昌平:主兵,屯粮折色银二千四百余两,地亩银五百余两,折草银一百余两,民运银二万两有奇,漕粮十八万九千余石,京运年例银九万六千余两;客兵,京运年例银四万七千余两。

易州:主兵,屯粮二万三千余石,地亩银六百余两,民运银三十万六千余两;客兵,京运银五万九千两。

井陉:主兵,屯粮万四千余石,地亩银八千余两,民运本色米麦一万七千余石,折色银四万八千余两;客兵,京运年例银三千余两。

他杂费不具载。

明史卷八三

志第五九

河渠一

黄河上

　　黄河，自唐以前，皆北入海。宋熙宁中，始分趋东南，一合泗入淮，一合济入海。金明昌中，北流绝，全河皆入淮。元溃溢不时，至正中受害尤甚，济宁、曹、郓间，漂没千余里。贾鲁为总制，导使南，汇淮入海。

　　明洪武元年决曹州双河口，入鱼台。徐达方北征，乃开塌场口，引河入泗以济运，而徙曹州治于安陵。塌场者，济宁以西、耐牢坡以南直抵鱼台南阳道也。八年，河决开封太黄寺堤。诏河南参政安然发民夫三万人塞之。十四年决原武、祥符、中牟，有司请兴筑。帝以为天灾，令护旧堤而已。十五年春，决朝邑。七月决荥泽、阳武。十七年决开封东月堤，自陈桥至陈留横流数十里。又决祀县，入巴河。遣官塞河，蠲被灾租税。二十二年，河没仪封，徙其治于白楼村。二十三年春，决归德州东南凤池口，径夏邑、永城。发兴武等十卫士卒，与归德民并力筑之。罪有司不以闻者。其秋，决开封西华诸县，漂没民舍。遣使振万五千七百余户。二十四年四月，河水暴溢，决原武黑洋山，东经开封城北五里，又东南由陈州、项城、太和、颍州、颍上，东至寿州正阳镇，全入于淮。而贾鲁河故道遂淤。又由旧曹州、郓城两河口漫东平之安山，元会通河亦淤。明年复决阳武，氾陈州、中牟、原武、封丘、祥符、兰阳、陈留、通许、太康、扶沟、杞十一州县，有司具图以闻。发民丁及安吉等十七卫军士修筑。其冬，大寒，役遂罢。三十年八月决开封，城三面受水。诏改作仓库于荥阳高阜，以备不虞。冬，蔡河徙陈州。先是，河决，由开封北东行，至是下流淤，又决而之南。

永乐三年，河决温县堤四十丈，济、潦二水交溢，淹民田四十余里，命修堤防。四年修阳武黄河决岸。八年秋，河决开封，坏城二百余丈。民被患者万四千余户，没田七千五百余顷。帝以国家藩屏地，特遣侍郎张信往视。信言："祥符鱼王口至中滦下二十余里，有旧黄河岸，与今河面平。浚而通之，使循故道，则水势可杀。"因绘图以进。时尚书宋礼、侍郎金纯方开会通河。帝乃发民丁十万，命兴安伯徐亨、侍郎蒋廷瓒偕纯相治，并令礼总其役。九年七月，河复故道，自封丘金龙口，下鱼台塌场，会汶水，经徐、吕二洪南入于淮。是时，会通河已开，黄河与之合，漕道大通，遂议罢海运，而河南水患亦稍息。已而决阳武中盐堤，漫中牟、祥符、尉氏。工部主事蔺芳按视，言："堤当急流之冲，夏秋泛涨，势不可骤杀。宜卷土树桩以资捍御，无令重为民患而已。"又言："中滦导河分流，使由故道北入海，诚万世利。但缘河堤埽，止用蒲绳泥草，不能持久。宜编木为囤，填石其中，则水可杀，堤可固。"诏皆从其议。十四年决开封州县十四，经怀远，由涡河入于淮。二十年，工部以开封土城堤数溃，请浚其东故道。报可。

宣德元年霪雨，溢开封州县十。三年，以河患，徙灵州千户所于城东。六年从河南布政使言，浚祥符抵仪封黄陵冈淤道四百五十里。是时，金龙口渐淤，而河复屡溢开封。十年从御史李懋言，浚金龙口。

正统二年筑阳武、原武、荥泽决岸。又决濮州、范县。三年，河复决阳武及邳州，灌鱼台、金乡、嘉祥。越数年，又决金龙口、阳谷堤及张家黑龙庙口，而徐、吕二洪亦渐浅，太黄寺巴河分水处，水脉微细。十三年方从都督同知武兴言，发卒疏浚。而陈留水夏涨，决金村堤及黑潭南岸。筑垂竣，复决。其秋，新乡八柳树口亦决，漫曹、濮，抵东昌，冲张秋，溃寿张沙湾，坏运道，东入海。徐、吕二洪遂浅涩。命工部侍郎王永和往理其事。永和至山东，修沙湾未成，以冬寒停役。且言河决自卫辉，宜敕河南守臣修塞。帝切责之，令山东三司筑沙湾，趣永和塞河南八柳树，疏金龙口，使河由故道。明年正月，河复决聊城。至三月，永和浚黑洋山西湾，引其水由太黄寺以资运河。修筑沙湾堤大半，而不敢尽塞，置分水闸，设三空放水，自大清河入海。且设分水闸二空于沙湾西岸，以泄上流，而请停八柳树工。从之。是时，河势方横溢，而分流大清，不专向徐、吕。徐、吕益胶浅，且自临清以南，运道艰阻。

景泰二年特敕山东、河南巡抚都御史洪英、王暹力合治，务令水归漕河。暹言："黄河自陕州以西，有山峡，不能为害；陕州以东，则地势平缓，水易泛溢，故为害甚多。洪武二十四年改流，从汴梁北五里许，由凤阳入淮者为大黄河。其支流出徐州以南者为小黄河，以通漕运。自正统十三年以来，河复故道，从黑洋山后径趋沙湾入海，但存小黄河从徐州出。岸高水低，随浚随塞，以是徐州之南不得饱水。臣自黑洋山东南抵徐州，督河南三司疏浚。临清以南，请以责英。"未几，给事中张文劾暹、英治水无绩，请引塌场水济徐、吕二洪，浚潘家渡以北支流，杀沙湾水势。且开沙湾浮桥以西河口，筑闸引水，以灌临清，而别命官以责其成。诏不允，仍命暹、英调度。

时议者谓："沙湾以南地高，水不得南入运河。请引耐牢坡水以灌运，而勿使经沙湾，别开河以避其冲决之势。"或又言："引耐牢坡水南去，则自此以北枯涩矣。"甚者言："沙湾水湍急，石铁沉下若羽，非人力可为。宜设斋醮符咒以禳之。"帝心甚忧念，命工部尚书石璞往治，而加河神封号。

璞至，浚黑洋山至徐州以通漕，而沙湾决口如故。乃命中官黎贤、阮洛，御史彭谊协治。璞等筑石堤于沙湾，以御决河，开月河二，引水以益运河，且杀其决势。三年五月，河流渐微细，沙湾堤始成。乃加璞太子太保，而于黑洋山、沙湾建河神二新庙，岁春秋二祭。六月,大雨浃旬,复决沙湾北岸,掣运河之水以东,近河地皆没。命英督有司修筑。复敕中官黎贤、武昆,工部侍郎赵荣往治。四年正月,河复决新塞口之南,诏复加河神封号。至四月,决口乃塞。五月,大雷雨,复决沙湾北岸,掣运河水入盐河,漕舟尽阻。帝复命璞往。乃凿一河,长三里,以避决口,上下通运河,而决口亦筑坝截之,令新河、运河俱可行舟。工毕奏闻。帝恐不能久,令璞且留处置,而命谕德徐有贞为佥都御史专治沙湾。

时河南水患方甚,原武、西华皆迁县治以避水。巡抚暹言:"黄河旧从开封北转流东南入淮,不为害。自正统十三年改流为二。一自新乡八柳树,由故道东经延津、封丘入沙湾;一决荥泽,漫流原武,抵开封、祥符、扶沟、通许、洧川、尉氏、临颍、郾城、陈州、商水、西华、项城、太康。没田数十万顷,而开封患特甚。虽尝筑大小堤于城西,皆三十余里,然沙土易坏,随筑随决,小堤已没,大堤复坏其半。请起军民夫协筑,以防后患。"帝可其奏。太仆少卿黄仕俊亦言:"河分两派,一自荥泽南流入项城,一自新乡八柳树北流,入张秋会通河,并经六七州县,约二千余里。民皆荡析离居,而有司犹征其税。乞敕所司核视免征。"帝亦可其奏。巡抚河南御史张澜又言:"原武黄河东岸尝开二河,合黑洋山旧河道引水济徐、吕。今河改决而北,二河淤塞不通,恐徐、吕乏水,必妨漕运,黑洋山北,河流稍纡回,请因决口改挑一河以接旧道,灌徐、吕。"帝亦从之。

有贞至沙湾,上治河三策:"一置水闸门。臣闻水之性可使通流,不可使堙塞。禹凿龙门,辟伊阙,为疏导计也。故汉武堙瓠子终弗成功,汉明疏汴河逾年著绩。今谈治水者甚众,独乐浪王景所述制水门之法可取。盖沙湾地土皆沙,易致坍决,故作坝作闸皆非善计。请依景法损益其间,置闸门于水,而实其底,令高常水五尺。小则拘之以济运,大则疏之使趋海,则有通流之利,无堙塞之患矣。一开分水河。凡水势大者宜分,小者宜合。今黄河势大恒冲决,运河势小恒干浅,必分黄水合运河,则有利无害。请度黄河可分之地,开广济河一道,下穿濮阳、博陵及旧沙河二十余里,上连东、西影塘及小岭等地又数十余里,其内则有古大金堤可倚以为固,其外有八百里梁山泊可恃以为泄。至新置二闸亦颇坚牢,可以宣节,使黄河水大不至泛溢为害,小亦不至干浅,以阻漕运。其一挑深运河。”帝谕有贞,如其议行之。

有贞乃逾济、汶,沿卫、沁,循大河,道濮、范,相度地形水势,上言:“河自雍而豫,出险固而之夷斥,水势既肆。由豫而兖,土益疏,水益肆。而沙湾之东,所谓大洪口者,适当其冲,于是决焉,而夺济、汶入海之路以去。诸水从之而泄,堤以溃,渠以淤,涝则溢,旱则涸,漕道由此阻。然骤而堰之,则溃者益溃,淤者益淤。今请先疏其水,水势平乃治其决,决止乃浚其淤。”于是设渠以疏之,起张秋金堤之首,西南行九里至濮阳泺,又九里至博陵陂,又六里至寿张之沙河,又八里至东、西影塘,又十有五里至白岭湾,又三里至李垔,凡五十里。由李垔而上二十里至竹口莲花池,又三十里至大伾潭,乃逾范暨濮,又上而西,凡数百里,经澶渊以接河、沁,筑九堰以御河流旁出者,长各万丈,实之石而键以铁。六年七月,功成,赐渠名广济。沙湾之决垂十年,至是始塞。亦会黄河南流入淮,有贞乃克奏功。凡费木铁竹石累数万,夫五万八千有奇,工五百五十余日。自此河水北出济漕,而阿、鄄、曹、郓间田出沮洳者,百数十万顷。乃浚漕渠,由沙湾北至临清,南抵济宁,复建八闸于东昌,用王景制水门法以平水道,而山东河患息矣。

七年夏,河南大雨,河决开封、河南、彰德。其秋,畿辅、山东大雨,诸水并溢,高地丈余,堤岸多冲决。仍敕有贞修筑。未几,事竣,还京入见。奖劳甚至,擢副都御史。

天顺元年修祥符护城大堤。五年七月,河决汴梁土城,又决砖城,城中水丈余,坏官民舍过半。周王府宫人及诸守土官皆乘舟筏以避,军民溺死无算。襄城亦决县城。命工部侍郎薛远往视,恤灾户、蠲田租,公廨民居以次修理。明年二月,开祥符曹家溜,河势稍平。

七年春,河南布政司照磨金景辉考满至京,上言:“国初,黄河在封丘，后徙康王马头，去城北三十里，复有二支河：一由沙门注运河，一由金龙口达徐、吕入海。正统戊辰，决荥泽，转趋城南，并流入淮，旧河、支河俱堙，漕河因而浅涩。景泰癸酉，因水迫城，筑堤四十里，劳费过甚，而水发辄溃，然尚未至决城壕为人害也。至天顺辛巳，水暴至，土城砖城并圮，七郡财力所筑之堤，俱委诸无用，人心惶惶，未知所底。夫河不循故道，并流入淮，是为妄行。今急宜疏道以杀其势。若止委之一淮，而以堤防为长策，恐开封终为鱼鳖之区。乞敕部檄所司，先疏金龙口宽阔以接漕河，然后相度旧河或别求泄水之地，挑浚以平水患，为经久计。"命如其说行之。

成化七年命王恕为工部侍郎，奉敕总理河道。总河侍郎之设，自恕始也。时黄河不为患，恕专力漕河而已。

十四年，河决开封，坏护城堤五十丈。巡抚河南都御史李衍言："河南累有河患，皆下流壅塞所致。宜疏开封西南新城地，下抵梁家浅旧河口七里壅塞，以泄杏花营上流。又自八角河口直抵南顿，分道散漫，以免祥符、鄢陵、睢、陈、归德之灾。乃敕衍酌行之。明年正月迁荥泽县治以避水，而开封堤不久即塞。

弘治二年五月，河决开封及金龙口，入张秋运河，又决埽头五所入沁。郡邑多被害，汴梁尤甚，议者至请迁开封城以避其患。布政司徐恪持不可，乃止。命所司大发卒筑之。九月命白昂为户部侍郎，修治河道，赐以特敕，令会山东、河南、北直隶三巡抚，自上源决口至运河，相机修筑。

三年正月，昂上言："臣自淮河相度水势，抵河南中牟等县，见上源决口，水入南岸者十三，入北岸者十七。南决者，自中牟杨桥至祥符界析为二支：一经尉氏等县，合颍水，下涂山，入于淮；一经通许等县，入涡河，下荆山，入于淮。又一支自归德州通凤阳之亳县，亦合涡河入于淮。北决者，自原武经阳武、祥符、封丘、兰阳、仪封、考城，其一支决入金龙等口，至山东曹州，冲入张秋漕河，去冬，水消沙积，决口已淤，因并为一大支，由祥符翟家口合沁河，出丁家道口，下徐州。此河流南北分行大势也。合颍、涡二水入淮者，各有滩碛,水脉颇微,宜疏浚以杀河势。合沁水入徐者,则以河道浅隘不能受,方有漂没之虞。况上流金龙诸口虽暂淤,久将复决,宜于北流所经七县,筑为堤岸,以卫张秋。但原敕治山东、河南、北直隶,而南直隶淮、徐境,实河所经行要地,尚无所统。”于是,并以命昂。

昂举郎中娄性协治,乃役夫二十五万,筑阳武长堤,以防张秋。引中牟决河出荥泽阳桥以达淮,浚宿州古汴河以入泗,又浚睢河自归德饮马池,经符离桥至宿迁以会漕河,上筑长堤,下修减水闸。又疏月河十余以泄水,塞决口三十六,使河流入汴,汴入睢,睢入泗,泗入淮,以达海。水患稍宁。昂又以河南入淮非正道,恐卒不能容,复于鱼台、德州、吴桥修古长堤;又自东平北至兴济凿小河十二道,入大清河及古黄河以入海。河口各建石堰,以时启闭。盖南北分治,而东南则以疏为主云。

六年二月以刘大夏为副都御史,治张秋决河。先是,河决张秋戴家庙,掣漕河与汶水合而北行,遣工部侍郎陈政督治。政言:“河之故道有二:一在荥泽孙家渡口,经朱仙镇直抵陈州;一在归德州饮马池,与亳州地相属。旧俱入淮,今已淤塞,因致上流冲激,势尽北趋。自祥符孙家口、杨家口、车船口,兰阳铜瓦厢决为数道,俱入运河。于是张秋上下势甚危急,自堂邑至济宁堤岸多崩圮,而戴家庙减水闸浅隘不能泄水,亦有冲决。请浚旧河以杀上流之势,塞决河以防下流之患。”政方渐次修举,未几卒官。帝深以为忧,命廷臣会荐才识堪任者。命举大夏,遂赐敕以往。

十二月,巡按河南御史涂升言:“黄河为患,南决病河南,北决病山东。昔汉决酸枣,复决瓠子;宋决馆陶,复决澶州;元决汴梁,复决蒲口。然汉都关中,宋都大梁,河决为患,不过濒河数郡而已。今京师专藉会通河岁漕粟数百万石,河决而北,则大为漕忧。臣博采舆论,治河之策有四:

“一曰疏浚。荥、郑之东,五河之西,饮马、白露等河皆黄河由涡入淮之故道。其后南流日久,或河口以淤高不泄,或河身狭隘难容,水势无所分杀,遂泛滥北决。今惟躐上流东南之故道,相度疏浚,则正流归道，余波就壑，下流无奔溃之害，北岸无冲决之患矣。二曰扼塞。既杀水势于东南，必须筑堤岸于西北。黄陵冈上下堤缺坏，当度下流东北形势，去水远近，补筑无遗，排障百川悉归东南，由淮入海，则张秋无患，而漕河可保矣。"三曰用人，荐河南佥事张蒧。四曰久任，则请专信大夏，且于归德或东昌建公廨，命居中裁决也。帝以为然。

七月五月命太监李兴、平江伯陈锐往同大夏共治张秋。十二月筑塞张秋决口工成。初，河流湍悍，决口阔九十余丈，大夏行视之，曰："是下流未可治，当治上流。"于是即决口西南开越河三里许，使粮运可济，乃浚仪封黄陵冈南贾鲁旧河四十余里，由曹出徐，以杀水势。又浚孙家渡口，别凿新河七十余里，导使南行，由中牟、颍川东入淮。又浚祥符四府营淤河，由陈留至归德分为二。一由宿迁小河口，一由亳涡河，俱会于淮。然后沿张秋两岸，东西筑台，立表贯索，联巨舰穴而窒之，实以土。至决口，去窒沉舰，压以大埽，且合且决，随决随筑，连昼夜不息。决既塞，缭以石堤，隐若长虹。功乃成。帝遣行人赍羊酒往劳之，改张秋名为安平镇。

大夏等言："安平镇决口已塞，河下流北入东昌、临清至天津入海，运道已通，然必筑黄陵冈河口，导河上流南下徐、淮，庶可为运道久安之计。"廷议如其言。乃以八年正月筑塞黄陵冈及荆隆等口七处，旬有五日而毕。盖黄陵冈居安平镇之上流，其广九十余丈，荆隆等口又居黄陵冈之上流，其广四百三十余丈，河流至此宽漫奔放，皆喉襟重地。诸口既塞，于是上流河势复归兰阳、考城，分流径徐州、归德、宿迁，南入运河，会淮水，东注于海，南流故道以复。而大名府之长堤，起胙城，历滑县、长垣、东明、曹州、曹县抵虞城，凡三百六十里。其西南荆隆等口新堤起于家店，历铜瓦厢、东桥抵小宋集，凡百六十里。大小二堤相翼，而石坝俱培筑坚厚，溃决之患于是息矣。帝以黄陵冈河口功成，敕建黄河神祠以镇之，赐额曰昭应。其秋，召大夏等还京。荆隆即金龙也。

十一年，河决归德。管河工部员外郎谢缙言："黄河一支，先自

徐州城东小浮桥流入漕河,南抵邳州、宿迁。今黄河上流于归德州
小坝子等处冲决,与黄河别支会流,经宿州、睢宁,由宿迁小河口流
入漕河。于是小河口北抵徐州水流渐细,河道浅阻。且徐、吕二洪,
惟赖沁水接济,自沁源、河内、归德至徐州小浮桥流出,虽与黄河异
源,而比年河、沁之流合而为一。今黄河自归德南决,恐牵引沁水俱
往南流,则徐、吕二洪必至浅阻。请亟塞归德决口,遏黄水入徐以济
漕,而挑沁水之淤,使入徐以济徐、吕,则水深广而漕便利矣。"帝从
其请。

未几,河南管河副使张琜言:"臣尝请修筑侯家潭口决河,以济
徐、吕二洪。今自六月以来,河流四溢,潭口决啮弥深,工费浩大,卒
难成功。臣尝行视水势,荆隆口堤内旧河通贾鲁河,由丁家道口下
徐、淮,其迹尚在。若于上源武陟木栾店剔凿一渠,下接荆隆口旧
河,俟河流南迁,则引之入渠,庶沛然之势可接二洪,而粮运无所阻
矣。"帝为下其议于总漕都御史李蕙。

越二岁,兖州知府龚弘上言:"副使琜见河势南行,欲自荆隆口
分沁水入贾鲁河,又自归德西王牌口上下分水亦入贾鲁河,俱由丁
家道口入徐州。但今秋水从王牌口东行,不由丁家口而南,顾逆流
东北至黄陵冈,又自漕县入单,南连虞城。乞令守臣亟建疏浚修筑
之策。"于是河南巡抚都御史郑龄言:"徐、吕二洪藉河、沁二水合流
东下,以相接济。今丁家道口上下河决堤岸者十有二处,共阔三百
余丈,而河淤三十余里。上源奔放,则曹、单受害,而安平可虞;下流
散溢,则萧、砀被患,而漕流有阻。浚筑诚急务也。"部覆从之,用修
丁家口上下堤岸。

初,黄河自原武、荥阳分而为三:一自亳州、凤阳至清河口,通
淮入海;一自归德州过丁家道口,抵徐州小浮桥;一自洼泥河过黄
陵冈,亦抵徐州小浮桥,即贾鲁河也。迨河决黄陵冈,犯张秋,北流
夺漕,刘大夏往塞之,仍出清河口。十八年,河忽北徙三百里,至宿
迁小河口。正德三年又北徙三百里,至徐州小浮桥。四年六月又北
徙一百二十里,至沛县飞云桥,俱入漕河。

是时，南河故道淤塞，水惟北趋，单、丰之间河窄水溢，决黄陵冈、尚家等口，曹、单田庐多没，至围丰县城郭，两岸阔百余里。督漕及山东镇巡官恐经巨野、阳谷故道，则夺济宁、安平运河，各陈所见以请。议未定。明年九月，河复冲黄陵冈，入贾鲁河，泛溢横流，直抵丰、沛。御史林茂达亦以北决安平镇为虞，而请浚仪封、考城上流故道，引河南流以分其势，然后塞决口，筑故堤。

工部侍郎崔岩奉命修理黄河，浚祥符董盆口、荥泽孙家渡，又浚贾鲁河及亳州故河各数十里，且筑长垣诸县决口及曹县外堤、梁靖决口。功未就而骤雨，堤溃。岩上疏言："河势冲荡益甚，且流入王子河，亦河故道，若非上流多杀水势，决口恐难卒塞。莫若于曹、单、丰、沛增筑堤防，毋令北徙，庶可护漕。"且请别命大臣知水利者共议。于是帝责岩治河无方，而以侍郎李堂代之。堂言："兰阳、仪封、考城故道淤塞，故河流俱入贾鲁河，经黄陵冈至曹县，决梁靖、杨家二口。侍郎岩亦尝修浚，缘地高河淀，随浚随淤，水杀不多，而决口又难筑塞。今观梁靖以下地势最卑，故众流奔注成河，直抵沛县，藉今其口筑成，而容受全流无地，必致回激黄陵冈堤岸，而运道妨矣。至河流故道，堙者不可复疏，请起大名三春柳至沛县飞云桥，筑堤三百余里，以障河北徙。"从之。六年二月，功未竣，堂言："陈桥集、铜瓦厢俱应增筑，请设副使一人专理。"会河南盗起，召堂还京，命姑已其不急者。遂委其事于副使，而堤役由此罢。

八年六月，河复决黄陵冈。部议以其地界大名、山东、河南，守土官事权不一，请专遣重臣，乃命管河副都御史刘恺兼理其事。恺奏，率众祭告河神，越二日，河已南徙。尚书李镳因请祭河，且赐恺羊酒。恺于治河束手无策，特归功于神。曹、单间被害日甚。

世宗初，总理副都御史龚弘言："黄河自正德初载，变迁不常，日渐北徙。大河之水合成一派，归入黄陵冈前乃折而南，出徐州以入运河。黄陵冈初筑三埽，先已决去其二，惧山、陕诸水横发，加以霖潦，决而趋张秋，复由故道入海。臣尝筑堤，起长垣，由黄陵冈抵山东杨家口，延袤二百余里。今拟距堤十里许再筑一堤，延袤高广如之。即河水溢旧堤，流至十里外，性缓势平，可无大决。"从之。自黄陵冈决，开封以南无河患，而河北徐、沛诸州县河徙不常。

嘉靖五年，督漕都御史高友玑请浚山东贾鲁河、河南鸳鸯口，分泄水势，毋偏害一方。部议恐害山东、河南，不允。其冬，以章拯为工部侍郎兼佥都御史治河。

先是，大学士费宏言："河入汴梁以东分为三支，虽有冲决，可无大害。正德末，涡河等河日就淤浅，黄河大股南趋之势既无所杀，乃从兰阳、考城、曹、濮奔赴沛县飞云桥及徐州之溜沟，悉入漕河，泛溢弥漫，此前数年河患也。近者，沙河至沛县浮沙涌塞，官民舟楫悉取道昭阳湖。春夏之交，湖面浅涸，运道必阻，涡河等河必宜亟浚。"御史戴金言："黄河入淮之道有三：自中牟至荆山合长淮曰涡河；自开封经葛冈小坝、丁家道口、马牧集鸳鸯口至徐州小浮桥口曰汴河；自小坝经归德城南饮马池抵文家集，经夏邑至宿迁曰白河。弘治间，涡、白上源堙塞，而徐州独受其害。宜自小坝至宿迁小河并贾鲁河、鸳鸯口、文家集壅塞之处，尽行疏通，则趋淮之水不止一道，而徐州水患杀矣。"御史刘栾言："曹县梁靖口南岸，旧有贾鲁河，南至武家口十三里，黄沙淤平，必宜开浚。武家口下至马牧集鸳鸯口百十七里，即小黄河旧通徐州故道，水尚不涸，亦宜疏通。"督漕总兵官杨宏亦请疏归德小坝、丁家道口、亳州涡河、宿迁小河。友玑及拯亦屡以为言。俱下工部议，以为贾鲁故道，开涡河上源，功大难成，未可轻举，但议筑堤障水，俾入正河而已。

是年，黄河上流骤溢，东北至沛县庙道口，截运河，注鸡鸣台口，入昭阳湖。汶、泗南下之水从而东，而河之出飞云桥者漫而北，淤数十里，河水没丰县，徙治避之。

明年，拯言："荥泽北孙家渡、兰阳北赵皮寨，皆可引水南流，但二河通涡，东入淮，又东至凤阳长淮卫，经寿春王诸园寝，为患叵测。惟宁陵北埕河一道，通饮马池，抵文家集，又经夏邑至宿州符离桥，出宿迁小河口，自赵皮寨至文家集，凡二百余里，浚而通之，水势易杀，而园寝无患。"乃为图说以闻。命刻期举工。而河决曹、单，城武杨家、梁靖二口、吴士举庄,冲入鸡鸣台,夺运河,沛地淤填七八里,粮艘阻不进。御史吴仲以闻,因劾拯不能办河事,乞择能者往代。其冬,以盛应期为总督河道右都御史。

是时,光禄少卿黄绾、詹事霍韬、左都御史胡世宁、兵部尚书李承勋各献治河之议。绾言:

> 漕可资山东泉水,不必资黄河,莫若浚兖、冀间两高中低之地,道河使北,至直沽入海。

韬曰:

> 议者欲引河自兰阳注宿迁。夫水溢徐、沛,犹有二洪为之束捍,东北诸山互列如垣,有所底极,若道兰阳,则归德、凤阳平地千里,河势奔放,数郡皆壑,患不独徐、沛矣。按卫河自卫辉汲县至天津入海,犹古黄河也。今宜于河阴、原武、怀、孟间,审视地形,引河水注于卫河,至临清、天津,则徐、沛水势可杀其半。且元人漕舟涉江入淮,至封丘北,陆运百八十里至淇门,入御河达京师。御河即卫河也。今导河注卫,冬春沂卫河沿临清至天津,夏秋则徐、沛,此一举而运道两得也。

世宁言:

> 河自汴以来,南分二道:一出汴城西荥泽,经中牟、陈、颍,至寿州入淮;一出汴城东祥符,经陈留、亳州,至怀远入淮。其东南一道自归德、宿州,经虹县、睢宁,至宿迁出。其东分五道:一自长垣、曹、郓至阳谷出;一自曹州双河口至鱼台塌场口出;一自仪封、归德至徐州小浮桥出;一自沛县南飞云桥出;一自徐、沛之中境山、北溜沟出;六道皆入漕河,而南会于淮。今诸道皆塞,惟沛县一道仅存。合流则水势既大,河身亦狭不能容,故溢出为患。近又漫入昭阳湖,以致流缓沙壅。宜因故道而分其势,汴西则浚孙家渡抵寿州以杀上流,汴东南出怀远、宿迁及正东小浮桥、溜沟诸道,各宜择其利便者,开浚一道,以泄下流。或修武城南废堤,抵丰、单接沛北庙道口,以防北流。此皆治河急务也。至为运道计,则当于湖东滕、沛、鱼台、邹县间独

山、新安社地别凿一渠，南接留城，北接沙河，不过百余里。厚筑西岸以为湖障，令水不得漫，而以一湖为河流散漫之区，乃上策也。

承勋言：

> 黄河入运支流有六。自涡河源塞，则北出小黄河、溜沟等处，不数年诸处皆塞，北并出飞云桥，于是丰、沛受患，而金沟运道遂淤。然幸东面皆山，犹有所障，故昭阳湖得通舟。若益徙而北，则径奔入海，安平镇故道可虑，单县、谷亭百万生灵之命可虞。又益北，则自济宁至临清运道诸水俱相随入海，运何由通？臣愚以为相六道分流之势，导引使南，可免冲决，此下流不可不疏浚也。欲保丰、沛、单县、谷亭之民，必因旧堤筑之，堤其西北使毋溢出，此上流不可不堤防也。

其论昭阳湖东引水为运道，与世宁同。乃下总督大臣会议。

七年正月，应期奏上，如世宁策，请于昭阳湖东改为运河。会河决，淤庙道口三十余里，乃别遣官浚赵皮寨，孙家渡，南、北溜沟以杀上流，堤武城迤西至沛县南，以防北溃。会旱灾修省，言者请罢新河之役，乃召应期还京，以工部侍郎潘希曾代。希曾抵官，言："迩因赵皮寨开浚未通，疏孙家渡口以杀河势，请敕河南巡抚潘埙督管河副使，刻期成功。"帝从其奏。希曾又言："漕渠庙道口以下忽淤数十里者，由决河西来横冲口上，并擘闸河之水东入昭阳湖，致闸水不南，而飞云桥之水时复北漫故也。今宜于济、沛间加筑东堤，以遏入湖之路，更筑西堤以防黄河之冲，则水不散缓，而庙道口可永无淤塞之虞。"帝亦从之。

八年六月，单、丰、沛三县长堤成。九年五月，孙家渡河堤成。逾月，河决曹县。一自胡村寺东，东南至贾家坝入古黄河，由丁家道口至小浮桥入运河。一自胡村寺东北，分二支：一东南经虞城至砀山，合古黄河出徐州；一东北经单县长堤抵鱼台，漫为坡水，傍谷亭入运河。单、丰、沛三县长堤障之，不为害。希曾上言："黄由归德至徐入漕，故道也。永乐间，浚开封支河达鱼台入漕以济浅。自弘治时，黄河改由单、丰出沛之飞云桥,而归德故道始塞,鱼台支河亦塞。今全河复其故道,则患害已远,支流达于鱼台,则浅涸无虞,此漕运之利,国家之福也。"帝悦,下所司知之,乃召希曾还京。自是,丰、沛渐无患,而鱼台数溢。

十一年,总河佥都御史戴时宗请委鱼台为受水之地,言:"河东北岸与运道邻。惟西南流者,一由孙家渡出寿州,一由涡河口出怀远,一由赵皮寨出桃源,一由梁靖口出徐州小浮桥。往年四道俱塞,全河南奔,故丰、沛、曹、单、鱼台以次受害。今患独钟于鱼台,宜弃以受水,因而道之,使入昭阳湖,过新开河,出留城、金沟、境山,乃易为力。至塞河四道,惟涡河经祖陵,未敢轻举,其三支河颇存故迹,宜乘鱼台壅塞,令开封河夫卷埽填堤,逼使河水分流,则鱼台水势渐减,俟水落毕工,并前三河共为四道,以分泄之,河患可已。"

明年,都御史朱裳代时宗,条上治河二事,大略言:"三大支河宜开如时宗计,而请塞梁靖口迤东由鱼台入运河之岔口,以捍黄河,则谷亭镇迤南二百余里淤者可浚,是谓塞黄河之口以开运河。黄河自谷亭转入运河,顺流而南,二日抵徐州,徐州逆流而北,四日乃抵谷亭,黄水之利莫大于此。恐河流北趋,或由鱼台、金乡、济宁漫安平镇,则运河堤岸冲决;或三支一有壅淤,则谷亭南运河亦且冲决。宜缮筑堤岸,束黄入运,是谓借黄河之水以资运河。"诏裳相度处置。

十三年正月,裳复言:

今梁靖口、赵皮寨已通,孙家渡方浚。惟涡河一支,因赵皮寨下流睢州野鸡冈淤正河五十余里,漫于平地,注入涡河。宜挑浚深广,引导漫水归入正河,而于睢州张见口筑长堤至归德郭村,凡百余里,以防泛溢。更时疏梁靖口下流,且挑仪封月河入之,达于小浮桥,则北岸水势杀矣。

夫河过鱼台,其流渐北,将有越济宁、趋安平、东入于海之渐。尝议塞岔河之口以安运河,而水势汹涌,恐难遽塞。塞亦不能无横决,黄陵冈、李居庄诸处不能无患。徐州迤上至鲁桥泥沙停滞,山东诸泉水微,运道必涩。请创筑城武至济宁缕水大堤百五十余里,以防北溢。而自鲁桥至沛县东堤百五十余里修筑坚厚,固之以石。自鱼台至谷亭开通淤河,引水入漕,以杀鱼台、城武之患,此顺水之性不与水争地者也。

孙家渡、涡河二支俱出怀远,会淮流至凤阳,经皇陵及寿春王陵至泗州,经祖陵。皇陵地高无虑,祖陵则三面距河,寿春王陵尤迫近。祖陵宜筑土堤,寿春王陵宜砌石岸,然事体重大,不敢轻举也。清江浦口正当黄、淮会合之冲,二河水涨漫入河口,以致淤塞滞运。宜浚深广而又筑堤,以防水涨,筑坝以护行舟,皆不可缓。往时,淮水独流入海,而海口又有套流,安东上下又有涧河、马罗诸港以分水入海。今黄河汇入于淮,水势已非其旧,而诸港套俱已堙塞,不能速泄,下壅上溢,梗塞运道。宜将沟港次第开浚,海口套沙,多置龙爪船往来爬荡,以广入海之路,此所谓杀其下流者也。

河出鱼台虽借以利漕,然未有数十年不变者也。一旦他徙,则徐、沛必涸。宜大浚山东诸泉以汇于汶河,则徐、沛之渠不患干涸,虽岔河口塞亦无虞矣。

工部覆如其议,帝允行之。未几,裳忧去,命刘天和为总河副都御史,代裳。

是岁,河决赵皮寨入淮,谷亭流绝,庙道口复淤。天和役夫十四万浚之。已而,河忽自夏邑大丘、回村等集冲数口,转向东北,流经萧县,下徐州小浮桥。天和言:“黄河自鱼、沛入漕河,运舟通利者数十年,而淤塞河道、废坏闸座、阻隔泉流、冲广河身,为害亦大。今黄河既改冲从虞城、萧、砀,下小浮桥,而榆林集、侯家林二河分流入运者,俱淤塞断流,利去而害独存。宜浚鲁桥至徐州二百余里之淤塞。”制可。

十四年从天和言,自曹县梁靖口东岔河口筑压口缕水堤,复筑曹县八里湾至单县侯家林长堤各一道。是年冬,天和条上治河数事,中言:“鲁桥至沛县东堤,旧议筑石以御横流,今黄河既南徙,可不必筑。孙家渡自正统时全河从此南徙，弘治间淤塞，屡开屡淤，卒不能通。今赵皮寨河日渐冲广，若再开渡口，并入涡河，不惟二洪水涩，恐亦有陵寝之虞。宜仍其旧勿治。旧议祥符盘石、兰阳铜瓦、厢、考城蔡家口各添筑月堤。臣以为黄河之当防者惟北岸为重，当择其去河远者大堤中堤各一道，修补完筑，使北岸七八百里间联属高厚，则前勘应筑诸堤举在其中，皆可罢不筑。"帝亦从之。

十五年，督漕都御史周金言："自嘉靖六年后，河流益南，其一由涡河直下长淮，而梁靖口、赵皮寨二支各入清河，汇于新庄闸，遂灌里河。水退沙存，日就淤塞。故老皆言河自汴来本浊，而涡、淮、泗清，新庄闸正当二水之口，河、淮既合，昔之为沛县患者，今移淮安矣。因请于新庄更置一渠，立闸以资蓄泄。"从之。

十六年冬从总河副都御史丁湛言，开地丘店、野鸡冈诸口上流四十余里，由桃源集、丁家道口入旧黄河，截涡河水入河济洪。十八年，总河都御史胡缵宗开考城孙继口、孙禄口黄河支流，以杀归、睢水患，且灌徐、吕，因于二口筑长堤，及修筑马牧集决口。

二十年五月命兵部侍郎王以旂督理河道，协总河副都御史郭持平计议。先一岁，黄河南徙，决野鸡冈，由涡河经亳州入淮，旧决口俱塞。其由孙继口及考城至丁家道口，虞城入徐、吕者，亦仅十之二。持平久治弗效，降俸戴罪。以旂至，上言："国初，漕河惟通诸泉及汶、泗，黄河势猛水浊，迁徙不常，故徐有贞、白昂、刘大夏力排之，不资以济运也。今幸黄河南徙，诸闸复旧，宜浚山东诸泉入野鸡冈新开河道，以济徐、吕；而筑长堤沛县以南，聚水如闸河制，务利漕运而已。"明年春，持平请浚孙继口及扈运口、李景高口三河，使东由萧、砀入徐济运。其秋，从以旂言，于孙继口外别开一渠泄水，以济徐、吕。凡八月，三口工成，以旂、持平皆被奖，遂召以旂还。未几，李景高口复淤。

先是，河决丰县，迁县治于华山，久之始复其故治。河决孟津、夏邑，皆迁其城。及野鸡冈之决也，凤阳沿淮州县多水患，乃议徙五河、蒙城避之。则临淮当祖陵形胜不可徙，乃用巡按御史贾太亨言，敕河抚二臣亟浚砀山河道,引入二洪,以杀南注之势。

二十六年秋,河决曹县,水入城二尺,漫金乡、鱼台、定陶、城武,冲谷亭。总河都御史詹瀚请于赵皮寨诸口多穿支河,以分水势。诏可。

三十一年九月,河决徐州房村集至邳州新安,运道淤阻五十里,总河副都御史曾均上治河方略,乃浚房村至双沟、曲头,筑徐州高庙至邳州沂河。又言:"刘伶台至赤晏庙凡八十里,乃黄河下流,淤沙壅塞,疏浚宜先。次则草湾老黄河口,冲激、淹没安东一县,亦当急筑,更筑长堤矶嘴以备冲激。又三里沟新河口视旧口水高六尺,开旧口有沙淤之患,而为害稍轻;开新口未免淹没之虞,而漕舟颇便。宜暂闭新口,建置闸座,且增筑高家堰长堤,而新庄诸闸甃石以遏横流。"帝命侍郎吴鹏振灾户,而悉从钧奏。

三里沟新河者,督漕都御史应槚以先年开清河口通黄河之水以济运。今黄河入海,下流洄口、安东俱涨塞,河流壅而渐高,泻入清河口,沙停易淤,屡浚屡塞。沟在淮水下流黄河未合之上,故闭清河口而开之,使船由通济桥溯沟出淮,以达黄河者也。

时浚徐、邳将讫工,一夕,水涌复淤。帝用严嵩言,遣官祭河神。而鹏、钧复共奏请急筑浚草湾、刘伶台,建闸三里沟,迎纳泗水清流;且于徐州以上至开封浚支河一二,令水分杀。其冬,漕河工竣,进钧秩侍郎。

三十七年七月,曹县新集淤。新集地接梁靖口,历夏邑、丁家道口、马牧集、韩家道口、司家道口至萧县蓟门出小浮桥,此贾鲁河故道也。自河患亟,别开支河出小河以杀水势,而本河渐涩。至是遂决,趋东北段家口,析而为六,曰大溜沟、小溜沟、秦沟、浊河、胭脂沟、飞云桥,俱由运河至徐洪。又分一支由砀山坚城集下郭贯楼,析而为五,曰龙沟、母河、梁楼沟、杨氏沟、胡店沟,亦由小浮桥会徐洪,而新集至小浮桥故道二百五十余里遂淤不可复矣。自后,河忽东忽西,靡有定向,水得分泻者数年,不至壅溃。然分多势弱,浅者仅二尺,识者知其必淤。

至四十四年七月，河决沛县，上下二百余里运道俱淤。全河逆流，自沙河至徐州以北，至曹县棠林集而下，北分二支：南流者绕沛县戚山杨家集，入秦沟至徐；北流者绕丰县华山东北由三教堂出飞云桥。又分而为十三支，或横绝，或逆流入漕河，至湖陵城口，散漫湖坡，达于徐州，浩渺无际，而河变极矣。乃命朱衡为工部尚书兼理河漕，又以潘季驯为金都御史总理河道。明年二月，复遣工科给事中何起鸣往勘河工。

衡巡行决口，旧渠已成陆，而盛应期所凿新河故迹尚在，地高，河决至昭阳湖不能复东，乃定计开浚。而季驯则以新河土浅泉涌，劳费不赀，留城以上故道初淤可复也。由是二人有隙。起鸣至沛，还，上言："旧河之难复有五。黄河全徙必杀上流，新集、庞家屯、赵家圈皆上流也。以不赀之财，投于河流已弃之故道，势必不能，一也。自留城至沛，莽为巨浸，无所施工，二也。横亘数十里，褰裳无路，十万之众何所栖身，三也。挑浚则淖陷，筑岸则无土，且南塞则北奔，四也。夏秋淫潦，难保不淤，五也。新河开凿费省，且可绝后来溃决之患。宜用衡言开新河，而兼采季驯言，不全弃旧河。"廷臣议定，衡乃决开新河。

时季驯持复故道之议，廷臣又多以为然。遂勘议新集、郭贯楼诸上源地。衡言：

河出境山以北，则闸河淤；出徐州以南，则二洪涸；惟出境山至小浮桥四十余里间，乃两利而无害。自黄河横流，砀山郭贯楼支河皆已淤塞，改从华山分为南北二支：南出秦沟，正在境山南五里许，运河可资其利；惟北出沛县西及飞云桥，逆上鱼台，为患甚大。

朝廷不忍民罹水灾，拳拳故道，命勘上源。但臣参考地形有五不可。自新集至两河口皆平原高阜，无尺寸故道可因，郭贯楼抵龙沟颇有河形，又系新淤，无可驻足，其不可一也。黄河所经，鲜不为患，由新集则商、虞、夏邑受之，由郭贯楼则萧、砀受之，今改复故道，则鱼、沛之祸复移萧、砀，其不可二也。河西注华山，势若建瓴，欲从中凿渠，挽水南向，必当筑坝横截，遏其东奔，于狂澜巨浸之中，筑坝数里，为力甚难，其不可三也。役夫三十万，旷日持久，骚动三省，其不可四也。大役踵兴，工费数百万，一有不继，前功尽隳，其不可五也。惟当开广秦沟，使下流通行，修筑南岸长堤以防奔溃，可以苏鱼、沛昏垫之民。从之。衡乃开鱼台南阳抵沛县留城百四十余里，而浚旧河自留城以下，抵境山、茶城五十余里，由此与黄河会。又筑马家桥堤三万五千二百八十丈，石堤三十里，遏河之出飞云桥者，趋秦沟以入洪。于是黄水不东侵，漕道通而沛流断矣。方工未成，河复决沛县，败马家桥堤。论者交章请罢衡。未几，工竣。帝大喜，赋诗四章志喜，以示在直诸臣。

隆庆元年五月加衡太子少保。始河之决也，支流散漫遍陆地，既而南趋浊河。迨新河成，则尽趋秦沟，而南北诸支河悉并流焉。然河势益大涨。三年七月决沛县，自考城、虞城、曹、单、丰、沛抵徐州俱受其害，茶城淤塞，漕船阻邳州不能进。已虽少通，而黄河水横溢沛地，秦沟、浊河口淤沙旋疏旋壅。朱衡已召还，工部及总河都御史翁大立皆请于梁山之南别开一河以漕，避秦沟、浊河之险，后所谓泇河者也。诏令相度地势，未果行。

四年秋，黄河暴至，茶城复淤，而山东沙、薛、汶、泗诸水骤溢，决仲家浅运道，由梁山出戚家港，合于黄河。大立复请因其势而浚之。是时，淮水亦大溢，自泰山庙至七里沟淤十余里，而水从诸家沟傍出，至清河县河南镇以合于黄河。大立又言：“开新庄闸以通回船，复陈瑄故道，则淮可无虞。独黄河在睢宁、宿迁之间迁徙未知所定，泗州陵寝可虞。请浚古睢河，由宿迁历宿州，出小浮桥以泄二洪之水。且规复清河、鱼沟分河一道，下草湾，以免冲激之患，则南北运道庶几可保。”时大立已内迁，方受代，而季驯以都御史复起总理河道。部议令区画。

九月，河复决邳州，自睢宁白浪浅至宿迁小河口，淤百八十里，粮艘阻不进。大立言：“比来河患不在山东、河南、丰、沛，而专在徐、邳,故先欲开洳河口以远河势、开萧县河以杀河流者,正谓浮沙壅聚,河面增高,为异日虑耳。今秋水浡至,横溢为灾。权宜之计,在弃故道而就新冲;经久之策,在开洳河以避洪水。乞决择于二者。"部议主塞决口,而令大立条利害以闻。大立遂以开洳口、就新冲、复故道三策并进,且言其利害各相参。会罢去,策未决,而季驯则主复故道。

时茶城至吕梁,黄水为两崖所束,不能下,又不得决。至五年四月,乃自灵璧双沟而下,北决三口,南决八口,支流散溢,大势下睢宁出小河,而匙头湾八十里正河悉淤。季驯役丁夫五万,尽塞十一口,且浚匙头湾,筑缕堤三万余丈,匙头湾故道以复。旋以漕船行新溜中,多漂没,季驯罢去。

六年春复命尚书衡经理河工,以兵部侍郎万恭总理河道。二人至,罢洳河议,专事徐、邳河,修筑长堤,自徐州至宿迁小河口三百七十里,并缮丰、沛大黄堤,正河安流,运道大通。衡乃上言:"河南屡被河患,大为堤防,今幸有数十年之安者,以防守严而备御素也。徐、邳为粮运正道,既多方以筑之,则宜多方以守之。请用夫每里十人以防,三里一铺,四铺一老人巡视。伏秋水发时,五月十五日上堤,九月十五日下堤,愿携家居住者听。"诏如议。六月,徐、邳河堤工竣,遂命衡回部,赏衡及总理河道都御史万恭等银币有差。

是岁,御史吴从宪言:"淮安而上清河而下,正淮、泗、河、海冲流之会。河潦内出,海潮逆流,停蓄移时,沙泥旋聚,以故日就壅塞。宜以春夏时浚治,则下流疏畅,泛溢自平。"帝即命衡与漕臣勘议。而督理河道署郎中事陈应荐挑乞海口新河,长十里有奇,阔五丈五尺,深一丈七尺,用夫六千四百余人。

衡之被召将还也,上疏言:"国家治河,不过浚浅、筑堤二策。浚浅之法,或爬或捞,或逼水而冲,或引水而避,此可人力胜者。然茶城与淮水会则在清河,茶城、清河无水不浅。盖二水互为胜负,黄河水胜则壅沙而淤,及其消也,淮漕水胜,则冲沙而通。水力盖居七八,非专用人力也。筑堤则有截水、缕水之异,截水可施于闸河,不可施于黄河。盖黄河湍悍，挟川潦之势，何坚不瑕，安可以一堤当之。缕水则两岸筑堤，不使旁溃，始得遂其就下入海之性。盖以顺为治，非以人力胜水性，故至今百五六十年为永赖焉。清河之浅，应视茶城，遇黄河涨落时，辄挑河、潢，导淮水冲刷，虽遇涨而塞，必遇落而通，无足虑也。惟清江浦水势最弱，出口处所适与黄河相值。宜于黄水盛发时，严闭各闸，毋使沙淤。若海口则自隆庆三年海啸，壅水倒灌低洼之地，积潴难泄。宜时加疏浚，毋使积塞。至筑黄河两岸堤，第当缕水，不得以拦截为名。"疏上，报闻而已。